Controlling Betreibermodell-basierter Infrastrukturprojekte

Eine Konzeption aus Projektträgersicht

Vom Fachbereich Wirtschafts- und Sozialwissenschaften
der Technischen Universität Carolo-Wilhelmina zu
Braunschweig

zur Erlangung des Grades
Doktor der Wirtschaftswissenschaften (Dr. rer. pol.)
genehmigte

Dissertation

von Dipl.-Wirtsch.-Ing. Daniel J. Beckmann
geboren am 12.05.1975
in Bocholt

Eingereicht am: 19.11.2002

Mündliche Prüfung am: 15.01.2003

Referent: Prof. Dr. Burkhard Huch

Koreferent: Prof. Dr.-Ing. Rainer Wanninger

Berichte aus der Betriebswirtschaft

Daniel Beckmann

Controlling Betreibermodell-basierter Infrastrukturprojekte

Eine Konzeption aus Projektträgersicht

Shaker Verlag
Aachen 2003

Die Deutsche Bibliothek - CIP-Einheitsaufnahme

Beckmann, Daniel:
Controlling Betreibermodell-basierter Infrastrukturprojekte : Eine Konzeption aus Projektträgersicht / Daniel Beckmann.
Aachen : Shaker, 2003
(Berichte aus der Betriebswirtschaft)
Zugl.: Braunschweig, Techn. Univ., Diss., 2003
ISBN 3-8322-1203-5

Printed in Germany.

ISBN 3-8322-1203-5
ISSN 0945-0696

Shaker Verlag GmbH • Postfach 101818 • 52018 Aachen
Telefon: 02407 / 95 96 - 0 • Telefax: 02407 / 95 96 - 9
Internet: www.shaker.de • eMail: info@shaker.de

Vorwort

Die vorliegende Dissertation entstand während meiner Assistententätigkeit am Institut für Wirtschaftswissenschaften in der Abteilung Controlling und Unternehmensrechnung der Technischen Universität Braunschweig.

Mein besonderer Dank gilt meinem Doktorvater Professor Dr. Burkhard Huch für die Freiräume gewährende und in den entscheidenden Situationen maßgeblich unterstützende Betreuung der Arbeit. Seiner praxisbezogenen Forschungshaltung habe ich es zu verdanken, zu einem Gebiet promovieren zu dürfen, welches meinen Interessen als betriebswirtschaftlich und technisch orientiertem Wirtschaftsingenieur am ehesten entspricht.

Professor Dr.-Ing. Rainer Wanninger danke ich nicht nur für die Übernahme des Koreferates, sondern auch für die angenehme und vielseitige Kooperation im Rahmen der interdisziplinären Forschung und Lehre an der TU Braunschweig.

Für die vielfältige Unterstützung aus der Unternehmenspraxis möchte ich mich besonders bei den Herren Dr. Burkhard Lohr und Dr.-Ing. Martin Rohr von der Hochtief AG sowie Dipl.-Volksw. Thorsten R. Böger aus dem Hause PricewaterhouseCoopers Deutsche Revision AG bedanken.

Weiteren Dank schulde ich meinen Kollegen Dipl.-Wirtsch.-Ing. Joachim Fest, Dr. Peter Gunkel, Dipl.-Wirtsch.-Inform. Jan Timo Herold, Dr. Stephen Jobst, Dr. Jan Lösch und Dipl.-Kffr. Anke Schramm für die stets kritisch-konstruktive Diskussionsbereitschaft und die gute Zusammenarbeit am Lehrstuhl. Dipl.-Ing. Dipl.-Wirtsch.-Ing. Nicole Reichling und Oberstudienrat Walter Beckmann bin ich zu großem Dank für die intensive Durchsicht des Manuskripts verpflichtet.

Der größte Dank gilt allerdings meinen Eltern und meiner Freundin Eva-Maria für die motivierende Förderung während sämtlicher Phasen der Promotion. Ihnen ist die Arbeit gewidmet.

Braunschweig im November 2002

Daniel Beckmann

Inhaltsverzeichnis

Abkürzungsverzeichnis

a	Jahr
AG	Aktiengesellschaft
AktG	Aktiengesetz
APV	Adjusted Present Value
ATV	Allgemeine Technische Vertragsbedingungen für Bauleistungen
BB	Betriebs-Berater
Bd.	Band
BDA	Bund Deutscher Architekten e.V.
BDI	Bundesverband der Deutschen Industrie e.V.
Bfai	Bundesstelle für Außenhandelsinformation (seit 2001: Bundesagentur für Außenwirtschaft)
BMF	Bundesministerium der Finanzen
BW	Die Bauwirtschaft
CAPM	Capital Asset Pricing Model
DB	Der Betrieb
DBW	Die Betriebswirtschaft
DEG	Deutsche Investitions- und Entwicklungsgesellschaft
DIN	Deutsches Institut für Normung e.V.
Diss.	Dissertation
DSCR	Debt Service Coverage Ratio
DStR	Deutsches Steuerrecht
EBITDA	Earnings before Interest, Taxes, Depreciation and Amortization
EBWE (EBRD)	Europäische Bank für Wiederaufbau und Entwicklung (European Bank for Reconstruction and Development)
ECA	Export Credit Agency (Exportkreditagentur)
EdBWL	Enzyklopädie der Betriebswirtschaftslehre
EK	Eigenkapital
EPC	Engineering Procurement Construction
et al.	et alii
EUR	Euro

e.V.	eingetragener Verein
EVU	Energieversorgungsunternehmen
FAZ	Frankfurter Allgemeine Zeitung
FIEC	Fédération de l'Industrie Européenne de la Construction
FK	Fremdkapital
FStrPrivFinG	Fernstraßenbauprivatfinanzierungsgesetz
GbR	Gesellschaft bürgerlichen Rechts
GK	Gesamtkapital
GmbH	Gesellschaft mit beschränkter Haftung
GuV	Gewinn- und Verlust
h	Stunde
HB	Handelsblatt
HDB	Hauptverband der deutschen Bauindustrie e.V.
HdWW	Handwörterbuch der Wirtschaftswissenschaft
HGB	Handelsgesetzbuch
HOAI	Honorarordnung für Architekten und Ingenieure
Hrsg.	Herausgeber
HWB	Handwörterbuch der Betriebswirtschaft
HWF	Handwörterbuch des Bank- und Finanzwesens
HWM	Handwörterbuch des Marketing
HWO	Handwörterbuch der Organisation
HWÖ	Handwörterbuch der Öffentlichen Betriebswirtschaft
HWProd	Handwörterbuch der Produktionswirtschaft
IAS	International Accounting Standards
IDW	Institut der Wirtschaftsprüfer in Deutschland e.V.
IFC	International Finance Corporation
Kap.	Kapitel
kW	Kilowatt
LIBOR	London Interbank Offered Rate
LMW	Niedersächsisches Landesministerium für Wirtschaft, Technologie und Verkehr

LLCR	Life of Loan Coverage Ratio
LPCR	Life of Project Coverage Ratio
LTDR	Long Term Debt Rate
Mio.	Millionen
MVA	Market Value Added
MW	Megawatt
NPVCR	Net Present Value Coverage Ratio
ÖIAZ	Österreichische Ingenieur- und Architektenzeitschrift
o.O.	ohne Ort
o.V.	ohne Verfasser
p.a.	per annum (pro Jahr)
pfi	Project Finance International
PwC	PricewaterhouseCoopers Deutsche Revision AG
RAM	Rapid Appraisal Method
RoA	Return on Assets
RoE	Return on Equity
RoI	Return on Investment
RRR	Required Rate of Return
sbr	Schmalenbach Business Review
Sp.	Spalte
SZ	Süddeutsche Zeitung
Tsd.	Tausend
UNCITRAL	United Nations Commission on International Trade Law
UNIDO	United Nations Industrial Development Organization
Univ.-Verl.	Universitäts-Verlag
US-GAAP	United States Generally Accepted Accounting Principles
VBI	Verband Beratender Ingenieure e.V.
VDI	Verein Deutscher Ingenieure e.V.
VDMA	Verband Deutscher Maschinen- und Anlagenbau e.V.
VOB	Verdingungsordnung für Bauleistungen (seit 2002: Vergabe- und Vertragsordnung für Bauleistungen)

WACC	Weighted Average Cost of Capital (gewichtete Kapitalkosten)
WiSt	Wirtschaftswissenschaftliches Studium
WPg	Die Wirtschaftsprüfung
ZfB	Zeitschrift für Betriebswirtschaft
zfbf	Schmalenbachs Zeitschrift für betriebswirtschaftliche Forschung
ZFP	Zeitschrift für Forschung und Praxis
ZP	Zeitschrift für Planung

Symbolverzeichnis

A	Auszahlungen
Δ	Differenz (Delta)
EK	Eigenkapital
E	Einzahlungen
FK	Fremdkapital
g	Relativgewicht
GP_K	Grenzpreis des Käufers
GP_V	Grenzpreis des Verkäufers
i	Diskontierungszinssatz/ Handlungsalternative
I	Ist-Wert
IRR	Internal Rate of Return (interner Zinssatz)
j	Zielkriterium
k	Zielkriterienanzahl
n	Periodenanzahl/ Teilnutzen
N	Gesamtnutzen/ Nutzwert/ Total-Score
NPV	Barwert (Net Present Value) eines Zahlungsstromes (Kapitalwert)
NPV_T	Barwert des Netto-Zahlungsstromes aus Transferverpflichtungen
NPV_W	Barwert des Netto-Zahlungsstromes aus Projektweiterführung
P	Plan-Wert
$P_{V/K}$	Verkaufs-/Kaufpreis
SBG	Steuerbemessungsgrundlage
t	Zeitperiode
t'	Kontrollzeitpunkt
t_0	Bezugszeitpunkt
TG_K	Transaktionsgewinn des Käufers
TG_V	Transaktionsgewinn des Verkäufers

Darstellungsverzeichnis

Gleichungsverzeichnis

1 Einleitung

1.1 Problemstellung, Motivation und Zielsetzung der Arbeit

Bereits im 18. Jahrhundert wurden für infrastrukturelle Großprojekte Organisationsformen entwickelt, bei denen Privatunternehmen[1] die Planung, Finanzierung, Erstellung und den Betrieb der Objekte übernahmen. Angesichts weltweit zunehmender Budgetrestriktionen der öffentlichen Hand und strategisch motivierter Outsourcing-Entscheidungen privatwirtschaftlicher Unternehmen erfahren derartig verantwortungsbündelnde und -delegierende Organisationskonzepte seit Ende des 20. Jahrhunderts unter dem Begriff des Betreibermodells eine bemerkenswerte Renaissance. International gilt die Initiative des ehemaligen türkischen Ministerpräsidenten ÖZAL, ausländische Unternehmen stärker als zuvor in kapitalintensive Kraftwerksprojekte einzubinden, als Ausgangspunkt für die aktuelle Entwicklung. Insofern wird das Betreibermodell im internationalen Sprachgebrauch auch mit dem Özal-Modell und bezugnehmend auf die von ÖZAL favorisierte Betreibermodell-Variante mit dem sogenannten BOT (Build Operate Transfer)-Modell gleichgesetzt.[2]

In den vergangenen Jahren war mit Ausnahme temporär und regional begrenzter Entwicklungen wie der Asienkrise eine deutliche Zunahme von Betreibermodellen bei der privaten Infrastrukturbereitstellung zu verzeichnen.[3] Gleichzeitig wird sowohl in Bezug auf Entwicklungs- und Schwellenländer als auch Industriestaaten für die kommenden Jahre ein hoher Bedarf an neu zu schaffenden oder umfassend zu modernisierenden Einrichtungen der öffentlichen und privaten Daseinsvorsorge prognostiziert.[4]

Auf der Anbieterseite wird bei Betreibermodellen die Übernahme vormals durch den Auftraggeber ausgeführter Leistungen zu einem zunehmend an Bedeutung gewinnenden Erfolgsfaktor für den Erhalt und die Weiterentwicklung angestammter Geschäftsfelder. Nicht mehr allein ein überzeugendes technisches Angebot ist erfolgsentscheidend, sondern eine Gesamtlösung, bestehend aus dem technischen Planungs-, Erstellungs- und Betriebskonzept, einem projektbezogenen Finanzierungs- und Refinanzierungskonzept sowie einer weitgehend plangerecht erfolgenden, lebenszyklusweiten Projektdurchführung.[5]

---

1 Das traditionelle Schrifttum differenziert zwischen dem Rechtsterminus Unternehmen und dem betriebswirtschaftlichen Begriff Unternehmung. Aufgrund der sowohl für den allgemeinen Sprachgebrauch als auch für das wissenschaftliche Schrifttum zu konstatierenden synonymen Anwendung werden die beiden Begriffe in der vorliegenden Arbeit gleichbedeutend verwendet (vgl. Bellinger, B./Vahl, G. (1992), S. 20).

2 Vgl. o.V. (1986), S. 18; Augenblick, M./Custer, B.S. (1990), S. 1ff; Scheele, U. (1993), S. 20ff; Merna, T. (1994a), S. 4f; Walker, C./Smith, A.J. (1995), S. 1ff; Franz, O. (1996), S. 51; Levy, S.M. (1996), S. 18ff; Wagner, U.N. (1996), S. 3; Hintze, M. (1998), S. 1ff; Özdoganm, I.D./Birgönül, M.T. (2000), S. 344.

3 Vgl. Walker, C./Smith, A.J. (1995), S. 13ff; Levy, S.M. (1996), S. 4ff; Dambach, H.T. (1998a), S. 270ff; Ahmed, P.A. (1999), S. Vf, 1ff; Bfai/DEG (1999a), S. 7ff; Jacob, D./Kochendörfer, B. (2000), S. 9ff.

4 Vgl. Frenzel, M. (1996), S. 16; Schmitz, R.H. (1996), S. 42; Wagner, U.N. (1996), S. 4f; Dambach, H.T. (1998a), S. 272; Nicklisch, F. (1998), S. 3; Ahmed, P.A. (1999), S. 3f, 5ff; Tham, J. (2000), S. 1; Kafsack, H. (2002), S. 24; o.V. (2002i), S. 20; o.V. (2002j), S. 22; Priermeier, T. (2002), S. 392; Röthemeyer, A.-K. (2002), S. 39f.

5 Vgl. Frank, H./Moser, R. (1987), S. 31, 48; Backhaus, K./Köhl, T./Behrens, H. (1997), S. 52; Zur, E. (1997), S. 420; Hintze, M. (1998), S. 2; Backhaus, K. (1999), S. 462f; Röthemeyer, A.-K. (2002), S. 41.

Speziell aus deutscher Perspektive besteht im internationalen Vergleich sowohl auf der Nachfrager- wie auch auf der Anbieterseite trotz erfolgter Gesetzesinitiativen Nachholbedarf bei der Realisierung von Betreibermodellen. Auf der Nachfrageseite sind erste Betreibermodelle zu Beginn der 1980er Jahre vor allem im Bereich der Umweltinfrastruktur realisiert worden. Als Anbieter, mit anderen Worten als gesamtverantwortliche Projektträger, treten deutsche Unternehmen verstärkt seit Anfang bis Mitte der 1990er Jahre auf.[6]

Der bisherige Grad an wissenschaftlicher Auseinandersetzung mit Betreibermodell-basierten Infrastrukturprojekten steht nach Meinung des Verfassers noch nicht im Einklang mit der zunehmenden Praxisrelevanz dieses empirischen Phänomens. Eine intensive wissenschaftliche Diskussion von Betreibermodellen findet erst seit Beginn der 1990er Jahre statt. Den Ausgangspunkt theoretischer Betrachtungen bildet die Projektfinanzierung, die als Technik der gesonderten Finanzierung von Großvorhaben verstärkt seit Anfang der 1980er Jahre in den Blickpunkt wissenschaftlicher und wissenschaftsnaher Betrachtungen geraten ist.[7] Zu Betreibermodellen existiert mittlerweile zwar eine Vielzahl an Zeitschriftenaufsätzen und Sammelwerkbeiträgen, in denen speziellen Problemstellungen wie objektbezogenen Erfolgsfaktoren aus Sicht verschieden möglicher Projektbeteiligter oder der Entwicklung einer maßgebenden Rahmengesetzgebung nachgegangen wird.[8] Betriebswirtschaftlich-integrative Dissertationen sind jedoch die Ausnahme.

Die wohl umfassendste betriebswirtschaftlich orientierte Einzelbehandlung des Phänomens Betreibermodelle bildet die Monographie von HINTZE, die unter Maßgabe eines Bezugsrahmens aus System-, Entscheidungs- und Vertragstheorie[9] sowohl möglichen Auftraggebern als auch potenziellen Projektträgern strategische wie operative Handlungsmöglichkeiten für „Betreibermodelle bei bautechnischen und maschinellen Anlagenprojekten" darlegt. Aufgrund der quantitativen Begrenzung der Arbeit geht die außergewöhnliche Bandbreite an behandelten Fragestellungen – kaum abwendbar – mit Abstrichen in der Behandlungstiefe einher. So betont der Autor zum Schluss der Untersuchung, dass die „erarbeiteten Ansätze zur

---

6 Vgl. Schmitz, R.H. (1996), S. 43f; Hintze, M. (1998), S. 2, 180ff, 224ff; Bfai/DEG (1999a), S. 11ff; Alfen, H.W. (1999), S. 16, 23f; Alfen, H.W. (2000), S. 234ff; Henschel-Bätz, M (2000), S. 103; Keppel, A./Hinrichs, S. (2000), S. 260; Ohl, H.-P. (2000), S. 125, 144; o.V. (2000c), S. 26; Alfen, H.W. (2001), S. 33; o.V. (2001h), S. 26; Jacob, D./Kochendörfer, B. (2002), S. 141f; Kafsack, H. (2002), S. 24; o.V. (2002a), S. 4; o.V. (2002h), S. 19; Roth, F. (2002), S. 19; o.V. (2002j), S. 22.

7 Vgl. zur bisherigen wissenschaftlichen Behandlung der Projektfinanzierung Beckmann, D. (2002b), S. 315.

8 Vgl. beispielsweise Augenblick, M./Custer, B.S. (1990); Besant-Jones, J.E. [Hrsg.] (1990); Gödel, J. (1991), S. 19ff; Tiong, R.L.K./Yeo, K.-T./McCarthy, S.C. (1992), S. 217ff; Tiong, R./Yeo, K. (1993), S. 83ff; Merna, T./Smith, N.J. [Hrsg.] (1994); Nicklisch, F. [Hrsg.] (1994); Tiong, R.L.K. (1995c), S. 304ff; Walker, C./Smith, A.J. (1995); BDI [Hrsg.] (1996); Levy, S.M. (1996) ; Nicklisch, F. [Hrsg.] (1996); Tiong, R.L.K. (1996), S. 205ff; UNIDO (1996); Zur, E. (1996), S. 26f; Keong, C.H./Tiong, R.L.K./Alum, J. (1997), S. 59ff; Tiong, R.L.K./Alum, J. (1997b), S. 76ff; Tiong, R.L.K./Alum, J. (1997c), S. 6ff; Tiong, R.L.K./Alum, J. (1997d), S. 83ff; Hildebrandt, J./Tegner, H. (1998), S. 82ff; Nicklisch, F. [Hrsg.] (1998); Tam, C.M. (1999), S. 377ff; Balthaus, H./Keppel, A. (2000), S. 507ff; Keppel, A./Hinrichs, S. (2000), S. 258ff; Nicklisch, F. [Hrsg.] (2000); Özdoganm, I.D./Birgönül, M.T. (2000), S. 345ff; UNCITRAL (2001).

9 Unter dem Oberbegriff der Neuen Institutionenökonomik vereint die Vertragstheorie die Property-Rights-Theorie (Theorie der Verfügungsrechte), Principal-Agent-Theorie und Transaktionskosten-Theorie (vgl. direkt Hintze, M. (1998), S. 17ff).

Beurteilung und Umsetzung von Betreibermodellen [...] Rahmenkonzepte [darstellen; Anm. d. Verf.], die [...] zu konkretisieren sind. [...] Zusätzliche Forschungsarbeit könnte hier in der Vertiefung einzelner Problemstellungen [...] geleistet werden"[10]. Da HINTZE für beide Adressatengruppen, sowohl für Auftraggeber als auch für Projektträger, eine über das einzelne Projekt hinausgehende Multiprojekt-Perspektive verfolgt, weist der Autor ausdrücklich darauf hin, dass weiterer Forschungsbedarf vor allem in der projektbezogenen Beurteilung und Umsetzung von Betreibermodellen besteht.[11] Dem Aufruf nach verstärkter Fokussierung hat sich insbesondere HENSCHEL-BÄTZ angenommen, die – Konzepte moderner Projektfinanzierung aufgreifend – speziell das Financial Engineering im Rahmen von BOT-Projekten des Straßenverkehrssektors behandelt.[12]

Korrespondierend zu Forderungen der Praxis nach betriebswirtschaftlichen Hilfestellungen bei der Bewältigung Betreibermodell-basierter Infrastrukturprojekte[13] soll daher in der vorliegenden Arbeit ein umfassendes Konzept der das Management unterstützenden Koordination Betreibermodell-basierter Infrastrukturprojekte erarbeitet werden. Den Empfehlungen von HINTZE wird dabei insofern Rechnung getragen, als ein von ihm behandelter Teilaspekt[14] bewusst aufgegriffen und fokussiert wird. Aufgrund der verhältnismäßig geringen empirischen Relevanz multiprojektbezogener Betreibermodell-Entscheidungen gemäß dem Portfolio-Gedanken[15] wird aber keine projektübergreifende, sondern eine schwerpunktmäßig einzelprojektbezogene Untersuchung durchgeführt. Nichtsdestoweniger werden multiprojektbezogene Entscheidungsprobleme an geeigneter Stelle diskutiert. Als weitere Fokussierung wird speziell die Sicht der Projektträger zugrunde gelegt, was eine Betrachtung der Auftraggeberperspektive lediglich für einzelne, in unmittelbarem Zusammenhang stehende, Problemstellungen impliziert. Eine dergestalt als „Controlling aus Projektträgersicht" titulierte Untersuchung erscheint nicht zuletzt deshalb notwendig, weil das vorhabensbezogene Controlling sowohl mit direktem Bezug auf Betreibermodelle wie auch im Rahmen allgemeiner Joint-Ventures als bedeutender Erfolgsfaktor angesehen wird.[16]

Das primäre Ziel der vorliegenden Untersuchung bildet demnach die Erarbeitung einer umfassenden Konzeption der Unterstützung von Projektträgern bei der Bewältigung der Koordinationsprobleme im Rahmen Betreibermodell-basierter Infrastrukturprojekte. Im Sinne eines Verständnisses der Betriebswirtschaft als anwendungsorientierte Wissenschaft[17] besteht das erklärte Anliegen darin, das klassische Dilemma zwischen Komplexität und Praktikabilität

---

10 Hintze, M. (1998), S. 353.

11 Vgl. Hintze, M. (1998), S. 353.

12 Henschel-Bätz, M. (2000).

13 Vgl. Billand, F. (1989), S. 338; Hahn, D. (1995), S. 332; Zur, E. (1996), S. 26f; Rudolph, B. (1998), S. 54; Ohl, H.-P. (2000), S. 141.

14 Vgl. Hintze, M. (1998), S. 343ff.

15 „It may also seriously be questioned how many contractors are really able to operate more than a few BOT projects at any one time" (Haley, G. (1992), S. 64).

16 Vgl. explizit Zur, E. (1996), S. 26f; Helm, R./Peter, A. (1999), S. 38.

17 Vgl. Wild, J. (1976), Sp. 3891; Ulrich, H. (1981), S. 1ff.

einer wissenschaftlichen Erörterung[18] dahingehend zu überwinden, dass keine theorieüberfrachteten, sondern möglichst praktisch handhabbare Handlungsempfehlungen gegeben werden, ohne aber in Theorielosigkeit zu verfallen. Insofern handelt es sich um ein pragmatisches Wissenschaftsziel.[19]

1.2 Aufbau und Vorgehensweise

Die Entwicklung einer spezifischen Controlling-Konzeption gliedert sich idealiter nach den Anforderungen, die das wissenschaftliche Schrifttum an den Konzept-Begriff im Allgemeinen und im Speziellen an denjenigen des Controlling stellt.[20]

Danach erfordert die Rechtfertigung einer Controlling-Konzeption – wie bereits oben als gegeben konstatiert – das Vorliegen einer eigenständigen Problemstellung sowie deren grundsätzliche wissenschaftlich-theoretische Fundierung und praktische Bewährung.[21] Eine entsprechend legitimierte Controlling-Konzeption besteht in geschlossener Form aus einer zielbezogenen, einer funktionalen, einer instrumentalen und einer institutionalen Komponente.[22] Dabei weisen SCHWEITZER/FRIEDL der Zielkomponente einen Zentralstatus zu, da aus entscheidungstheoretischer Sicht die Ziele der Entscheidungsakteure zusammen mit dem real vorliegenden, situativen Kontext die funktionale, instrumentelle und institutionelle Ausgestaltung einer Controlling-Konzeption determinieren.[23]

Unter Berücksichtigung dieser wissenschaftstheoretischen Grunderfordernisse an den Bezugsrahmen einer Controlling-Konzeption lässt sich der Aufbau der vorliegenden Arbeit anhand Darstellung 1 visualisieren. Danach hat das erste Kapitel zum Inhalt, die Relevanz der zugrundeliegenden Thematik zu umreißen, die zu füllende Forschungslücke aufzuzeigen und den Gang der Untersuchung darzulegen. Um die Kontextsituation problemgerecht zu erfassen, werden in Kapitel 2 die typologischen Merkmale Betreibermodell-basierter Infrastrukturprojekte wie Begrifflichkeiten, Zeit- und Leistungsbeziehungen sowie vertragsrechtliche Abgrenzungen herausgearbeitet. Gemeinsam mit den in Kapitel 3 analysierten empirischen Kontextvariablen wie Projektstruktur, -phasen und -risiken soll die für die präskriptive Ausarbeitung notwendige deskriptive und explanatorische Grundlage geschaffen werden.[24]

In Kapitel 4 erfolgt die deskriptiv-explanatorische Analyse der Projektträger-Ziele sowie deren Implikationen für die normative Detailentwicklung des Controlling-Konzeptes, so dass in

---

18 Vgl. auch Chmielewicz, K. (1979), S. 37f.

19 Vgl. auch Wild, J. (1976), Sp. 3891; Chmielewicz, K. (1979), S. 17f, 169ff, 192f, 195.

20 Vgl. auch Harbert, L. (1982), S. 140ff.

21 Vgl. Küpper, H.-U. (1987), S. 84.

22 Vgl. Küpper, H.-U./Weber, J./Zünd, A. (1990), S. 282; Schweitzer, M./Friedl, B. (1992), S. 142f; Beckmann, D./Huch, B. (2002), S. 149.

23 Vgl. Schweitzer, M./Friedl, B. (1992), S. 142f; Laux, H. (1998), S. 15ff.

24 Den klassischen wissenschaftstheoretischen Anforderungen an gedankliche Bezugsrahmen wie hohe Informativität, hoher empirischer Bestätigungsgrad und grundsätzliche entscheidungstechnische Verwendbarkeit folgend basiert die vorliegende Untersuchung somit auf den vier Stufen begrifflicher, deskriptiver, explanatorischer und praxeologischer Aussagen (vgl. Grochla, E. (1978), S. 53ff).

den Folgekapiteln 5, 6 und 7 unter Rückgriff auf die bis dahin gewonnenen Erkenntnisse die präskriptiven Aussagen zu Funktionen und Aufgaben sowie zur instrumentellen und institutionellen Umsetzung des Controlling Betreibermodell-basierter Infrastrukturprojekte aus Sicht der Projektträger getroffen werden können. Um im Zuge dessen nicht ausschließlich auf allgemeiner Ebene zu argumentieren, werden die entwickelten Konzept-Bestandteile in Kapitel 6 anhand eines Beispiels praktisch veranschaulicht. Die Arbeit schließt in Kapitel 8 mit einer Zusammenfassung der Ergebnisse sowie einem Ausblick auf die weitere Entwicklung und den verbleibenden Forschungsbedarf.

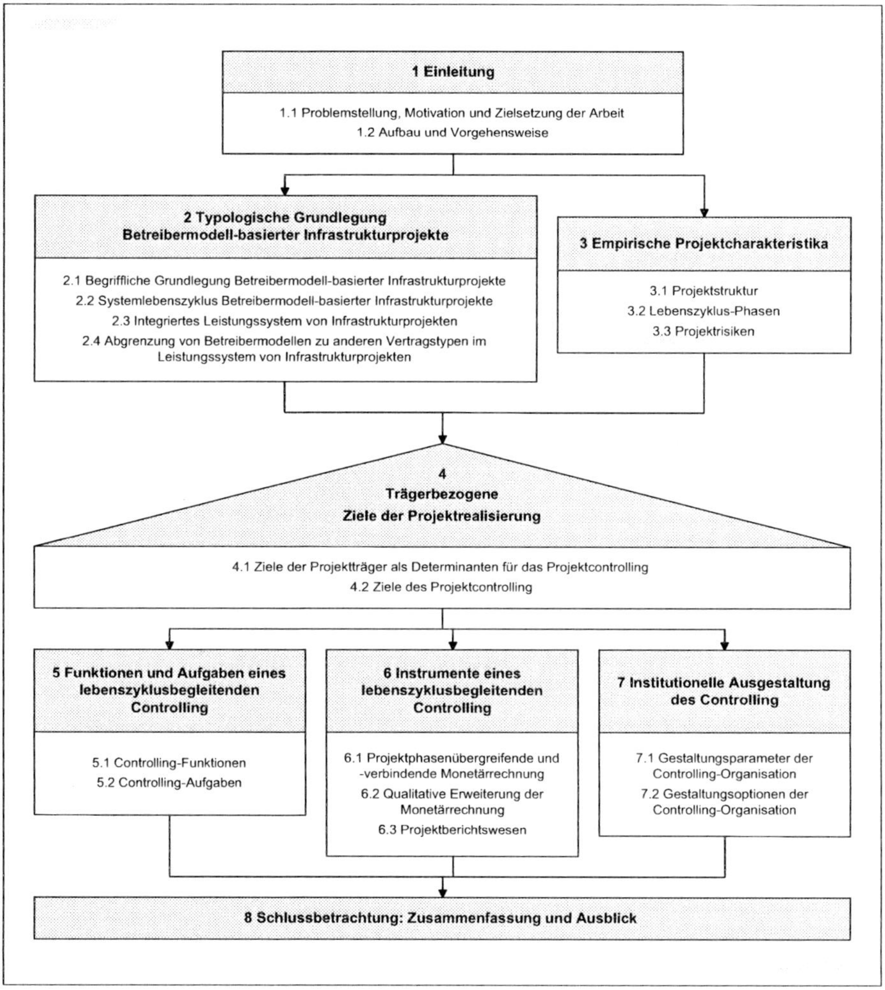

Darstellung 1: Aufbau der Arbeit

2 Typologische Grundlegung Betreibermodell-basierter Infrastrukturprojekte

2.1 *Begriffliche Grundlegung Betreibermodell-basierter Infrastrukturprojekte*

Je nach gewählter Abstraktionsebene lassen sich Betreibermodell-basierte Infrastrukturprojekte einerseits aus konstitutiven und andererseits aus differenzierenden Projektcharakteristika begrifflich ableiten. Die konstituierenden Merkmale eines allgemeinen Projektes bringt die Definition der DIN 69901 zum Ausdruck, die ein Projekt als ein Vorhaben[25] definiert, „das im wesentlichen durch die Einmaligkeit der Bedingungen in ihrer Gesamtheit gekennzeichnet ist", und folgende Kriterien für begriffskonstituierend erachtet:

- eine klar definierte Zielsetzung,
- zeitliche, finanzielle, personelle oder anderweitige Restriktionen,
- eine klare Abgrenzung gegenüber anderen Vorhaben sowie
- eine projektspezifische Organisation.

Stellvertretend für das betriebswirtschaftliche Schrifttum definieren HAHN/HUNGENBERG Projekte als „zielorientierte, zeitlich begrenzte Aktionsfolgen, die in der Regel einmalig und komplex und stets aperiodischer Art sind"[26]. Neben den konstituierenden Merkmalen Einmaligkeit und Komplexität heben HAHN/HUNGENBERG insbesondere die projektspezifischen Leistungs-, Ergebnis- und Zeitziele hervor.[27]

Aufbauend auf dem allgemeinen Projektbegriff lässt sich das Definiendum Betreibermodell-basiertes Infrastrukturprojekt aufgrund seiner hohen Objektspezifität mit Hilfe differenzierender Merkmale konkretisieren. Dabei ist auf die einzelnen Begriffskomponenten

1. Infrastruktur,
2. Infrastrukturprojekt sowie
3. Betreibermodell im Folgenden näher einzugehen.

Ad 1: Infrastruktur

Die Infrastruktur bildet als privater und öffentlicher Kapitalstock die Ausgangsbasis jeglichen Wirtschaftens.[28] Vor diesem Hintergrund findet im deutschsprachigen Raum die Definition von JOCHIMSEN weite Verbreitung, wonach Infrastruktur als die „Summe der materiellen,

---

[25] Von der vorhabenbezogenen Projektdefinition ist der praktisch weniger relevante institutionenbezogene Definitionsansatz abzugrenzen (vgl. Alter, R. (1991), S. 92ff).

[26] Hahn, D./Hungenberg, H. (2001), S. 737 mit einer Vielzahl weiterer Literaturnachweise mit eigenen Begriffssynopsen.

[27] Vgl. Hahn, D./Hungenberg, H. (2001), S. 737.

[28] Vgl. Frey, R.L. (1978), S. 201; Haley, G. (1992), S. 68; Scheele, U. (1993), S. 18.

institutionellen und personalen Einrichtungen und Gegebenheiten [...], die den Wirtschaftseinheiten zur Verfügung stehen"[29] zu verstehen ist.

Die in der vorliegenden Arbeit fokussierte materielle Infrastruktur[30] weist eine ganze Reihe typischer Merkmale auf. Als maßgebende technische und ökonomische Konstituenten der materiellen Infrastruktur gelten:[31]

- der Elementecharakter[32] einzelner Projekte innerhalb eines Systems interdependenter und standortgebundener Infrastruktureinrichtungen,
- spezifisch lange Lebensdauern und typisch hohe Investitions- und Unterhaltungsvolumina,
- weitestgehend unbekannte Marktpreise der angebotenen Leistungen sowie
- im Hinblick auf externe Folgeeffekte die regelmäßig starke Öffentlichkeitswirkung und der Vorleistungscharakter für die Erstellung anderer Produkte.

Differenzierend kann die materielle Infrastruktur in spezielle Bereiche und entsprechende Unterkategorien aufgeteilt werden. Für die zugrundeliegende Fragestellung erweist es sich als sinnvoll, die Spezialbereiche Umweltschutz-, Verkehrs-, Energie- und Telekommunikationsinfrastruktur zu unterscheiden und die nicht diesen Bereichen zuordenbaren Kategorien zur allgemeinen Infrastruktur zusammenzufassen.[33]

Die Umweltschutzinfrastruktur beinhaltet alle Einrichtungen der Abfall- und Siedlungswasserwirtschaft und umfasst die Funktionen der Abfallentsorgung, Wasserversorgung und Abwasserbeseitigung sowie die damit verbundenen Aktivitäten zur Reinhaltung von Wasser, Boden und Luft.[34] Zur Verkehrsinfrastruktur gehören die netzförmigen Verkehrswege Straße, Schiene und Wasserstraße sowie die punktförmigen Verkehrsträger Flughäfen, See- und Binnenhäfen und weitere Umschlagseinrichtungen des kombinierten Verkehrs.[35] Hingegen besteht die Energieinfrastruktur in erster Linie aus Einrichtungen der Energieerzeugung und des leitungsgebundenen Energietransports. Letzten Endes sind aber auch Einrichtungen der Energieabgabe wichtiger Bestandteil der energiebezogenen Infrastruktur. Der Telekommunikationsinfrastruktur lassen sich im Wesentlichen die festen und funkgestützten Telekommunika-

---

29 Jochimsen, R. (1966), S. 100.

30 Hiervon abzugrenzen sind die personelle und die institutionelle Infrastruktur. Während die personelle Infrastruktur das von der Bevölkerung verkörperte Humanpotenzial beschreibt, dient die institutionelle Infrastruktur als Sammelbegriff für Rechtsnormen und Traditionen mit besonderem Einfluss auf das Wirtschaftsgeschehen (vgl. Tuchtfeldt, E. (1970), S. 126f).

31 Vgl. Tuchtfeldt, E. (1970), S. 128ff; Bloech, J. (1989), Sp. 638.

32 Hieraus geht die weitgehende Unteilbarkeit von Infrastrukturprojekten hervor.

33 Ähnlich auch HINTZE, STROHBACH und die BUNDESSTELLE FÜR AUßENHANDELSINFORMATION (Bfai) (vgl. Hintze, M. (1998), S. 122; Bfai/DEG (1999a); Bfai/DEG (1999b); Bfai/DEG (1999c); Bfai/DEG (1999d); Bfai/DEG (1999e); Bfai/DEG (1999f); Bfai/DEG (1999g); Bfai/DEG (1999h); Bfai/DEG (1999i); Bfai/DEG (1999j); Strohbach, H. (2001), S. 40ff). Die Vereinten Nationen differenzieren zwischen den Sektoren Water, Sanitation, Transportation, Electricity und Telecommunications (vgl. UNCITRAL (2001), S. 3f).

34 Vgl. BMF (1991), S. 68; Strohbach, H. (2001), S. 42.

35 Vgl. McKay, C. (1989), S. 22f; BMF (1991), S. 47-53; Strohbach, H. (2001), S. 41f.

tionsnetze und die damit verbundenen Endeinrichtungen zuordnen.[36] In den Bereich der allgemeinen materiellen Infrastruktur fallen die größtenteils öffentlichen und öffentlichrechtlichen Einrichtungen der Verwaltung, Bildung und Forschung sowie des Strafvollzugs und des Sports.[37]

Ad 2: Infrastrukturprojekt

Im Laufe der bisherigen Explikation des Infrastrukturbegriffs wurde deutlich, dass das Sachziel infrastruktureller Vorhaben in der Erstellung bautechnischer Anlagen auf der einen Seite und maschineller Anlagen auf der anderen Seite liegt. Da vor allem bei Großprojekten zumeist eine systemische Kombination statischer Bauwerke und dynamisch-maschineller Anlagen vorliegt, erscheint eine diesbezügliche Dichotomisierung von Beispielprojekten jedoch nicht zielführend. In Darstellung 2 sind entsprechend synoptisch und beispielhaft einzelne Infrastrukturprojekte aufgeführt.

Mögliche Infrastrukturprojekte
- Verkehrsbauwerke (z.B. Straßen, Schienenbauwerke, Flughäfen, See- und Binnenhäfen)
- Telekommunikationsvorhaben (z.B. Netze, Übertragungs- und Endeinrichtungen)
- Energieerzeugungsanlagen (z.B. Brennstoff-, Wasser- und Solarkraftwerke, Windparks)
- Abfall- und Abwasseranlagen (z.B. Müllverbrennungs- und Kläranlagen)
- Gewerbe und Dienstleistungsimmobilien (z.B. Bürokomplexe, Hotels, Einkaufspassagen, Strafvollzugs-, Bildungs- und Forschungseinrichtungen)
- Sport- und Freizeitstätten (z.B. Sportarenen, Freizeitparks)

Darstellung 2: Beispielhafte Aufzählung von Infrastrukturprojekten

Obwohl einzelne Anlagen- und Bauwerksteile regelmäßig standardisiert ausgeführt werden, resultiert aus den spezifischen Nutzeranforderungen und den technischen Umfeldbedingungen die Einmaligkeit von Infrastrukturprojekten. Daher erfolgt die Erstellung eines Gesamtobjektes auch in Form der Einzelfertigung. Die Kernphasen Planung, Erstellung und Betrieb von Infrastrukturprojekten vollziehen sich vor dem Hintergrund der besonders hohen Projektwertigkeit und den verhältnismäßig langen Zeithorizonten insbesondere für Planung und Betrieb.[38] Je nach Vorhaben reicht der Finanzierungsbedarf von einigen Millionen EUR bis in den zweistelligen Milliardenbereich. Gesamtprojektdauern zwischen zehn und siebzig Jahren sind die Regel.[39] Als Elemente des übergeordneten Systems Infrastruktur bestehen die einzel-

---

[36] Vgl. Strohbach, H. (2001), S. 41.

[37] Vgl. BMF (1991), S. 53-59; Strohbach, H. (2001), S. 42.

[38] Siehe Abschnitte 3.2.1, 3.2.2 und 3.2.3.

[39] Vgl. McKay, C. (1989), S. 136f; Tiong, R.L.K./Yeo, K.-T./McCarthy, S.C. (1992), S. 221; Reismann, W.A. (1996), S. 441; Keong, C.H./Tiong, R.L.K./Alum, J. (1997), S. 65; Tiong, R.L.K./Alum, J. (1997d),

nen Projekte je nach Strukturtiefe aus einer Vielzahl unterschiedlicher Systemebenen und je nach Strukturbreite aus entsprechend vielen unterschiedlichen Teilsystemen. In Kombination mit den beteiligten Menschen entstehen komplexe sozio-technische Systeme, die sich aufgrund der damit verbundenen Problemstellungen durch einen spezifisch hohen Koordinationsaufwand auszeichnen und eine projektbezogene Organisationsstruktur erfordern. Es entstehen Unternehmungen auf Zeit, in denen Projektbeteiligte durch unterschiedlichste Leistungs- und Empfangsbeziehungen miteinander kommunizieren. Da die gegenseitigen Austauschbeziehungen den individuellen und teilweise konkurrierenden Zielen der Projektbeteiligten unterliegen, lassen sich Infrastrukturprojekte in Analogie zur Going-concern-Unternehmung als Interessen-, Vertrags- und Aktionszentren interpretieren und mit einem entsprechend angepassten Instrumentarium koordinieren.[40]

In Anlehnung an den allgemeinen Projektbegriff sowie den konkretisierten Inhalten der materiellen Infrastruktur stellen die fokussierten Infrastrukturprojekte beziehungsweise -anlagen somit einmalige bautechnische und maschinelle Großvorhaben dar, die aufgrund ihrer Langlebigkeit sowie ihres überwiegenden Systemcharakters von hochgradig komplexer Natur sind und zieladäquate Problemlösungsaktionen erfordern, welche ihrerseits zeitlichen, finanziellen, personellen und anderweitigen Ressourcenbegrenzungen unterliegen.

Ad 3: Betreibermodell

Die wissenschaftliche und wissenschaftsnahe Diskussion des Betreibermodell-Begriffs ist nicht selten weniger von einer expliziten Begriffsbestimmung als vielmehr von individueller Begriffsverwendung geprägt. Zum Ausdruck kommt dieser Zustand vor allem in der Verwendung zahlreicher Begriffssynonyme, die, vom jeweiligen Autor teilweise unbeabsichtigt, in Form akronymisierter Anglizismen bei wörtlicher Übersetzung spezielle Ausprägungen des Betreibermodells beschreiben,[41] folglich selbst zu Homonymen werden und die wünschenswerte Adaption einer einheitlichen Terminologie entsprechend erschweren.

Einen ebenso homonymen Charakter nehmen diejenigen Begriffsbeschreibungen an, die das Betreibermodell auf einer zu niedrigen, der semantischen Bedeutung des Wortes Betreibermodell nicht gerecht werdenden Abstraktionsebene ansiedeln. In diesem Falle wird die sprachliche Extension des Begriffs[42] Betreibermodell unnötig eingeschränkt. Stellenweise wird der Begriffsumfang sogar unterschiedlich weit gefasst, indem der Begriff zum einen übergreifend und zum anderen als spezielle Ausprägung desselben Erwähnung findet. Aufgrund dieser – zunächst lediglich abstrakt dargestellten – Begriffskonfusion werden in

---

S. 90, 93; Hildebrandt, J./Tegner, H. (1998), S. 83f; Özdoganm, I.D./Birgönül, M.T. (2000), S. 348; o.V. (2000d), S. 54; Leiste, E. (2001), S. 27; o.V. (2002e), S. 14.

40 Vgl. VDI (1991), S. 106; Hintze, M. (1998), S. 29.

41 Vgl. beispielsweise die Begriffsspiegelung von HINTZE (Hintze, M. (1998), S. 33ff) auf Basis englisch- und deutschsprachiger Literatur.

42 Zur grundlegenden Problematik der Festlegung von Begriffsumfang (Extension) und Begriffsinhalt (Intension) nimmt beispielsweise CHMIELEWICZ Stellung (vgl. Chmielewicz, K. (1979), S. 55ff).

Darstellung 3 konkret bestehende Definitionsansätze vorgestellt und im Folgenden mit Blick auf einen eigenen Definitionsbeitrag ausgewertet.

Ausgewählte Ansätze zur Definition des Betreibermodellbegriffs
LMW (1991), S. 9: „Im Betreibermodell übernimmt der Betreiber von der Kommune die Bauherreneigenschaft. Er plant, finanziert, baut und betreibt die [...] notwendigen Einrichtungen. Diese Leistungen werden in enger Abstimmung mit der Kommune erbracht. [...] Die Übertragung der kommunalen Abwasserreinigung auf den Betreiber erfolgt für einen definierten Zeitraum (20-30 Jahre, dies entspricht in etwa der Lebensdauer der Anlage). [...] Die Gemeinde zahlt an den Betreiber einen Reinigungspreis, der dann in die Gebühr eingeht, welche die Gemeinde von den Nutzern erhebt.“
BMF (1991), S. 22: „Unter dem Begriff „Betreibermodelle“ werden [...] durch private Unternehmen finanzierte und betriebene Verkehrsprojekte verstanden, die nur gegen Entrichtung einer individuellen Straßenbenutzungsgebühr genutzt werden können.“
Bott, H.-D. (1992), S. 23: „Beim Betreibermodell beschränkt sich ein EVU [Energieversorgungsunternehmen; Anm. d. Verf.], das mit eigenen Mitteln kein Kraftwerk bauen will oder kann, auf den Stromkauf und fordert private Investoren auf, ein entsprechendes Kraftwerk zu bauen, vorzufinanzieren und zu betreiben. Mit Einnahmen aus dem Stromverkauf deckt der private Betreiber seine Kosten.“
Schulte-Althoff, M. (1992), S. 201f: „Bei Betreibermodellen beteiligen sich die Projektersteller an der Projektgesellschaft. Die Projektaktivitäten der Ersteller enden somit nicht mit der Übergabe der Anlagen an die Auftraggeber, vielmehr betreiben die Ersteller die Projektanlagen während der Umsatzphase für einen längeren Zeitraum. Die Übergabe der Anlagen an die eigentlichen Nachfrager des Projektes erfolgt [...] i.d.R. erst nach Tilgung der Projektkredite (BOT, BOOT). In einigen Fällen betreiben die Ersteller das Projekt auch über die gesamte Lebensdauer (BOO).“
FStrPrivFinG, Begründung, I. Allgemeiner Teil (1994): „Kern eines Betreibermodells ist die Beauftragung eines Privaten mit Aufgaben des Baus, der Erhaltung, des Betriebs und der Finanzierung von Bundesfernstraßen. [...] Dies wird in der Regel durch einen Konzessionsvertrag oder einen vergleichbaren Rechtsakt geschehen, in dem die übertragenen Aufgaben im einzelnen konkretisiert und zeitlich befristet werden. [...] Zur Refinanzierung der privatfinanzierten Investitionen ist die Erhebung von Mautgebühren durch den Privaten vorgesehen.“
Wahl, K.-D. (1994), S. 15: „Mit dem Begriff „Betreibermodell“ sind Finanzierungsmodelle gemeint, bei denen für ein bestimmtes Projekt eine eigene Betreibergesellschaft gegründet wird, die das Projekt technisch und kommerziell entwickelt, für die Finanzierung der zu errichtenden Anlage sorgt, sie errichtet, sie betreibt, die erzeugte Leistung verkauft und aus den Einnahmen die Zahlungen für Tilgung und Zinsen der Kredite leistet [im Original Aufzählung in Form von Spiegelstrichen; Anm. d. Verf.].“
Zur, E. (1996), S. 25: „Im Kern beinhaltet die Abwicklung von Projekten nach dem Betreibermodell neben der Planung, dem Bau und der Finanzierung der Anlage auch und gerade deren endgültigen oder zeitweisen Betrieb sowie die Vermarktung des Outputs des Systems.“
Hintze, M. (1998), S. 38: „Bei einem Betreibermodell überträgt ein Auftraggeber die Gesamtverantwortung für ein bautechnisches und/oder maschinelles Anlagenprojekt auf einen Projektträger, wobei sich die Vertragslaufzeit mindestens auf die Ausführungsphase und einen wesentlichen Teil der Betriebsphase erstreckt. Die Gesamtverantwortung umfaßt die während der Vertragslaufzeit zu erbringenden Sach- und Dienstleistungen sowie die Finanzierung des Projektes. Dabei wird das Projekt als eigenständige Wirtschaftseinheit finanziert und in der Regel über eine rechtlich selbständige Projektgesellschaft realisiert.“
Alfen, H.-W. (1999a), S. 22: „Das Betreibermodell beruht auf der Vergabe einer zumeist zeitlich befristeten Konzession. In der Regel wird damit einer privaten Gesellschaft das Recht eingeräumt, eine Infrastrukturanlage zu planen, zu erstellen, zu finanzieren, zu betreiben sowie die getätigten Investitionen und sonstigen im Konzessionszeitraum entstehenden Kosten inkl. einer dem Risiko angemessenen Gewinnmarge über den Betriebszeitraum zu refinanzieren.“
Ohl, H.-P. (2000), S. 125: „Bei Betreibermodellen wird einem Konzessionsnehmer das Recht eingeräumt, ein Projekt zu planen, zu finanzieren, zu bauen bzw. zu liefern, zu unterhalten und für eine festgelegte Zeitdauer zu betreiben. Die Investitionsmittel werden mit Hilfe einer Projektfinanzierung aufgebracht und über eine vorab festgelegte Zeitdauer durch die Erhebung von Nutzungsgebühren refinanziert.“

Darstellung 3: Synopsis ausgewählter Definitionsansätze für den Begriff des Betreibermodells

Die Begriffsbestimmungen des LANDESWIRTSCHAFTSMINISTERIUMS NIEDERSACHSEN (LMW), des BUNDESFINANZMINISTERIUMS (BMF), des FERNSTRAẞENBAUPRIVATFINANZIERUNGSGESETZES (FStrPrivFinG) sowie diejenige von BOTT weisen aufgrund der jeweils zugrundeliegenden Spezialvorhaben ein hohes Maß an differenzierenden Begriffsmerkmalen auf. Sie gehören damit zu denjenigen Begriffsbeschreibungen, die das Betreibermodell auf einer zu niedrigen, der Bedeutungsweite des Wortes Betreibermodell nicht gerecht werdenden Abstraktionsebene ansiedeln, liefern aber dessen ungeachtet gute Ansatzpunkte für eine vom jeweiligen Projektgegenstand unabhängige Begriffsklärung.[43]

SCHULTE-ALTHOFF sieht den Anlagenersteller in der gleichzeitigen Rolle eines Projektgesellschafters und Betreibers. Dieser insgesamt relativ weit reichende Definitionsversuch spiegelt trotz der Verwendung der bekanntesten englischsprachigen Akronyme ebenfalls noch nicht die gesamte Variationsbandbreite des Definiendums Betreibermodell wider.[44]

Die Autoren der Publikationen jüngeren Datums wie WAHL, ZUR, HINTZE, ALFEN und OHL bemühen sich um einen Definitionsansatz mit Hilfe konstituierender und vom konkreten Sachgegenstand losgelöster Merkmale, wobei allerdings WAHL explizit die Gründung einer Betreibergesellschaft erwähnt, obwohl er implizit eine Projektträgergesellschaft meint, und somit nicht zwischen den zwei unterschiedlichen Funktionen Betreiberschaft und Projektträgerschaft differenziert.[45] Ebenfalls nur einschränkend zuzustimmen ist dem Ansatz von OHL, der ausschließlich konzessionsgebundene, das heißt im engeren Sinne auf einer behördlichen Erlaubnis beruhende,[46] Projekte unter den Begriff Betreibermodell subsumiert.

Trotz der festgestellten Vermischung differenzierender und konstituierender Merkmale verdeutlicht die vorgestellte Begriffssynopsis die weitgehende Übereinstimmung der Autoren hinsichtlich der grundlegenden Kennzeichen und Einsatzmöglichkeiten von Betreibermodellen, so dass sich den expliziten und impliziten Aussagen der Synopsis die folgenden konstituierenden Merkmale entnehmen lassen:

- Das sachliche Projektziel besteht in der Bereitstellung sachlich abgrenzbarer Projektleistungen auf Basis entsprechend zu erstellender Bauwerke und Anlagen. Die Projektbeteiligten verfolgen darüber hinaus individuelle Sach- und Formalziele.[47]

---

43 Eine derartige Begriffsauffassung wird in Deutschland vor allem bei Projekten zwischen Kommune und Privatunternehmen vertreten (vgl. z.B. Backhaus, K./Köhl, T./Behrens, H. (1997), S. 26; Kirchhoff, U. (1997), S. 104ff). Die Gliederung der Handreichung des BUNDESFINANZMINISTERIUMS stellt in diesem Zusammenhang ein Beispiel für die oben angesprochene gleichzeitig übergreifende und spezielle Auffassung vom Betreibermodellbegriff dar (vgl. BMF (1991), S. 22ff, 75ff). TYTKO unterscheidet daher begrifflich Betreibermodelle auf internationaler und nationaler Ebene (vgl. Tytko, D. (1999), S. 173ff, 186ff).

44 Die annähernd deckungsgleiche Begriffsbestimmung von BACKHAUS/KÖHL/BEHRENS ist ähnlich zu bewerten (vgl. Backhaus, K./Köhl, T./Behrens, H. (1997), S. 26).

45 Vgl. Fahrholz, B. (1998), S. 265. Siehe auch Abschnitt 2.4.2.2.

46 Vgl. Tilch, H. (1992), S. 751ff; Backhaus, K./Köhl, T./Behrens, H. (1997), S. 26; Tytko, D. (1999), S. 50 Gabler (2000), S. 1817.

47 Zu den einzelnen Zielsetzungen der Projektbeteiligten siehe Abschnitt 3.1 und im Speziellen zu den Zielsetzungen der Anteilseigner der Projektträgergesellschaft Abschnitt 4.1.

- Ein nicht zwingend öffentlicher Auftraggeber überträgt die Gesamtverantwortung der Sachzielerreichung auf einen Projektträger[48], dessen Rechtspersönlichkeit in Form einer rechtlich selbstständigen Projektgesellschaft zum Ausdruck kommt. Die Gesamtverantwortung des Projektträgers endet mit Ausnahme eines ungeplanten Projektabbruchs frühestens nach Ablauf eines wesentlichen Teils der Betriebsphase und umfasst die Herbeiführung aller während der Vertragslaufzeit zu erbringenden Sach- und Dienstleistungen.
- Die notwendigen Erst- und Folgeinvestitionen werden mit Hilfe einer Projektfinanzierung getätigt. Mit anderen Worten wird das jeweilige Projekt als selbsttragende Wirtschaftseinheit finanziert.[49]

Der nachstehende und für die vorliegende Arbeit geltende Definitionsansatz beinhaltet im Hinblick auf den zugrundeliegenden Begriffsumfang sämtliche empirisch vorfindbaren Anwendungsbereiche und beschränkt den Begriffsinhalt ausdrücklich auf die konstituierenden Definienses:

Bei einem Betreibermodell überträgt der Auftraggeber die Gesamtverantwortung für die Bereitstellung einer zu vereinbarenden und mit Hilfe technischer Anlagen zu erbringenden Projektleistung auf einen Projektträger, wobei sich die Vertragslaufzeit auf eine zu vereinbarende Zeitspanne nach Ablauf der Anlagenerstellung bezieht. Die Investitionsmittel werden im Zuge einer Projektfinanzierung aufgebracht.

Ein Betreibermodell-basiertes Infrastrukturprojekt ist demnach ein infrastrukturelles Großvorhaben auf Grundlage eines Betreibermodells, das die zuvor gekennzeichneten konstituierenden Merkmale von Infrastrukturprojekten und Betreibermodellen auf sich vereint.[50] Da Betreibermodelle im allgemeinen Wirtschaftssprachgebrauch nicht immer mit Infrastrukturvorhaben im dargelegten Sinne assoziiert werden,[51] erscheint der explizite Bezug auf Infrastrukturprojekte als begriffsextensional zwingend erforderlich. Bei der gewählten Wortverbindung handelt es sich somit nicht um eine teilredundante Tautologie, sondern um den Versuch bestmöglicher Begriffsfindung, wenngleich dem sprachökonomischen Wunsch nach Univerbierung[52] nicht entsprochen werden kann.[53]

---

48 Auf den Projektträgerbegriff wird in Abschnitt 2.4.2.2 näher eingegangen.

49 Zur Projektfinanzierung siehe Abschnitt 2.4.2.3.

50 Entsprechend der gewählten Intension des Betreibermodellbegriffs werden die empirisch vorfindbaren sowie gedanklich kombinierbaren differenzierenden Charakteristika von Betreibermodell-basierten Infrastrukturprojekten gesondert im Abschnitt 2.4.3 behandelt.

51 Beispielsweise ist auch in Bezug auf die Errichtung und den Betrieb von virtuellen Marktplätzen oder Großmaschinen die Rede von Betreibermodellen (vgl. Schambach, S. (2000), S. 30; Klapper, N. (2002), S. 50; Wildemann, H. (2002), S. 24).

52 Vgl. Steinhauer, A. (2000), S. 2f.

53 Zur Notwendigkeit der Begriffsexplikation hinsichtlich einer klaren Sprachregelung und Sprachverkürzung vgl. Wittmann, W. (1956), S. 43ff und Chmielewicz, K. (1979), S. 50ff.

2.2 Systemlebenszyklus Betreibermodell-basierter Infrastrukturprojekte

In metaphorischer Analogie zu natürlichen Systemen durchleben Infrastrukturprojekte als künstliche sozio-technische Systeme Entwicklungsstadien, deren Genese auch als Systemlebenszyklus bezeichnet wird. Der Zweck der Analogiebildung besteht darin, die Entwicklung wichtiger Systemdeterminanten im Zeitablauf strukturiert darstellen und analysieren zu können sowie darauf aufbauend zielgerechte Koordinationsmechanismen zu entwickeln und anzuwenden. Das Schrifttum unterscheidet im Regelfall die folgenden drei Hauptstadien im Lebenszyklus eines Systems:[54]

- Systembereitstellung,
- Systemnutzung und
- Systemaußerdienststellung.

Innerhalb der Phase der Systembereitstellung wird das zur Erreichung der verfolgten Ziele für geeignet befundene System herbeigeführt. Je nach systemhierarchischer Betrachtungsebene kann das erstrebte System innerhalb eines Koordinationsbereiches zwischen Markt und Hierarchie in Form einzelner Systemkomponenten (Subsysteme) oder als Ganzes marktlich erworben beziehungsweise hierarchisch während eines komplexen Systemgestaltungsprozesses geschaffen werden.[55] Während der Systemnutzungsphase wird das Erreichen der mit der Systemnutzung verfolgten Ziele angestrebt. Bei idealtypischer Betrachtung verringert sich der innerhalb der Nutzungsphase erhöhte Aktivitätsgrad des Systems erst mit Beginn der Systemaußerdienststellung. Die Komplexität und der daraus resultierende Koordinationsbedarf aller drei Hauptphasen hängen maßgeblich von der Art des Systems sowie der Art der Systembereitstellung, -nutzung und -außerdienststellung ab.[56]

Neben dem beschriebenen idealtypischen Ablauf besteht die Möglichkeit, dass sich die Hauptphasen zeitlich überlappen oder einzelne Systemstadien aufgrund eines vorzeitigen Abbruches überhaupt nicht erreicht werden.[57] Die einzelnen Entwicklungsstadien eines Systems können demnach lediglich insoweit als in sich abgeschlossene Phasen angesehen werden, wie mit Hilfe der eingenommenen systemhierarchischen Perspektive signifikante Differenzierungsmerkmale der einzelnen Abschnitte offenbar werden. Somit können je nach systemhierarchischer Betrachtungsperspektive sowie je nach Auswahl und Ausprägung der identifizierten differenzierenden Merkmale zeitlicher Systemabschnitte in Abhängigkeit vom betrachteten System teilweise erheblich unterschiedliche Phasenkonzepte entwickelt werden.

---

54 Vgl. Saynisch, M. (1979), S. 34ff; Alter, R. (1991), S. 101; Haberfellner, R. et al. (1999), S. 37ff. WÜBBENHORST nimmt eine andere Phasengliederung vor, bezieht aber implizit lediglich technische Systeme in seine Überlegungen mit ein (vgl. Wübbenhorst, K.L. (1992), S. 246ff).

55 Vgl. Jürgens, W.H. (1994), S. 57ff. WÜBBENHORST spricht in diesem Zusammenhang auch von „Systemteilung" (vgl. Wübbenhorst, K.L. (1992), S. 250f).

56 Vgl. Alter, R. (1991), S. 101ff.

57 Vgl. Alter, R. (1991), S. 103f.

Projekte werden im Schrifttum auf zweierlei Weise begrifflich in den Systemlebenszyklus integriert. Auf der einen Seite beschränkt sich die zeitliche Einordnung von Projekten auf die Phasen der Systembereitstellung und -außerdienststellung.[58] Auf der anderen Seite wird der gesamte Systemlebenszyklus als ein Projekt interpretiert.[59] Die erste Sichtweise unterstreicht, dass die Stadien der Systembereitstellung und -außerdienststellung eine zeitlich engere Begrenzung aufweisen und weitaus weniger repetitive Aktionen erfordern als die Phase der Systemnutzung. In der zweiten Perspektive kommt die Interpretation eines Projektes als Summe aller im Lebenszyklus eines Systems durchzuführenden Subprojekte zum Ausdruck.

Maßgebend für die Einordnung von Projekten in den Systemlebenszyklus ist die systemhierarchische Perspektive des Betrachters. Da in der vorliegenden Arbeit die Sicht eines den gesamten Systemlebenszyklus eines Infrastrukturprojektes übergreifend begleitenden Projektträgers[60] dominiert, werden Infrastrukturprojekte für den weiteren Gang der Arbeit als Gesamtheit aller Aktionsfolgen im Systemlebenszyklus von Infrastrukturprojekten angesehen und damit die zweite, übergreifende Sichtweise präferiert.

Für die gedankliche Trennung der Systemphasen Betreibermodell-basierter Infrastrukturprojekte können aus Projektträgersicht vor allem die folgenden Merkmalsgruppen als Abgrenzungskriterien herangezogen werden:[61]

- die während der Problemlösungsaktionen zu erbringenden, zeitlich abgrenzbaren Leistungen und der damit verbundene Ressourcenbedarf,
- die zeitlich unterschiedliche Einbindung einzelner Projektbeteiligter[62] sowie
- die zeitliche Entwicklung der Zahlungsströme.

Auf Grundlage der drei genannten und eng miteinander verbundenen Merkmalsgruppen werden in der vorliegenden Arbeit die folgenden Hauptprojektphasen unterschieden und entsprechend der Schwerpunktzielsetzung dieses Kapitels, die Arbeit weiter in den gewählten Bezugsrahmen einzuordnen, im Abschnitt 3.2 hinsichtlich signifikanter Differenzierungsmerkmale eingehend spezifiziert:

- Projektentwicklung,
- Detailplanung und Erstellung,
- Betrieb und

---

58 Vgl. Haberfellner, R. et al. (1999), S. 37ff, 241f.

59 Vgl. Maddaus, B.J. (2000), S. 65ff.

60 Der Projektträger wird noch ausführlicher in den Abschnitten 2.4.2.2 und 3.1.2 gekennzeichnet.

61 Vgl. auch Frank, H./Moser, R. (1987), S. 32f; Hupe, M. (1995), S. 35; Hintze, M. (1998), S. 31. HUPE und HINTZE konstatieren eine zeitliche Zuordenbarkeit von Projektrisiken. Zur Problematik einer derartigen Betrachtungsweise siehe Abschnitt 3.3.2. Vorsichtiger formuliert SCHULTE-ALTHOFF, dass Kapitaleinsatzrisiken im Zeitverlauf differieren (vgl. Schulte-Althoff, M. (1992), S. 99f).

62 Vgl. ferner Schulte-Althoff, M. (1992), S. 99ff. Unabhängig vom Betrachtungsgegenstand Betreibermodell-basierter Infrastrukturprojekte lässt sich auch die Bezeichnung Kooperationslebenszyklus finden (vgl. Kraege, R. (1997), S. 86ff; Hirschmann, P. (1998), S. 2, 28ff; Fuchs, M. (1999), S. 106ff).

- Desinvestition.

Wie bereits festgestellt, hängt die Entwicklung eines Phasenkonzeptes maßgeblich von der systemebenenbezogenen Perspektive des Betrachters ab. Mit anderen Worten besitzt die Phasenstrukturierung sowohl eine Makro-Logik als auch eine Mikro-Logik. Im Hinblick auf Betreibermodell-basierte Infrastrukturprojekte spiegeln die Phasen des Systemlebenszyklus und die Hauptphasen des Projektlebenszyklus die Makro-Logik sowie der klassische Zyklus des Führungsprozesses und die hieraus hervorgehenden Subzyklen die Mikro-Logik des vorliegenden Phasenkonzepts wider (vgl. Darstellung 4).[63]

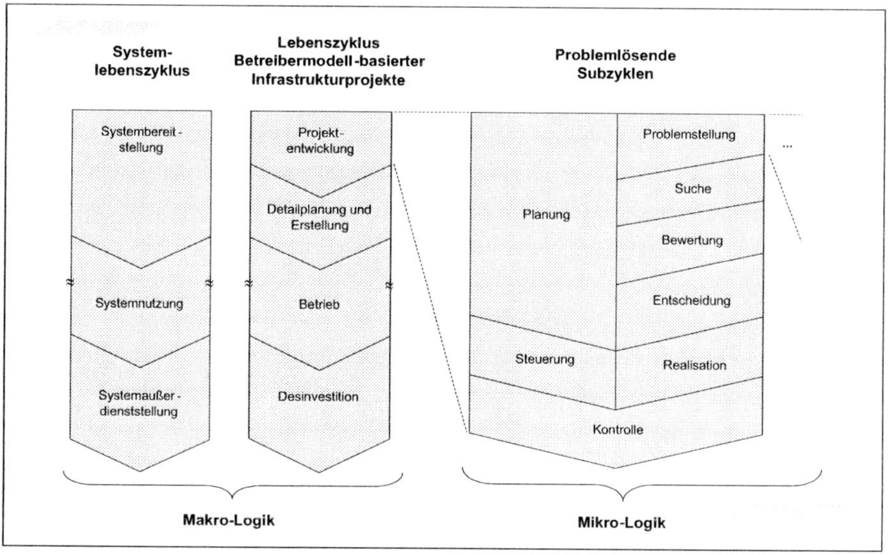

Darstellung 4: Makro- und Mikro-Logik des Phasenkonzeptes[64]

63 Vgl. zum klassischen Problemlösungszyklus der Führung stellvertretend Wild, J. (1974), S. 33ff, 106f, 118ff, 147ff; Hahn, D./Hungenberg, H. (2001), S. 32ff, 45ff. Stellung zur Makro- und Mikro-Logik im Rahmen des Systems Engineering nehmen Haberfellner, R. et al. (1999), S. 37ff, 47ff.

64 In Anlehnung an Hintze, M. (1998), S. 32; Haberfellner, R. et al. (1999), S. 38, 48.

2.3 *Integriertes Leistungssystem von Infrastrukturprojekten*

2.3.1 Konzept des integrierten Leistungssystems

Aus der Gesamtverantwortung eines Projektträgers für ein Betreibermodell-basiertes Infrastrukturprojekt ergeben sich vielfältige selbst oder von Dritten zu erbringende Sach- und Dienstleistungen. Um ein abstraktes Verständnis von der projektspezifisch üblichen und möglichen inhaltlichen Breite vergabefähiger Teilleistungen zu gewinnen, ist es erforderlich, ein komplexitätsreduziertes Rahmenkonzept zu entwickeln, das die Leistungsbeziehungen systematisch und umfassend beschreibt. Hierzu werden Infrastrukturprojekte zunächst im Rahmen einer Leistungsanalyse zu integrierten Leistungssystemen entwickelt, die aus einem Geflecht von Sach- und Dienstleistungen bestehen. Die unterschiedlichen Projektleistungen müssen dabei inhaltlich erfasst, anhand einer Typologie[65] geordnet und in vergabefähige Teilleistungen zerlegt werden. Dieses in Anlehnung an das organisationstheoretische Konzept der Aufgabenanalyse von KOSIOL[66] als Leistungsanalyse bezeichnete Vorgehen basiert auf dem Systemansatz, mit dessen Hilfe einerseits der Gefahr entgegengewirkt wird, den Betrachtungsgegenstand inhaltlich zu eng einzugrenzen, und andererseits die Möglichkeit entsteht, die mit der Ausdehnung des Betrachtungshorizonts zunehmende Komplexität weiterhin zu überblicken. Als geeignetes Instrument zur Bewältigung der Komplexität gilt das systemhierarchische Denken in Verbindung mit dem Black-Box-Prinzip.[67]

Das Leistungssystem wird danach zunächst auf den höheren Systemhierarchieebenen nur grob unterteilt, indem eine beschränkte Anzahl von Leistungen zu Subsystemen zusammengefasst und die wesentlichen Beziehungen dargestellt werden. Vom inneren Aufbau der auf der jeweiligen Aggregationsebene als Black Boxes anzusehenden Subsysteme wird abstrahiert. Sobald die konkrete Problemstellung eine Betrachtung auf niedrigerer Systemebene erfordert, werden die bestehenden Black Boxes zugunsten einer weiteren Zergliederung durchbrochen. Damit erhöhen sich sowohl die Anzahl als auch der Detaillierungsgrad der Leistungen mit sinkender Hierarchieebene des Leistungssystems.[68]

Zur weiteren Verringerung der Systemkomplexität werden die reinen Zahlungsleistungen nicht in das Leistungssystem aufgenommen, da sie als resultierendes finanzwirtschaftliches Pendant der hier im Vordergrund stehenden realwirtschaftlichen Sach- und Dienstleistungen anzusehen sind und in diesem Zusammenhang keiner weitergehenden Analyse bedürfen.[69]

---

65 Eine „Typologie lässt sich [...] als die Gesamtheit von Denkprozessen und Denkergebnissen verstehen, die die realen Erscheinungsformen eines Untersuchungsbereiches im Hinblick auf ein spezifisches Untersuchungsziel mit Hilfe von Abstraktion und Differenzierung in eine Ordnung bringen" (Alter, R. (1991), S. 331).

66 Vgl. Kosiol, E. (1962), S. 41ff.

67 Vgl. Schiemenz, B. (1993), Sp. 4129; Haberfellner, R. et al. (1999), S. 17ff.

68 Vgl. Hintze, M. (1998), S. 40.

69 Vgl. Hintze, M. (1998), S. 39; Henschel-Bätz, M. (2000), S. 51 und siehe Abschnitte 2.4.2.3 und 6.1.

Ziel der Leistungsanalyse ist es, gestaltungsneutrale Informationen für die anschließende Leistungssynthese zu gewinnen, was nach KOSIOL eine konsequente Trennung der deskriptiven Zerlegung von der präskriptiven Bündelung und institutionellen Zuordnung der Aufgaben respektive Leistungen erfordert.[70] Inhalt und Umfang der Leistungsanalyse lassen sich allerdings nur aus den Anforderungen der Leistungssynthese ableiten, so dass Analyse und Synthese von Leistungen nicht isoliert voneinander betrachtet werden können.[71] Dieser Zusammenhang kommt insbesondere bei den hier behandelten Infrastrukturprojekten zum Tragen, da die Projektleistungen vielfach in größtenteils standardisierter Form am Markt angeboten werden[72] und im Rahmen der Leistungsanalyse als solche auch zu berücksichtigen sind.

Die Leistungssynthese wird im Anschluss an die Analyse mit Blick auf unterschiedliche Möglichkeiten der Bündelung und Zuordnung von Projektleistungen behandelt. Dabei werden Betreibermodelle gegenüber anderen bei Infrastrukturprojekten vorfindbaren Vertragstypen auch unter Einbeziehung der bis dahin ausgeblendeten Finanzierungsleistungen eingeordnet. Das Vorgehen lehnt sich unter besonderer Berücksichtigung des im Rahmen der vorliegenden Arbeit thematisierten projektträgerbezogenen Controlling-Konzepts an den Entwurf von HINTZE an, entwickelt diesen zweckorientiert fort und berücksichtigt dabei auch den zugrunde gelegten rechtsraumübergreifenden Geltungsbereich und die verwendeten Termini.[73]

Dementsprechend umfasst die im Folgenden vorgestellte Leistungssystemhierarchie vier Systemebenen, die in Abhängigkeit von der Komplexität des konkreten Projektgegenstands hinsichtlich der Systemtiefe um zusätzliche Ebenen vertikal erweitert oder verkürzt werden können. Als Gliederungskriterien für die Strukturierung des Leistungssystems dienen die Delegierbarkeit, der Phasenbezug und der Inhalt von Projektleistungen. Hinsichtlich der horizontalen Breite des Leistungssystems werden ausschließlich die bei Bauwerks- und Anlagenprojekten zwingend zu erbringenden obligatorischen Leistungen tiefer erarbeitet. Darüber hinaus gehende fakultative Leistungen werden am Rande behandelt, da je nach Projektvorhaben große individuelle Gestaltungsspielräume bestehen, die komplexitätsreduzierende, generalisierende Aussagen kaum zulassen. Das integrierte Leistungssystem als Resultat der Leistungsanalyse illustrieren beispielhaft Darstellung 5 und Darstellung 6 auf den Seiten 26 und 27.

[70] Vgl. Kosiol, E. (1962), S. 63.

[71] Vgl. Krüger, W. (1992), Sp. 223.

[72] Vgl. Will, L. (1983), S. 150f.

[73] Vgl. Hintze, M. (1998), S. 39ff.

2.3.2 Projektgesamtleistung als oberste Ebene des Leistungssystems

Den Ausgangspunkt für die Projektierung eines Infrastrukturvorhabens bildet ein konkretisierter Bedarf nach dem aus einer infrastrukturellen Anlage hervorgehenden Leistungspotenzial. Der Aufbau und das Beibehalten des angestrebten Leistungspotenzials kann dabei als oberstes Sachziel angesehen werden, welches die Erreichung der von den Projektbeteiligten angestrebten Ziele ermöglicht. Dementsprechend und dem Black-Box-Prinzip folgend werden auf der höchsten Systemebene sämtliche mit dem Projekt verbundenen Leistungen zu einem Leistungspaket zusammengefasst und nicht weiter untergliedert. Die integrierte Gesamtleistung bringt dann das zur Deckung des identifizierten Bedarfs notwendige Leistungspotenzial hervor.

2.3.3 Differenzierung nach Delegierbarkeit von Projektleistungen auf zweiter Systemebene

Auf der zweiten Systemebene erfolgt eine erste Differenzierung nach dem Gliederungskriterium Delegierbarkeit von Projektleistungen. Unter Delegation wird in diesem Fall die verpflichtende Übertragung organisatorisch kongruenter Aufgaben, Kompetenzen und Verantwortung[74] vom Projektträger, das heißt von dem für das Projekt primär gesamtverantwortlichen Prinzipal,[75] auf den mit diesem nicht zwingend deckungsgleichen sekundärleistungserbringenden Agenten verstanden.[76] Aufgaben beinhalten dabei die Erbringung einer zu vereinbarenden Leistung.[77] Kompetenzen sind als Handlungsrechte zu verstehen, die innerhalb eines definierten Zuständigkeitsbereiches zur Durchsetzung einer Leistung dienen.[78] Verantwortung bezeichnet die Verpflichtung, für die Folgen des eigenen Handelns einzustehen.[79]

Als delegierbar können diejenigen Teilprojektleistungen angesehen werden, die nicht zwingend vom Projektträger zu erfüllen sind. Nicht delegierbar sind dagegen diejenigen Leistungen, die aufgrund spezifischer Merkmale nicht übertragen werden können oder sollten, da der Projektträger seine Trägerkompetenz verlieren würde. Inhalt und Intensität der Delegationsbarrieren[80] für Projektleistungen variieren je nach Projektsituation. Bei den hier behandelten Infrastrukturprojekten stehen insbesondere folgende Situationsmerkmale einer Delegation von Leistungen entgegen:

---

[74] Das Grundpostulat der Delegation ist die organisatorische Kongruenz von Aufgaben, Kompetenzen und Verantwortung (vgl. Wild, J. (1972), S. 64ff).

[75] Zur Kennzeichnung des Projektträgers bei Betreibermodellen siehe auch Abschnitte 2.4.2.2 und 3.1.2.

[76] Vgl. Steinle, C. (1992), Sp. 501.

[77] Vgl. Kosiol, E. (1962), S. 41.

[78] Vgl. Steinle, C. (1992), Sp. 506; Bronner, R. (1992), Sp. 2507.

[79] Vgl. Bleicher, K. (1980), Sp. 2283.

[80] Eine Darstellung der bislang „nur recht selektiv und eklektisch" erforschten Delegationsbarrieren gibt STEINLE (vgl. Steinle, C. (1992), Sp. 507f).

- ein Bedarf an Rahmenentscheidungen und -handlungen,
- ein zu befürchtender Mangel an Übersicht über das Gesamtprojekt,
- die unbeabsichtigte Dominanz von Partikularinteressen einzelner Leistungsträger,
- ein zu geringes Vertrauen in Leistungswillen oder -vermögen der Delegationsempfänger.

Das verbindende Charakteristikum der aufgeführten Delegationshindernisse ist ihr Gesamtprojektbezug. Im Gegensatz dazu zeichnen sich die aus der Perspektive des Projektträgers delegationsfähigen Leistungen durch ihren weitestgehenden Teilprojektbezug aus, so dass zwischen delegierbaren Gesamtprojektleistungen und nicht delegationsfähigen Teilprojektleistungen unterschieden werden kann. Während die Gesamtprojektleistungen projektkoordinierend ausgerichtet sind, können die Teilprojektleistungen als Objekt der Projektgesamtkoordination aufgefasst werden.[81]

2.3.4 Differenzierung nach Phasenbezug von Projektleistungen auf dritter Systemebene

Auf der dritten Systemebene werden die delegierbaren Teilprojektleistungen und die nicht delegierbaren Gesamtprojektleistungen anhand des Merkmals Phasenbezug strukturiert.[82] Danach können die phasenübergreifenden Gesamtprojektleistungen von den einerseits phasenverbindenden und andererseits phasenspezifischen Teilprojektleistungen unterschieden werden.[83]

Die phasenübergreifenden Gesamtprojektleistungen können zum Leistungspaket Projektkoordination zusammengefasst werden und erstrecken sich über den gesamten System- beziehungsweise Projektlebenszyklus. Phasenverbindende Teilprojektleistungen werden mindestens während zweier der vier Oberphasen Projektentwicklung, Detailplanung und Erstellung, Betrieb oder Desinvestition erbracht und umfassen die während der Projektentwicklung, Detailplanung und Erstellung anfallenden traditionellen Bauherrenleistungen, die während der Detailplanung und Erstellung zu erbringenden technischen Planungs- und Überwachungsleistungen sowie die vom Beginn der Erstellung bis zum Ende des Projektbetriebs reichenden Lieferleistungen. Die phasenspezifischen Teilprojektleistungen fallen hingegen speziell in-

---

[81] Unabhängig von der Unterscheidung delegierbarer und nicht delegierbarer Projektleistungen differenziert HINTZE in Anlehnung an die Terminologie der deutschen Verdingungsordnung für Bauleistungen Teil B (VOB/B) wirtschaftlich-gesamtprojektbezogene Auftraggeberleistungen und technisch-teilprojektbezogene Auftragnehmerleistungen (vgl. Hintze, M. (1998), S. 42). Diese Unterscheidung findet sich auch bei der Abgrenzung objektorientierter Auftraggeberleistungen von projektorientierten Auftragnehmerleistungen im Rahmen der Diskussion der §§ 15, 31 der deutschen Honorarordnung für Architekten und Ingenieure (HOAI) (vgl. Will, L. (1983), S. 221ff), kann aber im vorliegenden Zusammenhang zu begrifflichen Missverständnissen führen, da entweder die für die sogenannten Auftraggeberleistungen Verantwortlichen innerhalb eines bestehenden Delegationsverhältnisses den Status eines Auftragnehmers einnehmen können oder die mit den sogenannten Auftragnehmerleistungen Beauftragten im Rahmen der Subdelegation von Leistungen selbst zu Auftraggebern werden.

[82] Siehe bezüglich der unterschiedlichen Phasen des Projektlebenszyklus auch die Abschnitte 2.2 und 3.2.

[83] Eine ähnliche Terminologie verwenden BACKHAUS/WEIBER (vgl. Backhaus, K./Weiber, R. (1993), S. 81ff).

nerhalb einer der genannten Phasen an und beinhalten die materielle Bauwerks- beziehungsweise Anlagenerstellung, die wirtschaftlichen und technischen Betriebsleistungen zur Nutzung, zum Erhalt, zur Wiederherstellung und zur Verbesserung des geschaffenen Leistungspotenzials sowie die wirtschaftlichen und technischen Leistungen während der Vorbereitung und Durchführung der Projektdesinvestition.

Speziell innerhalb der Betriebsphase können über die bei Infrastrukturprojekten obligatorisch notwendigen wirtschaftlichen und technischen Betriebsleistungen hinaus fakultative Betriebsleistungen auftreten, die in Abhängigkeit vom jeweiligen Projektgegenstand sehr unterschiedlich ausgeprägt sein können und daher im Folgeabschnitt beispielhaft dargestellt werden.

2.3.5 Differenzierung nach Inhalt von Projektleistungen auf vierter Systemebene

Auf der vierten Systemebene werden die auf den vorangehenden Systemebenen nach den Kriterien Delegierbarkeit und Phasenbezug geordneten Projektleistungen weiter anhand der konkreten Leistungsinhalte strukturiert.

In Ermangelung eines standardisierten Katalogs der nicht delegierbaren Leistungen eines gesamtverantwortlichen Projektträgers lassen sich die vom Projektträger in Eigenleistung zu erbringenden Gesamtprojektleistungen nicht abschließend festlegen. Aus den auf der zweiten Systemebene erarbeiteten Hindernissen der Delegation von Projektleistungen und dem auf der dritten Systemebene konstatierten Gesamtprojektkoordinationscharakter können aber die zwingend vom Projektträger zu erbringenden Leistungen zu folgendem Spektrum originärer Projektträgerleistungen zusammengefasst werden:[84]

- Formulierung der obersten Projektziele insbesondere anhand der Zielsetzungen von Auftraggeber und Projektträger,
- Moderation der individuellen Interessen der primären und sekundären Projektbeteiligten,
- Treffen von Grundsatzentscheidungen zur Gewährleistung einer effektiven und gleichzeitig effizienten Gesamtprojektkoordination, beispielsweise Entscheidungen über die Ausgestaltung und Handlungen zur Umsetzung des Planungs- und Kontrollsystems, des damit verbundenen internen und externen Berichtswesens sowie der Projektorganisation,
- Verhandlungen und Abschluss der obersten Projektverträge,
- Delegation von Teilprojektleistungen auf oberster Vergabeebene,
- oberste Kontrolle der Vertragserfüllung und Erreichung der postulierten Projektziele sowie
- Übernahme von Repräsentations- und Kommunikationspflichten nach außen.

---

84 Vgl. auch Frese, E. (1987), S. 113; Hintze, M. (1998), S. 63; Böger, T.R./Drömann, D. (2001), Kap. 5.

Bei der inhaltsbezogenen Gliederung der den Teilprojektleistungen zugehörigen Bauherrenleistungen kann auf weitgehend etablierte Leistungsbeschreibungen des bauwirtschaftlichen Schrifttums zurückgegriffen werden. Danach können grob die folgenden zwei Leistungsbereiche unterschieden werden:

- Projektentwicklung im engeren Sinne: Weiterentwicklung von Projektideen nach wirtschaftlichen, technischen, rechtlich-administrativen und organisatorischen Gesichtspunkten zu einem konkreten Projektkonzept mit Blick auf eine anschließende Realisationsentscheidung,[85]
- Projektsteuerung:[86] Koordination der Bauwerkserstellung, insbesondere die zielvorgabengemäße Planung und Überwachung der Organisations-, Termin- und Zahlungspläne unter Einwirkung auf die aktiv ausführenden und passiv betroffenen Projektbeteiligten, die rechtzeitige Versorgung des Auftraggebers mit entscheidungsrelevanten Informationen, die Bearbeitung von Finanzierungs- und Förderungsverfahren sowie vertragsrechtliche, genehmigungsrechtliche und nachbarschaftsrechtliche Leistungen wie Verfahrens- oder Vertragsanbahnungen, -konzipierungen und -verhandlungen sowie die Geltendmachung und Durchsetzung erstellungsbezogener Rechtsansprüche.[87]

Für die inhaltliche Konkretisierung der während der Detailplanung und Erstellung zu erbringenden technischen Planungs- und Überwachungsleistungen bietet sich eine Aufstellung in Anlehnung an die Leistungsbildbeschreibung der deutschen Honorarordnung für Architekten und Ingenieure (HOAI) an, aus der folgende Leistungsbereiche hervorgehoben werden können:

- Landschaftsplanung und Umweltverträglichkeitsprüfung,
- Objektplanung für Gebäude und Freianlagen,
- Objektplanung für Ingenieurbauwerke und Verkehrsanlagen,
- Baugrundbeurteilung, Gründungsberatung und vermessungstechnische Leistungen,
- Tragwerksplanung sowie Entwicklung und Herstellung von Fertigteilen,
- Thermische Bauphysik sowie Schallschutz und Raumakustik,
- Technische Ausrüstung sowie örtliche Bauüberwachung.[88]

---

[85] Siehe auch Abschnitt 3.2.1.

[86] Gegenüber den annähernd deckungsgleichen Projektmanagementleistungen zeichnen sich Projektsteuerungsleistungen nach der im bauwirtschaftlichen Schrifttum mehrheitlich vertretenen Auffassung durch ihren geringeren Umfang an Entscheidungs- und Weisungsbefugnissen aus, die beim Übergang zum Bauprojektcontrolling minimal werden (vgl. Eschenbruch, K. (1999), S. 26ff, 46ff).

[87] Vgl. auch § 31 HOAI und Will, L. (1983), S. 201ff, 265ff; AHO (1996), S. 13ff, 25ff; Hintze, M. (1998), S. 46; Eschenbruch, K. (1999), S. 63ff.

[88] Vgl. §§ 45a, 46, 48a, 49a, 50, 15, 55, 57, 91, 92, 96, 97b, 98b, 100, 64, 28, 77, 78, 79, 80, 81, 85, 86, 73, 57 HOAI.

Die während der Erstellungs- und Betriebsphase erfolgenden Lieferleistungen beinhalten neben der vereinbarungsgemäßen Bereitstellung der am Projektstandort für den plangemäßen Baufortschritt und Projektbetrieb benötigten Roh-, Hilfs- und Betriebsstoffe auch die Lieferung derjenigen Komponenten, die als fertige Bestandteile in die infrastrukturelle Anlage eingehen. Von ebenso großer Bedeutung ist die Belieferung mit der für die Erstellung und für den Betrieb benötigten Energie beziehungsweise den dafür benötigten Energieträgern.

Einen Orientierungsrahmen für die inhaltliche Präzisierung der materiellen Erstellungsleistungen gibt die Aufstellung der deutschen Verdingungsordnung für Bauleistungen Teil C (VOB/C), die neben ihrer Funktion als Allgemeine Technische Vertragsbedingungen für Bauleistungen (ATV) auch den maßgebenden DIN-Normen-Katalog darstellt. Folgende Erstellungsleistungen seien beispielhaft genannt:

- Erd-, Landschafts- und Verkehrswegebauarbeiten,
- Mauer-, Beton- und Stahlbeton-, Stein-, Holz- und Stahlbauarbeiten,
- Dach-, Abdichtungs- und Dämmarbeiten,
- Gas-, Wasser-, Abwasser-, Elektroarbeiten und Lüftungstechnische Anlagen, Technische Gebäudeausrüstung im Allgemeinen,
- Putz-, Estrich-, Verglasungs-, Mal- und Lackierarbeiten sowie
- Gerüstarbeiten.[89]

Zur inhaltlichen Konkretisierung der wirtschaftlichen Betriebsleistungen bei Infrastrukturprojekten wird in Ermangelung standardisierter Leistungsbeschreibungen nachstehend eine funktionsorientierte Gliederung der Leistungsinhalte vorgenommen.[90] Dabei können folgende Leistungsbereiche unterschieden werden:

- Betriebsführung als Gesamtheit aller übergeordneten willensbildenden und -durchsetzenden Aktivitäten im Zusammenhang mit dem Betrieb der Anlage,
- Betriebsberichtswesen als informationelle Grundlage des externen Berichtswesens sowie der internen erfolgs- und liquiditätsorientierten Planung, Steuerung und Überwachung des Betriebsgeschehens,
- Planung, Disposition und Kontrolle der betrieblichen Finanzströme unter besonderer Berücksichtigung der Liquiditätssicherung,

---

[89] Vgl. DIN 18300-18309, 18313, 18315-18318, 18320, 18325, 18330-18335, 18355-18360, 18364, 18367, 18336, 18338, 18421, 18339, 18379-18384, 18350, 18352-18354, 18361, 18363, 18365, 18366, 18451.

[90] Der vom VDMA zur Bewirtschaftung von Gebäuden entwickelte Leistungskatalog kann für die hier vorgenommene Darstellung aufgrund seiner Objektspezifität und inhaltlichen Überschneidungen mit anderen Leistungsbereichen lediglich als Anhaltspunkt dienen. Nach der VDMA-Aufstellung gliedert sich das kaufmännische Gebäudemanagement in die Leistungsbereiche Beschaffungs-, Flächen-, Projekt- und Vertragsmanagement, Kostenplanung und -kontrolle, Objektbuchhaltung und sonstige Leistungen (vgl. VDMA (1996a), S. 3; VDMA (1996b), S. 11f).

- Überprüfung, gerichtliche und gegebenenfalls außergerichtliche Geltendmachung und Durchsetzung der mit dem Projektbetrieb in Zusammenhang stehenden Rechtsansprüche,
- Planung, Einsatz und Betreuung des Betriebspersonals, Verwaltung von Personalverträgen sowie Lohn- und Gehaltsbuchhaltung,
- Betreuung der Betriebsleistungsabnehmer in Bezug auf den Projektbetrieb.

Die technischen Betriebsleistungen können inhaltlich in Anlehnung an die Untergliederung und Terminologie der DIN 31051 präzisiert werden. Der Leistungskatalog Instandhaltung der DIN 31051 wird dabei um das Bedienen[91] und die Modernisierung[92] der Anlagen erweitert, so dass fünf Leistungsbereiche unterschieden werden können:

- Bedienung der Anlagen: Steuerung und Regelung der technischen Betriebsabläufe,
- Inspektion: Feststellung, Beurteilung und Dokumentation der aktuellen Funktions- und Gebrauchsfähigkeit des technischen Systems in Hinblick auf für notwendig erachtete Wartungs-, Instandsetzungs- und Modernisierungsmaßnahmen,
- Wartung: Erhaltung der betriebszieladäquaten Funktions- und Gebrauchsfähigkeit des technischen Systems,
- Instandsetzung: Wiederherstellung der betriebszieladäquaten Funktions- und Gebrauchsfähigkeit des technischen Systems,
- Modernisierung: Verbesserung der Funktions- und Gebrauchsfähigkeit des technischen Systems durch Anpassung an den aktuellen Stand der Technik.[93]

Die über die obligatorisch notwendigen wirtschaftlichen und technischen Betriebsleistungen hinaus gehenden fakultativen Betriebsleistungen können in Abhängigkeit vom jeweiligen Projektgegenstand sehr unterschiedlich sein. Zu den projektinternen Nebenleistungen zählen beispielsweise Catering- und DV-Dienstleistungen, Gärtner-, Hausmeister- und Winterdienste, Kopier- und Druckereidienste, der Parkhausbetrieb und Sicherheitsdienste, Reinigungs- und Schädlingsbekämpfungsdienste, Umzugs-, Waren- und Logistikdienste sowie zentrale Kommunikationsdienste.[94] Neben diesen Leistungen mit schwerpunktmäßig projektinternem Bezug werden oftmals anonymen Abnehmern diverse Nebenleistungen angeboten. Beispielsweise existieren bei Flughafen-, Bahnhofs- oder Autobahnprojekten zusätzlich zum projektspezifischen Hauptprodukt, der Ermöglichung des Transports von Gütern und Passagieren, unterschiedliche „Kuppelprodukte“ wie die Versorgung mit Gütern und Dienstleistungen des tägli-

---

91 Vgl. auch die Termini der DIN 32541 zum Betreiben von technischen Arbeitsmitteln.

92 Der VDMA grenzt ebenfalls Modernisierungs- von Instandhaltungsmaßnahmen ab (vgl. VDMA (1996a), S. 3; VDMA (1996b), S. 3ff).

93 Der vollständige Ersatz der Anlage ist hingegen nicht mehr Bestandteil der technischen Betriebsleistungen, sondern kann als Erstellungsleistung eines je nach Tragweite der Gesamtprojektwirkungen neuen Projekts angesehen werden.

94 Aus der vom VDMA gewählten Bezeichnung als Infrastrukturelles Gebäudemanagement kommt der optionale Charakter dieser mit HINTZE als fakultativ bezeichneten Leistungen nicht zum Ausdruck (vgl. VDMA (1996a), S. 4; VDMA (1996b), S. 7ff; Hintze, M. (1998), S. 43).

chen Bedarfs, zum Beispiel mit Lebensmitteln, Bekleidung, Fahrzeugtreibstoff sowie gastronomischen oder hygienischen Leistungen.[95]

Die wirtschaftlichen und technischen Leistungen während der Vorbereitung und Durchführung der Projektdesinvestition sind in Abhängigkeit von der Art der Desinvestition sowie je nach Art des technischen Systems und sonstigen Projektgegebenheiten sehr unterschiedlich.[96] Entsprechend dem Abstraktionsgrad der vierten Ebene des integrierten Leistungssystems können allgemeingültig wirtschaftliche Leistungen wie die finanzielle, rechtliche und ablauforganisatorische Planung und Umsetzung der Desinvestition, beispielsweise im Rahmen einer Rückübertragung an den Ursprungsauftraggeber, einer Übertragung an Dritte in Form eines Private-Equity-Deals oder Börsengangs oder einer Projektstilllegung unterschieden werden. Die technischen Desinvestitionsleistungen gliedern sich im Wesentlichen in die technisch-rechtliche und ablauforganisatorische dispositive Planung und Umsetzung der mit einer Projektübergabe verbundenen Schulungs- oder Umbauaktivitäten beziehungsweise der mit einer Stilllegung verbundenen Demontagehandlungen sowie den darauf folgenden ausführenden Entsorgungs- und möglicherweise anfallenden Sanierungs- und Renaturierungsmaßnahmen.[97]

Das hier entwickelte integrierte Leistungssystem von Infrastrukturprojekten ist auf zusätzlichen Ebenen anhand wählbarer Gliederungsmerkmale situationsbezogen erweiterbar. Für die gesamtprojektbezogenen Koordinationsleistungen sowie die teilprojektbezogenen Bauherrenleistungen und wirtschaftlichen Betriebsleistungen sowie die wirtschaftlichen und technisch-dispositiven Desinvestitionsleistungen bietet sich an, auf den Folgeebenen zusätzlich zur bereits auf der dritten Systemebene vorgenommenen Unterteilung nach den Lebenszyklusphasen des Systems eine funktionsorientierte Untergliederung hinsichtlich der klassischen Phasen des Management-Prozesses Planung, Realisation und Kontrolle sowie daraus abgeleiteter Subphasen vorzunehmen.[98] Aus den gesamtprojektkoordinierenden Leistungen der vierten Ebene des vorgestellten Leistungssystems gehen dann detaillierte Management-Leistungen hervor, die von den im weiteren Verlauf der vorliegenden Arbeit schwerpunktmäßig behandelten systembildenden und systemkoppelnden Controlling-Leistungen des Projektträgers unterstützt werden.[99] Auf gleiche Weise lassen sich die teilprojektbezogenen Management-Handlungen und Controlling-Aktivitäten der Delegationsempfänger von Bauherrenleistungen, wirtschaftlichen Betriebsleistungen sowie wirtschaftlichen und technisch-dispositiven Desinvestitionsleistungen weiter präzisieren.

---

95 Vgl. beispielsweise Münch et al. (1997), S. 129, 159; Ohl, H.-P. (2000), S. 130; o.V. (2001d), S. 14.

96 Zur Phase der Desinvestition siehe Abschnitt 3.2.4.

97 Vgl. Schulte-Althoff, M. (1992), S. 112; Hupe, M. (1995), S. 41f; Hintze, M. (1998), S. 108f.

98 Zum Zusammenhang zwischen Führungsprozess und Systemlebenszyklus Betreibermodell-basierter Infrastrukturprojekte siehe auch die textlichen und graphischen Ausarbeitungen in Abschnitt 2.2.

99 Siehe zu den gesamtprojektbezogenen Controlling-Leistungen Hauptkapitel 5 und 6.

Die technischen Planungs- und Überwachungsleistungen während der Phase der Detailplanung und Erstellung der infrastrukturellen Anlage können der auf der vierten Systemebene vorgenommenen Anlehnung an die deutsche HOAI folgend nach den Subgliederungen der einzelnen Leistungsbilder weiter detailliert werden. Dabei spiegeln die nach Subphasen geordneten Leistungsinhalte der HOAI ebenfalls die Phasen des abstrakten Management-Prozesses wider. Die einzelnen Leistungsbilder sind prinzipiell nach dem Muster „Klären der Aufgabenstellung und Ermitteln des Leistungsumfanges, Analyse der Planungsgrundlagen, Herbeiführen vorläufiger Planfassungen, zwischenzeitlicher Entwurfsfassungen sowie genehmigungs- und ausführungsfähiger Endfassungen" aufgebaut. In Abhängigkeit vom jeweiligen Leistungsbild schließt sich gegebenenfalls die Vorbereitung und Mitwirkung bei der Vergabe und Überwachung der Planausführungen an.[100]

Eine tiefergehende Zerlegung der Liefer- und Erstellungsleistungen kann anhand projektspezifischer Leistungsverzeichnisse realisierter Projekte oder anhand publizierter Standardleistungsverzeichnisse erfolgen. Für die Erstellungsleistungen bietet sich beispielsweise das deutsche Standardleistungsbuch für das Bauwesen (STLB) an, welches an die bereits auf der vierten Systemebene als Referenz herangezogenen Allgemeinen Technischen Vertragsbedingungen (ATV) der Verdingungsordnung für Bauleistungen Teil C (VOB/C) anknüpft. Auch die weitere Untergliederung der technischen Betriebsleistungen muss projektbezogen erfolgen und kann in Anlehnung an die bereits auf der vierten Systemebene zitierte DIN 31051 sinnvoll systematisiert werden. Auf eine Empfehlung zur weiteren Systematisierung der sehr unterschiedlich ausfallenden fakultativen Betriebsleistungen sowie der technisch-ausführenden Desinvestitionsleistungen soll an dieser Stelle verzichtet werden, da es aufgrund der großen Gestaltungsspielräume kaum möglich erscheint, allgemeingültige Aussagen zu den beiden Leistungsbereichen treffen zu können. Das hier vorgestellte integrierte Leistungssystem von Infrastrukturprojekten ergibt sich somit graphisch zu Darstellung 5 und Darstellung 6.

---

[100] Vgl. beispielsweise §§ 15, 45a, 46, 48a, 49a, 55, 57, 64, 73, 80, 81, 85, 86, 92 HOAI.

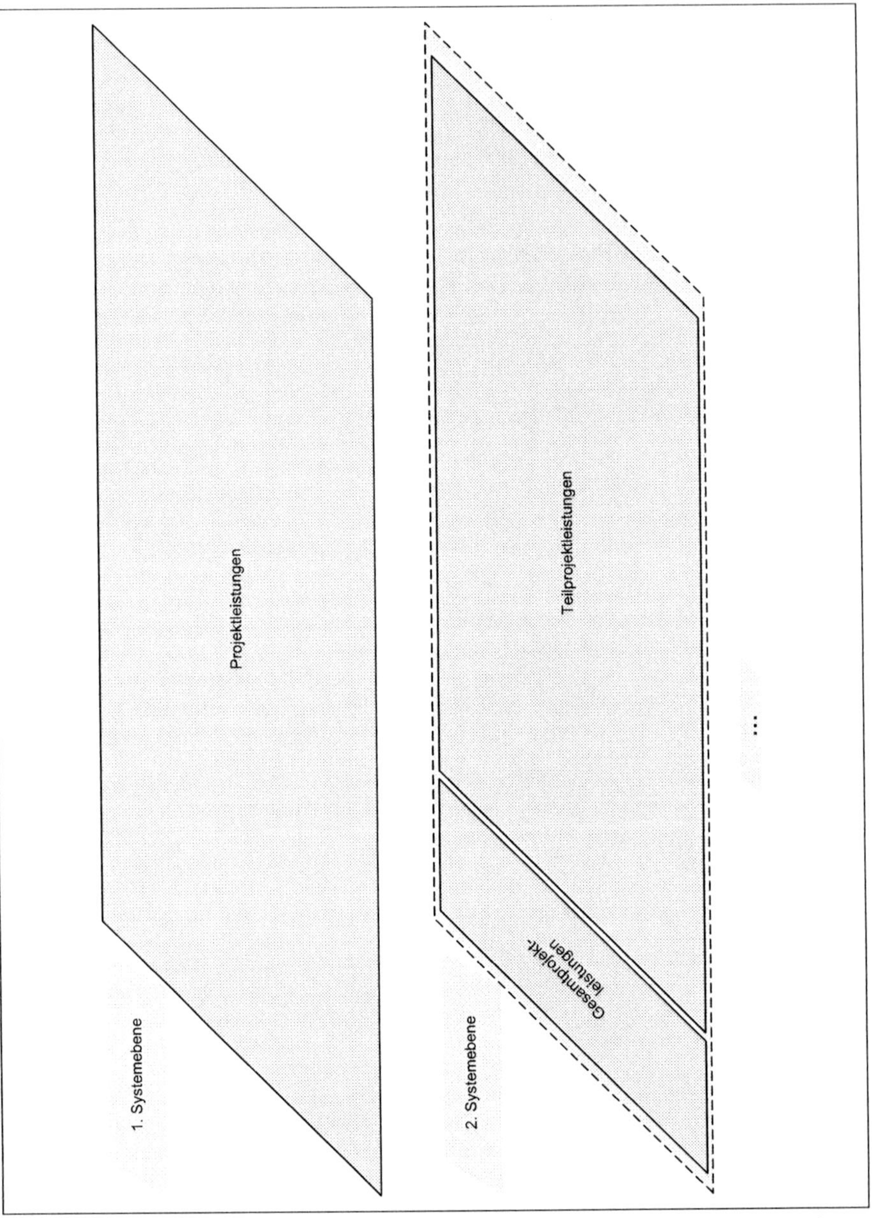

Darstellung 5: Integriertes Leistungssystem von Infrastrukturprojekten – erste und zweite Systemebene[101]

---

[101] Vgl. auch Hintze, M. (1998), S. 50.

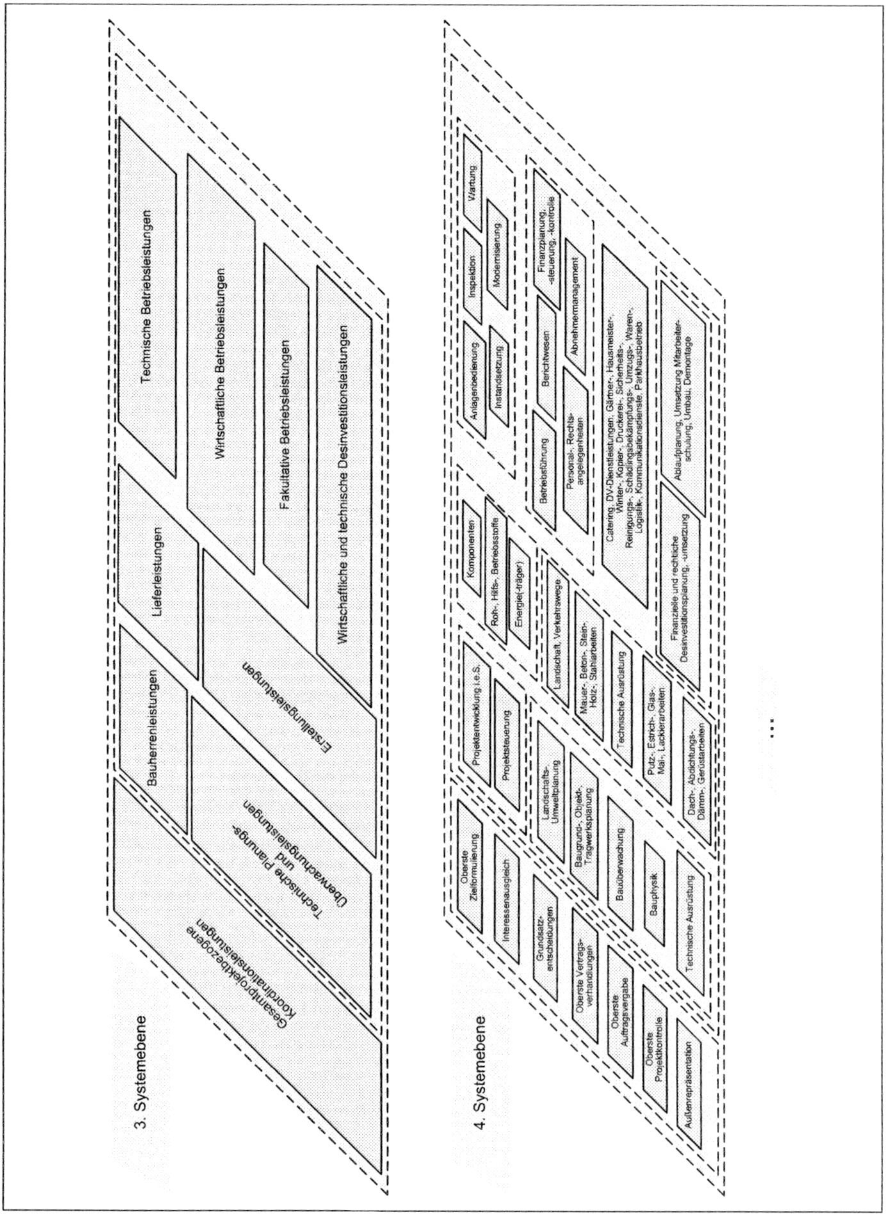

Darstellung 6: Integriertes Leistungssystem von Infrastrukturprojekten – dritte und vierte Systemebene[102]

102 Vgl. auch Hintze, M. (1998), S. 51.

2.4 *Abgrenzung von Betreibermodellen zu anderen Vertragstypen im Leistungssystem von Infrastrukturprojekten*

In Anlehnung an die Systematik der zuvor durchgeführten Leistungsanalyse können Betreibermodelle zu anderen, als Resultate der Leistungssynthese interpretierbaren Vertragstypen für Infrastrukturprojektleistungen abgegrenzt werden. Die Leistungssynthese setzt sich in diesem Falle aus der Bündelung der identifizierten Leistungen zu Leistungspaketen und der vertraglichen Übertragung der resultierenden Leistungspakete auf personelle oder institutionelle Leistungsträger zusammen. Sie determiniert damit sowohl den Grad der Arbeitsteilung als auch die Ausprägung der Leistungsbeziehungen zwischen den einzelnen Leistungsträgern.[103]

Als Bezugsrahmen für die Abgrenzung der bei Infrastrukturprojekten vorfindbaren Vertragstypen dient die Systematik des entwickelten Leistungssystems. Ausgehend von der auf der zweiten Systemebene vorgenommenen Zweiteilung in die zwingend vom Projektträger zu erbringenden Gesamtprojektleistungen und die aus Projektträgersicht delegierbaren Teilprojektleistungen werden zunächst Vertragstypen zur Zuordnung der Teilprojektleistungen untersucht. Anschließend wird das Betreibermodell als Vertragstyp für die umfassende Übernahme der Teil- und Gesamtprojektleistungen eingeordnet. Dabei wird jeweils auf die Leistungsgliederungen der dritten und vierten Systemebene Bezug genommen. Entsprechend den einleitenden Worten in Abschnitt 2.3.1 finden auch Finanzierungsleistungen Berücksichtigung, die als spezifische Vertragsbestandteile neben den aus dem vorgestellten Leistungssystem hervorgehenden Sach- und Dienstleistungen auftreten.

2.4.1 Vertragstypen zur Erbringung von Teilprojektleistungen

Als grundsätzliche Meta-Vertragstypen sind bei Bauwerks- und Anlagenprojekten das Kontrakt-Modell und das Korporations-Modell unterscheidbar. Während das Korporations-Modell auf die Schaffung einer organschaftlichen Struktur zur Verfolgung eines gemeinsamen Zwecks ausgerichtet ist, bildet das Kontrakt-Modell die Grundlage für die vertragliche Zuordnung der unterschiedlichen Projektleistungen auf Basis schuldrechtlicher Austauschbeziehungen. Prinzipiell schuldet nach dem Kontrakt-Modell die eine Partei die Erbringung der vertragstypischen Leistung, während die andere Partei dazu verpflichtet ist, die erbrachte Leistung grundsätzlich finanziell zu vergüten.[104]

Da in den folgenden Ausführungen die vertragliche Regelung der entgeltlichen Zuordnung von Projektleistungen auf bestimmte Leistungsträger im Vordergrund steht, sind demzufolge nicht die Ausprägungen des gesellschaftsrechtlich relevanten Korporations-Modells[105] Gegenstand der Betrachtungen, sondern die auf dem Kauf-, Dienst-, Werk- und Mietvertragsrecht beruhenden Vertragstypen des Kontrakt-Modells.

---

103 Vgl. Hintze, M. (1998), S. 53.

104 Vgl. VDI (1991), S. 30ff.

105 Auf dem Korporations-Modell basieren beispielsweise offene und stille Konsortien, Meta-Gesellschaften, Arbeits- und Beihilfegemeinschaften sowie Joint Ventures (vgl. VDI (1991), S. 36ff). Siehe auch Abschnitt 2.4.2.2.

2.4.1.1 Vertragstypen zur Erbringung isolierter Teilprojektleistungen

Beginnend mit dem niedrigsten Grad an Leistungsaggregation können Teilprojektleistungen als separate Leistungen an Einzelleistungsträger vergeben werden.[106] Die zu erbringenden Einzelleistungen entsprechen dann in ihrem Umfang den Leistungen der niedrigsten vierten Ebene des vorgestellten Leistungssystems. Es erfolgt eine direkte Zusammenarbeit zwischen dem Projektträger und einer Vielzahl unterschiedlicher Leistungsträger. Für den auftraggebenden Projektträger ergibt sich daraus ein komplexes Gefüge einzelner Schuldverträge, von denen als grundsätzliche Vertragstypen im Folgenden einige wesentliche genannt seien.

Für die Übertragung der Bauherrenleistungen kommen Werk- oder Dienstverträge über die separate Erbringung einzelner Projektentwicklungs- und Projektsteuerungsleistungen durch Architekten und Ingenieure sowie Berater für spezielle betriebswirtschaftliche oder rechtliche Fragestellungen in Betracht. Ebenfalls in Form von Werkverträgen können die technischen Planungs- und Überwachungsleistungen sowie die materiellen Erstellungsleistungen isoliert an spezialisierte Architekten und Ingenieure beziehungsweise an Spezialisten für einzelne Erstellungsgewerke vergeben werden.[107] Die Lieferung von Roh-, Hilfs- und Betriebsstoffen oder Bauwerks- und Anlagenkomponenten kann analog über einzelne Kauf- oder Werkverträge geregelt werden,[108] während die Übertragung technischer Betriebsleistungen der Bedienung, Inspektion, Wartung und Instandsetzung von Anlagen in Form isolierter Dienst- oder Werkverträge möglich ist.[109] Dagegen erscheint die Delegation einzelner wirtschaftlicher Betriebsleistungen in Form separater Schuldverträge vor dem Hintergrund der enormen Interdependenzen zwischen den einzelnen Teilleistungen von empirisch vernachlässigbarer Bedeutung.

Zur Unterstützung der einzelnen Teilprojektleistungen kommt auch der Abschluss ergänzender Miet- und daraus – prinzipiell – hervorgehender Leasingverträge in Betracht, beispielsweise über die Bereitstellung von Maschinen oder anderweitiger erstellungs- und betriebsnotwendiger Vermögensgegenstände.[110]

Bei den fakultativen Betriebsleistungen ist zwischen der vertraglichen Regelung der projektinternen Leistungen auf der einen Seite und den Nebenprojektleistungen gegenüber Dritten auf der anderen Seite zu differenzieren. Während die Verträge über die fakultativen internen Betriebsleistungen wie beispielsweise Gärtner-, Hausmeister- und Winterdienste die entgeltliche Übertragung der Leistungen vom Projektträger auf einzelne Leistungsträger in Form separater Dienst- oder Werkverträge zum Gegenstand haben können, basieren die Verträge über die Gewährung der Erlaubnis zum Anbieten zusätzlicher Leistungen für den Endkunden, wie beispielsweise der Betrieb von Tankstellen im Rahmen Betreibermodell-

---

106 Vgl. Will, L. (1983), S. 162f; Hautkappe, B. (1986), S. 26ff.

107 Vgl. Joussen, P. (1996), S. 38f. Hierfür haben sich auch Bezeichnungen wie Know-how- und Consultingvertrag eingebürgert (vgl. Martinek, M. (1992), S. 203ff; 309ff). Internationale Mustervertragswerke hierfür behandelt CLAUS (vgl. Claus, J. (2001), S. 60ff).

108 Vgl. Joussen, P. (1996), S. 120f.

109 Vgl. Joussen, P. (1996), S. 31f; VDMA (1997), S. 2f.

110 Vgl. Hautkappe, B. (1986), S. 26f; Joussen, P. (1996), S. 41ff.

beispielsweise der Betrieb von Tankstellen im Rahmen Betreibermodell-basierter Straßenbauprojekte, in der Regel auf Pachtverträgen zwischen Projektträger und dem jeweiligen Nebenleistungsanbieter,[111] so dass in diesem Fall der Projektträger die vertragstypische Leistung der Gebrauchsüberlassung erbringt, und der Anbieter der Nebenprojektleistung die finanzielle Gegenleistung übernimmt.

Für die inhaltlich sehr unterschiedlichen Leistungen der wirtschaftlichen und technischen Vorbereitung und Durchführung der Projektdesinvestition können isolierte Werk-, Dienst- oder auch Kaufverträge Anwendung finden. Die Planungs- und Umsetzungsleistungen im Zuge einer Projektübertragung bei grundsätzlicher Fortführung des Projektbetriebs unterliegen dann werk- oder dienstvertraglichen Vereinbarungen. Die explizite Übertragung wirtschaftlicher und technischer Leistungen der Planung und Umsetzung einer Projektstilllegung kann darüber hinaus um Kaufverträge über einzelne Gegenstände des Liquidationsvermögens ergänzt werden, mit Hilfe derer speziell die Entsorgungsleistungen implizit übertragen werden.

Zusammenfassend ist festzuhalten, dass die Koordination der Leistungsträger und Leistungsprozesse im Falle der separaten Übertragung einzelner disaggregierter Projektleistungsinhalte der vierten Systemebene äußerst hohe Anforderungen an das Koordinationsvermögen des Projektträgers stellt, da die Einzelleistungsträger allenfalls für die von ihnen übernommenen Leistungen garantieren, die Gesamtverantwortung für die plangemäße Leistungsfähigkeit des technischen Gesamtsystems aber letztendlich bei dem Projektträger verbleibt.[112] Deshalb kann eine konsequente Verfolgung dieser Art der Leistungsvergabe nur in denjenigen Fällen als sinnvoll angesehen werden, in denen verhältnismäßig geringe Interdependenzen zwischen den einzelnen Leistungen bestehen und die Koordination des Gesamtprojektes entsprechend geringe Schwierigkeiten bereitet[113] beziehungsweise das leistungsspezifische und leistungsübergreifende Know-how des Projektträgers so groß ist, dass die regelmäßig von Kumulativleistungsträgern eingeforderten Paketprämien weitestgehend eingespart werden können.[114]

---

111 Im allgemeinen Sprachgebrauch ist in Anlehnung an die anglo-amerikanische Terminologie auch von einem Lizenzvertrag die Rede (vgl. Payne, H. (1994), S. 75; Ohl, H.-P. (2000), S. 129f). Nach deutscher Rechtsauffassung bezieht sich ein Lizenzvertrag allerdings ausschließlich auf die Überlassung gewerblicher Schutz- oder urheberrechtlicher Verwertungsrechte (vgl. Tilch, H. (1992), S. 915; Gabler (2000), S. 1996ff; Stumpf, H. (1998), S. 36ff).

112 Vgl. Hautkappe, B. (1986), S. 27ff; Lappe, M. (1987), S. 19ff; Joussen, P. (1996), S. 121; Eschenbruch, K. (1999), S. 137.

113 Vgl. Hintze, M. (1998), S. 55f.

114 Vgl. Joussen, P. (1996), S. 120f; Lenz, E./Zinell, A.P. (2001), S. 95.

2.4.1.2 Vertragstypen zur Erbringung kombinierter Teilprojektleistungen

Von der Einzelvergabe beziehungsweise der Vergabe von Teilprojektleistungen an Einzelleistungsträger zu trennen ist die stufenweise Bündelung von Leistungen zu Leistungspaketen und deren anschließende Vergabe an Kumulativleistungsträger.[115] Aus der Vielzahl denkbarer Kombinationsmöglichkeiten haben sich Vertragstypen herausgebildet, von denen folgende verhältnismäßig etablierte Paketverträge sowie einige ihrer Varianten und Variationen[116] gekennzeichnet werden:

1. Projektentwicklungsvertrag,
2. Projektsteuerungsvertrag,
3. Baubetreuungsvertrag,
4. Generalplanervertrag,
5. Haupt- und Nebenunternehmerverträge,
6. Generalunternehmervertrag,
7. Kumulativverträge für Betriebsleistungen sowie
8. Kumulativverträge für Desinvestionsleistungen.

Ad 1: Projektentwicklungsvertrag

Mit der Zielsetzung, sämtliche Einzelleistungen im Vorfeld der endgültigen Realisationsentscheidung für ein von der Idee her bereits umrissenes Vorhaben in eine alleinverantwortliche Hand zu übertragen, kann ein Vertrag über die Projektentwicklung im hier maßgebenden engeren Sinne[117] abgeschlossen werden. Der als Developer[118] oder Projektentwickler bezeichnete Kumulativleistungsträger handelt in diesem Fall als reiner Dienstleister im Interesse des Projektträgers und ist für diesen beratend tätig. Seine Leistung besteht nicht nur in der reinen Bearbeitung gesonderter Fragestellungen, sondern in der Erarbeitung eines in wirtschaftlicher, technischer und rechtlicher Hinsicht umfassenden Projektkonzepts.[119]

---

115 Vgl. Will, L. (1983), S. 162, 187; Hautkappe, B. (1986), S. 30ff; Eschenbruch, K. (1999), S. 21.

116 Eine Vertragsvariante wird hier als Vertragstypus verstanden, der sich in grundlegenden Merkmalen von anderen, verwandten Vertragstypen unterscheidet. Die Bezeichnung als Vertragsvariante dient als Oberbegriff für die aus ihr über die Änderung einzelner Komponenten abgeleiteten Variationen.

117 Zur Unterscheidung von Projektentwicklung im engeren und weiteren Sinne siehe Abschnitt 3.2.1.

118 Vgl. Bott, H.-D. (1992), S. 23; Höpfner, K.-U. (1995), S. 27; Hintze, M. (1998), S. 87.

119 Vgl. Eschenbruch, K. (1999), S. 44f.

Ad 2: Projektsteuerungsvertrag

Ein Projektsteuerungsvertrag im Sinne einer gebündelten Zuordnung des gesamten Spektrums an Projektsteuerungsleistungen kann je nach Vertragsgestaltung auch die Leistungen der Projektentwicklung beinhalten,[120] so dass theoretisch sämtliche Bauherrenleistungen der dritten Ebene des Leistungssystems mit abgedeckt werden können. In der Praxis beschränkt sich ein Projektsteuerungsvertrag aber zumeist auf die Delegation der oben erläuterten organisatorischen und rechtlichen Leistungen bei der Abwicklung eines Bauvorhabens.[121]

In Abhängigkeit von dem im Einzelfall vertraglich zu vereinbarenden Grad an Verantwortung kann ein Projektsteuerungsvertrag als ein mit umfassenden Entscheidungs- und Weisungsbefugnissen ausgestatteter Projektmanagementvertrag oder als ein mit weniger weit reichenden Befugnissen versehener Baucontrollingvertrag konzipiert werden. Während der Projektsteuerer bei einem Projektmanagementvertrag grundsätzlich Realisationsverantwortung trägt, übernimmt er im Rahmen eines Baucontrollingvertrags in erster Linie die Transparenzverantwortung für die Abwicklung des Erstellungsprojektes.[122]

Ad 3: Baubetreuungsvertrag

Speziell in Deutschland hat sich aus dem klassischen Architektenvertrag heraus der sogenannte Baubetreuungsvertrag entwickelt. Danach ist Baubetreuer im engeren Sinne, wer für fremde Rechnung Bauvorhaben wirtschaftlich vorbereitet oder durchführt. Gegenüber einem reinen Projektsteuerungsvertrag wird dem Baubetreuer im engeren Sinne in der Regel nicht nur die Verantwortung für die typischen Bauherrenleistungen, sondern auch für einen bedeutenden Teil der technischen Planungs- und Überwachungsleistungen übertragen. Eine Hauptaufgabe des Baubetreuers besteht in der Herbeiführung der Finanzierung des Bauprojektes.[123]

Als Baubetreuungsvertrag im weiteren Sinne ist der Bauträgervertrag anzusehen, bei dem der Baubetreuer das Bauvorhaben im eigenen Namen sowie für eigene oder fremde Rechnung wirtschaftlich vorbereitet und durchführt.[124] Der Bauträger übernimmt damit sowohl die Verantwortung für sämtliche Bauherrenleistungen als auch für die technischen Planungs- und Überwachungsleistungen sowie die Erstellungsleistungen. Ihm ist ausdrücklich erlaubt, die Leistungen über Sekundärverträge an einzelne Subleistungsträger zu übertragen.[125]

---

120 Vgl. Eschenbruch, K. (1999), S. 45f.

121 Vgl. Eschenbruch, K. (1999), S. 46.

122 Vgl. Hintze, M. (1998), S. 67f; Eschenbruch, K. (1999), S. 26ff, 46ff.

123 Vgl. Vygen, K. (1997), S. 24ff; Eschenbruch, K. (1999), S. 51ff.

124 Wird das Bauwerk auf einem im Eigentum des Baubetreuers befindlichen Grundstück erstellt, findet auch die Bezeichnung Bewerbervertrag Anwendung (vgl. Vygen, K. (1997), S. 28).

125 Vgl. Vygen, K. (1997), S. 24ff.

Ad 4: Generalplanervertrag

Ein Generalplaner übernimmt die Verantwortung für sämtliche technischen Planungs- und Überwachungsleistungen. Als Gesamtkoordinator dieser Leistungen steht es ihm ebenfalls frei, die Einzelleistungen selbst zu erbringen oder zum großen Teil auf eigenen Namen und eigene Rechnung an Subleistungsträger zu delegieren.[126] In Bezug auf das Projektleistungssystem entspricht der Generalplanervertrag einer isolierten Bündelung der technischen Planungs- und Überwachungsleistungen auf der dritten Ebene des Projektleistungssystems.

Eine derartig überschneidungsfreie Charakterisierung ist allerdings in der Realität kaum anzutreffen, da es in Abhängigkeit von den individuellen Vereinbarungen des Generalplanervertrags über die Berührungspunkte an den Leistungsgrenzen hinweg zu inhaltlichen Überschneidungen mit dem oben erläuterten Projektsteuerungsvertrag kommen kann.[127]

Ad 5: Haupt- und Nebenunternehmerverträge

Wird die Verantwortung für einen bedeutenden Teil der Erstellungsleistungen an einen Auftragnehmer vergeben, so bezeichnet man die entsprechende Vereinbarung als Hauptunternehmervertrag. Diese Art der Vergabe ermöglicht es, mehrere sachlich in Verbindung stehende Gewerke zu einer Gewerkegruppe zusammenzufassen und an einen Hauptleistungsträger zu übertragen. Der so beauftragte Hauptunternehmer hat grundsätzlich das Recht, die ihm übertragenen Arbeiten selbst auszuführen oder wenigstens teilweise an geeignete Nachunternehmer auf eigenen Namen und eigene Rechnung weiterzuvergeben. Resultat eines Hauptunternehmervertrags ist die direkte Vergabe der verbleibenden Erstellungsleistungen beziehungsweise Einzelgewerke an Nebenunternehmer mit der Folge, dass zwischen dem Hauptunternehmer und den Nebenunternehmern in der Regel keine direkten Vertragsbeziehungen bestehen, sondern lediglich Berührungspunkte an den entsprechenden Leistungsschnittstellen existieren.[128, 129]

---

126 Vgl. Pfarr, K. (1984), S. 270; Schwager, E./Kromik, W. (1998), S. 14ff; Berchem, S.v./Prinz, T. (1998), S. 36ff; Volkmann, W. (1998), S. 48; Eschenbruch, K. (1999), S. 49.

127 Vgl. Aßmann, M. (1998), S. 12f.

128 Vgl. Hautkappe, B. (1986), S. 43f; Vygen, K. (1997), S. 13f; Eschenbruch, K. (1999), S. 138.

129 Für den Hauptunternehmer finden sich im internationalen Sprachgebrauch auch die Bezeichnungen Main Contractor, Principal Contractor und Prime Contractor. Der Nebenunternehmer wird auch als Associated Contractor bezeichnet (vgl. VDI (1991), S. 35).

Ad 6: Generalunternehmervertrag

Ein Generalunternehmer übernimmt die Gesamtverantwortung für die Erstellung eines nutzungsfähigen Bauwerks beziehungsweise einer leistungsfähigen Anlage und führt regelmäßig wesentliche Erstellungsleistungen selbst aus.[130, 131]

Nach der Systematik des integrierten Projektleistungssystems bedeutet dies eine Aggregation der Erstellungsleistungen auf der dritten Systemebene. Aus der Möglichkeit eines Generalunternehmers, einen Teil der Erstellungsleistungen auf eigenen Namen und eigene Rechnung an Nachunternehmer zu übertragen,[132, 133] ergeben sich drei wesentliche Varianten des Generalunternehmervertrags. Neben dem klassischen Generalunternehmervertrag im engeren Sinne, bei dem der Generalunternehmer wesentliche Erstellungsleistungen selbst erbringt, existieren an den beiden Rändern eines Kontinuums zwischen Eigenerbringung und Weitervergabe die vertraglichen Extremalausprägungen des Alleinunternehmervertrags und des Generalübernehmervertrags. Ein Alleinunternehmer führt die gesamten Erstellungsleistungen selbst aus.[134] Ein Generalübernehmer vergibt sämtliche Erstellungsleistungen an Nachunternehmer und übernimmt selbst die Koordination der Leistungen.[135]

Dehnt ein Generalunternehmer seinen Verantwortungsbereich auch auf Teile der technischen Planungs- und Überwachungsleistungen aus, sind weitere Vertragsvariationen unterscheidbar. Diese bewegen sich dann auf einem Kontinuum, das vom klassischen, auf die reine Erstellungsleistung ausgerichteten Generalunternehmervertrag im engeren Sinne bis hin zum sämtliche technischen Planungs- und Überwachungsleistungen umfassenden Totalunternehmervertrag reicht.[136] Damit vereinigt der Totalunternehmer die Leistungen von Generalunternehmer und Generalplaner zu einem Leistungspaket mit alleiniger Gesamtverantwortung.[137] Steht analog ein Generalübernehmer zusätzlich für sämtliche technische Planungs- und Überwachungsleistungen ein, so handelt es sich entsprechend um einen Totalübernehmervertrag.[138]

---

130 Vgl. Pfarr, K. (1984), S. 271; Hautkappe, B. (1986), S. 40; FIEC (1996), S. 7; Vygen, K. (1997), S. 17ff; Eschenbruch, K. (1999), S. 138f.

131 Das englischsprachige Synonym lautet bei direkter Übersetzung General Contractor (vgl. VDI (1991), S. 33; FIEC (1996), S. 4). Die international geläufigen Vertragsbezeichnungen Turnkey Contract, Package Deal oder Contract clé en main betonen den Aspekt der schlüsselfertigen Bauwerksübergabe (vgl. Hautkappe, B. (1986), S. 35).

132 Vgl. Hautkappe, B. (1986), S. 41; Lappe, M. (1987), S. 31, 45; FIEC (1996), S. 9.

133 Ein Unterauftragnehmer für Erstellungsleistungen wird auch als Sub Contractor, ein Unterlieferant als Sub Supplier tituliert (vgl. VDI (1991), S. 34; FIEC (1996), S. 8). Zur weitestgehenden Sicherung der Ausführungsqualität behält sich der Besteller oft vor, der Beauftragung von Subleistungsträgern explizit zuzustimmen (vgl. Joussen, P. (1996), S. 114ff; FIEC (1996), S. 9).

134 Vgl. Hautkappe, B. (1986), S. 37f, 41; Lappe, M. (1987), S. 43; Franke, H. (1993), S. 134.

135 Vgl. Hautkappe, B. (1986), S. 45; Pfarr, K. (1984), S. 271; Franke, H. (1993), S. 134.

136 Vgl. Franke, H. (1993), S. 134; Eschenbruch, K. (1999), S. 139.

137 Vgl. Pfarr, K. (1984), S. 272. Im internationalen Geschäft ist auch die Bezeichnung als Engineering-Procurement-Construction (EPC)-Vertrag geläufig (vgl. Girmscheid, G./Behnen, O. (2000), S. 35; Lenz, E./Zinell, A.P. (2001), S. 79).

138 Vgl. Pfarr, K. (1984), S. 272; Franke, H. (1993), S. 134; Eschenbruch, K. (1999), S. 139.

In der Praxis des internationalen Anlagengeschäfts haben sich Generalunternehmerverträge entwickelt, deren Leistungsinhalte über die Erstellungs- sowie die technischen Planungs- und Überwachungsleistungen hinaus gehen und Teile der Bauherren- und Betriebsleistungen sowie die Übernahme von Risiken der Projektwirtschaftlichkeit mit abdecken.[139]

Darstellung 7 veranschaulicht die Möglichkeiten der stufenweisen Ausdehnung des Verantwortungsbereichs eines Generalunternehmers. Ausgehend vom Vertragstyp des Clé en main classique, der die schlüsselfertige Übergabe einer Projektanlage zum Inhalt hat, übernimmt der Generalunternehmer bei Abschluss eines Clé en main lourd-Vertrags zusätzlich die Ausbildung des Betriebspersonals. Ein Produit en main-Vertrag verpflichtet den Generalunternehmer ergänzend zur Gewährübernahme spezifizierter technischer Produktionskennwerte. Erweitert der Generalunternehmer sein Leistungsangebot noch um garantierte Absatzmengen oder Projektmindestrenditen, so wird von den Vertragskonstellationen des Marché en main beziehungsweise Profit en poche gesprochen.

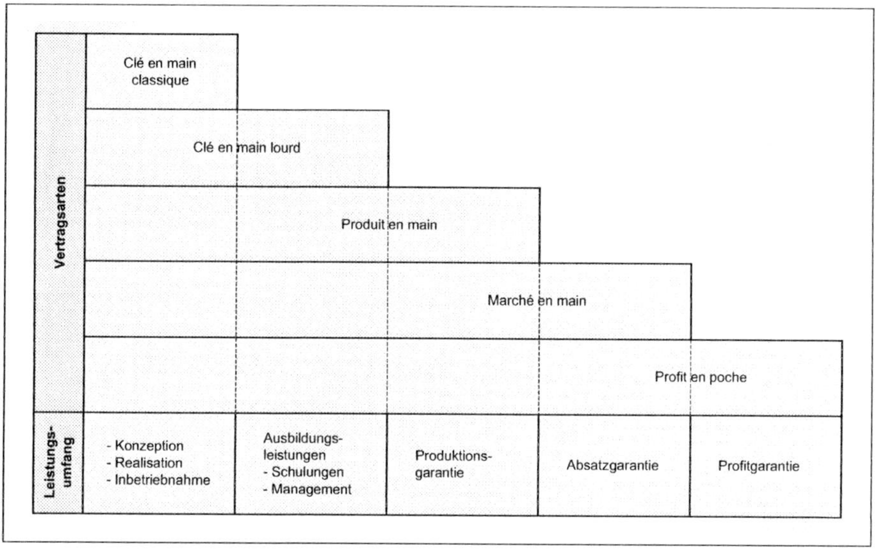

Darstellung 7: Vertragstypen zur Erweiterung des Leistungsumfangs eines Generalunternehmers[140]

---

139 Vgl. Backhaus, K./Weiber, R. (1993), S. 76f; FIEC (1996), S. 23ff.

140 Vgl. Backhaus, K./Weiber, R. (1993), S. 76.

Ad 7: Kumulativverträge für Betriebsleistungen

Weder für die Vertragstypen zur kumulierten Vergabe von wirtschaftlichen Betriebsleistungen noch für die technischer Betriebsleistungen hat sich bislang eine einheitliche Terminologie herausgebildet. Während im Englischen objektübergreifend, das heißt losgelöst von der Art der bautechnischen oder maschinellen Anlage, grundsätzlich von Operation Contract für die Erbringung wirtschaftlicher Betriebsleistungen und von Maintenance Contract für die Übernahme der technischen Betriebsleistungen die Rede ist,[141] finden im deutschsprachigen Raum Bezeichnungen Verwendung, aus denen die vielfältigen inhaltlichen Abgrenzungsmöglichkeiten einzelner Leistungsbündel hervorgehen.[142] Beispielsweise haben sich für den Bereich der Gebäudebewirtschaftung weitgehend die Begriffe kaufmännisches und technisches Gebäudemanagement sowie zusammenfassend Facility Management etabliert.[143] In Bezug auf maschinelle Anlagen existieren für die Übertragung der wirtschaftlichen Betriebsleistungen auch die Ausdrücke Betriebsführungs- oder Managementvertrag.[144] Für die Beauftragung mit technischen Betriebsleistungen finden die Bezeichnungen Vollwartungs-[145] oder Instandhaltungsvertrag[146] Verwendung.

Wie in den genannten Vertragsbezeichnungen bereits zum Ausdruck kommt, kann die Verantwortung für einzelne Leistungspakete des Projektbetriebs getrennt auf einen wirtschaftlichen und einen technischen Betreiber übertragen werden. In Bezug auf das integrierte Leistungssystem von Infrastrukturprojekten entspricht dies einer Aggregation der Leistungen von der vierten auf die dritte Systemebene, wobei aber noch immer zwei getrennte Leistungspakete bestehen. Erst bei der Übertragung der Gesamtverantwortung für sämtliche Betriebsleistungen kommt es zu einer Vollaggregation.

Für die isolierte Übertragung der wirtschaftlichen Betriebsleistungen hat sich insbesondere aufgrund der Schwierigkeit, die einzelnen Leistungsinhalte ex ante klar abzugrenzen und ex post auf ihren Erfüllungsgrad hin zu überprüfen, ein Vertragstyp entwickelt, der ähnlich dem Baubetreuungsvertrag festlegt, dass der Betreiber im Namen und auf Rechnung des auftraggebenden Projektträgers handelt und diesen gegenüber anderen Projektbeteiligten, beispielsweise den Trägern der technischen Betriebsleistungen oder den Abnehmern der Projektleistungen, hinsichtlich Fragen des operativen Projektbetriebs vertritt. Der Betreiber selbst haftet in diesem Falle lediglich für die ordnungsgemäße Erbringung der vertraglich vereinbarten Leistungen.[147]

---

141 Vgl. Merna, T./Grimsey, D. (1994), S. 182; UNIDO (1996), S. 217, 259ff.

142 Vgl. Hintze, M. (1998), S. 59, 68.

143 Vgl. VDMA (1996a), S. 1ff; VDMA (1996b), S. 3ff; Eschenbruch, K. (1999), S. 55f.

144 Vgl. Rieger, H. (1990), S. 73; Martinek, M. (1992), S. 275ff; Joussen, P. (1996), S. 37f; Hintze, M. (1998), S. 68f; Lenz, E./Zinell, A.P. (2001), S. 80f.

145 Vgl. Kühnel, W. (1985), S. 1227ff.

146 Vgl. Hahn, A. (1991), S. 6ff; Joussen, P. (1996), S. 31ff; VDMA (1997), S. 3.

147 Vgl. Joussen, P. (1996), S. 37f; Hintze, M. (1998), S. 68f.

Im Gegensatz zum Vertrag über die rein wirtschaftlichen Betriebsleistungen steht es den vertragsgemäß für die rein technischen Betriebsleistungen Verantwortlichen analog zu anderen bereits behandelten Kumulativverträgen aufgrund der relativ leicht abgrenzbaren und damit auch überprüfbaren Leistungsinhalte grundsätzlich frei, Teilleistungen im eigenen Namen und auf eigene Rechnung an Subleistungsträger zu delegieren.[148]

Den höchsten Bündelungsgrad besitzt der im Englischen als Operation and Maintenance Contract bezeichnete Vertrag[149] über die kumulierte Vergabe sämtlicher wirtschaftlicher und technischer Betriebsleistungen.[150] Analog zum Vertrag über die gebündelte Übertragung der rein wirtschaftlichen Leistungen wird zwischen Projektträger und Betreiber grundsätzlich eine fixe Vergütung vereinbart, die gegebenenfalls um leistungsabhängige Komponenten erweitert wird. Auf diese Weise ist es dem gesamtverantwortlichen Betreiber möglich, einzelne Teilleistungen in eigenem Namen und auf eigene Rechnung an geeignete Subleistungsträger zu übertragen.

Ad 8: Kumulativverträge für Desinvestionsleistungen

Neben der Einzelvergabe von wirtschaftlichen und technischen Projektdesinvestitionsleistungen in Form separater Werk- und Dienstverträge sowie deren wahlweise Ergänzung um Kaufverträge über einzelne Vermögensgegenstände aus der Liquidationsmasse der Anlage sind sowohl für den Fall der Projektübertragung bei grundsätzlicher Fortführung des Projektbetriebs als auch für den Fall der endgültigen Projektstilllegung Vertragskonstellationen denkbar, die mehrere oder sämtliche Desinvestionsleistungen umfassen. Vorstellbar ist beispielsweise, die wirtschaftlichen und technischen Leistungen gebündelt in die Hand eines alleinverantwortlichen Leistungsträgers zu geben, dem das Recht zusteht, einzelne Leistungen an Nachleistungsträger in eigenem Namen und auf eigene Rechnung zu vergeben. Im Speziellen bei Kompletteinstellung des Projektbetriebs und Rückbau der Projektanlagen erscheint vor allem die implizite Übertragung sämtlicher wirtschaftlicher und technischer Leistungen auf Grundlage von Paketkaufverträgen als realisierungsfähig.[151]

---

148 Vgl. VDMA (1997), S. 4; Hintze, M. (1998), S. 59f.

149 Der Betreiber wird analog auch als Operation and Maintenance Contractor oder kurz als O&M-Contractor bezeichnet (vgl. Sapte, W. (1997), S. 47).

150 Vgl. Merna, T./Grimsey, D. (1994), S. 179, 182f; Sapte, W. (1997), S. 47ff; Hintze, M. (1998), S. 72. Eine Auflistung der wichtigsten Regelungsinhalte gibt die UNIDO (vgl. UNIDO (1996), S. 259).

151 Vor dem Hintergrund des Mangels etablierter Vertragstypen zur kumulierten Vergabe von Projektdesinvestitionsleistungen sowie der Vielzahl möglicher Vertragskonstellationen und der daraus resultierenden verringerten Möglichkeit, allgemeingültige und weiterführende Aussagen zum Wesen der im Mittelpunkt stehenden Infrastrukturprojekte treffen zu können, sollen sich die Ausführungen auf diese allgemeinen Überlegungen begrenzen.

2.4.2 Betreibermodell als Vertragstyp zur kombinierten Erbringung von Gesamt- und Teilprojektleistungen

2.4.2.1 Abgrenzung des Betreibermodells von Vertragstypen zur Erbringung von Teilprojektleistungen

Im Gegensatz zu den im vorherigen Abschnitt behandelten Vertragstypen über die Erbringung von Teilprojektleistungen delegiert ein am spezifischen Projektoutput interessierter Auftraggeber bei Betreibermodell-Verträgen[152] nicht nur einzelne Projektleistungen oder Projektleistungspakete an spezialisierte Leistungsträger, sondern er überträgt die gesamten Projektleistungen für das seiner sachlichen Zielsetzung entsprechende Anlagenprojekt über einen bestimmten Zeitraum auf einen gesamtverantwortlichen Projektträger. Da der Projektträger neben der Verantwortung für die phasenspezifisch anfallenden Teilprojektleistungen auch die Verantwortung für die phasenübergreifend koordinierenden Gesamtprojektleistungen trägt, stellt der Betreibermodell-Vertrag die umfassendste Bündelung von Projektleistungen dar. Nach der Systematik des integrierten Leistungssystems für Infrastrukturprojekte entspricht dies einer Aggregation auf der obersten Ebene.

Für den Ursprungsauftraggeber ergibt sich daraus ein Minimum an Mitwirkungspflichten. Sofern nicht bereits der Projektträger in Eigeninitiative an den Auftraggeber herantritt, obliegt diesem die Bedarfsermittlung und darauf aufbauend die Entwicklung der Projektidee.[153] Bei einer Projektausschreibung hat er die von den potenziellen Projektträgern vorgelegten Angebote zu beurteilen, die anschließenden Vertragsverhandlungen zu führen und über die abschließende Vergabe der Projektträgerschaft zu entscheiden. Im weiteren Projektverlauf besitzt er die oberste Kontrolle über die Erfüllung des Betreibermodell-Vertrages. Ihm steht frei, anhand seiner subjektiven Zielvorstellungen über gegebenenfalls für nötig erachtete Durchsetzungs- und Anpassungsmaßnahmen zu entscheiden. Die projektbezogenen Vertragsbeziehungen reduzieren sich damit für ihn auf den als Projektrahmenvertrag fungierenden Betreibermodell-Vertrag mit dem Projektträger, der seinerseits gemäß der von ihm übernommenen Gesamtverantwortung berechtigt ist, Teilprojektleistungen in eigenem Namen und auf eigene Rechnung an Subleistungsträger zu vergeben.[154]

Unter Berücksichtigung der Ausführungen zur Delegationsfähigkeit von Projektleistungen in Abschnitt 2.3.3 steht dem Projektträger damit zur Vergabe von Teilprojektleistungen das gesamte Spektrum der im vorangehenden Abschnitt dargestellten Vertragstypen offen, so dass er selbst lediglich zur Erbringung der verbleibenden, als Gesamtprojektleistungen gekennzeichneten, Koordinationsleistungen verpflichtet ist, als mögliche Handlungsalternative also

---

[152] Die Verwendung des Begriffs Betreibermodell-Vertrag ist durchaus als problematisch anzusehen, da Verwechselungsgefahr mit den Verträgen der alleinigen Erbringung von Betriebsleistungen besteht. Vor dem Hintergrund der im deutschsprachigen Raum als gefestigt anzusehenden Begriffsverwendung wird die genannte Bezeichnung aber beibehalten (vgl. auch Hintze, M. (1998), S. 73).

[153] Siehe Abschnitt 3.2.1.

[154] Vgl. UNIDO (1996), S. 223ff; Hintze, M. (1998), S. 72f, 75; Özdoganm, I.D./Birgönül, M.T. (2000), S. 343.

nur ein „Betreibermodell im Betreibermodell“[155] ausscheidet. Für den Projektträger ergibt sich daraus die Notwendigkeit grundsätzlicher Entscheidungen über die Eigenerbringung und den Fremdbezug der Leistungen.[156]

Aber nicht nur aufgrund des Grades der Leistungssynthese unterscheiden sich Betreibermodell-Verträge von den Verträgen zur Erbringung von Teilprojektleistungen. Als konstituierendes Element beinhalten sie darüber hinaus die Bereitstellung der notwendigen Finanzmittel. Während im integrierten Leistungssystem lediglich die Herbeiführung der Gesamtprojektfinanzierung als Teil der Bauherrenleistungen im Sinne eines Financial Engineering[157] existiert und die jeweiligen Verträge zur Erbringung von Teilprojektleistungen auf eine vertragsindividuelle kurz- bis mittelfristige Vorfinanzierung der spezifischen Teilprojektleistungen begrenzt sind, übernimmt der Projektträger während der Vertragslaufzeit sowohl den verbleibenden Teil der Vorfinanzierung als auch die abschließende Endfinanzierung des Gesamtprojektes.[158] Vor dem Hintergrund dieses spezifischen Auftragsbestandteils wird es erforderlich, sowohl den Projektträger selbst als auch die Projektfinanzierung nachfolgend näher zu kennzeichnen.

2.4.2.2 Projektträger als Element des Betreibermodells

Als konstituierendes Merkmal von Betreibermodell-Verträgen wurde die Gesamtverantwortung eines Projektträgers für die Erbringung der Projektleistungen und die Finanzierung des Vorhabens herausgestellt. Dem Ausdruck Projektträger lassen sich dabei zwei Begriffsdimensionen zuordnen. Zum einen ist dies im funktionalen Sinne der Projektträger als der für sämtliche Projektleistungen verantwortliche Inhaber der Projektträgerschaft. Zum anderen wird der Projektträger im institutionalen Sinne als diejenige organisatorische und rechtliche Einheit verstanden, auf deren Basis die Projektträgerschaft wahrgenommen wird.

Die Koordinationsfunktion für das Gesamtprojekt spiegelt die funktionale Komponente des Projektträgerbegriffs auf oberster Abstraktionsebene wider. Sie umfasst aus Auftraggebersicht die Projektfinanzierungsfunktion gemäß dem folgenden Abschnitt 2.4.2.3 und die Projektleistungsfunktion nach dem vorangegangenen Abschnitt 2.3. Der Projektträger zeichnet sich demnach nicht für die Erbringung einzelner, im Vorhinein exakt spezifizierter Leistungen verantwortlich, sondern für ein den grundsätzlichen funktionalen Erfordernissen nach definiertes Bündel an Leistungen. In der Praxis wird diese Art der umfassenden und kundenindividuellen Leistungskonfiguration auch als Systemlösung bezeichnet.[159] So wie das Betreibermodell bereits in der obigen Abgrenzung gegenüber alternativen Vertragstypen der Realisie-

---

155 Hintze, M. (1998), S. 73.

156 In Analogie zum Leistungssystem von Anlagenprojekten spricht HINTZE von einer „[...] Pyramide nachgelagerter und sich detaillierender Make-or-buy-Entscheidungen“ (Hintze, M. (1998), S. 301).

157 Siehe auch Abschnitt 3.1.3.

158 Hierzu korrespondiert die These von MERNA, wonach sich Betreibermodelle ursprünglich aus der in Abschnitt 2.4.1.2 angesprochenen Ausweitung des Leistungsumfangs von Generalunternehmerverträgen entwickelt haben (vgl. Merna, T. (1994b), S. 23).

159 Vgl. Bauer, J. (1988), S. 41. Aus Vertriebsperspektive findet auch die Bezeichnung Systemangebot Verwendung. Zur diesbezüglichen Begriffsdiskussion vgl. Hintze, M. (1998), S. 233f.

rung von Infrastrukturprojekten als weitestgehende Form der Leistungssynthese gekennzeichnet wurde,[160] besitzt der Projektträger im Rahmen von Betreibermodellen den weitreichendsten Grad an Projektverantwortung.

Den gesellschaftsrechtlichen und damit institutionellen Rahmen der Projektträgerschaft bildet der Korporationsvertrag zwischen mehreren juristischen oder natürlichen Personen über die Gründung einer auf das konkrete Vorhaben bezogenen Projektgesellschaft. Die Organisations- und Rechtsform der bei Betreibermodellen zwingend privatrechtlichen[161] Gesellschaft variiert je nach Projektgegenstand, Projektvolumen, Projektkomplexität und Projektstandort. In organisatorischer Hinsicht manifestiert sich der korporative Zusammenschluss in der Institutionalisierung der Projektträgerschaft als Equity-Joint-Venture[162]. Equity-Joint-Ventures stellen rechtlich und organisatorisch selbstständige Unternehmen dar, welche von rechtlich und in den nicht-kooperativen Bereichen auch wirtschaftlich voneinander unabhängigen Partnern vermittels der Einbringung von Kapital sowie der Zusammenlegung komplementärer Mittel und Kenntnisse gemeinsam geführt werden.[163] Gesellschaftsrechtlich handelt es sich regelmäßig um eine Kapitalgesellschaft.[164] Der Gesellschaftsvertrag beruht zumeist auf einem dem Gesellschaftsrecht des jeweiligen Projektlandes entsprechenden Standardvertragswerk, innerhalb dessen die Rechtsform, der Geschäftszweck, die Höhe des Gesellschaftskapitals, die Gesellschaftsorgane, die Stimmrechtsverteilung, die Übertragungsmöglichkeiten von Gesellschaftsanteilen und die Dauer der Gesellschaft geregelt werden.[165] Neben dem weitgehend standardisierten Gesellschaftsvertrag kann ein gesonderter Kooperationsvertrag[166] geschlossen werden, der im Sinne einer Kooperationsverfassung die Regelung von Konflikten zwischen den Projektträgern zum Inhalt hat und insbesondere die Entgeltung und Verteilung der im Vorfeld des angestrebten Projektzuschlags von den einzelnen Projektträgern zu erbringenden Leistungen festlegt. Häufig wird ein Kooperationsvertrag so ausgestaltet, dass darauf nur in Ausnahmefällen zurückgegriffen wird, beziehungsweise dieser vollständig durch den Gesellschaftsvertrag ersetzt wird.[167]

---

160 Siehe Abschnitte 2.4.1 und 2.4.2.1.

161 Vgl. Henschel-Bätz, M. (2000), S. 30.

162 Oftmals finden die Bezeichnungen (Equity-) Joint-Venture, Joint-Ownership-Venture und Gemeinschaftsunternehmen synonym Verwendung (vgl. Eisele, J. (1995), S. 10; Macharzina, K. (2001), Sp. 1181).

163 Vgl. Eisele, J. (1995), S. 9ff; Wagner, W. (1998), S. 10; Helm, R./Peter, A. (1999), S. 28; Macharzina, K. (2001), Sp. 1181; Vaubel, M.-A. (2001), S. 8ff.

164 Vgl. Hinsch, L.C./Horn, N. (1985), S. 233ff; Rieger, H. (1990), S. 67; VDI (1991), S. 32; Schulte-Althoff, M. (1992), S. 34f, 73; Backhaus, K./Köhl, T./Behrens, H. (1997), S. 8; Reuter, A./Wecker, C. (1999), S. 26; Lenz, E./Zinell, A.P. (2001), S. 78, 101.

165 Vgl. Hinsch, L.C./Horn, N. (1985), S. 224; Dorner, G. (1994), S. 83f; Strohbach, H. (2001), S. 92ff.

166 Im internationalen Sprachgebrauch ist auch vom Pre-Corporation Agreement oder (Preliminary) Consortium Agreement die Rede, der nach Erhalt des Projektzuschlags in ein sogenanntes Shareholders´ Agreement überführt werden kann (vgl. Hinsch, L.C./Horn, N. (1985), S. 224f; Walker, C./Smith, A.J. (1995), S. 175; UNIDO (1996), S. 211f; Fahrholz, B. (1998), S. 261; Pollio, G. (1999), S. 130; Reuter, A./Wecker, C. (1999), S. 24f).

167 Vgl. Hinsch, L.C./Horn, N. (1985), S. 225; Rieger, H. (1990), S. 69; Schulte-Althoff, M. (1992), S. 79f; Dorner, G. (1994), S. 83f; Sapte, W. (1997), S. 40ff; Hintze, M. (1998), S. 91f; Lenz, E./Zinell, A.P. (2001), S. 100.

Um die Zweckbezogenheit der Projektgesellschaft (Project Company)[168] hervorzuheben, finden sich Bezeichnungen wie (Ein-) Zweckgesellschaft oder Special Purpose Joint Venture Company[169], Single[170] beziehungsweise Special[171] Purpose Company (SPC), Special Purpose Entity (SPE)[172] oder Special Purpose Vehicle (SPV)[173].[174]

Als juristische Person tritt die Projektgesellschaft nach außen als Träger der mit dem Vorhaben verbundenen funktionalen Rechte und Pflichten auf. Nach innen gerichtet ist die Projektgesellschaft die institutionalisierte Interessenvertretung der einzelnen Projektgesellschafter, die aufgrund ihrer mit einer Eigenkapitaleinlage verbundenen Stellung auch als Sponsoren[175] betitelt werden. Den empirischen Zusammenhang, wonach die meisten der hinter der Projektgesellschaft stehenden Sponsoren neben ihrem Beitrag zur Finanzierung des Projektes auch die funktionale Projektträgerschaft ausüben,[176] drücken die Bezeichnungen Owner-Manager[177] und Managing Equity Investor[178] aus.[179]

Je nach Sinnzusammenhang werden Projektträger auch als Initiatoren[180] oder Promotoren[181] bezeichnet. Während der erste Ausdruck die initiierende Rolle einzelner Projektträger betont, hebt die zweite Bezeichnung hervor, dass die Projektträger als Projektbefürworter in besonde-

---

168 Vgl. Özdoganm, I.D./Birgönül, M.T. (2000), S. 343.

169 Vgl. Haley, G. (1992), S. 64.

170 Vgl. Fahrholz, B. (1998), S. 1ff, 259ff; Fahrholz, B. (2000), S. 40.

171 Vgl. Backhaus, K./Köhl, T./Behrens, H. (1997), S. 7; Lenz, E./Zinell, A.P. (2001), S. 78.

172 Vgl. Sapte, W. (1997), S. 5; Nevitt, P.K./Fabozzi, F.J. (2000), S. 223, 265.

173 Vgl. Sapte, W. (1997), S. 2; Merna, T./Dubey, R. (1998), S. 15; Ohl, H.-P. (2000), S. 128; Siebel, U.R. (2001), S. 21; Lenz, E./Zinell, A.P. (2001), S. 78.

174 Aus organisatorischen, steuer- oder eigentumsrechtlichen Gründen kann die Gründung weiterer Einzweckgesellschaften sinnvoll werden, deren Funktion allerdings nicht in der umfassenden Projektträgerschaft, sondern in der Übernahme von Teilfunktionen wie dem Anlagenbetrieb oder -besitz begründet liegt (vgl. Rieger, H. (1990), S. 67ff; Schulte-Althoff, M. (1992), S. 74; Ziegler, M. (1997), S. 261ff; Lenz, E./Zinell, A.P. (2001), S. 102f).

175 Vgl. Schmitt, W. (1989), S. 18f; McKay, C. (1989), S. 104, 108; Schulte-Althoff, M. (1992), S. 35f; Jürgens, W.H. (1994), S. 28; Backhaus, K./Köhl, T./Behrens, H. (1997), S. 8; Ohl, H.-P. (2000), S. 130; Lenz, E./Zinell, A.P. (2001), S. 70. Dessen ungeachtet können Sponsoren durch die Gewährung nachrangiger, eigenkapitalersetzender Darlehen auch als Fremdkapitalgeber auftreten (vgl. Frank, H./Moser, R. (1987), S. 46; Schmitt, W. (1989), S. 18f; Ohl, H.-P. (2000), S. 133).

176 Vgl. Hinsch, L.C./Horn, N. (1985), S. 219, 221; Funk, J. (1988), S. 424; Schmitt, W. (1989), S. 18f; Schulte-Althoff, M. (1992), S. 74; Jürgens, W.H. (1994), S. 7; Hintze, M. (1998), S. 88; Fahrholz, B. (1998), S. 255; Rudolph, B. (1998), S. 54f; Ahmed, P.A. (1999), S. 65; Reuter, A./Wecker, C. (1999), S. 24; Ohl, H.-P. (2000), S. 129.

177 Vgl. Laux, C. (1997), S. 852f.

178 Vgl. Hintze, M. (1998), S. 90, 233; Henschel-Bätz, M. (2000), S. 32.

179 Die synonyme Verwendung der Bezeichnungen Sponsor und Projektträger schränkt auf die reine, funktionale Finanzierungsperspektive ein (vgl. beispielsweise Schmitt, W. (1989), S. 18; Höpfner, K.-U. (1995), S. 7; Henschel-Bätz, M. (2000), S. 202).

180 Vgl. Hinsch, L.C./Horn, N. (1985), S. 219; Uekermann, H. (1990), S. 17; Schulte-Althoff, M. (1992), S. 75; Fahrholz, B. (1998), S. 255; Ohl, H.-P. (2000), S. 129.

181 Vgl. Hinsch, L.C./Horn, N. (1985), S. 221; Billand, F. (1989), S. 326f; Gröhl, M. (1990), S. 13; Joosten, R. (1994), S. 58ff; Merna, T. (1994a), S. 2f; Jürgens, W.H. (1994), S. 7; Hintze, M. (1998), S. 87; Rudolph, B. (1998), S. 54; Reuter, A./Wecker, C. (1999), S. 24; Ohl, H.-P. (2000), S. 129.

rer Weise um das Vorantreiben des Projektes bemüht sind. Dabei ist zu beachten, dass weder der Begriff des Initiators noch der des Promotors als vollwertige Synonyme des Projektträgerbegriffs anzusehen sind. Beide Ausdrücke reduzieren die Intension des Projektträgerbegriffs auf Teilfunktionen, die überdies im Fall der Projektinitiierung nicht einmal vom Projektträger im hier verstandenen Sinne selbst wahrgenommen werden müssen beziehungsweise im Fall der Promotorenfunktion zusätzlich von anderen Projektbeteiligten übernommen werden.

Betrachtet man den Projektträger wie in der vorliegenden Arbeit als Träger der Projektkoordinationsfunktion, so ist auch der in Anlehnung an die deutsche Rechtsterminologie von REUTER/WECKER präferierte Begriff des Projekterrichters abzulehnen, da die Gefahr homonymer Begriffsverwendung besteht, indem eine Verwechslung mit dem Errichter als dem rein mit Erstellungsleistungen Beauftragten stattfindet.[182]

Im Folgenden wird der Begriff des Projektträgers analog zur bisherigen Verwendung in Anlehnung an den praktischen Sprachgebrauch und auf Basis der obigen Ausführungen intensional einerseits als der in Form einer Projektgesellschaft institutionalisierte Träger der Koordinationsfunktion für das Gesamtprojekt, andererseits als mitspracheberechtigter Gesellschafter der Projektgesellschaft verstanden. Sprachlich kommt dies dadurch zum Ausdruck, dass einerseits in singularischer Form von dem Projektträger und andererseits pluralisch von den Projektträgern die Rede ist.[183] Der Projektträgerbegriff wird damit bewusst von den auf die Teilfunktionen der Projektinitiierung, -finanzierung und -unterstützung bezogenen Termini Initiatoren, Sponsoren und Promotoren getrennt. Die Extension des Projektträgerbegriffs umfasst weiter sämtliche empirisch vorfindbaren Betreibermodell-basierten Infrastrukturprojekte.

2.4.2.3 Projektfinanzierung als Element des Betreibermodells

Im Rahmen der Diskussion des Betreibermodell-Begriffs wurde die Finanzmittelbereitstellung via Projektfinanzierung als konstituierendes Merkmal von Betreibermodellen herausgestellt.[184] Entgegen den traditionellen Formen auftraggeberseitiger Kapitalbereitstellung ermöglicht die Methode der Projektfinanzierung, neben den originären Projektleistungen auch die Finanzierungsfunktion auf die Projektträger zu übertragen. Unter dem Terminus Projektfinanzierung wird dabei – basierend auf dem als weitgehend etabliert zu betrachtenden Begriffsverständnis des US-amerikanischen Financial Accounting Standards Board – die Finanzierung einer wirtschaftlich und zumeist rechtlich abgrenzbaren, sich selbst refinanzierenden Wirtschaftseinheit von begrenzter Lebensdauer verstanden.[185]

---

182 Vgl. Reuter, A./Wecker, C. (1999), S. 22, 24 und analog den Einzelbeitrag Reuter, A. (1999), S. 34. Beispielsweise verwenden FRANK/MOSER, NICKLISCH und LENZ/ZINELL die Bezeichnung Projekterrichter für den ausschließlich mit Erstellungsleistungen beauftragten Unternehmer (vgl. Frank, H./Moser, R. (1987), S. 46; Nicklisch, F. (1998), S. 5; Lenz, E./Zinell, A.P. (2001), S. 79).

183 Vgl. auch Schulte-Althoff, M. (1992), S. 35, 79; Kiethe, K./Hektor, D. (1996), S. 979; Hintze, M. (1998), S. 233; Fahrholz, B. (2000), S. 40.

184 Siehe Abschnitt 2.1.

185 Vgl. Backhaus, K./Schill, J./Uekermann, H. (1993), S. 532f; Hupe, M. (1995), S. 11ff; Backhaus, K./Uekermann, H. (1995), Sp. 1574; Eiteman, D.K./Stonehill, A.I./Moffett, M.H. (1998), S. 607f; Pollio,

Kreditnehmer im Falle eines Betreibermodell-basierten Infrastrukturprojekts ist somit die im vorherigen Abschnitt charakterisierte Projektgesellschaft, an der die einzelnen Projektträger als Sponsoren beteiligt sind (vgl. Darstellung 8). Die Projektfinanzierung bildet damit den Gegenentwurf zum sogenannten Corporate-credit-rating-based-financing[186]. Die Finanzierungsmittel werden demnach weder in der klassischen Form der auf die Bonität des Bestellers gerichteten Auftragsfinanzierung noch in Form einer projektbezogenen und direkt auf die Bonität der beteiligten Sponsoren abzielenden Finanzierung aufgebracht, sondern in Abhängigkeit von der erwarteten Projektwirtschaftlichkeit sui generis bereitgestellt.

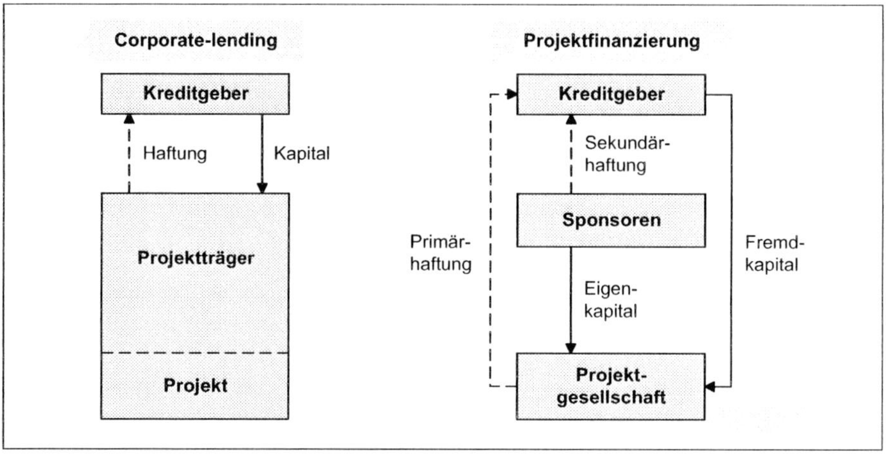

Darstellung 8: Prinzip der Projektfinanzierung[187]

Typischerweise besitzt eine Projektfinanzierung die nachfolgend erläuterten Merkmale:

1. Cash-flow-orientierte Kreditvergabe (Cash-flow-related-lending),
2. Explizite Risikoteilung (Risk-sharing) und
3. Bilanzexterne Finanzierung (Off-balance-sheet-financing).[188]

G. (1999), S. 88; Henschel-Bätz, M. (2000), S. 75; Backhaus, K./Köhl, T. (2001), Sp. 1716; Beckmann, D. (2002b), S. 316.

186 Vgl. zum Corporate-credit-rating-based-financing im Anlagenbau Ziegler, M. (1997), S. 57ff.

187 Vgl. Beckmann, D. (2002b), S. 317.

188 Vgl. Uekermann, H. (1990), S. 18ff; Schulte-Althoff, M. (1992), S. 29; Uekermann, H. (1993), S. 11ff; Backhaus, K./Uekermann, H. (1995), Sp. 1576ff; Backhaus, K./Köhl, T. (2001), Sp. 1716ff; Beckmann, D. (2002b), S. 317ff.

Ad 1: Cash-flow-orientierte Kreditvergabe (Cash-flow-related-lending)

Aus der hohen Spezifität projektfinanzierter Vorhaben folgt im Vergleich zur Höhe der Anschaffungskosten regelmäßig ein unverhältnismäßig niedriges Liquidationserlöspotenzial. Beispielsweise ist anzunehmen, dass im Fall der vorzeitigen Beendigung eines baulich bereits fertiggestellten Infrastrukturprojekts nur sehr geringe Resterlöse aus dem Verkauf der Einzelgegenstände des Sachanlagevermögens zu erwarten sind. Bei Projektfinanzierungen stehen deshalb als Sicherheit für die Rückzahlung der gewährten Kredite nicht die Projektaktiva und ihre potenziellen Zerschlagungswerte im Vordergrund der Kreditvergabeentscheidung, sondern die Fremdkapitalgeber orientieren sich primär an der Schuldendienstfähigkeit der für die Zukunft erwarteten Cash-flows. Im Gegensatz zum traditionellen Balance-sheet-related-lending beziehungsweise Asset-based-financing spielt demnach das bilanzierte Vermögen der Projektgesellschaft nur eine untergeordnete Rolle.

Ad 2: Explizite Risikoteilung (Risk-sharing)

Das Risk-sharing beschreibt die Aufteilung der Projektrisiken zwischen den verschiedenen Projektbeteiligten.[189] Nach dem generellen Effizienz-Prinzip der Risikoallokation sollten die einzelnen Projektrisiken möglichst den Beteiligten zugewiesen werden, die diese aufgrund ihres Einzelrisiko-bezogenen Know-hows am besten handhaben können.[190] Die Projektfinanzierung versucht diese Erkenntnis umzusetzen, indem die in direktem Zusammenhang mit einer Projektleistung stehenden Risiken dem jeweiligen Träger der Leistung verantwortet[191] und die verbleibenden Refinanzierungsrisiken phasenbezogen den Eigen- und Fremdkapitalgebern sowie Dritten zugewiesen werden.[192]

In Abhängigkeit von der projektspezifischen Risikosituation und der Risikobereitschaft der Finanziers kann das prospektiv ausgerichtete Cash-flow-related-lending mit zusätzlichen Rückgriffsrechten der Kreditgeber gegenüber den Eigenkapitalgebern ausgestattet werden. Dabei können die drei Stufen des Non-recourse-, Limited-recourse und Full-recourse-

---

189 Die einzelnen Risikoinhalte Betreibermodell-basierter Infrastrukturprojekte werden in Abschnitt 3.3 behandelt. Obligatorische und potenzielle Projektbeteiligte werden in Abschnitt 3.1 gekennzeichnet.

190 Im Optimalfall übernimmt der in Bezug auf ein spezifisches Risiko als sogenannter Cheapest-cost-avoider identifizierte Projektbeteiligte die Risikoverantwortung (vgl. Haley, G. (1992), S. 64; Höpfner, K.-U. (1995), S. 15f, 176ff; UNIDO (1996), S. 159; Hildebrandt, J./Tegner, H. (1998), S. 86; Pollio, G. (1999), S. 124; Henschel-Bätz, M. (2000), S. 151f; Özdoganm, I.D./Birgönül, M.T. (2000), S. 352; Böger, T.R./Drömann, D. (2001), Kap. 2; Alfen, H.W. (2001), S. 32; UNCITRAL (2001), S. 42). In praxi ist dieses aus einer Gesamtbetrachtung hervorgehende Prinzip allerdings nur in begrenztem Umfang umsetzbar (vgl. Čadež, I. (2000), S. 249).

191 Hierzu zählen beispielsweise Liefer-, Fertigstellungs- oder Abnahmegarantien (vgl. Schmitt, W. (1989), S. 197; Hupe, M. (1995), S. 21; Pollio, G. (1999), S. 124f; Schroth, H.-J. (2000), S. 85f).

192 So stellen Sponsoren ihre Finanzmittel zum Schutz der Kreditgeber grundsätzlich zeitlich vorgelagert bereit. Als Träger der Residualrisiken kommen insbesondere öffentliche Institutionen und Versicherungen in Betracht (vgl. Billand, F. (1989), S. 330; Schulte-Althoff, M. (1992), S. 38, 40; UNIDO (1996), S. 198; Rudolph, B. (1998), S. 58f; Pollio, G. (1999), S. 122f; Böger, T.R./Drömann, D. (2001), Kap. 2; Sigulla, S. (2001), S. 509).

financing unterschieden werden. Während das in der Praxis weitgehend unübliche Non-recourse-financing den Rückgriff der Kreditgeber auf die Eigenkapitaleinlage der Projektträger beschränkt,[193] beschreibt das für Projektfinanzierungen typische Limited-recourse-financing die in zeitlicher, betragsmäßiger oder Situationseintritt-bedingter Hinsicht begrenzte Haftung der Mutterunternehmen über ihre Gesellschaftereinlage hinaus (vgl. Darstellung 8).[194] Die Extremalausprägung des Full-recourse-financing durchbricht aufgrund des vollen Rückgriffs auf die Eigenkapitalgeber das Projektfinanzierungsprinzip der Risikoteilung und ist deshalb nicht der Projektfinanzierung im eigentlichen Sinne, sondern dem traditionellen, auf die Bonität der Mutterunternehmen abstellenden Corporate-credit-rating-based-financing zuzuordnen.[195]

Im Zuge der expliziten Risikoallokation lassen sich Eigenkapital-Quoten erreichen, die vor allem für anglo-amerikanische Verhältnisse als ungewöhnlich gering einzustufen sind.[196]

Das Einzelinteressen-übergreifende Hauptanliegen des Risk-sharing besteht in der Etablierung einer Finanzierungsstruktur, die es den Projektbeteiligten ermöglicht, bei Eintritt projektinhärenter Risiken nicht zu einem sofortigen Abbruch des Gesamtprojekts gezwungen zu sein.[197]

---

193 Die Bezeichnung als Non-recourse-financing ist insofern missverständlich gewählt, als streng genommen bereits der Einsatz von Eigenkapital die Rückgriffsfreiheit aufhebt (vgl. Reuter, A./Wecker, C. (1999), S. 13). Einen Erklärungsversuch zur Notwendigkeit eines mindestens begrenzten Rückgriffsrechts auf die Sponsoren über ihre Eigenkapitaleinlage hinaus gibt LAUX, indem er anhand eines Rechenbeispiels das Risiko des Moral Hazard der Eigenkapitalgeber gegenüber den Fremdkapitalgebern in Form einer Eigenkapitalwertsteigerung auf Kosten einer Erhöhung des Risikos der Fremdkapitalpositionen veranschaulicht (vgl. Laux, C. (1997), S. 845ff). Dessen ungeachtet geht OHL davon aus, dass Sponsoren im Falle einer Projektkrise ihre Einlagen aus Gründen des Reputationsschutzes im Nachhinein grundsätzlich erhöhen (vgl. Ohl, H.-P. (2000), S. 141).

194 Vertraglich zählen hierzu im internationalen Sprachgebrauch auch als Comfort Letters bezeichnete begrenzte Bürgschaften, Garantien, Patronatserklärungen oder Nachschussverpflichtungen (vgl. Backhaus, K./Schill, J./Uekermann, H. (1993), S. 539; Brealey, R.A./Meyers, S.C. (1996), S. 696; Sapte, W. (1997), S. 7f; Lenz, E./Zinell, A.P. (2001), S. 101; Löwenstein, M. Prinz zu (2001), S. 252ff).

195 Vgl. Schmitt, W. (1989), S. 185ff; Schulte-Althoff, M. (1992), S. 42; Uekermann, H. (1993), S. 14f; Hupe, M. (1995), S. 20; Höpfner, K.-U. (1995), S. 12; Rudolph, B. (1998), S. 55; Tytko, D. (1999), S. 13f.

196 Projektfinanzierte Vorhaben weisen je nach Projektgegenstand Eigenkapital-Quoten von 10% bis maximal 50% auf (vgl. Hupe, M. (1995), S. 28; Tiong, R.L.K. (1995b), S. 285f; UNIDO (1996), S. 184; Tiong, R.L.K./Alum, J. (1997d), S. 90; Sinha, S. (1999a), S. 62; Henschel-Bätz, M. (2000), S. 173; Özdoganm, I.D./Birgönül, M.T. (2000), S. 348; Bodner, H. (2001), S. 28; Lenz, E./Zinell, A.P. (2001), S. 71). In den USA und in Großbritannien existieren auch voll fremdfinanzierte Projekte (vgl. Tiong, R.L.K. (1995c), S. 308). Für deutsche Unternehmen sind derartige Verschuldungsgrade nichts Außergewöhnliches. So besaßen die als potenzielle Projektträger in Frage kommenden Unternehmen des Maschinenbaus, der Energie- und Wasserversorgung und des Baugewerbes im Jahr 1998 in Westdeutschland durchschnittliche Eigenkapital-Quoten von lediglich 24%, 25% und 5% (vgl. Deutsche Bundesbank (2001), S. 42f). Verschuldungsgrade von Projektgesellschaften sind allerdings insbesondere aufgrund verringerter Möglichkeiten zur Bildung stiller Reserven in frühen Projektphasen nicht ohne weiteres mit denen von Going-Concern-Unternehmen vergleichbar (vgl. Hupe, M. (1995), S. 28).

197 Vgl. Hupe, M. (1995), S. 20.

Ad 3: Bilanzexterne Finanzierung (Off-balance-sheet-financing)

Die Gründung der Projektgesellschaft kann bei geeigneter Wahl der Beteiligungsquoten und Mitspracherechte dazu führen, dass bei den Sponsoren gemäß der für sie relevanten Rechnungslegungsvorschriften nur der jeweilige Anteil am Eigenkapital der Gesellschaft zu bilanzieren ist.[198] Da sämtliche Projekt-Kredite bei dieser als Equity-Methode bezeichneten Art der Kapitalkonsolidierung ausschließlich in der Einzelbilanz der Projektgesellschaft ausgewiesen werden, entfällt für die Sponsoren eine im Zuge der Voll- oder Quotenkonsolidierung aufgrund der insbesondere im Vergleich zu US-amerikanischen Going-concern-Unternehmen unverhältnismäßig hohen Verschuldungsgrade von Projektgesellschaften eintretende Verschlechterung der passivseitigen vertikalen Bilanzstruktur. Da die Beteiligung an einer Projektgesellschaft lediglich At-Equity im Anlagevermögen auszuweisen ist, werden zusätzlich die horizontalen sowie die aktivseitig vertikalen Bilanzrelationen geschont.[199]

Allerdings kann dieser sogenannte Off-balance-sheet-Effekt aufgrund passivierungspflichtiger Eventualverbindlichkeiten aus dem Limited-recourse der Sponsoren aufgehoben werden. Die im Rahmen des Limited-recourse-financing entstehenden Haftungsverhältnisse sind zudem grundsätzlich im Anhang zu vermerken.[200] Der Begriff des Off-balance-sheet-financing ist demnach nicht in seiner wörtlichen Absolutheit zu übersetzen, sondern als Phänomen besonders geringer Auswirkungen eines Eigenkapital-Engagements auf die Bilanz des Projektsponsors zu interpretieren.

Im Ergebnis ist deshalb festzuhalten, dass ausschließlich die Besonderheit der Finanzierung einer wirtschaftlich und zumeist rechtlich abgrenzbaren, sich selbst refinanzierenden Wirtschaftseinheit von begrenzter Lebensdauer, das Cash-flow-related-lending sowie das Risksharing als konstituierende Merkmale der Projektfinanzierung anzusehen sind. Das Offbalance-sheet-financing besitzt lediglich differenzierenden Charakter.

---

198 Zu den Voraussetzungen der At-equity-Bilanzierung nach deutschem HGB, International Accounting Standards (IAS) und United States-Generally Accepted Accounting Principles (US-GAAP) vgl. Pellens, B./Sürken, S. (1997), S. 913ff; Gundert, M. (2000), S. 131f; Küting, K./Weber, C.-P. (2000), S. 374ff, 530ff; Nevitt, P.K./Fabozzi, F.J. (2000), S. 265ff; Niehus, R.J./Thyll, A. (2000), S. 81ff; Vaubel, M.-A. (2001), S. 37ff; KPMG (2002a), S. 1ff; KPMG (2002b), S. 1ff; Schruff, W./Rothenburger, M. (2002), S. 755ff.

199 Hier ist beispielsweise an das Verhältnis von Umlauf- zu Anlagevermögen sowie von Eigenkapital zu Anlagevermögen zu denken (vgl. Schulte-Althoff, M. (1992), S. 36; Perridon, L./Steiner, M. (2002), S. 544ff).

200 Da potenzielle Fremdkapitalgeber bemüht sein werden, Projektverpflichtungen einer kreditnachfragenden Unternehmung zu erkennen, ist die mögliche Schlussfolgerung, der Off-balance-sheet-Effekt führe im Gegensatz zu einer Vollkonsolidierung zu einer nachhaltigen Verbesserung der Kreditwürdigkeit der Sponsoren im Rahmen ihres eigenen Corporate-credit-rating-based-financing, als illusorisch zu beurteilen (vgl. Schmitt, W. (1989), S. 52; Backhaus, K./Schill, J./Uekermann, H. (1993), S. 537f; Rudolph, B. (1998), S. 57; Beckmann, D. (2002b), S. 319ff).

2.4.3 Typologisierung von Betreibermodellen anhand differenzierender Projektmerkmale

Nachdem Betreibermodelle bislang anhand konstituierender Merkmale von anderen Vertragstypen im Leistungssystem von Infrastrukturprojekten abgegrenzt wurden, sind im Folgenden die differenzierenden Merkmale Betreibermodell-basierter Infrastrukturprojekte Gegenstand der Betrachtungen. Erst die Kenntnis empirisch relevanter Betreibermodell-Variationen erlaubt Aussagen hinsichtlich der Ausgestaltung eines praxisbezogenen Controlling-Konzepts.

2.4.3.1 Unterscheidung nach Vergabeart

Die notwendige Voraussetzung für die Durchführung eines Betreibermodell-Projekts aus Projektträgersicht besteht im Erhalt der Projektträgerschaft. Maßgebliches Kriterium für die Beauftragung mit der Projektträgerschaft ist die Art der Auftragsvergabe. Aufgrund des Zusammenhangs zwischen Zuschlagswahrscheinlichkeit und Intensität des Vergabewettbewerbs[201] liegt es deshalb nahe, zwischen direkt vergebenen Betreibermodellen und ausgeschriebenen Betreibermodellen zu unterscheiden.[202]

Bei direkt vergebenen Betreibermodellen findet keine Ausschreibung und somit auch kein Wettbewerb zwischen mehreren konkurrierenden Anbietern statt. Stattdessen erfolgen ausschließlich Verhandlungen zwischen dem Gesamtauftraggeber und dem präferierten Projektträger. Diese Art der Auftragsvergabe kommt vor allem bei privaten Auftraggebern und bei öffentlichen Auftraggebern in Ländern mit rechtlich schwach ausgeprägtem Vergabewesen zur Anwendung.[203]

Bei ausgeschriebenen Betreibermodellen werden hingegen mehrere Anbieter zu einer Angebotsabgabe eingeladen.[204] Innerhalb eines umfassenden und insbesondere bei öffentlich-rechtlicher Auftragsvergabe oftmals langwierigen Selektionsprozesses wird aus dem Anbieterkreis derjenige Projektträger ausgewählt, dessen Angebot den auftraggeberseitigen Präferenzen am ehesten entspricht. Ausschlaggebende Motive für die Ausschreibung eines Betreibermodells sind allgemein höhere Nutzenerwartungen hinsichtlich der Erreichung der mit

---

201 Je höher die Zahl der Anbieter, desto geringer ist rein rechnerisch die Wahrscheinlichkeit des Auftragserhalts für den einzelnen Anbieter. Siehe auch Abschnitt 3.3.3 (dort im Speziellen Punkt 1).

202 Vgl. auch UNCITRAL (2001), S. XIV, XVI.

203 Vgl. Leiste, E. (2001), S. 27. In weniger entwickelten Ländern werden selbst die öffentlichen Ausschreibungsbedingungen oft bewusst so gestaltet, dass kleine Unternehmen aus Kostengründen nicht an einem Ausschreibungswettbewerb teilnehmen können (vgl. Tiong, R.L.K./Alum, J. (1997a), S. 68).

204 So werden beispielsweise in Deutschland Konzessionen für öffentliche Infrastrukturprojekte nach § 32a VOB/A EU-weit ausgeschrieben (vgl. BMV (1995), S. 2). Zu der Frage, unter welchen Umständen und in welcher Form ein Auftraggeber nach deutschem und EU-Vergaberecht zu einer Ausschreibung verpflichtet ist, vgl. Kirchhoff, W. (2001), S. 110ff, 123ff.

dem Projekt verfolgten Ziele[205] und speziell aus öffentlicher Sicht die Gewährleistung eines möglichst diskriminierungsfreien Wettbewerbs.[206]

Ausgeschriebene Betreibermodelle müssen nicht zwangsläufig zu geringeren Einflussmöglichkeiten der Projektträger auf die technische, wirtschaftliche und rechtliche Projektkonzeptionierung führen, sondern eröffnen den Anbietern je nach Art der Ausschreibung unterschiedlich weite Gestaltungsspielräume. So sieht beispielsweise das deutsche Fernstraßenbauprivatfinanzierungsgesetz (FstrPrivFinG) zwei Ausschreibungsvarianten vor. Bei der ersten Variante der konventionellen Planung im Rahmen eines sogenannten Teilnahmewettbewerbs sind die wesentlichen Projektbedingungen bereits in den Ausschreibungsunterlagen festgelegt. Die Einflussmöglichkeiten der Anbieter sind entsprechend begrenzt. Bei der Alternative des sogenannten Ideenwettbewerbs sind die Konditionen des Betreibermodells ex ante noch nicht detailliert geregelt, so dass nicht nur das Beeinflussungspotenzial, sondern auch die Planungsunsicherheit der Anbieter als relativ hoch einzustufen sind.[207]

2.4.3.2 Unterscheidung nach Vertragsgestaltung

Unterschiedliche Arten von Betreibermodellen resultieren auch aufgrund der vielfältigen Gestaltungsmöglichkeiten des Rahmenvertrags zwischen Auftraggeber und Projektträger.

Von grundlegender Bedeutung ist die Unterscheidung zwischen Betreibermodellen mit und ohne Übertragung der Projektaktiva auf den Auftraggeber nach Ablauf eines im Projektrahmenvertrag vereinbarten Zeitraums. Bei den Betreibermodellen mit Transferregelung ist von sogenannten Build-Operate-Transfer (BOT)- beziehungsweise oftmals synonym von sogenannten Build-Own-Operate-Transfer (BOOT)-Projekten die Rede, bei Modellen ohne nachfolgende Eigentumsübertragung von sogenannten Build-Operate (BO)- beziehungsweise ebenfalls grundsätzlich gleichbedeutend von sogenannten Build-Own-Operate (BOO)-Modellen.[208]

---

205 Zu den Zielen der Auftraggeber von Betreibermodellen vgl. Hintze, M. (1998), S. 146ff, 205ff; Zhang, W.R. et al. (1998), S. 406ff sowie Abschnitt 5.2.2.1.1 der vorliegenden Arbeit.

206 Vgl. Goedel, J. (1991), S. 20; Merna, T. (1994a), S. 13; Walker, C./Smith, A.J. (1995), S. 18f, 51f; Reismann, W.A. (1996), S. 442; UNIDO (1996), S. 98ff; Hintze, M. (1998), S. 110f, 160ff; Kirchhoff, W. (2001), S. 108ff; UNCITRAL (2001), S. XIIIff. Siehe auch Abschnitt 3.2.1.

207 Vgl. BMV (1995), S. 2ff; Ewers, H.-J./Tegner, H. (2000), S. 38f; Keppel, A./Hinrichs, S. (2000), S. 261f; Kumlehn, F. (2001), S. 167ff.

208 Der Zusatz „Own" weist explizit auf die Eigenkapitalbeteiligung der Projektträger hin, kann aber bei rein semantischer Betrachtung aufgrund der implizit aus dem Kürzel „T" für „Transfer" hervorgehenden Eigentümerschaft auch entfallen (vgl. VDI (1991), S. 105; Goedel, J. (1991), S. 20; Merna, A./Smith, N.J. (1993), S. 5; Merna, T. (1994a), S. 5f; Hupe, M. (1995), S. 71; Hintze, M. (1998), S. 114f; Benz, T. (2000), S. 106; UNCITRAL (2001), S. 6). Da sich das Eigentum in aller Regel bereits vor Projektbetrieb in Hand der Projektgesellschaft befindet, und auch bei den nachfolgend genannten Betreibermodell-Akronymen die einzelnen Buchstaben grundsätzlich nach chronologischem Eintritt ihres semantischen Inhalts geordnet werden, sollte das „O" für „Own" vor dem „O" für „Operate" stehen. Will man durch die Buchstabenreihenfolge das spezifische Modell zum Ausdruck bringen, wie zum Beispiel bei der Abgrenzung von BOT- und BTO-Projekten (vgl. Hintze, M. (1998), S. 156; UNCITRAL (2001), S. 5), erscheint eine stringente Befolgung dieses Prinzips als unumgänglich (siehe auch Darstellung 9 auf Seite 51).

Wie bereits im Rahmen der in Abschnitt 2.1 erfolgten terminologischen Abgrenzung des Betreibermodell-Begriffs dargelegt, wird der BOT-Begriff oftmals sprachlich weiter gefasst, indem das BOT-Akronym als Synonym für den extensional weitreichenderen Begriff des Betreibermodells oder – aus terminologischer Sicht noch unklarer – als Oberbegriff für sämtliche Variationen des Betreibermodells verwendet wird.[209] HALEY merkt hierzu an: „BOT is a recent buzzword that can be taken to mean many things."[210]

Während der Zeitraum der Projektträgerschaft bei den befristeten Betreibermodellen vertraglich definiert ist, ergibt sich die entsprechende Dauer bei den unbefristeten Betreibermodellen aus den technisch-ökonomischen Merkmalen des projektierten Objekts. An die Stelle der Übergabe tritt die Stilllegung am Ende der technischen oder wirtschaftlichen Lebensdauer der Anlagen. Eine Eigentumsübertragung wird oft auch deshalb nicht im Vorhinein festgelegt beziehungsweise lediglich als Option vereinbart, weil den Finanziers die Amortisation des investierten Kapitals ermöglicht werden soll. Dieser Aspekt gewinnt besonders dann an Bedeutung, wenn der Projekterlös in Weichwährung und die Kapitalkosten in Hartwährung anfallen.[211] In Form eines Akronyms kenntlich gemacht wird die Neuverhandlung der Projektträgerschaft durch den Buchstaben „R" für „Renewal".[212]

Neben dieser Differenzierung existiert eine Vielzahl weiterer Variationsmöglichkeiten, deren maßgebende Unterschiedskonstituenten ebenfalls regelmäßig in Form englischsprachiger Akronyme hervorgehoben werden. Hierzu gehören zum einen spezielle Leistungsinhalte und zum anderen spezielle Projektfinanzierungsvariationen eines Betreibermodells.[213]

Ist beispielsweise die Übernahme und Renovierung beziehungsweise Modernisierung einer bestehenden, bereits im Betrieb befindlichen Projektanlage Gegenstand des Betreibermodell-Vertrags, so wird dies häufig durch Großbuchstaben wie „R" für „Renovate", „Rehabilitate" oder „Refurbish" beziehungsweise „M" für „Modernize" kenntlich gemacht.[214]

---

209 Vgl. UNIDO (1996), S. 3; Sapte, W. (1997), S. VII; Strohbach, H. (2001), S. 83ff.

210 Haley, G. (1992), S. 64.

211 Siehe auch Abschnitt 3.3.3 (dort im Speziellen die Punkte 7 und 8). Häufig sind spekulative Beweggründe des Auftraggebers wie zum Beispiel eine bessere politische Akzeptanz öffentlicher Projekte oder die Hoffnung auf künftig neu verhandelbare attraktivere Vertragskonditionen für die Wahl eines Transfer-Projekts ausschlaggebend. Projektträger streben typischerweise möglichst lange Vertragslaufzeiten zur Rückerwirtschaftung des von ihnen investierten Kapitals an (vgl. Bott, H.-D. (1992), S. 23; Flynn, R. (1994), S. 55ff; Walker, C./Smith, A.J. (1995), S. 191; Backhaus, K./Köhl, T./Behrens, H. (1997), S. 32f; Hintze, M. (1998), S. 114; UNCITRAL (2001), S. XXIII).

212 Vgl. UNIDO (1996), S. 3, 288; Strohbach, H. (2001), S. 84f.

213 Siehe Darstellung 9 (S. 51). Anzumerken bleibt, dass Rahmenverträge mit unterschiedlichen Kurzbezeichnungen durchaus gleichen Inhalts sein können. Oftmals werden die für besonders bedeutsam erachteten Vertragsinhalte lediglich explizit hervorgehoben (vgl. Merna, T. (1994a), S. 5).

214 Vgl. Walker, C./Smith, A.J. (1995), S. 195; Backhaus, K./Köhl, T./Behrens, H. (1997), S. 33f; Strohbach, H. (2001), S. 85f; UNCITRAL (2001), S. 6. Vorhaben ohne Modernisierungs- oder Erweiterungscharakter werden auch als Greenfield-Projekte bezeichnet.

Während mit dem Zusatz „Design“ die durch den Projektträger übernommenen technischen Planungsleistungen hervorgehoben werden,[215] zeichnen sich „Deliver“- und „Maintain“-Projekte dadurch aus, dass die laufende Belieferung beziehungsweise Instandhaltung einer technisch besonders anspruchsvollen Anlage als ähnlich bedeutsam wie die rein wirtschaftlichen Betriebsleistungen eingestuft werden.[216] Bei befristeten Betreibermodellen und angestrebtem Wechsel des Betriebspersonals müssen die künftigen Mitarbeiter geschult und gegebenenfalls auch nach Übergabe der Projektanlage betreut werden. Projekte, bei denen die Schulung aufgrund der technischen Anlagenspezifika von besonderer Bedeutung ist, werden daher in der Kurzbezeichnung mit dem Zusatz „Train“ versehen.[217]

Mit dem Kürzel „Finance“ wird die Verpflichtung der Projektträger betont, neben den im integrierten Leistungssystem beschriebenen Projektleistungen eigenverantwortlich das Financial Engineering zu übernehmen sowie das notwendige Eigen- und Fremdkapital für das Projekt zu beschaffen.[218] Der Ausdruck „Buy“ sagt aus, dass eine bestehende Infrastrukturanlage zu Projektbeginn käuflich erworben wird.[219]

Ist bei einem Betreibermodell ein Verkauf der Anteile an der Projektgesellschaft während der Betriebsphase vorgesehen, wird dies mit der Umschreibung „Sell“ zum Ausdruck gebracht.[220] Spezielle Ausprägungen der Projektfinanzierung spiegeln die Bezeichnungen „Rent“, „Lease“ und „Subsidize“ wider. Während „Rent“ und Leasing Finanzierungsalternativen anzeigen, bei denen der Projektträger oder der Auftraggeber gegenüber einer gegebenenfalls zu errichtenden oder mit einem der beiden Beteiligten identischen Vermietungs- beziehungsweise Leasinggesellschaft als Mieter respektive Leasingnehmer auftreten und entsprechende Miet- oder Leasingraten entrichten,[221] kennzeichnet die Kurzbeschreibung „Subsidize“ Betreibermodelle, bei denen aufgrund der rechtlichen und nachfragebedingten Projektsituation eine betriebswirtschaftlich erfolgreiche Projektrealisation ohne öffentliche Zuwendungen nicht möglich wäre und daher geldliche oder geldwerte Leistungen der Öffentlichen Hand erfolgen.[222]

Die nachstehende Zusammenstellung bekannter Betreibermodell-Variationen und deren Akronyme zeigt, dass die ausschließliche Verwendung der Abkürzungen teilweise zu homonymer Begriffsverwendung führt und die jeweiligen Betreibermodelle nur entsprechend unzureichend kennzeichnet.

---

215 Vgl. Merna, A./Smith, N.J. (1993), S. 5; Benz, T. (2000), S. 105f; Strohbach, H. (2001), S. 85; UNCITRAL (2001), S. 6.

216 Vgl. Hintze, M. (1998), S. 116.

217 Vgl. Backhaus, K./Köhl, T./Behrens, H. (1997), S. 29.

218 Vgl. Merna, A./Smith, N.J. (1993), S. 5; Hintze, M. (1998), S. 116; UNCITRAL (2001), S. 6.

219 Vgl. Strohbach, H. (2001), S. 86.

220 Vgl. Hintze, M. (1998), S. 116.

221 Leasingkonstruktionen werden in erster Linie zur Nutzung steuerlicher Vorteile gewählt. Ebenfalls von Bedeutung kann die bilanzentlastende Wirkung einer Nicht-Aktivierung des Projektvermögens sein. Vgl. Hupe, M. (1995), S. 72f; Backhaus, K./Köhl, T./Behrens, H. (1997), S. 30ff; Sapte, W. (1997), S. 75ff; Ziegler, M. (1997), S. 237ff, 261ff; Hintze, M. (1998), S. 117; Reuter, A./Wecker, C. (1999), S. 128; Benz, T. (2000), S. 107; UNCITRAL (2001), S. 5.

222 Vgl. Merna, A./Smith, N.J. (1993), S. 5; Backhaus, K./Köhl, T./Behrens, H. (1997), S. 29f.

Betreibermodell-Variationen
BBO – Buy Build Operate
BLOT – Build Lease Operate Transfer
BLT – Build Lease Transfer
BO – Build Operate
BOD – Build Operate Deliver
BOL – Build Operate Lease
BOM – Build Operate Maintain
BOO – Build Own Operate
BOOM – Build Own Operate Maintain
BOOST – Build Operate Own Sell Transfer
BOOST – Build Operate Own Subsidize Transfer
BOOT – Build Own Operate Transfer
BOOTT – Build Own Operate Train Transfer
BOR – Build Operate Renewal
BOS – Build Operate Sell
BOST – Build Operate Subsidize Transfer
BOT – Build Operate Transfer
BOTM – Build Operate Transfer Maintain
BOTT – Build Operate Train Transfer
BROT – Build Rent Operate Transfer
BRT – Build Rent Transfer
BTL – Build Transfer Lease
BTO – Build Transfer Operate
DBFO – Design Build Finance Operate
DBO – Design Build Operate
DBOM – Design Build Operate Maintain
DBOT – Design Build Operate Transfer
DCMF – Design Construct Manage Finance
DRFO – Design Rehabilitate Finance Operate
FBOOT – Finance Build Own Operate Transfer
LOM – Lease Operate Maintain
LROT – Lease Renovate Operate Transfer
MOO – Modernize Own Operate
MOT – Modernize Operate Transfer
ROL – Rehabilitate Operate Lease
ROM – Rehabilitate Operate Maintain
ROO – Refurbish/Rehabilitate/Renovate Own Operate
ROS – Rehabilitate Operate Sell
ROT – Refurbish/Rehabilitate/Renovate Operate Transfer

Darstellung 9: Synopsis bedeutender Betreibermodell-Akronyme[223]

---

223 Vgl. Merna, A./Smith, N.J. (1993), S. 5; Merna, T. (1994a), S. 5; Walker, C./Smith, A.J. (1995), S. 191ff; Backhaus, K./Köhl, T./Behrens, H. (1997), S. 29ff; Behnen, O./Girmscheid, G. (1998), S. 17; Hintze, M. (1998), S. 114ff, 155f; Bfai/DEG (1999a), S. 8; Benz, T. (2000), S. 105; Strohbach, H. (2001), S. 84ff.

3 Empirische Projektcharakteristika

Aufbauend auf der konstituierenden Beschreibung Betreibermodell-basierter Infrastrukturprojekte hat das vorliegende Kapitel die Analyse empirisch vorfindbarer, differenzierender Projektmerkmale zum Inhalt. Die vertiefte Auseinandersetzung mit der Vertragsstruktur, den Lebenszyklusphasen, den Risiken und weiteren Differenzierungsmerkmalen Betreibermodell-basierter Infrastrukturprojekte bildet als notwendiger Bedingungsrahmen die Grundvoraussetzung für die anschließende Erarbeitung von Zielen, Funktionen und Aufgaben sowie geeigneten Instrumenten eines projektträgerbezogenen Controlling-Konzeptes.

3.1 Projektstruktur

3.1.1 Grundlegende Vertragsstruktur

Die vertragliche Struktur von Betreibermodellen ist durch ein komplexes Netzwerk wechselseitig abhängiger vor- und nachrangiger Verträge gekennzeichnet.[224] Die vielfältigen Ausgestaltungsmöglichkeiten führen zu einer ebenso großen Menge an Darstellungsmöglichkeiten.[225] Deshalb begrenzt sich die nachfolgend vorgestellte Grundstruktur auf die charakteristischen Merkmale bei Infrastrukturprojekten (vgl. Darstellung 10).

In Anlehnung an die Terminologie der Systemtheorie können die Projektbeteiligten in der Struktur von Betreibermodellen als Systemelemente und die mittels Verträgen geregelten Realgüter-, Nominalgüter- und Informationsströme zwischen den Projektbeteiligten als Beziehungen zwischen den Elementen aufgefasst werden. Analog zur Rangbildung bei den Verträgen können die Beteiligten in primäre und sekundäre Projektbeteiligte unterteilt werden.[226]

Zentrales Merkmal und Ausgangspunkt von Betreibermodellen ist die Übertragung der Koordinationsfunktion für das Gesamtprojekt vom Auftraggeber auf den Projektträger. Aufgrund ihrer hervorgehobenen Bedeutung werden diese beiden Kernprojektbeteiligten im Folgenden als primäre Projektbeteiligte bezeichnet. Der das Delegationsverhältnis regelnde Projektrahmenvertrag besitzt entsprechend den Rang eines konstituierenden Primärvertrags. Alle weiteren im Rahmen der Sekundärdelegation entstehenden Vertragsverhältnisse haben die Regelung der Beziehungen zwischen den als sekundäre Projektbeteiligte bezeichneten Vertragspartnern zum Inhalt. Die Verträge zur Übernahme einzelner Projektfunktionen sind damit im Gegensatz zu den Korporationsverträgen zwischen den einzelnen Projektträgern den sekundären Verträgen zuzuordnen. Die auch als tertiäre Projektstakeholder titulierbaren sonstigen Beteiligten ohne vertragliche Bindung zu den primären Projektbeteiligten werden im Folgen-

---

224 Vgl. Nicklisch, F. (1998), S. 4. Im Rahmen der Betreibermodell-basierten ungarischen Autobahnen M1 und M15 wurden beispielsweise mehr als 600 verschiedene Verträge abgeschlossen (vgl. Reismann, W.A. (1996), S. 440).

225 Vgl. Funk, J. (1988), S. 426; Hintze, M. (1998), S. 85.

226 So auch MERNA, der zwischen „key organisations and contracts" sowie „secondary organisations and contracts" differenziert und HINTZE, der „Primäre Projektbeteiligte und Verträge" sowie „Sekundäre Projektbeteiligte und Verträge" unterscheidet (vgl. Merna, T. (1994a), S. 3; Hahn, D. et al. (1997), S. 353f; Hintze, M. (1998), S. 85ff; Henschel-Bätz, M. (2000), S. 28ff).

den nicht näher dargestellt, da dies für die Analyse der grundlegenden Projektstruktur als nicht notwendig erscheint.[227]

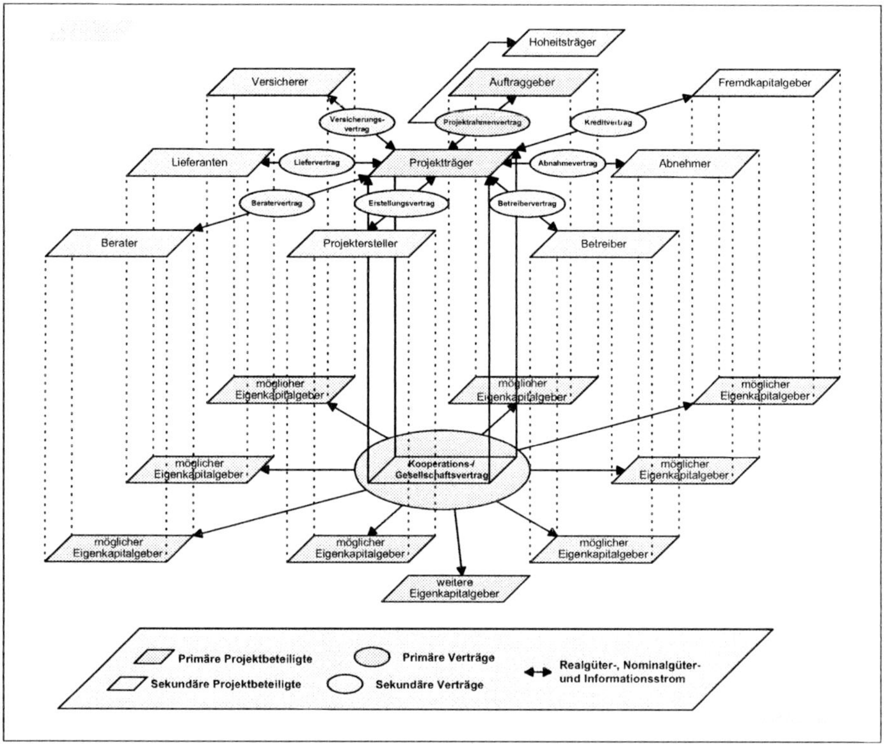

Darstellung 10: Projektstruktur von Betreibermodellen[228]

[227] Zu den tertiären Projektbeteiligten können Projektbezugsgruppen mit keinerlei vertraglicher Beziehung zum Projekt wie zum Beispiel die betroffene Bevölkerung als Träger der Umweltwirkungen sowie die mit den sekundären Projektbeteiligten in einer Leistungsbeziehung stehenden Nachunternehmer und Unterlieferanten gezählt werden (vgl. Schelle, H. (1991), S. 27f; Tytko, D. (1999), S. 29).

[228] Aufgrund der vielfältigen Finanzierungsmöglichkeiten mittels Eigen-, Fremd- und Mischkapital sowie der in mannigfachen Kombinationen möglichen Übertragung kombinierter Leistungsinhalte kann auch diese Abbildung die empirisch vorfindbaren Projektstrukturen nur begrenzt allgemeingültig wiedergeben.

3.1.2 Primäre Projektbeteiligte

Der für die Etablierung eines Betreibermodells konstituierend erforderliche Projektrahmenvertrag[229] wird zwischen Auftraggeber und Projektträger geschlossen.[230] Er regelt erstmalig und auf oberster Delegationsebene die Verteilung der Rechte und Pflichten sowie der identifizierten Projektrisiken auf Auftraggeber und Projektträger und bildet während der gesamten Projektlaufzeit den maßgebenden Bezugspunkt für das sich nachfolgend entwickelnde Netz an Sekundärverträgen.[231, 232] In Abhängigkeit von der Art des jeweiligen Auftraggebers und Projektgegenstands weist der Projektrahmenvertrag entweder privatrechtlichen oder öffentlich-rechtlichen Charakter auf.[233]

Ad: Auftraggeber

Der Auftraggeber[234] besitzt das Recht, den Projektrahmenvertrag als beauftragende Partei schließen und die Projektleistungen inklusive der Finanzierungsfunktion übertragen zu dürfen. Ausgehend von einem definierten Bedarf an einer infrastrukturellen Leistung beurteilt er die Angebote der Projektträger mit Blick auf seine projektspezifische Zielsetzung, führt die Verhandlungen des Projektrahmenvertrags und entscheidet über die Beauftragung eines Anbieters. Nach Vertragsschluss verbleibt ihm die Kontrolle der Vertragserfüllung seitens der Projektträger und die Wahrnehmung von Steuerungsmaßnahmen. Je nach Vertragsgestaltung übernimmt der Auftraggeber nach Ablauf der Vertragszeit die verbleibenden Projektaktiva. Der Auftraggeber kann mit einzelnen Sekundärprojektbeteiligten identisch sein, insbesondere mit dem Träger der projektbeeinflussenden Hoheitsrechte und dem Abnehmer des Projektoutputs.[235]

---

229 Als englischsprachige Synonyme hierfür auch sind Project Implementation Agreement (PIA) (Wahl, K.-D. (1994), S. 15; UNIDO (1996), S. 223; Backhaus, K./Köhl, T./Behrens, H. (1997), S. 20), Umbrella Agreement (Wahl, K.-D. (1994), S. 17) und Master Agreement (vgl. Hinsch, L.C./Horn, N. (1985), S. 224, 239ff; Dorner, G. (1994), S. 78) geläufig. Die Bezeichnungen Concession Agreement (Merna, T. (1994a), S. 1f; Payne, H. (1994), S. 75; Walker, C./Smith, A.J. (1995), S. 5f; UNIDO (1996), S. 12, 212ff, 223ff; Ngee, L./Tiong, R.L.K./Alum, J. (1997), S. 121; Sapte, W. (1997), S. 55) beziehungsweise Konzessionsvertrag (Merna, A./Smith, N.J. (1993), S. 6; Herdegen, M. (1994), S. 41; Dorner, G. (1994), S. 78; UNCITRAL (2001), S. 4f) bilden den als behördliche Erlaubnis interpretierbaren Projektrahmenvertrag zwischen Projektträger und öffentlichem Auftraggeber (vgl. Hinsch, L.C./Horn, N. (1985), S. 241f; Tilch, H. (1992), S. 751ff; Backhaus, K./Köhl, T./Behrens, H. (1997), S. 26; Tytko, D. (1999), S. 50; Gabler (2000), S. 1817).

230 Die Vertragsgenese im Zeitablauf behandelt Abschnitt 3.2.1.

231 Vgl. Hinsch, L.C./Horn, N. (1985), S. 239ff; Merna, T. (1994a), S. 3; Wahl, K.-D. (1994), S. 21; Herdegen, M. (1994), S. 43; Dorner, G. (1994), S. 80; UNIDO (1996), S. 12; Sapte, W. (1997), S. 55; Hildebrandt, J./Tegner, H. (1998), S. 83; Henschel-Bätz, M. (2000), S. 31f.

232 Zu den Regelungsinhalten von Projektrahmenverträgen vgl. Merna, A./Smith, N.J. (1993), S. 14ff; Wahl, K.-D. (1994), S. 16ff; Payne, H. (1994), S. 77ff; UNIDO (1996), S. 229ff; Sapte, W. (1997), S. 57ff; Strohbach, H. (2001), S. 97ff.

233 Vgl. Herdegen, M. (1994), S. 43ff; Walker, C./Smith, A.J. (1995), S. 173ff.

234 Englischsprachiges Pendant ist der Principal (vgl. Merna, T. (1994a), S. 2f; Flynn, R. (1994), S. 39).

235 Vgl. Tiong, R.L.K./Yeo, K.-T./McCarthy, S.C. (1992), S. 219; Hintze, M. (1998), S. 87, 119; Henschel-Bätz, M. (2000), S. 30; Alfen, H.W. (2001), S. 30; Kumlehn, F. (2001), S. 261ff.

Als relevante Auftraggebergruppen können in Hinblick auf das Abgrenzungskriterium der zugrundeliegenden Zielsetzungen und die daraus resultierenden Konsequenzen für die Ausgestaltung des Projektrahmenvertrags öffentliche und private Auftraggeber unterschieden werden. Während die öffentlichen Auftraggeber in erster Linie gesamtwirtschaftliche, das heißt auf die Förderung eines Kollektivwohls ausgerichtete Ziele verfolgen,[236] handeln Privatunternehmen unter einzelwirtschaftlichen Prämissen[237] und unterliegen einer weitaus geringeren rechtlichen Regelungsdichte. Daher fallen Projektrahmenverträge mit öffentlichen Auftraggebern in der Regel komplexer aus als Verträge mit privaten Auftraggebern.[238]

Bei den öffentlichen Auftraggebern handelt es sich häufig um nationale Regierungen, einzelne Gebietskörperschaften, staatliche Monopolgesellschaften oder im Wettbewerb stehende, rechtlich privatisierte Unternehmungen der Öffentlichen Hand. Als private Auftraggeber kommen Industrieunternehmungen oder private Träger infrastruktureller Einzelobjekte wie beispielsweise von Krankenhäusern oder Sporteinrichtungen in Betracht.[239]

Ad: Projektträger

Vertragspartner des Auftraggebers ist in der Regel die als juristische Person von den Projektträgern institutionalisierte und ebenfalls in der Literatur als Projektträger bezeichnete Projektgesellschaft, die vom Auftraggeber für eine zu vereinbarende Laufzeit mit der Gesamtprojektkoordination betraut wird und in dieser Rolle über die Vergabe von Teilleistungen eigenverantwortlich das Netz aus Sekundärverträgen initialisiert.[240]

Da die Übernahme der Projektträgerschaft neben der Bereitstellung von Eigenkapital häufig mit der Erbringung weitergehender Projektleistungen verbunden ist, kommen als Projektträger bei Betreibermodell-basierten Infrastrukturprojekten neben öffentlichen Institutionen sowie institutionellen und privaten Anlegern typischerweise Unternehmungen in Betracht, deren Stammgeschäft in sachlichem Zusammenhang mit dem jeweiligen Projektgegenstand steht. Dabei lassen sich grundsätzlich vier, nicht in vollem Umfang überschneidungsfreie Gruppen unterscheiden:[241]

---

236 Zu den bei Betreibermodellen von öffentlichen Auftraggebern im Einzelnen verfolgten Zielen vgl. Hintze, M. (1998), S. 146ff, 160ff; Ewers, H.-J./Tegner, H. (2000), S. 21ff; Strohbach, H. (2001), S. 76ff.

237 Die Ziele privater Unternehmen bei Betreibermodellen resultieren aus den für eine Fremdbezugsentscheidung ursächlichen Motiven (vgl. Hintze, M. (1998), S. 205ff). Siehe auch Abschnitt 5.2.2.1.1.

238 Vgl. Walker, C./Smith, A.J. (1995), S. 18f, 51f; Backhaus, K./Köhl, T./Behrens, H. (1997), S. 20; Hintze, M. (1998), S. 111; Wagner, W. (1998), S. 6.

239 Vgl. Merna, A./Smith, N.J. (1993), S. 6; Hintze, M. (1998), S. 87, 119; Henschel-Bätz, M. (2000), S. 30.

240 Zur vertraglichen Etablierung der Rechtspersönlichkeit des Projektträgers siehe Abschnitt 2.4.2.2.

241 Von einzelnen Fällen, in denen sich beispielsweise Abnehmer oder spezielle Dienstleister als Projektträger engagieren, abgesehen, decken die vier aufgeführten Projektträgergruppen den Großteil der in praxi bei Betreibermodellen als Projektträger auftretenden Privatunternehmen ab (vgl. Haley, G. (1992), S. 65f; Tiong, R.L.K./Yeo, K.-T./McCarthy, S.C. (1992), S. 218; UNIDO (1996), S. 11, 185; Sapte, W. (1997), S. 3; Behnen, O. (1999), S. 1.8f; Reuter, A./Wecker, C. (1999), S. 23; Meeder, S. (2000), S. 177; Reuter, A. (2000), S. 663; Lenz, E./Zinell, A.P. (2001), S. 88; Alfen, H.W. (2001), S. 31). HINTZE gibt eine umfangreiche Auflistung aktiver Unternehmen (vgl. Hintze, M. (1998), S. 237ff).

- Projektersteller,
- Lieferanten,
- Versorger und
- Projektentwickler.

Die Gruppe der Projektersteller umfasst diejenigen Unternehmungen, deren traditionelles Kerngeschäft in der Erbringung von Erstellungsleistungen liegt. Hierzu gehören neben Bauunternehmen und Anlagenbauern auch Komponentenhersteller, sofern man deren Leistung nicht, wie in der Systematisierung des Abschnitts 2.3.5 erfolgt, den Lieferanten zuordnet.[242]

Der Gruppe der Lieferanten können diejenigen Unternehmungen zugeordnet werden, deren angestammtes Geschäft in der Belieferung mit den für Baufortschritt und Projektbetrieb benötigten Roh-, Hilfs- und Betriebsstoffen besteht. Von praktischer Bedeutung als Projektträger sind insbesondere die während des Projektbetriebs mit der langfristigen Lieferung von Energieträgern beauftragten Unternehmungen der Mineralöl-, Steinkohle- und Braunkohlewirtschaft.

Hiervon kann man diejenigen Unternehmungen abgrenzen, deren Stammgeschäft als Versorger bereits die Erbringung infrastruktureller Leistungen für den Endverbraucher beinhaltet. Aus dieser Gruppe betätigen sich als Projektträger besonders aktiv Elektrizitäts- und Wasserversorger sowie Autobahngesellschaften.

Der Gruppe der Projektentwickler gehören diejenigen Unternehmungen an, deren Stammgeschäft in der Erbringung von Bauherrenleistungen besteht. Im Hinblick auf die Übernahme der Projektträgerschaft unterscheidet HINTZE leistungsorientierte Projektentwickler, deren Dienstleistung in der Analyse und Deckung kundenspezifischer Sachanlagenbedarfe liegt, finanzierungsorientierte Projektentwickler mit dem Schwerpunkt steueroptimierter Geldanlagemöglichkeiten für Dritte und portfolioorientierte Projektentwickler, die Projekte für den eigenen Bestand entwickeln und realisieren.[243]

Banken treten nur in seltenen Fällen als eigenkapitalgebende Projektträger auf. Kreditinstitute sehen ihre Funktion primär in der Bereitstellung von Fremdkapital, was sich insbesondere mit der Vermeidung möglicher Interessenkonflikte und rechtlicher Probleme aus einer gleichzeitigen Eigen- und Fremdkapitalgeberstellung, interner Risikoüberlegungen sowie teilweise mangelnder spezifischer Markt-, Branchen- und Technologiekenntnisse begründen lässt.[244]

Öffentliche Institutionen engagieren sich als Projektträger, um Vorhaben von besonderem öffentlichen Belang finanziell zu unterstützen sowie öffentliche Entscheidungs- und Kontroll-

---

[242] Vgl. Joosten, R. (1994), S. 58; Hintze, M. (1998), S. 237. REUTER/WECKER zählen selbst die Anlagen- und Bauwerksersteller zu den Lieferanten (vgl. Reuter, A./Wecker, C. (1999), S. 23).

[243] Vgl. Hintze, M. (1998), S. 238f.

[244] Vgl. Gröhl, M. (1990), S. 278ff; Höpfner, K.-U. (1995), S. 214, 239f, 248f; Schmitz, R.H. (1996), S. 45f; Reuter, A./Wecker, C. (1999), S. 23. Einen gegenläufigen Trend hin zu einem verstärkten Eigenkapitalengagement der Banken sieht SCHROTH (vgl. Schroth, H.-J. (2000), S. 88).

rechte langfristig zu wahren. Neben Gebietskörperschaften, welche als Exekutivelemente auf sämtlichen Ebenen staatlicher Organisation angesiedelt sind,[245] gehören dieser Gruppe regional tätige Zweckverbände und Wirtschaftsförderungsgesellschaften sowie supranationale Organisationen wie zum Beispiel Entwicklungsbanken an. Die Koordinationsfunktion für das Gesamtvorhaben überlassen sie aufgrund der in diesem Fall häufig wahrgenommenen Doppelrolle als Auftraggeber und Projektträger regelmäßig den privaten Mitgesellschaftern.[246]

Ebenfalls eine passive Rolle hinsichtlich der Erbringung von Projektleistungen nehmen institutionelle und private Anleger ein, die in der Regel erst nach Ablauf eines wesentlichen Teils der Betriebsphase Gesellschafteranteile erwerben und auf diese Weise Erweiterungsinvestitionen oder den Rückzug bisheriger Anteilseigner ermöglichen.[247] Neben börsennotiertem Eigenkapital kommt hierbei außerbörslich gehaltenen Anteilen institutioneller Investoren aus dem Private-Equity-Bereich sowie Mezzaninekapital als Mischform zwischen Eigen- und Fremdkapital wachsende Bedeutung zu.[248]

Damit wird deutlich, dass bei Betreibermodellen hinsichtlich der Erbringung von Leistungen zwei Gruppen von Projektträgern unterschieden werden können. Während die eine Gruppe in der Stellung eines Managing Equity Investors neben der Finanzierung sich auch für Projektleistungen verantwortlich zeigt, beschränkt sich die Gruppe der reinen Eigenkapitalgeber[249] auf die Wahrnehmung von Entscheidungs- und Entnahmerechten.[250]

3.1.3 Sekundäre Projektbeteiligte

Als sekundäre Projektbeteiligte werden im Folgenden diejenigen Beteiligtengruppen aufgefasst, denen bei Betreibermodell-basierten Infrastrukturprojekten ein besonderer Einfluss zugesprochen wird oder denen in der Rolle eines Vertragspartners des Projektträgers eine hervorgehobene Bedeutung zukommt. Im Einzelnen sind dies:

---

245 In Deutschland zählen hierzu die Organe des Bundes, der Länder und der Kommunen.

246 Vgl. Uekermann, H. (1990), S. 17; Schulte-Althoff, M. (1992), S. 77ff; Jürgens, W.H. (1994), S. 90ff; Hintze, M. (1998), S. 156f; EBWE (1999), S. 3ff; Pollio, G. (1999), S. 98; Reuter, A./Wecker, C. (1999), S. 23; Lenz, E./Zinell, A.P. (2001), S. 91. Für die Beteiligung öffentlicher Institutionen hat sich auch im deutschen Sprachraum der Begriff Public Private Partnership (PPP) etabliert (vgl. Hintze, M. (1998), S. 156f).

247 Vgl. UNIDO (1996), S. 198; Bodner, H. (2001), S. 28; Lenz, E./Zinell, A.P. (2001), S. 87f; o.V. (2001h), S. 26. HÖPFNER unterscheidet deshalb Erst- und Folgeprojektträger (vgl. Höpfner, K.-U. (1995), S. 29).

248 Vgl. UNIDO (1996), S. 12f, 184f; Fahrholz, B. (1998), S. 88ff; Henschel-Bätz, M (2000), S. 168ff. Als sogenannte Third-party-equity-investors treten insbesondere Versicherungsgesellschaften, Pensionsfonds und zunehmend auch Investmentgesellschaften auf (vgl. Lenz, E./Zinell, A.P. (2001), S. 83; o.V. (2002j), S. 22).Vor dem Hintergrund der aus Eignersicht desaströsen Entwicklung einzelner Projekte in der Vergangenheit werden Anteile an Infrastrukturprojekten wie beispielsweise an Flughäfen zur Erreichung des erwünschten Platzierungsvolumens erst nach einer für ausreichend befundenen Zeit der betriebswirtschaftlichen Etablierung einer breiten Öffentlichkeit angeboten (vgl. Schmitz, R.H. (1996), S. 44f; o.V. (2000a), S. 32).

249 Synonyme hierfür bilden die Bezeichnungen Passive Equity Investor und Pure Investor (vgl. Augenblick, M./Custer, B.S. (1990), S. 6; Walker, C./Smith, A.J. (1995), S. 84; Henschel-Bätz, M. (2000), S. 32).

250 Zu den individuell verfolgten Zielen der einzelnen Projektträger siehe Abschnitt 4.1.

1. Hoheitsträger,
2. Fremdkapitalgeber,
3. Projektersteller,
4. Betreiber,
5. Abnehmer,
6. Lieferanten,
7. Berater und
8. Versicherer.[251]

Ad 1: Hoheitsträger

Auch wenn ein privater Auftraggeber primärer Vertragspartner des Projektträgers ist, nehmen die Hoheitsträger, in deren Gebiet das Projekt realisiert wird, Aufgaben wahr, deren Bedeutung für eine erfolgreiche Projektrealisation nicht zu unterschätzen ist.[252]

Da eine Vielzahl Betreibermodell-basierter Infrastrukturprojekte der staatlichen Regulierung und Kontrolle unterliegt, steht deren Realisierung unter dem Vorbehalt, dass die erforderlichen Konzessionen oder Bau- und Betriebsgenehmigungen, möglicherweise notwendige Export- oder Importgenehmigungen sowie Arbeitserlaubnisse für das Bau- und Betriebspersonal von den zuständigen staatlichen Stellen erteilt werden. Derartige Probleme rücken die Hoheitsträger als Genehmigungsinstanz in den Fokus des Projektträgerinteresses.

Als Genehmigungsinstanz gewinnen Hoheitsträger auch deshalb an Relevanz, weil ihnen grundsätzlich freisteht, potenzielle Konkurrenzprojekte ebenfalls zu zulassen. Sofern derartiges Verhalten nicht durch konkrete Vereinbarungen ausgeschlossen wird, ergeben sich hieraus enorme Risiken der Projektwirtschaftlichkeit. Handelt es sich um Hoheitsträger mit der Verpflichtung zur Bereitstellung der für ein Projekt erforderlichen Anschlussinfrastruktur, so kommt den Hoheitsträgern eine besonders hohe Verantwortung für die rechtzeitige und sachgemäße Erbringung der Komplementärleistung zu.[253]

Die Projektwirtschaftlichkeit wird zudem maßgeblich von den relevanten Steuer-, Preis- und Abgabevorschriften beeinflusst, so dass im Hinblick auf die verbleibenden Cash-flows die Fiskalpolitik der Vorhabensregion im Allgemeinen und im Besonderen die Gewährung pro-

---

251 Hintze und Henschel-Bätz zählen auch die rein finanziell engagierten Eigenkapitalgeber zu den sekundären Projektbeteiligten (vgl. Hintze, M. (1998), S. 90ff; Henschel-Bätz, M. (2000), S. 32). In der vorliegenden Arbeit werden sämtliche Eigenkapitalgeber den primären Projektbeteiligten zugeordnet, da sie als Projektgesellschafter die rechtliche Projektträgerschaft ausüben (siehe auch Darstellung 10).

252 Vgl. Funk, J. (1988), S. 425f; Augenblick, M./Custer, B.S. (1990), S. 5; Phillips, R.J. (1990b), S. 4.1ff; Kalenda, R. (1996), S. 107; Frenzel, M. (1996), S. 18; Levy, S.M. (1996), S. 22; Wagner, U.N. (1996), S. 11; Keong, C.H./Tiong, R.L.K./Alum, J. (1997), S. 63f; Hildebrandt, J./Tegner, H. (1998), S. 82ff; Hintze, M. (1998), S. 89; Nicklisch, F. (1998), S. 4; Reuter, A./Wecker, C. (1999), S. 34ff; Tytko, D. (1999), S. 31f; Lenz, E./Zinell, A.P. (2001), S. 76ff; o.V. (2001d), S. 14.

253 Siehe auch Abschnitt 3.3.3 (dort im Speziellen Punkt 6).

jektbezogener Steueranreize sowie die Festlegung von Outputpreisen Beachtung findet. Bei internationalen Projekten gewinnen überdies die Währungs- und Kapitalmarktpolitik des Projektlandes an Bedeutung, da oftmals erhebliches Kapital zu Vorhabensbeginn über Währungs- und Landesgrenzen hinweg bereitgestellt wird, für das im weiteren Projektverlauf ein Rücktransfer geplant ist.

Nicht zuletzt steht es Hoheitsträgern frei, zur Förderung von Projekten im vorgegebenen Rahmen (supra-) nationaler Gesetzgebung Projektgarantien auszusprechen oder sich direkt an Projektfinanzierungen zu beteiligen.[254]

Ad 2: Fremdkapitalgeber

Mit einem Anteil von 50% bis 90% am Gesamtfinanzierungsvolumen von Betreibermodell-Projekten kommt den Kreditgebern bei deren Realisierung eine zentrale Rolle zu.[255] Neben der reinen Fremdkapitalbereitstellung stehen sie besonders in frühen Projektphasen beratend bei der wirtschaftlichen Projektanalyse und der Erarbeitung eines Gesamtfinanzierungskonzepts zur Seite.[256]

Die Bereitstellung des Fremdkapitals wird grundsätzlich in Kreditverträgen zwischen der Projektgesellschaft und den Kapitalgebern geregelt.[257] Zu den wichtigsten Fremdkapitalgebern zählen Geschäftsbanken, Exportfinanzierungsagenturen, öffentliche Entwicklungsbanken sowie Erbringer spezifischer Projektleistungen.[258] Angesichts der weltweit steigenden Finanzierungsvolumina erlangt auch die Fremdkapitalbeschaffung mit Hilfe von Kapitalmarktinvestoren an Bedeutung. Die Emission von Anleihen oder verbrieften Kreditforderungen ist allerdings noch nicht als fester Bestandteil der Finanzierung von Betreibermodellen anzusehen.[259]

---

254 Vgl. Funk, J. (1988), S. 426; UNIDO (1996), S. 59ff; Zhang, W.R. et al. (1998), S. 405; Lenz, E./Zinell, A.P. (2001), S. 77f; UNCITRAL (2001), S. 45ff.

255 Vgl. Hupe, M. (1995), S. 28; Tiong, R.L.K. (1995b), S. 285f; Sinha, S. (1999a), S. 62; Henschel-Bätz, M. (2000), S. 173; Lenz, E./Zinell, A.P. (2001), S. 71.

256 Vgl. Höpfner, K.-U. (1995), S. 234ff; Hupe, M. (1995), S. 35; UNIDO (1996), S. 186ff; Tytko, D. (1999), S. 25f; Willms, W.H. (2000), S. 70ff; Schroth, H.-J. (2000), S. 82; Lenz, E./Zinell, A.P. (2001), S. 72f.

257 Vgl. Hinsch, L.C./Horn, N. (1985), S. 226ff. Zum Inhalt der im Vergleich zu einer konventionellen Unternehmensfinanzierung sehr viel umfangreicheren (vgl. UNIDO (1996), S. 37; Laux, C. (1997), S. 842) Kreditverträge bei Projektfinanzierungen vgl. Dorner, G. (1994), S. 85f; Walker, C./Smith, A.J. (1995), S. 175f; Fahrholz, B. (1998), S. 269f; Tytko, D. (1999), S. 75ff; Strohbach, H. (2001), S. 142ff.

258 Vgl. Hinsch, L.C./Horn, N. (1985), S. 226f; Schulte-Althoff, M. (1992), S. 83f; Uekermann, H. (1993), S. 19; Schmitz, R.H. (1996), S. 40; Straßburg, W. (1996), S. 43ff; Henschel-Bätz, M. (2000), S. 181ff. Regelmäßig aktualisierte Auflistungen der weltweit bedeutendsten Arranger von Projektfinanzierungsdarlehen publiziert die Zeitschrift PROJECT FINANCE INTERNATIONAL (PFI).

259 Vgl. Tiong, R.L.K. (1995a), S. 186f; Schmitz, R.H. (1996), S. 44f; Straßburg, W. (1996), S. 44f; Sapte, W. (1997), S. 6, 73ff; Tiong, R.L.K./Alum, J. (1997b), S. 78; Dambach, H.T. (1998a), S. 270ff; Dambach, H.T. (1998b), S. 437ff; Pollio, G. (1999), S. 8ff; Sinha, S. (1999a), S. 55; Tytko, D. (1999), S. 102ff; Morrison, R. (2001), S. 34; o.V. (2002j), S. 22.

Der Großteil des Fremdkapitals wird durch Geschäftsbanken aufgebracht,[260] wobei die Bankkredite bei hohen Gesamtkreditvolumina zur individuellen Risikolimitierung regelmäßig von internationalen Bankkonsortien syndiziert werden. Dabei erteilen die Projektträger einer oder mehreren Banken den Auftrag zur Federführung des Kreditarrangements. Die Arranger-Banken, vielfach handelt es sich um spezialisierte Investmentbanken, übernehmen dabei als Lead-Manager das Financial Engineering, das heißt die Zusammenstellung unterschiedlicher Finanzierungsinstrumente und Kapitalressourcen zu einem projektspezifischen Gesamtfinanzierungspaket. Sofern keine Überschneidungen mit der Tätigkeit eines gesondert beauftragten Financial Advisers bestehen, platzieren sie einen Teil der Kredite am Markt und decken den verbleibenden Fremdfinanzierungsbedarf aus eigener Kraft. Anschließend obliegt ihnen auf Seiten der Fremdkapitalgeber die fortlaufende Kontrolle der Projektrealisierung und im Speziellen die Überwachung der Einhaltung der Kreditvereinbarungen.[261]

Den im internationalen Sprachgebrauch als Export Credit Agencies (ECA) bezeichneten Exportkreditagenturen sind nationale Exportkreditversicherungen, Exportfinanzierungsbanken und sonstige Exportfinanzierungsanstalten zuzurechnen. Ihre Aufgabe ist es, Mittel aus staatlich geförderten Exportfinanzierungsprogrammen in Form von Garantien oder Krediten bereitzustellen. Bei internationalen Projekten kommt ihnen eine Schlüsselrolle zu, da sie mit der Unterstützung des Projektes eine für andere Projektbeteiligte positive Signalwirkung geben und – bedingt durch die Zielsetzung der Exportförderung – gegenüber kommerziellen Krediten günstigere Konditionen hinsichtlich Tilgungsstruktur, Laufzeiten und Zinsen bieten.[262]

Öffentliche Entwicklungsbanken haben zum Ziel, den wirtschaftlichen und sozialen Fortschritt einer Region zu fördern. Sie gewähren ebenfalls insbesondere bei Betreibermodell-basierten Infrastrukturprojekten Kredite zu günstigen Bedingungen.[263]

Eine Fremdfinanzierung durch die Erbringer spezifischer Projektleistungen erfolgt über nachrangige, eigenkapitalersetzende Darlehen der Projektträger sowie über Kredite, die von Erstellern, Lieferanten oder Abnehmern auf Grundlage der jeweils zugrundeliegenden Leistungsbeziehung gewährt werden.[264]

---

260 Eine Auflistung der im Jahr 1996 in der Bereitstellung von Fremdkapital für Projektfinanzierungen volumenbezogen weltweit führenden Geschäftsbanken gibt POLLIO (vgl. Pollio, G. (1999), S. 94).

261 Vgl. Hinsch, L.C./Horn, N. (1985), S. 227f; Bauer, J. (1988), S. 25, 42; Grosse, P.B. (1990), S. 49ff; Hupe, M. (1995), S. 30; Schmitz, R.H. (1996), S. 35; Straßburg, W. (1996), S. 43f; Sapte, W. (1997), S. 3f; Tytko, D. (1999), S. 25f, 89ff; Henschel-Bätz, M. (2000), S. 33, 107ff; Willms, W.H. (2000), S. 70ff; Böger, T.R./Drömann, D. (2001), Kap. 5; Lenz, E./Zinell, A.P. (2001), S. 71; Röver, J.-H. (2001), S. 182.

262 Vgl. Hupe, M. (1995), S. 30; Straßburg, W. (1996), S. 45f; Sapte, W. (1997), S. 7, 83ff; Fahrholz, B. (1998), S. 283; Lenz, E./Zinell, A.P. (2001), S. 75f. Gegenseitig ergänzende Zusammenstellungen der weltweit bedeutendsten Exportkreditagenturen finden sich bei ISSELSTEIN/SCHAUM, MERNA/DUBEY und NEVITT/FABOZZI (vgl. Isselstein, T./Schaum, F. (1998), S. 217; Merna, T./Dubey, R. (1998), S. 86; Nevitt, P.K./Fabozzi, F.J. (2000), S. 70ff).

263 Vgl. Thien, E. (1995), Sp. 1980f; EBWE (1999), S. 3ff; Lenz, E./Zinell, A.P. (2001), S. 74. Eine Auflistung wichtiger Entwicklungsbanken geben Thien, E. (1995), Sp. 1981ff; Sapte, W. (1997), S. 78ff; Merna, T./Dubey, R. (1998), S. 71ff; Tytko, D. (1999), S. 92ff; Lenz, E./Zinell, A.P. (2001), S. 71.

264 Vgl. Frank, H. (1986), S. 37; Schmitt, W. (1989), S. 18f; Ohl, H.-P. (2000), S. 133. Zum Lieferanten- und Bestellerkredit im Anlagengeschäft vgl. Ziegler, M. (1997), S. 61ff; Becker, P.S. (2000), S. 65ff.

Ad 3: Projektersteller

Die Projektersteller erbringen sämtliche Leistungen der materiellen Bauwerks- oder Anlagenerstellung.[265] Um Know-how und Fertigungskapazitäten zu bündeln sowie die individuell zu tragenden Risiken zu senken, treten sie ähnlich wie die Kreditgeber gegenüber der Projektgesellschaft zumeist als Konsortium aus mehreren Anbietern auf.

Typischerweise wird zwischen Projektträger und Projektersteller ein Generalunternehmervertrag vereinbart, der die im vorgestellten Leistungssystem während der Phase der Detailplanung und Erstellung zu erbringenden Bauherrenleistungen, technischen Planungs- und Überwachungsleistungen sowie Erstellungs- und Lieferleistungen projektbezogen miteinander kombiniert und dem Projektträger den Transfer von Fertigstellungsrisiken ermöglicht.[266]

Ad 4: Betreiber

Die Verantwortung für die technischen und wirtschaftlichen Betriebsleistungen zur Hervorbringung des gewünschten Hauptprojektoutputs wird bei Betreibermodellen häufig auf spezialisierte Betreiber übertragen. Vor allem die Fremdkapitalgeber fordern die Beauftragung erfahrener Betreiber, um den vor Schuldendienst verbleibenden Cash-flow nicht durch unprofessionelles Betriebsmanagement zu gefährden. Die vertragliche Bindung zwischen Projektträger und Hauptbetreiber erstreckt sich zumeist über die Laufzeit des Projektrahmenvertrags, kann jedoch im Rahmen regelmäßiger Neuausschreibungen auch verkürzt werden.[267]

Von den für die laufende Bereitstellung der schwerpunktmäßigen Infrastrukturleistung verantwortlichen Hauptprojektbetreibern sind die Nebenbetreiber zu trennen, deren Aufgabe in der Erbringung der auf der vierten Ebene des Leistungssystems identifizierten fakultativen Leistungen liegt. Entsprechend der Vielzahl projektintern erbringbarer und projektextern anbietbarer Nebenleistungen kann ein Betreibermodell-basiertes Infrastrukturprojekt eine ebenso hohe Anzahl unterschiedlicher Nebenbetreiber besitzen. Die Vertragsdauer ist dabei nicht wie bei einem Vertrag über die Hauptbetriebsleistung zwingend auf die gesamte Projektlaufzeit ausgerichtet, sondern kann von den Projektträgern zeitlich flexibel gestaltet werden.[268]

---

265 Bei anlageintensiven Projekten sind die Ersteller nur schwer von den Lieferanten abzugrenzen, da deren Leistung oftmals in der Lieferung ganzer Anlagen besteht (vgl. Funk, J. (1988), S. 425; Bott, H.-D. (1992), S. 24f; Hupe, M. (1995), S. 33f; Reuter, A./Wecker, C. (1999), S. 31f; Lenz, E./Zinell, A.P. (2001), S. 79).

266 Vgl. Tiong, R.L.K. (1990a), S. 112ff; Bott, H.-D. (1992), S. 25; Haley, G. (1992), S. 67; Carson, J./Hatzis, D. (1994), S. 142f; Walker, C./Smith, A.J. (1995), S. 176f; UNIDO (1996), S. 216, 246ff; Wagner, U.N. (1996), S. 11; Sapte, W. (1997), S. 8f; Fahrholz, B. (1998), S. 263; Lenz, E./Zinell, A.P. (2001), S. 79. Zum Generalunternehmervertrag siehe Abschnitt 2.4.1.2 (dort im Speziellen Punkt 6), zu Fertigstellungsrisiken Abschnitt 3.3.3 (dort speziell Punkt 2).

267 Vgl. Schulte-Althoff, M. (1992), S. 93; Merna, T./Grimsey, D. (1994), S. 179ff; Walker, C./Smith, A.J. (1995), S. 178; Sapte, W. (1997), S. 9; Fahrholz, B. (1998), S. 265; Hintze, M. (1998), S. 97; Lenz, E./Zinell, A.P. (2001), S. 80. Zu den unterschiedlichen Ausprägungen von Betreiberverträgen siehe Abschnitt 2.4.1.2 (dort speziell Punkt 7), zu Betriebsmanagementrisiken Abschnitt 3.3.3 (dort Punkt 5).

268 Zum Leistungsinhalt der betrieblichen Fakultativleistungen siehe Abschnitt 2.3.5. Für Vertragsarten zur Übertragung fakultativer Betriebsleistungen siehe Abschnitt 2.4.1.1.

Ad 5: Abnehmer

Die Abnehmer beziehen während der Betriebsphase den Projektoutput. Als Umsatzerzeuger sind sie für den betriebswirtschaftlichen Erfolg von Betreibermodellen von maßgebender Bedeutung. Hinsichtlich der Abnahmeverträge können Projekte mit einer Vielzahl kurzfristig und stillschweigend geschlossener Verträge mit Endverbrauchern sowie Projekte auf Basis langfristiger und detailliert formulierter Verträge mit wenigen oder einzelnen Zwischenhändlern oder Endabnehmern unterschieden werden.[269] Der erste Vertragstypus wird auch als marktlicher Abnahmevertrag bezeichnet, die zweite Kategorie als hybrider Abnahmevertrag. Marktliche Abnahmeverträge kommen vornehmlich bei öffentlichen Infrastrukturprojekten zur Deckung eines anonymen Bedarfs zum Einsatz. Ein Beispiel hierfür sind Straßen, bei denen die Nutzer für die jeweilige Nutzung eine Maut entrichten. Hybride Abnahmeverträge werden mit einem oder wenigen Abnehmern, insbesondere dem Auftraggeber oder mit diesem eng verbundenen Organisationen zur Eigenbedarfsdeckung geschlossen. Projektgegenstand kann dabei zum Beispiel ein Blockheizkraftwerk sein, das öffentliche Gebäude oder private Industrieanlagen langfristig mit Energie versorgt.[270]

Sofern Auftraggeber und Abnehmer identisch sind, wird nicht selten auf die Trennung von Projektrahmenvertrag und Abnahmevertrag verzichtet, so dass die Abnahmekonditionen bereits im Primärvertrag geregelt werden können. Im Rahmen der vertraglichen Gestaltung der preislichen und mengenmäßigen Abnahmebedingungen erfolgt die Risikoverteilung zwischen Projektträger und Abnehmer.[271]

Ad 6: Lieferanten

Die Lieferanten stellen die während der Erstellungs- und Betriebsphase für den Baufortschritt und Projektbetrieb benötigten Inputfaktoren wie Roh-, Hilfs- und Betriebsstoffe sowie ganze Anlagekomponenten bereit. Bei Vorhaben mit hoher Abhängigkeit des Projektbetriebs von der laufenden Versorgung mit Roh-, Hilfs- und Betriebsstoffen wie beispielsweise Kohlekraftwerke gewinnen die dauerhaften Projektlieferanten an Bedeutung, weshalb allgemein zwischen kurzfristig und langfristig ausgerichteten Lieferverträgen unterschieden wird.[272]

---

[269] Im internationalen Sprachgebrauch ist von sogenannten Sale und Offtake Contracts sowie Offtake Agreements die Rede (vgl. Phillips, R.J. (1990a), S. 1.3f; Merna, T. (1994a), S. 2f; Elsey, M./Hurst, P./Crisp, A.M. (1994), S. 149ff; Sapte, W. (1997), S. 49f; Ngee, L./Tiong, R.L.K./Alum, J. (1997), S. 121; Fahrholz, B. (1998), S. 264), welche entsprechend der vertraglichen Grundsatzunterscheidung eine *market-led-* und eine *contract-tied*-Variante aufweisen können (vgl. Haley, G. (1992), S. 64f; UNIDO (1996), S. 13).

[270] Vgl. Goedel, J. (1991), S. 22; Fahrholz, B. (1998), S. 264f; Hintze, M. (1998), S. 115; Lenz, E./Zinell, A.P. (2001), S. 82f.

[271] Vgl. Goedel, J. (1991), S. 22; Elsey, M./Hurst, P./Crisp, A.M. (1994), S. 152; Hintze, M. (1998), S. 94; Reuter, A./Wecker, C. (1999), S. 38. Zu Absatzrisiken und deren vertraglichen Transfer siehe Abschnitt 3.3.3 (dort im Speziellen Punkt 6).

[272] Vgl. Bott, H.-D. (1992), S. 24; Fahrholz, B. (1998), S. 264. International gebräuchliches Synonym für den Liefervertrag ist Supply Contract (vgl. Phillips, R.J. (1990a), S. 1.3f; Merna, T. (1994a), S. 2f; Elsey, M./Hurst, P./Crisp, A.M. (1994), S. 149ff; Sapte, W. (1997), S. 49).

Häufig dienen die langfristigen Lieferaufträge wie auch die hybriden Abnahmeverträge der Projektgesellschaft und deren Finanziers zum Transfer der mit dem wiederholten Abschluss kurzfristiger Verträge einhergehenden Projektrisiken aufgrund sich verändernder Beschaffungs- oder Absatzmarktsituationen. Die Vertragslaufzeit ist dann zumeist mit derjenigen des Projektrahmenvertrags gekoppelt.[273]

Ad 7: Berater

Berater unterstützen die Projektträger hauptsächlich bei speziellen Problemstellungen während früher Projektphasen. Dabei kann es sich um die Erbringung einzelner Bauherrenleistungen während der Projektentwicklungsphase oder um technische Planungs- und Überwachungsleistungen während der Phase der Detailplanung und Bauwerkserstellung handeln. Phasenunabhängig übernehmen Berater oftmals die Funktion eines Vermittlers zwischen den von unterschiedlichen Absichten geleiteten Projektträgern. Zudem verlangen die Projektfinanziers und Versicherer zur eigenen Rückabsicherung häufig die Hinzuziehung unabhängiger Berater und Gutachter.[274]

Bei Betreibermodellen sind vor allem folgende Beratergruppen von Bedeutung:

- Finanzierungsberater (Financial Advisers[275]/ Consultants[276]),
- Steuerberater (Tax Advisers[277]),
- Rechtsberater (Legal Advisers[278]),
- Versicherungsberater (Insurance Advisers[279]) und
- Technische Berater (Technical Advisers[280]/ Consultants[281], Consulting Engineers[282]).

Aufgabe der Finanzierungsberater ist es, in der frühen Projektentwicklungsphase Informationen gezielt zu beschaffen, aufzubereiten und weiterzuleiten, um die Eigen- und Fremdkapitalausstattung des Projekts zu sichern sowie die Finanzierungsverträge zu einem erfolgreichen Abschluss zu bringen. Die Finanzierungsberater erarbeiten dabei Wirtschaftlichkeitsstudien

---

273 Vgl. Hinsch, L.C./Horn, N. (1985), S. 229f; Elsey, M./Hurst, P./Crisp, A.M. (1994), S. 151; Hintze, M. (1998), S. 94f. Siehe zu den Risiken im Einzelnen Abschnitt 3.3.3 (dort im Speziellen die Punkte 3 und 6).

274 Vgl. Joosten, R. (1994), S. 72; Walker, C./Smith, A.J. (1995), S. 72; Hintze, M. (1998), S. 95f; Claus, J. (2001), S. 55ff; Lenz, E./Zinell, A.P. (2001), S. 84f.

275 Vgl. Joosten, R. (1994), S. 67; Tiong, R.L.K. (1995b), S. 283; Sapte, W. (1997), S. 51; Nevitt, P.K./Fabozzi, F.J. (2000), S. 29ff; Willms, W.H. (2000), S. 70; Röver, J.-H. (2001), S. 182. Die Bezeichnung Financial Adviser wird auch als Oberbegriff für die hier separat betrachteten Finanzierungs-, Steuer- und Rechtsberater verwendet (vgl. Funk, J. (1988), S. 425).

276 Vgl. Tiong, R.L.K. (1995a), S. 187; Tiong, R.L.K. (1995c), S. 310; Wagner, W. (1998), S. 6f.

277 Vgl. Hintze, M. (1998), S. 95.

278 Vgl. Joosten, R. (1994), S. 67; Sapte, W. (1997), S. 51.

279 Vgl. Methley, M. (1994), S. 170.

280 Vgl. Tiong, R.L.K. (1995b), S. 283; Sapte, W. (1997), S. 53.

281 Vgl. Tiong, R.L.K. (1995a), S. 187.

282 Vgl. Börschlein, H./Kleiner, F. (1984), S. 31ff; Martinek, M. (1992), S. 319ff; Claus, J. (2001), S. 55ff.

und begleiten die Vertragsverhandlungen zwischen den Kapitalgebern. Für die Erstellungs- und Betriebsphase entwickeln sie Finanzpläne, überwachen deren Einhaltung und übernehmen speziell in Krisensituationen die Funktion eines vermittelnden Mediators.[283]

In enger Abstimmung mit den Finanzierungsberatern erarbeiten die Steuerberater ein steueroptimiertes Gesamtkonzept, welches die relevanten nationalen und internationalen Vorschriften berücksichtigt. Die Rechtsberater nehmen spätestens bei der Vorbereitung der Projektverträge eine für die jeweils vertretene Partei erfolgsimmanente Stellung ein, da die komplexen Projektvereinbarungen vielfach langfristige und für die einzelnen Projektbeteiligten erhebliche Rechtswirkungen entfalten. Neben der rechtlichen Überprüfung von Projektdokumenten und der Beurteilung der Rechtssituation des Projektlandes erarbeiten sie rechtliche Projektvariationen, erstellen Vertragsdokumente und führen aktiv Verhandlungen.[284]

Die Versicherungsberater geben Hilfestellung hinsichtlich der Frage, welche Projektrisiken durch Versicherungen gedeckt und welche Risiken anderweitig verteilt werden sollten. Das Mandat zur Erstellung geeigneter Versicherungskonzepte erhalten regelmäßig spezialisierte und international tätige Makler- und Beratungsunternehmen.[285]

Als Technische Berater werden im Allgemeinen diejenigen Projektbeteiligten bezeichnet, die im Auftrag der Projektträger oder Kreditgeber die technische Konzeption und Umsetzung des Projekts beurteilen und überwachen. Im weiteren Sinne sind hierzu auch die während der Erstellungsphase mit den technischen Planungs- und Überwachungsleistungen beauftragten Techniker zu zählen. Nicht selten übernehmen die Projektersteller Teile dieser Funktion im Rahmen der schlüsselfertigen Errichtung des Bauwerks.[286]

Eine Sonderstellung nehmen Beratergruppen ein, die auf bestimmte Betreibermodell-Objekte spezialisiert sind und interdisziplinäre Beraterleistung geben. Hierzu gehören beispielsweise die auf Verkehrsprojekte spezialisierten Traffic Consultants[287], die über die aktive Gestaltung oder auf Basis technisch-planerischer Rahmenbedingungen Verkehrsstrom- und kombinierte Verkehrsstrom- und Erlösprognosen erbringen.

Ad 8: Versicherer

Versicherer tragen diejenigen Projektrisiken, deren entgeltliche Übertragung rechtlich vorgeschrieben ist oder aus individuellen respektive gesamtprojektbezogenen Kalkülen der Projektbeteiligten für sinnvoll erachtet wird. Da die Risiken in frühen Projektphasen von Betreibermodellen typischerweise von den Erbringern der Entwicklungsleistungen zu tragen sind,

---

283 Vgl. Walker, C./Smith, A.J. (1995), S. 71ff; Wolff, H.-J./Mundorf, H.-B. (1996), S. 103f; Wagner, W. (1998), S. 7f, 10ff; Henschel-Bätz, M. (2000), S. 212ff; Nevitt, P.K./Fabozzi, F.J. (2000), S. 29ff; PwC (2000), S. 4; Willms, W.H. (2000), S. 79f; Röver, J.-H. (2001), S. 182.

284 Vgl. Rieger, H. (1990), S. 65ff; Walker, C./Smith, A.J. (1995), S. 176.

285 Vgl. Methley, M. (1994), S. 170ff; Findorff, U. (1999), S. 169f; Lenz, E./Zinell, A.P. (2001), S. 86.

286 Vgl. Börschlein, H./Kleiner, F. (1984), S. 31ff; Martinek, M. (1992), S. 319ff; Walker, C./Smith, A.J. (1995), S. 176; Hintze, M. (1998), S. 96; Claus, J. (2001), S. 56ff.

287 Vgl. Henschel-Bätz, M. (2000), S. 35.

haben die Versicherungspolicen zumeist Ersatzleistungen für Schadensfälle während der Erstellungs- und Betriebsphase zum Inhalt. Vertragspartner können sowohl die Projektträgergesellschaft als auch andere Projektbeteiligte wie zum Beispiel die Projektersteller sein.[288]

Bei internationalen Projekten kommt den nationalen Exportversicherungen hohe Bedeutung zu, da sie als staatliches Instrument der Exportförderung zu verhältnismäßig günstigen Konditionen eine Absicherung gegen politische Risiken geben und auf diese Weise sowohl die Ersteller und Lieferanten als auch die Projektfinanziers partiell absichern. Kapitalkosten sinken, und eine Projektfinanzierung wird oftmals überhaupt erst möglich.[289]

3.2 Lebenszyklus-Phasen

Bei der folgenden Schilderung der Lebenszyklus-Phasen Betreibermodell-basierter Infrastrukturprojekte[290] wird deutlich, dass einerseits je nach zugrunde gelegter extensionaler Betrachtungsweite und den daraus hervorgehenden intensionalen Differenzierungsmerkmalen von Betreibermodell-Vorhaben sowie andererseits in Abhängigkeit von der systemhierarchischen Betrachtungsperspektive und der damit verbundenen Aufspaltung von Phasen in einzelne Subphasen unterschiedliche Phasenkonzepte generiert werden können. Aufbauend auf den Überlegungen zum Begriff Betreibermodell-basierter Infrastrukturprojekte in Abschnitt 2.1 sowie zur Einordnung der Projekte in den Systemlebenszyklus in Abschnitt 2.2 wird daher ein Phasenkonzept entwickelt, welches zum einen der gewählten Ex- und Intension des Betreibermodellbegriffes gerecht wird sowie zum anderen auf der systemhierarchischen Perspektive eines den gesamten Lebenszyklus begleitenden Projektträgers basiert.

3.2.1 Projektentwicklung

Der Projektentwicklungsphase kommt aufgrund der inhaltlich komplexen, zeitbeanspruchenden und kostenintensiven Entwicklungstätigkeiten und den hier maßgeblich zu beeinflussenden Risikoursachen und -wirkungen eine besondere Bedeutung zu.[291]

Von der Erarbeitung und Weiterentwicklung der Projektidee bis hin zu ihrer konkreten Ausgestaltung werden während der Phase der Projektentwicklung die grundlegenden wirtschaftlichen, technischen und rechtlichen Projektparameter spezifiziert und deren Handhabung abschließend vertraglich geregelt. Mit dieser Sichtweise wird in Hinblick auf die im deutschsprachigen Raum übliche Unterscheidung zwischen Projektentwicklung im engeren und wei-

---

288 Vgl. Lenz, E./Zinell, A.P. (2001), S. 85f; Sigulla, S. (2001), S. 511f. Einen Überblick über regelmäßig versicherte Schadensfälle geben Methley, M. (1994), S. 168ff; Illner, M./Burg, E. (1999), S. 166f; Findorff, U. (1999), S. 169ff; Sigulla, S. (2001), S. 516ff.

289 Vgl. Fahrholz, B. (1998), S. 284; Lenz, E./Zinell, A.P. (2001), S. 86ff. Eine Auflistung wichtiger nationaler Exportversicherer gibt Tytko, D. (1999), S. 71.

290 Die Lebenszyklusphasen von Verkehrsinfrastrukturprojekten behandelt Henschel-Bätz, M. (2000), S. 36ff, 201ff. Im Speziellen zu Flughafenprojekten äußert sich Meeder, S. (2000), S. 99ff.

291 Vgl. Augenblick, M./Custer, B.S. (1990), S. 7ff; Tiong, R.L.K./Yeo, K.-T./McCarthy, S.C. (1992), S. 217; Hupe, M. (1995), S. 244f; Tiong, R.L.K. (1996), S. 205; UNIDO (1996), S. 17; Frenzel, M. (1996), S. 21; Hintze, M. (1998), S. 98ff.

teren Sinne der engeren Begriffsauslegung gefolgt, die im Gegensatz zur weiten Begriffsauffassung den Prozess der Erstellung, Nutzung und Desinvestition ausklammert und daher lediglich die Genesis eines Projektes beschreibt.[292, 293]

Hervorgerufen werden die Komplexität, der hohe Zeitbedarf und die enormen Kosten einer Projektentwicklung durch die inhaltlich anspruchsvollen und zeitaufwendigen Dienstleistungen mit ihrem zumeist zyklischen Charakter. Auf der einen Seite findet ein Prozess der laufenden Gewinnung, Revidierung und Anpassung von Informationen in Bezug auf sach- und erfolgszieldeterminierende Projektparameter statt. Auf der anderen Seite werden im Rahmen der Entwicklung des komplexen Vertragsgefüges mehrstufige und teilweise simultan verlaufende Such-, Anbahnungs- und Verhandlungsrunden durchgeführt, die aufgrund des Hinzugewinns an gesicherten und prognostizierten Projektdaten sowie der nicht selten stark konfligierenden Zielvorstellungen der einzelnen Projektpartner laufende Rückkopplungen und Anpassungen erforderlich machen.[294]

Der Entwicklungszeitraum von Betreibermodell-basierten Infrastrukturprojekten erstreckt sich in der Regel über drei bis fünf Jahre und kann in Ausnahmefällen sogar mehrere Dekaden betragen. Besonders langwierig ist der Entwicklungsprozess bei öffentlichen Projekten in höher entwickelten Ländern. Hier zwingt die rechtlich festgesetzte Wahrung öffentlicher Interessen zu einem weitaus komplexeren und zyklischeren Ablauf als bei einem rein privaten Betreibermodell.[295]

Die Kosten der Projektentwicklung summieren sich je nach Projektgegenstand auf Anteile von 3% bis 10% der Erstellungsinvestitionen[296] und resultieren neben den internen Kosten der Projektträger zu einem großen Teil aus den Vergütungen der externen Fachberater[297]. Aufgrund der hohen Unsicherheit in dieser Phase in Bezug auf den zu erwartenden Projekterfolg

---

292 Vgl. Hahn, D. et al. (1997), S. 358; Hintze, M. (1998), S. 76ff; Alfen, H.W. (1999), S. 18; Eschenbruch, K. (1999), S. 44ff; Henschel-Bätz, M. (2000), S. 37; Meeder, S. (2000), S. 99. Besonders frühzeitig war dieser Ansicht PFARR (vgl. Pfarr, K. (1984), S. 202f).

293 Wird die Projektentwicklung im engeren Sinne um die Phase der Detailplanung und Erstellung ergänzt, ist auch von der Projektentwicklung im mittleren Sinne die Rede (vgl. Brauer, K.-U. (2001), S. 515f, 531ff). Zum Leistungsbereich der Projektentwicklung im engeren Sinne siehe auch Abschnitt 2.3.5. HUPE, GRÖHL und REUTER/WECKER betiteln diese Phase als Planung, die in enger Auslegung nicht die begriffliche Weite der Projektentwicklung im engeren Sinne widerspiegelt, darüber hinaus mit der Entwicklung eines Projektes nicht abgeschlossen ist und deshalb in der vorliegenden Schrift keine Verwendung findet (vgl. Hupe, M. (1995), S. 36; Gröhl, M. (1990), S. 24f; Reuter, A./Wecker, C. (1999), S. 43ff und Hahn, D./Hungenberg, H. (2001), S. 45ff).

294 Vgl. Ferrigno, J.W. (1990), S. 3.5; Goedel, J. (1991), S. 20f; Schulte-Althoff, M. (1992), S. 104; Merna, T./Smith, N.J. (1994), S. 285; Walker, C./Smith, A.J. (1995), S. 7ff, 67f; Hintze, M. (1998), S. 98ff.

295 Vgl. Strzelecki, R. (1990), S. 6.16; Walker, C./Smith, A.J. (1995), S. 18f, 51f, 67f; Straßburg, W. (1996), S. 46; Keong, C.H./Tiong, R.L.K./Alum, J. (1997), S. 63; Hintze, M. (1998), S. 101, 111; Behnen, O. (1999), S. 6.8.

296 Vgl. Schwanfelder, W. (1989), S. 23; Moore, J.W. (1990), S. 7.2f, 7.6; Merna, A./Smith, N.J. (1993), S. 14; Merna, T./Smith, N.J. (1994), S. 285; Walker, C./Smith, A.J. (1995), S. 155f; Wagner, U.N. (1996), S. 7; Straßburg, W. (1996), S. 46f; Keong, C.H./Tiong, R.L.K./Alum, J. (1997), S. 63; Backhaus, K. (1999), S. 464; Ohl, H.-P. (2000), S. 144.

297 Vgl. Ferrigno, J.W. (1990), S. 3.5; Augenblick, M./Custer, B.S. (1990), S. 8; Tiong, R.L.K./Yeo, K.-T./McCarthy, S.C. (1992), S. 218; UNIDO (1996), S. 95ff; Hintze, M. (1998), S. 101.

sind die Initiatoren in der Regel gezwungen, die bis zum Abschluss der Schlüsselverträge anfallenden Kosten aus eigenen Mitteln zu finanzieren.[298]

Ein klassisches Dilemma der Projektentwicklung besteht in der Divergenz zwischen Planungsfortschritt und Beeinflussbarkeit der verursachten Planungswirkungen. Risikoursachen können zwar auf der einen Seite mit zunehmender Projektdauer und steigender Informationssicherheit besser identifiziert, in ihren Wirkungen analysiert und reduziert beziehungsweise auf potenzielle Risikoträger verteilt werden, auf der anderen Seite nimmt aber die Flexibilität der Beeinflussung erfolgsbestimmender Faktoren im Zeitverlauf ab.[299] Da vor allem eine Vielzahl technischer Projektparameter mit Langfristwirkung unrevidierbar festgelegt werden müssen, wird die Projektentwicklung zu einer besonders erfolgskritischen Phase.

Die notwendigen Projektentwicklungsaktivitäten lassen sich aus der Perspektive eines Projektträgers in folgende Hauptphasen gliedern:

1. Projektidentifizierung,[300]
2. Angebotserstellung,
3. Vertragsverhandlungen und Vertragsschluss[301].

Ad 1: Projektidentifizierung

Zu Beginn jedes Projektes steht als Resultat einer intuitiven oder reflexiven Problemsuche die Entwicklung einer Projektidee. Die Ideengenerierung kann dabei sowohl absatzbezogen auf Seiten der potenziellen Auftragnehmer als auch beschaffungsorientiert auf Seiten der Auftraggeber erfolgen. Im Rahmen dieses Subzyklus der Suche, Bewertung und Entscheidung werden die entwickelten Projektideen in Abhängigkeit vom jeweiligen Konkretisierungsgrad meist unter Hinzuziehung externer Berater in Form einer Opportunitätsstudie grob auf ihre technische, wirtschaftliche und rechtliche Realisierbarkeit hin überprüft und selektiert.[302]

---

298 Vgl. Billand, F. (1989), S. 331; Chan, S./Woodward, D.G. (1992), S. 14; Tiong, R.L.K./Yeo, K.-T./McCarthy, S.C. (1992), S. 218; Walker, C./Smith, A.J. (1995), S. 155f; Straßburg, W. (1996), S. 47; UNIDO (1996), S. 197f; Hintze, M. (1998), S. 101, 110; Zhang, W.R. et al. (1998), S. 404. Im Falle eines anschließenden Verkaufs des bis dahin erarbeiteten materiellen und immateriellen Projektvermögens an die Projektgesellschaft beziehungsweise die dahinter stehenden Sponsoren kann diese Risikoposition der Initiatoren allerdings aufgegeben werden und innerhalb der Gesamtinvestitionen aufgehen (vgl. Reuter, A. (2000), S. 665).

299 Vgl. im Speziellen zu Projekten im Abwasser- und Abfallbereich Bohn, T. (1996), S. 8f, 42ff und Bohn, T. (1999), S. 50.

300 OHL siedelt die Projektidentifikation auf der gleichen Ebene wie die Phasen der Entwicklung, der Errichtung und des Betriebes an und trennt sie damit explizit von der Entwicklung eines Projektes. Die von OHL vorgenommene Zuordnung von Aufgabeninhalten zu einzelnen Projektphasen macht zudem deutlich, dass die spezifische Projektkonstellation die zeitliche Abfolge der Projekttätigkeiten determiniert (vgl. Ohl, H.-P. (2000), S. 128).

301 GRÖHL betrachtet den Vertragsprozess nicht als Teilphase, sondern hebt ihn als eigenständige Kontrahierungsphase hervor (vgl. Gröhl, M. (1990), S. 24f).

302 Vgl. Schwanfelder, W. (1989), S. 18f; Schulte-Althoff, M. (1992), S. 102; Hintze, M. (1998), S. 101. In praxi werden mehr als 90% der entwickelten Ideen wieder verworfen (vgl. Billand, F. (1989), S. 326).

Geht die Projektinitiative vom potenziellen Auftraggeber aus und wird im Anschluss an einen ersten Bewertungsprozess das Vorhaben weiterhin für verfolgenswert erachtet, kann der Auftraggeber das Vergabeverfahren und die Ausschreibungsunterlagen mit Blick auf die von ihm verfolgten Projektziele erarbeiten. In der Regel findet ein zweistufiges Ausschreibungsverfahren statt, innerhalb dessen zunächst im Rahmen eines Call for Expression of Interest potenzielle Projektträger aufgefordert werden, ihr Interesse und ihre Trägerbefähigung mittels einer eigenentwickelten Grobkonzeption zu untermauern. In diesem Falle obliegt es den potenziellen Projektträgern, die Ausschreibungsunterlagen zu prüfen und Hintergrundinformationen über den ausschreibenden Auftraggeber einzuholen, um die Machbarkeit und Erfolgsaussichten auf Basis einer eigenen Pre-Feasibility-Studie einzuschätzen und eine Entscheidung über eine Wettbewerbsteilnahme zu treffen.[303] Nach Verstreichen der Angebotsfrist wählt der Auftraggeber aus dem Kreis der Interessenten die aussichtsreichsten Bewerber aus. In der folgenden zweiten Stufe erhalten die präqualifizierten Wettbewerbsteilnehmer ausführliche Ausschreibungsunterlagen mit der Möglichkeit, im Rahmen eines Request for Proposals ein konkretes Angebot zu unterbreiten.[304]

Entwickelt hingegen der Projektträger die ersten Gedanken zu einem Planvorhaben, so sind die Projektideen zunächst intern zu selektieren und als Opportunitätsstudie zu konkretisieren, um sie anschließend dem potenziellen Auftraggeber vorzulegen.[305] Bei positiver Resonanz des Auftraggebers werden die bisherigen Projektplanungen zu einer detaillierteren Pre-Feasibility-Studie verfeinert und je nach Vereinbarung erfolgt seitens des Auftraggebers eine offizielle Anfrage beziehungsweise eine offizielle Einladung zu einer Angebotsabgabe (Invitation to Tender – ITT)[306]. Allein die Phase der Projektidentifizierung kann einen Zeitraum zwischen einem halben und drei Jahren umfassen.[307]

Ad 2: Angebotserstellung

Für die Angebotserstellung, die je nach Größe und Komplexität des Projektes ein bis zweieinhalb Jahre dauern kann,[308] findet sich in der Regel eine Bietergemeinschaft zusammen, die neben der Erstellung des Angebotes auch die gemeinsame Übernahme der Projektträgerschaft anstrebt.[309] In enger Abstimmung mit dem Auftraggeber und in Zusammenarbeit mit den wei-

---

303 Zu Aufbau und Inhalt von Feasibility-Studien siehe die weiterführenden Hinweise in Fußnote 608 (S. 139).

304 Vgl. Strzelecki, R. (1990), S. 6.16; Goedel, J. (1991), S. 20; Tiong, R.L.K. (1995c), S. 304; Walker, C./Smith, A.J. (1995), S. 196; Reismann, W.A. (1996), S. 442; Tiong, R.L.K. (1996), S. 210f; UNIDO (1996), S. 21ff, 103ff; Tiong, R.L.K./Alum, J. (1997a), S. 68; Hintze, M. (1998), S. 101f.

305 Im internationalen Sprachgebrauch wird dieses Vorgehen als Speculative Bidding beziehungsweise Unsolicited Proposal bezeichnet und vom sogenannten Invited Bidding beziehungsweise Solicited Proposal abgegrenzt (vgl. Tiong, R.L.K./Yeo, K.-T./McCarthy, S.C. (1992), S. 223; Merna, T. (1994a), S. 13f; UNIDO (1996), S. 124ff; Keong, C.H./Tiong, R.L.K./Alum, J. (1997), S. 61f; UNCITRAL (2001), S. XVII).

306 Vgl. Sapte, W. (1997), S. 29.

307 Vgl. Höpfner, K.-U. (1995), S. 17; Hintze, M. (1998), S. 102f.

308 Vgl. Höpfner, K.-U. (1995), S. 17; Hintze, M. (1998), S. 105.

309 Vgl. Billand, F. (1989), S. 326f; Strzelecki, R. (1990), S. 6.18; Walker, C./Smith, A.J. (1995), S. 51; UNIDO (1996), S. 107; Wagner, U.N. (1996), S. 5ff.

teren potenziellen Projektteilnehmern werden die bislang ausführlichsten und entsprechend aufwandsintensiven Projektstudien erarbeitet. Wird das Vorhaben auf Grundlage dieser Haupt-Feasibility-Studien weiterhin als technisch realisierbar, wirtschaftlich tragfähig und rechtlich durchsetzbar eingeschätzt, können die Ausschreibungsunterlagen in Hinblick auf die zu vergebenden Bauherrenleistungen, technischen Planungsleistungen, Erstellungsleistungen sowie wirtschaftlichen und technischen Betriebsleistungen in Leistungsheften detailliert festgehalten werden.[310]

Mit der Ausschreibung der Erstellungsgewerke und Folgeleistungen sowie der Suche nach geeigneten Fremd- und Eigenkapitalgebern werden verstärkt die sekundären Projektbeteiligten in das geplante Vorhaben einbezogen. Den interessierten Lieferanten, Planern und Beratern, Bauwerks- und Anlagenerstellern, Betreibern sowie gegebenenfalls Abnehmern werden von den Projektträgern zumeist in Verbindung mit einer nicht selten prohibitiv hohen Bezugsgebühr die Ausschreibungsunterlagen zur Verfügung gestellt.[311]

Auf Grundlage der als invitatio ad offerendum interpretierbaren Ausschreibungsunterlagen erstellen die verschiedenen Anbieter ihrerseits Angebote für die geforderten Leistungen, die bei form- und fristgerechter Einreichung von den Projektträgern in eine Bieterliste aufgenommen werden. Der nachfolgende Selektionsprozess endet mit der Veröffentlichung einer gekürzten Bieterliste, auf der je Vergabeeinheit nur noch die ansprechendsten Angebote vertreten sind.[312]

Im nächsten Schritt werden die verbliebenen Angebotsersteller zu vorvertraglichen Verhandlungen eingeladen. Bei den Lieferanten und Subleistungsträgern stehen die Aushandlung der technischen, terminlichen und preislichen Konditionen im Vordergrund, bei den potenziellen Eigen- und Fremdkapitalgebern die der Finanzierungsbedingungen. In Abhängigkeit vom jeweiligen Projektgegenstand können auch Gespräche mit den künftigen Abnehmern stattfinden, die sich auf die Konditionen verpflichtender Abnahmemengen und -preise konzentrieren. Sämtliche Vorverhandlungen enden mit vorvertraglichen Absichtserklärungen, die auch als Letter of Intent bezeichnet werden und deren Wirksamkeit an das Eintreten vereinbarter Bedingungen, insbesondere der Erlangung des Gesamtauftrages durch die Projektträger, geknüpft ist. Auf Basis dieser Vorverträge und des bereits detailliert erarbeiteten Projektkonzeptes wird es den Projektträgern möglich, auf die Auftraggeberbitte um Angebotsabgabe einzugehen und ein ausführliches Gesamtangebot unterbreiten.[313]

---

310 Vgl. Schwanfelder, W. (1989), S. 21f; Billand, F. (1989), S. 327; Dorner, G. (1994), S. 78ff; Hintze, M. (1998), S. 103f.

311 Hauptziel der Gebühr ist es, die Abgabe unseriöser Angebote zu unterbinden (vgl. Schwanfelder, W. (1989), S. 22f; Schulte-Althoff, M. (1992), S. 105f).

312 Vgl. Schwanfelder, W. (1989), S. 23f.

313 Vgl. Goedel, J. (1991), S. 20; Hintze, M. (1998), S. 104f.

Ad 3: Vertragsverhandlungen und Vertragsschluss

In der letzten Teilphase werten die Auftraggeber die eingegangenen Angebote der potenziellen Projektträger aus und führen mit den verbliebenen Bietern beziehungsweise Bietergemeinschaften Vorverhandlungen über die Gesamtprojektträgerschaft, aus denen ein präferierter Projektträger hervorgeht. Teilweise erhalten diejenigen Anbieter oder Anbieterkonsortien, die nicht zum Zuge kommen, eine als Entschädigung für die Projektbearbeitung anzusehende Vergütung.[314] Mit dem präferierten Bieter wird in der Regel ein vorvertragliches Memorandum of Understanding vereinbart, in dem beide Parteien die beiderseitig zu erbringenden Vorleistungen und sonstigen für notwendig erachteten Bedingungen einer zielführenden Zusammenarbeit dokumentieren.[315]

Die anschließenden Detailverhandlungen zwischen Auftraggebern und Projektträgern werden zeitlich parallel zu den aufgrund der mittlerweile detailliert ausgearbeiteten und stellenweise abgeänderten Projektkonzeption erforderlichen Nachverhandlungen mit den sekundären Projektbeteiligten geführt. Der simultane Ablauf beider Verhandlungsvorgänge resultiert aus den eng miteinander verbundenen Verhandlungsinhalten, die zu laufenden Rückkopplungen und Anpassungen führen, welche erst nach Abschluss des Projektrahmenvertrags zwischen Auftraggebern und Projektträgern enden.

Die Projektentwicklung findet in der Regel ihren Gesamtabschluss mit der vertraglichen Fixierung der Eigenkapitalzuführungen und der Unterzeichnung der Kreditverträge im Rahmen des Financial Closing.[316] Die Zeitspanne von den ersten Vorverhandlungen bis zum Endzeitpunkt der Projektentwicklung kann je nach Neuigkeitscharakter und sonstiger Projektkomplexität eine Dauer von ein bis zwei Jahren betragen.[317]

3.2.2 Detailplanung und Erstellung

Sobald die Primärverträge und die wichtigsten Sekundärverträge ihren Abschluss gefunden haben, beginnt die Leistungsphase der technischen Detailplanung, Objekterstellung, Kreditziehung und der bauherrenseitigen Begleitung von Bauwerks- oder Anlagenerstellung. Phasenspezifisches Sachziel ist die plangemäße Inbetriebnahme der Infrastrukturanlage.[318]

Entsprechend den zu erbringenden Sach- und Finanzierungsleistungen sind in dieser Phase besonders der koordinierende Projektträger, die technischen und finanzwirtschaftlichen Bera-

---

314 Vgl. Tiong, R.L.K./Yeo, K.-T./McCarthy, S.C. (1992), S. 218; BMV (1995), S. 7; Levy, S.M. (1996), S. 401f.

315 Vgl. Dorner, G. (1994), S. 80f.

316 Vgl. Schulte-Althoff, M. (1992), S. 80, 108; Hintze, M. (1998), S. 105f.

317 Vgl. Phillips, R.J. (1990a), S. 1.6; Höpfner, K.-U. (1995), S. 17; Zhang, W.R. et al. (1998), S. 403. Bei öffentlichen Auftraggebern sind selbst Zeiträume von fünf Jahren zu beobachten (vgl. Tiong, R.L.K./Yeo, K.-T./McCarthy, S.C. (1992), S. 219).

318 Der technische Planungsprozess kann in Anlehnung an die deutsche HOAI weiter in die Phasen der Grundlagenermittlung sowie der Vor-, Entwurfs-, Genehmigungs- und Bauausführungsplanung unterteilt werden (vgl. Jochem, R. (1998), S. 934ff).

ter sowie die Ersteller, Baulieferanten und Finanziers in das Projekt eingebunden. Der Projektträger kann die ihm obliegenden Bauherrenleistungen in Abhängigkeit von der Größe und Komplexität des projektierten Vorhabens, den eigenen Zielen, Fähigkeiten und Ressourcen selbst erbringen oder an externe Projektkoordinatoren vergeben. Ähnlichen Externalisierungsüberlegungen steht der Bauwerks- beziehungsweise Anlagenersteller gegenüber, der der Erstellung sowohl zeitlich vorgelagert als auch zeitparallel die Ausführungs-, Bauablaufs- und Kostenplanung zu konkretisieren und mit den eingeschalteten Consulting- und Ingenieurbüros abzustimmen hat. Die Komponentenhersteller und Baulieferanten versorgen die Baustelle mit den vor Ort einzubringenden oder zu montierenden Materialien, die der Hauptersteller und die mit einzelnen Erstellungsleistungen beauftragten Nachunternehmer zu der gewünschten und genehmigten funktionsfähigen Infrastruktureinheit integrieren.[319] In den Leistungsbereich des in der Regel extern beauftragten Financial Advisers[320] fällt die Steuerung der stufenweise erfolgenden Kapitaleinbringung durch die Projektfinanziers. Baufortschrittsbegleitend werden die vereinbarten Sachmittel von diesem eingefordert sowie die Finanzmitteltranchen und -fazilitäten für die Begleichung der anfallenden Investitionsauszahlungen gezogen.[321]

Sofern es die technischen Projektbedingungen erfordern, mündet die Erstellungsphase in die Zwischenphase des Probebetriebs, während der das künftige Betriebspersonal eine intensive Schulung erfährt und die technischen Abläufe grundlegend getestet werden.[322, 323] Mit der bauherrenseitigen Endabnahme schließt die Phase der Erstellung ab, und der reguläre Betrieb der Infrastrukturanlage kann beginnen. Bis zu diesem Zeitpunkt vergehen für die technische Feinplanung und Bauausführung je nach Größe und Komplexität des Vorhabens zwischen weniger als drei und mehr als zehn Jahre.[324]

---

319 Vgl. Schulte-Althoff, M. (1992), S. 109; Hupe, M. (1995), S. 38f; Hintze, M. (1998), S. 106f; Reuter, A./Wecker, C. (1999), S. 47; Sattler, K./Kasper, W. (2000b), S. 925ff.

320 Siehe auch Abschnitt 3.1.3 und dort im Speziellen Punkt 7.

321 Vgl. Schulte-Althoff, M. (1992), S. 109; Hahn, D. et al. (1997), S. 358f; Hintze, M. (1998), S. 107; Wagner, W. (1998), S. 16; Meeder, S. (2000), S. 101; Lenz, E./Zinell, A.P. (2001), S. 70.

322 Dieser Zeitabschnitt der Überprüfung der technischen Funktionsfähigkeit der erstellten Anlage wird oftmals mit der Anlauf- oder Start-up-Phase gleichgesetzt, die aber in erster Linie die nachfrageinduzierte Outputsteigerung während früher Phasen des Projektbetriebs beschreiben (vgl. Frank, H. (1986), S. 23; Frank, H./Moser, R. (1987), S. 33; Gröhl, M. (1990), S. 26; Schulte-Althoff, M. (1992), S. 110f; Hupe, M. (1995), S. 39f; Reuter, A./Wecker, C. (1999), S. 48; Nevitt, P.K./Fabozzi, F.J. (2000), S. 9; Lenz, E./Zinell, A.P. (2001), S. 96). Als vom jeweiligen Projektgegenstand abhängige Synonyme für den Begriff Probebetrieb bieten sich Testbetrieb, Inbetriebnahme, Inbetriebsetzung, Anfahren, Kalt- oder Warmstart an (vgl. Weber, K.H. (1997), S. 1, 16; Sturbeck, W. (2001), S. 30).

323 Bei verfahrenstechnischen Anlagen beträgt der Zeitraum des Probebetriebs in der Regel 1% bis 3% der technischen Systemlebensdauer. Die Inbetriebnahmekosten bewegen sich zumeist innerhalb einer Bandbreite von 5% bis 20% der Errichtungsinvestition (vgl. Weber, K.H. (1997), S. 9f, 104ff).

324 Vgl. Tiong, R.L.K. (1990b), S. 318; Goedel, J. (1991), S. 22; Höpfner, K.-U. (1995), S. 17; Reismann, W.A. (1996), S. 441; Münch et al. (1997), S. 129; Tiong, R.L.K./Alum, J. (1997d), S. 90, 93; Hintze, M. (1998), S. 107; Zhang, W.R. et al. (1998), S. 403; Özdoganm, I.D./Birgönül, M.T. (2000), S. 348; Sattler, K./Kasper, W. (2000b), S. 925f; o.V. (2001b), S. 31; o.V. (2001f), S. 14.

3.2.3 Betrieb

Die Betriebsphase bezeichnet den zeitlich längsten Projektabschnitt, innerhalb dessen das oberste Sachziel der Bereitstellung der geplanten Infrastrukturleistung sowie die mit dem beginnenden Umsatzprozess angestrebten Formalziele der weiterhin am Projekt beteiligten und monetär motivierten Bezugsgruppen verfolgt werden.

Eine aktive Rolle nehmen in dieser Phase insbesondere der institutionalisierte Projektträger, der Betreiber, die Lieferanten und die Abnehmer ein. Der Bauwerks- oder Anlagenersteller steht nur noch insoweit in einer Beziehung zu dem Projekt, wie es die vertraglich vereinbarten Garantie- und Gewährleistungspflichten erfordern.[325] Die Fremd- und Eigenkapitalgeber sind bestrebt, mit Hilfe der aus dem Verkauf des Projektoutputs und anderweitiger Unterstützungszahlungen hervorgehenden Cash-flows die von ihnen geforderten Kapitalkosten wieder zu erlangen. Dazu sichern sie sich ähnlich wie die Auftraggeber umfangreiche Kontrollrechte.[326] Aufgrund der bei Betreibermodellen typischen Zahlungsstromentwicklung und der betriebsnotwendigen Liquiditätssicherung haben die Eigenkapitalgeber mit Ausnahme einer frühzeitigen Anteilsveräußerung vielfach lediglich die Möglichkeit, ihre Ansprüche im Rahmen einer endlastigen Residualausschüttung zu befriedigen.[327] Dieser Effekt kommt umso stärker zum Tragen, je länger sich die wirtschaftliche Anlaufphase hinauszögert.[328]

Die Projektträger stehen wie bereits in den vorhergehenden Phasen vor der Entscheidung, die übernommene Gesamtverantwortung für die wirtschaftlichen und technischen Leistungen selbst zu erbringen oder in Form von Teilleistungen an nachgeordnete Leistungsträger zu delegieren. Nicht selten äußert sich diese Überlegung in der Beauftragung eines spezialisierten Betreibers, der die wirtschaftlichen Betriebs- sowie die technischen Wartungs- und Instandhaltungsleistungen übernimmt, so dass sich die Leistungen des Projektträgers auf die Kontrolle des Betreibers, die Überwachung der Zahlungsströme, fallweise Konsultationen, die Repräsentation nach außen und die innere Koordination der Trägergesellschaft beschränken.[329] Die Lieferanten sind während der Betriebsphase für die termin-, mengen- und qualitätsgerechte Bereitstellung der benötigten Inputfaktoren in Form von Roh-, Hilfs- und Betriebsstoffen verantwortlich. Die Abnehmer nutzen den hervorgebrachten Projektoutput.[330]

In Abhängigkeit von der technischen Lebensdauer und der mit dem gewählten Betreibermodell verfolgten wirtschaftlichen Ziele umfasst der Betriebszeitraum üblicherweise zwischen

---

325 Vgl. Schulte-Althoff, M. (1992), S. 111; Weber, K.H. (1997), S. 8f.

326 Vgl. Gröhl, M. (1990), S. 26f; Henschel-Bätz, M. (2000), S. 38; Meeder, S. (2000), S. 101; Lenz, E./Zinell, A.P. (2001), S. 91.

327 Vgl. McKay, C. (1989), S. 96; Straßburg, W. (1996), S. 44; Joosten, R. (1994), S. 72; Höpfner, K.-U. (1995), S. 239; Hintze, M. (1998), S. 107f; Ohl, H.-P. (2000), S. 140.

328 Beispielsweise ist bei mautfinanzierten Straßen bis zum Erreichen der Plannachfrage im Allgemeinen mit Zeitspannen zwischen drei und fünf Jahren zu rechnen (vgl. o.V. (2001a), S. 14).

329 Auch die Projektierung weiterer Ausbaustufen ist denkbar (vgl. Reuter, A./Wecker, C. (1999), S. 50).

330 Vgl. Hahn, D. et al. (1997), S. 358; Hintze, M. (1998), S. 107.

zehn und dreißig Jahre,[331] in Extremfällen sind auch Planlauf- beziehungsweise Konzessionszeiten von drei oder sechzig Jahren zu beobachten.[332] Insbesondere bei Betreibermodellen auf Konzessionsbasis ist es möglich, dem konzessionsnehmenden Projektträger für vorab vertraglich definierte Risikotatbestände Zusatzbetriebsdauern einzuräumen, innerhalb derer angefallene Verluste wenigstens teilweise ausgeglichen werden können.[333]

3.2.4 Desinvestition

Der Rückzug aus einem Betreibermodell-Engagement kann auf unterschiedliche Weise erfolgen. Erfordern technische, wirtschaftliche oder rechtliche Gegebenheiten den frühzeitigen Abbruch oder die Stilllegung des projektierten Vorhabens, so wird das Projekt aufgelöst und es findet ein absolutes Ende.[334] Werden hingegen die Projektaktiva an neue Anteilseigner transferiert, kommt es aufgrund der Änderung in der Eigentümerstruktur lediglich für die ursprünglichen Projektsponsoren zu einer absoluten Projektbeendigung. Für die Projektträger tritt dieser Fall dann ein, wenn die Projektträgerrechte übergeben werden.[335] Aus Sicht des Projektträgers handelt es sich somit unabhängig davon, ob die eigene Trägerschaft zur Disposition steht, um eine durch Desinvestitionsüberlegungen geprägte Phase.[336]

Vielfach werden die Eigentümer- und Projektträgerschaft bei Betreibermodellen auf einen Zeitraum vor dem Ende der technischen Systemlebensdauer begrenzt und ein fester Zeitpunkt für deren Übergabe an den Auftraggeber vereinbart.[337] Dessen ungeachtet können die Eigentümer- und Projektträgerrechte aber auch gemeinsam oder voneinander getrennt nach Ablauf einer Phase der Demonstration wirtschaftlichen Erfolges – beispielsweise im Rahmen eines Börsenganges – übertragen werden. Für die Projektsponsoren ergeben sich hieraus vor allem Liquiditätsvorteile, die ein Engagement in Folgeprojekte ermöglichen.[338]

---

331 Vgl. Tiong, R.L.K. (1990a), S. 109f; Tiong, R.L.K. (1990b), S. 318; Tiong, R.L.K./Yeo, K.-T./McCarthy, S.C. (1992), S. 221; Höpfner, K.-U. (1995), S. 17; Reismann, W.A. (1996), S. 441; Hintze, M. (1998), S. 108; Zhang, W.R. et al. (1998), S. 402f; Balthaus, H./Keppel, A. (2000), S. 508; Benz, T. (2000), S. 88; Meeder, S. (2000), S. 101f; o.V. (2000c), S. 26; o.V. (2001b), S. 31; o.V. (2000d), S. 54; o.V. (2001f), S. 14; Leiste, E. (2001), S. 27.

332 Beispielsweise beträgt der Konzessionszeitraum für einen Terminal des Flughafen Istanbul knapp vier Jahre (vgl. Hermann, R. (2000), S. 24). In Deutschland weisen einige Vorhaben aus dem Abwasserbereich Betriebsdauern von nur drei Jahren auf (vgl. Kirchhoff, U./Müller-Godeffroy, H. (1996), S. 102). Die Betriebsdauer des Ärmelkanaltunnels ist auf knapp sechzig Jahre festgelegt (vgl. Goedel, J. (1991), S. 22).

333 Vgl. UNCITRAL (2001), S. XXIII.

334 Eine umfassende Darstellung von Beendigungsursachen findet sich in UNCITRAL (2001), S. 153ff.

335 Vgl. UNCITRAL (2001), S. XXIIIf, 161ff.

336 Vgl. zum Begriff der Desinvestition stellvertretend Brüggerhoff, J. (1992), S. 7ff.

337 In Abhängigkeit von den vertraglichen Vereinbarungen erfolgt eine Übertragung mit oder ohne Abstandszahlung (vgl. Augenblick, M./Custer, B.S. (1990), S. 13f; Gröhl, M. (1990), S. 27; Merna, A./Smith, N.J. (1993), S. 5; Merna, T. (1994a), S. 1; Hupe, M. (1995), S. 42; UNIDO (1996), S. 4, 26f, 273; Keong, C.H./Tiong, R.L.K./Alum, J. (1997), S. 59; Hintze, M. (1998), S. 109; Zhang, W.R. et al. (1998), S. 402; Özdoganm, I.D./Birgönül, M.T. (2000), S. 343; o.V. (2001h), S. 26). Siehe auch Abschnitt 2.4.3.2.

338 Vgl. Hupe, M. (1995), S. 41f, 240ff; Henschel-Bätz, M. (2000), S. 204f; Ohl, H.-P. (2000), S. 141f; Bodner, H. (2001), S. 28; o.V. (2001h), S. 26.

Eine Projektübergabe unterliegt sorgfältigen Planungen des Übertragungsprozesses. Einerseits müssen sich die Bauwerks- und Anlagenkomponenten in einem allseits akzeptablen und funktionsfähigen Zustand befinden,[339] andererseits müssen rechtzeitig die Vertragsverhältnisse überarbeitet werden. Insbesondere die Betreiber-, Lieferanten- und Finanzierungsverträge sind auf eine Verlängerung oder einen Neuabschluss hin zu überprüfen. Gegebenenfalls muss auch der Transfer projektbezogenen Know-hows an die nachfolgenden Leistungsträger vorbereitet und durchgeführt werden. Die Übergabephase kann sich auf einen Zeitraum von einem halben bis zwei Jahren ausdehnen, wobei sich für die ehemaligen Rechtsträger in der Regel mehrjährige Gewährleistungsfristen anschließen.[340]

Ist die Anlage in ihrer technischen Funktionsfähigkeit beispielsweise durch Verschleiß oder Überalterung stark beeinträchtigt, erscheint die Projektfortführung wirtschaftlich unrentabel oder erfordern rechtliche Auflagen die Projektstilllegung, so müssen je nach Projektgegenstand Bauwerke abgerissen, maschinelle Anlagen verschrottet beziehungsweise liquidiert oder entsorgt sowie Grundstücksflächen saniert oder renaturiert werden. In den Leistungsbereich des Projektträgers fällt dabei die Beauftragung von Demontage-, Abriss-, Entsorgungs- und Sanierungsunternehmen sowie die gesamtkalkulatorische Berücksichtigung der Stilllegungszahlungen. Die Projektstilllegung kann eine Dauer von nur wenigen Monaten oder auch mehreren Jahren umfassen.[341]

3.3 *Projektrisiken*

Vor dem Hintergrund der bereits intensiv erfolgten und noch immer aktuellen wissenschaftlichen Auseinandersetzung mit dem Phänomen des Risikos soll im Folgenden eine Problembehandlung erfolgen, die einerseits theoretischen Vorgaben standhält und andererseits den für den Praxisbezug notwendigen Operationalisierungsgrad aufweist. Hierzu werden zunächst der Risikobegriff umrissen und mögliche Kategorisierungsmöglichkeiten vorgestellt. Darauf aufbauend werden Risiken mit besonderem Fokus auf Betreibermodell-basierte Infrastrukturprojekte inhaltsbezogen klassifiziert.

3.3.1 Zugrundeliegender Risikobegriff

Im betriebswirtschaftlichen Schrifttum finden sich zahlreiche Interpretationsvarianten des Risikobegriffs, aus denen sich handlungsbezogen die ursachen- und die wirkungsorientierte Sichtweise entwickelt haben. Nach der ursachenorientierten Betrachtungsweise sind Risiken die Folge eines unzureichenden Informationsstandes über Faktoren, die Ergebnisse potenzieller Handlungsalternativen beeinflussen. Die wirkungsbezogene Interpretation des Risikobegriffes bezieht sich nicht unmittelbar auf die Ursachen eines Risikos, sondern auf den Eintritt

---

339 Vgl. Özdoganm, I.D./Birgönül, M.T. (2000), S. 343; o.V. (2001h), S. 26.

340 Vgl. Moore, J.W. (1990), S. 7.8; UNIDO (1996), S. 27, 82ff, 273ff; Hintze, M. (1998), S. 108f; UNCITRAL (2001), S. XXIV, 164ff.

341 Vgl. Schulte-Althoff, M. (1992), S. 112; Flynn, R. (1994), S. 55ff; Hupe, M. (1995), S. 41f; Hahn, D. et al. (1997), S. 358; Hintze, M. (1998), S. 109.

eines verursachten und in Abhängigkeit von den Zielvorstellungen eines Bewerters beurteilbaren Ergebniszustandes.[342]

Der den ursachenbezogenen Risikobegriff kennzeichnende unsichere Informationszustand kann unterschiedliche Unsicherheitsgrade aufweisen. Üblich ist eine Zweiteilung, die die Informationsunsicherheit in eine auf subjektiven oder objektiven Erwartungen beruhende determinierte Unsicherheit sowie in eine undeterminierte, das heißt eine von vollkommener Unwissenheit geprägte Informationssituation aufspaltet.[343]

In der wirkungsbezogenen Definition des Risikos kommt die Möglichkeit der Erwartungswert- oder Zielverfehlung zum Ausdruck. Risiken ergeben sich demnach aus einem Abweichen der tatsächlichen Situation von der erwarteten beziehungsweise der subjektiv angestrebten Situation. Sofern die tatsächliche Situation von einem erwarteten Zustand abweicht, und keine subjektiv formulierte Zielsetzung vorliegt, wird der Risikobegriff im finanzwirtschaftlich-statistischen Sinne wertneutral als beidseitige Streuung um einen Erwartungswert interpretiert.[344] Liegt hingegen die Verfehlung einer subjektiven Zielsetzung vor, so kann Risiko – wie im allgemeinen Sprachgebrauch üblich –[345] auch als negative Ausprägung der Zielabweichung aufgefasst werden. Der Terminus Risiko bildet dann das Äquivalent zur Chance, die das Erreichen beziehungsweise das positive Verfehlen einer Zielsetzung beschreibt.[346]

In der vorliegenden Arbeit wird ebenfalls eine duale Intension des Risikobegriffs zugrunde gelegt. Einerseits wird Risiko als Ursache von Zielverfehlungen infolge Informationsunsicherheit aufgefasst, andererseits wird der Terminus Risiko wirkungsbezogen mit einer negativen Zielverfehlung gleichgesetzt. In Anlehnung an den allgemeinen Sprachgebrauch[347] wird Risiko somit gedanklich vom Begriff der im Sinne eines Erreichens oder positiven Übertreffens von Zielen in Kapitel 4 der Arbeit behandelten Chance getrennt.

---

342 Vgl. Braun, H. (1984), S. 22ff; Uekermann, H. (1993), S. 23f.

343 Vgl. Braun, H. (1984), S. 26f.

344 Vgl. Karten, W. (1972), S. 152ff; Bauer, C. (1995), Sp. 1657f; Süchting, J. (1995), S. 347f; Steinle, C./Thiem, H./Bosch, T. (1997), S. 360; Kromschröder, B./Lück, W. (1998), S. 1573.

345 Vgl. Kupsch, P. (1975), S. 154; Höpfner, K.-U. (1995), S. 168; Kromschröder, B./Lück, W. (1998), S. 1573. Zahlreichen Untersuchungen zufolge besitzen auch die Entscheidungsträger in Unternehmen dieses Begriffsverständnis (vgl. Joy, O.M./Barron, F.H. (1981), S. 7ff; Kegel, K.-P. (1991), S. 13 und die dort angegebene Literatur). Eine ähnlich Verlustgefahr-orientierte Sichtweise verfolgt der deutsche Gesetzgeber in § 252 I Nr. 4 HGB, dessen Risikoauffassung in Verbindung mit § 92 I AktG auch für das im Jahre 1998 in Kraft getretene Gesetz zur Kontrolle und Transparenz im Unternehmensbereich (KonTraG) gilt (vgl. Kromschröder, B./Lück, W. (1998), S. 1573; Wolbert, J. (1999), S. 102).

346 Vgl. Braun, H. (1984), S. 22f, 26f; Schuy, A. (1989), S. 10ff, 26; Bitz, M. (1993), S. 642; Steinle, C./Thiem, H./Bosch, T. (1997), S. 360; o.V. (2002j), S. 22.

347 „Die Berechtigung, von der Umgangssprache auszugehen [...], ist dadurch gegeben, daß – und das gilt ganz besonders für unsere Wissenschaft – die meisten wissenschaftlichen Begriffe aus ihr entnommen worden sind" (Wittmann, W. (1956), S. 50). Zum Verhältnis von Fach- und Umgangssprache vgl. auch Chmielewicz, K. (1979), S. 51ff; Steinhauer, A. (2000), S. 58ff.

3.3.2 Möglichkeiten der Risikokategorisierung

Die große Vielfalt an potenziellen Betreibermodell-Objekten und die zahlreichen Ausgestaltungsmöglichkeiten der Leistungsbeziehungen innerhalb Betreibermodell-basierter Infrastrukturprojekte sind mit einer entsprechend großen Bandbreite an Risiken verbunden, die sich hinsichtlich ihrer Ursache und Wirkung projektspezifisch unterscheiden. Gleichwohl kann eine effektive und gleichzeitig effiziente Handhabung von Projektrisiken nur auf Basis einer weitgehend systematischen und redundanzfreien Darstellung erfolgen. Um dieses Ziel zu erreichen, werden im Folgenden naheliegende Klassifizierungsmöglichkeiten diskutiert und ein eigener Systematisierungsansatz dargelegt.

Vorhandene Kategorisierungsansätze des relevanten Schrifttums unterteilen Projektrisiken beispielsweise nach:

- Trägern von Risikowirkungen in perspektivenabhängig externalisierte und internalisierte Risiken,
- Beeinflussbarkeit durch die jeweiligen Projektbeteiligten in unbeeinflussbare exogene und beeinflussbare endogene Risiken,[348]
- Wirksamkeitszeitpunkten und -zeiträumen in Bezug auf definierte Projektphasen,

sowie daraus abgeleiteten Detailklassifizierungen.[349]

Die aufgezeigten Kategorisierungsmöglichkeiten sind für die vorliegende Arbeit nur begrenzt zweckmäßig. Eine Unterteilung von Risiken nach den Trägern der Risikowirkungen setzt eine aufgrund der individuellen Projektbedingungen a priori unbekannte und damit nicht verallgemeinerbare Risikoallokation auf die einzelnen Beteiligten voraus und kann demnach weniger dem in diesem Abschnitt verfolgten deskriptiven Ziel der Identifikation von Risiken dienen, sondern vielmehr präskriptive Hilfestellung im Rahmen der zielgerichteten Risikoverteilung geben. Ebenso ist vor dem Hintergrund der hier bezweckten allgemeingültig beschreibenden Kategorisierung von Risiken Betreibermodell-basierter Infrastrukturprojekte die Unterscheidung nach der Beeinflussbarkeit abzulehnen, da die damit einhergehende Unterteilung in exogene und endogene Risiken eine insbesondere bei dem Projektträger ex ante nicht vorhandene Kenntnis über die von den jeweiligen Projektbeteiligten zu erbringenden Leistungen und deren individueller Einflusssphäre voraussetzt und daher einerseits ebenfalls eher von präskriptivem Nutzen ist und andererseits je nach Auffassung nur von einer Beeinflussbarkeit im weitesten Sinne ausgeht, beispielsweise die Verteilung von Leistungen und Risiken auf Nachunternehmer als wesentliche Beeinflussungsmöglichkeit interpretiert.

---

348 Eine spezielle Ausprägung dieser Kategorisierungsvariante bildet die Unterscheidung zwischen phasenübergreifend gültigen globalen Risiken, das heißt außerhalb des Einflussbereiches von Projektträgern befindliche politisch-rechtliche und ökonomische Umfeldbedingungen, sowie phasenbezogenen elementaren, das heißt von den jeweiligen Projektträgern beeinflussbaren Risiken (vgl. BMV (1995), Anlage 5; Merna, T./Dubey, R. (1998), S. 21ff; Henschel-Bätz, M. (2000), S. 85f). Analog differenziert die UNIDO zwischen *general* und *specific risks* (vgl. UNIDO (1996), S. 154ff).

349 Vgl. Schmitt, W. (1989), S. 131f; Gröhl, M. (1990), S. 81; Uekermann, H. (1993), S. 28; Tytko, D. (1999), S. 144ff; Claus, J. (2001), S. 58.

Eine phasenbezogene Klassifizierung der Risiken leidet unter dem Problem der zeitlichen Zuordenbarkeit von Risiken. Zwar ändert sich die Risikosituation im Laufe eines Projektes. Aufgrund des Auseinanderfallens von Risikoursachen und -wirkungen lassen sich aber Risikoausprägungen nur schwerlich auf allgemeingültige Weise bestimmten Zeitpunkten oder -abschnitten zuordnen.[350]

Vor dem Hintergrund des im vorhergehenden Abschnitt erarbeiteten, die zwei Dimensionen Ursache und Gefahrenwirkung umfassenden Risikobegriffs sowie der im folgenden Abschnitt bezweckten Risikoidentifikation erscheint daher lediglich eine inhaltlich beschreibende Darstellung der Projektrisiken zielführend. Hierbei können zum einen maßgebende Ursache-Wirkungs-Zusammenhänge und darauf aufbauend geeignete Handlungsmaßnahmen abgeleitet werden. Darüber hinaus lassen sich die identifizierten Risiken aufgrund der erhöhten Ursache-Wirkungs-Transparenz auch instrumentell besser handhaben.[351]

3.3.3 Inhaltsbezogene Risikokategorisierung

Der vorangegangenen Erörterung einer zweckmäßigen Form der Risikokategorisierung entsprechend wird nun dem für zielführend befundenen inhaltsbezogenen Ansatz gefolgt. Wegen der individuell – insbesondere in der Umgangssprache – möglichen Subsumtions- und Interpretationsweite sind auch bei diesem Vorgehen teilredundante Darstellungen leider kaum vermeidbar.

Weitestgehend überschneidungsfrei können die Projektrisiken aber anhand der folgenden Einzelrisiken klassifiziert werden:

1. Auftragszusagerisiken,
2. Fertigstellungsrisiken,
3. Verfügbarkeitsrisiken,
4. Verfahrenstechnische Risiken,
5. Betriebsmanagementrisiken,
6. Absatzrisiken,
7. Finanzierungsrisiken,
8. Politische Risiken,
9. Delegationsrisiken und
10. Force-Majeure-Risiken.

---

350 Vgl. auch Uekermann, H. (1993), S. 28f; Čadež, I. (2000), S. 242.

351 Auch zu dem hier verfolgten pragmatischen Ansatz finden sich im Schrifttum zahlreiche Beispiele (vgl. insbesondere Funk, J. (1988), S. 426ff; McKay, C. (1989), S. 73ff; Uekermann, H. (1993), S. 29 mit weiteren Nachweisen; Höpfner, K.-U. (1995), S. 190; Tytko, D. (1999), S. 144f).

Ad 1: Auftragszusagerisiken

Projektträger sind dem in seinen finanziellen Wirkungen erheblichen Risiko ausgesetzt, den Zuschlag für ein bearbeitetes Projekt nicht zu erhalten. Wie bereits in Abschnitt 3.2.1 festgestellt, geht die Projektentwicklung mit der Bindung internen und externen Know-hows einher, welche ihrerseits regelmäßig direkte Zahlungen und indirekte Opportunitätskosten aus der Vernachlässigung alternativer Betätigungsmöglichkeiten in Höhe von bis zu mehreren Millionen EUR hervorruft.[352] Da Auftraggeber sowie potenzielle externe Eigen- und Fremdkapitalgeber sich nur in begrenztem Umfang bereit erklären, die zu erbringenden Leistungen während der noch von vielen Unwägbarkeiten geprägten frühen Teilphasen der Projektidentifikation, Angebotserstellung und Vertragsverhandlungen zu finanzieren,[353] muss der Projektträger die anfallenden Kosten in der Regel selbst tragen und häufig über mehrere Jahre hinweg vorfinanzieren sowie bei Ausbleiben des Projektzuschlags in Form von Sunk Costs finanziell verkraften.[354] Letztgenanntes Phänomen soll im Rahmen der vorliegenden Arbeit als Auftragszusagerisiko bezeichnet werden.[355]

Für weniger finanzstarke Projektträger, beispielsweise kleine und mittlere Unternehmen oder Unternehmen aus dem oftmals unterkapitalisierten Erstellerbereich,[356] resultiert hieraus nicht nur die Gefahr eines vorzeitigen und ungeplanten Projektabbruchs, sondern in Extremfällen auch die Aufgabe des gesamten Geschäftsfeldes zeitlich parallel verfolgter und künftig zu realisierender Projekte.[357]

---

352 Vgl. Moore, J.W. (1990), S. 7.2; Tiong, R.L.K./Yeo, K.-T./McCarthy, S.C. (1992), S. 218; Keong, C.H./Tiong, R.L.K./Alum, J. (1997), S. 63; Behnen, O./Girmscheid, G. (1998), S. 26.

353 Vgl. Billand, F. (1989), S. 331; Goedel, J. (1991), S. 21; Tiong, R.L.K./Yeo, K.-T./McCarthy, S.C. (1992), S. 218; Hesse, J. (1994), S. 34f; BMV (1995), S. 7; Walker, C./Smith, A.J. (1995), S. 155f; Levy, S.M. (1996), S. 401f; Straßburg, W. (1996), S. 46f; UNIDO (1996), S. 197f; Hintze, M. (1998), S. 110, 258ff; Zhang, W.R. et al. (1998), S. 404; Lenz, E./Zinell, A.P. (2001), S. 720.

354 Als sekundärer, über den Einzelprojektbezug hinausgehender Aspekt spielt auch die Gefahr eines teilweisen Reputationsverlusts eine Rolle (vgl. auch Schoof, H.J. (1984), S. 5). Eine genügende Reputation gilt als Grundvoraussetzung für die Trägerschaft künftiger Betreibermodell-Vorhaben (vgl. Fußnote 435, S. 97).

355 Im internationalen Rahmen findet auch die Bezeichnung *Bidding Risk* Anwendung (vgl. UNIDO (1996), S. 96). ALFEN spricht vom Risiko des erfolglosen Angebotes (vgl. Alfen, H.W. (1997), S. 38). Bei phasenbezogener Risikokategorisierung ist auch vom sogenannten Projektentwicklungsrisiko die Rede (vgl. Straßburg, W. (1996), S. 46f; Hintze, M. (1998), S. 258f; Henschel-Bätz, M. (2000), S. 86). Wie bereits im einleitenden Abschnitt 3.3.2 erörtert, bietet sich die Übernahme einer phasenbezogenen Klassifizierung nicht an, da annähernd alle im Folgenden beschriebenen Risikoinhalte vor allem ursachenbezogen der Phase der Projektentwicklung zuordenbar wären.

356 Vgl. Joosten, R. (1994), S. 72; Merna, T./Smith, N.J. (1994), S. 284f; Henschel-Bätz, M. (2000), S. 180; Ohl, H.-P. (2000), S. 140; Deutsche Bundesbank (2001), S. 42f.

357 Vgl. Tiong, R.L.K./Yeo, K.-T./McCarthy, S.C. (1992), S. 218.

Das Auftragszusagerisiko entsteht zum einen aus dem sogenannten Realisierungsrisiko, das den Fall des Gesamtprojektabbruchs seitens des Auftraggebers noch vor Vergabe der Trägerschaft beschreibt, und zum anderen aus dem Zuschlagsrisiko, das den Projektzuschlag für einen Konkurrenzanbieter beinhaltet (vgl. Darstellung 11).[358]

Das Realisierungsrisiko kommt besonders dann zum Tragen, wenn im Rahmen der Projektentscheidung eine Vielzahl unterschiedlichster Interessen zu berücksichtigen ist, wie dies vor allem bei öffentlichen Auftraggebern der Fall ist. Es ist nicht nur anzunehmen, dass die Wahrscheinlichkeit eines frühzeitigen Gesamtprojektabbruchs mit steigender Anzahl von Interessengruppen wächst, sondern aus Sicht eines Projektträgers ist außerdem zu befürchten, dass die finanziellen Folgewirkungen aufgrund der häufiger auftretenden Rückkopplungen, Anpassungen und Unterbrechungen größere Dimensionen erreichen.[359]

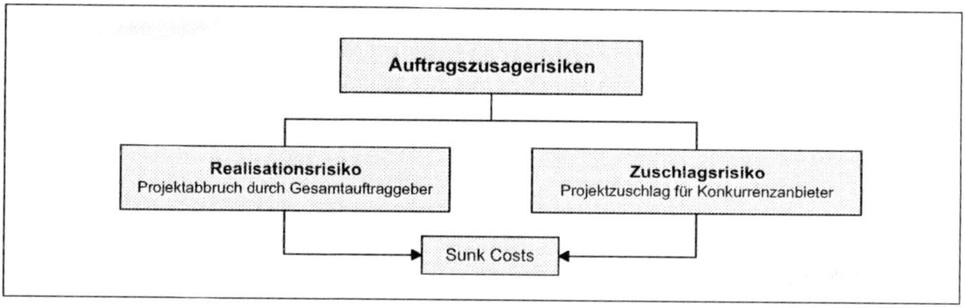

Darstellung 11: Systematisierung des Auftragszusagerisikos

Als besonders erfolgskritische Determinante für die Realisation eines Projektes kann die Generierung eines tragfähigen Finanzierungskonzeptes angesehen werden, ohne das die notwendigen Finanzmittel nicht bereitstehen würden. Ist das Finanzierungskonzept Bestandteil des Angebotes der potenziellen Projektträger, so ist anzunehmen, dass die Attraktivität des Finanzierungskonzepts das bieterindividuelle Zuschlagsrisiko maßgeblich determiniert. Dies gilt vor allem für Projekte mit geringem technologischen Innovationsgrad.[360]

Fehlen komparative Konkurrenzvorteile, beispielsweise ein allein überzeugendes technisches oder finanzielles Konzept, so erhöht sich das Zuschlagsrisiko mit der Zahl konkurrierender Wettbewerber. Deshalb bieten trägerinitiierte Betreibermodell-Projekte, bei denen bereits frühzeitig eine enge Bindung zum Auftraggeber hergestellt werden kann, gegenüber ausgeschriebenen Projekten den Vorteil eines geringeren Zuschlagsrisikos, sofern nicht zu befürch-

---

358 Im Erstellerjargon findet sich auch die Bezeichnung Angebotsrisiko, das im englischen Sprachgebrauch mit den Worten „the probability, that the owner will *go* ahead" und „the probability to *get* the contract" umschrieben wird (vgl. Lindeiner-Wildau, K.v. (1991), S. 18).

359 Vgl. Goedel, J. (1991), S. 20f; Hintze, M. (1998), S. 259.

360 Vgl. Haley, G. (1992), S. 64; Tiong, R.L.K./Yeo, K.-T./McCarthy, S.C. (1992), S. 226f; Tiong, R.L.K. (1995a), S. 186; Tiong, R.L.K. (1995c), S. 304ff; Tiong, R.L.K. (1996), S. 206ff; UNIDO (1996), S. 100; Tiong, R.L.K./Alum, J. (1997b), S. 73ff; Tiong, R.L.K./Alum, J. (1997d), S. 84ff; Böger, T.R./Drömann, D. (2001), Anhang S. 3.

ten ist, dass der potenzielle Auftraggeber zusätzlich einen umfassenden Bieterwettbewerb ausschreibt, bei dem der initiierende Projektträger als ein Anbieter unter vielen teilnimmt. Zu beachten ist außerdem, dass das Realisationsrisiko während einer trägerseitigen Projektidentifizierung sehr hoch ist, und hierdurch die Gefahr besteht, das verringerte Zuschlagsrisiko zu überkompensieren.[361]

Ad 2: Fertigstellungsrisiken

Fertigstellungsrisiken treten im Zuge der Errichtung einer infrastrukturellen Anlage auf und beinhalten die Teilgefahren, dass die Projektanlagen gar nicht, ohne die geplante Leistungsfähigkeit, zeitlich verzögert oder aber mit Kostenüberschreitungen fertiggestellt werden (vgl. Darstellung 12).[362, 363]

Eine Nicht-Fertigstellung der Projekteinrichtungen kann einen Projektabbruch aus technischen, wirtschaftlichen, rechtlichen oder administrativen Gründen[364] zur Ursache haben und bewirkt Sunk Costs in Höhe der bis zum Abbruchszeitpunkt angefallenen Kosten, die sich möglicherweise noch um spezielle Projektbeendigungskosten erhöhen. Bei mangelnder Leistungsfähigkeit der Projektanlagen können die zur Bedienung der Zahlungsansprüche von Eigen- und Fremdkapitalgebern notwendigen Cash-flows nur insoweit bedient werden, wie es die unplanmäßige Minderleistung, beispielsweise eine verringerte Kapazität der Projektanlagen oder eine verminderte Qualität des Projektoutputs, erlaubt.

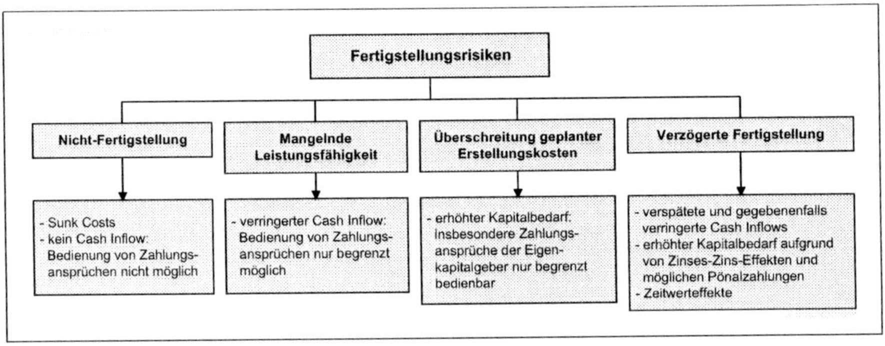

Darstellung 12: Systematisierung des Fertigstellungsrisikos

---

361 Vgl. Ferrigno, J.W. (1990), S. 3.9; Tiong, R.L.K./Yeo, K.-T./McCarthy, S.C. (1992), S. 218, 220, 223f; Tiong, R.L.K. (1995c), S. 304ff; Walker, C./Smith, A.J. (1995), S. 156; Tiong, R.L.K. (1996), S. 206ff; UNIDO (1996), S. 124ff; Hintze, M. (1998), S. 110, 260.

362 Vgl. Hartshorn, T./Busink, N. (1987), S. 226; Funk, J. (1988), S. 426; Schmitt, W. (1989), S. 138ff; Uekermann, H. (1993), S. 35ff; Straßburg, W. (1996), S. 35ff; UNIDO (1996), S. 156f; Ahmed, P.A. (1999), S. 42ff; Behnen, O. (1999), S. 6.9; Wang, S.Q./Tiong, R.L.K. (2000), S. 72; UNCITRAL (2001), S. 40f.

363 Eine phasenorientierte Risikoklassifizierung verfolgend bezeichnet HENSCHEL-BÄTZ Fertigstellungsrisiken als Projektierungs- und Ausführungsrisiken (vgl. Henschel-Bätz, M. (2000), S. 86).

364 Vgl. im Einzelnen Uekermann, H. (1993), S. 35ff; Wang, S.Q./Tiong, R.L.K. (2000), S. 72. Bezüglich rechtlich-administrativer Gründe siehe auch die Ausführungen zu den politischen Risiken.

Überschreitungen der Errichtungskosten erhöhen die Projektauszahlungen und verschlechtern somit direkt die Wirtschaftlichkeit des geplanten Vorhabens.[365] Hingegen bewirken Verzögerungen der Fertigstellung,[366] die oftmals in Verbindung mit Kostenüberschreitungen auftreten,[367] aufgrund der zeitlichen Verschiebung des Betriebsbeginns mittelbar eine Verringerung der Planrendite. Wurde die Vertragslaufzeit beispielsweise zeitlich begrenzt, so verringert sich die Zeitspanne zur Generierung der Cash Inflows und ceteris paribus die Höhe der kumulierten Cash Inflows. Dessen ungeachtet steigen mit verzögertem Beginn der Betriebseinzahlungen die Zahlungsverpflichtungen gegenüber den Fremdkapitalgebern, da geplante Zins- und Tilgungszahlungen nicht getätigt werden können und bei entsprechender Stundung der Zahlungen die Projektrendite beeinträchtigende Zinses-Zins- sowie bei vorgesehenen Erstausschüttungen an die Sponsoren auch Zeitwert-Effekte auftreten. Erhebliche negative Auswirkungen auf die Wirtschaftlichkeit des Planvorhabens haben ferner die oftmals für den Fall einer verzögerten Inbetriebnahme im Projektrahmenvertrag vereinbarten Pönalzahlungen an den Auftraggeber.[368]

Ad 3: Verfügbarkeitsrisiken

Verfügbarkeitsrisiken beinhalten die Gefahr, dass die während der Betriebsphase für die Hervorbringung der vorgesehenen Infrastrukturleistung notwendigen Produktionsfaktoren nicht in ausreichender Menge, benötigter Qualität oder zu den geplanten Preisen verfügbar sind. Sie umfassen zum einen das Risiko der Zulieferung notwendiger Roh-, Hilfs- und Betriebsstoffe sowie Ersatzteile, zum anderen das Risiko mangelnder Rekrutierbarkeit eines ausreichend qualifizierten und motivierten Betriebspersonals vor Ort.

Als besonders risikogefährdet sind diejenigen Betreibermodell-Vorhaben anzusehen, deren Betriebsleistung in besonderer Weise von einer laufenden quantitativen und qualitativen Bereitstellung materieller und immaterieller Produktionsfaktoren abhängig ist.[369] Das Faktorpreisrisiko kommt vor allem bei denjenigen Projekten zum Tragen, bei denen der Anteil der Auszahlungen für die preisrisikobehafteten Produktionsfaktoren gemessen an den gesamten Betriebsauszahlungen besonders hoch ist und somit die Wirtschaftlichkeit des Projektes unmittelbar und übermäßig stark negativ beeinflusst wird.[370]

---

365 Nach Berechnungen der Weltbank-Tochter International Finance Corporation (IFC) überschreiten 45% der begleiteten Projektfinanzierungen die den Finanzierungsvereinbarungen zugrundeliegenden Ursprungsschätzungen (vgl. Ahmed, P.A. (1999), S. 43f).

366 Eine umfassende Auflistung möglicher Ursachen gibt DREIER (vgl. Dreier, F. (2001), S. 6ff).

367 Vgl. Walker, C./Smith, A.J. (1995), S. 104; Weber, K.H. (1997), S. 107; Hildebrandt, J./Tegner, H. (1998), S. 86; Nicklisch, F. (1998), S. 5; Özdoganm, I.D./Birgönül, M.T. (2000), S. 348.

368 Vgl. Billand, F. (1989), S. 332; Weber, K.H. (1997), S. 109; Münch et al. (1997), S. 160; Hintze, M. (1998), S. 261; Özdoganm, I.D./Birgönül, M.T. (2000), S. 348f.

369 Vgl. Rieger, H. (1990), S. 72; Straßburg, W. (1996), S. 34; UNIDO (1996), S. 158; Nevitt, P.K./Fabozzi, F.J. (2000), S. 17.

370 Vgl. Uekermann, H. (1993), S. 64; Priermeier, T. (2002), S. 394.

Mengen- und Qualitätsmängel der Produktionsfaktoren führen oftmals zu Kapazitätsbeeinträchtigungen und Produktionsunterbrechungen sowie im Extremfall zu einem Gesamtprojektabbruch. Beispielsweise erweisen sich Kraftwerke als besonders qualitätssensibel, da sie auf die Belieferung mit Primärenergieträgern von technisch fest definierter Qualität angewiesen sind.[371]

Die Verpflichtung eines hinreichend qualifizierten beziehungsweise im Rahmen von Schulungsmaßnahmen zu qualifizierenden Mitarbeiterstammes kann sich vor allem in schwach entwickelten Regionen als problematisch erweisen, da Personen mit entsprechenden Fähigkeiten nicht in ausreichender Anzahl auf Dauer in der Vorhabensregion leben.[372] Darüber hinaus besteht dort, insbesondere aufgrund der als mangelhaft wahrgenommenen sozialen Rahmenbedingungen, die Gefahr, nicht ausreichend motivierte Mitarbeiter zu gewinnen.[373]

Die aus den Mengen- und Qualitätsmängeln der Produktionsfaktoren hervorgehende Minderung der Projektleistung bewirkt je nach Projektgegenstand eine Verringerung der Einzahlungen aufgrund geringerer Produktions- und Absatzmengen sowie minderer Outputqualität. Darüber hinaus können Mehrkosten aus der Verarbeitung und Verwendung von Faktoren minderer Qualität entstehen, die als zusätzliche Auszahlungen den erwirtschafteten Cash-flow unplanmäßig schmälern (vgl. Darstellung 13).[374]

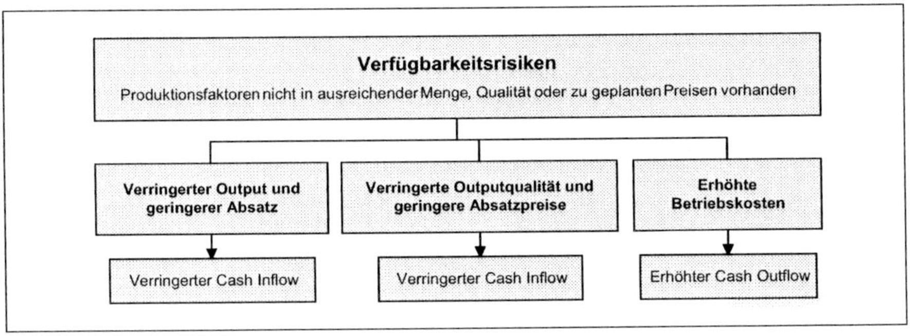

Darstellung 13: Systematisierung des Verfügbarkeitsrisikos

371 Vgl. Uekermann, H. (1993), S. 64.

372 Vgl. Weiber, R. (1987), S. 205; Uekermann, H. (1993), S. 76; Ahmed, P.A. (1999), S. 47. Ein auch in diesem Zusammenhang immer schwerwiegenderes Problem stellt die sich in vielen Schwellen- und Entwicklungsländern rapide verbreitende Krankheit Aids dar. Eine derartige Seuche erschwert den Aufbau eines dauerhaften Personalstammes nicht nur während der Betriebs-, sondern bereits während der Errichtungsphase massiv (vgl. Bittorf, S. (2001), S. 23).

373 Vgl. Zur, E. (1996), S. 28.

374 Vgl. Uekermann, H. (1993), S. 64f.

Ad 4: Verfahrenstechnische Risiken

Technisch begründete Negativabweichungen von geplanten Prozessleistungen werden auch als verfahrenstechnische Risiken bezeichnet. Allgemein unterschieden werden die auf Planungs-, Bau- und Materialfehler zurückgehenden Teilrisiken von den aus unvorhergesehener technischer Veralterung der Projektanlagen resultierenden Verfahrensmängeln.[375, 376]

Ähnlich den Verfügbarkeitsrisiken äußern sich beide Teilrisiken oftmals in vorübergehenden oder andauernden Produktionsunterbrechungen, Kapazitäts- oder Qualitätsbeeinträchtigungen mit der Folge, dass zum einen Mindererlöse aus dem Verkauf des Projektoutputs und zum anderen Steigerungen der betrieblichen Auszahlungen auftreten.[377]

Während allerdings bei Verfügbarkeitsrisiken davon auszugehen ist, dass sie aufgrund ihrer weitgehenden Regionenspezifität und der Standortgebundenheit der von ihnen betroffenen Infrastrukturprojekte mögliche Konkurrenzanbieter in ähnlichem Maße treffen, zeichnet sich insbesondere die unvorhergesehene technische Veralterung der Projektanlagen als wettbewerbsbezogenes Risiko aus. Die Anlagenalterung kann nicht nur unmittelbare und absolute Beeinträchtigungen der Projektwirtschaftlichkeit nach sich ziehen, sondern führt vor allem in Form der technologischen Alterung zu einer relativen Verschlechterung der Wettbewerbsposition gegenüber Konkurrenzanbietern, sofern keine Wettbewerbsbarrieren, beispielsweise langfristig absichernde Abnahmeverträge oder für die potenziellen Wettbewerber prohibitiv hohe Investitionskosten, bestehen.[378]

Ad 5: Betriebsmanagementrisiken

Die Leistungsfähigkeit einer Infrastrukturanlage kann nicht nur aufgrund von Schwierigkeiten des technischen Systems im Sinne verfahrenstechnischer Risiken eingeschränkt sein, sondern auch durch mangelhafte technische und betriebswirtschaftliche Dienstleistungen während der Betriebsphase beeinträchtigt werden. Letztgenannte Gefährdung der Projektwirtschaftlichkeit soll im Folgenden mit der Bezeichnung Betriebsmanagementrisiken belegt werden.

Betriebsmanagementrisiken beinhalten solche Risiken, die auf mangelnde oder mangelhafte Handlungen des leitenden und ausführenden Projektpersonals im Hinblick auf die Inbetriebsetzung, den Betrieb und den dauerhaften Erhalt der Funktionstüchtigkeit der Projektanlagen zurückzuführen sind. Hierzu zählen auf technischer Seite die fehlerhafte Bedienung oder die mangelhafte Wartung und Instandsetzung der Projektanlagen sowie auf betriebswirtschaftlicher Seite ein unzureichendes Management des Projektbetriebs. Als besonders gravierend

---

375 Vgl. Schmitt, W. (1989), S. 143ff; Uekermann, H. (1993), S. 68f; Weber, K.H. (1997), S. 110ff.

376 Obwohl sich die Wirkungen verfahrenstechnischer Risiken zumeist innerhalb der Betriebsphase eines Projektes manifestieren, sollten sie nicht phasenbezogen als Betriebsrisiken bezeichnet werden, da die Risikoursachen in der Regel der Inbetriebnahme vorangehen (vgl. auch die Argumentation in Fußnote 355, S. 78, und Weber, K.H. (1997), S. 112ff).

377 Vgl. Funk, J. (1988), S. 427.

378 Vgl. auch Uekermann, H. (1993), S. 68f.

sind die aufgezeigten Probleme in denjenigen Fällen einzuschätzen, bei denen das bereits erwähnte Risiko mangelnder Verfügbarkeit eines ausreichend qualifizierten, insbesondere erfahrenen Management- und Bedienungs- sowie Wartungs- und Instandhaltungspersonals besteht oder zu befürchten ist.[379]

In ihren Auswirkungen ähneln Betriebsmanagementrisiken den bereits oben behandelten Verfügbarkeitsrisiken und verfahrenstechnischen Risiken. Sie führen ebenfalls zu unplanmäßigen vorübergehenden oder nachhaltigen Produktionsunterbrechungen, Kapazitäts- und Qualitätsbeeinträchtigungen mit der Folge betriebsbedingter Minderungen der Einzahlungen und Mehrungen der Auszahlungen.[380] Im Speziellen bei Unterlassung notwendiger Wartungs- und Instandhaltungsarbeiten ist anzunehmen, dass die daraus resultierenden Negativwirkungen vor allem in späteren Phasen des Projektbetriebs auftreten.

Ad 6: Absatzrisiken

Absatzrisiken bezeichnen die Gefahr einer negativen, nicht aus mangelnder Outputqualität resultierenden Abweichung der tatsächlichen von den angestrebten beziehungsweise geplanten Betriebseinzahlungen. Da die Projekteinzahlungen eine Hauptkomponente der Wirtschaftlichkeitsbeurteilung eines Projektes darstellen, zählen Absatzrisiken zu den bedeutendsten im Rahmen von Betreibermodell-Projekten zu berücksichtigenden Risikoarten.[381]

In Analogie zu den in Abschnitt 3.1.3 behandelten Kategorien von Abnahmeverträgen kommen unterschiedliche Arten von Absatzrisiken zum Tragen. Beispielsweise sind Betreibermodell-Projekte auf Basis marktlicher Abnahmeverträge, die mit einer Vielzahl unterschiedlicher Abnehmer kurzfristig geschlossen werden, primär durch Absatzmarktrisiken geprägt.[382]

Da Absatzmarktrisiken durch die aus dem Verkauf von Projektleistungen erzielbaren Preise und abgesetzten Mengen determiniert werden, lassen sich Preis- und Mengenrisiken voneinander unterscheiden. Eine klare Trennung beider Teilrisiken ist aber aufgrund der gegenseitigen Abhängigkeit kaum möglich.[383] Dennoch können ursachenbezogen vor allem Fehlprognosen der Nachfrage- und Angebotsentwicklung von Projektleistungen, insbesondere eine bereits zu Betriebsbeginn, beispielsweise aufgrund einer Fehleinschätzung der durchsetzbaren Preise und Mengen oder des Ausbleibens komplementärer Infrastrukturanlagen,[384] unzurei-

---

379 Vgl. Hartshorn, T./Busink, N. (1987), S. 227; Schmitt, W. (1989), S. 145ff; Uekermann, H. (1993), S. 75f; Ahmed, P.A. (1999), S. 47f.

380 Vgl. Schmitt, W. (1989), S. 146f; Uekermann, H. (1993), S. 75f.

381 Vgl. McKay, C. (1989), S. 104, 135; Münch et al. (1997), S. 129; Backhaus, K./Köhl, T./Behrens, H. (1997), S. 13; Hintze, M. (1998), S. 263; Ahmed, P.A. (1999), S. 45.

382 Vgl. Uekermann, H. (1993), S. 82; Straßburg, W. (1996), S. 35; Backhaus, K./Köhl, T./Behrens, H. (1997), S. 36, 38; Hintze, M. (1998), S. 263; UNCITRAL (2001), S. 41.

383 Vgl. auch Münch et al. (1997), S. 136; Henschel-Bätz, M. (2000), S. 129f; Ohl, H.-P. (2000), S. 141.

384 Hierzu zählen beispielsweise An- und Verbindungsstraßen im Rahmen Betreibermodell-basierter Flughafen- oder Straßenprojekte, deren Verkehrsaufkommen essentieller Bestandteil der jeweiligen Projektwirtschaftlichkeitsrechnung ist (vgl. Münch et al. (1997), S. 136; Hildebrandt, J./Tegner, H. (1998), S. 84; Henschel-Bätz, M. (2000), S. 87; Ohl, H.-P. (2000), S. 141, 147; o.V. (2000b), S. 24; Sturbeck, W. (2001),

chende beziehungsweise im weiteren Projektverlauf, beispielsweise durch das Aufkommen vergleichbarer Substitutionsprodukte und -projekte, schwindende Nachfrage oder hoheitliche Eingriffe wie zum Beispiel unvorhergesehene staatliche Preisfestsetzungen[385] als für das Auftreten von Preis- und Mengenrisiken verantwortlich angesehen werden.[386]

Bei hybriden Abnahmeverträgen, die mit wenigen Zwischen- oder Endabnehmern langfristig abgeschlossen werden, besteht hingegen die Möglichkeit, die Absatzmarktrisiken durch die vertragliche Festlegung von Abnahmepreisen und -mengen auf die Abnehmer zu verlagern. Beispielsweise verpflichten sich die Abnehmer im Rahmen von Take-and-Pay-Verträgen, die angebotenen Projektleistungen in bestimmter Menge und zu fest vereinbarten Preisen abzunehmen. Dagegen sind die Abnehmer nach Vereinbarung von Take-or-Pay-Verträgen – so widersprüchlich die Wortgebung scheinen mag – auch dann zur Zahlung verpflichtet, wenn keine Belieferung mit den Projektleistungen erfolgt.[387] Lediglich im Fall höherer Gewalt oder bei nachweislich vertragswidrigem Verhalten der Projektgesellschaft steht den Abnehmern bei Take-or-Pay-Verträgen das Recht zu, die Fixzahlungen zu verweigern.[388] Die ebenfalls Absatzmarktrisiken übertragenden Throughput-Verträge und Tolling Agreements sind als Varianten der Take-or- respektive Take-and-Pay-Verträge aufzufassen. Sie sind auf spezielle Projektleistungen, beispielsweise die Transportleistung einer Pipeline, ausgerichtet.[389]

Mit der Verlagerung der Absatzmarktrisiken auf die Abnehmer geht jedoch keine absolute Zahlungssicherheit einher, sondern an die Stelle der bisherigen Absatzmarktrisiken treten die Risiken der faktischen Durchsetzbarkeit rechtlich begründeter Zahlungsansprüche. Die Art und der Umfang der Durchsetzbarkeitsrisiken bestimmen sich weitgehend nach der Zahlungs-

---

S. 30). Auch im Falle Betreibermodell-basierter Telekommunikationsprojekte ist eine adäquat ausgebaute Basisinfrastruktur unverzichtbar (vgl. Böger, T.R./Drömann, D. (2001), Kap. 2).

385 Verbindliche Preisvorgaben wirken insbesondere dann negativ auf die Projektwirtschaftlichkeit, wenn sie in Form nominaler Fixpreisvorgaben die Weitergabe inflationärer Entwicklungen an die Abnehmer verhindern und damit zu einem Inflationsrisiko, das heißt einer inflationär bedingten Relativerhöhung der Projektauszahlungen gegenüber den Projekteinzahlungen, führen.

386 Vgl. Münch et al. (1997), S. 129ff; Backhaus, K./Köhl, T./Behrens, H. (1997), S. 48; o.V. (2002d), S. 15; o.V. (2002j), S. 22.

387 Vgl. Hartshorn, T./Busink, N. (1987), S. 226; McKay, C. (1989), S. 89f, 105f; Uekermann, H. (1993), S. 88ff; Elsey, M./Hurst, P./Crisp, A.M. (1994), S. 152f; Höpfner, K.-U. (1995), S. 199ff; Walker, C./Smith, A.J. (1995), S. 178; Fahrholz, B. (1998), S. 264f; Hintze, M. (1998), S. 115, 264; Lenz, E./Zinell, A.P. (2001), S. 82f.

388 Eine Ausnahme stellen wiederum sogenannte Hell-or-High-Water-Klauseln dar, die die Abnehmer entweder allumfassend oder bei Eintritt bestimmter zusätzlich vertraglich geregelter Risiken zur Zahlung verpflichten (vgl. Uekermann, H. (1993), S. 91).

389 Vgl. Funk, J. (1988), S. 428; McKay, C. (1989), S. 89. Die vertragliche Vereinbarung zur Zahlung einer Schattenmaut (Shadow Tolling) durch die Öffentliche Hand im Rahmen Betreibermodell-basierter Straßenbauprojekte schützt ebenfalls sehr effektiv vor Absatzrisiken, indem ein potenziell marktlicher Abnahmevertrag mit anonymen Kunden seine Umsetzung als hybrider Vertrag auf Take-or-Pay- oder Take-and-Pay-Basis mit der Öffentlichen Hand findet, und damit eine gegebenenfalls zu befürchtende Verlagerung des Verkehrs auf gebührenfreie beziehungsweise preiswertere Alternativstrecken ausbleibt (vgl. Backhaus, K./Köhl, T./Behrens, H. (1997), S. 36, 48, 64; Benz, T. (2000), S. 85f).

fähigkeit und Bonität der Abnehmer.[390] Signifikante Bonitätsunterschiede ergeben sich insbesondere zwischen öffentlichen und privaten Abnehmern. Während bei öffentlichen Abnehmern vor allem in den entwickelteren Industriestaaten grundsätzlich von hoher Bonität auszugehen ist, besitzen Abnehmer aus der Privatwirtschaft eine individuell zu beurteilende Seriosität und Finanzkraft.[391]

Im Hinblick auf die eingangs konstatierte hohe Bedeutung der Absatzrisiken kommt somit beiden Teilrisiken, sowohl den Absatzmarktrisiken als auch den Durchsetzbarkeitsrisiken, ein besonders hohes Gewicht im Rahmen des vertraglichen Risikomanagements zu.

Ad 7: Finanzierungsrisiken

Finanzierungsrisiken betreffen die aus der Art der Finanzierung hervorgehenden Risiken und sind vor allem durch das Zins- und das Wechselkursrisiko geprägt.[392, 393]

Das Zinsrisiko bezeichnet aus Sicht der Eigenkapital bereitstellenden Projektträger die Gefahr, dass es zu unvorhergesehenen Erhöhungen der Zinsforderungen seitens der Fremdkapitalgeber kommt, und die verbleibende Residualrendite entsprechend gering ausfällt beziehungsweise der ungeplant hohe Schuldendienst die Liquidität des Projektes gefährdet und möglicherweise Nachschusszahlungen erforderlich werden. Dagegen ergibt sich für die Fremdkapitalgeber das Zinsrisiko aus einer nicht abgesicherten Erhöhung des für sie maßgebenden Refinanzierungszinssatzes.[394]

In Anbetracht der verhältnismäßig großen Projektvolumina und der langen Laufzeiten bei Betreibermodellen werden Festzinskredite, bei denen der Kreditgeber das Risiko einer Erhöhung seines Refinanzierungszinssatzes selbst übernimmt, nur in begrenzter Höhe vergeben. Der überwiegende Teil der Projektkredite wird vielmehr mit einem variablen Zinssatz auf

---

390 Als mittelbarer, das heißt nicht unmittelbar von der Zahlungsfähigkeit, sondern eher vom Zahlungswillen abhängiger, Einflussfaktor wird auch die Entwicklung der Vertragspreise und -mengen in Relation zu den jeweiligen Marktpreisen und dem tatsächlichen Bedarf der Abnehmer angeführt (vgl. Uekermann, H. (1993), S. 96; Hintze, M. (1998), S. 264ff; Reuter, A./Wecker, C. (1999), S. 38). Dessen ungeachtet treten Durchsetzbarkeitsrisiken bei sämtlichen Verträgen zwischen den Projektbeteiligten auf.

391 Das Durchsetzbarkeitsrisiko stellt in Entwicklungsländern selbst bei Vorliegen von Staatsgarantien eine ernsthafte Gefahr dar (vgl. Goedel, J. (1991), S. 23; Ferreira, D./Khatami, K. (1996), S. 33; Özdoganm, I.D./Birgönül, M.T. (2000), S. 352; o.V. (2001a), S. 14; Leiste, E. (2001), S. 27).

392 Sie sind klar vom begrifflich übergreifenderen Risiko der Refinanzierung der Projektinvestitionen zu unterscheiden, das im Sinne eines wirkungsbezogenen Oberrisikos sämtliche in der vorliegenden Arbeit behandelten Risikoarten umfasst. Die Gefahr, dass die Finanzierung eines Projektes nicht zu Stande kommt, wird ebensowenig unter dem Begriff Finanzierungsrisiko subsumiert, sondern ist vielmehr als Teil des Auftragszusagerisikos anzusehen. Prinzipiell könnte aber das Risiko des ungeplanten Ausscheidens eines Kapitalgebers vor Einbringung seines Finanzierungsanteils als Finanzierungsrisiko bezeichnet werden (vgl. Böger, T.R./Drömann, D. (2001), Anhang S. 3).

393 Darüber hinaus besteht bei relativ offenen und wenig langfristig ausgerichteten Finanzierungskonzepten das Risiko ausbleibender Prolongation der Projektkredite in Folge einer pessimistischen Beurteilung der wirtschaftlichen Projekttragfähigkeit durch die Fremdkapitalgeber (vgl. Münch et al. (1997), S. 163).

394 Vgl. Hintze, M. (1998), S. 268; Rudolph, B. (2001), Sp. 2336; Priermeier, T. (2002), S. 393.

Basis eines Geldmarktreferenzzinssatzes ausgestattet.[395] In diesem Fall ist der Zinssatz keine statische Größe, sondern folgt den Bewegungen des Geldmarktes. Sofern die Zinsänderungen in den Abnahmeverträgen als durchlaufende Preiskomponente gehandhabt werden, liegt das Zinsrisiko auf Seiten der Abnehmer, denen gleichzeitig die Chance zinsinduzierter Preissenkungen offen steht. Daneben haben die Projektträger und Kapitalgeber ein breites Instrumentarium zur alternativen Absicherung von Zinsrisiken zur Verfügung, das allerdings mit zunehmender Höhe des abzusichernden Risikos steigende Kosten verursacht. Hierzu zählen beispielsweise Caps, Collars oder Swap-Transaktionen.[396]

Das Wechselkursrisiko kommt bei Betreibermodellen dann auf, wenn die für Investitionen, Finanzierungen und den laufenden Betrieb zu leistenden sowie die aus dem Projektbetrieb resultierenden Zahlungen konvertiert werden müssen, beispielsweise die Projektbeteiligten einem anderen Währungsraum als dem des Projektstandortes angehören. Von hervorgehobener Bedeutung ist das Wechselkursrisiko bei Vorhaben in Entwicklungsländern, da hier die Finanzierung in lokaler Währung kaum möglich ist, und die Wechselkursentwicklung gegenüber Fremdwährungen oftmals großen Schwankungen unterliegt. In Bezug auf die aus dem Projektbetrieb erwirtschafteten Einzahlungen sind vor allem diejenigen Projekte gefährdet, deren Output ausschließlich in heimischer Währung abgesetzt wird. Bei ungünstiger Entwicklung der Wechselkurse verringern sich ceteris paribus die zur Bedienung der Zahlungsansprüche verbleibenden Fremdwährungsbeträge. Mit anderen Worten sinkt aus Sicht der Anspruchsberechtigten deren individuelle Projektrendite beziehungsweise das Projekt ist insgesamt gefährdet.[397]

Analog zur Begegnung von Zinsrisiken ist auch eine zeitlich gestaffelte Weitergabe der Wechselkursrisiken an die Abnehmer möglich. Im Speziellen bei hybriden Abnahmeverträgen kann das Wechselkursrisiko verlagert werden, indem das Leistungsentgelt beispielsweise an die Entwicklung einer Leitwährung oder eines der Kreditstruktur entsprechenden Währungskorbes gekoppelt wird, oder sich die Abnehmer verpflichten, die Projektleistungen teilweise oder vollständig in harter Fremdwährung zu zahlen. Bei der Weitergabe der Wechselkursrisiken als variable Tarifkomponente in marktlichen Abnahmeverträgen tritt aufgrund des Zusammenhangs zwischen Absatzmengen und Absatzpreisen das Risiko mangelnder Durchsetzbarkeit in den Vordergrund. Da dieses bedeutsame Folgerisiko auch bei der marktli-

---

395 Vgl. Hinsch, L.C./Horn, N. (1985), S. 215; Funk, J. (1988), S. 428; McKay, C. (1989), S. 95; Pollio, G. (1999), S. 119; Rudolph, B. (2001), Sp. 2335.

396 Mit Blick auf die Funktionsweise dieser Absicherungsinstrumente vgl. Funk, J. (1988), S. 428f; Andres, M. (1989), S. 36ff; Gebhardt, G. (1993), S. 468f; Ochynski, W. (1995), Sp. 1810ff; UNIDO (1996), S. 165f; Sapte, W. (1997), S. 95ff; Merna, T./Dubey, R. (1998), S. 103ff; Ahmed, P.A. (1999), S. 51; Nevitt, P.K./Fabozzi, F.J. (2000), S. 229ff; Fischer, L. (2001), Sp. 2038ff; Perridon, L./Steiner, M. (2002), S. 307ff, 318f, 341ff; Priermeier, T. (2002), S. 394ff.

397 Vgl. Hartshorn, T./Busink, N. (1987), S. 227; Grosse, P.B. (1990), S. 52f; Walker, C./Smith, A.J. (1995), S. 143f; Backhaus, K./Köhl, T./Behrens, H. (1997), S. 32; UNCITRAL (2001), S. 41f; Priermeier, T. (2002), S. 393f.

chen Übertragung von Zinsrisiken auftritt, gelten Finanzierungsrisiken bei marktlichen Abnahmeverträgen im Allgemeinen als besonders projektgefährdend.[398]

Neben der Absicherung von Wechselkursrisiken in Abnahmeverträgen kommen als unabhängige und nicht speziell für Betreibermodelle entwickelte Sicherungsinstrumente in begrenztem Umfang staatliche Garantien[399], Devisentermingeschäfte oder Währungsswaps in Betracht, zu deren Anwendung und Funktionsweise auf die entsprechende Literatur verwiesen wird.[400]

Ad 8: Politische Risiken

Das politische Gesamtrisiko umfasst diejenigen Risiken, die von Seiten staatlicher Institutionen des Projektlandes ausgehen. In internationaler Hinsicht ist auch der Begriff Länderrisiko gebräuchlich. Als bedeutendste Risikoarten können die von der Legislativen und den jeweiligen Genehmigungsbehörden ausgehenden Dispositionsrisiken, die damit in enger Verbindung stehenden und in erster Linie von der Exekutiven beeinflussten Enteignungsrisiken sowie die maßgeblich von den Handlungen der Zentralbank abhängigen Konvertierungs- und Transferrisiken unterschieden werden.[401] Politische Risiken treten zwar schwerpunktmäßig bei Betreibermodellen in weniger entwickelten Ländern auf, stellen aber auch in weiterentwickelten Industriestaaten eine maßgebende Risikokomponente dar.[402]

Den Dispositionsrisiken können Risiken mit direkter und indirekter Wirkung zugeordnet werden. Zur ersten Kategorie zählen insbesondere die nachträgliche Änderung oder der Entzug von Genehmigungen und Konzessionen, die beispielsweise das Recht zum entgeltlichen Betrieb von Kraftwerken oder Straßen einräumen. Enteignungen stellen den Extremfall eines unmittelbaren Eingriffs dar. Sie verringern die Verfügungsgewalt der Projektträger und entziehen den Sponsoren und Kreditgebern bestehende Eigentums- und Gläubigerrechte. Zur zweiten Kategorie gehören diejenigen hoheitlichen Maßnahmen beziehungsweise Unterlassungen, die das Projekt mittelbar beeinträchtigen. Sie manifestieren sich vor allem in intransparenten oder kurzfristig geänderten rechtlichen und administrativen Rahmenbedingungen. Als Beispiele können Unklarheiten und Änderungen der Infrastrukturgesetzgebung,

---

398 Vgl. Hintze, M. (1998), S. 269f; Wang, S.Q. et al. (2000a), S. 202.

399 Insbesondere für politisch instabile Länder ist dabei allerdings nur von einer sehr geringen Absicherungskraft auszugehen. „[…] it should always be kept in mind that a Government guarantee […] is only as good as the Government that gives it." (Özdoganm, I.D./Birgönül, M.T. (2000), S. 352; vgl. o.V. (2001a), S. 14).

400 Vgl. beispielsweise Andres, M. (1989), S. 52ff; Ochynski, W. (1995), Sp. 1807ff; UNIDO (1996), S. 165f; Nevitt, P.K./Fabozzi, F.J. (2000), S. 229ff; Fischer, L. (2001), Sp. 2043ff; Perridon, L./Steiner, M. (2002), S. 307ff, 317f; Priermeier, T. (2002), S. 394ff.

401 Vgl. Funk, J. (1988), S. 429f; Goedel, J. (1991), S. 22f; Uekermann, H. (1993), S. 100; UNIDO (1996), S. 154ff; Hintze, M. (1998), S. 270f; Wang, S.Q. et al. (2000b), S. 244f; Wang, S.Q./Tiong, R.L.K. (2000), S. 72; UNCITRAL (2001), S. 38.

402 Vgl. UNIDO (1996), S. 45ff; Özdoganm, I.D./Birgönül, M.T. (2000), S. 344; o.V. (2002f), S. 14. In Deutschland wird beispielsweise die mangelnde Rechtssicherheit bei der hoheitlichen Entgeltregulierung privat finanzierter Infrastrukturprojekte beklagt (vgl. Ewers, H.-J./Tegner, H. (2000), S. 39; o.V. (2001g), S. 13; Schäfer, M. (2001), S. 6ff; Uechtritz, M./Deutsch, M. (2001), S. 29; Jacob, D./Kochendörfer, B. (2002), S. 141; o.V. (2002j), S. 22).

beispielsweise undurchsichtige Vergabeverfahren, unvorhergesehene Absenkungen von Höchstentgelten im mautfinanzierten Straßenbetrieb oder von Einspeisevergütungen aus Stromeinspeisungsgesetzen, der Steuergesetzgebung, beispielsweise der plötzliche Wegfall von Sonderabschreibungen, und der Umweltgesetzgebung, beispielsweise verschärfte Emissionsbestimmungen, angeführt werden.[403]

Konvertierungs- und Transferrisiken betreffen hingegen ausschließlich den grenzüberschreitenden Kapitalverkehr eines Projektes. Das Konvertierungsrisiko bezeichnet die Gefahr, dass die aus dem Projekt erwirtschafteten Geldmittel nicht in eine andere Währung getauscht werden können. Dem gegenüber beinhaltet das Transferrisiko die Gefahr, dass die grenzüberschreitende Übertragung von benötigtem oder der Rückführung zugedachtem Kapital durch das Gastland beziehungsweise dessen Zentralbank behindert oder unterbunden wird.[404, 405]

Sämtliche politische Risiken haben bei mangelnder Absicherung zur Folge, dass Zahlungsansprüche der Eigen- und Fremdkapitalgeber entweder nicht in geplanter Höhe, nicht zum geplanten Zeitpunkt oder überhaupt nicht bedient werden können und demzufolge die Projektwirtschaftlichkeit gefährdet wird.

Ad 9: Delegationsrisiken

Hervorgehend aus der Vielzahl der bei Betreibermodellen in Beziehung stehenden Projektbeteiligten ergeben sich in Abhängigkeit von Leistungsvermögen und Leistungswillen der Beteiligten verhaltensinduzierte Kooperationsrisiken, die im Hinblick auf die den Leistungsverpflichtungen zugrundeliegenden Principal-Agent-Beziehungen auch als Delegationsrisiken bezeichnet werden können. Während sowohl mangelndes Leistungsvermögen als auch mangelnder Leistungswille der Projektbeteiligten den bereits geschilderten Risiken der Fertigstellung, der Ressourcenverfügbarkeit, der Verfahrenstechnik, des Betriebsmanagements und dem Risiko politischer Entscheidungen als Ursachen zugeordnet werden können, beinhalten im Speziellen das Risiko mangelnden Leistungswillens sowie das Risiko gesteigerter Ansprüche von Leistungsempfängern die Gefahr eines opportunistischen Handelns der Projektbeteiligten. Das Schrifttum spricht dabei im Hinblick auf die Leistungserbringung vom Erfüllungsrisiko,[406] in Bezug auf die gegebenenfalls opportunistische Einforderung rechtlich uneindeutiger Leistungsansprüche auch vom Claim-, Nachtrags- oder Nachforderungsrisiko.[407]

---

403 Vgl. McKay, C. (1989), S. 73; Uekermann, H. (1993), S. 100ff; Hupe, M. (1995), S. 57ff; Straßburg, W. (1996), S. 37ff; Backhaus, K./Köhl, T./Behrens, H. (1997), S. 17; Hildebrandt, J./Tegner, H. (1998), S. 84f; Hintze, M. (1998), S. 270; Čadež, I. (2000), S. 244; Henschel-Bätz, M. (2000), S. 86; Nevitt, P.K./Fabozzi, F.J. (2000), S. 20ff; Wang, S.Q. et al. (2000b), S. 244f; Keppler, A. (2001), S. 4f; o.V. (2002f), S. 14.

404 Vgl. Eilenberger, G. (1990), S. 18ff; Uekermann, H. (1993), S. 103; Backhaus, K./Köhl, T./Behrens, H. (1997), S. 18.

405 Das Konvertierungsrisiko und das Transferrisiko bilden gemeinsam mit dem Wechselkursrisiko, das im vorliegenden Zusammenhang den Finanzierungsrisiken zugeordnet wurde, den terminologisch übergeordneten Begriff des Währungsrisikos (vgl. Pausenberger, E./Glaum, M. (1993), S. 767).

406 Vgl. beispielsweise Funk, J. (1988), S. 430; Grosse, P.B. (1990), S. 70.

407 In der Agency-Theorie ist bei opportunistischem Verhalten vom Risiko des Moral Hazard die Rede (vgl. stellvertretend Hahn, D. et al. (1997), S. 355f).

Während das Erfüllungsrisiko aus mangelndem Leistungswillen oder -vermögen des zu einer abgrenzbaren und klar definierten Leistung verpflichteten Projektbeteiligten resultiert,[408] entspringt das Risiko einer Leistungsnachforderung vertraglich ungenauen Leistungsabgrenzungen und -zielvorgaben (vgl. Darstellung 14).

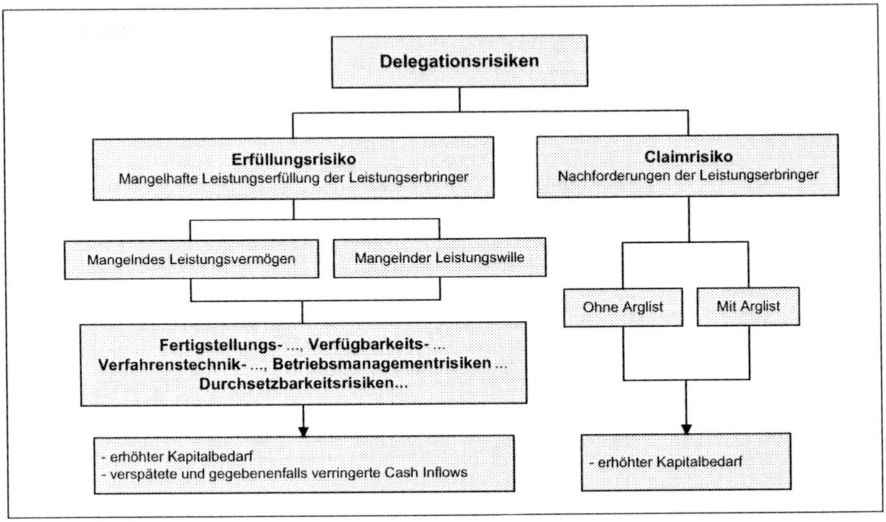

Darstellung 14: Systematisierung des Delegationsrisikos

Das Nachforderungsrisiko ist nicht zwingend mit opportunistischem, das heißt arglistigem Verhalten verbunden,[409] sondern wird immer dann immanent, wenn unvollständige neoklassische oder relationale Verträge[410] geschlossen werden, beispielsweise, weil aufgrund einer individuellen, bis dato einzigartigen Leistung oder Teilleistungskombination, eine Leistungsspezifikation nicht vorgenommen werden kann oder zum Zeitpunkt des Vertragsschlusses aufgrund angestrebter Flexibilitätsgewinne von Seiten der Vertragsparteien nicht erwünscht ist. Als zeitlich besonders claimanfällig gelten die Erstellungs- und Inbetriebnahmephase, während derer die in Zusammenhang mit den Erstellungsleistungen stehenden sachlichen, terminlichen und die in der Regel volumenmäßig größten finanziellen Nachforderungen eingehen.[411]

---

408 In Bezug auf die horizontale Delegation von Leistungen zwischen den Projektträgern spricht BILLAND vom sogenannten Partnerrisiko (vgl. Billand, F. (1989), S. 332).

409 Zum Opportunismusbegriff im Zusammenhang mit Anlagenprojekten vgl. auch Köhl, T. (2000), S. 103ff.

410 Vgl. Köhl, T. (2000), S. 45ff.

411 Vgl. Köhl, T. (2000), S. 28ff, 63, 69f.

Grundsätzlich ist festzustellen, dass die Claimanfälligkeit mit zunehmendem Individualisierungsgrad der kontrahierten Leistung steigt, da Inhalt und Ausmaß der erwünschten Leistungen ex ante nur schwer spezifizierbar sind. Standardisierte Leistungen hingegen erleichtern die Formulierung eindeutiger und lückenloser Leistungsspezifikationen und ermöglichen darüber hinaus eine klare Überprüfung der erbrachten Leistung.[412] Hinsichtlich der Gefahr opportunistisch motivierter Nachforderungen ist davon auszugehen, dass standardisierte Leistungen aus Sicht des Leistungsempfängers ebenfalls eine geringere Claimanfälligkeit aufweisen, da die potenziellen Kosten eines Transaktionspartnerwechsels aufgrund der geringen Leistungsspezifität grundsätzlich als relativ gering einzustufen sind.[413] Unabhängig vom zugrundeliegenden Leistungsinhalt wird das Claimpotenzial aber wesentlich von der Claimstrategie der Projektbeteiligten determiniert, die sich je nach Philosophie und Kalkül der Leistungsgeber und -empfänger sowie je nach Projekt- und Umfeldbedingungen auf einem Kontinuum zwischen defensivem, das heißt wenig opportunistischem und offensivem, das heißt stark opportunistischem Verhalten bewegt.[414]

Das ebenso den Delegationsrisiken zuordenbare Subrisiko der Durchsetzbarkeit von Verträgen ergibt sich wie das Nachforderungsrisiko aus einem rechtlichen Freiheitsraum für die Projektbeteiligten, der opportunistisches Verhalten ermöglicht oder begünstigt. Während Nachforderungsrisiken auf die Unvollständigkeit der geschlossenen Verträge zurückzuführen sind, erwächst das Durchsetzbarkeitsrisiko aus vertraglichen Unklarheiten in Bezug auf die Wahl des anzuwendenden Rechts und des Gerichtsstandortes für potenzielle Auseinandersetzungen. Es resultiert aus der Gefahr mangelnder Funktionsfähigkeit der gewählten Rechtsordnung im Allgemeinen und des geltenden Insolvenzrechtes im Speziellen. Beispielsweise stellt sich die Frage, ob im äußersten Falle Zugriff auf Vermögensgegenstände des zur Erbringung einer Leistung Verpflichteten besteht. Das Risiko der rechtlichen Durchsetzbarkeit geht somit über das rein formale Vertragswerk hinaus und behandelt den Aspekt der faktischen Risikowirkungen für den Letztverpflichteten, ebenfalls resultierend aus der Delegation von Projektleistungen.[415]

---

412 Vgl. Köhl, T. (2000), S. 62ff.

413 Wechselkosten ergeben sich beispielsweise aus den spezifischen, als Sunk Costs zu betrachtenden Investitionen in die Vorgängerbeziehung, die bei individuellen neuartigen Leistungen regelmäßig besonders hoch sind. Denkbar sind auch Pönale-Zahlungen an Dritte, beispielsweise an den Auftraggeber, oder Opportunitätskosten aus zeitlicher Verzögerung der Leistungserbringung, beispielsweise aus verspäteter Inbetriebnahme der Infrastrukturanlage und daraus folgenden Ausfällen geplanter Betriebseinnahmen (vgl. auch Köhl, T. (2000), S. 162ff).

414 Vgl. zur Entwicklung von Claimmanagementstrategien Köhl, T. (2000), S. 114ff.

415 Vgl. Hinsch, L.C./Horn, N. (1985), S. 218; Lappe, M. (1987), S. 62ff; Hupe, M. (1995), S. 56f; Zur, E. (1996), S. 28; Köhl, T. (2000), S. 94ff.

Ad 10: Force-Majeure-Risiken

Risiken höherer Gewalt, die im internationalen Sprachgebrauch als Force-Majeure-Risiken bezeichnet werden, umfassen diejenigen Teilrisiken, die sich definitionsgemäß dem Einfluss des Menschen und somit der Projektbeteiligten entziehen. Welche Ereignisse konkret als Force Majeure zu qualifizieren sind, hängt von den individuellen Vereinbarungen der Vertragsparteien ab. Zumeist werden hierzu Naturkatastrophen wie Erdbeben, Sturm oder Überschwemmungen gezählt. Im weiteren Sinne lassen sich aber auch Streiks, Vandalismus, projektgefährdende Revolutionen, kriegerische Auseinandersetzungen, Sabotage- und Terrorakte sowie Sanktionen durch Fremdländer den Risiken höherer Gewalt zuordnen.[416, 417]

Fälle höherer Gewalt haben zum Teil erhebliche Auswirkungen. Neben Verzögerungen oder Unterbrechungen der Errichtung oder des Betriebs von Projektanlagen können sie zum vollständigen Projektabbruch führen. Somit gefährden Force-Majeure-Ereignisse nicht nur die Bereitstellung der von Auftraggebern gewünschten Projektleistungen, sondern auch die Refinanzierung eines Projektes.[418]

---

416 Vgl. Funk, J. (1988), S. 430; Uekermann, H. (1993), S. 116f; Backhaus, K./Köhl, T./Behrens, H. (1997), S. 18; Hintze, M. (1998), S. 271; Nevitt, P.K./Fabozzi, F.J. (2000), S. 24; Wang, S.Q. et al. (2000b), S. 245.

417 Neben den genannten Beispielen kann auch das allgemeine Wetter ein Force-Majeure-Risiko darstellen. Insbesondere für Betreibermodell-Projekte der Energie- und Wasserversorgung kann eine gegenüber den Plan-Prognosen zu (wenig) warme und kalte sowie zu wind- oder sonnenarme respektive -reiche Witterung die angestrebten Projektziele gefährden (vgl. Becker, H.A./Bracht, A. (1999), S. 9ff; Priermeier, T. (2002), S. 394). Im Fall temperaturbedingter Absatzeinbußen steht das Wetterrisiko in engem Zusammenhang mit den unter Punkt 6 behandelten Absatzrisiken. Nachhaltig unplanmäßige Windstärken oder Sonneneinstrahlungsdauern können bei entsprechenden Projektarten auch als mangelnde Verfügbarkeit von Produktionsfaktoren gemäß Punkt 3 aufgefasst werden.

418 Vgl. Schmitt, W. (1989), S. 159f; Schulte-Althoff, M. (1992), S. 121. So führten Fluchtversuche von Asylsuchenden durch den Ärmelkanaltunnel, welche aus betriebswirtschaftlicher Sicht auch den politischen Risiken zugeordnet werden können, für die Projektträgergesellschaft im Jahr 2001 zu Betriebsunterbrechungen mit daraus folgenden Umsatzausfällen in Höhe von umgerechnet 33 Millionen EUR. Hinzu kamen unvorhergesehene Umsatzschmälerungen aus sinkenden Beförderungszahlen wegen der in weiten Teilen Großbritanniens herrschenden Maul- und Klauenseuche (vgl. o.V. (2002b), S. 19; o.V. (2002c), S. 36).

4 Trägerbezogene Ziele der Projektrealisierung

Werden Betreibermodell-basierte Infrastrukturprojekte als Instrument verstanden, mit deren Hilfe Projektträger ihre Gruppen- und Individualziele zu erreichen versuchen, so ist es zur Sicherstellung der Rationalität der damit verbundenen Handlungsaktivitäten unabdingbar, die trägerbezogenen Ausgangsziele vorab zu definieren. Hierdurch wird es möglich, eine handlungsrelevante und nachvollziehbare, trägerbezogene Controlling-Konzeption zweckorientiert zu erarbeiten.[419]

Ziele, verstanden als „normative Aussagen von Entscheidungsträgern, die einen gewünschten, von ihnen oder anderen anzustrebenden, zukünftigen Zustand der Realität beschreiben"[420], dienen dabei als notwendige Deduktionsbasis für die zielorientierte Ableitung von Handlungsfeldern und Einzelmaßnahmen. Die für die vorliegende Arbeit maßgebenden Ziele des einzelprojektorientierten Controlling werden daher mit Bezug auf die Oberziele der Projektträger abgeleitet.[421] Aufgrund der zu erwartenden erheblichen Motivationsunterschiede privatwirtschaftlichen und öffentlichen Projektträgerengagements wird dabei zunächst zwischen den Zielen privater und öffentlicher Projektträger differenziert.

4.1 Ziele der Projektträger als Determinanten für das Projekt-Controlling

4.1.1 Ziele der privaten Projektträger

4.1.1.1 Grundlegende Ziele sämtlicher privater Projektträger

Unternehmen sind als komplexe sozio-technische Systeme durch individuelle Zielsysteme vielfältiger interdependenter Einzelziele gekennzeichnet. Zur Kategorisierung der Ziele existiert eine Vielzahl an Möglichkeiten,[422] von denen sich in Bezug auf das zugrundeliegende Zielobjekt der Projektträgerschaft von Betreibermodellen eine erste Unterscheidung in Sach- und Formalziele als zweckmäßig erweist. Während Formalziele ein Zielobjekt qualifizierend präzisieren, zum Beispiel quantitativ, qualitativ oder temporal, verdinglichen Sachziele das Zielobjekt über die Formulierung eines konkreten sachlichen Leistungsprogramms und dienen dergestalt der Erreichung der Formalziele.[423]

Eine zusätzliche Möglichkeit, die mannigfaltigen Zielbeziehungen im System Unternehmung modellhaft zu ordnen, besteht in der Unterscheidung vertikaler und horizontaler Zielbezie-

---

419 Mit KUBICEK erfordern „[...] alle Bemühungen um die Entwicklung von betriebswirtschaftlichen Gestaltungsempfehlungen und -instrumenten [...] eine Bezugnahme auf Ziele" (Kubicek, H. (1981), S. 458). Zur Unterscheidung von Ausgangszielen und darauf aufbauenden Planzielen vgl. Wild, J. (1974), S. 40f.

420 Hauschildt, J. (1997), S. 269.

421 Dabei sollte die Handlungsrelevanz (Operationalität) der Ziele im Vordergrund stehen (vgl. Nagel, P. (1992), Sp. 2627). Zu Zielen, Zielsystemen und Zielhierarchien vgl. Hauschildt, J. (1980), Sp. 2419ff; Nagel, P. (1992), Sp. 2626ff; Hamel, W. (1992), Sp. 2634ff; Hahn, D./Hungenberg, H. (2001), S. 11ff.

422 Vgl. Schmidt-Sudhoff, U. (1967), S. 93ff; Heinen, E. (1976), S. 59ff; Balling, R. (1998), S. 76ff; Steinle, C. (1998), S. 20ff.

423 Vgl. Hamel, W. (1992), Sp. 2638ff; Raffée, H. (1995), S. 123.

hungen.[424] Vertikale Zielbeziehungen sind durch ein Zweck-Mittel-Verhältnis gekennzeichnet, so dass ausgehend von einem als Endziel definierten Oberziel hierarchisch vorzielartige, komplementäre Zwischen- und Unterziele abgeleitet werden können. Horizontale Zielrelationen kommen in der auf subjektiven Präferenzvorstellungen des Zielsetzenden basierenden Unterscheidung mindestens partiell konfliktärer Haupt- und Nebenziele zum Ausdruck.[425]

Aus der empirischen Beobachtung der unternehmensbezogenen Zielbildung heraus ist davon auszugehen, dass der Zielbildungsprozess regelmäßig multipersonalen Einflüssen und dementsprechend einer Vielzahl divergierender Zielvorstellungen unterworfen ist. Ohne die individuellen Zielvorstellungen nachfolgend in Gänze zu erläutern, kann für Going-concern-Unternehmen die Erhaltung und die aus der Perspektive der an der Unternehmenszielsetzung beteiligten Bezugsgruppen für erfolgreich befundene Weiterentwicklung des Unternehmens als allgemeingültiges und komplexitätsreduziertes Oberziel betrachtet werden.[426] Seitens der Formalziele hat sich als dominierendes Hauptziel privatwirtschaftlicher Unternehmen die Shareholder-Value-Steigerung, verstanden als langfristig ausgerichtete Unternehmenswerterhöhung,[427] herausgebildet.[428]

Die der Formalzielerreichung dienenden Sachziele erfahren unter der Maßgabe des konstatierten Oberziels der Erhaltung und der erfolgreichen Fortentwicklung des Unternehmens mit dem Wandel des sie umgebenden Umsystems Inhaltsänderungen, die sich in der aktiven Umgestaltung der Tätigkeits- beziehungsweise Geschäftsfelder widerspiegeln.[429] In Bezug auf die hier behandelten Betreibermodell-basierten Infrastrukturprojekte sind als Veränderungsauslöser aus dem politisch-rechtlichen Umsystem die Deregulierung vormals monopolisierter Märkte und die Privatisierung infrastruktureller Leistungen sowie aus dem ökonomischen Umsystem die Aktualität industrieller Outsourcing-Entscheidungen hervorzuheben.[430] Das Engagement eines Unternehmens als Projektträger kann deshalb als Resultat der zielbezogenen Geschäftsfeldplanung angesehen werden. Entsprechend bildet die Trägerschaft Betrei-

---

424 Vgl. Hauschildt, J. (1980), Sp. 2420ff; Raffée, H. (1995), S. 121f; Hahn, D./Hungenberg, H. (2001), S. 21f.

425 Demgemäß stellen die Zielidentität und -neutralität die beiden Extremalausprägungen vertikaler Zielbeziehungen dar. Auf horizontaler Ebene bildet die Zielantinomie die Extremalausprägung der Zielkonkurrenz.

426 Vgl. Heinen, E. (1976), S. 59ff; Hahn, D. (1999), S. 305; Hahn, D./Hungenberg, H. (2001), S. 13, 99.

427 Eine langfristig ausgerichtete Shareholder-Value-Orientierung steht zu den Zielen anderer Unternehmensbezugsgruppen (Stakeholder) nicht in einem rein konfliktären Verhältnis, sondern es bestehen ebenfalls vielfältige komplementäre Interdependenzen, so dass die Shareholder- und Stakeholder-Value-Orientierung sowohl in eine horizontale (Haupt- und Nebenziel) als auch eine vertikale Beziehung (Ober- und Unterziel) zueinander gesetzt werden können (vgl. Albach, H. (2001), S. 643ff).

428 Vgl. Hahn, D. (1999), S. 312; Hahn, D./Hintze, M. (1999), S. 325, 329, 334, 338f. Das Wertsteigerungsziel löst damit das in der Vergangenheit schwerpunktmäßig proklamierte und inhaltlich eng verwandte Gewinnmaximierungsziel ab (vgl. Welge, M.K. (1985), S. 167ff; Hahn, D. (1995), S. 332).

429 Vgl. Hahn, D. (1999), S. 317. Kosiol spricht in diesem Zusammenhang von einer Dominanz des Formalziels gegenüber dem Sachziel und weist darauf hin, dass je nach betrachtetem Zielträger auch ein umgekehrtes Dominanzverhältnis bestehen kann (vgl. Kosiol, E. (1968), S. 262). Dies ist vielfach bei den nachfolgend behandelten öffentlichen Projektträgern der Fall.

430 Vgl. Hesse, J. (1994), S. 31f; Reismann, W.A. (1996), S. 439; Straßburg, W. (1996), S. 29f; Hintze, M. (1998), S. 243f; Behnen, O. (1999), S. 3.8ff; Uncitral (2001), S. 7ff; Beckmann, D. (2002b), S. 321.

bermodell-basierter Infrastrukturprojekte eine zielgerichtete Produkt-Markt-Kombination, mit deren Hilfe neue Geschäftsfelder erschlossen und bestehende gestärkt werden sollen.[431]

Bei Betreibermodellen spiegeln sich die von den Projektträgern individuell verfolgten Sachziele in den jeweils übernommenen Projekt- und Finanzierungsleistungen wider. Das gemeinschaftlich oberste Sachziel sämtlicher Projektträger kommt nach außen durch die rechtserhebliche Abfassung des Gesellschaftszwecks im Zuge der Etablierung der Projektgesellschaft als Single Purpose Company zum Ausdruck und besteht in der Bereitstellung des vom jeweiligen Auftraggeber gewünschten Projektoutputs. Die kollektiv angestrebten Formalziele werden unter anderem im Rahmen von Kooperationsvereinbarungen formuliert und können auf diese Weise im Innenverhältnis des Projektträgerverbunds Rechtswirkung entfalten.[432]

Im Folgenden werden zunächst die Zielsetzungen abgeleitet, von denen anzunehmen ist, dass sie für sämtliche privatwirtschaftlich agierenden Projektträger gelten. Sodann werden die Einzelziele der in Abschnitt 3.1.2 klassifikatorisch abgegrenzten und für besonders relevant befundenen Projektträgergruppen analysiert.[433] Eine Kernerkenntnis dessen wird sein, dass sich neben den aufgrund der unterschiedlichen Leistungsbeiträge per se verschiedenartigen Sachzielen vor allem die individuell erstrebten Formalziele der privaten Projektträger trotz beziehungsweise gerade wegen ihrer inhaltlichen Ähnlichkeit durch ein hohes Maß an Zielkonkurrenz auszeichnen.

Kennzeichnendes Paradoxon von Betreibermodell-Projekten ist die teilweise gleichzeitig bestehende Auftraggeber- und Auftragnehmerstellung der Projektträger. Von der Ausnahme abgesehen, dass ein Projektträger als reiner Equity Investor auftritt und keine weiteren Projektleistungen übernimmt, können die Projektträgerziele in die originären Ziele als Projektgesellschafter und in die derivativen Ziele als Projektleistungsträger aufgespalten werden (vgl. Darstellung 15). Die demgemäß begrifflich getrennten originären und derivativen Projektträgerziele stehen entsprechend der obigen Abgrenzung vertikaler und horizontaler Zielbeziehungen in einer vertikalen Zielbeziehung zu den Oberzielen der Projektträger und in einer sowohl horizontalen wie auch vertikalen Beziehung zu sich selbst, da sie einerseits eine komplementäre Zweck-Mittel-Beziehung und andererseits eine konfliktär ebenengleiche Relation aufweisen.

---

431 Vgl. Jürgens, W.H. (1994), S. 74; Baumann, K.-H. (1996), S. 47; Kirchhoff, U./Müller-Godeffroy, H. (1996), S. 142f; Zur, E. (1996), S. 25; Zur, E. (1997), S. 412; Hintze, M. (1998), S. 246ff; Schulte, M./Girmscheid, G. (1998), S. 19ff; Backhaus, K. (1999), S. 463; Behnen, O. (1999), S. 1.1f; Alfen, H.W. (2000), S. 229; Höftmann, B. (2001), S. 260; Röthemeyer, A.-K. (2002), S. 41.

432 Siehe auch Abschnitte 2.3 und 2.4.2.

433 Zwischen den Zielen der Projektträgerunternehmen und den Zielen der in Vertretung der Unternehmen tätigen Entscheidungsträger wird nicht weiter differenziert, da diesbezügliche Agency-Probleme keine speziell für Betreibermodelle relevante Thematik darstellen, sondern als allgemeines Problem von Organisationen mit Delegationsbeziehungen aufzufassen sind. Somit wird der Komplexitätsreduktion gegenüber dem Grundpostulat des methodologischen Individualismus bewusst der Vorzug gegeben. Zur Angemessenheit eines derartigen Vorgehens vgl. Petri, K. (1977), S. 90f; Laux, C. (1997), S. 853f.

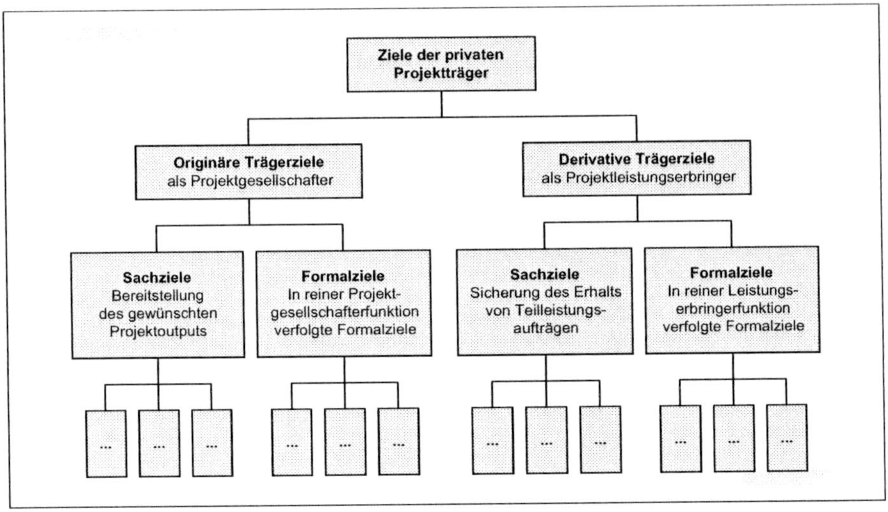

Darstellung 15: Systematisierung der Ziele privater Projektträger

Die derivativen Projektträgerziele gehen direkt auf die traditionell seitens eines auftragnehmenden Projektleistungsträgers bei Infrastrukturprojekten verfolgten Sach- und Formalziele zurück. Auf der einen Seite gehört hierzu als derivatives Projektträgersachziel die Sicherung des Auftragerhalts für diejenige Projektteilleistung, die im Sinne eines definierten Leistungsprogramms das Sachziel des Teilleistungserbringers darstellt und mit dessen Hilfe der Teilleistungserbringer die angestrebten Formalziele wie zum Beispiel die Steigerung des Unternehmenswerts für die Eigenkapitalgeber oder für andere Bezugsgruppen zu erreichen versucht.[434] Auf der anderen Seite gehört hierzu als derivatives Projektträgerformalziel die Herbeiführung eines Teilleistungsauftrags mit den für den Teilleistungsträger zur Erreichung seiner Formalziele bestmöglichen Konditionen. Auf Basis der mit seiner Gesellschafterfunktion einhergehenden Mitwirkungsrechte an der Vergabeentscheidung kann ein Projektträger grundsätzlich beide Zielkategorien berücksichtigen.

Die originären Ziele der privaten Projektträger stellen die in reiner Projektgesellschafterfunktion angestrebten Sach- und Formalziele dar. Originäres Projektträgersachziel ist die aus der Gesamtprojektverantwortung erwachsene Gewährleistung der vereinbarungsgemäßen Bereitstellung der vom Ursprungsauftraggeber gewünschten Infrastrukturleistung. Es dient als Mittel zur Erreichung der beispielshalber monetär, sozial oder ökologisch intendierten originären

---

[434] Zu diesen grundsätzlichen Unternehmenszielen vgl. Hahn, D. (1995), S. 328ff; Hahn, D. (1999), S. 303ff; Hahn, D./Hungenberg, H. (2001), S. 17ff.

Projektträgerformalziele, welche nicht zwangsläufig auf das einzelne Projekt bezogen sein müssen, sondern auch Multiprojektcharakter aufweisen können.[435]

Aufgrund ihres Sachziel- und damit auch Instrumentalcharakters kann die Realisation Betreibermodell-basierter Infrastrukturprojekte zusammenfassend als Mittel der Erreichung originärer und derivativer Projektträgerziele angesehen werden. Während die Originärziele die neuartigen, mit Hilfe der Organisationsform des Betreibermodells zu erreichenden und auf die reine Projektträgerschaft ausgerichteten Ziele beschreiben, nehmen die Derivativziele die Stellung der traditionell bei Infrastrukturprojekten kraft Erbringung spezifischer Leistungen des in Abschnitt 2.3 gekennzeichneten Leistungssystems verfolgten Ziele ein.[436] Das für Betreibermodelle obligatorische Element der Projektfinanzierung dient den Projektträgern dabei als Vehikel zur Überwindung der Realisationsbarrieren, wie dies auch in der Bezeichnung der Projektgesellschaft als Special Purpose Vehicle zum Ausdruck kommt.[437]

Als Projektgesellschafter sichern sich die Projektträger wichtige Entscheidungsrechte, limitieren aber gleichzeitig das finanzielle Engagement und damit das projektspezifische Gefahrenpotenzial auf ein individuell kalkulierbares Maß. Bei gegebener Kapitalausstattung bietet sich damit die Möglichkeit, die projektindividuell zu tragenden Finanzverpflichtungen bei den in der Regel äußerst kapitalintensiven Vorhaben zu begrenzen und das zur Verfügung stehende Kapital auch für Alternativvorhaben einzusetzen. Die mit der Projektfinanzierung einhergehende Gründung einer Free Standing Company verbessert zudem die Chancen zur Verwirklichung der originären Projektträgerformalziele. Beispielsweise können zusätzliche Finanzierungsquellen, insbesondere kapitalkostensenkende Mittel öffentlicher Institutionen, besser

---

435 Das Sachziel der Bereitstellung des gewünschten Projektoutputs tangiert insofern auch multiprojektbezogene Formalziele, als einzelne Projekte beispielsweise in Form von Referenzobjekten zum Erhalt künftiger Trägerverantwortung beitragen können oder im Rahmen von Portfolio-Betrachtungen Parallelprojekte finanziell oder Know-how-bezogen unterstützen oder von diesen unterstützt werden können. Es ist also nicht in jedem Fall davon auszugehen, dass die einzelprojektbezogene Kapitalwertmaximierung das primäre Trägeroriginärformalziel darstellt. Vielmehr kann die Erzielung eines satisfizierenden Einzelprojektkapitalwerts aus einem Multiprojektkalkül heraus neben anderen, multiprojektbezogenen Formalzielen wie zum Beispiel dem Aufbau projektgegenstandsbezogenen Know-hows als eines der Unterziele des angestrebten Formaloberziels der Steigerung des Unternehmenswerts für die Bezugsgruppen des Projektträgers auftreten. Zur Bedeutung von Referenzprojekten für potenzielle Projektträger vgl. Schmitt, W. (1989), S. 62; Schulte-Althoff, M. (1992), S. 162f; Jürgens, W.H. (1994), S. 122; Backhaus, K. (1999), S. 38f, 566f; Köhl, T. (2000), S. 144ff; Spies, F. (2000), S. 28; Wang, S.Q. et al. (2000a), S. 204; o.V. (2001c), S. 13.

436 Analog unterscheiden HINTZE und BEHNEN originäre von derivativen Projektträgerstrategien beziehungsweise originäre und derivative Geschäftsfelder (vgl. Hintze, M. (1998), S. 285ff; Behnen, O. (1999), S. 7.22). BEHNEN/GIRMSCHEID führen beispielhaft aus: „Die Grundüberlegung einer Bauunternehmung bezüglich eines BOT-Projektes ist es also, die Rendite für eigenes Kapital über die Nutzung eigener Kernkompetenzen zu maximieren, sowohl durch die Beteiligung am Erfolg der Projektgesellschaft als auch über den Bauauftrag" (Behnen, O./Girmscheid, G. (1998), S. 19). Die darauf folgende Aussage „Wichtig ist, dass die Investorrolle und die Projektausführungsrolle dabei von zwei voneinander unabhängigen Unternehmensbereichen ausgefüllt wird. Damit wird den unterschiedlichen Interessen eines Investors gegenüber denen eines Projektausführers Rechnung getragen." verdeutlicht, dass der Erfolg der Projektgesellschaft mindestens ansatzweise mit dem Erfolg des erstellenden Unternehmensbereichs negativ korreliert, mithin eine horizontale oder mit anderen Worten konfliktäre Zielbeziehung existiert, die es aus unternehmensspezifischer Oberzielperspektive im Rahmen von Opportunitätsüberlegungen zu lösen gilt (vgl. auch Özdoganm, I.D./Birgönül, M.T. (2000), S. 344).

437 Siehe Abschnitte 2.4.2.2 und 2.4.2.3.

erschlossen, Eigenkapitalanteile aufgrund der wirtschaftlichen und rechtlichen Separierbarkeit leichter veräußert oder spezielle Vorteile des Rechts- und Steuersystems eines Projektlandes ergiebiger genutzt werden.[438]

4.1.1.2 Individuelle Ziele privater Projektträger

In Abschnitt 3.1.2 wurden vier für besonders relevant befundene Projektträgergruppen mit privatwirtschaftlicher Herkunft charakterisiert. Neben den Projekterstellern und -lieferanten waren dies die Versorger und Projektentwickler. Zu den Projekterstellern wurden die im Stammgeschäft des Baus, Anlagenbaus und der Bauwerks- und Anlagenkomponentenerstellung angesiedelten Unternehmen gezählt. In die Gruppe der Lieferanten wurden die Unternehmen der Baustoffindustrie sowie der Mineralöl-, Steinkohle- und Braunkohlewirtschaft eingeordnet. Als Versorger wurden Elektrizitäts- und Wasserversorger sowie Autobahngesellschaften zusammengefasst, und bei den Projektentwicklern wurden leistungsorientierte, finanzierungsorientierte und portfolioorientierte Developer unterschieden. Den vier genannten Projektträgergruppen kommt aufgrund ihrer empirischen Bedeutung und ihrer Funktion als Management Equity Investors gegenüber den insbesondere als Erstprojektträger selten auftretenden und schwerpunktmäßig an reinen Entscheidungs- und Entnahmerechten interessierten Banken und Kapitalanlegern das für die vorliegende Management-orientierte Arbeit bei weitem höhere Erkenntnisinteresse zu. Sie werden daher im Folgenden fokussiert.

Ad: Projektersteller

Die Projektersteller sind zur Verfolgung ihrer derivativen Projektträgerziele zeitlich nicht nur auf die Phase der Erstellung beschränkt, sondern können je nach Unternehmensausrichtung auch nach vollzogener Fertigstellung entgeltliche Projektleistungen erbringen. Zu nennen sind vor allem Instandhaltungsarbeiten an den eigens erstellten Bauwerken oder Anlagen sowie im Fall der Komponentenhersteller die Belieferung mit Ersatzteilen und -komponenten. Aufgrund der Nähe zum Kerngeschäft besteht darüber hinaus die Möglichkeit, während der Betriebsphase die Bedienung der erstellten Anlagen und unter der Voraussetzung entsprechend vorhandenen Know-hows wirtschaftliche Betriebsleistungen zu übernehmen sowie im Rahmen von Stilllegungen und Rückbauten Demontagearbeiten, Entsorgungs- und möglicherweise Sanierungs- und Renaturierungsmaßnahmen zu planen und umzusetzen. Dessen ungeachtet steht es Projekterstellern grundsätzlich frei, auch weitere, dem angestammten Leistungsprogramm vor- oder nachgelagerte Gesamt- oder Teilprojektleistungen aus dem Leistungssystem von Infrastrukturprojekten zu übernehmen.[439]

---

[438] Vgl. Schmitt, W. (1989), S. 46ff, 54ff; Schulte-Althoff, M. (1992), S. 152ff; Hupe, M. (1995), S. 14f; Beckmann, D. (2002b), S. 319ff.

[439] Vgl. Höpfner, K.-U. (1995), S. 30; Behnen, O./Girmscheid, G. (1998), S. 14, 16; Bohlmann, B./Röben, K.W. (1998), S. 45f; Hintze, M. (1998), S. 255, 305ff; Schulte, M./Girmscheid, G. (1998), S. 19f; Grömling, M. (2001), S. 37f, 42; Kumlehn, F. (2001), S. 99. Zu den möglichen Projektleistungen siehe Abschnitte 2.3.3 bis 2.3.5.

Wie bereits im vorangehenden Abschnitt bei der Unterscheidung von originären und derivativen Projektträgerzielen angedeutet,[440] besteht insbesondere im Fall des originären Trägerformalziels der Renditeerzielung durch die Projektgesellschaft ein mindestens partiell konfliktäres Verhältnis zum derivativen Trägerformalziel der Renditeerzielung mittels Teilprojektleistungsaufträgen, da die Entgeltzahlungen von der Projektgesellschaft an den Auftragnehmer fließen und die Rendite aus der Projektgesellschaft beziehungsweise aus der Teilhabe an der Projektgesellschaft entsprechend verringern.[441] Es kann deshalb nur von einem mindestens partiellen Zielkonflikt gesprochen werden, weil der Projektersteller die geforderte Projektleistung unter sonst gleichen Bedingungen bei Vorliegen von Verbundvorteilen[442] möglicherweise in einer besseren Qualität oder kostengünstiger ausführt und entsprechende Renditeverbesserungen, zum Beispiel wegen direkt ersparter Auszahlungen oder wegen des Ausbleibens erhöhter Instandsetzungsauszahlungen während des Projektbetriebs, für die Projektgesellschaft eintreten.[443] Der jeweilige Zielerreichungsgrad hängt zudem von der konkreten Ausgestaltung der Leistungsverträge, insbesondere von der Vereinbarung pauschal fixierter oder variabler Entgelte ab. Desgleichen können die Fertigstellungsrisiken und Teile der verfahrenstechnischen Risiken vertraglich auf den Ersteller übertragen werden.[444]

Speziell für deutsche Bauunternehmen ist zu konstatieren, dass die mit einer Trägerschaft von Betreibermodell-basierten Infrastrukturprojekten verfolgten Ziele in einem starken Konfliktverhältnis zu übrigen Unternehmenszielen stehen. Zu nennen sind beispielsweise Liquiditätsziele, deren Realisierung aufgrund des Sponsoren-Engagements bei den mit Eigenkapital-Quoten von meist weniger als 5% als schwach- bis unterkapitalisiert anzusehenden Bauunternehmen beeinträchtigt wird,[445] mit der Folge, dass insbesondere mittelständischen Projektträgern aus der bauausführenden Wirtschaft trotz Projektfinanzierung ein enormes Liquiditäts- und in letzter Konsequenz Insolvenzrisiko erwächst.[446]

Über diesen reinen Intraprojektträgerkonflikt hinaus existieren Gegensätzlichkeiten zu den Zielen übriger Projektträger beziehungsweise Projektträgerkonsortien, die aus der Konkurrenz

---

440 Vgl. speziell Fußnote 436 (S. 97).

441 Die übrigen Projektträger können diesen Effekt zur Verfolgung ihrer originären Trägerziele nutzen. Denn je höher die Eigenkapitalbeteiligung des Projekterstellers ausfällt, beziehungsweise je höher sie diesem aus subjektiver Sicht erscheint, desto geringer ist dessen Anreiz, über die Erlangung von Aufträgen die Rendite der Projektgesellschaft zu schmälern (vgl. Schulte-Althoff, M. (1992), S. 198ff; Jürgens, W.H. (1994), S. 65; Laux, C. (1997), S. 853).

442 Vgl. Jürgens, W.H. (1994), S. 86f; Helmus, M./Erbach, J. (1996), S. 52; Girmscheid, G./Behnen, O. (2000), S. 36f; Alfen, H.W. (2000), S. 229f; Alfen, H.W. (2001), S. 32; Kumlehn, F. (2001), S. 97.

443 Vgl. kritisch Hesse, J. (1994), S. 34.

444 Vgl. Tiong, R.L.K. (1990a), S. 112ff; Bott, H.-D. (1992), S. 25; Uekermann, H. (1993), S. 41ff, 72ff; Carson, J./Hatzis, D. (1994), S. 142f; Hesse, J. (1994), S. 34; Walker, C./Smith, A.J. (1995), S. 176f; Straßburg, W. (1996), S. 36f; Fahrholz, B. (1998), S. 263; Hintze, M. (1998), S. 261ff; Lenz, E./Zinell, A.P. (2001), S. 79, 95f.

445 Westdeutsche Unternehmen des Maschinenbaus sowie der Energie- und Wasserversorgung besaßen demgegenüber im Jahr 1998 durchschnittliche Eigenkapital-Quoten von 24 und 25% (vgl. Deutsche Bundesbank (2001), S. 42f).

446 Vgl. Joosten, R. (1994), S. 72; Hintze, M. (1998), S. 259; Henschel-Bätz, M. (2000), S. 180; Ohl, H.-P. (2000), S. 140; Röthemeyer, A.-K. (2002), S. 39f, 42.

um die Erlangung der nicht direkt dem Stammleistungsgeschäft zurechenbaren Projektleistungen erwachsen. Je nach Ausweitung des Kerngeschäfts um vertikal vor- oder nachgelagerte Wertschöpfungsstufen des Leistungssystems von Infrastrukturprojekten kann für Projektersteller eine Konkurrenzsituation zu anderen, ebenfalls an der Übernahme einer Projektträgerschaft oder einzelner Projektleistungen interessierten Unternehmen entstehen. Dieser Interprojektträgerkonflikt kann sich zu einem Intraprojektträgerkonflikt ausweiten, wenn die zum Ersteller im Wettbewerb stehenden Projektträger, zum Beispiel Versorger oder Projektentwickler, auch als Kunden im reinen Erstellergeschäft auftreten und entsprechende Ausstrahlungswirkungen auf das Stammgeschäft zu befürchten sind. Dabei steigt das Ausmaß des Konflikts zwischen den Zielen des Projektträger- und des Erstellungsbereichs mit zunehmender Bedeutung eines Erstellungsleistungsabnehmers für den Erstellungsbereich. Im Extremfall kann eine derartige Situation dazu führen, dass Erstellungsaufträge von in Konkurrenz befindlichen Projektträgern künftig ausbleiben. Einen möglichen Ausweg bildet der frühzeitige Verkauf der Gesellschaftsanteile, wobei allerdings im Einzelfall zu überprüfen bleibt, inwiefern die mit einer Projektträgerschaft verbundenen Langfristigziele dem entgegenstehen.[447]

Ad: Lieferanten

Ebenso wie die Ersteller können die Lieferanten ihre derivativen Trägerziele sowohl während der Phase der Projekterstellung als auch während des Projektbetriebs verfolgen, indem sie von der Projektgesellschaft mit der Lieferung der zu ihrem Stammleistungsprogramm gehörenden Erzeugnisse, beispielsweise Energieträger, beauftragt werden oder bei entsprechend verfügbarem Know-how auch koordinierende Gesamtprojektleistungen gegen direkte Bezahlung oder mittelbare Verrechnung mit den übrigen Projektträgern erbringen.[448] Sowohl der grundsätzliche Gegensatz zu den originär als Projektträger verfolgten Zielen als auch der Konflikt aus dem konkurrierenden Streben nach der Erlangung von Aufträgen zur Erbringung der nicht direkt dem Stammgeschäft zurechenbaren Projektleistungen bestehen dabei in gleichem Maße wie bei den Projekterstellern. Lieferanten stehen somit ebenso in einem Intra- und Interprojektträgerkonflikt. Soweit traditionelle Abnehmer der angestammten Lieferleistungen Mitbewerber um Projektleistungen im Projektträgergeschäft darstellen, kann die Situation eintreten, dass im reinen Liefergeschäft der Verlust bestehender und potenzieller Kunden sowie künftiger Aufträge zu beklagen ist. Wie bei den Projekterstellern sind als konkurrierende Projektträger- und Abnehmergruppen vor allem Versorger und Projektentwickler zu berücksichtigen.[449]

---

447 Vgl. Lindeiner-Wildau, K.v. (1991), S. 27f; Schulte-Althoff, M. (1992), S. 161; Schäfer, F. (1993), S. 255; Frenzel, M. (1996), S. 23f; Balling, R. (1998), S. 148f; Hintze, M. (1998), S. 241, 273, 286.

448 Auch hier ziehen die übrigen Projektträger aus der Kapitaleinlage des Teilleistungsauftragnehmers Vorteile. Die Eigenkapitalbeteiligung verringert die Gefahr opportunistischer Handlungen, zum Beispiel den Abbruch der Belieferung oder überhöhte Preisstellungen für erbrachte Leistungen (vgl. Schulte-Althoff, M. (1992), S. 198ff; Jürgens, W.H. (1994), S. 65ff; Laux, C. (1997), S. 853; Hintze, M. (1998), S. 317f). Zur inhaltsmäßigen Bestimmung von Lieferleistungen bei Infrastrukturprojekten siehe Abschnitt 2.3.5. Gesamtprojektleistungen wurden in den Abschnitten 2.3.3 und 2.3.4 gekennzeichnet.

449 Vgl. Höpfner, K.-U. (1995), S. 30; Hintze, M. (1998), S. 275, 281f.

Das Niveau projektbezogener Zielerreichung hängt ebenfalls wesentlich vom Inhalt der zwischen der Projektgesellschaft und dem jeweiligen Lieferanten vereinbarten Verträge ab. Neben der Preisgestaltung determiniert besonders die Allokation der Lieferverfügbarkeitsrisiken den Realisationsgrad der originären und derivativen Projektträgerziele.[450]

Ad: Versorger

Neben der Verfolgung originärer Projektträgerziele, zum Beispiel monetärer Formalziele wie der Erzielung einer an der Gesellschafterausschüttung bemessenen Kapitalrendite, gewährt die Teilhaberschaft an der Projektgesellschaft auch den Versorgern aus der Elektrizitäts- und Wasserwirtschaft sowie Autobahngesellschaften vielfältige Möglichkeiten, das Stammgeschäft über die Umsetzung der Derivativzielsetzung zu unterstützen. Das klassische Leistungsspektrum des Kerngeschäfts impliziert vor allem die Übernahme von Gesamtprojektleistungen sowie von technischen und wirtschaftlichen Betriebsleistungen.[451] Das faktische Ausmaß der Konkurrenz zwischen den originär als Projektträger und den derivativ als Auftragnehmer verfolgten Zielen kann und wird vielfach in den entsprechenden Leistungsverträgen reguliert. Beispielsweise werden im Rahmen von Betreiberverträgen Teile der Betriebsmanagementrisiken übertragen.[452]

Gegenüber den übrigen Projektträgergruppen nehmen die Versorger eine gewisse Sonderstellung ein. Aufgrund ihres Status als Zwischenabnehmer beziehungsweise Zwischenhändler des Projektoutputs besteht ihr derivatives Projektträgersachziel nicht zwingend in der Sicherung des Auftragerhalts für einzelne Projektteilleistungen im Sinne einer Absatzstimulierung, sondern es kann auch die Sicherung der Verfügungsrechte über den Projektoutput als Teil der unternehmensspezifischen Beschaffungspolitik zum Inhalt haben. Auf Grundlage des identischen Sachziels der Gewährleistung des versorgerspezifischen Leistungsprogramms können die unternehmerischen Formalziele erreicht werden, so dass als derivatives Trägerformalziel die Herbeiführung der Gewährleistung der Verfügungsrechte über den Projektoutput mit den für den jeweiligen Versorger zur Erreichung seiner Formalziele bestmöglichen Konditionen abgeleitet werden kann. Entsprechend entsteht auch hier ein Konfliktverhältnis zwischen den derivativen Trägerformalzielen, zum Beispiel der Erlangung des Projektoutputs zu einem besonders niedrigen Kaufpreis, und den originären Trägerformalzielen wie der Partizipation an Ausschüttungen aus der Kapitaleinlage.

Interprojektträgerzielkonflikte können bei den Versorgern neben den genannten Beschaffungszielen vor allem im Wettbewerb um die Übernahme der Projektleistungen, im Speziellen der Gesamtprojektleistungen sowie der technischen und wirtschaftlichen Betriebsleistungen,

---

450 Vgl. Uekermann, H. (1993), S. 66ff; Elsey, M./Hurst, P./Crisp, A.M. (1994), S. 151; Hintze, M. (1998), S. 95, 266.

451 Vgl. Hintze, M. (1998), S. 256, 279f, 305ff. Gesamtprojektleistungen sowie technische und wirtschaftliche Betriebsleistungen wurden detailliert in Abschnitt 2.3.5 beschrieben.

452 Vgl. Rieger, H. (1990), S. 73; Strzelecki, R. (1990), S. 6.16; Uekermann, H. (1993), S. 80; Hintze, M. (1998), S. 267.

entstehen. Allerdings nimmt die Gefahr, dass der angestammte Leistungsbereich aus diesem Grund Einbußen hinzunehmen hat, aufgrund der in der Regel geringen Bindung an die potenziellen Konkurrenzträgergruppen geringere Ausmaße an als bei den zuvor behandelten Projekterstellern und Lieferanten.

Ad: Projektentwickler

Projektentwickler können ihre derivativen Trägerziele generell in den Phasen der Projektentwicklung sowie der Detailplanung und Erstellung verwirklichen. Für sie besteht entsprechend der traditionellen Ausrichtung auf die frühen Phasen des Lebenszyklusses eines Infrastrukturprojekts vornehmlich die Möglichkeit, planerisch-konzeptionelle und planerisch-umsetzende Teilprojektleistungen zu übernehmen. Hierzu gehören in erster Linie die in Abschnitt 2.3.5 gekennzeichneten Projektentwicklungs- und Projektsteuerungsleistungen. Bei Vorliegen hinreichender Betreibermodell-Erfahrung können ferner koordinierende Gesamtprojektleistungen übernommen werden.[453]

Auch für die Projektentwickler existiert die allgemein konstatierte Konkurrenz zwischen den originär und derivativ als Projektträger verfolgten Zielen. Das Ausmaß der jeweils realisierbaren Zielerreichung hängt wiederum wesentlich von den zwischen der auftraggebenden Projektgesellschaft und dem auftragnehmenden Projektentwickler ausgehandelten Kontraktvertrag ab. Aufgrund der enormen Kosten einer Projektentwicklung können die vertraglichen Regelungen zur Vergütung und Gefahrtragung als beiderseitig erfolgsdeterminierend angesehen werden. In Bezug auf die Interprojektträgerzielkonflikte ist die Situation mit derjenigen der Versorger vergleichbar. Konflikte zu den Zielen anderer Projektträger ergeben sich besonders aus dem konkurrierenden Streben um die entgeltliche Erbringung von Projektleistungen. Die Gefahr der Beeinträchtigung des reinen Projektentwicklungsgeschäfts im Sinne eines zusätzlichen Intraprojektträgerkonflikts kann grundsätzlich als gering eingestuft werden.

Ähnlich den ebenfalls in der Verfolgung ihrer Derivativzielsetzung schwerpunktmäßig auf die frühen Phasen des Projektlebenszyklus ausgerichteten Projekterstellern kann prinzipiell davon ausgegangen werden, dass die Übernahme der zum Stammgeschäft gehörenden Teilprojektleistungen lediglich während der Phasen der Projektplanung und -erstellung, welche in der Regel weniger als ein Fünftel der Gesamtprojektdauer ausmachen,[454] in einem Zielkonflikt zur Prinzipalstellung als Projektträger steht, mithin die Zielkonkurrenz zeitlich weitgehend begrenzt ist. Dieses Spezifikum eröffnet Projekterstellern und -entwicklern die Chance, im Anschluss an erbrachte, Cash-flow-generierende Stammgeschäftsleistungen konsequent die originären Projektträgerziele zu verfolgen, besonders dann, wenn die Vergütung weiter übernommener Gesamtprojektleistungen vertraglich an die Erfolgsentwicklung der Projektgesellschaft gekoppelt ist und damit grundsätzliche Zielkompatibilität besteht. Das alternativ mögliche Kalkül, die Sponsoreneinlage allein aus der Marge des derivativen Liefer- oder Erstel-

---

453 Vgl. Hintze, M. (1998), S. 282f, 305ff; Kumlehn, F. (2001), S. 98.

454 Vgl. die Angaben zu den Dauern der einzelnen Phasen in den Abschnitten 3.2.1, 3.2.2 und 3.2.3.

lungsauftrags wiederzuverdienen, dürfte allerdings in einem zunehmend transparenter werdenden Markt kaum umzusetzen sein.[455] Umgekehrt wird es aufgrund der regelmäßig bei den Projektträgern verbleibenden Residualrisiken als ebenso kritisch angesehen, in der Hoffnung auf hohe Kapitalrenditen aus dem Trägerengagement die Stammgeschäftsleistungen planmäßig nicht kostendeckend zu kalkulieren.[456]

Für Projektentwickler ist – ebenfalls in Analogie zu den Projekterstellern – festzustellen, dass eine Projektträgerschaft weitere Unternehmensziele, zum Beispiel die Gewährleistung einer für ausreichend befundenen Liquidität, gefährden kann. Denn auch Projektentwickler zeichnen sich durch eine oftmals sehr geringe Kapitalausstattung aus.[457]

4.1.2 Ziele der öffentlichen Projektträger

4.1.2.1 Grundlegende Ziele sämtlicher öffentlicher Projektträger

Öffentliche Institutionen verfügen ebenfalls über individuelle Zielsysteme, deren Elementarziele in vielfältigen Beziehungen zueinander stehen. In Hinblick auf die Trägerschaft Betreibermodell-basierter Infrastrukturprojekte kann auch bei ihnen zwischen projektträgerspezifischen Sach- und Formalzielen unterschieden werden.[458]

Im Gegensatz zu privatwirtschaftlichen Unternehmen[459] werden die Ziele weniger aus rein interner Perspektive formuliert als vielmehr aus öffentlichen Interessen beziehungsweise politischen Zielen im Sinne vertikal übergeordneter Oberziele abgeleitet und auf einem jeweilig für sinnvoll erachteten Operationalisierungsgrad extern vorgegeben. Basierend auf dieser hierarchischen Betrachtung können die Ziele öffentlicher Institutionen gleich den Zielen privatwirtschaftlicher Unternehmen als Resultat eines multipersonalen Zielbildungsprozesses aufgefasst werden. Während bei privatwirtschaftlichen Unternehmen regelmäßig formale Oberziele dominieren, überwiegen in öffentlichen Institutionen Sachziele in Form extern definierter, übertragener öffentlicher Aufgaben.[460] Gleichwohl darf bejaht werden, dass öffentliche Institutionen Sachziele zum großen Teil auch als Mittel des Erreichens von Formalzielen, beispielsweise der Gewinnerwirtschaftung, betrachten und die Sachzielerreichung grundsätzlich unter Wirtschaftlichkeitsgesichtspunkten erfolgt.[461]

---

455 Vgl. Ohl, H.-P. (2000), S. 140.

456 Vgl. Hesse, J. (1994), S. 38.

457 Vgl. Hintze, M. (1998), S. 283; Kumlehn, F. (2001), S. 98f.

458 Zu den Kategorisierungsansätzen von Zielen siehe Abschnitt 4.1.1.1.

459 Als privatwirtschaftlich werden in der vorliegenden Arbeit diejenigen Unternehmen aufgefasst, die nicht nur formell hinsichtlich der Rechts- oder Finanzierungsform, sondern auch materiell mit Blick auf die Eigentümerschaft als privatwirtschaftlich zu bezeichnen sind. Zur diesbezüglichen Begriffsdiskussion vgl. Scheele, U. (1993), S. 43ff; Spelthahn, S. (1994), S. 9ff; Ewers, H.-J./Tegner, H. (2000), S. 19.

460 Vgl. Kosiol, E. (1968), S. 262; Chmielewicz, K. (1989), Sp. 1099f; Eichhorn, P. (1993), Sp. 2931ff.

461 Vgl. Witte, E./Hauschildt, J. (1966), S. 44ff; Hauschildt, J. (1980), Sp. 2424ff; Haeseler, H.R. (1989), Sp. 480f; Diederich, H. (1989), Sp. 1859ff; Eichhorn, P. (1993), Sp. 2935f; Höftmann, B. (2001), S. 263ff.

Interpretieren öffentliche Institutionen die Trägerschaft Betreibermodell-basierte Infrastrukturprojekte als Instrument zur Erfüllung der ihnen laut Organisationsverfassung, zum Beispiel im Rahmen eines Gesellschaftsvertrags oder einer Satzung, zugesprochenen öffentlichen Aufgabe, so ist davon auszugehen, dass sie mit Hilfe des notwendigen Leistungsbeitrags den mannigfaltig gearteten Nutzen aus der Erreichung der verfolgten Sach- und Formalziele zu maximieren streben. Entsprechend bildet die Trägerschaft von Betreibermodell-Vorhaben ein zielgerichtetes Mittel zur Erfüllung der jeweils übertragenen öffentlichen Aufgabe.

Gegenüber den privaten Trägerunternehmen ist das Trägerengagement öffentlicher Institutionen nicht von der Übernahme entgeltlicher Projektleistungen im Sinne der konstatierten absatzorientierten Derivativzielsetzung der Privatunternehmen geprägt, sondern die Ziele öffentlicher Projektträger resultieren in erster Linie aus der Verpflichtung zur Wahrung spezifischer öffentlicher Interessen. Die übernommenen Leistungen beschränken sich deshalb in der Regel auf die Durchführung von Projektkontrollen und die beeinflussende Teilnahme an der Entscheidungsfindung des Gesellschaftergremiums.[462] Sowohl unter dem Aspekt der Wahrung öffentlicher Interessen kraft der Mitspracherechte eines Anteileigners als auch in Hinblick auf die oftmals gleichzeitige Rolle als Ursprungsauftraggeber liegt somit eine schwerpunktmäßig beschaffungsorientierte Zielsetzung vor.

Die traditionell, das heißt ohne Zuhilfenahme der Organisations- und Finanzierungsform des Betreibermodells, von öffentlichen Institutionen verfolgten Sach- und Formalziele können analog den privaten Projektträgern als derivative Projektträgerziele deklariert werden. Das derivative Trägersachziel besteht damit in der Sicherung des Erhalts der gewünschten Infrastrukturleistung, auf Basis derer die öffentlichen Projektträger versuchen, ihre institutionellen Oberziele wie zum Beispiel die allgemeine wirtschaftliche Weiterentwicklung eines Landes oder die Ausweitung der Beschäftigung einer Region sowie ihre derivativen zeitlichen, monetären, sozialen oder ökologischen Trägerformalziele wie beispielsweise die frühzeitige Schaffung von Arbeitsplätzen, die frühzeitige Versorgung der Endabnehmer, eine hohe Versorgungsqualität, niedrige Bezugsentgelte, finanziell und gesundheitlich für akzeptabel erachtete Arbeitsplätze oder eine ökologisch für sinnvoll befundene Art der Infrastrukturbereitstellung,[463] bestmöglich durchzusetzen (vgl. Darstellung 16).[464]

Die originären, vermittels der Mitträgerschaft eines Betreibermodells verfolgten Ziele lassen sich aufspalten in die originären Trägersachziele und die originären Trägerformalziele. Während das originäre Projektträgersachziel in der vereinbarungsgemäßen Bereitstellung der vom

---

462 Vgl. Uekermann, H. (1990), S. 17; Hintze, M. (1998), S. 156f; Pollio, G. (1999), S. 98; Tam, C.M. (1999), S. 378.

463 Zu den genannten und weiteren Detailzielen vgl. Uekermann, H. (1990), S. 17; Schulte-Althoff, M. (1992), S. 77ff; Jürgens, W.H. (1994), S. 90ff; Höpfner, K.-U. (1995), S. 30; Kirsch, D. (1997), S. 101ff; Hintze, M. (1998), S. 147ff, 160ff; EBWE (1999), S. 3; Ewers, H.-J./Tegner, H. (2000), S. 21ff; Lenz, E./Zinell, A.P. (2001), S. 91.

464 Für den aufgrund der Outsourcing-Entscheidung seltenen Fall (siehe Fußnote 241, S. 55), dass ein privater Ursprungsauftraggeber auch die Projektträgerfunktion übernimmt, trifft die in Darstellung 16 gegebene Zielstruktur mutatis mutandis auch auf private Ursprungsauftraggeber mit Projektträgerstellung zu.

Auftraggeber erwünschten Infrastrukturleistung besteht und gleichsam als Kollektivziel mit der Sachzielsetzung der privaten Projektträger übereinstimmt, lassen sich die originären Trägerformalziele öffentlicher Projektträger entsprechend der festgestellten generellen Beschaffungsorientierung vor allem auf die Beweggründe zur Konstituierung eines Betreibermodells zurückführen. Da die öffentliche Mitträgerschaft Betreibermodell-basierter Infrastrukturprojekte oftmals wegen fehlender Finanzmittel für eine konventionelle Projektrealisierung in rein öffentlicher Trägerverantwortung oder aufgrund mangelnder Wirtschaftlichkeit rein privater Betreibermodell-Projekte erfolgt, mit anderen Worten das originäre Projektträgersachziel öffentlicher Institutionen auch darin zu sehen ist, dass die spezifische Infrastrukturleistung überhaupt bereitgestellt wird, kann als dominierendes originäres Trägerformalziel die Minimierung der Verpflichtungen aus der mit dem Betreibermodell einhergehenden Projektfinanzierung festgehalten werden, wobei das Ziel einer geringen finanziellen Beteiligung und Risikotragung regelmäßig in Konkurrenz zu dem Ziel weitreichender Informations- und Mitspracherechte steht.

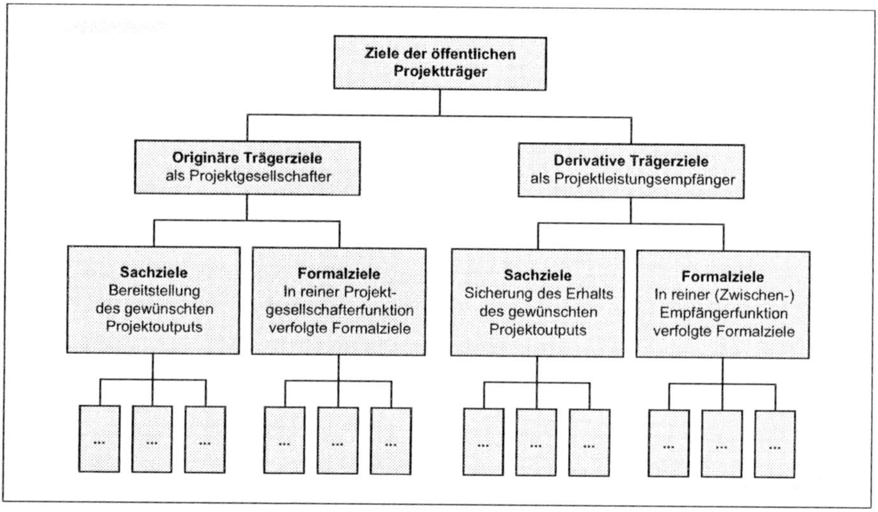

Darstellung 16: Systematisierung der Ziele öffentlicher Projektträger

Obwohl öffentliche Projektträger generell bestrebt sind, mit Hilfe gemischtwirtschaftlicher[465] Betreibermodelle auch Effizienzgewinne mittels der Einbeziehung privatwirtschaftlichen Renditestrebens und Know-hows zu realisieren, bleibt nichtsdestoweniger zu konstatieren, dass monetäre Originärziele wie beispielsweise die Erzielung einer Eigenkapitalrendite bei öffentlichen Projektträgern wegen der gegenüber privaten Projektträgern grundsätzlich an-

465 Gemischtwirtschaftlichkeit liegt vor, wenn Eigenkapital sowohl aus öffentlichen als auch privaten Mitteln bereitgestellt wird, gleichzeitig aber keine der beiden Kapitalgebergruppen einen alleinherrschenden Einfluss auszuüben vermag (vgl. Haeseler, H.R. (1989), Sp. 479ff; Eichhorn, P. (1993), Sp. 2927).

dersartigen Motivstruktur eine deutlich geringere Bedeutung besitzen. In Verbindung mit der oben festgestellten Beschaffungsorientierung unterstreicht dieser Befund das Konfliktpotenzial, welches bei Betreibermodell-Projekten unter gemeinsamer Trägerschaft öffentlicher Institutionen und privatwirtschaftlicher Unternehmen latent vorhanden ist.[466]

4.1.2.2 Individuelle Ziele öffentlicher Projektträger

Öffentliche Institutionen treten entsprechend der Darlegung im vorangehenden Abschnitt immer dann als Projektträger in Erscheinung, wenn einzelne Vorhaben für besonders förderungswürdig erachtet werden oder öffentliche Entscheidungs- und Kontrollrechte trotz grundsätzlich privater Bereitstellung der spezifischen infrastrukturellen Leistung langfristig gewahrt bleiben sollen. Neben den nationalen Gebietskörperschaften, Zweckverbänden und Wirtschaftsförderungsgesellschaften wurden in Abschnitt 3.1.2 auch supranationale Organisationen als öffentliche Projektträger identifiziert.

Ad: Gebietskörperschaften, Zweckverbände und Wirtschaftsförderungsgesellschaften

Gebietskörperschaften beziehungsweise deren für die Bereitstellung von Infrastruktur zuständige Exekutivorgane sind auf sämtlichen Ebenen staatlicher Organisation angesiedelt und besitzen entsprechend den obigen Ausführungen originäre und derivative Projektträgersach- und -formalziele, welche aus der ihnen jeweils übertragenen Handlungskompetenz hervorgehen. Aufgrund der Verbundeigenschaft infrastruktureller Einrichtungen schließen sich Gebietskörperschaften regelmäßig zu räumlich übergreifenden Zweckverbänden zusammen, um mit Hilfe dieser grundsätzlich rechtsfähigen Kooperationsform einzeln abgegrenzte, öffentliche Ziele gemeinsam und aufeinander abgestimmt zu realisieren sowie den individuell vorhandenen Einflussbereich projektbezogen zu erweitern. Im Zusammenhang mit Betreibermodell-basierten Infrastrukturprojekten besitzen insbesondere die auf netzförmige Infrastrukturvorhaben gerichteten Zweckverbände der Wasserver- und -entsorgung Relevanz. Wirtschaftsförderungsgesellschaften unterscheiden sich von Zweckverbänden dadurch, dass sie schwerpunktmäßig auf das Oberziel der Förderung der wirtschaftlichen Entwicklung einer Region ausgerichtet sind, grundsätzlich eine privatwirtschaftliche Rechtsform aufweisen und mit entsprechend geringeren Verfügungsrechten ausgestattet sind.[467]

Die Gebietskörperschaften besitzen neben den auf der reinen Kapitalbeteiligung beruhenden Verfügungsrechten ein vielfältiges, individuelles, auf der Funktion als Hoheitsträger beruhendes Instrumentarium zur Durchsetzung der verfolgten Projektträgerziele. In Abhängigkeit von der rechtlichen Kompetenztiefe der einzelnen Gebietskörperschaft kann besonders der rechtliche Rahmen, innerhalb dessen ein Infrastrukturprojekt realisiert wird, zielgerecht beeinflusst werden. Die Sicherung und Wahrnehmung dieser neben den aus der Beteiligung an der Projektträgerschaft hervorgehenden direkten Entscheidungs- und Kontrollrechten bestehenden

466 Vgl. Reismann, W.A. (1996), S. 439; Lenz, E./Zinell, A.P. (2001), S. 91ff.

467 Vgl. Zavlaris, D./Höfer, R. (1989), Sp. 1807f; Oebbecke, J. (1989), Sp. 1878ff; Lenz, E./Zinell, A.P. (2001), S. 91.

indirekten Eingriffsrechte gewinnt für Gebietskörperschaften vor allem deshalb an Bedeutung, weil die Realisierung von Infrastrukturprojekten auf Basis eines Betreibermodells im Gegensatz zur klassischen rein staatlichen Bereitstellung von Infrastruktur auch als weitestgehende Form der Verlagerung direkter Verfügungsrechte der Gebietskörperschaften auf Private angesehen werden kann. Vermöge indirekter Verfügungsrechte gelingt es den Gebietskörperschaften, trotz oftmals verhältnismäßig niedriger Eigenkapitalbeteiligung und entsprechend geringer direkter Mitspracherechte Einfluss auszuüben und auf diese Weise mittelbar gesetzte Ziele zu verfolgen.

Je nach Kompetenzbereich der involvierten Gebietskörperschaft kann zum Beispiel regulierend in die Konditionen gegenüber der Projektgesellschaft eingegriffen werden. Zu nennen sind etwa die Gestaltung von Vergabeverfahren, Steuer- und Abgabevorschriften, Preis- respektive Mautverordnungen, Qualitätsvorschriften, Kontrahierungszwänge[468] und Vorschriften zur Beteiligung lokaler Unternehmen sowie Bewilligungen unter dem Vorbehalt der Genehmigung von Konkurrenzprojekten, an die die Erteilung von Konzessionen, Bau- und Betriebsgenehmigungen, Export- und Importgenehmigungen sowie von Arbeitserlaubnissen für das Bau- und Betriebspersonal geknüpft werden. Bei Staaten aus schwächer entwickelten Regionen beinhaltet auch die Währungs- und Kapitalmarktpolitik des Projektlandes Möglichkeiten der Projekteinflussnahme. Dabei handelt es sich jedoch weniger um ein partnerschaftliches Zielerreichungs- als vielmehr um ein Drohpotenzial, welches insbesondere dann eingesetzt werden kann, wenn das private Kapital zu Vorhabensbeginn über Währungs- und Landesgrenzen hinweg bereitgestellt wird und im weiteren Projektverlauf ein Rücktransfer geplant ist. Nicht zuletzt können Hoheitsträger die zur Erlangung von Fremd- und Eigenkapital benötigten Projektgarantien nur unter Erfüllung zuvor gestellter Bedingungen aussprechen oder bereits ausgesprochene Garantien wieder zurückziehen. Der Zielerreichungsgrad hängt für die als Projektträger beteiligten Gebietskörperschaften, Zweckverbände und Wirtschaftsförderungsgesellschaften analog den privatwirtschaftlichen Projektträgern von der konkreten Ausgestaltung des Projektrahmen- beziehungsweise Konzessionsvertrags sowie der Gesellschaftsverträge mit den übrigen Projektträgern ab. Als determinierender Vertragsparameter kann der Grad der Übertragung politischer Projektrisiken angesehen werden.[469]

---

468 Bei einem Kontrahierungs- beziehungsweise Abschlusszwang wird die Projektgesellschaft verpflichtet, mit definierten Abnehmergruppen ins Geschäft zu treten, das heißt Verträge abzuschließen. Dieses Mittel findet insbesondere bei monopolartig angebotenen Infrastrukturleistungen, beispielsweise der Energie- und Wasserversorgung, Anwendung (vgl. Zimmermann, G. (1989), Sp. 981; Busche, J. (1999), S. 110ff).

469 Vgl. BMV (1995), S. 9f; Wang, S.Q./Tiong, R.L.K. (2000), S. 72ff; Lenz, E./Zinell, A.P. (2001), S. 76ff; Strohbach, H. (2001), S. 98ff.

Ad: Supranationale Organisationen

Supranationale Organisationen wie zum Beispiel Entwicklungsbanken besitzen aufbauend auf den ihnen übertragenen öffentlichen Aufgaben individuelle Zielvorstellungen, welche im Gegensatz zu den nationalen Gebietskörperschaften und deren zweckgerichtet gegründeten Institutionen wegen der allgemein nicht unmittelbaren Nähe zum Ursprungsauftraggeber inhaltlich zwischen den bislang behandelten Zielen privater und national beziehungsweise regional agierender öffentlicher Projektträger anzusiedeln sind. Nicht zuletzt aufgrund enger Beziehungen zu nationalen beziehungsweise regionalen öffentlichen Institutionen liegt allerdings die Schwerpunktzielsetzung auf der Sicherung öffentlicher und speziell makroökonomisch motivierter Ziele. Als primäres und originäres Projektträgersachziel wird oftmals die Unterstützung allein nicht realisierungsfähiger Projekte mittels der „katalysierenden" Bereitstellung von Kapital sowie aufgrund langjähriger Erfahrung umfangreicher Finanzierungs- und Managementkompetenz hervorgehoben. Einzelne Projekte werden demzufolge nicht nur aufgrund des bereitgestellten Eigenkapitalbeitrags sui generis, sondern vor allem wegen der damit verbundenen und für weitere potenzielle Kapitalgeber psychologisch bedeutsamen Signalwirkung einer grundsätzlich verbesserten Vertrauens- und Risikosituation erst finanzierungsfähig. In Bezug auf die derivative Zielsetzung als Projektträger ist festzuhalten, dass einzelne Organisationen – beispielsweise die European Investment Bank – sich selbst als Non-Profit-Organisationen bezeichnen, was für eine insbesondere gegenüber den Projektträgern der Privatwirtschaft deutlich geringere Renditeorientierung spricht.[470]

4.1.3 Implikationen der verschiedenartigen Zielvorstellungen

Bisher wurde deutlich, dass das Zielsystem Betreibermodell-basierter Infrastrukturprojekte aufgrund der vielen zueinander in Beziehung stehenden Ziele von großer Komplexität geprägt ist. Da bereits die einzelnen Projektträger weniger einen Zielmonismus als vielmehr enorme Zielpluralität aufweisen, besitzt die Projektträgergemeinschaft eine Vielzahl von Partikularinteressen, welche mit zunehmender Anzahl von Projektträgern steigen und eine zielgerechte Gesamtprojektkoordination entsprechend erschweren.[471]

Im Wesentlichen existieren zwei Konfliktfelder. Zum einen ist dies für den Fall der Partizipation privater und öffentlicher Institutionen der grundsätzliche und reine Interprojektträgerkonflikt zwischen der dominierenden, in der Regel von Renditestreben geprägten Formalzielorientierung privater Projektträger und dem schwerpunktmäßigen Sachzielbezug öffentlicher Projektträger. Zum anderen sind dies die vielfältigen Inter- und Intraträgerkonflikte der Projektträger aufgrund der oftmals simultanen Verfolgung der als originär und derivativ gekenn-

---

[470] Vgl. Uekermann, H. (1990), S. 17; Jürgens, W.H. (1994), S. 93; Thien, E. (1995), Sp. 1980ff; Sapte, W. (1997), S. 78ff; EBWE (1999), S. 3ff; o.V. (2001e), S. 18. Auflistungen supranationaler Institutionen, welche als Projektträger Betreibermodell-basierter Infrastrukturprojekte in Frage kommen, geben Thien, E. (1995), Sp. 1981ff; Sapte, W. (1997), S. 78ff; Tytko, D. (1999), S. 92ff; Lenz, E./Zinell, A.P. (2001), S. 71.

[471] Vgl. Schulte-Althoff, M. (1992), S. 75; Eisele, J. (1995), S. 11; Oesterle, M.-J. (1995), S. 988; Balling, R. (1998), S. 74f; Fahrholz, B. (1998), S. 260; Kalenda, R. (1998), S. 13f; Macharzina, K. (2001), Sp. 1186f.

zeichneten Trägerziele. Es besteht beispielsweise ein latenter, partieller Zielkonflikt zwischen dem Originärziel der Rentabilität des als Projektgesellschafter zugeführten Eigenkapitals und dem Derivativziel der Rentierlichkeit des als Projektleistungserbringer geleisteten Aufwands beziehungsweise der Erhöhung des als Abnehmer des Projektoutputs erlangten Nutzens.

Während sich die individuell verfolgten Ziele also durch eine komplementäre, neutrale, konfliktäre oder antinome Beziehung zueinander auszeichnen, können die bislang nicht explizit behandelten kollektiven Projektträgerziele als diejenigen Ziele definiert werden, bei denen eine identische Zielbeziehung besteht.[472] Vor dem Hintergrund der in der vorliegenden Arbeit postulierten Allgemeingültigkeit getroffener Aussagen für sämtliche Betreibermodell-basierten Infrastrukturprojekte erscheint es kaum möglich, die kollektiv verfolgten Ziele weiter zu spezifizieren. Zum einen besteht die Gefahr des Widerspruchs zu einzelnen Individualzielen, was den aus der Zielidentität hervorgehenden Kollektivzielcharakter wieder aufheben würde.[473] Zum anderen stellen auch weitere, auf niederer Abstraktionsebene formulierte Aussagen zu Kollektivzielen wie zum Beispiel „Sämtliche Projektträger streben die erfolgreiche Realisation des Projekts an" wenig weiterführende Leerformeln dar, solange nicht geklärt ist, was konkret unter einer kollektiv erfolgreichen Projektrealisation zu verstehen ist. Daher ist die kollektive wie auch die individuelle Zielformulierung projektbezogene Aufgabe der jeweiligen Projektträger.[474] An dieser Stelle soll als generelles kollektives Oberziel die erfolgreiche Projektdurchführung im Sinne der Erreichung eines für sämtliche Projektträger akzeptablen Satisfaktionsgrades der individuell bei der Beteiligung an einem Betreibermodell-basierten Infrastrukturprojekt verfolgten Individualziele festgehalten werden.

Zur Verringerung der Auswirkungen latent vorhandener Zielkonflikte sind insbesondere mittels rechtsgestalterischer Akte beispielsweise auf Grundlage der gesellschaftsrechtlichen Korporations- und schuldrechtlichen Kontraktverträge effektive und effiziente Anreiz- und Sanktionsmechanismen zu etablieren.[475]

Die Formulierung der individuell und kollektiv bei der Realisierung Betreibermodell-basierter Infrastrukturprojekte verfolgten Ziele bilden eine wichtige Voraussetzung für den rationalitäts- und damit zielorientierten Aufbau eines projektträgerbezogenen Controlling-Konzepts.[476] Auf Ebene des einzelnen Projektträgerunternehmens oder auf Ebene der Projektgesellschaft artikulierte Projektträgerziele sowie ihre Beziehungen untereinander und zu den Zielen ande-

---

472 Eine derartige Kategorisierung von Zielen unterstützt auch HAMEL (vgl. Hamel, W. (1992), Sp. 2641).

473 Ein Beispiel hierfür ist die Erhebung der Senkung der Gesamtkapitalkosten zum Kollektivziel der Projektträger (vgl. Henschel-Bätz, M. (2000), S. 36, 118f). Wie oben festgestellt, ist oftmals eine hohe Rendite auf das Eigenkapital der Projektgesellschaft originäres Formalziel der Projektträger. In Form von Kosten des Eigenkapitals erhöht jedoch jeder an einen Anteilseigner ausgeschüttete Betrag die Gesamtkapitalkosten.

474 Kooperationsvereinbarungen wie zum Beispiel das in Abschnitt 2.4.2.2 angesprochene Shareholders' Agreement kanalisieren divergierende Individualziele zu offizialisierten Kollektivzielen.

475 Vgl. Walker, C./Smith, A.J. (1995), S. 108f; Hintze, M. (1998), S. 318f; Henschel-Bätz, M. (2000), S. 36; Jurecka, R. (2000), S. 168f.

476 Im wissenschaftlichen Schrifttum ist auch von einer Überführung der Sach- und Formalziele in sogenannte Entscheidungsziele die Rede, „die es [...] [Anm. d. Verf.: den Handlungsträgern ermöglichen], ein konkretes Verhalten zu entwickeln" (Hamel, W. (1992), Sp. 2642). Vgl. auch Hauschildt, J. (1980), Sp. 2423f.

rer Projektbezugsgruppen sind deshalb anhand der speziell zugrundeliegenden Problemstellungen aus der Perspektive der einzelnen Projektträger und aus Perspektive der Projektgesellschaft zu analysieren und darauf aufbauend anzupassen.[477, 478] Die dergestalt entstehende Zielvorgabe dient dann als „Rationalitätskriterium für die praxeologische Gestaltung des Controlling-Konzepts".[479] Aufgrund der besonderen Situation bei den öffentlichen Projektträgern, deren Zielsetzung sich oft im Spannungsfeld zwischen Auftraggeberinteresse und Gewinnerzielungsabsicht befindet,[480] ist vor allem von dieser Gruppe zur Sicherung der Rationalität der mit der Projektträgerschaft verbundenen Handlungen, zum Aufbau eines effektiven Controlling-Systems und eines weitgehend konfliktminimierten Verhältnisses zu den übrigen Projektträgern eine klare und operable Zielartikulation einzufordern.[481]

Unabhängig von einer speziellen Projektkonstellation sowie ungeachtet weiterer Kriterien sind an die Zielformulierung folgende Anforderungen zu stellen:[482, 483]

- Realistik und Durchsetzbarkeit: Es sollten nur solche Ziele verfolgt werden, die tatsächlich erreichbar sind. Die Ziele sollten deshalb so beschaffen sein, dass sie sich im Fall von Zielkonflikten erwartungsgemäß durchsetzen lassen.
- Organisationskongruenz: Projektträgerziele sind so zu planen, dass sie Zielerreichungsverantwortlichen klar zugeordnet werden können, ohne dass gegen projektinterne oder projektübergreifende Organisationsstrukturen und -prozesse verstoßen wird.
- Operationalität: Die Ziele sind als Voraussetzung ihrer Realisierbarkeit und der Überprüfung ihrer Realisation hinsichtlich ihres Inhalts, angestrebten Ausmaßes und insbesondere ihres zeitlichen Bezugs zu präzisieren.[484] Es können demnach inhaltlich lediglich ausprägungs- und zeitbezogen messbare Ziele formuliert werden. Die Messbarkeit von Zielen ist grundsätzlich dann gewährleistet, wenn diese kardinal, ordinal oder nominal skaliert wer-

---

477 Vor allem wegen der festgestellten „Koopkurrenz" zwischen den Projektträgern ist die Anpassung der individuellen Projektträgerziele immer mit einer partiellen Unterordnung unter die Kollektivinteressen der Projektträgergemeinschaft verbunden. Diesem Autonomieverlust nach innen sollte langfristig ein entsprechender Autonomiezuwachs nach außen aus gemeinschaftlichen Verbundvorteilen gegenüber stehen.

478 Die Vorbereitung und Dokumentation von Zielvereinbarungen gelten als bedeutende Erfolgsfaktoren von Joint-Ventures im Allgemeinen und Betreibermodell-Projekten im Besonderen (vgl. Tiong, R.L.K./Yeo, K.-T./McCarthy, S.C. (1992), S. 225; Walker, C./Smith, A.J. (1995), S. 107f; Tiong, R.L.K. (1996), S. 207; Helm, R./Peter, A. (1999), S. 33; Alfen, H.W. (2001), S. 32).

479 Vgl. Amshoff, B. (1993), S. 153; Balling, R. (1998), S. 74.

480 Vgl. Witte, E./Hauschildt, J. (1966), S. 44ff; Hauschildt, J. (1980), Sp. 2424ff; Haeseler, H.R. (1989), Sp. 480f; Diederich, H. (1989), Sp. 1859ff; Eichhorn, P. (1993), Sp. 2935f.

481 Vgl. Witte, E./Hauschildt, J. (1966), S. 48, 50, 52, 82ff; Haeseler, H.R. (1989), Sp. 484f; Diederich, H. (1989), Sp. 1859ff.

482 Vgl. Wild, J. (1974), S. 55f; Nagel, P. (1992), Sp. 2629ff; Hamel, W. (1992), Sp. 2647ff.

483 Zum Prozess der Formulierung von Zielen vgl. Wild, J. (1974), S. 57ff; Nagel, P. (1992), Sp. 2633f.

484 Vgl. Heinen, E. (1976), S. 59ff; Hauschildt, J. (1980), Sp. 2419f. Für die Ableitung rationaler (Steuerungs-) Entscheidungen müssen die Projektträger neben artikulierten Zielen auch Präferenzvorstellungen über die verfolgten Ziele besitzen. Die betriebswirtschaftliche Entscheidungstheorie unterscheidet Höhen-, Arten-, Zeit- und Risikopräferenz (vgl. Sieben, G./Schildbach, T. (1990), S. 2, 24ff).

den können.[485] Es ist auch darauf zu achten, dass Transparenz gewahrt bleibt und für den Fall veränderter Projektsituationen ein Mindestmaß an Zielflexibilität beibehalten wird.[486]

- Widerspruchsfreiheit: Auf Ebene der einzelnen Projektträgerunternehmen einerseits und auf gemeinschaftlicher Projektträgerebene andererseits sollten die Ziele konsistent aufeinander abgestimmt sein. Die teilweise konfligierenden Ausgangsziele sowohl zwischen den einzelnen Projektträgern auf der Kollektivebene als auch innerhalb der einzelnen Projektträgerunternehmungen auf der Individualebene beinhalten die Gefahr einer inkonsistenten Planzielformulierung.[487]
- Vollständigkeit: Vor dem Hintergrund der Vielfalt möglicher Projektträgerzielsetzungen sind zum einen die auf Ebene der einzelnen Projektträger und zum anderen die auf gemeinschaftlicher Projektträgerebene verfolgten Ziele möglichst vollständig zu bestimmen. Auf diese Weise können Mängel der Planung verhindert und latent vorhandene Zielkonflikte offengelegt werden.

Im Zuge der Anwendung des im Rahmen dieser Arbeit vorgestellten Controlling-Konzepts können die im Kreis der Projektgesellschaft artikulierten offiziellen Ziele durch Controlling-Träger beziehungsweise durch eine Controlling-Instanz innerhalb der Projektgesellschaft verfolgt werden. Den lediglich innerhalb des Unternehmens eines Projektträgers explizit geäußerten inoffiziellen Zielen kann nur dezentral in den jeweiligen Mutterunternehmen nachgegangen werden. So werden die Controlling-Aufgaben institutionell von unterschiedlichen Funktionsträgern wahrgenommen.

Zusammenfassend lässt sich festhalten, dass sämtliche Projekthandlungen nicht auf ein Einzelziel wie die Erwirtschaftung einer Kapitalrendite, sondern einerseits aus gemeinschaftlicher Projektträgersicht auf das Zielsystem des Projektträgerkollektivs und andererseits aus individueller Perspektive auf das Zielsystem des einzelnen Projektträgers auszurichten sind.[488]

---

485 Vgl. Nagel, P. (1992), Sp. 2630; Hamel, W. (1992), Sp. 2643; Raffée, H. (1995), S. 121f.

486 Vgl. hierzu die Grundsatzdiskussion von Hamel, W. (1992), Sp. 2648f.

487 Zur Auflösung von Zielkonflikten vgl. Adam, D. (1996), S. 109ff.

488 Vgl. auch Küpper, H.-U. (1987), S. 93, 102.

4.2 Ziele des Projekt-Controlling

4.2.1 Zugrundeliegendes Controlling-Verständnis

Für den Begriff des Controlling existiert bislang keine allseits akzeptierte Definition.[489] Als Hauptgrund hierfür gilt, dass der Begriff des Controlling nicht als Resultat einer theoretischen Konzeption anzusehen ist, sondern über Jahrzehnte anhand realer Phänomene gewachsen ist.[490] Bei aller Heterogenität der bestehenden Controlling-Definitionen lässt sich aber die Führungsunterstützung als konstituierender Begriffsbestandteil erkennen.[491] Controlling fungiert demnach als Garant für die Bereitstellung von Entscheidungsgrundlagen, wobei die Bereitstellung der Entscheidungsgrundlagen in normativer Hinsicht unter Berücksichtigung des allgemeinen Rationalitätsprinzips und im Besonderen des Wirtschaftlichkeitsprinzips erfolgt.[492] Entscheidungen sollen durch Controlling über Modelle unterstützt werden, in denen voraussichtliche Folgen von Handlungsmöglichkeiten abgeschätzt und hinsichtlich ihrer Erwünschtheit bewertet werden können. Dabei muss – dem Rationalitäts- und damit dem Wirtschaftlichkeitspostulat folgend – ein Kompromiss zwischen komplexer, an der konkreten Problemstruktur orientierter und einfacher, auf die Begrenzung des Lösungsaufwandes ausgerichteter Modellbildung gefunden werden.[493]

Zur effektiven und effizienten Unterstützung der Führung werden dem Controlling Funktionen zugesprochen, zu deren Realisierung zweckentsprechend ausgearbeitete Instrumente genutzt werden.[494] Für das empirische Phänomen und hier vorliegende Erkenntnisobjekt Betreibermodell-basierte Infrastrukturprojekte sind diese Elemente anhand der zugrundeliegenden Problem-[495] beziehungsweise Kontextstruktur[496], mit anderen Worten anhand der spezifischen Charakteristika als Erfahrungsobjekt zu erarbeiten, wobei im Speziellen der in dieser Arbeit vorangestellten Perspektive der Projektträger Rechnung zu tragen ist.

---

489 Vgl. im Folgenden Beckmann, D./Huch, B. (2002), S. 145ff.

490 Vgl. Küpper, H.-U./Weber, J./Zünd, A. (1990), S. 286; Schildbach, T. (1992), S. 21; Weber, J. (1992), S. 169f.

491 Vgl. Schmidt, A. (1986), S. 44f; Küpper, H.-U./Weber, J./Zünd, A. (1990), S. 282f; Weber, J. (1990), S. 31; Schildbach, T. (1992), S. 22f; Schweitzer, M./Friedl, B. (1992), S. 142f; Huch, B./Behme, W./Ohlendorf, T. (1997), S. 219, 226; Reichmann, T. (1997), S. 12; Hahn, D./Hungenberg, H. (2001), S. 265; Horváth, P. (2001), S. 153.

492 Vgl. Schildbach, T. (1992), S. 22ff; Reichmann, T. (1997), S. 12f. Rationalität wird dabei als Zweckrationalität verstanden. In der ökonomischen Theorie bemisst sich diese an der effizienten Verwendung von Mitteln bei gegebenen Zielen. Aus der vertikalen Ordnung von Zielen als miteinander über Zweck-Mittel-Relationen verbundene Ober- und Unterziele geht hervor, dass Zweckrationalität nicht nur auf die Effizienz, sondern auch auf die Effektivität, das heißt Wirksamkeit von Handlungsaktivitäten abzielt. Zweckrationalität impliziert zudem, dass sie ex definitione als relative, auf das jeweilige Erkenntnisobjekt zugeschnittene Rationalität aufzufassen ist (vgl. Weber, J./Schäffer, U./Langenbach, W. (1999), S. 13ff).

493 Vgl. Schildbach, T. (1992), S. 29.

494 Vgl. Küpper, H.-U./Weber, J./Zünd, A. (1990), S. 283, 287.

495 Vgl. Schildbach, T. (1992), S. 29.

496 Vgl. Küpper, H.-U./Weber, J./Zünd, A. (1990), S. 286.

In Bezug auf die genannten Bestandteile einer und Anforderungen an eine Controlling-Konzeption[497] soll deshalb begriffsintensional für die vorliegende Arbeit folgendes funktionale, auf das speziell zugrundeliegende Erkenntnisobjekt ausgerichtete Controlling-Verständnis gelten:

Controlling für Betreibermodell-basierte Infrastrukturprojekte bedeutet die zielgerichtete betriebswirtschaftliche Unterstützung des Managements kraft Wahrnehmung übertragener Funktionen unter Zuhilfenahme zweckadäquater Instrumente.

In Hinblick auf die Extension der gewählten Controlling-Auffassung soll aus Gründen der praktischen Relevanz der Einzelprojektbezug maßgeblich sein.[498] Eine solchermaßene Definition erscheint mit WEBER als zweckmäßig,[499] dem individuell prädisponierten Rezipienten dieser Schrift eine gedankliche Einordnung des Konzepts zu ermöglichen.

4.2.2 Zielableitung für das Projekt-Controlling

Anknüpfend an die soeben konstatierte Instrumentalfunktion des Controlling haben die Controlling-Ziele einen Beitrag zur Erreichung der allgemeinen Projektträgerziele zu leisten. Daher gilt es, nach Darlegung der übergeordneten Zielsetzungen der Projektträger, Controlling-Ziele abzuleiten, auf deren Basis die Projektführung in ihrer Zielverfolgung effektiv und effizient unterstützt wird. Die Transparenz der zu erarbeitenden Controlling-Ziele bildet als conditio sine qua non die notwendige Grundlage zur Gestaltung eines umsetzungsfähigen Controlling-Konzepts.[500]

Darstellung 17, verstanden als Veranschaulichung der grundsätzlichen Beeinflussungsbeziehung zwischen den Zielen des Controlling und den Zielen der Projektträger sowie den Zielen des Controlling und den Controlling-Funktionen, -Aufgaben und -Instrumenten, spiegelt den Zusammenhang modellhaft wider. Dabei bleibt anzumerken, dass es sich bei den Beziehungen nicht um einen im erkenntnistheoretischen Sinne gesicherten, deduktiv ableitbaren Zusammenhang, wie es bei der auf dem Zweck-Mittel-Kalkül basierenden vertikalen Ordnung von Zielen in Ober- und Unterziele zum Ausdruck kommt, handelt, sondern dass hiermit lediglich eine vertikal determinierende Beziehung wiedergegeben wird.[501]

---

497 Zu den wissenschaftstheoretischen Anforderungen an eine Konzeption im Allgemeinen und Controlling-Konzeptionen im Besonderen siehe Abschnitt 1.2.

498 Wie bereits im einführenden Abschnitt 1.1 erläutert, bietet sich eine Einzelprojektorientierung an, da der praktische Erkenntniswert gegenüber einem auf dem Portfolio-Gedanken aufbauenden und entsprechend abstrakt ausgearbeiteten Multiprojektcontrolling aufgrund der auch auf mittlere Sicht als gering anzusehenden empirischen Relevanz der Trägerschaft ganzer Portfolios Betreibermodell-basierter Infrastrukturprojekte als höher einzustufen sein dürfte.

499 Vgl. Weber, J. (1992), S. 179, 181.

500 Vgl. Kubicek, H. (1981), S. 458; Welge, M.K. (1988), S. 25; Balling, R. (1998), S. 74.

501 Vgl. Amshoff, B. (1993), S. 169ff; Reichmann, T. (1997), S. 3.

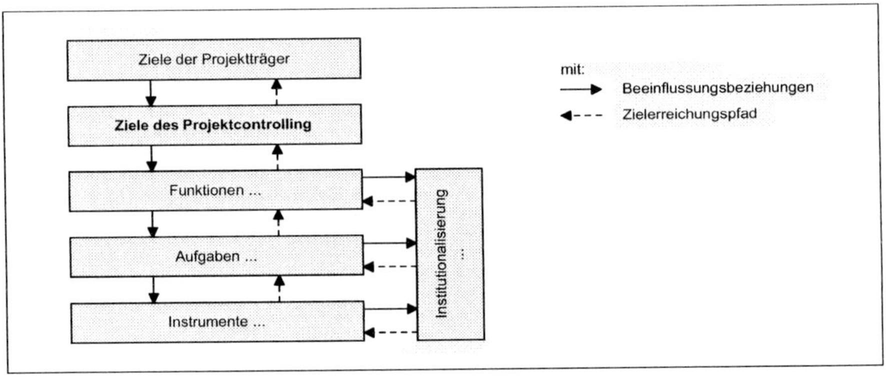

Darstellung 17: Beziehungen zwischen Projektträgerzielen, Controlling-Zielen, -Funktionen, -Aufgaben, -Instrumenten und der institutionellen Umsetzung[502]

Definitionsgemäß sind sämtliche empirisch vorfindbaren Betreibermodell-basierten Infrastrukturprojekte Erfahrungs- und Erkenntnisobjekt der vorliegenden Arbeit. Analog der gewählten Abstraktionsebene werden nachfolgend die generell für sämtliche Betreibermodell-basierten Infrastrukturprojekte zu konstatierenden Ziele des Projekt-Controlling abgeleitet. Mutatis mutandis sind die dergestalt apostrophierten Ziele im konkreten Einzelfall weiter zu präzisieren. Unabhängig vom real vorliegenden Betreibermodell-Projekt sind an die Ziele des Projekt-Controlling– unbeschadet weiterer Aspekte – folgende Anforderungen zu stellen:[503]

- Realistik: Um die Controlling-Effektivität zu gewährleisten, sollten nur solche Ziele gesetzt werden, die unter den gegebenen Projektbedingungen, insbesondere in Hinblick auf die Ressourcenverfügbarkeit, auch erreichbar sind.
- Durchsetzbarkeit: Die Controlling-Ziele müssen von den Projektträgern und im Besonderen von den Zielerreichungsverantwortlichen beziehungsweise den umsetzenden Trägern des Controlling akzeptiert und damit durchsetzungsfähig werden.
- Organisationskongruenz: Die Controlling-Ziele sind so zu bilden, dass eine organisatorische Zuordnung zu Zielerreichungsverantwortlichen beziehungsweise zu den umsetzenden Trägern des Controlling erfolgen kann, ohne dass gegen eine projektinterne oder projektübergreifende Aufbau- oder Ablaufstruktur verstoßen wird.
- Operationalität: Das Unterstützungsziel des Controlling erweist sich als zu allgemein formuliert. Damit die Erfüllung der Finalziele herbeigeführt werden kann und eine konkrete Basis für die Inhaltsbestimmung von wahrzunehmenden Aufgaben besteht, ist es erforderlich, das Oberziel der Führungsunterstützung auf operationalisierte Unterziele herunterzubrechen. Als Voraussetzung für deren Realisierbarkeit und zur Überprüfung deren Reali-

502 Erweitert in Anlehnung an Welge, M.K. (1988), S. 46.

503 Vgl. Wild, J. (1974), S. 55f; Nagel, P. (1992), Sp. 2629ff; Hamel, W. (1992), Sp. 2647ff; Amshoff, B. (1993), S. 157ff.

sation sind die Unterziele projektspezifisch hinsichtlich Inhalt, Ausmaß und zeitlicher Aktualität zu präzisieren. Dabei ist auch darauf zu achten, dass die Übersichtlichkeit gewahrt bleibt und für den Fall hinreichend veränderter Projektsituationen ein Mindestmaß an Zielflexibilität beibehalten wird. Erreicht wird die Operationalisierung über die konkrete Formulierung der Funktionen des Controlling sowie die darauf aufbauende Ableitung von Controlling-Aufgaben und -Instrumenten.

- Widerspruchsfreiheit: Eine effektive Wahrnehmung der Controlling-Funktionen ist nur dann gewährleistbar, wenn die Ziele des Projekt-Controlling Kompatibilität aufweisen, mit anderen Worten gleichzeitig erreichbar sind. Das konstatierte Konglomerat teilweise konfligierender Partikularinteressen sowohl zwischen den einzelnen Projektträgern als auch innerhalb der einzelnen Projektträgerunternehmungen birgt die Gefahr einer inkonsistenten Zielformulierung.
- Vollständigkeit: Vor dem Hintergrund der Existenz von Kollektiv- und Individualzielen der Projektträgerschaft ist die Projektführung einerseits hinsichtlich der von sämtlichen Projektträgern verfolgten Kollektivziele und andererseits, soweit es die jeweilige Projektsituation erfordert und ermöglicht, in Bezug auf die von einzelnen Projektträgern angestrebten Individualziele zu unterstützen.

Wie bereits oben geschildert ist eine direkte Ableitung der Controlling-Ziele aus den allgemeinen Projektträgerzielen aufgrund der im erkenntnistheoretisch engen Sinne fehlenden vertikalen Beziehung beider Zielkategorien nicht möglich, weil die als besonders vielschichtig konstatierten Projektträgerziele wie zum Beispiel die originäre Renditeerzielung oder derivative Absatzsicherung keine theoretisch validen Kriterien für die Ableitung von obersten Projekt-Controlling-Zielen erkennen lassen und zudem die dabei notwendige abschließende Festlegung der Inhalte von Projektträgerzielen vor dem Hintergrund der projektspezifischen Zielvielfalt als unzulässig erscheint. Zur Zielableitung verbleibt demnach lediglich die mittelbare Beziehung zwischen Projektträger- und Projekt-Controlling-Zielen, innerhalb derer die Projekt-Controlling-Ziele entsprechend der Unterstützungsfunktion des Controlling zur Erreichung der Projektträgerziele dienen, die Ziele der Projektträger mithin als beeinflussende Determinanten, jedoch nicht als erkenntnistheoretische Deduktionsbasis im engeren Sinn aufzufassen sind. In Verbindung mit dem zugrunde gelegten Verständnis des Controlling als betriebswirtschaftlich unterstützendes Element des Managements kann deshalb lediglich das Controlling-Oberziel für sämtliche empirisch vorfindbaren Betreibermodell-basierten Infrastrukturprojekte allgemeingültig formuliert werden. Aufbauend auf dem Rationalitätsprinzip, welches über den Bezug auf die Ziele der Projektträger auch das Wirtschaftlichkeitsprinzip auf sich vereint, kann als oberstes Controlling-Ziel die Sicherstellung der Rationalität projektbezogener Handlungsentscheidungen festgehalten werden. Wegen der vertikalen Zielbeziehungen inhärenten Zweck-Mittel-Relation besitzen die daraus abgeleiteten Subziele funktionalen, aufgabenartigen sowie instrumentalen Charakter. Dementsprechend werden die Controlling-Subziele in den Folgekapiteln anhand von Funktionen, Aufgaben und Instrumenten des Controlling operationalisiert.

5 Funktionen und Aufgaben eines lebenszyklusbegleitenden Controlling

Als vertikal vorgelagerte Elemente des konstatierten Controlling-Oberziels der Sicherung der Rationalität projektbezogener Handlungsentscheidungen besitzen die Funktionen und Aufgaben des Controlling instrumentalen Zielerreichungscharakter.[504]

In der betriebswirtschaftlichen Literatur werden Funktionen als synthetisierte Aufgabenbündel definiert.[505] Funktionen sind den Aufgaben auf dem Zielerreichungspfad folglich hierarchisch übergeordnet. Dementsprechend stellen Aufgaben verrichtungs- und objekt- sowie raum- und zeitbezogene Aktivitäten auf niedrigerem Aggregationsniveau dar, welche kontextbezogen weiter in Teil- und Elementaraufgaben untergliedert werden können.[506]

In präskriptiver Sicht verkörpern die hier behandelten Controlling-Funktionen und -Aufgaben Soll-Leistungen, die der Sicherung der Rationalität projektbezogener Handlungsentscheidungen dienen. Entsprechend dieser Erkenntnis soll für die nachfolgende Erarbeitung der Funktionen und Aufgaben des Controlling Betreibermodell-basierter Infrastrukturprojekte das funktionale Aussagesystem allgemeiner Controlling-Konzepte als Anknüpfungsgrundlage dienen. Ein derartiges Vorgehen erscheint aufgrund der größtenteils als etabliert anzusehenden Termini und Beziehungsmuster theoretisch am ehesten geeignet und dazu auch praktisch nachvollziehbar.

5.1 Controlling-Funktionen

5.1.1 Originäre Koordinationsfunktion

Obwohl bezüglich der Funktionen des Controlling keine einheitliche Lehrmeinung herrscht, nimmt die Koordinationsfunktion in der wissenschaftlichen Diskussion der Controlling-Funktionen eine ausnehmend bedeutende Stellung ein. Während HORVÁTH die Koordinationsfunktion bereits in den 1970er Jahren zu einem Grundkonstituenten von Controlling-Konzeptionen erhoben hat,[507] spricht WEBER als einer der frühen Protagonisten für die Anerkennung der Koordinationsfunktion als übergeordnete und umfassende Hauptfunktion des Controlling sogar vom Koordinationsparadigma des Controlling.[508]

Die Koordinationsfunktion des Controlling ist von derjenigen des Managements abzugrenzen. Folgt man dem systemtheoretischen Ansatz der Betriebswirtschaftslehre, welcher als gedanklicher Ordnungsrahmen für die Analyse betriebswirtschaftlicher Problemstellungen dient,[509] dann handelt es sich bei den Objekten der Management-bezogenen Koordination um die Elemente des Ausführungssystems, währenddessen die Controlling-bezogene Koordination auf

---

504 Vgl. Welge, M.K. (1988), S. 25; Amshoff, B. (1993), S. 174f.

505 Vgl. Kosiol, E. (1962), S. 45; Kosiol, E. (1968), S. 82.

506 Vgl. Kosiol, E. (1968), S. 81ff; Hentze, J./Brose, P. (1985), S. 25ff.

507 Vgl. Horváth, P. (1978), S. 202.

508 Vgl. Weber, J. (1990), S. 22ff.

509 Vgl. weiterführend Jobst, S./Lösch, J. (1999), S. 2ff.

die Elemente des Führungssystems ausgerichtet ist.[510] Als für die Koordinationsfunktion des Controlling maßgebende Elemente werden daher in erster Linie die Planung und Kontrolle sowie die Informationsversorgung innerhalb eines spezifischen Führungsgesamtsystems angesehen.[511] Fasst man diese Elemente ebenfalls als Systeme auf, so ist auch die Koordination innerhalb dieser Teilsysteme Gegenstand der Koordinationsfunktion des Controlling.[512]

Hinsichtlich der Art der Koordination können systembildende und systemkoppelnde Koordination unterschieden werden. Die systembildende Koordination beinhaltet die Schaffung einer Gebilde- und Prozessstruktur und wird aufgrund ihres präsituativen Charakters auch als Integration bezeichnet. Unter systemkoppelnder Koordination wird allgemein die gegenseitige Abstimmung der Elemente des Führungssystems verstanden. Hierbei handelt es sich grundsätzlich um Anpassungsvorgänge innerhalb einer bereits bestehenden Systemstruktur. Die Tatsache, dass auch Anpassungsvorgänge auf Basis struktureller Veränderungen existieren, demonstriert allerdings, dass eine generell gültige, trennscharfe Abgrenzung beider Koordinationsformen nicht immer möglich ist.[513]

In Bezug auf die Problemstellung der vorliegenden Arbeit kann davon ausgegangen werden, dass die als Erkenntnisobjekt im Vordergrund stehenden Betreibermodell-basierten Infrastrukturprojekte im Gegensatz zur traditionellen, direkten Bereitstellung infrastruktureller Leistungen durch den Ursprungsauftraggeber für die bei konventioneller Projektdurchführung lediglich als Sekundärbeteiligte tätigen Projektträger mit einem erhöhten systembildenden und systemkoppelnden Koordinationsbedarf verbunden sind und die Koordinationsfunktion des Controlling einen entsprechend hohen Stellenwert einnimmt. Der hohe Bedarf an systembildender und -koppelnder Koordination kann vor allem auf die rechtliche und wirtschaftliche Verselbständigung Betreibermodell-basierter Projekte und die daraus hervorgehenden zusätzlichen Schnittstellen und Kompetenzverteilungen zwischen den Eigenkapital bereitstellenden Projektträgern zurückgeführt werden.[514]

5.1.2 Unterstützung der Koordinationsfunktion durch derivative Funktionen

Die Koordination der Elemente beziehungsweise der Teilsysteme eines betrachteten Führungssystems, hier des Führungssystems Betreibermodell-basierter Infrastrukturprojekte, wurde im vorangegangenen Abschnitt als die originäre Funktion des Controlling herausgestellt. Neben der mittlerweile als theoretisch fundiert anzusehenden Koordinationsfunktion wird dem Controlling in der wissenschaftlichen und wissenschaftsnahen Literatur ein Kanon

---

510 Entsprechend werden die Koordinationsfunktionen des Managements und des Controlling auch als Primär- und Sekundärkoordination voneinander unterschieden (vgl. Schmidt, A. (1986), S. 56; Küpper, H.-U. (1987), S. 96ff; Troßmann, E. (1996), S. 463ff; Wall, F. (2000), S. 295ff; Horváth, P. (2001), S. 125, 129).

511 Vgl. Troßmann, E. (1996), S. 464; Wall, F. (2000), S. 295f; Horváth, P. (2001), S. 130; Schäffer, U./Weber, J. (2002), S. 58f.

512 Diese Aussage spiegeln auch die Gliederungen der Lehrbücher von WEBER, KÜPPER und HORVÁTH wider (vgl. Weber, J. (1995); Küpper, H.-U. (1997); Horváth, P. (2001)).

513 Vgl. Horváth, P. (2001), S. 127ff.

514 Vgl. auch Findorff, U. (1999), S. 168.

weiterer Funktionen zugesprochen, welcher in erster Linie auf die traditionell wahrgenommenen Funktionen real existierender Controlling-Instanzen innerhalb einzelner Projekte oder ganzer Unternehmen zurückzuführen ist.

In weitgehender Übereinstimmung werden insbesondere Planung und Kontrolle, Information sowie Service und Beratung als bedeutende Funktionen des Controlling hervorgehoben.[515] Im Rahmen von Controlling-Konzeptionen dürfen diese wegen ihrer zahlreichen Überschneidungen und Abhängigkeiten keinesfalls als eindeutig isolierbare Controlling-Funktionen angesehen, sondern sollten immer im Zusammenhang betrachtet werden.

Die Planungs- und Kontrollfunktion des Controlling wird üblicherweise als Metafunktion verstanden,[516] mit deren Hilfe „sämtliche Vorkehrungen für einen reibungslosen Ablauf der ‚eigentlichen' Planung"[517] und Kontrolle getroffen werden. Basis hierfür ist ein auf das jeweilige Controlling-Objekt zugeschnittener Komplex von Teilplänen, wie ihn Darstellung 18 beispielhaft aufzeigt. Die Metasicht verdeutlicht die Derivativbeziehung zur übergeordneten Funktion der systembildenden und -koppelnden Koordination. Wie bereits bei der obigen Abgrenzung der Controlling-bezogenen Sekundärkoordination von der Management-bezogenen Primärkoordination angedeutet, sind die gestalterischen Aufgaben der Planung und Kontrolle dem Gegenstandsbereich des Controlling zuzuordnen, während die inhaltlichen Aspekte dem Management obliegen.[518] Demgemäß unterstützt die Planungs- und Kontrollfunktion des Controlling im Sinne des Regelkreismodells der Kybernetik[519] die rationalitätsbasierte Entscheidungsfindung des Managements zur Vornahme vorwärtsgerichteter Steuerung und rückwärtsgerichteter Regelung (Gegensteuerung) von Wirtschaftseinheiten.[520]

---

515 Zusammenfassende Literaturanalysen hierzu finden sich bei AMSHOFF, SCHMIDT und HORVÁTH. Aufgrund der engen, komplementären Beziehungen werden Planung und Kontrolle sowie Service und Beratung im allgemeinen Schrifttum wie auch in der vorliegenden Arbeit als Begriffspaare verwendet (vgl. Amshoff, B. (1993), S. 176; Schmidt, R. (1995), S. 19; Horváth, P. (2001), S. 76ff).

516 Vgl. Horváth, P. (1978), S. 202; Hentze, J./Brose, P./Kammel, A. (1993), S. 83f; Horváth, P. (2001), S. 199.

517 Hentze, J./Brose, P./Kammel, A. (1993), S. 62.

518 Eine analoge Beziehung lässt sich zwischen Planung und Entscheidung feststellen. Während Planung vielfach als reflexionsbasierte Vorbereitung von Entscheidungen interpretiert wird, wird der Begriff der Entscheidung oftmals auf den endgültigen, stärker intuitiv geprägten Auswahlakt sowie die Akzeptanz von Planungsprämissen und Bewertungsvorschlägen eingegrenzt. Dessen ungeachtet bleibt unbestreitbar, dass bereits im Rahmen von Planung Teilentscheidungen zu treffen sind (vgl. Wild, J. (1974), S. 41f; Hentze, J./Brose, P./Kammel, A. (1993), S. 22f; Wall, F. (2000), S. 299f; siehe auch Fußnote 611, S. 139).

519 Umrissen wird der kybernetische Regelkreis in Abschnitt 5.2.1.

520 HUCH konstatiert hierzu: „Controlling bedeutet Steuerung durch Planung und Kontrolle" (Huch, B. (1987), S. 3). Bei dieser Sichtweise beinhaltet die Steuerung sowohl die vorwärtsgerichtete Feed-forward-Komponente des Agierens als auch die rückwärtsgerichtete Feed-back-Komponente des Reagierens.

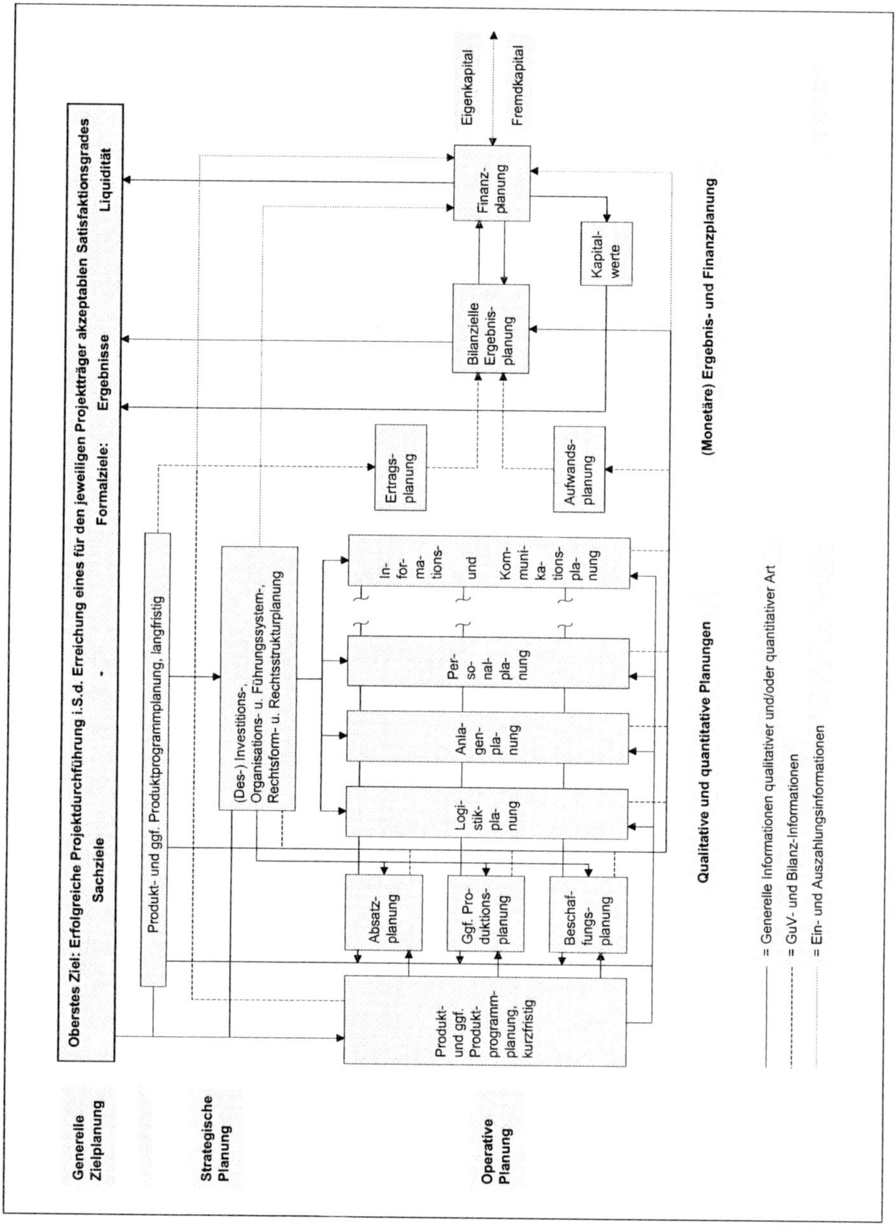

Darstellung 18: Beziehungen der Planungselemente Betreibermodell-basierter Infrastrukturprojekte[521]

521 Aufbauend auf einer allgemeinen Darstellung in Hahn, D./Hungenberg, H. (2001), S. 104.

Die Planung und Kontrolle Betreibermodell-basierter Projekte als Funktion des Controlling setzt auf die Teilplanung der Projektziele auf (vgl. Darstellung 18). Sach- und Formalziele Betreibermodell-basierter Infrastrukturprojekte sowie die Implikationen für deren projektbezogene Planung wurden bereits in Abschnitt 4.1 erläutert. Festgestellt wurde, dass an die Formulierung der aus Projektträgersicht mit einem Projekt verbundenen Ziele eine Reihe von Anforderungen zu stellen ist, wodurch in erster Linie die aus der Vielzahl von Partikularinteressen herrührenden Zieldivergenzen in realistischer Weise kanalisiert werden sollen. Zur Reduktion der Planungs- und Kontrollkomplexität kann das Planungs- sowie das komplementäre Kontrollsystem Betreibermodell-basierter Infrastrukturprojekte in eine strategische und eine operative Ebene unterteilt werden. Während auf der strategischen Ebene diejenigen Handlungsfelder angesiedelt sind, welche sich aufgrund ihres Gesamtprojektcharakters auf die gesamte Dauer des Projektes beziehen und einer entsprechend hohen Unsicherheit unterliegen, bewegen sich die teilprojektbezogenen Aktivitäten auf der operativen Projektebene mit weitgehend wohlstrukturiertem Inhalt. Klassischerweise erfolgt die operative Sachzielplanung und -kontrolle getrennt nach den drei güterwirtschaftlichen Grundfunktionen Absatz, Beschaffung und Produktion, soweit die Hervorbringung des jeweiligen infrastrukturellen Leistungsspektrums als Produktion bezeichnet werden kann. Wie aus Darstellung 18 ersichtlich, gilt es, das weite Feld der Beziehungen zwischen den Elementen des Planungs- und Kontrollsystems effektiv zu ordnen. Hierzu gehört vor allem die frühzeitige Abstimmung der sachzielorientierten auf die formalzielbezogene Planung. Die Koordinationsfunktion des Controlling beinhaltet dabei die Überführung der sachzielorientierten Qualitativ- und Quantitativplanungen in die formalzielbezogenen und schwerpunktmäßig monetär ausgerichteten Ergebnis- und Finanzplanungen. Der Hauptunterschied zur Planung und Kontrolle einer konventionellen Going-concern-Unternehmung besteht in der Existenz eines über den gesamten Projekt- beziehungsweise Unternehmenslebenszyklus inhaltlich, zeitlich und räumlich weitestgehend festgelegten Produktprogramms Betreibermodell-basierter Infrastrukturprojekte, woraus für diese Art der „Unternehmung en miniature“ eine deutliche Komplexitätsreduktion innerhalb der Gesamtplanung und der einzelnen Teilplanungen sowie deren Kontrolle hervorgeht.

Die Wahrnehmung der Planungs- und Kontrollfunktion ist zwangsläufig mit Informationsbeschaffungs- und -verarbeitungsvorgängen verbunden, wodurch auch die enge Beziehung zur Informationsfunktion des Controlling zum Ausdruck kommt. Im Rahmen der systemkoppelnden Sekundärkoordination bilden Informationen das Bindeglied zwischen den primärkoordinierenden Teilplänen. Soll-Leistung der Informationsfunktion des Controlling ist die Abstimmung von Informationsbedarf, Informationsbeschaffung und Informationsbereitstellung[522] zum übergeordneten Zweck der Rationalitätssicherung von Mangemententscheidungen.[523] Die Vielfalt der für die Wahrnehmung der Planungs- und Kontrollfunktion benötigten Informationen lässt sich für die hier behandelten Betreibermodell-Projekte komplexitätsredu-

---

522 Vgl. Küpper, H.-U. (1987), S. 94.

523 Gemäß dem Rationalitätspostulat des Controlling ist die Informationsfunktion allerdings nicht nur unter den gennanten Effektivitätsgesichtspunkten wahrzunehmen, sondern auch selbst hinsichtlich Effizienzüberlegungen auszugestalten, was gegebenenfalls eine Verringerung der Effektivität zur Folge hat.

ziert auf generelle Informationen qualitativer und quantitativer Art, GuV- und Bilanzinformationen sowie zahlungsbasierte Informationen eingrenzen.

Gemäß der geschilderten Beziehung zwischen der Planungs- und Kontrollfunktion sowie der Informationsfunktion des Controlling kann festgehalten werden, dass die genannten drei Funktionen gegenüber der Koordinationsfunktion des Controlling Instrumentalcharakter aufweisen und damit auch als Teilfunktionen der Koordination aufgefasst werden können. Mit anderen Worten bildet die Koordinationsfunktion des Controlling die Originärfunktion, aus der sich derivative Funktionen wie Planung und Kontrolle sowie Information hierarchisch ableiten.

Unmittelbar führungsunterstützend im Sinne einer direkten Unterstützung der Management-bezogenen Primärkoordination wirkt die Service- und Beratungsfunktion des Controlling.[524] Wie die Wortgebung bereits impliziert, handelt es sich dabei nicht um eine Metafunktion im zuvor behandelten Zusammenhang, sondern um dasjenige Bündel an Teilaufgaben, welches die Primärkoordination, hier die des Projektes über den Gesamtlebenszyklus, in Form betriebswirtschaftlicher Teilplanungen und -kontrollen sowie komplementär zu entfaltender Informationsbeschaffungs- und -verarbeitungsaktivitäten unterstützt. Während die Servicefunktion grundsätzlich unterstützende Routinetätigkeiten umfasst, beinhaltet die Beratungsfunktion hauptsächlich einmalige und besonders anspruchsvolle Aufgaben.[525]

Neben der zuvor dargestellten Metafunktion des Controlling sind somit auch betriebswirtschaftlich planerisch-evaluierende und informationsversorgene Handlungen zur Unterstützung nicht zwingend betriebswirtschaftlicher Primärkoordination, beispielsweise des Vertragsmanagements, dem Funktionenspektrum des Controlling zuzuordnen. Da diese Aktivitäten eine Grundvoraussetzung für die zielorientierte Sekundärkoordination darstellen, kann die Service- und Beratungsfunktion dem bereits bestehenden Kanon derivativer Controlling-Funktionen hinzugefügt werden.

5.2 Controlling-Aufgaben

Der Lebenszyklus Betreibermodell-basierter Infrastrukturprojekte wurde bereits in Abschnitt 3.2 als bedeutendes empirisches Charakteristikum herausgestellt. Er ist aber nicht nur in deskriptiver Hinsicht von Bedeutung, sondern kann auch als komplexitätsreduzierende Strukturierungsdimension für die im präskriptiven Sinne als Soll-Leistungen interpretierbaren Controlling-Aufgaben verwendet werden. In Analogie zu der in Abschnitt 2.3.4 vorgenommenen Differenzierung von Projektleistungen nach Phasenbezug können somit auch die Controlling-Aufgaben in phasenübergreifende und -verbindende sowie phasenspezifische Aufgaben unterschieden werden (vgl. Darstellung 19).

---

524 Vgl. auch Küpper, H.-U. (1987), S. 102f.

525 Vgl. Hahn, D./Hungenberg, H. (2001), S. 929, 934.

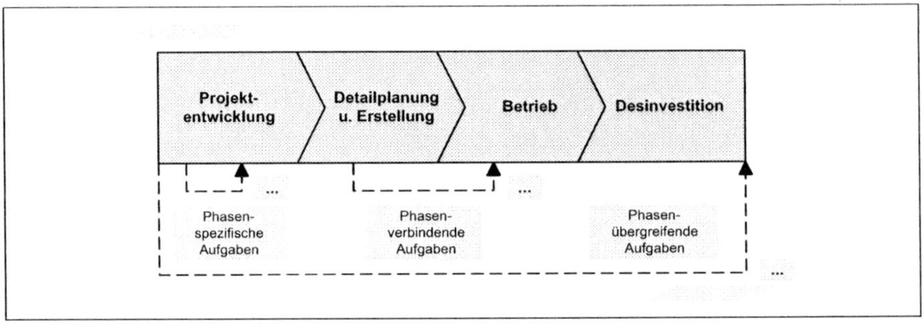

Darstellung 19: Controlling-Aufgaben im Projektlebenszyklus

Naturgemäß sind die phasenspezifischen und -verbindenden Aufgaben von geringer Repetitivität gekennzeichnet, währenddessen die phasenübergreifenden Controlling-Aktivitäten einen tendenziell hohen Wiederholungsgrad aufweisen.

Die Tatsache, dass die seitens der Projektträger als nicht delegierbar gekennzeichneten Gesamtprojektleistungen für phasenübergreifend und die grundsätzlich als delegierbar charakterisierten Teilprojektleistungen für phasenverbindend und phasenspezifisch befunden wurden, verdeutlicht, dass die Controlling-Aufgaben sowohl Gesamtprojekt- als auch Teilprojektbezug aufweisen können und eine Aufgabenübertragung nicht per se auf die Projektträger beschränkt bleibt.

5.2.1 Projektphasenübergreifende und -verbindende Controlling-Aufgaben

5.2.1.1 Kybernetischer Regelkreis als Rahmenmodell

Der Prozess der phasenübergreifenden und -verbindenden Unterstützung der Projektführung kann aufgrund seiner vielfach zyklisch wiederkehrenden Handlungserfordernisse komplexitätsreduziert anhand des Regelkreismodells der Kybernetik veranschaulicht werden (vgl. Darstellung 20). Bereits in Abschnitt 2.2 wurde zum Ausdruck gebracht, dass Betreibermodell-Projekte analog regulärer Going-concern-Unternehmungen als kybernetische Systeme verstanden werden können, welche durch subzyklische Management-Prozesse der Steuerung und Regelung gekennzeichnet sind.[526]

---

[526] Vgl. insbesondere die Ausführungen zur dortigen Darstellung 4.

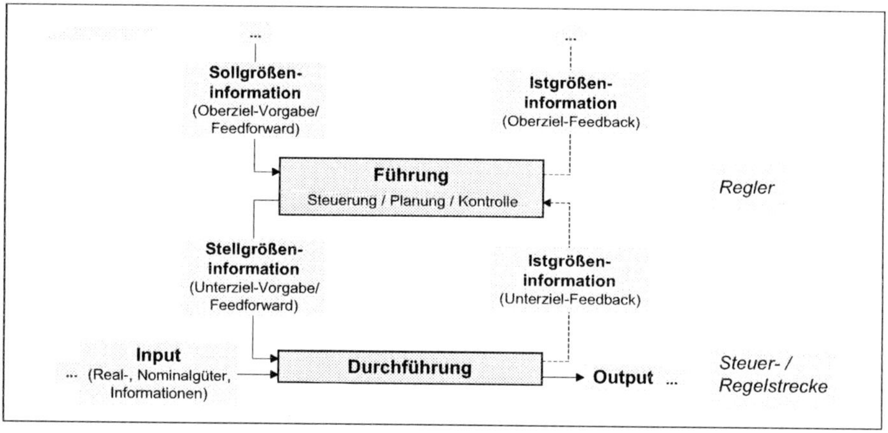

Darstellung 20: Kybernetischer Regelkreis der Führung[527]

Während Steuerung generell die Vorgabe von Durchführungszielen nach dem Prinzip der Vorwärtskopplung beinhaltet, mit anderen Worten mögliche Störungs- beziehungsweise Zielabweichungsursachen bereits ex ante planend berücksichtigt werden (können), und auf diese Weise die Überführung des Handlungsinputs in den gewünschten Output realisiert wird, basiert Regelung auf dem Prinzip der Rückkopplung. Hierbei wird versucht, den Output mittels laufender Ex-post-Behebung von Störungs- beziehungsweise Zielabweichungsursachen über die Kontrolle identifizierter Störungs- beziehungsweise Zielabweichungswirkungen hervorzubringen.[528]

Die Soll- beziehungsweise Stellgrößen im Modell kybernetischer Steuerung und Regelung versinnbildlichen die für den Durchführungsprozess maßgebenden Ziele. Erhält die Führungsinstanz (Regler) Zielvorgaben hierarchisch übergeordneter Instanzen, handelt es sich nicht mehr um den hier dargestellten einfachen, sondern um einen mehrstufigen Regelkreis, innerhalb dessen die Führungsinstanz aus der vertikal übergeordneten Perspektive selbst die Durchführungsinstanz (Steuer-/Regelstrecke) darstellt. Eine derartige Konstellation ergibt sich bei Betreibermodell-Projekten für das Projektmanagement, welches gegenüber den Projektleistungsträgern als zielvorgebende Führungsinstanz und gegenüber den Projektträgern als zielempfangende Durchführungsinstanz auftritt.[529]

Eine zusätzliche Erweiterung erfährt das einfache Regelkreismodell über die horizontale Kopplung von Regelkreisen. Hierbei kann es sich um die zeitliche Verknüpfung der Umsetzung einzelner Teilpläne handeln wie sie die Darstellung 18 beispielhaft aufzeigt. Die phasenübergreifenden Aufgaben des Controlling beinhalten demnach die Unterstützung sämtlicher von Projektbeginn bis hin zum Projektende verbundener und als Regelkreise darstellba-

---

527 Beckmann, D./Huch, B. (2002), S. 153.

528 Vgl. Huch, B./Behme, W./Ohlendorf, T. (1997), S. 231f.

529 Vgl. auch Blohm, H. (1982), S. 872ff.

rer Führungsprozesse. Dahingegen beziehen sich die phasenverbindenden Aufgaben lediglich auf eine zeitlich abgegrenzte Menge miteinander verknüpfter Führungsprozesse.

5.2.1.2 Prämissen- und Realisationskontrolle

Die Planfortschrittskontrolle[530] spiegelt den Regelkreisgedanken in besonderer Weise wider. Im Rahmen der Primärkoordination entworfene Teilpläne (vgl. Darstellung 18, S. 119) werden hier mitlaufend hinsichtlich ihres Realisationsgrades überprüft. Werden Planabweichungen festgestellt, gilt es zu bewerten, ob sich die identifizierten Abweichungen innerhalb zuvor festgelegter Toleranzkorridore bewegen oder ob Korrekturmaßnahmen zur Behebung der Zielabweichungen eingeleitet werden müssen. Die aus den Derivativfunktionen der Planung und Kontrolle, Information sowie Service und Beratung abgeleitete Aufgabe des Controlling ist es, die Abweichungskontrollen zu planen und durchzuführen sowie geeignete Handlungsmaßnahmen der Abweichungsakzeptanz und Abweichungsreaktion in Form geänderter Stellgrößen auf Basis zur Verfügung stehender oder zur Verfügung zu stellender Informationen zu empfehlen und gegebenenfalls zu initiieren. Nicht zwangsläufig ist es Ziel, die vorgebenen Sollgrößen noch zu erreichen. Analyseresultat und Empfehlungsmaßnahme kann auch die Anpassung spezifischer Soll- beziehungsweise Zielgrößen durch die zielsetzende Instanz sein.[531] Dies ist insbesondere dann der Fall, wenn zuvor zugrunde gelegte Planprämissen, beispielsweise hinsichtlich der Entwicklung des rechtlichen oder wirtschaftlichen Umfeldes, einer weitergehenden Überprüfung nicht mehr standhalten.

Anders als der Begriff suggeriert, besitzt auch die Kontrolle in Form der Endkontrolle phasenübergreifenden Charakter. Die Endkontrolle steht nicht allein für den Abbruch eines Führungszyklus, sondern gewinnt ihren Sinn dadurch, Steuerungsimplikationen für künftige und inhaltlich analoge Zyklen zu geben, so dass auch in diesem Zusammenhang der übergeordnete Regelkreisgedanke nicht durchbrochen wird.

5.2.1.3 Unterstützung des Risikomanagements

Der Regelkreismechanismus bildet auch die Grundlage für die Unterstützung des Risikomanagements als Kernaufgabe des Controlling. Da mit Ausnahme der Auftragszusagerisiken, welche verhältnismäßig eindeutig der Phase der Projektentwicklung zugeordnet werden können, sämtliche speziell bei den hier behandelten Betreibermodell-basierten Infrastrukturprojekten identifizierten Risiken[532] entweder einen unmittelbar phasenübergreifenden[533] oder

---

530 Systematisierungen verschiedener Kontrollarten finden sich bei WILD, HENTZE/BROSE/KAMMEL, WEBER und insbesondere bei SCHÄFFER (vgl. Wild, J. (1974), S. 44f; Hentze, J./Brose, P./Kammel, A. (1993), S. 116ff; Weber, J. (1995), S. 150ff; Schäffer, U. (2001), S. 12f).

531 Bei den vorliegenden Betreibermodell-Projekten fungieren in erster Linie das gesamtverantwortliche Projektmanagement und die Gesellschafterversammlung der Projektträger als zielsetzende Instanzen. Die alleinige Zielsetzungskompetenz eines einzelnen Projektträgers dürfte aufgrund der charakteristischen Ausgestaltung als Joint Venture die Ausnahme sein.

532 Für maßgebend wurden Auftragszusagerisiken, Fertigstellungsrisiken, Verfügbarkeitsrisiken, Verfahrenstechnische Risiken, Betriebsmanagementrisiken, Absatzrisiken, Finanzierungsrisiken, Politische Risiken, Delegationsrisiken und Force-Majeure-Risiken befunden (siehe Abschnitt 3.3).

unmittelbar phasenverbindenden[534] Charakter aufweisen beziehungsweise die Risiken wegen des regelmäßig zu konstatierenden zeitlichen Auseinanderfallens von Risikoursachen und Risikowirkungen sowie aufgrund der Notwendigkeit einer frühen antizipativen Berücksichtigung der Risiken nicht für eine einzelne der abgegrenzten Projektphasen lokalisiert werden können, erscheint es sinnvoll, das Risiko-Controlling als grundsätzlich phasenübergreifende beziehungsweise phasenverbindende Controlling-Aufgabe zu verstehen.

Die Zyklen des Risikomanagements bestehen gemeinhin aus den Phasen der Risikoidentifikation und -bewertung sowie der anschließenden Risikosteuerung.[535] Im Allgemeinen wie bei Betreibermodell-basierten Infrastrukturprojekten werden im Zuge der Risikoidentifikation die für bedeutsam erachteten Risiken zusammengestellt. Dabei besteht die aus den Funktionen der Informationsversorgung sowie Service und Beratung abgeleitete Soll-Leistung des Controlling in der Verringerung der Informationsunsicherheit über die Art der zugrundeliegenden Risiken. Sowohl Informationen mit mittelbarem als auch mit unmittelbarem Projektbezug sind dergestalt bereitzustellen, dass eine wirksame Identifikation der relevanten Risiken möglich wird. VON LINDEINER-WILDAU betont in diesem Zusammenhang, dass vor allem die Qualität der Risikoerkennung den Erfolg der anschließenden Steuerung wesentlich determiniert.[536] So birgt mangelnde Sorgfalt bei der Risikoidentifikation die Gefahr, dass latent vorhandene Risikopotenziale zum Zeitpunkt ihrer Manifestation unbeeinflussbare Negativwirkungen von großer Tragweite für den Projekterfolg entfalten. Da die Risikosituation im Projektverlauf variiert, ist die Identifikation von Risiken als Daueraufgabe zu verstehen, wenngleich der Risikoidentifikation während der initiierenden Management-Zyklen die höchste Bedeutung zukommen dürfte.[537, 538]

Die Kernaufgabe des Controlling bildet die laufende und effektive Nutzung der vorhandenen sowie neu zu erschließenden Informationsquellen. Speziell bei Betreibermodell-basierten Infrastrukturprojekten gehören hierzu in erster Linie das Erfahrungswissen der Projektträger und – im häufigen Fall des Invited Bidding – die konkret vorliegenden Ausschreibungsunterlagen. Neben diesen internen beziehungsweise unmittelbar projektbezogenen Informationsquellen sollten aber auch externe Mitteilungen nationaler und supranationaler Institutionen wie Marktforschungsinstituten und Außenhandelsagenturen, an Projektfinanzierungen beteiligten

533 Hierzu könnten beispielsweise die politischen Risiken gezählt werden.

534 So entfalten etwa Force-Majeure-Risiken ihre Wirkung grundsätzlich erst ab Erstellungsbeginn.

535 Vgl. Braun, H. (1984), S. 65f; Schmitt, W. (1989), S. 207; Kromschröder, B./Lück, W. (1998), S. 1574; Beckmann, D./Jäde, D. (2002), S. 36f. Der Terminus Steuerung umfasst in diesem Fall auch die auf Kontrolle basierende Gegensteuerung (Regelung).

536 Vgl. Lindeiner-Wildau, K.v. (1991), S. 31.

537 Dies ist auch der Grundgedanke der neudeutsch als Due Diligence bezeichneten „angemessen sorgfältigen" Projektüberprüfung (vgl. Ohl, H.-P. (2000), S. 128; Claus, J. (2001), S. 57ff).

538 Dem erzielbaren Nutzen aus der Verringerung der Informationsunsicherheit ist nach dem allgemeinen Wirtschaftlichkeitspostulat auch der korrespondierende Ermittlungsaufwand gegenüber zu stellen. Vor dem Hintergrund der großen Projektvolumina und der entsprechend beträchtlichen Schadenspotenziale erscheint jedoch der Nutzengewinn aus der detaillierten Identifikation der Projektrisiken bei Betreibermodell-basierten Infrastrukturprojekten auch bei sehr hohem Aufwand als regelmäßig rechtfertigend hoch. Zur Bewertung von Informationskosten und -nutzen vgl. Laux, H. (1998), S. 333ff.

Banken und Beratungsunternehmen sowie themenkreisbezogene Presseveröffentlichungen in Zeitungen oder Fachzeitschriften zur Analyse der projektspezifischen Risikoexposition herangezogen werden.[539] Im Hinblick auf zukünftig oder simultan verfolgte Betreibermodell-Vorhaben besitzt die adäquate Dokumentation der gewonnenen Daten für die Projektträger auch strategischen Charakter.

In der Phase der Risikobewertung beinhaltet der ebenfalls aus dem Funktionenspektrum der Informationsversorgung sowie Service und Beratung resultierende Aufgabenkomplex das Quantifizieren der Risiken. Ziel der Risikobewertung ist es, die Informationsunsicherheit über die Bedeutung der zuvor identifizierten Risiken wirkungsvoll zu verringern. Neben der eigentlichen Bewertung der Risiken besteht dabei die grundlegende Ausgangsaufgabe des Controlling in der Herstellung einer einheitlichen Bewertungsbasis und der Entwicklung darauf abgestimmter Bewertungsmethoden.[540] Für die vorliegenden Betreibermodell-basierten Infrastrukturprojekte bieten sich als schlussendliche und praktikable Bewertungsbasis Geldeinheiten an. Insbesondere die Gefährdung der von privaten Projektträgern schwerpunktmäßig verfolgten monetären Ziele kann auf diese Weise zweckgerecht gemessen werden. Auf den Zwischenstufen der Transformation identifizierter und verbal formulierter Risiken zu geldlichen Verlustbeträgen ist es zudem möglich, die Risiken nach der von ihnen ausgehenden Gefährdung der sonstigen Projektträgerziele zu beurteilen.[541]

Der Gesamtkomplex der Identifikation und Bewertung der Projektrisiken kann gedanklich zum Aufgabenbereich der Risikoanalyse zusammengefasst werden. An diesen aus Controlling-Sicht bedeutendsten Teilabschnitt des Risikomanagements schließt sich die seitens der Projektleitung zu veranlassende Steuerung der Risiken an. Als erste Teilmaßnahme innerhalb der Steuerungsphase ist zu entscheiden, welche Risiken selbst getragen werden können, welche Risiken fremdübertragen werden sollten, und wie selbst zu tragende Risiken gegebenenfalls ursachen- oder wirkungsbezogen reduziert werden können.[542, 543] Dabei bestehen die aus den Derivativfunktionen der Planung und Kontrolle, Informationsversorgung und Beratung hervorgehenden Controlling-Leistungen zunächst in der reflektierenden[544] Erarbeitung und

---

539 Als international etabliertes „Meta-Medium" kann die Zeitschrift PROJECT FINANCE INTERNATIONAL (PFI) angesehen werden, innerhalb derer regelmäßig Zusammenstellungen und Analysen konkreter Projekte sowie allgemein der weltweit führenden Akteure auf dem Markt für Leistungen Betreibermodell-basierter Infrastrukturprojekte gegeben werden.

540 Vgl. Franke, A. (1993), S. 174f; Lutzner, P. (1998), S. 79.

541 Die Ziele privater und öffentlicher Projektträger waren Untersuchungsgegenstand im Abschnitt 4.1.

542 Ursachenbezogene Maßnahmen dienen der Verringerung der Eintrittswahrscheinlichkeit, wirkungsbezogene der Reduzierung des Schadensausmaßes (vgl. Beckmann, D./Jäde, D. (2002), S. 37).

543 Der oftmals bei Risikomanagementkonzepten angeführte Aspekt der Risikodiversifikation mittels Nutzung von Neutralisationswirkungen zwischen den einzelnen Risiken gewinnt bei Betreibermodell-Projekten erst aus der hier wegen der konstatierten geringen empirischen Relevanz nicht im Vordergrund stehenden Multiprojektbetrachtung an Bedeutung (siehe zur Begründung für die Einzelprojektorientierung der vorliegenden Arbeit insbesondere Fußnote 498, S. 113).

544 Die Reflexion gilt im Rahmen rationaler Führung als bedeutendes Abgrenzungsmerkmal des Controlling gegenüber dem Pendant der nicht minder wichtigen Intuition (vgl. Weber, J./Schäffer, U. (1999), S. 205ff; Pietsch, G./Scherm, E. (2001), S. 308ff). Beide Aspekte vereinend kann die Vermittlung expliziten Risikobewusstseins bei den Trägern der Projektplanungen und die Schaffung einer allgemeinen Risikokultur bei

Empfehlung entsprechender Bewältigungsmaßnahmen, anhand derer die befugten Entscheidungsinstanzen auf Grundlage der von den Projektträgern verfolgten Risikopolitik geeignete Steuerungsaktivitäten einleiten können.[545]

Seitens des Controlling sind hierzu – nötigenfalls unter Einschaltung hinreichend versierter Fachgutachter – zusätzliche risikokategoriebezogene Informationen zu beschaffen und adäquat aufzubereiten. Resultat einer derartigen Erarbeitung von Handlungsempfehlungen kann beispielsweise die Unterteilung der identifizierten Risiken nach projektträgerseitiger Beeinflussbarkeit sein. In Verbindung mit zuvor auch unter Wahrscheinlichkeitsaspekten berechneten potenziellen Schadenshöhen können hieraus Aussagen über den Sinn einzelner Risikosteuerungshandlungen abgeleitet werden. Beispielsweise ist es denkbar, dass die von den Projektträgern verfolgte Risikopolitik vorsieht, beeinflussbare Risiken geringeren Schadensausmaßes grundsätzlich selbst zu übernehmen, beeinflussbare Risiken größeren Volumens wenigstens teilweise fremd zu übertragen, unbeeinflussbare und gleichzeitig geringfügige Risiken gegebenenfalls ebenfalls selbst zu tragen sowie unbeeinflussbare, größere Risiken zwingend auf anderweitige Projektbezugsgruppen abzuwälzen. Eine entscheidende Rolle für die tatsächliche Risikoverteilung dürften die grundsätzliche Bereitschaft sämtlicher Projektbeteiligter zur Übernahme der Projektrisiken und die Höhe der dafür von ihnen geforderten Prämien spielen.

Als nächstfolgende Steuerungsmaßnahme dient die projektspezifische Umsetzung der angestrebten Allokation identifizierter Risiken auf die verschiedenen Projektbeteiligten.[546]

Die rechtliche Basis hierfür bilden:

- der Projektrahmenvertrag zwischen Ursprungsauftraggeber und Projektträger,
- die Korporationsverträge zwischen den einzelnen Projektträgern,
- das Vertragswerk der Projektfinanzierung sowie
- die diversen Kontraktverträge zwischen Projektträger und Projektleistungsträgern.

Den nach erfolgter Verteilung der Projektrisiken letzteinstehenden Risikoträgern obliegt das operative Management der übernommenen Risiken. Dies erfordert das weitere Durchlaufen von Risikomanagementzyklen bei höherer Detaillierung und Spezifizierung. So hat ein Ersteller, welcher sich im Rahmen eines Turn-Key- oder EPC-Vertrages zur Übernahme der Fertigstellungsrisiken verpflichtet, das erwartete Gesamtfertigstellungsrisiko bereits vor Auftragsannahme im Rahmen einer Risikoanalyse in die für ihn relevanten Teilrisiken zu unterteilen und zu bewerten. Nach Auftragserhalt sind die übertragenen Risiken mittels Sekundärdelegation sowie im Zuge der technischen Planung und Ausführung zu steuern.

---

den beteiligten Projektträgern als phasenübergreifende Aufgabe des Controlling verstanden werden (vgl. auch Braun, H. (1984), S. 75f).

545 Vgl. Braun, H. (1984), S. 66; Beckmann, D./Jäde, D. (2002), S. 35ff. Den Steuerungsaktivitäten hinzuzurechnen sind hier auch Projekt- oder Teilprojektabbruchentscheidungen.

546 Zu den regelmäßig partizipierenden Beteiligtengruppen siehe Abschnitte 3.1.2 und 3.1.3.

Eine Übersicht über mögliche Maßnahmen der Risikosteuerung auf Ebene eines gesamtverantwortlichen Projektträgers gibt Darstellung 21.

Risikoart	**Mögliche Handlungsmaßnahmen**
Auftragszusagerisiken	- eingehende Marktrecherche und laufende Konkurrenzanalyse - umfassende Analyse der Ziele und Präferenzen potenzieller Auftraggeber und darauf abgestimmte Angebotserstellung - Kooperation oder Zusammenschluss mit konkurrierenden Anbietern[547]
Fertigstellungsrisiken	- möglichst unabhängige Expertisen zur technischen und zeitlichen Projektdurchführbarkeit, insbesondere hinsichtlich Standortbedingungen, Konstruktionsmerkmalen und Erstellungskosten[548] - Einsatz bewährter Technologien[549] - Transfer auf geeigneten Ersteller unter Vereinbarung situationsbedingter Pönale mittels festpreisgebunder Schlüsselfertigverträge und Fertigstellungsgarantien[550] - Beteiligung von Erstellern an der Projektträgerschaft[551] - Teilübertragung auf Versicherer[552]
Verfügbarkeitsrisiken	- seriöse Prognosen und Gutachten zur lokalen Bevölkerungsentwicklung, deren Ausbildungsstand sowie zur Verfügbarkeit benötigter Roh-, Hilfs- und Betriebsstoffe - Vereinbarung durchsetzungsfähiger beziehungsweise durch Sekundärpartner abgesicherter Liefergarantien und Langfristverträge[553] - Beteiligung von Lieferanten an der Projektträgerschaft[554] - Übertragung auf Fremdkapitalgeber
Verfahrenstechnische Risiken	- möglichst unabhängige Studien und Gutachten zur einzusetzenden Verfahrenstechnik sowie Outputleistung und -qualität - Einsatz bewährter Technologien[555] - Teilübertragung auf Ersteller mittels (Gewähr-) Leistungsgarantien[556] - Teilübertragung auf Betreiber mittels rechtlich bindender Vorgaben hinsichtlich Ausführungsart und -qualität der zu erbringenden technischen Betriebsleistungen - Teilübertragung auf Versicherer *Fortsetzung auf Folgeseite...*

547 Vgl. Joosten, R. (1994), S. 62, 64f; Hintze, M. (1998), S. 316ff.

548 Vgl. Uekermann, H. (1993), S. 38f.

549 Vgl. UNIDO (1996), S. 164.

550 Vgl. vertiefend Schmitt, W. (1989), S. 199ff; Uekermann, H. (1993), S. 40ff; Tytko, D. (1999), S. 56ff; Nevitt, P.K./Fabozzi, F.J. (2000), S. 25f; Strohbach, H. (2001), S. 112f.

551 Siehe auch Fußnote 441 (S. 99).

552 Zu Versicherungsleistungen bei privatisierten Infrastrukturprojekten vgl. Findorff, U. (1999), S. 169ff.

553 Vgl. vertiefend Uekermann, H. (1993), S. 66ff; Tytko, D. (1999), S. 67f.

554 Siehe auch Fußnote 448 (S. 100).

555 Vgl. kritisch Uekermann, H. (1993), S. 69ff.

556 Vgl. vertiefend Uekermann, H. (1993), S. 72f; Tytko, D. (1999), S. 58ff.

	... Fortsetzung von vorangehender Seite
Betriebsmanagement-risiken	- Übertragung auf erfahrene Betreiber mittels rechtlich bindender Vorgaben hinsichtlich Ausführungsart und -qualität zu erbringender wirtschaftlicher Betriebsleistungen - direkte Beteiligung von Betreibern an der Projektträgerschaft - erfolgsabhängige Vergütung für die wirtschaftlichen Betriebsleistungen
Absatzrisiken	- möglichst unabhängige Sachverständigenprognosen zu projektspezifischem Preis-Absatz-Verhalten sowie standortnaher Konkurrenz- und Substitutionsgefahr - laufende Analyse des Preis-Absatz-Gefüges und darauf aufbauende Konditionengestaltung - Transfer auf Abnehmer mit Hilfe von Take-and- und Take-or-Pay-Verträgen[557] sowie Preisanpassungsklauseln - Teilübertragung auf Fremdkapitalgeber mittels Cash-flow-angepasster Tilgung
Finanzierungsrisiken	- Transfer auf Kapitalmarktteilnehmer mittels Caps, Collars, Swaps und Termingeschäften[558] - Teilübertragung auf Fremdkapitalgeber mittels Festzinsvereinbarung - Übertragung auf beziehungsweise Weitergabe an Abnehmer und Hoheitsträger[559]
Politische Risiken	- seriöse Studien zur nationalen und lokalen politisch-rechtlichen Situation - Transfer auf (Exportkredit-) Versicherer[560] - Transfer auf verantwortliche Hoheitsträger[561] - Beteiligung (lokaler/nationaler) öffentlicher Institutionen an der Projektträgerschaft
Delegationsrisiken	- Vergabe der Teilprojektleistungen an leistungsfähige und -willige Nachunternehmer - Formulierung möglichst vollständiger Projektleistungsverträge - Verringerung von Schnittstellen mittels Vergabe umfangreicher Leistungsbündel - Beteiligung von Teilprojektleistungsträgern an der Projektträgerschaft - Ex-ante-Vereinbarung von Schiedsgerichts- und Konfliktlösungsmechanismen[562]
Force-Majeure-Risiken	- Studien zu geotechnischen und klimatischen sowie makropolitischen Verhältnissen - Transfer auf Versicherer, Hoheitsträger und Kapitalmarktteilnehmer[563]

Darstellung 21: Risikosteuerungsmaßnahmen von Projektträgern Betreibermodell-basierter Infrastrukturprojekte

---

557 Hinsichtlich Inhalt, Anwendung und Variationen derartiger Regelungen siehe Abschnitt 3.3.3 (dort im Speziellen Punkt 6).

558 Die Fußnoten 396 (S. 87) und 400 (S. 88) beinhalten Literaturangaben zu deren konkreter Funktionsweise.

559 Vgl. Özdoganm, I.D./Birgönül, M.T. (2000), S. 350.

560 Vgl. vertiefend Tytko, D. (1999), S. 68ff.

561 Vgl. auch Schmitt, W. (1989), S. 200; Rudolph, B. (1998), S. 61f; Özdoganm, I.D./Birgönül, M.T. (2000), S. 350ff; Wang, S.Q. et al. (2000a), S. 200; UNCITRAL (2001), S. 51f.

562 Vgl. Nicklisch, F. (1994), S. 56ff; Höpfner, K.-U. (1995), S. 212; Nicklisch, F. (1996), S. 149ff; Nicklisch, F. (1998), S. 6ff; Herrmann, G. (2000), S. 158f; Hobeck, P.A. (2000), S. 165ff; Koch, C. (2000), S. 143ff; Nicklisch, F. (2000), S. 5ff.

563 Vgl. im Speziellen Becker, H.A./Bracht, A. (1999), S. 21ff; o.V. (2002g), S. 14.

Die nach Allokation der identifizierten Risiken verbleibenden Restrisiken bleiben entweder latent vorhanden, werden offenbar oder entfallen im Laufe des Projektlebenszyklusses. Ergriffene Maßnahmen können zudem zu anderen als den bezweckten Wirkungen führen. Daher sollten sämtliche Bewältigungsmaßnahmen vom Projektträger unter Berücksichtigung des allgemeinen Wirtschaftlichkeitspostulats[564] lebenszyklusbegleitend und entscheidungsorientiert auf ihre Wirksamkeit hin überprüft werden. Soweit es sich um anpassungsfähige oder revidierbare Risikosteuerungsmaßnahmen handelt, lassen sich daraus operative Rückschlüsse für das vorliegende Projekt ziehen. Fernerhin können nahezu immer strategische Erkenntnisse für Folge- oder Parallelvorhaben gesammelt werden.

Zurückgehend auf das eingangs vorgestellte Regelkreismodell der Kybernetik können sämtliche Zyklen des Managements von Risiken modellhaft als System vermaschter Regelkreise angesehen werden, innerhalb dessen die Projektrisiken als spezifische Störgrößen auf die vielfältigen Steuer- und Regelstrecken einwirken. In Bezug auf die konstatierte Koordinationsfunktion des Controlling besitzt die Unterstützung des Risikomanagements sowohl systembildende als auch systemkoppelnde Aufgabenfelder. Systembildend sind diejenigen Controlling-Aktivitäten, welche über die Konzeption und Bereitstellung adäquater Instrumente die Voraussetzungen für die systematische Bewältigung der Projektrisiken schaffen. Als systemkoppelnd können diejenigen Koordinationsaktivitäten verstanden werden, welche die laufende Nutzung und Anpassung der Risikohandhabungsinstrumente zum Inhalt haben.[565] Gemäß der derivativen Controlling-Funktionen der Planung und Kontrolle, Informationsversorgung sowie Service und Beratung können somit den Risikomanagementprozess vorbereitende Planungs-, Informationsversorgungs- und Beratungsaktivitäten von unmittelbar Risikomanagementprozess-begleitenden Planungs- und Kontroll-, Informationsversorgungs- sowie Service- und Beratungsaktivitäten unterschieden werden.

5.2.1.4 Know-how-Sicherung

Um die Verwirklichung der originär und derivativ als Projektträger verfolgten Ziele effektiv zu fördern, umfasst das projektbegleitende Aufgabenspektrum des Controlling aber nicht nur gefahren-, sondern auch chancenorientierte Führungsunterstützungsmaßnahmen. Die primärkoordinierenden Aktivitäten des Managements sind deshalb so zu unterstützen, dass die erhofften Projekterfolge, das heißt die verfolgten Projektzielsetzungen, in der Kenntnis kritischer Erfolgsparameter auch vorkoppelnd erreicht werden können.[566] Im Rahmen einer laufenden und systematischen Sammlung fremder und eigener Projektträgererfahrungen sind

---

564 Siehe auch Fußnote 537 (S. 125).

565 Vgl. Braun, H. (1984), S. 61; Franke, A. (1993), S. 62f.

566 Das Unterlassen vorkoppelnder chancenorientierter Steuerungsmaßnahmen führt zwar zu gleichen Wirkungen wie der Eintritt von Projektrisiken. Gemäß der Kennzeichnung von Risiken als vielfach wenig beeinflussbare Störgrößen im Führungszyklus dürfte aber regelmäßig davon auszugehen sein, dass das frühzeitige Ergreifen chancenorientierter Steuerungsmaßnahmen zum einen Effizienz- und zum anderen Effektivitätsvorteile mit sich bringt. Aus diesem Grunde wird der Chancenaspekt ausdrücklich betont.

dazu Erkenntnisse über die „wesentlichen Determinanten (Schlüsselfaktoren)"[567] des Projekterfolges abzuleiten und zu dokumentieren.[568]

Die alleinige implizite Speicherung erfolgsrelevanten Wissens als Erfahrungsschatz der Projektmitarbeiter kann dabei aufgrund von Mitarbeiterfluktuation und Wissensstreuung als unzureichend angesehen werden. Vielmehr müssen – zurückgehend auf die Informationsversorgungs- sowie Service- und Beratungsfunktionen des Controlling – die subjektiven Erfahrungen involvierter Projektpersonen, die Erkenntnisse der einzelnen beteiligten Projektträgerunternehmen und des gesamten Trägerkollektivs sowie projektübergreifend die Feststellungen und Forschungsresultate externer Personen und Institutionen explizit analysiert und daran anknüpfend langfristig nachvollziehbar dokumentiert werden. Dabei können mit steigender Relevanz für den vorliegenden Kontext Erfolgsfaktoren herkömmlicher Going-concern-Unternehmungen[569] von denen allgemeiner Projekte[570] und Joint-Ventures[571] sowie speziell von Betreibermodell-basierten Infrastrukturprojekten und gesonderter Aspekte derselben[572] unterschieden werden.

Einen besonderen Stellenwert nimmt die systematische Erfassung von Erfahrungen in Form von (Teil-) Abschlussberichten ein, auf deren Grundlage künftige Projekte zielführender geplant, überwacht und gesteuert werden können. Im Mittelpunkt von Abschlussbetrachtungen sollte der Vergleich der ursprünglich beabsichtigten Ziele und Prämissen mit den während des Projektverlaufs modifizierten Ziel- und den letztendlich erreichten Ist-Größen stehen. Darauf aufbauend können Aussagen über den Erfolg eines Projektes getroffen und Ursachenanalysen zwecks Erzielung von Lerneffekten durchgeführt werden.[573]

5.2.1.5 Koordination vertikaler und horizontaler Kooperationen

Das hervorstechendste Kennzeichen von Betreibermodellen besteht in der Übernahme der Gesamtprojektverantwortung durch die Projektträger.[574] Hiermit einher geht die Übernahme der gesamtprojektbezogenen Koordinationsleistungen. Im Gegensatz zu der teilprojektleistungsbezogenen Koordination, zu der sich die verschiedenen Träger der Teilprojektleistungen

---

567 Fritz, W. (1990), S. 92.

568 Der konsequente Aufbau und die kontinuierliche Sicherung von Projektträger-Know-how gelten selbst als bedeutsame Erfolgsfaktoren Betreibermodell-basierter Infrastrukturprojekte (vgl. Ferrigno, J.W. (1990), S. 3.4f; Zur, E. (1996), S. 26f; Hintze, M. (1998), S. 276f; Meeder, S. (2000), S. 91).

569 Vgl. weiterführend Fritz, W. (1990), S. 91ff.

570 Vgl. Alter, R. (1991), S. 324ff; Balling, R. (1998), S. 98ff.

571 Vgl. ebenfalls weiterführend Helm, R./Peter, A. (1999), S. 27ff.

572 Vgl. Ferrigno, J.W. (1990), S. 3.1ff; Elwan, I. (1990), S. 9.1ff; Tiong, R.L.K./Yeo, K.-T./McCarthy, S.C. (1992), S. 217ff; Tiong, R./Yeo, K. (1993), S. 83ff; Tiong, R.L.K. (1995c), S. 304ff; Walker, C./Smith, A.J. (1995), S. 240ff; Tiong, R.L.K. (1996), S. 205ff; UNIDO (1996), S. 279ff; Zur, E. (1996), S. 26f; Keong, C.H./Tiong, R.L.K./Alum, J. (1997), S. 59ff; Tiong, R.L.K./Alum, J. (1997b), S. 76ff; Tiong, R.L.K./Alum, J. (1997c), S. 6ff; Tiong, R.L.K./Alum, J. (1997d), S. 83ff; Hintze, M. (1998), S. 276f; Tam, C.M. (1999), S. 377ff; Meeder, S. (2000), S. 91; Nevitt, P.K./Fabozzi, F.J. (2000), S. 3, 9ff; Özdoganm, I.D./Birgönül, M.T. (2000), S. 345ff.

573 Vgl. auch Alter, R. (1991), S. 323ff; Kraege, R. (1997), S. 204ff; Lutzner, P. (1998), S. 164ff, 215ff.

574 Siehe insbesondere Abschnitt 2.4.2.

verpflichten, beinhaltet die gesamtprojektbezogene Koordination die in Abschnitt 5.1.1 als originäre Controlling-Funktion identifizierte Sekundärkoordination, hier der primären und sekundären Projektbeteiligten als Elemente des leistungsteiligen Systems Betreibermodell-basierter Infrastrukturprojekte.[575] Die Beziehungen zwischen den Projektbeteiligten spiegeln die verschiedenartigen Kooperationsformen wider, wobei einerseits vertikale Kooperationen zwischen dem gesamtverantwortlichen Projektträger und den teilverantwortlichen Erbringern der Teilprojektleistungen sowie andererseits die horizontale Kooperation der einzelnen Projektträger untereinander unterschieden werden können.[576]

Obwohl insbesondere die systembildenden Koordinationsaktivitäten schwerpunktmäßig in den frühen Phasen des Lebenszyklus Betreibermodell-basierter Infrastrukturprojekte anzusiedeln sind, kann die Koordination der Projektpartner als phasenverbindendes und phasenübergreifendes Aufgabenbündel des Controlling angesehen werden, da die systembildende Koordination der vertikalen Kooperationen aufgrund der zeitlich teilweise weit auseinander liegenden Teilprojektleistungen ebenso wie die systemkoppelnde Koordination der vertikalen und horizontalen Kooperationen als laufende Soll-Leistung des Controlling interpretiert werden kann. Lediglich die konstituierend systembildende Koordination der in horizontaler Beziehung stehenden Erstprojektträger kann verhältnismäßig eindeutig der Phase der Projektentwicklung zugeordnet werden.[577]

Aufgrund der zu einem Großteil langfristigen Kooperationsbeziehungen im Rahmen Betreibermodell-basierter Infrastrukturprojekte entfällt der Markt als laufender Koordinationsmechanismus weitgehend. Andererseits verbietet insbesondere die rechtliche Selbstständigkeit der Projektpartner rein hierarchische Koordinationsmechanismen. Typischerweise entsteht eine hybride Koordinationsform zwischen Markt und Hierarchie, innerhalb derer anderweitige, stärker institutionalisiertere Mechanismen der Koordination wie zum Beispiel die einzelvertragliche Koordination im Rahmen des Gesamtvertragswerkes[578] und die gegenseitige Abstimmung in Form regelmäßiger schriftlicher und mündlicher Informationsaustausche an Bedeutung gewinnen.[579]

Wie bereits in Abschnitt 5.1 dargelegt, leiten sich aus der Koordinationsfunktion des Controlling Planungs- und Kontroll-, Informations- sowie Service- und Beratungsaktivitäten ab, welche in Anlehnung an das vorgestellte Modell des kybernetischen Regelkreises zyklische und subzyklische Abläufe aufweisen. Ein typischer Koordinationszyklus besteht mit Blick auf die hier betrachteten vertikalen und horizontalen Kooperationen in der Ermittlung des Kooperationsbedarfs, der Identifikation und Auswahl sowie der schnittstellenüberwindenden Abstimmung und Ausrichtung der Kooperationspartner aufeinander.

---

575 Zur Differenzierung primärer und sekundärer Projektbeteiligter siehe Abschnitt 3.1.

576 Ebenso differenzieren HINTZE und BECKER (vgl. Hintze, M. (1998), S. 316; Becker, P.S. (2000), S. 23).

577 Siehe hierzu Abschnitt 5.2.2.1.2.

578 Zum Vertragsnetz Betreibermodell-basierter Infrastrukturprojekte siehe Abschnitte 2.4 und 3.1.

579 Vgl. Jürgens, W.H. (1994), S. 57ff; Hirschmann, P. (1998), S. 18ff; Drews, H. (2001b), S. 46; Strohbach, H. (2001), S. 317ff.

Für die Projektträger entsteht ein Kooperationsbedarf immer dann, wenn die verfolgten Ziele durch die Kooperation mit Projektpartnern mindestens so gut erfüllt werden können wie bei Unterlassen der Kooperationsalterantive. Mit anderen Worten muss der Kooperationsnutzen den dazugehörigen Aufwand aus der Anbahnung, Aufrechterhaltung und Beendigung sowie daraus folgenden Verbund- und Risikowirkungen überwiegen.[580] Die Controlling-Aufgabe besteht daher in der Erarbeitung transparenter Entscheidungsgrundlagen hinsichtlich des Ausmaßes an Kooperationsnotwendigkeit. Hierbei sind mögliche Wirkungen des Eingehens und Unterlassens unterschiedlicher Kooperationsalternativen gegenüberzustellen.

Hinsichtlich der Entscheidung zur Delegation von Leistungen im Rahmen vertikaler Kooperationen müssen für die als Bezugsalternativen interpretierbaren Wahlmöglichkeiten Bewertungsmodelle erarbeitet werden, anhand derer die Vor- und Nachteile der jeweiligen Form der Zusammenarbeit zusammenfassend bewertet werden können. Ebenso können die verschiedenen Alternativen horizontaler Kooperation miteinander verglichen werden. Ergebnis dieser Prozesse können Partnerprofile sein, anhand derer potenzielle Projektpartner im Rahmen der Partnersuche hinsichtlich ihrer Leistungs- und Differenzierungsmerkmale identifiziert und bewertet werden. Hierzu sind die aus dem Bedarf an Kooperation hervorgehenden Anforderungen inhaltlich festzulegen und gegebenenfalls hinsichtlich des angestrebten Ausmaßes zu spezifizieren.

Für die Partnersuche im Rahmen vertikaler Kooperationen gilt es zum Beispiel, vorab unterschiedliche Bezugskonzepte gegeneinander abzuwägen. So sind Single-Sourcing-Entscheidungen grundsätzlich mit einer höheren Bindungswirkung und Abhängigkeit sowie der Gefahr erhöhter Delegationsrisiken verbunden, währenddessen Multiple-Sourcing-Konzepte in der Regel höhere Transaktionskosten[581] verursachen.[582] Aufbauend auf derartigen Grundsatzerwägungen sind konkrete Anforderungen wie die Kompatibilität der verfolgten Ziele, die Höhe der erwarteten Transaktionskosten, das erforderliche teilleistungsbezogene Know-how und Möglichkeiten zur Erlangung desselben, die allgemeine Reputation und finanzielle Solidität, Verbundvorteile[583], die Höhe der geforderten Entgelte, das Ausmaß der Bereitschaft zur Erbringung nicht unmittelbar mit der gewünschten Teilleistung in Zusammenhang stehenden Zusatzleistungen wie zum Beispiel die Garantiengewähr im Rahmen der Risikoteilung sowie die Bereitschaft und Fähigkeit zur Übernahme kumulierter, das heißt den

580 Vgl. auch Schulte-Althoff, M. (1992), S. 141, 161; Albe, F. (1995), S. 32; Balling, R. (1998), S. 78; Höftmann, B. (2001), S. 261.

581 Transaktionskosten sollten zahlungsmäßig verstanden werden. Sie gliedern sich für gewöhnlich in Kosten der Anbahnung, Vereinbarung, Kontrolle und Anpassung einer Kooperation und umfassen demnach die Grenzkoordinationskosten, welche aus dem zusätzlichen Eingehen einer Kooperation hervorgehen. Einen Überblick gibt JÜRGENS (vgl. Jürgens, W.H. (1994), S. 42).

582 Vgl. auch Arnold, U. (1996), Sp. 1864f.

583 Zu verschiedenen Ausprägungen von Verbundvorteilen im Rahmen Betreibermodell-basierter Infrastrukturprojekte vgl. Jürgens, W.H. (1994), S. 86f; Girmscheid, G./Behnen, O. (2000), S. 36f; Alfen, H.W. (2000), S. 229f; Alfen, H.W. (2001), S. 32.

Koordinationsaufwand verringernder, Leistungspakete zu erarbeiten.[584] Neben den teilleistungsbezogenen Anforderungen sind auch Restriktionen hinsichtlich der Auswahl von Teilprojektleistungsträgern, zum Beispiel Local-Content-Vorschriften, die die Einbeziehung lokaler Teilprojektleistungsträger in Form eines Local Sourcing erfordern, oder die in Abschnitt 2.3.3 behandelte Nicht-Delegationsfähigkeit gesamtprojektbezogener Leistungsinhalte, zu berücksichtigen.[585]

Bei der Partnersuche im Rahmen horizontaler Kooperationen stehen hinsichtlich der Analyse der Ausgangssituation die zur gesamtverantwortlichen Wahrnehmung der Projektträgerschaft notwendigen Ressourcen im Mittelpunkt der Betrachtungen. Beurteilungskriterien können auf der einen Seite der Erwerb ergänzender und idealerweise komplementärer Know-how- und Personalressourcen, notwendiger Finanzierungsmittel und die damit einhergehende Bereitschaft zur Übernahme von Projektrisiken sein.[586] Auf der anderen Seite können den Vorteilen aus dem Zugewinn an Ressourcen die Nachteile aus der Bereitstellung eigener Ressourcen, beispielsweise der mögliche Abfluss strategisch bedeutsamen Know-hows oder die Belastung aus erwarteten Transaktionskosten, gegenübergestellt werden.[587]

Neben den genannten Kernkriterien können aber auch Partnermerkmale wie das Vorhandensein guter Kontakte zu potenziellen Gesamtauftraggebern, Hoheitsträgern, Finanziers und Subleistungsträgern, insbesondere in den angestrebten Vorhabensregionen, von Bedeutung sein.[588] Eine Kooperation mit konkurrierenden Projektträgern kann den Bieterwettbewerb und damit das Auftragszusagerisiko wirksam verringern.[589]

Die Einbindung von Teilleistungsträgern in den Kreis der Projektsponsoren ermöglicht eine indirekte Absicherung der Leistungsbereitstellung und kann als wirkungsvolle Maßnahme zur Reduktion des Delegationsrisikos verstanden werden, so dass fernerhin das Vertrauen sämtlicher Beteiligten in die Tragfähigkeit des Projektes gesteigert und weitere positive Wirkungen wie eine höhere Zuschlagsvergabebereitschaft der Ursprungsauftraggeber – was wiederum

---

584 Vgl. allgemein Günter, B. (1998), S. 279ff. Speziell zu möglichen Kriterien für die Auswahl von Erstellungsleistungsträgern vgl. Uekermann, H. (1993), S. 40f; Sattler, K./Kasper, W. (2000b), S. 912f; Rebmann, A. (2001), S. 137. Kriterien zur Beurteilung von Lieferanten gibt FRIEDL (vgl. Friedl, B. (1990), S. 267). Hinsichtlich der Beurteilung technischer Betriebsleistungen vgl. Becker, W. (1991), S. 276; Hahn, D./Laßmann, G. (1993), S. 339; Becker, W. et al. (1999), S. 47ff. Kriterien zur Beurteilung möglicher Träger technischer Planungs- und Überwachungsleistungen finden sich bei REBMANN (vgl. Rebmann, A. (2001), S. 138ff). Zur Auswahl eines Financial Advisers vgl. Henschel-Bätz, M. (2000), S. 217.

585 Vgl. auch Levy, S.M. (1996), S. 23; UNIDO (1996), S. 80ff; Sattler, K./Kasper, W. (2000a), S. 9; UNCITRAL (2001), S. 133f.

586 Vgl. Hinsch, L.C./Horn, N. (1985), S. 223f; Schulte-Althoff, M. (1992), S. 196, 253; Joosten, R. (1994), S. 62; Walker, C./Smith, A.J. (1995), S. 106f, 109; Balling, R. (1998), S. 85ff; Helm, R./Peter, A. (1999), S. 36, 39.

587 So dürften Kooperationen auf Basis erfolgreicher Vorgängerprojekte aufgrund etablierter und vertrauensstarker Kommunikationsmöglichkeiten im Regelfall deutlich niedrigere Anbahnungs-, Verhandlungs-, Anpassungs- und Kontrollkosten verursachen, während auf der Gegenseite beispielsweise der Zugewinn neuartigen Management-Know-hows geringer ausfällt.

588 Vgl. Hesse, J. (1994), S. 33; Levy, S.M. (1996), S. 23; UNIDO (1996), S. 12; Hintze, M. (1998), S. 316f; Macharzina, K. (2001), Sp. 1184ff.

589 Vgl. Joosten, R. (1994), S. 62, 65; Günter, B. (1998), S. 276; Backhaus, K. (1999), S. 480.

eine Verringerung des Auftragszusagerisikos bedeutet – oder eine erhöhte Kapitalvergabebereitschaft potenzieller Finanziers hervorgerufen werden können.[590] Ebenso wie bei der Erarbeitung vertikaler Kooperationsalternativen ist auch bei der Prüfung und Gestaltung der horizontalen Projektträgerkooperation der standortspezifische Rechtsrahmen zu berücksichtigen. Hierbei spielen zum Beispiel Regulierungsvorschriften eine Rolle, die eine Begrenzung der Projektanteile initiierender Projektträger bestimmter Branchenherkunft oder eine Mindestbeteiligung heimischer Unternehmungen vorsehen.[591]

Im Zuge der Identifikation und Auswahl geeigneter Kooperationspartner besteht seitens des Kooperationsinitiators das nicht minder bedeutsame Erfordernis einer komplementären Darlegung der Attraktivität einer Zusammenarbeit für die angestrebten Kooperationspartner. Schwerpunktmäßige Aufgabe des Controlling in dieser Teilphase ist deshalb nicht nur die Beschaffung und Bereitstellung ausreichender Informationen über die potenziellen Projektpartner, sondern auch über den suchenden Partner selbst. Je länger die angestrebte Bindungsdauer und je größer die geplante Bindungsintensität, desto sorgfältiger sollten die Aktivitäten im Rahmen der Partnerauswahl durchgeführt werden.

Bei der schnittstellenüberwindenden Abstimmung und Ausrichtung der Kooperationspartner aufeinander besteht die Kernaufgabe des Controlling in der Sicherstellung der Kommunikation als bedeutendstem Koordinationsmechanismus. Kommunikation stellt die erforderliche Verknüpfung zwischen den für die Realisation des Gesamtprojektes verantwortlichen Leistungsträgern sowie der zu erbringenden Teilleistungen und der vielfach dahinterstehenden Teilpläne her und bildet damit die Grundlage für eine gesamtprojektorientierte Umsetzung der Plan-Leistungen mittels Primärkoordination durch die einzelnen Kooperationspartner, welche abgesehen von der vertraglichen Subdelegation der übernommenen Leistungen regelmäßig kraft persönlicher Weisungen, Selbstabstimmung oder Detailplänen erfolgt.[592]

Im Rahmen eines antizipativ ausgerichteten Beziehungs- und Konfliktmanagements sollte die schwerpunktmäßig selbstabstimmende Koordination der Kooperanden auch vermittels externer Berater unterstützt werden.[593] Wie in Abschnitt 4.1 festgestellt, besteht insbesondere bei den horizontalen Kooperationen die latente Gefahr von Interessenkonflikten, welche aus den unterschiedlichen und größtenteils divergierenden Projektträgerzielen resultieren. Daher besteht eine wesentliche Voraussetzung für die erfolgreiche Koordination der Kooperanden darin, dass keine grundlegend gegensätzlichen, gesamtprojektgefährdenden Ziele verfolgt werden. In diesem Zusammenhang ist beispielsweise aus Sicht privater Projektträger hinsichtlich des möglichen Hinzuziehens öffentlicher Projektpartner zu überprüfen, inwiefern die privat-

---

590 Vgl. Schulte-Althoff, M. (1992), S. 198ff; Jürgens, W.H. (1994), S. 65ff; Walker, C./Smith, A.J. (1995), S. 61f; Laux, C. (1997), S. 853; Hintze, M. (1998), S. 317f.

591 Vgl. Schulte-Althoff, M. (1992), S. 156; Joosten, R. (1994), S. 65; Levy, S.M. (1996), S. 23; Hintze, M. (1998), S. 318.

592 Vgl. auch Kieser, A./Kubicek, H. (1992), S. 103ff.

593 Vgl. Joosten, R. (1994), S. 72; Walker, C./Smith, A.J. (1995), S. 72, 107f; Hintze, M. (1998), S. 319; Helm, R./Peter, A. (1999), S. 31. Ein funktionierendes Konfliktmanagement gilt als bedeutender Faktor für die erfolgreiche Realisierung von Joint Ventures (vgl. Helm, R./Peter, A. (1999), S. 33, 38).

wirtschaftlichen Koordinationsmechanismen mit denen der öffentlichen Kooperationspartner harmonieren beziehungsweise harmonisiert werden können.[594] Als generelles Anforderungskriterium für die Zusammenarbeit von Projektträgern muss daher die langfristige „Systemfähigkeit" beziehungsweise deren „kultureller Fit" betont werden. Notwendig sind überdies wirksame explizite und implizite Anreiz- und Sanktionsmechanismen, zum Beispiel rechtsverbindliche Verträge oder vertrauens- und reputationsbasierte Grundsatzvereinbarungen über individuelle Handlungsspielräume und Leistungsschnittstellen sowie speziell zwischen den horizontal verbundenen Projektträgern quasimarktliche Tausch-, Verteilungs- oder Verrechnungsmöglichkeiten für die Entgeltung der Übernahme von Gesamtprojektleistungen. Allgemein kann den Horizontalkooperanden empfohlen werden, vor allem in frühen Projektphasen möglichst Kooperationspartner mit ähnlicher Finanzstärke zu wählen, da hiervon der Wille und die Fähigkeit zur gleichverteilten Übernahme verbleibender Projektrisiken maßgeblich beeinflusst werden.[595]

Die Zyklen der Koordination von Kooperationen im Rahmen Betreibermodell-basierter Infrastrukturprojekte sollten demnach in Analogie zu dem dem allgemeinen wie dem speziell hier vorliegenden Controlling-Konzept zugrundeliegenden Regelkreismodell größtenteils durch die aus dem Feed-forward-Gedanken hervorgehende präventive Vorauskoordination geprägt sein. Da jedoch insbesondere aufgrund der Unmöglichkeit der Formulierung vollständiger Verträge zwischen den Kooperationspartnern[596] einzelnen Störfaktoren wie der unerwarteten Notwendigkeit weiterer Projektleistungen oder unabgedeckten Projektrisiken ebenfalls Rechnung getragen muss, besitzt auch die reaktive Feed-back-Koordination Bedeutung.[597]

Kontroll-, Planungs- und Beratungsaufgaben des Controlling sind in diesem Fall die Analyse von Konfliktursachen und Abstimmungsproblemen an den Leistungsschnittstellen sowie die darauf aufbauende Erarbeitung von Bewältigungsmaßnahmen. In der Terminologie des Regelkreiskonzeptes kann dabei zwischen der Unterstützung kurzfristiger Rückkopplungen, bei denen die Struktur oder die Abläufe der Kooperationen an veränderte Projektbedingungen angepasst werden, und langfristigen Rückkopplungen, bei denen der grundsätzliche Kooperationsbedarf überprüft wird, unterschieden werden.[598] Während im Zuge kurzfristiger Rückkopplungen auf weniger weit vorgelagerte Teilphasen der Koordination von Kooperationen rekurriert wird, beginnt der Kooperationskoordinationszyklus im Fall der Entscheidung zu einem Abbruch einer Kooperation aufgrund nicht zufriedenstellender Kooperationsevaluationsresultate von neuem.

---

594 Vgl. Roggencamp, S. (1999), S. 200ff.

595 Vgl. Ferrigno, J.W. (1990), S. 3.6; Walker, C./Smith, A.J. (1995), S. 51; Büchel, B. et al. (1997), S. 65ff; Kraege, R. (1997), S. 92ff, 160ff; Balling, R. (1998), S. 99ff; Hintze, M. (1998), S. 318f; Helm, R./Peter, A. (1999), S. 30; Becker, P.S. (2000), S. 23f.

596 Gründe hierfür können Informationsunsicherheit und daraus folgende Flexibilitätsvorteile sein (vgl. Balling, R. (1998), S. 110f; Köhl, T. (2000), S. 50ff).

597 Vgl. auch Rühli, E. (1992), Sp. 1166.

598 Vgl. auch Hirschmann, P. (1998), S. 30.

5.2.2 Projektphasenspezifische Controlling-Aufgaben

5.2.2.1 Controlling-Aufgaben während der Projektentwicklungsphase

Unter dem zeitlichen Gesichtspunkt besitzen die Aufgaben des Controlling während der in Abschnitt 3.2.1 beschriebenen Phase der Projektentwicklung eine gegenüber den ihr folgenden Phasen hervorzuhebende Bedeutung, da ihnen vor allem im Hinblick auf die Erreichung der von den Projektträgern verfolgten monetären Ziele eine verhältnismäßig starke Hebelwirkung zukommt. Ursachen hierfür sind:

- die Intensität der oftmals und unabhängig vom Erhalt des Projektzuschlages in beträchtlicher Höhe von den Projektträgern selbst zu tragenden Entwicklungskosten[599],
- die langfristige und nur schwerlich revidierbare Festlegung grundsätzlicher Projektparameter, beispielsweise des Produkt-, Standort- und Partnerkonzepts, sowie
- die für die Folgephasen der Erstellung, des Betriebs und der Desinvestition zu treffenden spezifischen Projektentscheidungen mit teilweise phasenübergreifendem Charakter und im Zeitablauf deutlich abnehmendem Beeinflussungspotenzial, beispielsweise der baulichen und verfahrenstechnischen Planung mit den zu erwartenden Wirkungen auf die Höhe der baulichen und betrieblichen Ein- und Auszahlungen[600] sowie der gegebenenfalls anfallenden Zahlungen im Rahmen einer Projektdesinvestition.

Der konstituierende Charakter der Projektentwicklung impliziert demzufolge eine Dominanz systembildender gegenüber systemkoppelnden Koordinationsaktivitäten.[601] Gemäß der in Abschnitt 5.1.2 konstatierten Beratungsfunktion des Controlling besitzen die Aufgaben des Controlling während der Phase der Projektentwicklung aufgrund der Einmaligkeit des größten Teils der konstituierenden Maßnahmen ein geringeres Maß an Wiederholung als die in den Folgephasen – insbesondere während der Phase des Projektbetriebs – aus der Servicefunktion des Controlling hervorgehenden Routineaufgaben.

5.2.2.1.1 Informatorische Koordination

Aufbauend auf der strategischen Mutterunternehmensplanung der einzelnen Projektträger, welche aufgrund des Multiprojektbezugs nicht Betrachtungsgegenstand der vorliegenden – auf das einzelne Projekt fokussierten – Arbeit ist,[602] hat seitens der potenziellen Projektträger

---

599 Die Entwicklungskosten sollten wie die Transaktionskosten (siehe Fußnote 581, S. 133) pagatorisch, das heißt als Zahlungen verstanden werden (zum projektbezogenen Kostenbegriff vgl. Ehlert, A. (1999), S. 24ff). Sie umfassen sämtliche Kosten, die bis zu Beginn der Erstellungsphase anfallen. Da einzelne Kostenarten, zum Beispiel Kosten technischer Teilplanungen, teilweise erst in späteren Projektphasen anfallen, ist eine klare Begriffsabgrenzung kaum möglich. Entwicklungskosten sollten daher immer vor dem spezifischen Projekthintergrund definiert werden.

600 Vgl. Alter, R. (1991), S. 209f. Speziell zu Projekten im Abwasser- und Abfallbereich vgl. Bohn, T. (1996), S. 8f, 42ff; Bohn, T. (1999), S. 50f.

601 Siehe auch die diesbezüglichen Ausführungen in den Abschnitten 5.1.1, 5.2.1.3 und 5.2.1.5.

602 Die strategische (Geschäftsfeld-) Planung von privaten Trägern Betreibermodell-basierter Infrastrukturprojekte behandelt beispielsweise HINTZE (vgl. Hintze, M. (1998), S. 234ff). Zum Zusammenhang zwischen

eine Überprüfung der strategisch ermittelten Bedarfe an den zum Geschäftsgegenstand erklärten infrastrukturellen Leistungen zu erfolgen. Im Gegensatz zu der strategisch orientierten Marktforschung, welche im Rahmen der Unternehmensplanung der Projektträger erfolgt und den Prozess der systematischen Informationsgewinnung über Absatz- und Beschaffungsmärkte beschreibt,[603] bildet die Analyse projektbezogener Infrastrukturbedarfe den initiierenden Schritt zur sukzessiven Umsetzung und zur laufenden Plausibilitätskontrolle der strategisch konzipierten Pläne. Unabhängig von der Eigen- oder Fremdinitiierung eines Betreibermodell-Vorhabens bildet die Bedarfsanalyse eine der Grundvoraussetzungen für die Verwirklichung der von den Projektträgern verfolgten Ziele. Während die Bedarfsanalyse bei der Eigeninitiierung einen zwingenden Bestandteil der Projektentwicklungsplanung darstellt,[604] dient sie bei fremdinitiierten Projekten im Rahmen der weiterführenden Machbarkeitsanalysen, in denen neben dem maßgeblich demographisch determinierten Absatzpotenzial auch technische, rechtliche und sozio-kulturelle Projektdeterminanten untersucht werden, dem Abgleich mit dem unter Berücksichtigung prognostizierter Preis-Absatz-Beziehungen tatsächlich für realisierbar erachtetem Absatzvolumen der infrastrukturellen Leistung im Rahmen der trägerseitigen Projektauswahl.

Die schwerpunktmäßig aus der Informations- und Beratungsfunktion hervorgehende Kernleistung des Controlling besteht hierbei in der adäquaten Bereitstellung und Aufbereitung benötigter Informationen. Als zweckorientierte Informationsquellen für regionenbezogene Bedarfsanalysen und -deckungsprognosen kommen vor allem entgeltlich und unentgeltlich angebotene Berichte und Zusammenstellungen volkswirtschaftlich ausgerichteter nationaler und supranationaler Institutionen, zum Beispiel Marktforschungsinstitute, Außenhandelsagenturen und Verbände, sowie entsprechende Ausarbeitungen von Bankenabteilungen und Datenbankanbietern in Frage.[605] Je nach Marktforschungspolitik der einzelnen Projektträger kann auch direkt auf eigene Marktanalysen zurückgegriffen werden.[606] Spätestens im Zuge der Erstellung der umfangreichen und detaillierten Machbarkeitsstudien sind das Hinzuziehen des idealerweise bereits bei den Projektträgern vorhandenen Expertenwissens hinsichtlich der betriebswirtschaftlichen, technischen, politisch-rechtlichen und sozio-kulturellen Fragestellungen sowie direkte Beobachtungen in der geplanten Standortregion und Detailanalysen der

---

den Zielen und den daraus abgeleiteten Strategien privater und öffentlicher Projektträger siehe auch die Abschnitte 4.1.1 und 4.1.2 der vorliegenden Arbeit.

603 Vgl. Böhler, H. (1995), Sp. 1769.

604 Vgl. auch Brauer, K.-U. (2001), S. 531ff. Zur Bedarfsplanung speziell bei öffentlichen Auftraggebern vgl. Kumlehn, F. (2001), S. 153ff.

605 Weiterführende Hinweise zu der Vielzahl möglicher Informationslieferanten können den Fußnoten 260 (S. 60), 263 (S. 60), 289 (S. 65), 470 (S. 108) und 539 (S. 126) entnommen werden. Hervorgehoben sei die deutsche BUNDESAGENTUR FÜR AUßENWIRTSCHAFT (BFAI).

606 Bei der Wahl zwischen Eigen- und Fremdgenerierung von Marktinformationen handelt es um eine klassische Make-or-buy-Entscheidung (vgl. Berekoven, L./Eckert, W./Ellenrieder, P. (2001), S. 36ff).

Zielvorstellungen potenzieller Auftraggeber und Abnehmer respektive deren Interessenvertreter unerlässlich.[607]

Von einer ausführlichen Behandlung der Gestaltung von Feasibilitystudien wird an dieser Stelle bewusst Abstand genommen. Der mehrstufige Prozess der Erarbeitung aufeinander aufbauender beziehungsweise gegenseitig ergänzender Durchführbarkeitsstudien wurde bereits grundlegend in Abschnitt 3.2.1 beschrieben. Feasibilitystudien stellen aufgrund ihres Teilplancharakters ein Instrument der Primärkoordination dar und sind demzufolge inhaltlich nicht dem Gegenstandsbereich der in Abschnitt 5.1.1 konstatierten Sekundärkoordination des Controlling zuzuordnen, sondern als zu koordinierende Elemente im Rahmen der Controlling-Konzeption aufzufassen. Dessen ungeachtet sind der Aufbau und der Inhalt industrieller Feasibilitystudien bereits Gegenstand zahlreicher Veröffentlichungen.[608] Dem sekundärkoordinierenden Charakter des Controlling folgend werden die aggregierten Ergebnisse von Machbarkeitsstudien im Rahmen des Instrumentenkanons der integrierenden Projektplanung und -kontrolle verarbeitet.[609]

Festzuhalten bleibt, dass die informatorisch-koordinierende Unterstützung von Bedarfs- und Machbarkeitsanalysen eine erfolgskritische Aufgabe des Controlling darstellt, bei deren Ausübung die geforderte Wirtschaftlichkeit der einzelnen Maßnahmen trotz der generellen Schwierigkeiten einer quantitativen Gegenüberstellung von Informationskosten und -nutzen aufgrund des möglichen Ausmaßes der Verhinderung negativer und der Ausschöpfung positiver Zielwirkungen bis zu einem hohen Grad gewährleistet bleibt. So bilden Bedarfs- und Machbarkeitsanalysen die instrumentelle Grundlage des projektbezogenen Risikomanagements,[610] auf welchem die nicht rein intuitiven[611] Projektentscheidungen, insbesondere über die Weiterverfolgung eines Projektes, maßgeblich aufbauen.[612]

Der Prozess stufenweiser Entscheidungen über die Weiterverfolgung einzelner Projektideen, die Erstellung und Abgabe konkreter Angebote bis hin zum vertraglichen Abschluss der Basisverträge ist somit umfassend zu unterstützen. Aus Sicht der Projektträger gilt es, unter Berücksichtigung der zur Verfügung stehenden Ressourcen, Projekte mit möglichst hoher Zielwirksamkeit auszuwählen. Die Beratungsfunktion des Controlling manifestiert sich dabei in der Gewährleistung der Transparenz und intersubjektiven Nachvollziehbarkeit der Entschei-

---

607 Vgl. Lutzner, P. (1998), S. 113, 118f; Wagner, W. (1998), S. 17ff; Alfen, H.W. (1999), S. 17; Henschel-Bätz, M. (2000), S. 223.

608 Vgl. Schwanfelder, W. (1989), S. 19ff; Gröhl, M. (1990), S. 88ff; Bea, F.X. (1997), S. 424ff; Sattler, K./Kasper, W. (2000a), S. 65ff. Im Speziellen zu Verkehrsinfrastruktur-Projekten vgl. HDB [Hrsg.] (2000); Henschel-Bätz, M. (2000), S. 122ff; Keppel, A./Hinrichs, S. (2000), S. 260f.

609 Siehe Kapitel 6 und zur Veranschaulichung der dargelegten Argumentation Darstellung 18, S. 119.

610 Siehe Abschnitt 5.2.1.3.

611 Gegenüber der Intuition gilt die Reflexion als begriffskonstituierendes Merkmal des Controlling. Rationale Führung schließt intuitive Entscheidungen aber mit ein (vgl. Weber, J./Schäffer, U. (1999), S. 205ff; Pietsch, G./Scherm, E. (2001), S. 308ff).

612 Vgl. Schmitt, W. (1989), S. 64f; Tiong, R.L.K./Yeo, K.-T./McCarthy, S.C. (1992), S. 223f; Tiong, R.L.K. (1996), S. 206f; UNIDO (1996), S. 291; Alfen, H.W. (2000), S. 231; Henschel-Bätz, M. (2000), S. 122; Ohl, H.-P. (2000), S. 141.

dungsprozesse, insbesondere mit dem Ziel, typischerweise bei umfassenden Investitionsentscheidungsprozessen auftretende Informationsverzerrungen zu verhindern sowie darüber hinaus Überprüfungen und Diskussionen zur Verbesserung von Projektentscheidungen zu ermöglichen.[613]

In Analogie zu dem in Abschnitt 2.2 auf einer höheren Abstraktionsebene charakterisierten Management-Phasenmodell (vgl. Darstellung 4, S. 15) besitzt der Prozess stufenweiser Entscheidungen über die Weiterverfolgung eines Projekts während der Phase der Projektentwicklung folgenden idealtypisch-analytischen Ablauf:[614]

1. Alternativensuche: Die geschäftsfeldweite Marktanalyse wählt mit Hilfe vorformulierter Mindestanforderungen diejenigen Vorhaben aus, bei denen einzelprojektbezogene Detailanalysen für sinnvoll erachtet werden.
2. Aufstellung eines konsistenten, einzelprojektorientierten Bewertungsmodells: Als Maßgrößen für die Zielwirksamkeit sollten aus den verfolgten Zielen der Projektträger heraus einzelprojektbezogene Bewertungskriterien formuliert und gemäß der projektträgerseitigen Zielpräferenzen untereineinander gewichtet werden. Darüber hinaus sollte ein Verfahren zur Ermittlung des Gesamtwerturteils festgelegt werden.
3. Bewertung: Die Bestimmung der Kriterienwerte und die Aufstellung von Teilwerturteilen bilden die Grundlage für die anschließende Zusammenführung der Teilwerturteile zum Gesamtwerturteil, anhand dessen über die Weiterverfolgung eines Projektes entschieden werden kann.

Die dargestellte Phasengliederung wiederholt sich in Form von Unterzyklen. Zum Beispiel steigen wegen der laufenden Generierung von Projektinformationen einerseits die Informationssicherheit und andererseits die Projektentwicklungskosten, so dass die Vorhabensbewertung zu unterschiedlichen Unsicherheitssituationen beziehungsweise Zeitpunkten vorgenommen werden kann. Zudem können die maßgebenden Bewertungskriterien im Zeitablauf differieren. Während beispielsweise zu Beginn eines Projektes die erwartete Realisationswahrscheinlichkeit oder die prognostizierten Angebotskosten mögliche Beurteilungskriterien der Projektträger darstellen, verlieren die genannten Kriterien bei Realisationsgewissheit oder nach Anfall eines großen Teils der Angebotskosten an Entscheidungsrelevanz. Dagegen können Kriterien wie die Zuschlagwahrscheinlichkeit an Gewicht gewinnen.

Aufgrund der notwendigen Gesamtlebenszyklusorientierung des zu erarbeitenden Bewertungsmodells sind im Rahmen der Projektbewertung auch die erwarteten Zielwirkungen unterschiedlicher Projektvarianten in das Kalkül miteinzubeziehen.[615] Beispielsweise ist zu un-

---

[613] Vgl. Wild, J. (1974), S. 109f; Backhaus, K./Dringenberg, H. (1984), S. 54ff; Alter, R. (1991), S. 200ff; Husmann, C. (1996), S. 33ff.

[614] Vgl. auch Wild, J. (1974), S. 101ff, 149f; Backhaus, K./Dringenberg, H. (1984), S. 88ff; Heger, G. (1988), S. 22ff; Backhaus, K. (1999), S. 464ff.

[615] Vgl. Alter, R. (1991), S. 204f. Im Projektentwicklerjargon ist im Hinblick auf die Zielwirkungen technischer Variationen auch vom sogenannten technisch-wirtschaftlichen Controlling die Rede (vgl. Bohn, T. (1996), S. 8f, 42ff; Bohn, T. (1999), S. 50f).

tersuchen, inwiefern substitutionale Beziehungen zwischen der Höhe der Erstellungsinvestitionen und der Höhe der später anfallenden betrieblichen Ein- und Auszahlungen bestehen oder inwiefern durch erhöhte Erstellungsauszahlungen zu erkaufende Bauzeitverkürzungen zu früheren Betriebseinzahlungen führen[616] und ob hieraus Optimierungspotenziale hinsichtlich der monetären oder outputqualitätsbezogenen Zielwirksamkeit erschlossen werden können.

Im Anschluss an die Entscheidung zu einer Angebotserstellung verlagert sich der Schwerpunkt der Informationszusammenführung weg von der Projektbewertung hin zum Erhalt des Projektzuschlags. Während zum Zeitpunkt der Bedarfs- und Machbarkeitsanalysen hinsichtlich des Auftragszusagerisikos das Realisationsrisiko im Vordergrund steht, gewinnt nun das Zuschlagsrisiko an Bedeutung.

Um substanzielle Konkurrenzvorteile bei der Vergabeentscheidung des Gesamtauftraggebers zu erzielen, werden möglichst umfassende Informationen hinsichtlich der Zielvorstellungen und Präferenzstruktur des Auftraggebers sowie des Angebotsverhaltens der Wettbewerber benötigt. Die von den öffentlichen Auftraggebern bei der Vergabe infrastruktureller Betreibermodelle maßgebenden Ziele entstammen in erster Linie folgenden zwei Kategorien:[617]

1. Haushaltsentlastung: Die Betreibermodell-Vorhaben inhärente Projektfinanzierung[618] erfolgt grundsätzlich außerhalb der öffentlichen Haushalte. Ausnahmen stellen die direkte Beteiligung als Projektträger und anderweitige geldliche Unterstützungsleistungen dar (vgl. auch Darstellung 22, S. 144). Von der gewählten Art der Projektrefinanzierung hängt die Dauerhaftigkeit der haushaltsentlastenden Wirkung ab.

2. Effizienzgewinne: Privatwirtschaftliches Renditestreben und Systemanbieter-Know-how sollen die Effizienz der Bereitstellung infrastruktureller Leistungen erhöhen; einerseits über einen geringeren Einsatz von Ressourcen bei vorgegebener Leistung, andererseits über eine qualitative oder quantitative Erhöhung der gewünschten Leistung bei determiniertem Ressourceneinsatz. Hierzu zählen ceteris paribus verringerte Entwicklungs-, Erstellungs-, Betriebs- und Entsorgungskosten, frühere Bereitstellungszeitpunkte sowie erhöhte technische oder ökologische Outputqualität.[619]

Neben diesen originär bei Betreibermodell-basierten Infrastrukturprojekten feststellbaren Zielen verfolgen öffentliche Auftraggeber weitere, generell mit dem Ausbau von Infrastruktur verbundene Ziele. Dazu gehören die bereits im Rahmen der Untersuchung der Ziele öffentlicher Projektträger als Derivativziele gekennzeichneten Sachziele wie die allgemeine wirt-

---

616 Vgl. Hupe, M. (1995), S. 254ff; Münch et al. (1997), S. 83, 160; Eschenbach, J./Schwinn, K.H. (2002), S. 10.

617 Vgl. Hintze, M. (1998), S. 146ff; Ewers, H.-J./Tegner, H. (2000), S. 21ff; Özdoganm, I.D./Birgönül, M.T. (2000), S. 344; Kumlehn, F. (2001), S. 87; Strohbach, H. (2001), S. 76ff; o.V. (2002j), S. 22.

618 Siehe Abschnitt 2.4.2.3.

619 Betreibermodell-basierte Infrastrukturprojekte sind für öffentliche Auftraggeber nicht per se die wirtschaftlichere Alternative (vgl. kritisch Kolodziej, M. (1996), S. 90ff; Mühlenkamp, H. (1997), S. 3ff; Hintze, M. (1998), S. 160ff; Meeder, S. (2000), S. 61ff; Höftmann, B. (2001), S. 283ff; Eschenbach, J./Schwinn, K.H. (2002), S. 10f; Jacob, D./Kochendörfer, B. (2002), S. 14ff; Kafsack, H. (2002), S. 24).

schaftliche und technologische Weiterentwicklung eines Landes oder einer Region, welche weiter in projektspezifische Teilziele aufgespalten werden können.[620]

Private Auftraggeber verfolgen für privatwirtschaftliche Outsourcing-Überlegungen maßgebende Ziele. Auch hier herrschen zwei Hauptzielsetzungen vor:[621]

1. Finanzierungswirkungen: Hervorgehend aus dem dominierenden Formalziel der Unternehmenswertsteigerung[622] besitzen Industrieunternehmungen vielfach kein Interesse, knappes Kapital in kapitalintensive Bauwerke und unterstützende betriebliche Anlagen zu investieren. Verfügbares Kapital soll in das Kerngeschäft fließen, die Bilanz mit Hilfe des erzielbaren Off-balance-sheet-Effektes verkürzt werden.

2. Effizienzgewinne: Die Entscheidung zur Konzentration betriebswirtschaftlicher und technischer Kompetenz auf das Kerngeschäft bedingt, dass externe, auf die Übernahme der Gesamtverantwortung für infrastrukturelle Leistungen spezialisierte Anbieter die nicht dem Kerngeschäft angehörenden Infrastruktur-Leistungen analog den Effizienzzielen öffentlicher Auftraggeber oftmals wirtschaftlicher und qualitativ höherwertig erbringen.

Die Präferenzstruktur der Auftraggeber spiegelt sich in der Gewichtung der projektspezifisch verfolgten Haupt- und Nebenziele wider. Empirische Untersuchungen haben ergeben, dass die finanziellen Ziele umso mehr die technisch-qualitativen Zielvorstellungen dominieren, je niedriger der technologische Innovationsgrad eines Vorhabens beurteilt wird.[623] Damit kommt der informatorischen Unterstützung des Financial Engineering – ungeachtet des positiven Einflusses auf den Gesamtprojekterfolg – in der Phase der Projektentwicklung insbesondere bei Vorhaben mit weitgehend ausgereifter Technologie eine kritische Bedeutung für den Erhalt des Projektzuschlags zu.

Das Financial Engineering umfasst die anhand von Finanzierungs- und Refinanzierungsbedingungen nicht nur auf die Ziele der Projektträger und weiterer Promotoren wie Fremdkapitalgeber oder Hoheitsträger, sondern auch und besonders auf die Bedürfnisse der Auftraggeber ausgerichtete Zusammenstellung verfügbarer Kapitalressourcen und spezieller Finanzierungsinstrumente zu einem projektspezifischen Gesamtfinanzierungspaket und besitzt entgegen oftmals konstatierten Hauptzielsetzungen wie der generellen Kapitalkostenminimierung[624] immer auch Kompromisscharakter.[625]

---

[620] Siehe hierzu Abschnitt 4.1.2.

[621] Vgl. umfassend Hintze, M. (1998), S. 205ff.

[622] Siehe auch Abschnitt 4.1.1.1.

[623] Vgl. Haley, G. (1992), S. 64; Tiong, R.L.K./Yeo, K.-T./McCarthy, S.C. (1992), S. 226f; Tiong, R.L.K. (1995a), S. 186; Tiong, R.L.K. (1995c), S. 304ff; Tiong, R.L.K. (1996), S. 206ff; UNIDO (1996), S. 100; Tiong, R.L.K./Alum, J. (1997b), S. 73ff; Tiong, R.L.K./Alum, J. (1997d), S. 84ff; Böger, T.R./Drömann, D. (2001), Anhang S. 3.

[624] Wie in Abschnitt 4.1 festgestellt, ist eine hohe Rendite auf das Eigenkapital der Projektgesellschaft oft das Hauptziel der Projektträger. In Form von Kosten des Eigenkapitals erhöht jedoch jeder zukünftig an einen Anteilseigner ausgeschüttete Betrag die Gesamtkapitalkosten (siehe auch Fußnote 473, S. 109). Ebenso kann in Bezug auf die Fremdkapitalgeber argumentiert werden. Ein sämtliche relevante Perspektiven ab-

Insofern stellt die über die Finanz- und Ergebnisplanung der Single Purpose Company hinausgehende Erarbeitung perspektivenspezifischer Zahlungsströme eine bedeutende Controlling-Aufgabe während des Financial-Engineering-Prozesses dar. Hinsichtlich der Vergabeentscheidung sind die projektbezogenen Zahlungsströme der potenziellen Auftraggeber zuschlagerhaltsorientiert, das heißt die zugrundeliegende Ziel- und Präferenzstruktur des jeweiligen Auftraggebers berücksichtigend, zu gestalten. Die perspektivenspezifischen Zahlungsströme der möglichen Eigen- und Fremdkapitalgeber besitzen hohe Bedeutung in Bezug auf die für die Projektrealisierung notwendige Erlangung eines tragfähigen Gesamtfinanzierungskonzeptes. Der Beratungsfunktion des Controlling entspringt daher auch die Aufgabe, die Möglichkeiten direkter und indirekter Unterstützung durch die Auftraggeber zu erarbeiten (vgl. Darstellung 22). Aufgrund der für Betreibermodell-basierte Infrastrukturprojekte typischen Intensität und Langfristigkeit der Kapitalbindung sowie der charakteristischen zeitabhängigen Cash-flow-Verläufe, insbesondere der Tatsache, dass während der mehrere Jahre dauernden Phasen der Projektentwicklung und Erstellung den anfallenden Auszahlungen noch keine betriebsbedingten Einzahlungen gegenüberstehen, kommt die Finanzierung von Betreibermodell-Projekten in der Regel erst nach Miteinbeziehung der Auftraggeber zustande.[626]

Ein projektträgerorientiertes Controlling generiert zudem differenzierte Cash-flow-Prognosen aus Sicht der einzelnen Projektträger. Planen die Projektträger, neben der Bereitstellung von Eigenkapital auch entgeltliche Projektleistungen, beispielsweise Koordinations-, Liefer- oder Erstellungsleistungen, selbst zu erbringen oder als Abnehmer den Projektoutput zu beziehen, so sind die damit verbundenen Zahlungswirkungen in das perspektivenspezifische Kalkül mitaufzunehmen. Je nach projektspezifischer Plan-Leistungstiefe eines Projektträgers ergeben sich mehrstufige Zahlungsstromplanungen, auf deren Basis die Vorteilhaftigkeit eines Projektes unter Einbeziehung der unterschiedlichen Wertschöpfungsstufen eines Projektträgers beurteilt werden kann, beispielsweise eines Konzerns mit „at arm´s length“[627] operierenden und gemeinsam an einem Projekt beteiligten Einheiten der Leistungsbereiche Projektentwicklung, -erstellung und -betrieb.[628]

---

bildendes Financial Engineering ist daher in erster Linie auf die Gewährleistung einer ausreichenden Liquidität ausgerichtet.

625 Siehe insbesondere Abschnitt 4.1.3 und vgl. Bauer, J. (1988), S. 25, 42; Funk, J. (1988), S. 399f; Schmitt, W. (1989), S. 68ff; Wagner, W. (1998), S. 10f; Henschel-Bätz, M. (2000), S. 36, 40ff, 107ff, 118f, 157ff, 215f; Willms, W.H. (2000), S. 76f; Böger, T.R./Drömann, D. (2001), Kap. 5.

626 Vgl. McKay, C. (1989), S. 119; Alter, R. (1991), S. 215; Carson, J./Hatzis, D. (1994), S. 144f; UNIDO (1996), S. 59ff; Münch et al. (1997), S. 82f, 129, 137ff, 172, 189; Nicklisch, F. (1998), S. 3; Zhang, W.R. et al. (1998), S. 405; Ohl, H.-P. (2000), S. 135f; Keppel, A./Hinrichs, S. (2000), S. 258ff; Özdoganm, I.D./Birgönül, M.T. (2000), S. 345ff; o.V. (2002a), S. 4.

627 Zum Prinzip des „dealing at arm´s length“ vgl. Hahn, D./Hungenberg, H. (2001), S. 811ff.

628 Vgl. Wagner, U.N. (1996), S. 11; Kraege, R. (1997), S. 169f; Hintze, M. (1998), S. 346.

Geldwerte Projektbeiträge von Auftraggebern
- Günstige, im Idealfall kostenlose Bereitstellung von Sach- (z.B. Grundstücke) und Finanzmitteln (z.B. Anschubfinanzierungen, Mautzuschüsse) sowie Dienstleistungen (z.B. technische Teilplanungen) in reiner Auftraggeberschaft - Günstige, im Idealfall kostenlose Bereitstellung von Sach- und Finanzmitteln (z.B. Stammeinlage) sowie Dienstleistungen bei offizieller Projektträgerschaft - Bereitschaft zur Vereinbarung von Take-and- oder Take-or-Pay-Verträgen sowie Preisanpassungsklauseln bei gleichzeitiger Abnehmerstellung - Übernahme spezieller Kostenarten (z.B. Kosten für Projektentwicklungsstudien) - Garantiegewährungen (z.B. Rechtssicherheit, situationsabhängige Nachschussverpflichtungen, Verzicht auf künftige Genehmigung konkurrierender Infrastruktureinrichtungen) - Inaussichtstellung von Bonuszahlungen (z.B. nach Rahmenvertragsunterzeichnung/ bei besonders frühzeitiger, mengenmäßig großer oder qualitativ hochwertiger Bereitstellung des Projektoutputs) - Steuererleichterungen bei Besitz der Steuerhoheit (z.B. zeitweise Verringerung der Ertragsteuern) - Preissetzungsfreiheit für Projektoutput (z.B. Verzicht auf Vorgabe maximaler Mautpreise) - Kostenlose Vergabe der Projektträgerschaftserlaubnis (z.B. kostenlose Konzessionsvergabe) - Zeitliche Erweiterung der Projektträgerschaftserlaubnis (z.B. Verlängerung Konzessionsdauer) - Erlaubnis zur Erschließung zusätzlicher Einnahmequellen (z.B. aus „Kuppelprodukten" wie Betrieb und Verpachtung von Rast- und Einkaufsstätten, Medientrassen und Werbeflächen) - Kostenlose Bereitstellung komplementärer Infrastruktureinrichtungen (z.B. Zufahrtsstraßen) - Schließung konkurrierender Infrastruktureinrichtungen (z.B. einzelner Brückenbauwerke) - Forcierung der Projektentwicklungs- und Erstellungsgeschwindigkeit (z.B. mittels kürzerer Vergabe- und Genehmigungsverfahren)

Darstellung 22: Geldwerte Unterstützungsmöglichkeiten der Auftraggeber bei Betreibermodellen

Wie bereits oben angesprochen beschränken sich die Informations- und Beratungsaufgaben in normativer Hinsicht nicht auf die Beurteilung eines Vorhabens anhand des Ziel- und Präferenzsystems der potenziellen Projektträger und Auftraggeber, sondern sollten mit Blick auf eine Verringerung des Zuschlagrisikos auch die antizipative Berücksichtigung des erwarteten Wettbewerberverhaltens beinhalten. Es gilt, die aus den bereits erfolgten Bedarfs- und Machbarkeitsuntersuchungen sowie Ziel- und Präferenzanalysen gewonnene Informationsbasis um konkurrenzbezogene Informationen anzureichern. Dieses Vorgehen ermöglicht eine transparentere Beurteilung der Zusagewahrscheinlichkeit. Über die Entscheidung zu einem Projektabbruch hinaus gestattet es das Ergreifen von Maßnahmen, die wegen eingehenderer Berücksichtigung der Auftraggebervorstellungen das konkurrenzbezogene Zuschlagrisiko deutlich reduzieren.

Auftragerhaltsrelevante Informationen über das Angebotsgebaren der Wettbewerber können einerseits über Ex-post-Analysen des Anbieterverhaltens bei vergangenen Ausschreibungen und andererseits über zukunftsgerichtete Prognosen auf Basis aktueller Strategie- und daraus abgeleiteter projektbezogener Reaktionsprofile abgeleitet werden. Bei der Analyse vergangener Ausschreibungen sollte die Suche nach den für den Erhalt und den Nicht-Erhalt des Projektzuschlags maßgebenden Faktoren im Vordergrund stehen.[629] Dies beinhaltet auch die vergleichende Gegenüberstellung der projektgegenstandsbezogenen Stärken und Schwächen der identifizierten Konkurrenzanbieter auf der einen und der eigenen Projektträgergemeinschaft auf der anderen Seite.[630] Zusammen mit den erarbeiteten Reaktionsprofilen[631], aus denen projektbezogene Rückschlüsse auf das Angebotsverhalten der Mitanbieter gezogen werden können, vervollkommnet sich das Repertoire an „zweckorientiertem Wissen“[632], mit Hilfe dessen technische und finanzierungsalternative Projektvarianten sowie darauf aufbauende Vertragskonzeptionen erarbeitet werden können, die die konstatierte Triade aus eigener und auftraggeberseitiger Ziel- und Präferenzstruktur sowie vermutetem Konkurrenzverhalten mit dem Ziel der Erlangung auftragerhaltsrelevanter Wettbewerbsvorteile inhaltlich abdecken.[633]

Darstellung 23 gibt die während der Phase der Projektentwicklung informatorisch zu koppelnden Elemente anhand eines die drei genannten Perspektiven umfassenden Entscheidungssystems in Anlehnung an die Terminologie und das Bezugssystem der präskriptiven Entscheidungstheorie[634] zusammenfassend wieder.

---

629 Es kann beispielsweise untersucht werden, welche Technologie-, Finanzierungs- oder Organisationsvarianten bei vergleichbaren Vorhaben zum Erhalt oder Nicht-Erhalt des Projektzuschlags durch den Konkurrenzanbieter geführt haben oder welche der genannten Projektvariationsmöglichkeiten einen größeren Einfluss auf den Erhalt des Auftrags besaßen. Siehe auch Abschnitte 5.2.1.3 und 5.2.1.4.

630 Mögliche Vergleichskriterien hierfür können die anhand von Referenzprojekten ablesbare technologische, finanzierungsbezogene und organisatorische Kompetenz, konkret in Planung stehende Technologie-, Finanzierungs- und Organisationskonzepte, die Art der Beziehungen zum Auftraggeber sowie die generelle Reputation bilden. Auch nicht unmittelbar projektbezogene Mitbewerberdaten, zum Beispiel die aktuelle Ausstattung mit finanziellen und personellen Ressourcen, können Gegenstand der Betrachtungen sein. Bereits Geschäftsberichte stellen hierzu umfangreiche Informationen bereit.

631 Insbesondere in jungen Märkten wie Deutschland dürften strategische Überlegungen wie zum Beispiel der Reputationsaufbau mittels Erlangung und Durchführung von Referenzprojekten (siehe auch Fußnote 435, S. 97) oder die Schaffung von Markteintrittsbarrieren für Konkurrenzanbieter von nicht unerheblichem Einfluss auf das Angebotsverhalten der Wettbewerber sein, so dass auch mit Konditionen-Mixes zu rechnen ist, welche unter Berücksichtigung der jeweiligen Projektrahmendaten nicht immer einzelprojektbezogen betriebswirtschaftlich nachvollziehbar sind.

632 Vgl. Wittmann, W. (1959), S. 14.

633 Vgl. Carson, J./Hatzis, D. (1994), S. 144f; Lutzner, P. (1998), S. 51ff, 113f. FRANKE spricht in diesem Zusammenhang auch vom sogenannten Vertrags-Controlling (vgl. Franke, A. (1993), S. 140f).

634 Vgl. Sieben, G./Schildbach, T. (1990), S. 1ff, 15ff; Laux, H. (1998), S. 15ff.

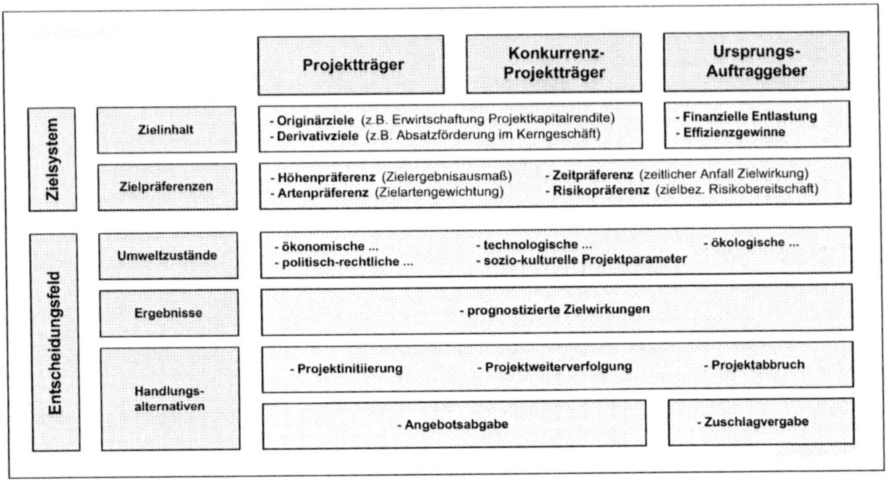

Darstellung 23: Kernelemente des Auftragserhalts bei Betreibermodell-basierten Infrastruktuprojekten

5.2.2.1.2 Aufbau- und ablauforganisatorische Koordination

Wie einführend erwähnt ist in der Phase der Projektentwicklung aufgrund der konstatierten Phasenspezifika von einer Dominanz konstituierender Koordinationshandlungen, insbesondere des Controlling, auszugehen. Die systemkonstituierende beziehungsweise systembildende Koordination wurde in Abschnitt 5.1.1 dahingehend von der systemkoppelnden Koordination unterschieden, dass die systembildende Koordination die Schaffung einer Gebilde- und Prozessstruktur beinhaltet und aufgrund ihres präsituativen Charakters auch als Integration bezeichnet wird, wohingegen die systemkoppelnde Koordination – bezogen auf die Sekundärkoordinationsfunktion des Controlling – die gegenseitige Abstimmung der Elemente eines Führungssystems in Form von Anpassungsvorgängen innerhalb einer bereits bestehenden Systemstruktur zum Inhalt hat. Während also die zuvor behandelte Koordination mittels der Bereitstellung und Verknüpfung von Informationen als systemkoppelnde Koordination eines in der Phase der Projektentwicklung nur schwach formalisierten und hierarchisch noch wenig strukturierten Führungssystems verstanden werden kann, kann das verbleibende Spektrum an aufbau- und ablauforganisatorischen Controllinghandlungen der systembildenden Koordination beziehungsweise der Integration zugeordnet werden.

Diesbezüglich treten im Rahmen des Controlling Betreibermodell-basierter Infrastrukturprojekte aus der Sicht von Projektträgern die horizontale Integration der Projektträger untereinander, die vertikale Integration der Projektträger und ihrer vor- und nachgelagerten Unternehmenseinheiten beziehungsweise Produktionsstufen[635] sowie die Gestaltung und Etablie-

[635] Zur lebenszyklusweiten horizontalen und vertikalen Koordination sämtlicher Projektleistungsträger siehe Abschnitt 5.2.1.5.

rung eines zielgerichteten Planungs- und Kontrollsystems als Kernaufgaben des Controlling in den Vordergrund.

In aufbau- und ablauforganisatorischer Sicht gilt es, eine zielorientierte Gefügestruktur für die in Abschnitt 2.1. als „sozio-technische Systeme auf Zeit" gekennzeichneten Betreibermodell-basierten Infrastrukturprojekte zu entwickeln, auf deren Basis die Projektleistungs- und die dafür notwendigen Kommunikations- und Entscheidungsprozesse auf Projektträgerebene nach innen und außen gerichtet Lebenszyklus-übergreifend abgestimmt und realisiert werden können.[636] Es handelt sich demnach um die betriebswirtschaftlich-organisatorische Unterstützung der Entwicklung der Projektgesellschaft in Form eines Joint-Ventures.[637] Dabei ist es Aufgabe des Controlling, Beratungsleistungen hinsichtlich optimierter Aufgaben-, Verantwortungs- und Kompetenzzuweisungen sowie Schnittstellendefinitionen zu erbringen, auf deren Grundlage Primärkoordinationshandlungen – insbesondere diejenigen der formal-rechtlichen Institutionalisierung der Single Purpose Company – stattfinden können.[638]

Aus der zu Projektbeginn marktlich koordinierten Interaktions- respektive Transaktionsform als Interessengemeinschaft müssen schrittweise hierarchischer strukturierte Organisationsformen entwickelt werden, welche zum Erreichen der zu den verschiedenen Projektzeitpunkten jeweils vorherrschenden Zielinhalte der Projektträger geeignet sind. Die jeweiligen Organisationsformen sollten die zum Erreichen der verfolgten Ziele notwendigen real- und nominalgüter- sowie informationsbezogenen Transaktionen unter Berücksichtigung der unterschiedlichen Projektsituationen ermöglichen. Die zu entwerfende Aufbauorganisation hat demnach keineswegs statischen Charakter, sondern muss den zeitlich wandelnden Projektsituationen hinreichend Rechnung tragen, indem die Erfordernisse der initiierenden Projektentwicklungsphase, der potenzialschaffenden Erstellungsphase, der produzierenden Betriebsphase und der interaktionslösenden Desinvestitionsphase antizipierend berücksichtigt werden.

Bezugnehmend auf die Projektentwicklungssubphasen der Identifikation, Angebotserstellung und Vertragsverhandlungen, während derer die grundsätzliche Projektaufbauorganisation erarbeitet werden sollte, können die der betriebswirtschaftlichen Organisationslehre entstammenden funktionalen Organisationsformen der sogenannten Einfluss-Projektorganisation und Reinen Projektorganisation[639] den rechtsinstitutionellen Bezeichnungen der Interessengemeinschaft, des Bieterkonsortiums und der Einzweckgesellschaft (Special Purpose Company)[640] gegenübergestellt werden (vgl. idealtypisch Darstellung 24).

---

636 Vgl. auch Hintze, M. (1998), S. 45.

637 Siehe auch Abschnitt 2.4.2.2.

638 Das Bedingungsverhältnis zwischen transparenter Zuständigkeitsverteilung, klarer Aufbau- und Ablauforganisation sowie der Wahl der Rechtsform betonen besonders REUTER/WECKER (vgl. Reuter, A./Wecker, C. (1999), S. 27). Die Kongruenz von Aufgabe, Kompetenz und Verantwortung wurde bereits in Abschnitt 2.3.3 als Grundprinzip der Delegation von Leistungen hervorgehoben.

639 Als Synonym für die Einfluss-Projektorganisation wird allgemein auch die sogenannte Projektkoordination verwendet, welche aufgrund der umfassenderen Intension des Projektkoordinationsbegriffs in der vorliegenden Arbeit nicht genutzt wird (vgl. Hentze, J./Brose, P. (1985), S. 68ff).

640 Siehe auch Abschnitt 2.4.2.2 und vgl. Backhaus, K. (1999), S. 480ff; Kumlehn, F. (2001), S. 279.

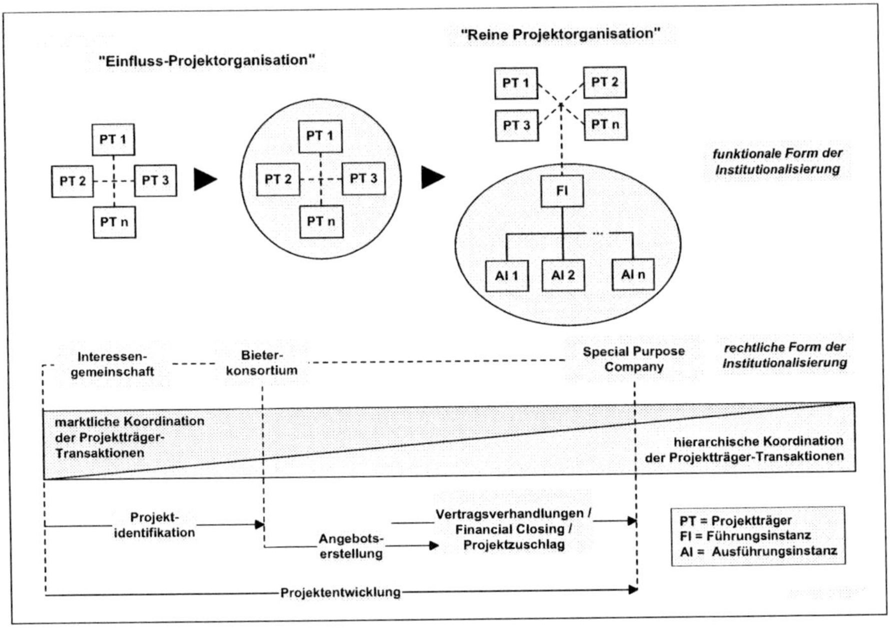

Darstellung 24: Institutionalisierung der Projektträgereinheit zwischen Markt und Hierarchie

Die Einfluss-Projektorganisation bringt zum Ausdruck, dass der Austausch von Real- und Nominalgütern sowie Informationen zwischen den einzelnen Projektträgern in der initiierenden Phase der Projektentwicklung über marktlich-selbstkoordinierende Aktivitäten wie zum Beispiel schriftliche oder mündliche Absprachen – gegebenenfalls kanalisiert durch einen federführenden Projektträger (Leading Company)[641] – erfolgt. Demgegenüber spiegelt die auf den Restlebenszyklus der Errichtung und des Betriebs hin ausgerichtete Reine Projektorganisation das aus der Langfristorientierung resultierende Erfordernis[642] wider, hierarchische Koordinationsmechanismen für die zielgemäße Erbringung der Projektleistungen zu etablieren. Die dergestalt hierarchisierte Projektinstitution kann als maßgebende Zielsetzungsinstanz ein aus den verschiedenen rechtlich selbstständigen Projektträgern hervorgehendes Gremium besitzen.[643] Innerhalb der Projektunternehmung sollten eine Projektleitungs- beziehungsweise Führungsinstanz und Ausführungsinstanzen existieren, wodurch über den gesamt verbleibenden Projektlebenszyklus hinweg eine Steuerung nach dem in Abschnitt 5.2.1.1 behandelten

---

641 Als prädestiniert für eine Führungsrolle im Rahmen Betreibermodell-basierter Infrastrukturprojekte gelten aufgrund der hohen Prozesskompetenz Bauwerks- und Anlagenersteller (vgl. teilweise kritisch Elwan, I. (1990), S. 9.2; Schulte-Althoff, M. (1992), S. 81f; Carson, J./Hatzis, D. (1994), S. 143; Walker, C./Smith, A.J. (1995), S. 83f; Henschel-Bätz, M. (2000), S. 188).

642 Siehe Abschnitt 5.2.1.5.

643 Vgl. Eisele, J. (1995), S. 276.

Regelkreisprinzip ermöglicht wird.[644] Da trotz der funktionalen Institutionalisierung in Form der Reinen Projektorganisation einzelne Projektleistungen von externer Seite erbracht werden, handelt es sich nicht um eine rein hierarchische Koordination der Projekttransaktionen, sondern um die in Abschnitt 5.2.1.5 angesprochene hybride Form der Projektkoordination in einem Bereich zwischen den Kontinuumsextremen Markt und Hierarchie.

Während die Projekt-Aufbauorganisation die Struktur der Aufgaben-, Verantwortungs- und Kompetenzzuordnung sowie der dazugehörigen Schnittstellen widerspiegelt, beschreibt die Ablauforganisation die raum-zeitliche Prozessstrukturierung unter den aus der gewählten Aufbauorganisation hervorgehenden Rahmenbedingungen. Gemäß der geforderten Orientierung an den Zielen der Projektträger ergibt sich für die Ablauforganisation aus sekundärkoordinationsorientierter Perspektive die Gewährleistung möglichst effektiv und effizient aufeinander abgestimmter Leistungserbringungsprozesse als oberste Zielsetzung. Die aufgezeigte dynamische Projektaufbaustruktur ermöglicht die zeitliche und räumliche Abstimmung der notwendigen Projektleistungen hinsichtlich der sachzielbezogenen Effektivitätsanforderungen und der formalzielbezogenen Effizienzanforderungen. Die zeitphasenflexible Zuordnung von Aufgaben, Verantwortung und Kompetenzen auf die Führungs- und Ausführungsinstanzen eröffnet die Möglichkeit, das zur effektiven und effizienten Erbringung der Projektleistungen benötigte Know-how den jeweils verfolgten Zielen entsprechend einzusetzen. Es besteht eine Grundlage, auf der primärkoordinierende Handlungen wie zum Beispiel die technische Ablaufkoordination innerhalb des leistungsteiligen Projektsystems erfolgen können.

Neben der horizontalen aufbau- und ablauforganisatorischen Koordination der Projektträger und der vertikalen aufbau- und ablauforganisatorischen Koordination der Projektleistungsträger kommt dem hier behandelten einzelprojektbezogenen Controlling im Zuge der Projektentwicklung die Aufgabe der vertikalen aufbau- und ablauforganisatorischen Abstimmung des Joint-Ventures mit den hinter den einzelnen Projektträgern stehenden Mutterunternehmen zu.[645] Aus der Perspektive der Muttergesellschaften stellen die Betreibermodell-Joint-Ventures Beteiligungen mit einem entsprechend der angestrebten Ziele als Projektträger mutatis mutandis spezifischen Controlling-Bedarf dar.[646] Die von den Mutterunternehmen verfolgten Beteiligungscontrolling-Konzepte geben daher den Bedingungsrahmen vor, anhand dessen die vertikale Bottom-Up-Koordination aus dem jeweiligen Joint-Venture heraus auszurichten ist. Demgemäß ist es Aufgabe des einzelprojektorientierten Controlling auf Ebene des Joint-Ventures, die möglicherweise unterschiedlichen von den verschiedenen Mutterun-

---

644 Je nach projektphasenabhängigen Projektleistungserfordernissen (siehe Abschnitt 2.3) scheiden einzelne Ausführungsinstanzen aus oder kommen neue hinzu. Gemäß dem Konzept mehrstufiger Regelkreise können die Ausführungsinstanzen selbst zu Führungsinstanzen vertikal untergeordneter Ausführungsinstanzen werden. Die Bezeichnungen Führungsinstanz und Ausführungsinstanz implizieren nicht automatisch die Besetzung mit genau einer menschlichen Person, sondern umfassen auch die Möglichkeit einer für Joint Ventures typischen multipersonalen, gegebenenfalls paritätischen oder teamartigen Besetzung der Projektinstanzen (vgl. Höpfner, K.-U. (1995), S. 118; Hintze, M. (1998), S. 335f; Lutzner, P. (1998), S. 41f).

645 Multiprojektorientierte Gestaltungsempfehlungen zur Organisation innerhalb der Mutterunternehmungen gibt HINTZE (vgl. Hintze, M. (1998), S. 330ff).

646 Zum Begriff der Beteiligung vgl. Borchers, S. (2000), S. 21ff.

ternehmungen top-down vorgegebenen aufbau- und ablauforganisatorischen Standards, insbesondere diejenigen des Reporting, im Rahmen eines multidirektionalen Gegenstromverfahrens aufeinander abzustimmen und mit Blick auf die geforderte Wirtschaftlichkeit der Controlling-Prozesse möglichst weit zu vereinheitlichen.[647] Dabei sollte der empirischen Erkenntnis Rechnung getragen werden, nach der ein hoher Grad an Autonomie einen bedeutenden Erfolgsfaktor von Joint-Ventures darstellt.[648] Auch hierfür bietet die spätestens zum Zeitpunkt des Financial Closing zu etablierende Reine Projektorganisation wegen ihrer hierarchisch-eigenständigen Grundstruktur die notwendige Grundlage.

Aufgrund des Instrumentalcharakters der Projektträgerschaft Betreibermodell-basierter Infrastrukturprojekte[649] beinhaltet die vertikale aufbau- und ablauforganisatorische Einbindung des Joint-Ventures in die hinter den einzelnen Projektträgern stehenden Mutterunternehmen auch die Etablierung eines geeigneten Planungs- und Kontroll-Systems, mit dessen Hilfe die entscheidungsbezogenen Informationsbedarfe der Projektträger über den gesamten Lebenszyklus hinweg abgedeckt werden können.

Im Rahmen der Erarbeitung des Planungs- und Kontroll-Systems ergeben sich folgende Kernhandlungserfordernisse:[650]

1. Identifikation und Festlegung der Planungs- und Kontroll-Inhalte sowie Erarbeitung und Festlegung von Maßgrößen und Indikatoren zur Regelkreis-basierten Steuerung des Projekterfolges: Aufgrund der Heterogenität (Intension) und Weite (Extension) des betriebswirtschaftlichen Erfolgsbegriffs ist der Projekterfolg vorhabensspezifisch zu präzisieren. Erkenntnistheoretisch abgesichert und entsprechend sinnvoll erscheint die deduktive Ableitung aus den in Abschnitt 4.1 erarbeiteten Projektträgerzielen. Dabei ergibt sich eine perspektivenspezifische Operationalisierung des Projekterfolges. Der Projekterfolg kann dann in Analogie zur Unterscheidung von Chance und Risiko in Abschnitt 3.3.1 als Erreichen oder Übertreffen von geplanten Zielen interpretiert werden, wohingegen das Nicht-Erreichen von Planzielen als Mißerfolg betrachtet werden kann.[651] Das Planungs- und Kontroll-System sollte – basierend auf dem ebenfalls deduktiv aus den Zielsetzungen abgeleiteten Projektgesamtplan (vgl. Darstellung 18, S. 119) – so ausgestaltet sein, dass alle für entscheidungsrelevant erachteten Sachverhalte mit hinreichender Informationstiefe und -genauigkeit wiedergegeben werden. Die Entscheidungsrelevanz bestimmt sich zum einen aus der logisch-deduktiv und empirisch-induktiv ermittelten Bedeutung der Projektsachverhalte für den Projekterfolg[652] und zum anderen in zeitlicher Hinsicht aus der Mög-

---

647 Zum Bottom-Up- und Top-Down-Ansatz sowie Gegenstromverfahren im Rahmen des Controlling von Beteiligungen vgl. Borchers, S. (2000), S. 94ff.

648 Vgl. Helm, R./Peter, A. (1999), S. 34f, 44.

649 Siehe Kapitel 4.

650 Vgl. auch Alter, R. (1991), S. 79ff; Lutzner, P. (1998), S. 42f.

651 Vgl. auch Eisele, J. (1995), S. 85ff; Balling, R. (1998), S. 164, 169.

652 Hierzu sei auf die Ausführungen zu Erfolgsfaktoren im Rahmen der Durchführung von Betreibermodell-basierten Infrastrukturprojekten in Abschnitt 5.2.1.4 verwiesen.

lichkeit des Treffens beziehungsweise des Revidierens von Projektentscheidungen. Die Planungs- und Kontroll-Inhalte besitzen demnach nicht ausschließlich monetäre, sondern auch zeit- und leistungsbezogene Dimensionen.[653]

2. Identifikation, Festlegung und Anpassung projektbezogener Planungs- und Kontroll-Instrumente: Die Lebenszyklus-begleitende und auch rollierende Planung und Kontrolle im Rahmen der Regelkreis-basierten Projektkoordination erfordert Instrumente, welche zum einen strategisch-längerfristige und zum anderen operativ-kurzfristige Projektentscheidungen vermittels Reflexion wirksam unterstützen, ohne in ihrer Anwendung gegen das allgemeine Wirtschaftlichkeitspostulat und das der praxeologisch orientierten Betriebswirtschaftslehre inhärente Praktikabilitätsprinzip zu verstoßen. Das Kerninstrument des zu erarbeitenden Planungs- und Kontroll-Systems bildet das projektspezifische Informationssystem beziehungsweise Berichtswesen, für das die Kompatibilität zu den regelmäßig unterschiedlich ausgestalteten Informationssystemen der Projektträger-Mutterunternehmen neben den darin abzubildenden Planungs- und Kontroll-Informationen die maßgebende Gestaltungsdeterminante darstellt und welches zum Zwecke adäquater Systemkopplung an die bestehenden Systeme der Mutterunternehmen angepasst beziehungsweise über Schnittstellen miteinander verbunden werden muss. Das Berichtswesen gliedert sich idealerweise in ein internes, der Planung und Kontrolle dienendes und ein externes, der Berichterstattung an die externen Projektstakeholder dienendes Reporting. Hinsichtlich des internen Reporting stellt sich in Bezug auf die unter 1. konstatierten Handlungserfordernisse die Frage, welchen Inhalts die steuerungsrelevanten Informationen sein und inwiefern für die einzelnen Projektträger unterschiedliche Arten von Informationen generiert werden sollen. Bei der externen, im engeren Sinne nicht der projektträgerseitigen Planung und Kontrolle dienenden Berichterstattung ist zu beurteilen und entscheiden, ob und wenn ja, welchen Inhalts und welcher Art Informationen an Dritte, insbesondere an Fremdkapitalgeber, Hoheitsträger, Auftraggeber und Output-Abnehmer über die rechtlichen Erfordernisse der maßgebenden Rechnungslegungsvorschriften hinaus gegeben werden sollen. Mit Blick auf die von den Projektträger-Mutterunternehmen verwendeten Rechnungslegungsvorschriften und die rechnungslegungsbezogenen Vorschriften des Projektstandorts sowie die Interessen sekundärer Machtpromotoren wie zum Beispiel Fremdkapitalgeber ist zudem die Wahl geeigneter Rechnungslegungsstandards für den Einzelabschluss der Special Purpose Company zu treffen.[654]

---

653 Vgl. auch Weber, J. (1995), S. 75ff; Reichmann, T. (1997), S. 41ff; Hahn, D./Hungenberg, H. (2001), S. 77ff; Horváth, P. (2001), S. 364ff.

654 Konkrete instrumentelle Gestaltungs- und Anwendungsempfehlungen finden sich entsprechend des eingangs begründeten Gliederungskonzeptes in Kapitel 6 der vorliegenden Arbeit.

5.2.2.2 Controlling-Aufgaben während der Detailplanungs- und Erstellungsphase

Zwar kann allgemein angenommen werden, dass das Controlling während der in Abschnitt 3.2.2 behandelten Detailplanungs- und Erstellungsphase ein gegenüber der Phase der Projektentwicklung geringeres Potenzial an positiver Beeinflussbarkeit der beabsichtigten Zielwirkungen besitzt. Vor dem Hintergrund der innerhalb der Detailplanungs- und Erstellungsphase anfallenden Erstellungskosten in Größenordnungen von einigen Millionen EUR bis hin zu Milliardenbeträgen[655] kann das absolute Ausmaß der durch Controlling induzierten positiven Zielwirkungen aber noch immer als rechtfertigend hoch eingestuft werden.

Während in der Phase der Projektentwicklung die Unterstützung der Schaffung latenter Erfolgspotenziale im Vordergrund steht, gilt es in der Detailplanungs- und Erstellungsphase die geschaffenen Potenziale zu sichern und aufrechtzuerhalten, damit diese in den Folgephasen des Projektbetriebs und gegebenenfalls der Desinvestition gehoben werden können. Aus den allgemeinen Projektleistungen der Detailplanungs- und Erstellungsphase ergeben sich phasenspezifische Controlling-Soll-Leistungen, welche auf den systembildenden Aktivitäten der Projektentwicklungsphase aufbauen. Gegenüber der Phase der Projektentwicklung weist das Controlling insbesondere im fortgeschrittenen Phasenverlauf einen weit wiederholenderen, schwerpunktmäßig systemkoppelnden Handlungscharakter auf. Die konkreten Aufgaben sind in erster Linie auf die Servicefunktion des Controlling zurückzuführen.

Das maßgebende Planungs- und Kontrollobjekt während der Detailplanungs- und Erstellungsphase bilden die phasenspezifischen Projektleistungen mit ihren dinglich-terminlichen sowie monetären Zielwirkungen. Die Spezifität der Detailplanungs- und Erstellungsleistungen und deren oben angesprochene Wirkungstragweite macht ein internes respektive konsortiales Phasenberichtswesen erforderlich, welches den Beitrag der Detailplanung und Erstellung zu den von den Projektträgern verfolgten Zielen widerspiegelt, so dass eine auf dem Regelkreiskonzept beruhende Sicherung positiver Zielbeiträge vermittels Sekundärkoordination ermöglicht wird.

Entsprechend der zur maßgebenden Strukturierungsdimension erhobenen Lebenszyklusorientierung von Controlling-Aufgaben[656] hat sich die Berichterstattung an der zeitlichen Struktur des Detailplanungs- und Erstellungsfortschritts auszurichten. Aufgrund der starken Bedeutung monetärer Ziele für die Projektträger sollten hierzu Projekt-Meilensteine[657] bestimmt werden, welche in möglichst direktem Zusammenhang mit monetär wirksamen Leistungen stehen. Die Definition der Meilensteine kann wie auch für die übrigen Lebenszyklusphasen auf Grundlage der in Abschnitt 2.3 vorgenommenen Leistungsanalyse von Infrastrukturprojekten[658] erfolgen. Sie sollte für die Zwecke des sekundärkoordinationsorientierten Controlling mit Blick

---

655 Siehe die in Fußnote 39 (S. 8) beispielhaft genannten Quellen.

656 Siehe vor allem die einleitenden Worte in Abschnitt 5.2.

657 Meilensteine beziehungsweise Kontrollzeitpunkte grenzen einzelne Subleistungsphasen voneinander ab und kennzeichnen damit den Abschluss separierter Projektleistungspakete oder das Erreichen maßgebender Etappenziele.

658 Siehe insbesondere die Abschnitte 2.3.4 und 2.3.5.

auf die Erreichung einer stringenten und kongruenten Planungs- und Kontrollhierarchie aus den für die bauplanerische und -technische Bewältigung notwendigen primärkoordinierenden Teilplänen – hier des in der Regel auf Leistungsverzeichnissen beruhenden Projektprozessplans – abgeleitet werden. Im Zuge des weiteren Projektverlaufs ist darauf zu achten, möglichst unverzerrte beziehungsweise unmanipulierte Planungs- und Kontrollinformationen zu erhalten, insbesondere dann, wenn die bereitgestellten Informationen nicht von den unmittelbaren Projektträgern, sondern von beauftragten Dritten – beispielsweise unabhängigen Generalunternehmern – stammen.[659]

Die dergestalt aufzubauende und durchzuführende mitlaufende Leistungs-, Termin- sowie Planungs- und Erstellungskosten[660]-Planung und -Kontrolle beziehungsweise -Kalkulation bilden die Teilsysteme des phasenbezogenen Projekt-Planungs- und Kontrollsystems. Unter dem Begriff der mitlaufenden Kalkulation wird allgemein „die regelmäßige Gegenüberstellung der Summe von tatsächlich angefallenen und noch zu erwartenden Kosten [und Leistungen; Anm. d. Verf.] einerseits (Ist/erwartetes Ist) und der aktualisierten [...] Kalkulation [Anm. d. Verf.] andererseits"[661] subsumiert. Prinzipiell handelt sich also um einen Vergleich, bei dem Abweichungen leistungsfortschrittsrelativ ermittelt und für den weiteren Verlauf prognostiziert werden. Hierdurch wird einerseits retrospektiv eine Rückschau auf die bisherige Plantreue und andererseits prospektiv eine Vorschau auf die vor Ablauf erwarteten Teilabweichungen sowie die bei Beendigung zu erwartende Gesamtabweichung der Detailplanungs- und Erstellungsphase gegeben.[662] Dies kann sich – abhängig von der zeitlichen Dichte der für planungs- und kontrollrelevant erachteten Meilensteine – in mehreren Teilkontrollen innerhalb eines Monats niederschlagen[663] und sollte in Projektstatusberichten mit entsprechenden Ursache- und Wirkungsanalysen der zum Kontrollzeitpunkt eingetretenen Veränderungen und ihrer voraussichtlichen Entwicklung sowie in der Erarbeitung für notwendig und möglich erachteter Gegensteuerungsmaßnahmen münden.

Wenngleich das Konzept der mitlaufenden Kalkulation grundsätzlich aus einer Erstellerperspektive heraus entwickelt wurde, lässt es sich über die Verwendung kalkulationsbegrifflicher Pendants sinnvoll für die Bestellersicht der hier im Vordergrund stehenden Projektträger modifizieren. Darstellung 25 dokumentiert die bei der mitlaufenden Kalkulation maßgebenden Planungs- und Kontrollgrößen, auf deren konkrete Er- und Verarbeitung sowie Interpretation im instrumentellen Abschnitt 6.1.2.2 weiter eingegangen wird.

---

659 Vgl. Hupe, M. (1995), S. 173.

660 Im weiteren Verlauf der Arbeit soll für den Begriff der Planungs- und Erstellungskosten zusammenfassend von Investitionskosten beziehungsweise – um den Zahlungscharakter besonders hervorzuheben – von Investitionszahlungen die Rede sein.

661 Andreas, D./Sauter, B./Rademacher, G. (1992), S. 79.

662 Vgl. Ehlert, A. (1999), S. 178f.

663 Vgl. Hupe, M. (1995), S. 165ff.

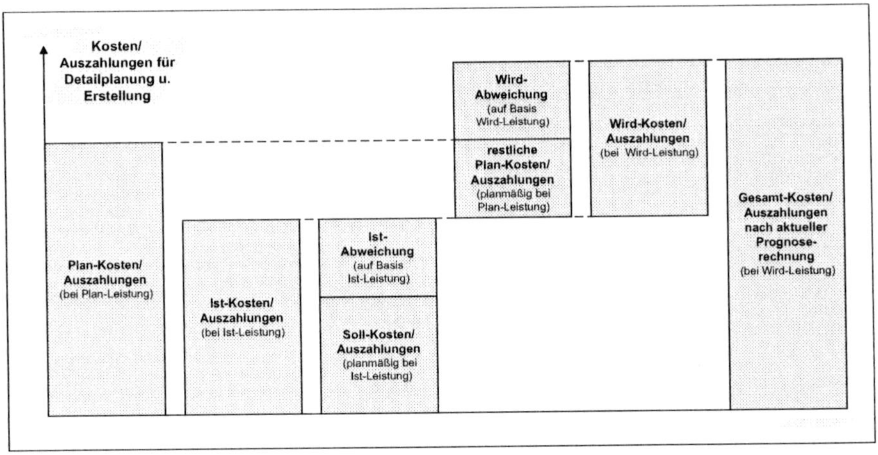

Darstellung 25: Maßgebende Planungs- und Kontrollgrößen der mitlaufenden Kalkulation[664]

Hinsichtlich der Eigenwirtschaftlichkeit, mit anderen Worten der Effizienz des Controlling für die Projektträger von Vorteil ist das prinzipiell gültige Phänomen, dass bei steigendem Grad der Delegation von Projektleistungen an nachgeordnete Kumulativleistungsträger wie zum Beispiel Generalunternehmer das Erfordernis zu einer Detaillierung der Planung und Kontrolle der zu verrichtenden Projektleistungen sinkt beziehungsweise sich der Fokus weg von den in erster Linie die technischen Projektbedingungen widerspiegelnden und aufgrund ihres direkten Bezugs zur Ausführung der Teilprojektleistungen die Primärkoordination während der Detailplanungs- und Erstellungsphase gewährleistenden Teilpläne hin zu der übergreifenden Sekundärkoordinationsorientierung verschieben kann.[665]

Mit Blick auf die Sicherstellung der Effektivität des Controlling entfällt das Erfordernis einer detaillierten Planung und Kontrolle der kumulativ vergebenen Projektleistungen und der damit verbundenen Aktionsfolgen jedoch nur insoweit, als von den beauftragten Kumulativleistungsträgern genügende Qualitäts-, Termin- und Kostengarantien gegeben beziehungsweise gewährte Garantien auch als durchsetzbar eingestuft werden können und darüber hinaus keine relevanten Negativ-Implikationen für die Koordination der übrigen Projekt-Teilplanungen bestehen. Zwingend müssen sodann „lediglich" die Einhaltung der verabschiedeten respektive

664 Vgl. auch Ehlert, A. (1999), S. 179.

665 Das hier im Blickpunkt stehende Controlling ist also nicht deckungsgleich mit der in den Abschnitten 2.3.5 und 2.4.1.2 charakterisierten klassisch-baubetrieblichen und ebenfalls für grundsätzlich delegierbar befundenen Projektsteuerung, bei der die umfassende Einbeziehung erstellungstechnischer Teilpläne zwingend geboten ist.

vertraglich vereinbarten Soll-Zustände überwacht und gegebenenfalls für notwendig erachtete Anpassungsvorschläge erarbeitet werden.[666]

In Verbindung mit der eingangs formulierten Forderung nach Generierung möglichst unverzerrter Projektinformationen und vor dem Hintergrund der besonderen Insolvenzanfälligkeit von Bauwerkserstellern[667] sollte mit zunehmendem Umfang der Übertragung von Projektleistungen und -risiken auch die Ergebnis- und Liquiditätsentwicklung der beauftragten Kumulativleistungsträger Gegenstand der mitlaufenden Projektkontrolle sein. Wenngleich hierfür leistungsträgerinterne Informationen das Optimum darstellen, kommen als wichtige und praktikable Quellen oft auch extern zugängliche Geschäftsberichte mit Informationen zur kurz- bis mittelfristigen Finanz-, Vermögens- und Ertragssituation sowie zur längerfristig-allgemeinen Unternehmens- oder Konzernlage in Betracht. Hierdurch erwächst die Möglichkeit, Rechtsansprüche, zum Beispiel aus dem Eintritt von Fertigstellungsrisiken, durch Maßnahmen wie den Einbehalt von Zahlungen oder die Inanspruchnahme von Ausfallbürgschaften rechtzeitig abzusichern.

Einem Controlling aus Projektträgersicht obliegt zum Zweck der apostrophierten Sekundärkoordination auch die gegenläufige Versorgung sämtlicher direkt von den Projektträgern beauftragten Subleistungsträger mit von den Projektträgern für zielerreichungsrelevant erachteten Informationen, beispielsweise der Beurteilung des Projektfortschritts oder der Maßnahmenergreifung seitens der Projektträger oder Fremdkapitalgeber. Aufgrund der direkten und umfangreichen Auswirkungen auf die von den Projektträgern schwerpunktmäßig verfolgten monetären Projektziele ist dabei neben der Informationsversorgung der Anlagen- und Bauwerksersteller die informatorische Unterstützung der Träger der als Bauherrenaufgabe gekennzeichneten Teilprojektleistung der Projektsteuerung von besonderer Bedeutung.

Ohne auf die idealtypisch abgegrenzte Phase der Detailplanung und Erstellung beschränkt zu bleiben, sondern teilweise bis tief in die Betriebsphase hineinreichend, gilt es, den Träger der Projektsteuerungsleistungen mit Informationen zu versorgen, die über das diesem bereits zur Verfügung stehende Angebot aus Bauablaufplänen, Aktenvermerken, Änderungsprotokollen, allgemeinen Schriftwechseln, Behinderungsanzeigen, Störungslisten und vorliegenden Nachtragsangeboten hinausgehen und damit ein wirksames Projektsteuerungsmanagement im Allgemeinen sowie – ebenfalls den Projektträgern zugute kommendes – Claimmanagement im Besonderen ermöglichen.

Das Claimmanagement geschieht vermittels planerisch-antizipierender sowie kontrollierender Quantifizierung von Wirkungen eigener und fremder Leistungsnachforderungen und umfasst deren zieladäquate Erfassung, Verfolgung und Durchsetzung. Wegen des empirisch konstatierbaren Sachverhalts, dass Projektträger oft auch Erstellungsleistungen übernehmen,[668] so-

---

[666] Vgl. Hupe, M. (1995), S. 173; Hintze, M. (1998), S. 60f, 346f. Zum Risiko der Durchsetzbarkeit vertraglicher Vereinbarungen im Rahmen Betreibermodell-basierter Infrastrukturprojekte siehe auch Punkt 9 in Abschnitt 3.3.3.

[667] Siehe hierzu die Anmerkungen und Verweise in den Fußnoten 445 (S. 99) und 446 (S. 99).

[668] Siehe Abschnitt 4.1.1.2.

wie der hohen und allgemein als erfolgskritisch angesehenen Bedeutung einer projektspezifischen Claimmanagementstrategie obliegt dem Controlling auch die transparenzschaffende Vermittlung der von den Projektträgern möglichst explizit formulierten Strategie des Verhaltens bei der systematischen Verfolgung von Eigen- und Fremdclaims.[669] Hierzu wiederum gegenläufig sind die von den Trägern der Projektsteuerungsleistungen bereitgestellten Nachtragsinformationen in Form operativer Leistungs-, Termin- und Kosteninformationen in die oben beschriebene, auf die Zukunft gerichtete mitlaufende Kalkulation aufzunehmen.

Über die bislang aufgeführten, dem Spektrum der Realisationskontrolle zuordenbaren Überwachungshandlungen des Controlling ist besonders in der frühen Phase der Detailplanung und Erstellung, während der Projektmodifikationen im Allgemeinen und ein Projektabbruch im Besonderen noch verhältnismäßig geringen Aufwand verursachen, die in Abschnitt 5.2.1.2 als phasenübergreifend und -verbindend gekennzeichnete Aufgabe der Prämissenkontrolle, welche die kritische Überprüfung der während der Projektentwicklungsphase getroffenen Planungsannahmen zum Gegenstand hat, von Erfolgsrelevanz. Mit Blick auf die Refinanzierungsphase des Projektes gilt es zu untersuchen, inwieweit die Ausgangsannahmen noch mit der aktuellen und für die Zukunft prognostizierten Entwicklung übereinstimmen. Wie auch im Rahmen der oben aufgezeigten, ausschließlich auf die Phase der Detailplanung und Erstellung bezogenen, mitlaufenden Kalkulation sollten Prämissenkontrollen bei Erreichen kritischer Meilensteine vorgenommen werden. Die dabei schwerpunktmäßig zu analysierenden Annahmen stellen diejenigen Prämissen dar, welche sowohl als wichtig für die Erreichung der Projektziele wie auch als besonders unsicher eingestuft werden.[670]

Die kritischen Projektprämissen sind sinnvollerweise aus der projektspezifisch zugrundeliegenden Risikosituation abzuleiten. Beispielsweise kommt für den Fall eines Betreibermodells auf Grundlage marktlicher Abnahmeverträge bezüglich der zu tragenden Absatzrisiken einer erneuten und unter Beachtung der Entwicklungen im relevanten Standortumfeld möglichst laufenden Überwachung der getroffenen Annahmen hinsichtlich erzielbarer Absatzpreise und -mengen sowie einer Auswertung deren mittel- bis langfristiger Auswirkungen auf die Erreichung der Projektziele hervorgehobene Bedeutung zu.[671]

Ist eine signifikante Änderung der Prämissensituation zu konstatieren, so sollten sich eine umfassende Analyse und Bewertung der Ursachen von Prämissenänderungen und ihrer für den weiteren Projektverlauf maßgebenden Zielwirkungen anschließen sowie gegebenenfalls Anpassungsmaßnahmen entwickelt werden. Sollten im Falle erheblicher Prämissenänderungen Projektanpassungen nicht mehr realisierbar sein, besteht weiterhin die Möglichkeit des Projektabbruchs. Generell kann allerdings davon ausgegangen werden, dass der Sinn eines Projektabbruchs mit steigender Projektdauer aufgrund des hohen Anteils der Erstellungskos-

---

[669] Vgl. auch Franke, A. (1993), S. 141f, 316ff; Köhl, T. (2000), S. 107f.

[670] Vgl. Schelle, H. (1991), S. 30f; Wagner, W. (1998), S. 16.

[671] Siehe Abschnitte 3.1.3 (dort speziell Punkt 5) und 3.3.3 (Punkt 6). Vgl. auch Hintze, M. (1998), S. 347.

ten an den Gesamtlebenszykluskosten eines Infrastrukturprojektes und oftmals enormer Sekundärwirkungen wie zum Beispiel Imageschäden aus Negativreferenzen[672] stark abnimmt.[673]

5.2.2.3 Controlling-Aufgaben während der Betriebsphase

Wie bereits die Controlling-Aufgaben während der Detailplanungs- und Erstellungsphase setzen auch die als Soll-Leistungen zu interpretierenden Controlling-Aufgaben der in Abschnitt 3.2.3 geschilderten Betriebsphase auf dem vorangehenden Lebenszyklusabschnitt auf. Mit dem Zeitpunkt der bauherrenseitigen Endabnahme schließt die Phase der Erstellung ab, und die Betriebsphase beginnt. Zu diesem Datum ist mit den entstandenen Entwicklungs-, Planungs- und Erstellungskosten bereits ein bedeutender Teil der Auszahlungen für das Projekt unwiederbringlich angefallen und – entsprechend der Logik der präskriptiven Entscheidungstheorie – als für künftige Projektentscheidungen irrelevante Sunk Costs einzustufen. Insofern kann das Beeinflussungspotenzial von Controlling-Aktivitäten hinsichtlich der von den Projektträgern angestrebten Zielwirkungen im Vergleich zu den vorangehenden Phasen der Projektentwicklung sowie der Detailplanung und Erstellung unter Zugrundelegung zeitbezogen äquidistanter Intervalle zwar als relativ geringer eingestuft werden. Bezogen auf die Gesamtdauer des regelmäßig mehrere Jahresdekaden umfassenden Betriebszeitraums[674] kann das Potenzial positiver Zielwirkungen des Controlling bei Betrachtung der absoluten Höhe noch beeinflussbarer Zielwirkungen[675] jedoch als so bedeutend angenommen werden, dass die nachfolgend skizzierten Controlling-Handlungen unter Effizienzgesichtspunkten als grundsätzlich rechtfertigbar erscheinen.

Gegenüber den vorangehenden Phasen der Projektentwicklung, der Detailplanung und Erstellung sowie der in der Regel nachfolgenden Desinvestitionsphase gleicht das Controlling während der Betriebsphase hinsichtlich der zugrundeliegenden Planungs- und Kontrollobjekte stärker dem „konventionellen" Controlling[676] eines in einem fortgeschrittenen Stadium des Unternehmenslebenszyklus befindlichen Going-concern-Unternehmens. Nicht einmalig erfolgende, sondern sich planmäßig wiederholende Projektleistungen mit ihren dinglich-zeitlichen und monetären Zielwirkungen bilden die phasenspezifisch maßgebenden Planungs- und Kontrollobjekte. Das betriebsphasenbezogene Controlling Betreibermodell-basierter Infrastruk-

---

672 Zur Bedeutung von Referenzen siehe auch Fußnote 435 (S. 97) und die dortigen Quellenangaben.

673 Vgl. Lutzner, P. (1998), S. 190ff.

674 Konkrete Angaben zu Betriebsdauern unterschiedlicher Betreibermodell-Vorhaben finden sich in den Literaturnachweisen der Fußnoten 331 (S. 73) und 332 (S. 73).

675 Die absolute Höhe von Zielwirkungen sollte aus entscheidungstheoretischer Perspektive zwar nicht das alleinige Kriterium zur Beurteilung einer Entscheidung wie der Umsetzung umfassender Controlling-Maßnahmen sein. Denn insbesondere in Bezug auf die monetären Ziele der Projektträger und vor allem für die Betriebsphase ist auch von der Existenz anderer Präferenzen wie zum Beispiel der Zeitpräferenz auszugehen. Komplexitätsreduziert erscheint die absolute Höhe der Zielwirkungen aber als ein hinreichend valides Kriterium zur Beurteilung der wirtschaftlichen Legitimität der nachfolgend vorgestellten Controlling-Aufgaben. Zu weiteren möglichen Präferenzarten vgl. Sieben, G./Schildbach, T. (1990), S. 1ff, 15ff; Laux, H. (1998), S. 15ff.

676 Gemeint ist das Controlling-Konzept in seiner praktischen Anwendung. Zum generell konstatierbaren Mangel einer theoretischen Fundierung des Controlling siehe Abschnitt 4.2.1.

turprojekte unterscheidet sich insofern grundlegend von demjenigen eines „regulären" Going-concern-Unternehmens, als dass aufgrund der wirtschaftlich-organisatorischen und auch rechtlichen Abgrenzbarkeit sowie des Spezifikums der geringen Produkt- beziehungsweise Outputvielfalt von Infrastrukturprojekten weit weniger komplexe und damit stärker repetitive, das heißt aus der Servicefunktion des Controlling resultierende Routineaufgaben hervorgehen – was folglich das Potenzial zu einer langfristigen Aufwandsreduktion erhöht und die postulierte Eigenwirtschaftlichkeit des Controlling nochmals unterstreicht.

Der positive Effekt auf die Eigeneffizienz des Controlling kann analog der Phase der Detailplanung und Erstellung gesteigert werden, indem die wirtschaftlichen Betriebsleistungen an Dritte delegiert werden und auf die von den damit beauftragten Kumulativleistungsträgern, zum Beispiel spezialisierte Betreiber, generierten Betriebsinformationen zurückgegriffen wird, mithin das Erfordernis zu einer detaillierten Planung und Kontrolle der Betriebsleistungen entfällt und lediglich die unmittelbar der sekundären Projektkoordination dienenden Planungs- und Kontroll- sowie Informationsversorgungsaktivitäten für die Projektträger als Controlling-Aufgaben verbleiben.[677] Es bleibt jedoch auch hier darauf hinzuweisen, dass vor allem bei Verpflichtung von gegenüber den Projektträgern unabhängigen Dritten der Gefahr beabsichtigter wie unbeabsichtigter Informationsverzerrungen entgegengewirkt werden muss, zum Beispiel mit Hilfe der Durchführung auf die Güte vertraglich vereinbarter Betriebsleistungen abzielender Stichprobenkontrollen.

Dessen ungeachtet sollte auch die wirtschaftliche Lage der beauftragten Kumulativleistungsträger laufend überwacht werden, um gegebenenfalls Gegensteuerungs- und Anpassungsmaßnahmen wie die Kündigung eines bestehenden Vertragsverhältnisses und die Neubeauftragung eines geeigneteren Leistungsträgers einleiten zu können. Eine hinreichende Kenntnis der Vermögens-, Finanz- und Ertragslage des Sekundärleistungsträgers eröffnet im Schadensfall auch die Möglichkeit, Rechtsansprüche, beispielsweise aus dem Eintritt von Betriebsmanagementrisiken, durch Handlungen wie den Einbehalt von Entgeltzahlungen frühzeitig abzusichern.

Die wesentliche Aufgabe des Controlling während des Projektbetriebs besteht in der kontinuierlichen Überwachung der Erreichung der von den Projektträgern phasenbezogen intendierten Ziele und deren Maßgrößen. Entsprechend der festgestellten Dominanz monetär-skalierter

---

[677] In Analogie zu Fußnote 665 (S. 154) wird deutlich, dass das sekundärkoordinationsorientierte Controlling nicht gleichzusetzen ist mit den auch als Anlagen- und Instandhaltungs-Controlling bezeichneten Planungs- und Kontroll-, Informationsversorgungs- sowie Service- und Beratungsaufgaben während der Betriebsphase technischer Anlagen. Bei grundsätzlich bestehender Delegierbarkeit stellen die genannten Aufgaben eine Teilmenge der im Rahmen des hier vertretenen sekundärkoordinationsorientierten Controlling-Ansatzes konstatierten Aufgaben dar und werden aufgrund der empirisch regelmäßig zu verzeichnenden Übertragung auf Sekundärleistungsträger sowie des geringen betriebswirtschaftlichen Erkenntnisgewinns in Bezug auf die hier fokussierten Betreibermodell-Projekte nicht weiter behandelt (vgl. Alter, R. (1991), S. 105f; Hintze, M. (1998), S. 347f sowie weiterführend Kalaitzis, D. [Hrsg.] (1991); Biedermann, H. [Hrsg.] (1992); VDI [Hrsg.] (1994); Männel, W. [Hrsg.] (1999); Steven, M./Böning, M. (1999), S. 458ff; Rösgen, K. (2000), S. 64ff, 290ff).

Projektträgerziele[678] kann dabei zahlungsorientierten Cash-flow-Größen aufgrund ihrer Relevanz für die Liquiditäts- und investitionsrechnerische Wertentwicklung des Projektes sowie Ergebnisgrößen der Bilanz- und GuV-Rechnung – insbesondere aufgrund ihrer Implikationen für die Ausschüttungsbemessung – besonderer Stellenwert beigemessen werden. Je nach Informationspolitik und zugrundeliegenden Rechnungslegungsstandards der Projektgesellschaft und der involvierten Projektträger bilden die genannten Finanz- und Ergebnisgrößen wichtige Elemente bei der Bereitstellung von Informationen gegenüber den externen Projektstakeholdern.[679] Vor allem für die Fremdkapitalgeber stellen die Cash-flow-, Bilanz- und GuV-Informationen unverzichtbare Bestandteile einer zufriedenstellenden Informationspolitik dar. Die konsequente Beobachtung der Zielgrößen ermöglicht – oftmals in direkter und laufender Zusammenarbeit mit den Fremdkapitalgebern – die Regelkreis-gerechte Projektsteuerung respektive -gegensteuerung auf Basis vertiefter Analysen und zweckgerecht erarbeiteter Handlungsvorschläge, zum Beispiel die kurzzeitige Krisenabwehr durch vorübergehende Änderung der Tilgungsmodalitäten oder Ziehung kurzfristig bereitgestellter liquider Mittel.[680]

Grundlage einer differenzierteren laufenden Überwachung der betriebswirtschaftlich relevanten Kenngrößen ist die Berechnung projektspezifisch festgelegter Partial- und Spezialabweichungen mit dem Ziel, Steuerungs- beziehungsweise Gegensteuerungsvorschläge wirkungsbezogen priorisierend erarbeiten zu können. Besonderen Stellenwert nimmt hierbei die ursachen- und wirkungsorientierte Analyse der pagatorischen Betriebskosten und -erlöse ein. Daher sollten über die gesamte Betriebsphase hinweg die Summen der tatsächlich angefallenen Ein- und Auszahlungen den geplanten gegenübergestellt sowie zukunftsgerichtete Wird-Projektionen erarbeitet werden, auf deren Basis in Verbindung mit den gleichfalls errechneten und auf ihre Ursachen hin analysierten Abweichungsgrößen in regelmäßigen Abständen umfassende Projektstatusberichte erzeugt sowie zielgerechte Projektanpassungsmaßnahmen abgeleitet werden können. Während die Ist-Werte kontinuierlich und hochfrequent erfasst werden können, sollten neue Prognosewerte in größeren und nicht zwingend regelmäßigen Zeitabständen generiert werden. Im Zuge der phasenübergreifenden Prämissenüberwachung ist es zudem geboten, die unregelmäßig gewonnenen Neuinformationen mit erhöhter Zielwirksamkeit möglichst schnell in die steuerungsrelevanten Projektionsrechnungen zu überführen.[681]

Die auf feste Beobachtungsbereiche und Indikatoren gerichtete Prämissenkontrolle sollte während der Betriebsphase um – in erster Linie qualitativ ausgerichtete – Frühaufklärungsaktivitäten ergänzt werden.[682] Bei der Frühaufklärung steht die ungerichtete, aber dennoch systematische Überwachung explizit und implizit getroffener Vorhabensprämissen im Vorder-

---

678 Siehe Abschnitt 4.1.1.1.

679 Siehe auch Abschnitt 5.2.2.1.2.

680 Vgl. Hupe, M. (1995), S. 241, 249ff.

681 Gegenüber den von den gewählten Rechnungslegungsstandards abhängigen Berichtspflichten werden allgemein monats- bis quartalsweise Berichtsanalysen für ausreichend gehalten (vgl. Hupe, M. (1995), S. 85f, 165ff). Für die konkret-instrumentelle Ausgestaltung der Abweichungsanalyse sei auf die Ausführungen in Abschnitt 6.1.2, zur Ausgestaltung des Projektberichtswesens auf Abschnitt 6.3 verwiesen.

682 Vgl. auch Hintze, M. (1998), S. 348.

grund. Unter „ungerichteter Überwachung“ wird der Verzicht auf eine strenge Festlegung von Beobachtungsbereichen und Indikatorgrößen verstanden. Dementsprechend basiert die Frühaufklärung auf einem groben Beobachtungsraster, auf Grundlage dessen im Sinne eines „strategischen Radars“ sogenannte „schwache Signale“ geortet werden. „Schwache Signale“ gelten als Synonym für unscharf strukturierte und nur selten metrisch-skalierte Informationen, welche auf mittel- bis langfristig relevante Diskontinuitäten hindeuten. Ziel der Frühaufklärung ist es, derartige Signale zu empfangen und zu deuten, damit darauf aufbauend aktive Steuerungsmaßnahmen frühzeitig vorbereitet und umgesetzt werden sowie dazu alternativ und unter enormen Zeitdruck stattfindende und weniger wirkungsvolle Reaktionsmaßnahmen entfallen können.[683]

In Bezug auf die hier fokussierten Betreibermodell-basierten Infrastrukturprojekte können als Beispiele für „weak signals“ gelten:

- allgemein die plötzliche Häufung gleichartiger Ereignisse mit hoher Zielgrößen- und Zielpräferenzenrelevanz für die Projektträger,
- speziell Meinungen und Stellungnahmen von Organisationen und Verbänden sowie ihrer Vertreter, aber auch von sogenannten Schlüsselpersonen des öffentlichen Lebens,
- hinsichtlich künftiger Absatzrisiken die Verbreitung neuer Ideen und Konzepte in Alternative zum existierenden Betreibermodell-Konzept,
- bezüglich potenzieller Absatzrisiken und politischer Risiken Tendenzen und Änderungsbestrebungen der standort- und vorhabensbezogenen Rechtsprechung sowie
- in besonders Force-Majeure-gefährdeten Standortregionen die Änderung klimatischer und sozio-kultureller Rahmenbedingungen.

Idealtypisch gliedert sich die als zyklischer Prozess zu betrachtende Frühaufklärung in die grobe Festlegung des Beobachtungsbereichs und der Informationsquellen[684], die kritische Durchführung der Beobachtung (Scanning) und die vertiefte Analyse identifizierter „schwacher Signale“ (Monitoring). Um die Bedeutung erfasster Entwicklungen für ein Vorhaben besser beurteilen zu können, wird im Rahmen des Monitoring der Versuch unternommen, zusätzliche Informationen über die noch unscharfen Signale zu erlangen und maßgebende Ursache-Wirkung-Zusammenhänge abzuleiten. Wird dabei eine hohe Vorhabensrelevanz konstatiert, erfolgt die Formulierung geeigneter Handlungsalternativen, der sich nach deren Verabschiedung die Realisierung und (laufende) Kontrolle anschließt.

Im Hinblick auf die Eigenwirtschaftlichkeit des Controlling ist es Ziel der Frühaufklärung, mit vertretbarem Aufwand eine möglichst hohe Informationseffektivität zu erreichen. Aufgrund des zwischen der Beobachtungsreichweite und -tiefe sowie der Komplexität und des damit einhergehenden Ressourcenaufwandes generell vermutbaren progressiven Zusammen-

---

[683] Vgl. Huch, B./Behme, W./Ohlendorf, T. (1997), S. 411, 417.

[684] Betreffs Informationsquellen mit Bezug zu Betreibermodell-basierten Infrastrukturprojekten sei auf die Fußnoten 260 (S. 60), 263 (S. 60), 289 (S. 65), 470 (S. 108), 539 (S. 126) und 605 (S. 138) verwiesen.

hangs sollte die konkrete Durchführung der Frühaufklärung unter entsprechend sorgfältiger Abwägung des vermuteten Nutzens und Aufwands erfolgen.[685]

5.2.2.4 Controlling-Aufgaben während der Desinvestitionsphase

Die in Abschnitt 3.2.4 dargelegte Desinvestitionsphase schließt sich zeitlich nicht zwingend der Betriebsphase an, sondern kann die Phase des Projektbetriebs und auch die vorangehenden Phasen der Projektentwicklung sowie der Detailplanung und Erstellung überlagern. Als didaktisches Abgrenzungskriterium wurde daher nicht die Zeit in Hinblick auf die bis zum Ende der Betriebsphase weitgehend sukzessiv erfolgenden Projektleistungen gewählt. Stattdessen wurde die Zeitspanne der speziell bei Betreibermodell-basierten Infrastrukturprojekten regelmäßig für Projektträger relevanten Desinvestitionsüberlegungen als eigenständige Phase definiert.

Die Controlling-Aufgaben der Desinvestitionsphase resultieren aufgrund der bei Betreibermodell-basierten Infrastrukturprojekten nur selten mehrmalig-wiederholend erfolgenden Desinvestitionsüberlegungen der Projektträger in erster Linie aus der Beratungsfunktion des Controlling. In Anbetracht der teilweise bis zu mehrere hundert Millionen EUR betragenden Substanzwerte von Infrastrukturprojekten[686] und der im Rahmen von Desinvestitionen gegebenenfalls erzielbaren Good-Will-Zuschläge beziehungsweise der im Sinne ersparter Opportunitätskosten verhinderbaren Bad-Will-Abschläge[687] können die speziell Desinvestitionsentscheidungen unterstützenden Controlling-Aktivitäten bis zu einem hohen Grade als wirtschaftlich eingestuft werden.[688]

Abgesehen von der bereits in Abschnitt 5.2.1.5 allgemein als Koordination vertikaler Kooperationen behandelten Sekundärkoordination der nach erfolgter Entscheidung zu einer Desinvestition mit der Erbringung der Teilleistungen zu beauftragenden beziehungsweise nach und nach beauftragten Teilprojektleistungsträger[689] besteht die originäre Aufgabe des Controlling während der Phase der Desinvestition in der reflexionsbasierten Unterstützung der Entscheidungsfindung bezüglich einer etwaigen Desinvestition. Die Desinvestitionsentscheidung mit ihren zwei Grundausprägungen der Stilllegung und des Transfers der den Projektträgern gehörenden Projektaktiva respektive deren Eigentümeranteile steht der Alternative einer Weiterführung der Projektträgerschaft gegenüber.

---

685 Vgl. Huch, B./Behme, W./Ohlendorf, T. (1997), S. 417; Krystek, U./Müller, M. (1999), S. 181 und siehe auch die Anmerkungen in Fußnote 538 (S. 125).

686 Zu konkreten Zahlenangaben siehe stellvertretend die in Fußnote 39 (S. 8) genannten Quellen.

687 Die Erlangung der Projektträgerrechte könnte Good-Will-Zuschläge rechtfertigen. Bei weniger erfolgreichen Projekten sind ebenso Bad-Will-Abschläge denkbar. Generell bilden ein positiver Unterschiedsbetrag zwischen Kaufpreis und Substanzwert eines Objektes dessen Good-Will sowie ein Negativbetrag einen entsprechenden Bad-Will (vgl. Gabler (2000), S. 314, 1109).

688 Wie auch in den anderen Projektphasen dürfte die Effizienz der Controlling-Handlungen aus der Perspektive des einzelnen Projektträgers ceteris paribus mit dessen Anteil am Gesamtprojektkapital steigen.

689 Zu im Rahmen von Desinvestitionen vielfach nötigen Teilleistungen siehe Abschnitte 2.3.5 und 3.2.4 sowie zu den Möglichkeiten deren vertraglicher Delegation Abschnitt 2.4.1.2 (dort im Speziellen Punkt 8).

Die Beratungsfunktion des Controlling manifestiert sich in der Gewährleistung transparenter und nachvollziehbarer Entscheidungsgrundlagen vermittels Bereitstellung anhand analytischer Reflexion gewonnener Informationen. Hauptziel des Controlling während der Desinvestitionsphase sollte es sein, typischerweise bei umfassenden Investitions- und Desinvestitionsentscheidungsprozessen auftretende Informationsverzerrungen zu verhindern sowie im Zuge der Entscheidungsfindung Überprüfungen und Diskussionen zur Verbesserung finaler Entscheidungen zu ermöglichen.[690]

Aus der auf dem grundlegenden Controlling-Konstituenten Reflexion basierenden, entscheidungstheoretischen Sicht sind – wie bereits oben erläutert – die bis dato angefallenen Sunk Costs zur Ermittlung der geeignetsten Handlungsalternative zwar irrelevant, jedoch kann und muss auch von einer teilweise intuitiven Berücksichtigung der bis dahin getätigten Investitionen durch die Finalentscheidungsträger ausgegangen werden; dies insbesondere deshalb, weil Projektdesinvestitionsentscheidungen in der Regel von hierarchisch hochgestellten Personen oder Personengremien, welche nach außen oftmals intransparente Motive verfolgen, zwar nicht immer gefällt, so doch zumindest beeinflusst werden. Insofern hat das Controlling als Gegenpart zur nicht gänzlich unberechtigten Intuition eine auf analytischer Reflexion basierende Alternativenbewertung zu realisieren.[691]

Eigentumstransfers oder Stilllegungen können unter unterschiedlichen Konstellationen erfolgen. In Abhängigkeit von dem projektspezifisch erarbeiteten Rahmenvertrag und sonstigen rechtlichen Restriktionen[692] können die beiden Hauptdeterminanten, der Zeitpunkt und die monetären Konditionen, wie auch die gegebenenfalls anteilsübernehmende Partei bereits im Vorhinein vertraglich fixiert oder frei verhandel- und disponierbar sein.[693] Sofern das Verkaufs- oder Stilllegungsdatum noch frei wählbar ist, gilt es, den hinsichtlich der verfolgten Ziele nutzenversprechendsten Zeitpunkt zu ermitteln. Die zeitliche Folge der wahrzunehmenden Controlling-Aufgaben hat sich generell an nachfolgendem Idealablauf zu orientieren:[694]

1. Aufstellen eines konsistenten Bewertungsmodells: Als Maßgrößen für die Zielwirksamkeit sollten aus den verfolgten Zielen der Projektträger heraus projektbezogene Bewertungskriterien formuliert und gemäß der projektträgerseitigen Zielpräferenzen untereinander gewichtet werden. Darüber hinaus sollte ein Verfahren zur Ermittlung des Gesamtwerturteils festgelegt werden.
2. Bewertung: Die Bestimmung der Kriterienwerte und die Aufstellung von Teilwerturteilen bilden die Grundlage für die anschließende Zusammenführung der Teilwerturteile zum

---

690 Vgl. Wild, J. (1974), S. 109f; Husmann, C. (1996), S. 33ff.

691 Vgl. auch Hupe, M. (1995), S. 252; Kraege, R. (1997), S. 201ff.

692 Vgl. UNCITRAL (2001), S. 153ff.

693 Daher ist es – in Anlehnung an die obige Feststellung, dass die Desinvestitionsphase die übrigen Phasen der Projektentwicklung, Detailplanung und Erstellung sowie des Projektbetriebs zeitlich überlagern kann – aus Sicht der Projektträger dringend geboten, eine verabschiedete Desinvestitionsstrategie bereits möglichst antizipativ im Projektrahmenvertragswerk zu berücksichtigen (vgl. auch Ohl, H.-P. (2000), S. 141f).

694 Vgl. auch Wild, J. (1974), S. 101ff.

Gesamtwerturteil, anhand dessen über die Konditonen einer möglichen Desinvestition beziehungsweise die Weiterverfolgung eines Projektes entschieden werden kann.

Allgemein wird eine Desinvestition immer dann sinnvoll, wenn die aus den Zielen und Präferenzen der Projektträger abgeleitete Nutzen-Kosten-Differenz aus der Desinvestition die Nutzen-Kosten-Differenz aus der Projektweiterführung übersteigt, z.B. gemessen an einer rein monetär definierten Nutzen-Kosten-Differenz der Barwert aus den Zahlungen der Alternative zur Weiterführung – beispielsweise ein Verkauf der Gesellschafteranteile und die Wiederanlage der freigewordenen Mittel in eine Alternativinvestition – den Barwert aus künftigen Projektzahlungen übertrifft.[695]

Speziell für die Stilllegung kann – den Erkenntnissen der präskriptiven Entscheidungstheorie folgend – anhand der projektspezifisch vorliegenden Zielinhalte und -präferenzen sowie des projektträgerbezogenen Entscheidungsfeldes ermittelt werden, inwieweit die Nutzen-Kosten-Differenz aus der Stilllegung die Nutzen-Kosten-Differenz aus der Projektweiterführung übersteigt (vgl. auch Darstellung 26). Ein mögliches Kalkül kann im Vergleich des Barwertes der im Zuge einer Stilllegung erwarteten Zahlungen mit demjenigen der bei Fortführung der Trägerschaft erwarteten Zahlungen bestehen. Das zugrunde zu legende Vergleichskalkül muss aber nicht auf rein monetäre Größen beschränkt bleiben, sondern kann über die Verwendung multikriterieller Bewertungsmethoden wie zum Beispiel der in Abschnitt 6.2 behandelten Nutzwertanalyse auch nicht-monetäre Aspekte umfassen.

Bei der in empirischer Hinsicht oftmals bereits ex ante seitens der Projektträger intendierten Transferalternative kann grundsätzlich auf die Methoden der Unternehmensbewertung zurückgegriffen werden, da es sich bei der Übertragung von Projektaktiva respektive Projektträgeranteilen um Teile eines Unternehmens handelt.[696] Die moderne Unternehmensbewertung versucht ebenfalls in Abhängigkeit von Zielsystem und Entscheidungsfeld eines Entscheidungssubjektes den für das Subjekt maßgebenden Wert eines Unternehmens oder dessen Teile zu bestimmen und darauf aufbauend Handlungsempfehlungen, zum Beispiel eine Investition oder Desinvestition zu bestimmten Konditionen, abzuleiten (vgl. Darstellung 26).[697]

---

695 Siehe auch Gleichung 1 (S. 165) und vgl. allgemein Brüggerhoff, J. (1992), S. 234ff.

696 Vgl. auch Hupe, M. (1995), S. 227f; Wagner, W. (1998), S. 13, 33, 35ff.

697 Vgl. Ballwieser, W. (1990), S. 6; Laux, H. (1998), S. 19ff. Bei einem Subjekt muss es sich nicht zwangsläufig um ein Individuum handeln, sondern auch Personengremien wie beispielsweise aktuelle und künftige Projektträger können als Subjekte aufgefasst werden (vgl. Sieben, G. (1993), Sp. 4316).

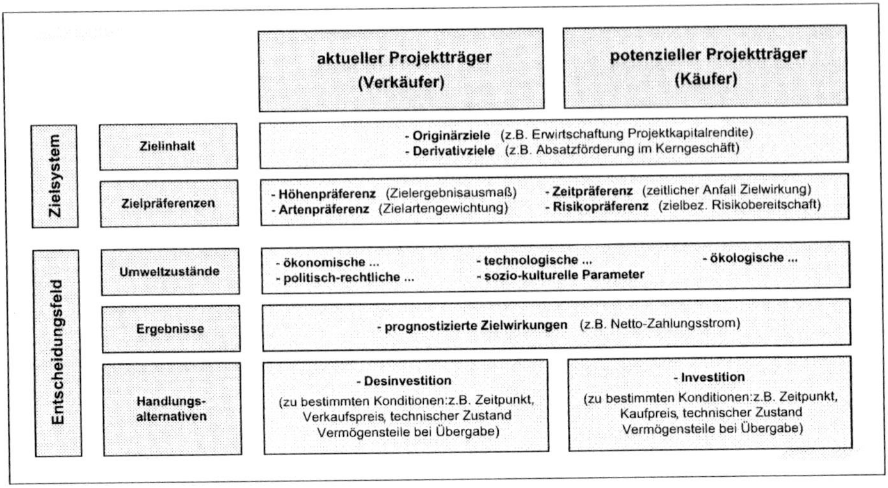

Darstellung 26: Kernelemente einer (Des-) Investitionsentscheidung bei Betreibermodell-basierten Infrastrukturprojekten

Entsprechend ist es das phasenspezifische Ziel des Controlling, den Übertragungsüberlegungen antretenden Projektträger in seiner Entscheidungsfindung so zu unterstützen, dass dieser sich nicht schlechter stellt als bei Unterlassen der Transferalternative. Es gilt, Konditionenmixes zu ermitteln, für die die genannte Prämisse erfüllt wird. Der sogenannte Entscheidungswert kennzeichnet die reflexiv rechtfertigbare Extremalgrenze der Konzessionsbereitschaft gegenüber einem möglichen Kaufinteressenten. Bei rein monetärer Betrachtung, mit anderen Worten bei Nicht-Vorliegen von zum Beispiel zeitlichen Restriktionen der Notwendigkeit der Generierung eines sofortigen Verkaufserlöses und Ceteris-paribus-Annahme der sonstigen Übergabekonditionen, spielt die Ermittlung des Entscheidungswertes in Form des Grenzpreises für den Projektträger eine besondere Rolle. Dieser stellt den minimal akzeptablen Verkaufspreis dar, welcher investitionsrechnerisch als barwertige Summe der Netto-Zahlungsströme aus Projektfortführung und transferbedingten Übergabeverpflichtungen dargestellt werden kann (vgl. Gleichung 1).[698]

---

[698] Vgl. Sieben, G. (1993), Sp. 4316ff.

$$NPV_W \overset{!}{\leq} P_{V/K} - NPV_T \Leftrightarrow P_{V/K} \overset{!}{\geq} NPV_W + NPV_T$$

NPV_W = Barwert des Netto-Zahlungsstromes aus Projektweiterführung

NPV_T = Barwert des Netto-Zahlungsstromes aus Transferverpflichtungen

$P_{V/K}$ = Verkaufs-/Kaufpreis

Gleichung 1: Monetäres Basiskalkül der Desinvestitionsentscheidung bei Anteilsverkauf

Neben dem für den verkaufenden Projektträger maßgebenden Entscheidungswert sind in analoger Weise zusätzlich soweit wie möglich die subjektiv maßgebenden Ziele, Präferenzen und Handlungsmöglichkeiten der präsumtiven Anteilserwerber zu eruieren, um über einen Perspektivenwechsel deren Konzessionsgrenzen möglichst nah errechnen und damit einen möglichst hohen Transaktionsgewinn erzielen zu können (vgl. Darstellung 27).

Derartige Analysen sind aufgrund der Variationsbreite möglicher Übertragungsszenarien[699] und Folgeprojektträger sowie deren Ziele, Präferenzen und Handlungsmöglichkeiten[700] unbedingt auf die konkrete Projektsituation bezogen und erwerberindividuell, das heißt auf die einzelnen Erwerber beziehungsweise Erwerbergruppen ausgerichtet, durchzuführen.[701]

Hinsichtlich der Offenlegung der für die Bewertung der Projektanteile aus Käufersicht verwendeten Verfahren und deren Ergebnisse ist es auch Aufgabe des Controlling, die Projektträger im Zuge möglicher Verhandlungen mit Kaufinteressenten argumentativ so zu unterstützen, dass die von den Projektträgern angestrebten Verhandlungsresultate möglichst umfassend erreicht werden. Dabei ist es wichtig, die Akzeptanzbereitschaft der Gegenpartei mittels Bereitstellung nachvollziehbarer und weitgehend objektiver respektive objektivierter Daten zu fördern sowie darüber hinaus ein variantenreiches Argumentations- und Konstellationenrepertoire zu sichern, welches dem unterstützten Projektträger im Rahmen von Verhandlungen auch Zugeständnisse ermöglicht.[702]

---

[699] Siehe auch Abschnitt 3.2.4.

[700] Siehe Abschnitt 3.1.2 und insbesondere Abschnitt 4.1.

[701] Beispielsweise zieht die Komplletteinstellung des Projektbetriebs eine Liquidation zu Zerschlagungswerten nach sich, während die Weiterführung eine Bewertung anhand zukünftiger Ertragsaussichten erlaubt (vgl. auch Hupe, M. (1995), S. 258ff; Brüggerhoff, J. (1992), S. 256ff).

[702] Vgl. Sieben, G. (1993), Sp. 4319f.

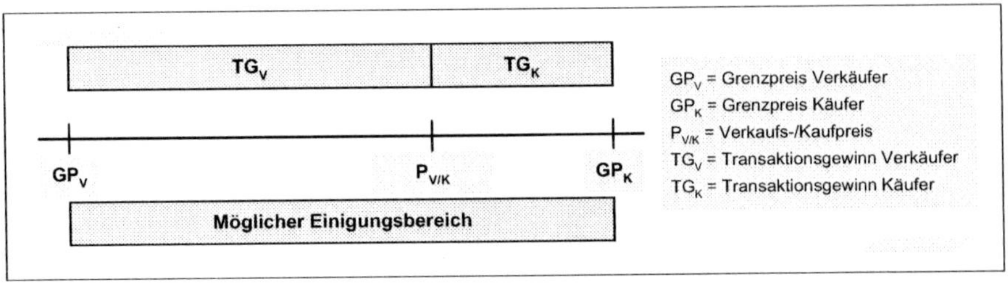

Darstellung 27: Grenzpreiskalkül der subjektiven Unternehmensbewertung[703]

Wie auch in Abschnitt 4.1 bei der Schilderung der von Projektträgern verfolgten Ziele herausgestellt, bildet nicht zwangsläufig das Datum mit dem maximal erzielbaren Preis den nutzenversprechendsten Verkaufszeitpunkt. Neben reinen Renditeanforderungen können auch anderweitige Restriktionen und Aspekte, zum Beispiel die kurzfristige Liquiditätsgenerierung oder eine kurzfristig für nötig erachtete Anpassung der Eigentümerstruktur,[704] für die Wahl des Verkaufszeitpunkts von Bedeutung sein. In Ergänzung zu den finanzmathematischen Methoden der Unternehmensbewertung können daher über die Anwendung multikriterieller Bewertungsverfahren wie beispielsweise der in Abschnitt 6.2 beschriebenen Nutzwertanalyse auch nicht-monetäre Größen in die instrumentelle Begleitung der Entscheidungsfindung Eingang finden.

703 Vgl. auch Sieben, G./Zapf, B. (1981), S. 2.

704 Vgl. Hupe, M. (1995), S. 242.

6 Instrumente eines lebenszyklusbegleitenden Controlling

Allgemein zählen zu Controlling-Instrumenten sämtliche Methoden, Verfahren, Techniken und Modelle, die durch ihre Anwendung die praktische Umsetzung des Controlling gewährleisten. Aufgrund des regelmäßig vorhandenen konkreten Problembezugs bildet die kreative und situationsbezogene Anwendung ein konstitutives Element von Controlling-Instrumenten. Als Spezialausprägungen allgemeiner Problemlösungsinstrumente entstammen ihre Grundausprägungen vor allem dem Instrumentenfundus der modernen Betriebswirtschaftslehre.[705]

Vor dem Hintergrund des speziell hier vorliegenden Untersuchungsgegenstandes Betreibermodell-basierte Infrastrukturprojekte erscheint eine derartig unspezifizierte und undifferenzierte Abgrenzung von Controlling-Instrumenten wenig sinnvoll. Daher soll zur Systematisierung der hier maßgeblichen Controlling-Instrumente gefordert werden, dass sie unter besonderer Berücksichtigung des allgemeinen Praktikabilitätsprinzips der anwendungsorientierten Betriebswirtschaftslehre reflektierend rationalitätsfördernd und damit zielorientiert eine effektive und zugleich effiziente Unterstützung bei der Koordination der notwendigen Führungshandlungen bei Betreibermodell-basierten Infrastrukturprojekten geben. Dem regelmäßig bestehenden Zielkonflikt zwischen dem mit Blick auf die geforderte Effektivität theoretisch Wünschbaren sowie dem hinsichtlich der ebenfalls postulierten Effizienz und Handhabungsfreundlichkeit praktisch Realisierbaren kann vor allem durch Komplexitätsreduktion im Sinne zweckmäßig und vertretbar erachteter Vereinfachungen, zum Beispiel in Form von expliziten und impliziten Annahmen, begegnet werden. Hierdurch können auch die Akzeptanz der Instrumente gefördert und Anpassungsspielräume für spezielle Projektarten und -situationen geschaffen werden.

Klassische, das heißt in der Praxis weitgehend eingeführte und in der Theorie nach herrschender Meinung zum gesicherten Wissensstand zählende Instrumente des Controlling von Projekten besitzen aufgrund ihres mehrheitlich unmittelbaren und isolierten Bezugs auf die Phasen der Bereitstellung oder Außerdienststellung des jeweiligen Projektsystems[706] vielfach einen stark primärkoordinierenden Charakter.[707] Der im Hinblick auf die Spezifika von Betreibermodell-basierten Infrastrukturprojekten apostrophierten Gesamtlebenszyklusorientierung kann insofern mit einer reinen und gegebenenfalls modifizierten Anwendung der traditionellen Projekt-Controlling-Instrumente nicht in ausreichendem Maße Rechnung getragen werden. In Anlehnung an den dieser Arbeit bereits generell als Bezugsrahmen zugrunde gelegten Lebenszyklus Betreibermodell-basierter Infrastrukturprojekte[708] werden daher im Folgenden planungs- und kontroll- sowie informationsbezogene Instrumente mit besonderem

---

705 Vgl. Huch, B. (1985), S. 53; Welge, M.K. (1988), S. 338; Beckmann, D./Huch, B. (2002), S. 156. „Wer Controlling als wissenschaftliche Teildisziplin an das Entwickeln eigenständiger, neuer Instrumente knüpft, geht fehl. Die Anwendungsobjekte sind neu, nicht die Problemlösungsmethoden" (Weber, J. (1995), S. 50).

706 Siehe auch Abschnitt 2.2.

707 Vgl. auch Riezler, S. (1996), S. 53ff.

708 Siehe insbesondere die Abschnitte 2.2, 2.3.4, 3.2 und 5.2.

Fokus auf die aus den vorgestellten Funktionen und Aufgaben des Controlling hervorgehenden Sekundärkoordinationserfordernisse von Betreibermodell-basierten Infrastrukturprojekten vorgestellt beziehungsweise erarbeitet. Vor dem Hintergrund der Vielzahl anwendungsmöglicher Controlling-Instrumente kann eine gewisse Subjektivität in der Schwerpunktlegung kaum vermieden werden. Es wird jedoch soweit wie möglich versucht, das gewählte Vorgehen unter theoretischen wie praktischen Gesichtspunkten eingehend zu begründen und das für hilfreich erachtete Instrumentarium problemgerecht zu präzisieren.

Analog zu der in Abschnitt 5.2 vorgenommenen Unterteilung in projektphasenübergreifende, -verbindende und -spezifische Aufgaben des Controlling werden nachfolgend die Instrumente der projektphasenübergreifenden, -verbindenden und -spezifischen Monetärrechnung[709] von deren Erweiterung um qualitative Aspekte[710] sowie von dem darauf aufbauenden Berichtswesen Betreibermodell-basierter Infrastrukturprojekte[711] abgegrenzt.

Im Zuge der Darlegungen sollte deutlich werden, dass die vorgestellten Instrumente nicht nur isoliert die Wahrnehmung einzelner Controlling-Funktionen oder -Aufgaben unterstützen, sondern zum einen in ihrer Form als sekundärkoordinationsorientierte Rahmeninstrumente auch zur Unterstützung mehr als einer Controlling-Funktion oder -Aufgabe beitragen können und darüber hinaus als Gesamtinstrumentarium respektive Instrumentensammlung erst im Rahmen einer kombinierten Anwendung die intendierten Wirkungen in hinreichendem Maße entfalten.

6.1 *Projektphasenübergreifende, -verbindende und -spezifische Monetärrechnung*

Da sowohl auf Seiten der privaten wie auch der öffentlichen Projektträger in der Vielzahl der Fälle monetäre Zielsetzungen dominieren,[712] steht der Aspekt der Erzielung eines nachhaltig zufriedenstellenden monetären Projekterfolges im Fokus einer rationalitätsorientierten, trägerbezogenen Konzeption des Controlling Betreibermodell-basierter Infrastrukturprojekte. Insofern ist es erforderlich, ein Recheninstrument zu entwickeln, aus dem auf Basis planerischer und kontrollierender Darstellungen relevanter monetärer Projektsachverhalte Entscheidungen nach dem in Abschnitt 5.2.1.1 zugrunde gelegten Regelkreiskonzept der Führung abgeleitet werden können.[713]

---

709 Siehe Abschnitt 6.1.

710 Siehe Abschnitt 6.2.

711 Siehe Abschnitt 6.3.

712 Ausnahmen können schwerpunktmäßig dem Reputationsaufbau oder der Sicherung von Mitspracherechten dienende Projekte darstellen, für die allerdings ebenfalls festgestellt werden kann, dass auch hier monetäre Überlegungen eine „conditio sine qua non“ (Hupe, M. (1995), S. 94) bilden. Siehe auch Abschnitt 4.1. Grundsätzlich handelt es sich also um die Dominanz einer Zielart bei den für die Projektträger maßgebenden Zielartenpräferenzen. Zum Begriff derselben vgl. Sieben, G./Schildbach, T. (1990), S. 26. Siehe auch Darstellung 23 (S. 146) und Darstellung 26 (S. 164).

713 Die bei der Erarbeitung des projektträgerseitigen Planungs- und Kontrollsystems grundsätzlich maßgebenden Kriterien wurden in Abschnitt 5.2.2.1.2 dargelegt.

6.1.1 Monetäre Planungsrechnung

6.1.1.1 Grundmodell der Finanz- und Ergebnisplanung

Bei der Realisation Betreibermodell-basierter Infrastrukturprojekte stehen aus Sicht der Projektträger idealerweise Auszahlungsüberschüssen zu Projektbeginn Einzahlungsüberschüsse während des weiteren Projektverlaufs gegenüber, so dass die monetäre Lebenszyklusrechnung eine klassische – wenn auch spezifische – Investitionsrechnung darstellt. Nach weitgehend herrschender Lehrmeinung ist es für periodenübergreifende Investitionsrechnungen – insbesondere im Rahmen der Investitionsplanung und bei wirtschaftlicher Abgrenzbarkeit des Investitionsvorhabens – am zweckmäßigsten, im Gegensatz zu periodisierten Rechengrößen wie (kalkulatorischen) Kosten und Erlösen mit originären, das heißt unperiodisierten, Zahlungen zu arbeiten, welche lediglich zu Publizitäts-, Ausschüttungs- und Steuerbemessungszwecken in Bilanz- sowie GuV-technische Aufwands- und Ertragsgrößen überführt werden. Hierdurch wird auch die Verknüpfung mit der per se auf Zahlungen basierenden Finanzmittelebene und damit dem Financial Engineering sowie mit der sich in der internationalen Rechnungslegung mehr und mehr als verpflichtend durchsetzenden zahlungsbasierten Kapitalflussrechnung erleichtert und allgemein der Datenverarbeitungs- und -interpretationsaufwand verringert.[714]

Betreibermodell-basierte Infrastrukturprojekte zeichnen sich gegenüber konventionellen Multi-purpose- beziehungsweise Going-concern-Unternehmen vor allem aufgrund des Spezifikums der typischerweise langfristig geringen und eigenständig begründeten Produkt- beziehungsweise Outputvielfalt durch eine besonders weitgehende wirtschaftlich-organisatorische und auch rechtliche Separierbarkeit aus, welche nicht zuletzt in der Projektfinanzierung als Form der Finanzmittelbereitstellung Ausdruck findet.[715] Neben den geringen Interdependenzbeziehungen zu anderen Investitionsprojekten erleichtert die regelmäßig begrenzte Laufzeit von Betreibermodell-Projekten wegen des in dem zeitlich definierten Planungshorizont zum Ausdruck kommenden Bezugszeitraums die Erarbeitung einer Lebenszyklus-begleitenden Totalrechnung.[716] Aus den vorgestellten Gründen heraus bietet sich für die sekundärkoordinierende Planung und Kontrolle Betreibermodell-basierter Infrastrukturprojekte eine auf Zahlungen basierende Investitionsrechnung an.

Da sich die oft bis zu mehrere hundert Millionen EUR betragenden Investitionsauszahlungen bei Betreibermodell-basierten Infrastrukturprojekten meist erst im Laufe von Jahresdekaden aus den Projekteinzahlungen wieder erwirtschaften,[717] kommt bei Annahme einer für die Projektträger existierenden Zeitpräferenz[718] dem aus der für sie einhergehenden Kapitalbindung

---

714 Vgl. Höpfner, K.-U. (1995), S. 32ff; Hupe, M. (1995), S. 132ff; Riezler, S. (1996), S. 135ff, 173ff; Küpper, H.-U. (1998), S. 152ff; Henschel-Bätz, M. (2000), S. 131ff; Gundert, M. (2001), S. 457f.

715 Siehe Abschnitt 2.4.2.3.

716 Vgl. auch Hupe, M. (1995), S. 84ff.

717 Siehe hierzu die in den Fußnoten 39 (S. 8), 331 (S. 73), 332 (S. 73) und 333 (S. 73) genannten Quellen.

718 Zum Begriff der Zeitpräferenz im Kontext betriebswirtschaftlicher Handlungsentscheidungen vgl. Sieben, G./Schildbach, T. (1990), S. 27. Für den vorliegenden Zusammenhang illustrieren auch Darstellung 23 (S. 146) und Darstellung 26 (S. 164) die Bedeutung der Zeitpräferenz.

hervorgehenden Zeitwert der Zahlungen besondere Bedeutung zu, so dass die Investitionsrechnung nicht statisch, sondern dynamisch auszurichten ist.[719] Das Basiskalkül der Monetärrechnung entlang des Projektlebenszyklus sollte demnach die dynamische Investitionsrechnung bilden. Die dynamische Zahlungsrechnung beziehungsweise – anglo-amerikanisch ausgedrückt – die dynamische Cash-flow-Rechnung dient dann als direkte Grundlage für den einen Teil der monetären Planungsrechnung, die Finanzplanung, und sollte rechnerisch kompatibel zum anderen Teil der Bilanz- und GuV-bezogenen Ergebnisplanung sein. Die projektbezogene Finanz- und Ergebnisplanung bilden gemeinsam die maßgebende Informationsbasis für die Handlungsentscheidungen der überwiegend monetär interessierten Akteure Betreibermodell-basierter Infrastrukturprojekte, insbesondere der Eigen- und Fremdkapitalgeber.

Aus der Vielfalt der für Kapitalgeber regelmäßig entscheidungsrelevanten Kennzahlen der dynamischen Investitionsrechnung ragt der Kapitalwert als Resultat der Kapitalwertmethode heraus, welche selbst über – rechnerisch vornehmlich wenig aufwendige – Modifikationen auch als erfolgsrechnerisches Ausgangskalkül weiterer betriebswirtschaftlich etablierter Kenngrößen und Verfahren genutzt werden kann. Der Kapitalwert bezeichnet als barwertige – das heißt zu einem Zinssatz i auf einen Bezugszeitpunkt abgezinste – Differenz aus Ein- und Auszahlungen eines nachfolgenden Betrachtungszeitraumes denjenigen Geldvermögenszuwachs, der bezogen auf den Bezugszeitpunkt über die Erzielung einer Verzinsung in Höhe von i hinaus erwirtschaftet wird. In Anlehnung an das international geläufige Synonym des Net Present Value (NPV) kann das in Gleichung 2 dargestellte Basiskalkül zugrunde gelegt werden.[720]

$$\mathbf{NPV} = \sum_{t=t_0}^{n} \frac{\mathbf{E_t - A_t}}{\mathbf{(1+i)^t}}$$

NPV = Kapitalwert	i = Diskontierungszinssatz
E_t = Einzahlungen der Periode t	A_t = Auszahlungen der Periode t
t_0 = Bezugszeitpunkt	n = Anzahl in das Kalkül eingehender Perioden

Gleichung 2: Grundlegendes Kapitalwertkalkül

Eine Investitionsalternative gilt danach als absolut vorteilhaft, wenn der Kapitalwert nicht kleiner als Null ist, das heißt eine Mindestverzinsung zum Zinssatz i vorliegt und die Verzinsung zu i als Kriterium der absoluten Vorteilhaftigkeit gewählt wurde. Dagegen gilt eine In-

---

719 Eine vertiefte Diskussion der Vorziehenswürdigkeit der dynamischen gegenüber der statischen Investitionsrechnung soll hier aufgrund der in der Literatur bereits umfassend existierenden Betrachtungen entfallen (vgl. beispielsweise Huch, B./Behme, W./Ohlendorf, T. (1997), S. 101ff).

720 Die Gleichung 2 beruht auf der allgemein üblichen Zusammenfassung der auf eine Periode entfallenden Zahlungen zu Ende der als äquidistant angesetzten Intervalle (vgl. Blohm, H./Lüder, K. (1995), S. 58, 60).

vestitionsalternative als relativ vorteilhaft, wenn deren Kapitalwert größer als derjenige einer anderen zur Wahl stehenden Investitionsalternative ist und der Kapitalwert als Kriterium für die relative Vorziehenswürdigkeit der Investitionsalternativen gewählt wurde.[721]

Ein Derivat der Kapitalwertmethode stellt die Methode des Internen Zinssatzes dar, bei der die dynamische Verzinsung des gebundenen Kapitals in Form des Internen Zinssatzes IRR (Internal Rate of Return) berechnet wird, indem der Vermögenszuwachs über die Rentierung zu IRR hinaus – mit anderen Worten der Kapitalwert – gleich Null gesetzt und die Gleichung nach IRR hin aufgelöst wird (vgl. Gleichung 3).[722]

$$0 \overset{!}{=} \sum_{t=t_0}^{n} \frac{E_t - A_t}{(1+IRR)^t}$$

IRR = Interner Zinssatz

E_t = Einzahlungen der Periode t

A_t = Auszahlungen der Periode t

t_0 = Bezugszeitpunkt

n = Anzahl in das Kalkül eingehender Perioden

Gleichung 3: Kalkül des Internen Zinssatzes

Eine investitionsrechnerisch abbildungsfähige Handlungsalternative gilt immer dann als absolut vorteilhaft, wenn der Interne Zinssatz größer oder gleich einer zuvor zum Vergleichskriterium erhobenen Mindestverzinsung ist. Entsprechend gilt eine Investitionsalternative als relativ vorteilhaft, wenn deren Interner Zinsfuß einen höheren Wert als derjenige der Vergleichsalternative besitzt und der Interne Zinsfuß gleichzeitig als maßgebendes Kriterium für die relative Vorziehenswürdigkeit gewählt wurde.

Trotz der theoretisch wie praktisch als hoch einzustufenden Aussagekraft bringt die Anwendung der Interne-Zinssatz-Methode auch Nachteile mit sich. So kann die Lösung der Gleichung n-ten Grades theoretisch bis zu n Werte für die gesuchte Rentabilität liefern. Unter der Bedingung, dass die zugrundeliegende Zahlungsreihe mit Auszahlungsüberschüssen beginnt und danach ausschließlich Einzahlungsüberschüsse folgen, existiert allerdings maximal eine positive Lösung. Hieraus folgt, dass der Interne Zinssatz wegen der von Betreibermodell-basierten Infrastrukturprojekten praktisch regelmäßig als erfüllt anzusehenden Bedingung[723] nicht generell als Entscheidungskriterium ausgeschlossen werden sollte.[724]

---

721 Vgl. Blohm, H./Lüder, K. (1995), S. 60ff.

722 Vgl. Blohm, H./Lüder, K. (1995), S. 90ff; Perridon, L./Steiner, M. (2002), S. 65f.

723 Vgl. Gröhl, M. (1990), S. 100ff; Hupe, M. (1995), S. 156; o.V. (2002a), S. 4.

724 Sind die zwei genannten Teilbedingungen ausnahmsweise nicht erfüllt, unterstellt das Rechenkalkül in seiner unveränderten Form implizit eine Wiederanlage nicht gebundener Mittel zum Internen Zinssatz. Es liegt dann im Ermessen etwaiger Entscheidungsträger, entweder die genannte Wiederanlageprämisse unter Inkaufnahme möglicher Informationsverzerrungen anzunehmen oder – unter Hinnahme eines entsprechen-

6.1.1.2 Monetärplanung für die Projektträgergemeinschaft

Die Finanzplanung als Kernelement der gesamtprojektbezogenen Monetärplanung hat die Aufgabe, die Ein- und Auszahlungen in ihrer Form als monetäre Strömungsgrößen und die Zahlungsmittelbestände als residuale Bestandsgrößen projektumfassend zu erfassen sowie mit Blick auf die verfolgten Ziele der Liquiditäts- und Ergebnissicherung insbesondere die Beschaffung der Finanzmittel zu planen. Da die Finanzplanung grundsätzlich auf primären Teilplanungen aufbaut und diese zusammenführt, besitzt sie als Instrument des Controlling sekundärkoordinierenden Charakter (vgl. Darstellung 28 und auch Darstellung 18, S. 119).[725]

Im Rahmen der Finanzplanung Betreibermodell-basierter Infrastrukturprojekte gilt es zu gewährleisten, dass die drei Teilplanungen

1. der Innenfinanzierung, mit anderen Worten der maßgeblich aus dem Projektumsatz resultierenden Einzahlungen,
2. der vor allem erstellungs- und betriebsbedingten Auszahlungen sowie
3. der von außen zu- und nach außen abzuführenden Finanzmittel der Kapitalgeber

über den Projektlebenszyklus hinweg eine für notwendig erachtete Liquidität und Rentabilität versprechen. Voraussetzung hierfür ist neben dem Wissen über rechnerische Ausgestaltungsmöglichkeiten und Zusammenhänge die Kenntnis der Einflussfaktoren sowie die Bestimmung der Zahlungsströme und -bestände nach Art, Höhe und Zeitpunkten.[726]

---

den Modifikationsaufwandes – Alternativzinssätze explizit in das Rechenkalkül zu integrieren (vgl. Blohm, H./Lüder, K. (1995), S. 90ff; Hupe, M. (1995), S. 108ff; Perridon, L./Steiner, M. (2002), S. 66f).

725 Vgl. Hahn, D./Hungenberg, H. (2001), S. 616ff. Siehe auch die Ausführungen zum Financial Engineering in Abschnitt 5.2.2.1.1.

726 Vgl. Hahn, D./Hungenberg, H. (2001), S. 188ff, 619ff. In Darstellung 78 auf Seite 273 befindet sich eine speziell für den vorliegenden Erkenntnisgegenstand Betreibermodell-basierte Infrastrukturprojekte entworfene Synopsis möglicher Zahlungsvorgänge, welche für konkret vorliegende Anwendungsfälle weiter angepasst werden kann.

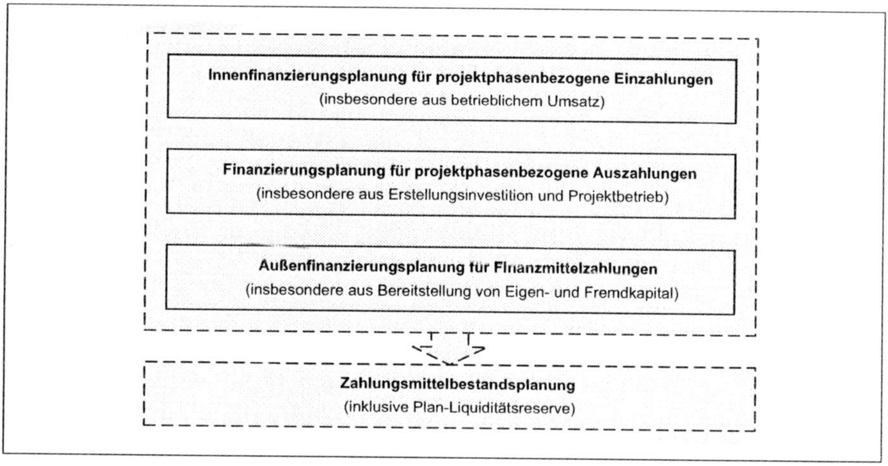

Darstellung 28: Elemente der Finanzplanung Betreibermodell-basierter Infrastrukturprojekte

Die dergestalt totale Finanzplanung kann direkt oder indirekt erfolgen. Während die direkte totale Finanzplanung die prognostizierten Originär-Zahlungen sämtlicher Einzelpläne unmittelbar in das Kalkül einbezieht, knüpft die indirekte totale Finanzplanung an eine bereits durchgeführte totale Plan-Ergebnisrechnung an und leitet die Zahlungsgrößen über die Eliminierung zahlungsunwirksamer Aufwendungen und Erträge sowie das Hinzufügen der in den Plan-Ergebnisrechnungen nicht berücksichtigten Zahlungen derivativ ab. Aufgrund der Klarheit originärer Zahlungen wird die direkte Finanzplanung in der betriebswirtschaftlichen Literatur präferiert, soweit die direkte Ermittlung der Zahlungen vermittels eines integrierten Planungssystems auch technisch möglich ist.[727]

Bei Betreibermodell-basierten Infrastrukturprojekten ist die Möglichkeit einer direkten Ermittlung der Zahlungen aufgrund der eingangs beschriebenen Separierbarkeit des Projektes und der projektbezogenen Zahlungen gegeben, so dass die direkte Finanzplanung für Betreibermodell-basierte Infrastrukturprojekte aus praktischen wie theoretischen Gründen als vorziehenswürdig erscheint und im Folgenden auch zugrunde gelegt wird.[728]

Die lebenszyklusweite Bilanz- und GuV-bezogene Ergebnisplanung Betreibermodell-basierter Infrastrukturprojekte hat hingegen zum Inhalt, korrespondierend zu der für die projektinterne Monetärplanung und -kontrolle für maßgebend befundenen Finanzplanung zu Zwecken rechnungslegungsbezogener Publizität sowie Ausschüttungs- und Steuerbemessung zusätzliche Informationen bereitzustellen. Im Zuge der Ergebnisplanung werden Bilanz- sowie Aufwands- und Ertragspositionen wertmäßig geplant respektive prognostiziert. Während die Bilanzplanung die zukünftige Kapital- und Vermögensstruktur des Projektes widerspie-

---

727 Vgl. Hahn, D./Hungenberg, H. (2001), S. 625ff.

728 Siehe Abschnitt 6.1.1.1 und vgl. auch Henschel-Bätz, M. (2000), S. 111ff.

gelt, ermittelt die Aufwands- und Ertragsplanung im Zusammenspiel mit der Bilanzplanung die per Saldo verbleibenden Gewinne oder Verluste der Planperioden, indem dem aus der Gegenüberstellung von Aufwendungen und Erträgen hervorgehenden Überschuss oder Fehlbetrag einer Periode ein aus der unmittelbar vorangehenden Periode stammender Gewinnvortrag und eine in der betrachteten Periode vorgenommene Rücklagenauflösung hinzugerechnet beziehungsweise ein aus der Vorperiode stammender Verlustvortrag und eine in der betrachteten Periode vorgenommene Rücklageneinstellung abgezogen werden. Verbleibende Gewinne können ausgeschüttet oder thesauriert werden. Verluste mindern das Eigenkapital.[729]

Die Finanz- und Ergebnisplanung eines Betreibermodell-basierten Infrastrukturprojektes soll am Beispiel eines Kraftwerkvorhabens veranschaulicht werden. Die dabei ausdrücklich gewollten und insofern unvermeidlichen Spezifizierungen aufgrund des konkret vorliegenden Vorhabensgegenstandes ermöglichen auf der einen Seite eine vertiefte Darstellung des bisher konzeptionell Erarbeiteten und geben darüber hinaus mit Blick auf die in Abschnitt 2.1 referierten generellen Merkmalsausprägungen Betreibermodell-basierter Infrastrukturprojekte auch umfangreiche Ansatzlinien zu einer Übertragung auf vorhabensvariante Betreibermodell-Vorhaben. Für sämtliche im Folgenden vorgestellte Rechenmodelle sowie die darin aus Gründen der Übersichtlichkeit getroffenen komplexitätsreduzierenden Annahmen und Vereinfachungen gilt, dass sie nahezu ausnahmslos auf verhältnismäßig einfache Art und Weise auf die vorhabensindividuelle Situation – insbesondere des ökonomischen und rechtlichen Projektumfeldes – angepasst und detailliert oder modulartig eingefügt werden können.

Dem nachfolgend vorgestellten Modell der Finanzplanung des fiktiven Betreibermodell-Projektes liegt ein erdgasbetriebenes Kraftwerk zugrunde, das Strom und Wärme vermittels Kraft-Wärme-Kopplung erzeugt. Ausgangspunkt ist der Strom- und Heizwasserbedarf einer mittleren Großstadt mit angrenzendem Industriepark. Die bisherige Versorgung der Anwohner und der Industrie wurde durch ein Kohlekraftwerk sichergestellt, das in den vergangenen Jahren durch häufige Betriebsausfälle zur Verminderung der Lebensqualität in der Stadt und zu Betriebsausfällen im Industriepark beigetragen hat. Um die unbefriedigende Situation zu beheben, wird seitens der Kommune die Errichtung des Gaskraftwerks als Lösung angesehen. Erdgas soll als Primärenergieträger zum Einsatz kommen, weil es im Vergleich zu Mineralöl, Stein- oder Braunkohle als wirtschaftlicher und aufgrund seiner chemischen Zusammensetzung als tendenziell umweltfreundlicher eingeschätzt wird. Auf Anfragen bei spezialisierten Projektentwicklern und Anlagenbauern ergibt sich für das Kraftwerk, das den gesamten Bedarf an Strom und Wärme der Stadt sowie des Industrieparks decken soll, eine Investitionssumme von ca. 400 Mio. EUR. Die Kommune sieht sich nicht imstande, den Investitionsbedarf aus eigenen Mitteln zu decken. Sie entscheidet deshalb, auf ein Betreibermodell zurückzugreifen. Es ist vorgesehen, dass die Kommune sowohl als Auftraggeber des Projektes als auch als Abnehmer der Leistung – vertreten durch die ortsansässigen Stadtwerke – auftritt.

---

[729] Vgl. auch Hahn, D./Hungenberg, H. (2001), S. 121ff, 590ff.

Eine Anbieterkoalition, bestehend aus einem auf Kraftwerksbau spezialisierten Projektentwickler, einem Projektersteller, der zugleich Anlagenlieferant ist, einem Versorger, der den Betrieb übernehmen soll und einem Lieferanten, der das Erdgas liefert, erhält den Projektzuschlag und schließt mit der Kommune einen Rahmenvertrag ab, der die Projektträger zur Finanzierung und Erstellung sowie zum Betrieb des Kraftwerks über 20 Jahre hinweg verpflichtet. Das dafür vorgesehene und im Eigentum der Kommune befindliche Grundstück wird der Projektgesellschaft kostenlos zur Verfügung gestellt. Nach Ablauf der Vertragslaufzeit werden die Projektaktiva unentgeltlich an die Stadtwerke übergeben. Eine Bedingung des Rahmenvertrags sieht vor, dass die Projektgesellschafter 25% der notwendigen Investitionssumme als Eigenkapital zur Verfügung stellen. Die Projektgesellschaft legt fest, dass der Projektentwickler 5%, der Projektersteller 30%, der Versorger 35% und der Lieferant 30% des Eigenkapitals bereitstellen. Die verbleibenden 75% der Gesamtinvestitionssumme sollen durch ein von einer auf Projektfinanzierung spezialisierten Großbank geführtes Bankenkonsortium finanziert werden. Die Fremdkapitalgeber fordern eine überzeugende Feasibility-Analyse, deren Kern aus einer aussagekräftigen Finanz- und Ergebnisplanung des Projekts besteht. Darin soll zum einen die erzielbare Kapitalrendite für die Investoren bestimmt und zum anderen aufgezeigt werden, ob der prognostizierte Cash-flow zur Bedienung des eingesetzten Kapitals ausreicht.

Die Konzeption der Finanzplanung beginnt mit der Definition der rechnerisch relevanten Input-Größen, welche zunächst für den Base Case, das heißt für die wahrscheinlichst erwartete Datenkonstellation, ermittelt werden. Darstellung 29 veranschaulicht die für das vorliegende Vorhaben für notwendig erachteten Input-Variablen.

Die Bauzeit der Anlage wird auf zwei Jahre geschätzt. Baubeginn und Bezugszeitpunkt[730] für die Berechnungen ist Anfang des Jahres 2004. Der Betrieb der Anlage beginnt zwei Jahre später Anfang 2006[731] und endet mit der Übergabe der Anlage nach 20 Jahren Ende 2025. Plangemäß fallen im ersten Jahr der Bauzeit die vollen Projektentwicklungsvergütungen in Höhe von insgesamt 8 Mio. EUR sowie 60% der am geplanten Baufortschritt orientierten Vergütungen für die ebenso vom als Managing Equity Investor tätigen Projektentwickler übernommenen Projektsteuerungsleistungen in Höhe von insgesamt 8 Mio. EUR und die vom beteiligten Projektersteller zu erbringenden Erstellungsleistungen in Höhe von insgesamt 380 Mio. EUR an. Die technischen Planungs- und Überwachungsleistungen werden ebenfalls vom Projektersteller übernommen und mit 2 Mio. EUR p.a. entlohnt. Im zweiten Jahr erfolgt die Vergütung der verbleibenden Investitionssumme in Höhe von insgesamt 400 Mio. EUR.

---

730 Bezugszeitpunkt sollte grundsätzlich derjenige Zeitpunkt sein, zu dem perspektivenbezogen die erste Zahlung stattfindet. Gegebenenfalls vor dem gewählten Bezugszeitpunkt anfallende Zahlungen – wie hier zum Beispiel Vergütungen für Projektentwicklungsleistungen – können über Aufzinsung zu bezugszeitpunktäquivalenten Barwerten transformiert werden. Zur Wahl des planmäßigen Erstellungsbeginns als maßgebenden Bezugszeitpunkt vgl. Hupe, M. (1995), S. 203; Münch et al. (1997), S. 179.

731 Auch die bilanzielle Aktivierung erfolgt hier nach Abschluss der Erstellungsphase zu Beginn des Jahres 2006 (vgl. auch Reuter, A. (2000), S. 665).

ZEITPLAN

Baubeginn	2004 Jahresanfang
Basisjahr für Diskontierung und Eskalation	2004 Jahresanfang
Betriebsbeginn	2006 Jahresanfang
Übergabe des Kraftwerks	2025 Jahresende

INVESTITION

Vergütung für	
Projektentwicklungsleistungen i.e.S.	8 Mio. EUR
davon im 1. Baujahr	*100 %*
Projekterstellungsleistungen	380 Mio. EUR
Projektsteuerungsleistungen	8 Mio. EUR
davon im 1. Baujahr	*60 %*
Techn. Plan.- u. Überwachungsleistung	2 Mio. EUR/a
Investitionsvolumen	400 Mio. EUR

BETRIEB

Betriebsdaten	
Feuerungsleistung	450 MW
Wirkungsgrad	*85 %*
Nutzleistung	382,5 MW
davon:	
Stromerzeugung	127,5 MW
Wärmeauskopplung	255,0 MW
Zeitverfügbarkeit	8.200 h/a
Betriebskosten (im Basisjahr)	
Vergütung für	
wirtschaftl. u. techn. Betriebsleistungen	20 Mio. EUR/a
Lieferleistungen (Energieträgerkosten)	0,2 EUR/m³
Sonstige Betriebskosten	8 Mio. EUR/a
Verkaufspreis (im Basisjahr)	
Strom	0,05 EUR/kWh
Wärme	0,06 EUR/kWh

ESKALATOREN

Verkaufspreise Strom/ Wärme	2,5 % p.a.
Vergütung für wirtschaftl. u. techn. Betriebsleistungen	3 % p.a.
Sonstige Betriebskosten	2,5 % p.a.
Energieträgerkosten (Erdgaspreis)	3 % p.a.

FINANZIERUNG

Fremdkapital	75 %
Eigenkapital	25 %
davon:	
Projektentwickler	5 %
Projektersteller	30 %
Versorger	35 %
Lieferant	30 %
Kreditlaufzeit	10 Jahre
LIBOR	6,00 % p.a.
Marge	1,75 % p.a.
Kreditabschlussgebühr	1,50 %
Bereitstellungsgebühr	0,50 % p.a.
Tilgungsstruktur	*gewählt* 1
Konstante Tilgung	Opt. 1
Annuitätentilgung	Opt. 2
Cash-flow-angepasst	Opt. 3
Cash-flow-Anteil für Tilgung	60%

ABSCHREIBUNGEN / STEUERN / DIVIDENDEN

Abschreibungsdauer (lin. Abschreibung)	20 Jahre
Ertragsteuersatz	35 % p.a.
Dividenden	30 % p.a.

Darstellung 29: Input-Größen der Finanz- und Ergebnisplanung des Beispiel-Projektes

Das Kraftwerk erzeugt planmäßig eine elektrische Leistung von 127,5 MW und eine thermische Leistung von 255,0 MW. Als nach Betriebsunterbrechungszeiten verbleibende Anlagenverfügbarkeit werden 8.200 Stunden pro Jahr erwartet. Insgesamt benötigt das Kraftwerk ein Erdgasvolumen von rund 369.000 Tsd. m³/a, um die bei einem zu 85% angenommenen Wirkungsgrad erforderlichen 450 MW Feuerungsleistung zu erzeugen.[732]

Die Auszahlungen für die mit Preisgleitklauseln versehenen wirtschaftlichen und technischen Betriebsleistungen an den beteiligten Versorger werden zum Bezugszeitpunkt mit 20 Mio. EUR p.a., diejenigen der sonstigen – internen – Betriebskosten mit insgesamt 8 Mio. EUR p.a. taxiert. Im Liefervertrag verpflichtet sich der Lieferant, das benötigte Erdgas zu einem Preis von 0,20 EUR/m³ im Bezugsjahr nachfragebezogen zu liefern. Weiterhin werden im Take-and-Pay-Vertrag[733] zwischen der Projektgesellschaft und den ortsansässigen Stadtwerken ein Stromabnahmepreis von 0,05 EUR/kWh und ein Wärmeabnahmepreis von 0,06 EUR/kWh im Basisjahr festgelegt. Die Stadtwerke verpflichten sich, die gesamte produzierte Strom- und Wärmemenge abzunehmen.

---

732 Bei einer Zeitverfügbarkeit von 8.200 [h/a] und einem Erdgas-Standardbrennwert von 10,0 [kWh/m³] ergibt sich ein benötigtes Volumen von 369.000.000 [m³/a] = 450.000 [kW] * 8.200 [h/a] / 10,0 [kWh/m³].

733 Zum Begriff des Take-and-Pay-Vertrages siehe Abschnitt 3.3.3 (dort im Speziellen Punkt 6).

Während der Bau- und Betriebsphase wird mit einer Inflationsrate von 2,5% p.a. für die Verkaufspreise und sonstigen Betriebskosten sowie 3,0% p.a. für die bezogenen Betriebs- und Betriebslieferleistungen gerechnet.

Die Finanzierungskonditionen sehen vor, dass das Fremdkapital zu einem an den Leitzins LIBOR (London Interbank Offered Rate) gekoppelten Zinssatz von 6% zuzüglich einer bei Long Term Debt Rates (LTDR) üblicherweise eingepreisten Marge von 1,75% bereitgestellt wird. Zur Deckung des verbleibenden Kapitalbedarfs verpflichten sich die Eigenkapitalgeber.[734] Bei Abschluss des Kreditgeschäfts fällt eine einmalige Arrangement Fee in Höhe von 1,5% des Gesamtkreditbetrags an. Darüber hinaus werden Bereitstellungsgebühren (Commitment Fees) in Höhe von jährlich 0,5% auf den nichtgenutzten Kreditbetrag erhoben und die Kreditlaufzeit auf 10 Jahre festgelegt. Die Tilgungsmodalitäten werden zunächst offen gelassen, so dass die drei Möglichkeiten der konstanten Tilgung, der Annuitätentilgung und der an die Cash-flow-Entwicklung angepassten Tilgung überprüft werden.[735]

Die Abschreibungen der aktivierten Investitionssumme erfolgen – für die vorliegende Rechnung vereinfachend – linear über den gesamten Betriebszeitraum von 20 Jahren. Gewinne werden nach Verbrauch von Verlustvorträgen auf Ebene der Projektgesellschaft mit einem einheitlichen Definitivsteuersatz von 35% belastet. Weitere, spezifische Steuern bleiben zur Wahrung möglichst weitgehender Allgemeingültigkeit und Nachvollziehbarkeit unberücksichtigt.[736] Für den Fall des Gewinnausweises der Projektgesellschaft werden an die Eigenkapitalgeber Dividenden in Höhe von 30% des Bilanzgewinns ausgeschüttet.

Die vorgestellten und in rechnerischen Beziehungen zueinander stehenden Beispiel-Daten werden in einer computergestützten Modellrechnung[737] zusammengeführt und ergeben den Base Case der Finanz- und Ergebnisplanung. Im Finanzplanungsmodell werden die Komponenten der Finanzplanung simultan in einen Gesamtfinanzplan eingebunden. Ausgehend von den vorgestellten Input-Größen werden zunächst eine Plan-Investitions- und eine Plan-Finanzierungsrechnung erstellt. Während die Plan-Investitionsrechnung einen Investitions- und Abschreibungsplan liefert, enthält die Plan-Finanzierungsrechnung den ermittelten Gesamtfinanzierungsbedarf sowie den Auszahlungs- und Tilgungsplan für die Fremdkapitalaufnahme. Letzterer wird je nach gewählter Tilgungsmethode generiert. Neben der Investitions- und Finanzierungsrechnung sind die prognostizierten Umsätze und auszahlungsgleichen Kosten über den gesamten Betrachtungszeitraum des Vorhabens in das Modell integriert.

Hauptfunktion des Investitionsplans ist die möglichst genaue und periodengerechte Berechnung des Investitionsvolumens und der sonstigen in rechnerischem Zusammenhang stehenden

---

[734] Für sämtliche der nachfolgenden Projektrechnungen wird ein Kassenbestand, mit anderen Worten eine Mindestliquidität, von minimal Null zugrunde gelegt. Demzufolge gleichen die Projektträger entstehende Deckungslücken über zusätzliche Eigenkapitalzuführungen aus. Die Höhe einer Liquiditätsreserve hängt grundsätzlich von den projektspezifischen Finanzierungskonditionen ab.

[735] Allgemein zu Projektfinanzierungskonditionen vgl. Hupe, M. (1995), S. 17f; PwC (2001), Kap. 2, S. 31ff.

[736] Vgl. auch Blohm, H./Lüder, K. (1995), S. 120ff; Hupe, M. (1995), S. 153; Meeder, S. (2000), S. 241.

[737] Die simulativen Modellrechnungen werden hier mit dem Programm Microsoft Excel® durchgeführt.

zu eskalierenden und kapitalisierenden Auszahlungen wie Bauzeitzinsen und Finanzierungsnebenkosten. Die kapitalisierten Gesamtinvestitionsauszahlungen dienen als Grundlage für die Berechnung der Projektabschreibungen. Das betrachtete Beispiel-Kraftwerk wird annahmegemäß zu konstant 5% p.a. abgeschrieben. Darstellung 30 veranschaulicht den Investitions- und Abschreibungsplan und verdeutlicht, woraus sich das kapitalisierte Gesamtinvestitions- respektive Aktivierungsvolumen zusammensetzt und in welcher Höhe die jährlichen Abschreibungen anfallen.

INVESTITIONSPLAN (in Mio. EUR)

Jahr	2004	2005
Betriebsjahr	-2	-1
Exponent für Diskontierung und Eskalation	1	2
Vergütung für		
Projektentwicklungsleistungen	8,00	0,00
Projekterstellungsleistungen	228,00	152,00
Projektsteuerungsleistungen	4,80	3,20
Technische Planungs- u. Überwachungsleistungen	2,00	2,00
Investitionsumme	242,80	157,20
Gesamtinvestitionsvolumen		**400,0**

ABSCHREIBUNGSPLAN (in Mio. EUR)

NUTZUNGSDAUER 20 JAHRE PROZENTSATZ: 5,0% LINEARE METHODE

Jahr		2004	2005	2006	2007	2008	2009	2010	2011	2012	2013	2014
Betriebsjahr		-2	-1	1	2	3	4	5	6	7	8	9
Investitionskosten		242,80	157,20									
Kapitalisierte Bauzeitzinsen		7,45	20,06									
Finanzierungsnebenkosten (Abschluss, Bereitstellung)		6,03	0,33									
Kapitalisierte Gesamtausgaben	- pro Periode	256,28	177,59	0,00	0,00	0,00	0,00	0,00	0,00	0,00	0,00	0,00
	- kumulativ	256,28	433,87	433,87	433,87	433,87	433,87	433,87	433,87	433,87	433,87	433,87
Abschreibungen	- pro Periode			21,69	21,69	21,69	21,69	21,69	21,69	21,69	21,69	21,69
	- kumulativ			21,69	43,39	65,08	86,77	108,47	130,16	151,85	173,55	195,24

Jahr		2015	2016	2017	2018	2019	2020	2021	2022	2023	2024	2025
Betriebsjahr		10	11	12	13	14	15	16	17	18	19	20
Investitionskosten												
Kapitalisierte Bauzeitzinsen												
Finanzierungsnebenkosten (Abschluss, Bereitstellung)												
Kapitalisierte Gesamtausgaben	- pro Periode	0,00	0,00	0,00	0,00	0,00	0,00	0,00	0,00	0,00	0,00	0,00
	- kumulativ	433,87	433,87	433,87	433,87	433,87	433,87	433,87	433,87	433,87	433,87	433,87
Abschreibungen	- pro Periode	21,69	21,69	21,69	21,69	21,69	21,69	21,69	21,69	21,69	21,69	21,69
	- kumulativ	216,93	238,63	260,32	282,01	303,71	325,40	347,09	368,79	390,48	412,17	433,87

Darstellung 30: Investitions- und Abschreibungsplan des Beispiel-Projektes

Die kapitalisierten Gesamtausgaben müssen durch den Einsatz von Eigen- und Fremdkapital finanziert werden. Die Plan-Außenfinanzierungsrechnung in Darstellung 31 zeigt die einzelnen Positionen des Finanzierungsbedarfs und dessen angestrebter Deckung. Die Auszahlungsplanung im Allgemeinen sowie die Zins- und Tilgungsplanung im Besonderen hängen von der gewählten Form der Tilgung ab. Darstellung 32, Darstellung 33 und Darstellung 34 demonstrieren die Plan-Ergebnisse der drei alternativen Tilgungsformen

1. der konstanten Tilgung,
2. der Annuitätentilgung und
3. der Cash-flow-angepassten Tilgung.

FINANZIERUNGSPLAN (in Mio. EUR)

Jahr		2004	2005	
Betriebsjahr		-2	-1	
FINANZIERUNGSBEDARF				
Mittelverwendung				**Gesamt**
Baukosten		242,80	157,20	400,00
Bauzeitzinsen		7,45	20,06	27,51
Kreditabschlussgebühr		4,88		4,88
Bereitstellungsgebühr		1,15	0,33	1,48
GESAMTER FINANZIERUNGSBEDARF		256,28	177,59	433,87
Mittelherkunft				
Fremdkapital	75%	192,21	133,19	325,40
Eigenkapital	25%	64,07	44,40	108,47
GESAMT		256,28	177,59	433,87
Durchschn. ausgezahltes FK (Jahresmitte)		**96,10**	**258,80**	

Darstellung 31: Außenfinanzierungsplan des Beispiel-Projektes

Die konstante Tilgung sieht vor, dass die Projektgesellschaft während der Kreditlaufzeit gleichbleibende Tilgungsbeträge an die Fremdkapitalgeber verrichtet. Da die Zinszahlungen jeweils für den gemittelten Kreditaußenstand der betrachteten Periode anfallen, verringern sich die zu entrichtenden Darlehenszinsen von Periode zu Periode (vgl. Darstellung 32).

Jahr		2004	2005	2006	2007	2008	2009	2010	2011	2012	2013	2014	2015	Gesamt
Betriebsjahr		-2	-1	1	2	3	4	5	6	7	8	9	10	
Auszahlungs- und Tilgungsplan														
Kreditaußenstand per 1.1.		0,00	192,21	325,40	292,86	260,32	227,78	195,24	162,70	130,16	97,62	65,08	32,54	
hinzu: Auszahlungen		192,21	133,19	0,00	0,00	0,00	0,00	0,00	0,00	0,00	0,00	0,00	0,00	325,40
		192,21	325,40	325,40	292,86	260,32	227,78	195,24	162,70	130,16	97,62	65,08	32,54	
abzgl.: Tilgungen	*gewählt: Konstante Tilgung*			32,54	32,54	32,54	32,54	32,54	32,54	32,54	32,54	32,54	32,54	325,40
Stand per 31.12.		192,21	325,40	292,86	260,32	227,78	195,24	162,70	130,16	97,62	65,08	32,54	0,00	
Durchschn. Kreditaußenstand (Jahresmitte)		96,10	258,80	309,13	276,59	244,05	211,51	178,97	146,43	113,89	81,35	48,81	16,27	
Darlehenszinsen	*gewählt: Konstante Tilgung*			23,96	21,44	18,91	16,39	13,87	11,35	8,83	6,30	3,78	1,26	126,09
Schuldendienst gesamt				56,50	53,98	51,45	48,93	46,41	43,89	41,37	38,84	36,32	33,80	451,49

Darstellung 32: Auszahlungs- und Tilgungsplan bei konstanter Tilgung des Beispiel-Projektes

Die Annuitätentilgung ist charakterisiert durch einen jährlich gleichbleibenden Zahlungsbetrag, der einen Zins- und einen Tilgungsanteil enthält. Der Tilgungsanteil nimmt jährlich zu, da sich die Verzinsung aufgrund des schwindenden Kreditaußenstandes von Jahr zu Jahr verringert (vgl. Darstellung 33).

Jahr		2004	2005	2006	2007	2008	2009	2010	2011	2012	2013	2014	2015	Gesamt
Betriebsjahr		-2	-1	1	2	3	4	5	6	7	8	9	10	
Auszahlungs- und Tilgungsplan														
Kreditaußenstand per 1.1.		0,00	192,21	325,40	302,67	278,18	251,79	223,35	192,71	159,70	124,13	85,80	44,50	
hinzu: Auszahlungen		192,21	133,19	0,00	0,00	0,00	0,00	0,00	0,00	0,00	0,00	0,00	0,00	325,40
		192,21	325,40	325,40	302,67	278,18	251,79	223,35	192,71	159,70	124,13	85,80	44,50	
abzgl.: Tilgungen	*gewählt: Annuitätentilgung*			22,73	24,49	26,39	28,44	30,64	33,01	35,57	38,33	41,30	44,50	325,40
Stand per 31.12.		192,21	325,40	302,67	278,18	251,79	223,35	192,71	159,70	124,13	85,80	44,50	0,00	
Durchschn. Kreditaußenstand (Jahresmitte)		96,10	258,80	314,03	290,42	264,98	237,57	208,03	176,21	141,91	104,96	65,15	22,25	
Darlehenszinsen	*gewählt: Annuitätentilgung*			25,22	23,46	21,56	19,51	17,31	14,94	12,38	9,62	6,65	3,45	154,09
Schuldendienst gesamt				47,95	47,95	47,95	47,95	47,95	47,95	47,95	47,95	47,95	47,95	479,49

Darstellung 33: Auszahlungs- und Tilgungsplan bei Annuitätentilgung des Beispiel-Projektes

Die Tilgungsform der an den Cash-flow angepassten Tilgung stellt eine Besonderheit der Projektfinanzierung dar. Hier wird zwischen der Projektgesellschaft und dem Fremdkapitalgeber vereinbart, dass ein bestimmter Anteil des generierten Cash-flows nach Steuern (hier 60%) als Tilgungszahlung geleistet wird. Die Darlehenszinsen berechnen sich ebenfalls anhand des durchschnittlichen Kreditaußenstands der jeweiligen Periode (vgl. Darstellung 34).

Jahr		2004	2005	2006	2007	2008	2009	2010	2011	2012	2013	2014	2015	Gesamt
Betriebsjahr		-2	-1	1	2	3	4	5	6	7	8	9	10	
Auszahlungs- und Tilgungsplan														
Kreditaußenstand per 1.1.		0,00	192,21	325,40	299,72	272,69	244,24	214,34	182,93	149,96	115,36	79,08	41,06	
hinzu: Auszahlungen		192,21	133,19	0,00	0,00	0,00	0,00	0,00	0,00	0,00	0,00	0,00	0,00	325,40
		192,21	325,40	325,40	299,72	272,69	244,24	214,34	182,93	149,96	115,36	79,08	41,06	
abzgl.: Tilgungen	*gewählt: Cash-flow-angepasst*			25,68	27,04	28,44	29,90	31,41	32,98	34,60	36,28	38,02	41,06	325,40
Stand per 31.12.		192,21	325,40	299,72	272,69	244,24	214,34	182,93	149,96	115,36	79,08	41,06	0,00	
Durchschn. Kreditaußenstand (Jahresmitte)		96,10	258,80	312,56	286,20	258,47	229,29	198,64	166,44	132,66	97,22	60,07	20,53	
Darlehenszinsen	*gewählt: Cash-flow-angepasst*			24,22	22,18	20,03	17,77	15,39	12,90	10,28	7,53	4,66	1,59	136,56
Schuldendienst gesamt				49,90	49,22	48,47	47,67	46,81	45,88	44,88	43,81	42,67	42,66	461,96

Darstellung 34: Auszahlungs- und Tilgungsplan bei Cash-flow-angepasster Tilgung des Beispiel-Projektes

Aus den Beispielrechnungen wird ersichtlich, dass der Schuldendienst je nach Tilgungsform andere nominale Gesamtsummen aufweist. Dies ist auf die unterschiedlichen Gesamtsummen der Darlehenszinszahlungen zurückzuführen. In nominaler Hinsicht ist die konstante Tilgung die günstigste Variante für die Projektgesellschaft, die Annuitätentilgung die ungünstigste. Dessen ungeachtet bietet aber die Annuitätentilgung der Projektgesellschaft insofern Vorteile, als in den ersten Jahren der Schuldendienst geringer ausfällt als bei konstanter Tilgung. Gerade zu Projektbeginn kann es – zum Beispiel bei vermuteten Anlaufschwierigkeiten – sinnvoll sein, einen geringeren Schuldendienst zu Anfang der Betriebszeit durch einen höheren Schuldendienst im weiteren Projektverlauf zu erkaufen, um die Gefahr einer liquiditätsbedingten Insolvenz bei grundsätzlicher betriebswirtschaftlich-operativer Zukunftsfähigkeit soweit wie möglich zu reduzieren. Eine in dieser Hinsicht aus Perspektive der Projektgesellschaft attraktive Alternative stellt die an den Cash-flow angepasste Tilgung dar, bei welcher der Anfangsschuldendienst in der Regel besonders gering ist und erst nach den risikoärmeren Jahren der operativen Etablierung das Schuldendienstmaximum erreicht wird.

Vor der Erstellung des Ergebnis- sowie des Gesamt-Cash-flow-Plans wird die Umsatz- und Betriebskostenplanrechnung als bedeutender Teil der Ergebnisplanung des Beispiel-Projektes konstruiert. Hierin kommt zum Ausdruck, wie sich der Out- und Input des Kraftwerks ein- und auszahlungsbezogen zusammensetzt (vgl. Darstellung 35).

UMSATZ- UND BETRIEBSKOSTENPLAN (in Mio. EUR)

Jahr		2004	2005	2006	2007	2008	2009	2010	2011	2012	2013	2014
Betriebsjahr		-2	-1	1	2	3	4	5	6	7	8	9
Exponent für Diskontierung und Eskalation		1	2	3	4	5	6	7	8	9	10	11
A. UMSATZ												
Output												
Stromerzeugung	MWh			1.045.500	1.045.500	1.045.500	1.045.500	1.045.500	1.045.500	1.045.500	1.045.500	1.045.500
Wärmeauskopplung	MWh			2.091.000	2.091.000	2.091.000	2.091.000	2.091.000	2.091.000	2.091.000	2.091.000	2.091.000
Verkaufspreis je Einheit Output												
Strompreis	EUR/kWh			0,054	0,055	0,057	0,058	0,059	0,061	0,062	0,064	0,066
Wärmepreis	EUR/kWh			0,065	0,066	0,068	0,070	0,071	0,073	0,075	0,077	0,079
Umsatz nach Outputart												
Umsatz für Stromverkauf	Mio. EUR			56,29	57,70	59,14	60,62	62,14	63,69	65,28	66,92	68,59
Umsatz für Wärmeverkauf	Mio. EUR			135,11	138,48	141,95	145,50	149,13	152,86	156,68	160,60	164,61
Gesamtumsatz				**191,40**	**196,19**	**201,09**	**206,12**	**211,27**	**216,55**	**221,97**	**227,52**	**233,20**
B. KOSTEN												
Vergütung für Fremdbetriebsleistungen	Mio. EUR			21,85	22,51	23,19	23,88	24,60	25,34	26,10	26,88	27,68
Sonstige Kosten	Mio. EUR			8,62	8,83	9,05	9,28	9,51	9,75	9,99	10,24	10,50
Energieträgerkosten	Mio. EUR			80,64	83,06	85,55	88,12	90,76	93,49	96,29	99,18	102,16
Energieträgerpreis	EUR/m³			0,22	0,23	0,23	0,24	0,25	0,25	0,26	0,27	0,28
Energieträgermenge	Tsd. m³			369.000	369.000	369.000	369.000	369.000	369.000	369.000	369.000	369.000
Gesamtbetriebskosten				**111,11**	**114,40**	**117,79**	**121,28**	**124,87**	**128,57**	**132,38**	**136,30**	**140,34**

Jahr		2015	2016	2017	2018	2019	2020	2021	2022	2023	2024	2025
Betriebsjahr		10	11	12	13	14	15	16	17	18	19	20
Exponent für Diskontierung und Eskalation		12	13	14	15	16	17	18	19	20	21	22
A. UMSATZ												
Output												
Stromerzeugung	MWh	1.045.500	1.045.500	1.045.500	1.045.500	1.045.500	1.045.500	1.045.500	1.045.500	1.045.500	1.045.500	1.045.500
Wärmeauskopplung	MWh	2.091.000	2.091.000	2.091.000	2.091.000	2.091.000	2.091.000	2.091.000	2.091.000	2.091.000	2.091.000	2.091.000
Verkaufspreis je Einheit Output												
Strompreis	EUR/kWh	0,067	0,069	0,071	0,072	0,074	0,076	0,078	0,080	0,082	0,084	0,086
Wärmepreis	EUR/kWh	0,081	0,083	0,085	0,087	0,089	0,091	0,094	0,096	0,098	0,101	0,103
Umsatz nach Outputart												
Umsatz für Stromverkauf	Mio. EUR	70,30	72,06	73,86	75,71	77,60	79,54	81,53	83,57	85,66	87,80	90,00
Umsatz für Wärmeverkauf	Mio. EUR	168,73	172,95	177,27	181,70	186,25	190,90	195,67	200,57	205,58	210,72	215,99
Gesamtumsatz		**239,03**	**245,01**	**251,13**	**257,41**	**263,85**	**270,44**	**277,21**	**284,14**	**291,24**	**298,52**	**305,98**
B. KOSTEN												
Vergütung für Fremdbetriebsleistungen	Mio. EUR	28,52	29,37	30,25	31,16	32,09	33,06	34,05	35,07	36,12	37,21	38,32
Sonstige laufende Kosten	Mio. EUR	10,76	11,03	11,30	11,59	11,88	12,17	12,48	12,79	13,11	13,44	13,77
Energieträgerkosten	Mio. EUR	105,22	108,38	111,63	114,98	118,43	121,98	125,64	129,41	133,29	137,29	141,41
Energieträgerpreis	EUR/m³	0,29	0,29	0,30	0,31	0,32	0,33	0,34	0,35	0,36	0,37	0,38
Energieträgermenge	Tsd. m³	369.000	369.000	369.000	369.000	369.000	369.000	369.000	369.000	369.000	369.000	369.000
Gesamtbetriebskosten		**144,50**	**148,78**	**153,18**	**157,72**	**162,40**	**167,21**	**172,17**	**177,27**	**182,52**	**187,93**	**193,50**

Darstellung 35: Umsatz- und Betriebskostenplan des Beispiel-Projektes

Aus den vorangegangenen Plan-Rechnungen können der GuV- und Bilanz-bezogene Ergebnis- sowie der Cash-flow-Plan abgeleitet werden (vgl. für den Fall der konstanten Tilgung Darstellung 36, Darstellung 37, Darstellung 38).[738]

---

[738] Zur Darstellungsvereinfachung wird im Folgenden durchgängig die konstante Tilgung zugrunde gelegt.

PLAN-GEWINN- UND VERLUSTRECHNUNG (in Mio. EUR)

Jahr	2004	2005	2006	2007	2008	2009	2010	2011	2012	2013	2014
Betriebsjahr	-2	-1	1	2	3	4	5	6	7	8	9
Umsatzerlöse			**191,40**	**196,19**	**201,09**	**206,12**	**211,27**	**216,55**	**221,97**	**227,52**	**233,20**
Aufwendungen											
Energieträgeraufwand			80,64	83,06	85,55	88,12	90,76	93,49	96,29	99,18	102,16
Aufwand für Betrieb und Instandhaltung			21,85	22,51	23,19	23,88	24,60	25,34	26,10	26,88	27,68
Sonstiger Aufwand			8,62	8,83	9,05	9,28	9,51	9,75	9,99	10,24	10,50
Abschreibungen			21,69	21,69	21,69	21,69	21,69	21,69	21,69	21,69	21,69
Zinsaufwendungen			23,96	21,44	18,91	16,39	13,87	11,35	8,83	6,30	3,78
Ergebnis vor Steuern			**34,64**	**38,65**	**42,69**	**46,75**	**50,84**	**54,94**	**59,07**	**63,22**	**67,39**
Steuern vom Ertrag			12,12	13,53	14,94	16,36	17,79	19,23	20,67	22,13	23,59
Jahresüberschuss/-fehlbetrag			**22,51**	**25,13**	**27,75**	**30,39**	**33,04**	**35,71**	**38,39**	**41,09**	**43,80**
STEUERBERECHNUNG											
Ergebnis vor Steuern			34,64	38,65	42,69	46,75	50,84	54,94	59,07	63,22	67,39
Verlustvortrag			0,00	0,00	0,00	0,00	0,00	0,00	0,00	0,00	0,00
Steuern vom Ertrag			12,12	13,53	14,94	16,36	17,79	19,23	20,67	22,13	23,59

Jahr	2015	2016	2017	2018	2019	2020	2021	2022	2023	2024	2025
Betriebsjahr	10	11	12	13	14	15	16	17	18	19	20
Umsatzerlöse	**239,03**	**245,01**	**251,13**	**257,41**	**263,85**	**270,44**	**277,21**	**284,14**	**291,24**	**298,52**	**305,98**
Aufwendungen											
Energieträgeraufwand	105,22	108,38	111,63	114,98	118,43	121,98	125,64	129,41	133,29	137,29	141,41
Aufwand für Betrieb und Instandhaltung	28,52	29,37	30,25	31,16	32,09	33,06	34,05	35,07	36,12	37,21	38,32
Sonstiger Aufwand	10,76	11,03	11,30	11,59	11,88	12,17	12,48	12,79	13,11	13,44	13,77
Abschreibungen	21,69	21,69	21,69	21,69	21,69	21,69	21,69	21,69	21,69	21,69	21,69
Zinsaufwendungen	1,26	0,00	0,00	0,00	0,00	0,00	0,00	0,00	0,00	0,00	0,00
Ergebnis vor Steuern	**71,58**	**74,54**	**76,26**	**78,00**	**79,76**	**81,54**	**83,35**	**85,17**	**87,02**	**88,89**	**90,79**
Steuern vom Ertrag	25,05	26,09	26,69	27,30	27,92	28,54	29,17	29,81	30,46	31,11	31,78
Jahresüberschuss/-fehlbetrag	**46,53**	**48,45**	**49,57**	**50,70**	**51,84**	**53,00**	**54,18**	**55,36**	**56,57**	**57,78**	**59,01**
STEUERBERECHNUNG											
Ergebnis vor Steuern	71,58	74,54	76,26	78,00	79,76	81,54	83,35	85,17	87,02	88,89	90,79
Verlustvortrag	0,00	0,00	0,00	0,00	0,00	0,00	0,00	0,00	0,00	0,00	0,00
Steuern vom Ertrag	25,05	26,09	26,69	27,30	27,92	28,54	29,17	29,81	30,46	31,11	31,78

Darstellung 36: Plan-GuV der Projektgesellschaft im Beispiel-Projekt

Der Inhalt der Plan-Bilanz in Darstellung 37 beschränkt sich auf die für wesentlich erachteten Bilanzpositionen, da eine detailliertere Gliederung keine speziell für die vorliegende Problemstellung weiterführenden Erkenntnisse hervorbringt.

PLAN-BILANZ (in Mio. EUR)

Jahr	2004	2005	2006	2007	2008	2009	2010	2011	2012	2013	2014
Betriebsjahr	-2	-1	1	2	3	4	5	6	7	8	9
Aktiva											
Anlagevermögen			412,17	390,48	368,79	347,09	325,40	303,71	282,01	260,32	238,63
Umlaufvermögen											
Kasse, Bankguthaben			4,91	11,65	20,23	30,66	42,94	57,09	73,12	91,04	110,86
Summe Aktiva			**417,09**	**402,13**	**389,02**	**377,75**	**368,34**	**360,80**	**355,14**	**351,36**	**349,48**
Passiva											
Eigenkapital											
Gezeichnetes Kapital			108,47	108,47	108,47	108,47	108,47	108,47	108,47	108,47	108,47
Gewinnrücklagen			15,76	33,35	52,77	74,05	97,18	122,17	149,05	177,81	208,48
Verbindlichkeiten											
ggü. Kreditinstituten			292,86	260,32	227,78	195,24	162,70	130,16	97,62	65,08	32,54
Summe Passiva			**417,09**	**402,13**	**389,02**	**377,75**	**368,34**	**360,80**	**355,14**	**351,36**	**349,48**

Jahr	2015	2016	2017	2018	2019	2020	2021	2022	2023	2024	2025
Betriebsjahr	10	11	12	13	14	15	16	17	18	19	20
Aktiva											
Anlagevermögen	216,93	195,24	173,55	151,85	130,16	108,47	86,77	65,08	43,39	21,69	0,00
Umlaufvermögen											
Kasse, Bankguthaben	132,58	188,19	244,58	301,76	359,74	418,54	478,16	538,60	599,89	662,03	725,03
Summe Aktiva	**349,51**	**383,43**	**418,13**	**453,61**	**489,90**	**527,01**	**564,93**	**603,68**	**643,28**	**683,73**	**725,03**
Passiva											
Eigenkapital											
Gezeichnetes Kapital	108,47	108,47	108,47	108,47	108,47	108,47	108,47	108,47	108,47	108,47	108,47
Gewinnrücklagen	241,05	274,96	309,66	345,15	381,44	418,54	456,46	495,22	534,81	575,26	616,57
Verbindlichkeiten											
ggü. Kreditinstituten	0,00	0,00	0,00	0,00	0,00	0,00	0,00	0,00	0,00	0,00	0,00
Summe Passiva	**349,51**	**383,43**	**418,13**	**453,61**	**489,90**	**527,01**	**564,93**	**603,68**	**643,28**	**683,73**	**725,03**

Darstellung 37: Plan-Bilanz der Projektgesellschaft im Beispiel-Projekt

Der operative Cash-flow ergibt sich aus dem Saldo betriebsbedingter Ein- und Auszahlungen. Im vorliegenden Fall setzen sich die betrieblichen Einzahlungen aus den Umsatzeinzahlungen sowie die betrieblichen Auszahlungen aus den nach zu vergütenden Liefer- und Betriebsleistungen differenzierbaren Auszahlungen zusammen. Unter Abzug der Investitionsauszahlungen für die Vergütung der während der Projektentwicklungs- und Erstellungsphase anfallenden Entwicklungs- und Steuerungs-, technischen Planungs- und Überwachungs-, Liefer- und Erstellungsleistungen sowie der kreditbezogenen Bankgebühren und Steuerzahlungen berechnet sich hier der Cash-flow nach Steuern vor Finanzierung, aus dem unter Addition der Beträge für die Kapitalzuführungen der zur Befriedigung der Ansprüche sämtlicher Kapitalgeber verbleibende Cash-flow nach Steuern vor Schuldendienst (Flow-to-entity) resultiert. Werden hiervon Zins- und Tilgungszahlungen sowie Zahlungen an Anspruchsberechtigte ohne originären Projekteignercharakter subtrahiert, verbleibt der für die Projektträger als Eigenkapitalgeber nach Schuldendienst theoretisch ausschüttungsfähige Cash-flow (Flow-to-equity).[739]

739 Vor dem Hintergrund der in der Literatur bislang uneinheitlichen Verwendung von Cash-flow-Begriffen (vgl. Betsch, O./Groh, A.P./Lohmann, L.G.E. (2000), S. 213ff) stellt die vorgenommene Langformabgrenzung eine auf direkte Nachvollziehbarkeit ausgerichtete Begriffsklärung und -verwendung dar.

CASH-FLOW-PLAN (in Mio. EUR)

Jahr	2004	2005	2006	2007	2008	2009	2010	2011	2012	2013	2014
Betriebsjahr	-2	-1	1	2	3	4	5	6	7	8	9
Umsatzeinzahlungen	0,0	0,0	191,40	196,19	201,09	206,12	211,27	216,55	221,97	227,52	233,20
Betriebsauszahlungen											
Auszahlungen für Lieferleistungen (Energieträger)	0,0	0,0	80,64	83,06	85,55	88,12	90,76	93,49	96,29	99,18	102,16
Vergütung für Fremdbetriebsleistungen	0,0	0,0	21,85	22,51	23,19	23,88	24,60	25,34	26,10	26,88	27,68
Sonstige betriebliche Auszahlungen	0,0	0,0	8,62	8,83	9,05	9,28	9,51	9,75	9,99	10,24	10,50
OPERATIVER CASHFLOW	**0,00**	**0,00**	**80,29**	**81,78**	**83,30**	**84,84**	**86,40**	**87,98**	**89,59**	**91,22**	**92,87**
abzgl.:											
Investitionsauszahlungen	242,8	157,2									
Bankgebührenauszahlungen	6,03	0,33									
Ertragsteuerauszahlungen			12,12	13,53	14,94	16,36	17,79	19,23	20,67	22,13	23,59
CASH FLOW NACH STEUERN VOR FINANZIERUNG	**-248,83**	**-157,53**	**68,17**	**68,25**	**68,36**	**68,47**	**68,61**	**68,75**	**68,91**	**69,09**	**69,28**
Ziehung Kredite	192,21	133,19									
Einzahlung Eigenkapital	64,07	44,40									
CASHFLOW NACH STEUERN VOR SCHULDENDIENST	**7,45**	**20,06**	**68,17**	**68,25**	**68,36**	**68,47**	**68,61**	**68,75**	**68,91**	**69,09**	**69,28**
Zinsauszahlung	7,45	20,06	23,96	21,44	18,91	16,39	13,87	11,35	8,83	6,30	3,78
Tilgungszahlungen	0,00	0,00	32,54	32,54	32,54	32,54	32,54	32,54	32,54	32,54	32,54
SCHULDENDIENST	**7,45**	**20,06**	**56,50**	**53,98**	**51,45**	**48,93**	**46,41**	**43,89**	**41,37**	**38,84**	**36,32**
CASHFLOW NACH STEUERN UND FINANZIERUNG	0,00	0,00	11,67	14,28	16,90	19,54	22,20	24,87	27,55	30,24	32,96
Dividende	0,00	0,00	6,75	7,54	8,33	9,12	9,91	10,71	11,52	12,33	13,14
FREIER CASHFLOW NACH DIVIDENDEN p.a.	0,00	0,00	4,91	6,74	8,58	10,43	12,28	14,15	16,03	17,92	19,82
FREIER CASHFLOW NACH DIVIDENDEN kumuliert	0,00	0,00	4,91	11,65	20,23	30,66	42,94	57,09	73,12	91,04	110,86

Jahr	2015	2016	2017	2018	2019	2020	2021	2022	2023	2024	2025
Betriebsjahr	10	11	12	13	14	15	16	17	18	19	20
Umsatzeinzahlungen	239,03	245,01	251,13	257,41	263,85	270,44	277,21	284,14	291,24	298,52	305,98
Betriebsauszahlungen											
Auszahlungen für Lieferleistungen (Energieträger)	105,22	108,38	111,63	114,98	118,43	121,98	125,64	129,41	133,29	137,29	141,41
Vergütung für Fremdbetriebsleistungen	28,52	29,37	30,25	31,16	32,09	33,06	34,05	35,07	36,12	37,21	38,32
Sonstige betriebliche Auszahlungen	10,76	11,03	11,30	11,59	11,88	12,17	12,48	12,79	13,11	13,44	13,77
OPERATIVER CASHFLOW	**94,54**	**96,23**	**97,95**	**99,69**	**101,45**	**103,23**	**105,04**	**106,87**	**108,72**	**110,59**	**112,48**
abzgl.:											
Investitionsauszahlungen											
Bankgebührenauszahlungen											
Ertragsteuerauszahlungen	25,05	26,09	26,69	27,30	27,92	28,54	29,17	29,81	30,46	31,11	31,78
CASH FLOW NACH STEUERN VOR FINANZIERUNG	**69,48**	**70,14**	**71,26**	**72,39**	**73,54**	**74,70**	**75,87**	**77,06**	**78,26**	**79,47**	**80,70**
Ziehung Kredite											
Einzahlung Eigenkapital											
CASHFLOW NACH STEUERN VOR SCHULDENDIENST	**69,48**	**70,14**	**71,26**	**72,39**	**73,54**	**74,70**	**75,87**	**77,06**	**78,26**	**79,47**	**80,70**
Zinsauszahlung	1,26	0,00	0,00	0,00	0,00	0,00	0,00	0,00	0,00	0,00	0,00
Tilgungszahlungen	32,54	0,00	0,00	0,00	0,00	0,00	0,00	0,00	0,00	0,00	0,00
SCHULDENDIENST	**33,80**	**0,00**	**0,00**	**0,00**	**0,00**	**0,00**	**0,00**	**0,00**	**0,00**	**0,00**	**0,00**
CASHFLOW NACH STEUERN UND FINANZIERUNG	35,68	70,14	71,26	72,39	73,54	74,70	75,87	77,06	78,26	79,47	80,70
Dividende	13,96	14,54	14,87	15,21	15,56	15,90	16,25	16,61	16,97	17,33	17,70
FREIER CASHFLOW NACH DIVIDENDEN p.a.	21,72	55,61	56,39	57,18	57,98	58,79	59,62	60,45	61,29	62,14	63,00
FREIER CASHFLOW NACH DIVIDENDEN kumuliert	132,58	188,19	244,58	301,76	359,74	418,54	478,16	538,60	599,89	662,03	725,03

Darstellung 38: Cash-flow-Plan der Projektgesellschaft im Beispiel-Projekt

Bis zur Fertigstellung mit Ende des Jahres 2005 sind die Investitionstätigkeit und die zur Finanzierung abgerufenen Eigen- und Fremdmittel ausgewiesen. Es zeigt sich, dass der generierte operative Cash-flow im Plan-Beispiel bereits zu Betriebsbeginn ausreicht, den Schuldendienst vollständig zu erbringen. Darüber hinaus fällt ab dem ersten Betriebsjahr freier Cash-flow nach Steuern und Finanzierung an, der einen Puffer für Abweichungen darstellt und zur Dividendenausschüttung an die Eigenkapitalgeber genutzt werden kann. Der freie Cash-flow nach Dividenden p.a. gibt die jährlichen Zahlungsmittelrücklagen wieder, die von der Projektgesellschaft kumuliert thesauriert werden.

Ausgehend vom Cash-flow-Plan kann eine umfassende Übersicht über die Mittelherkunft und Mittelverwendung als Zusammenfassung der Finanzplanung aus Sicht der Projektgesellschaft zusammengestellt werden (vgl. Darstellung 39).

ZUSAMMENFASSENDER FINANZPLAN (in Mio. EUR)

Jahr	2004	2005	2006	2007	2008	2009	2010	2011	2012	2013	2014
Betriebsjahr	-2	-1	1	2	3	4	5	6	7	8	9
Umsatz	0,00	0,00	191,40	196,19	201,09	206,12	211,27	216,55	221,97	227,52	233,20
Betriebskosten	0,00	0,00	111,11	114,40	117,79	121,28	124,87	128,57	132,38	136,30	140,34
EBITD	**0,00**	**0,00**	**80,29**	**81,78**	**83,30**	**84,84**	**86,40**	**87,98**	**89,59**	**91,22**	**92,87**
EBITD Rate			*41,95%*	*41,69%*	*41,42%*	*41,16%*	*40,90%*	*40,63%*	*40,36%*	*40,09%*	*39,82%*
Zufluss Fremdkapital	192,21	133,19	0,00	0,00	0,00	0,00	0,00	0,00	0,00	0,00	0,00
Zufluss Eigenkapital	64,07	44,40	0,00	0,00	0,00	0,00	0,00	0,00	0,00	0,00	0,00
MITTELHERKUNFT	**256,28**	**177,59**	**80,29**	**81,78**	**83,30**	**84,84**	**86,40**	**87,98**	**89,59**	**91,22**	**92,87**
Investitionen	242,80	157,20	0,00	0,00	0,00	0,00	0,00	0,00	0,00	0,00	0,00
Bankgebühren	6,03	0,33	0,00	0,00	0,00	0,00	0,00	0,00	0,00	0,00	0,00
Tilgung	0,00	0,00	32,54	32,54	32,54	32,54	32,54	32,54	32,54	32,54	32,54
Zinsen	7,45	20,06	23,96	21,44	18,91	16,39	13,87	11,35	8,83	6,30	3,78
Ertragsteuern	0,00	0,00	12,12	13,53	14,94	16,36	17,79	19,23	20,67	22,13	23,59
MITTELVERWENDUNG	**256,28**	**177,59**	**68,62**	**67,50**	**66,40**	**65,30**	**64,20**	**63,12**	**62,04**	**60,97**	**59,91**
CASHFLOW VOR DIVIDENDEN	**0,00**	**0,00**	**11,67**	**14,28**	**16,90**	**19,54**	**22,20**	**24,87**	**27,55**	**30,24**	**32,96**

Jahr	2015	2016	2017	2018	2019	2020	2021	2022	2023	2024	2025
Betriebsjahr	10	11	12	13	14	15	16	17	18	19	20
Umsatz	239,03	245,01	251,13	257,41	263,85	270,44	277,21	284,14	291,24	298,52	305,98
Betriebskosten	144,50	148,78	153,18	157,72	162,40	167,21	172,17	177,27	182,52	187,93	193,50
EBITD	**94,54**	**96,23**	**97,95**	**99,69**	**101,45**	**103,23**	**105,04**	**106,87**	**108,72**	**110,59**	**112,48**
EBITD Rate	*39,55%*	*39,28%*	*39,00%*	*38,73%*	*38,45%*	*38,17%*	*37,89%*	*37,61%*	*37,33%*	*37,05%*	*36,76%*
Zufluss Fremdkapital	0,00	0,00	0,00	0,00	0,00	0,00	0,00	0,00	0,00	0,00	0,00
Zufluss Eigenkapital	0,00	0,00	0,00	0,00	0,00	0,00	0,00	0,00	0,00	0,00	0,00
MITTELHERKUNFT	**94,54**	**96,23**	**97,95**	**99,69**	**101,45**	**103,23**	**105,04**	**106,87**	**108,72**	**110,59**	**112,48**
Investitionen	0,00	0,00	0,00	0,00	0,00	0,00	0,00	0,00	0,00	0,00	0,00
Bankgebühren	0,00	0,00	0,00	0,00	0,00	0,00	0,00	0,00	0,00	0,00	0,00
Tilgung	32,54	0,00	0,00	0,00	0,00	0,00	0,00	0,00	0,00	0,00	0,00
Zinsen	1,26	0,00	0,00	0,00	0,00	0,00	0,00	0,00	0,00	0,00	0,00
Ertragsteuern	25,05	26,09	26,69	27,30	27,92	28,54	29,17	29,81	30,46	31,11	31,78
MITTELVERWENDUNG	**58,86**	**26,09**	**26,69**	**27,30**	**27,92**	**28,54**	**29,17**	**29,81**	**30,46**	**31,11**	**31,78**
CASHFLOW VOR DIVIDENDEN	**35,68**	**70,14**	**71,26**	**72,39**	**73,54**	**74,70**	**75,87**	**77,06**	**78,26**	**79,47**	**80,70**

Darstellung 39: Zusammenfassender Finanzplan der Projektgesellschaft im Beispiel-Projekt

Dabei wurde auch die EBITD (Earnings before Interest, Taxes and Depreciation)-Rate kalkuliert, die hier das Verhältnis des operativen Cash-flows zum Umsatz ausdrückt.[740] Auffallend ist, dass die EBITD-Rate im Projektverlauf kontinuierlich sinkt. Dies ist auf die Annahme zurückzuführen, dass die Absatzpreise und damit die Umsätze jährlich um 2,5% und die Betriebskosten um 3,0% steigen.

Die Finanzplanung liefert die notwendigen Zahlen, um das Projekt seitens der Eigen- und Fremdkapitalgeber auf die wirtschaftliche Realisierbarkeit hin zu überprüfen. Für beide Inves-

740 NEVITT/FABOZZI bezeichnen das EBITD(A) als „[...] the mother's milk of project financing" (Nevitt, P.K./Fabozzi, F.J. (2000), S. 12). Der Buchstabe A im Akronym EBITDA steht für die Abschreibung von Firmenwerten, welche bei Projektgesellschaften Betreibermodell-basierter Infrastrukturprojekte aufgrund der in der Regel nicht existierenden abschreibungsfähigen Unternehmensbeteiligungen nicht regelmäßig auftreten und daher in das vorliegende Rechenmodell nicht mit aufgenommen werden. Wegen eines generell konstatierbaren, uneinheitlichen Begriffsverständnisses der „Earnings before Everything" sollten derartige Kennziffern – wie hier erfolgt – klar definiert werden (vgl. Hahn, D./Hungenberg, H. (2001), S. 408f; Engelbrecht, T./Kempf, M. (2002), S. 8).

torengruppen existieren statisch und dynamisch ermittelbare absolute und relative Monetärkennzahlen, die je nach Betrachtungszeitraum – einperiodig und mehrperiodig – komprimierte Aussagen über die Wirtschaftlichkeit des betrachteten Projektes liefern. Sowohl auf Seiten der Eigen- wie auch bei den Fremdkapitalgebern sollten vor allem auf der Kapitalwert- oder Interne-Zinssatz-Methode basierende Kenngrößen des Projekterfolgs formuliert werden.[741]

Für die Projektträger beziehungsweise die Eigenkapitalgeber stellt die Erzielung einer befriedigenden Eigenkapitalrendite die wichtigste monetäre Zielsetzung dar.[742] Um die Eigenkapitalrentabilität zu analysieren, können als absolute Kennzahl der Kapitalwert und als relative Kennzahl der Interne Zinssatz des eingesetzten Kapitals ermittelt werden. Die relevante Zahlungsgröße im Zähler des Kapitalwertkalküls bildet für die Eigenkapitalgeber der Flow-to-equity – im vorliegenden, auf die Projektträgergemeinschaft bezogenen Fall, strenggenommen bestehend aus den als Einzahlungen zu interpretierenden Ausschüttungen wie Dividendenzahlungen und Eigenkapitalrückführungen sowie den rechnerisch als Auszahlungen einzubeziehenden Eigenkapitalzuführungen. Alternativ kann der Flow-to-equity vor Thesaurierung und Ausschüttung herangezogen werden. Beide Kalküle führen über den Gesamtprojektlebenszyklus hinweg zu summarisch gleichhohen Nominalbeträgen. Die Wahl des Equity-Cash-flows vor Thesaurierung und Ausschüttung bedingt aber aufgrund der implizit bestehenden Vollausschüttungsannahme eine systematisch höhere Summe der diskontierten Cashflow-Beträge.[743] Die Anzahl der im Kalkül zu berücksichtigenden Perioden wird durch die Dauer der Projektträgerschaft determiniert. Während die Eigenkapitalrendite IRR_{EK} bei Anwendung der Interne-Zinssatz-Methode bereits anhand der genannten Größen ermittelt werden kann, ist zur Bestimmung des Eigenkapitalwertes NPV_{EK} noch der relevante Diskontierungszinssatz festzulegen. Hierzu existiert eine Vielzahl von Möglichkeiten. Einig ist die wissenschaftliche Literatur in der Ansicht, dass der Diskontierungszinssatz die Kosten des Kapitals – hier diejenigen des Eigenkapitals – widerspiegeln sollte. Uneinigkeit besteht in der Herleitung des für die Eigenkapitalgeber maßgebenden Kapitalkostensatzes. Während beispielsweise HENSCHEL-BÄTZ ausdrücklich für BOT-Projekte eine objektiviert-marktorientierte Ermittlung mit Hilfe des Capital Asset Pricing Modells (CAPM) propagiert, nähert sich die allgemeine betriebswirtschaftliche Theorie mit dem streng an die individuell maßgebenden Op-

---

741 Die Kalküle zur Bestimmung des Kapitalwerts und des Internen Zinssatzes geben Gleichung 2 (S. 170) und Gleichung 3 (S. 171) wieder. Neben dem Internen Zinssatz können theoretisch weitere Kapitalwert-Derivate berechnet werden. Vor dem Hintergrund des grundsätzlich als gering einzustufenden zusätzlichen Erkenntnisgewinns teilredundanter und in der praktischen wie theoretischen Aussagekraft wenig weiterführender Kennzahlen widerspricht deren Ermittlung aber dem Wirtschaftlichkeitspostulat des Controlling (siehe auch Abschnitt 4.2.1). Es mag aus der Perspektive eines individuellen Projektträgers dennoch in speziellen Fällen – zum Beispiel bei hoher zeitlicher Liquiditätspräferenz – begründet sein, die dynamische Amortisationsdauer für das eingesetzte Kapital im Sinne eines ergänzenden Risikokriteriums zu berechnen (vgl. Gröhl, M. (1990), S. 104ff; Blohm, H./Lüder, K. (1995), S. 77ff).

742 Die Festlegung einer für satisfizierend erachteten Kapitalrendite bringt im entscheidungstheoretischen Sinn die Höhenpräferenz des Kapitalgebers zum Ausdruck (vgl. Sieben, G./Schildbach, T. (1990), S. 25). Im vorliegenden Zusammenhang illustrieren auch Darstellung 23 (S. 146) und Darstellung 26 (S. 164) die Bedeutung der Höhenpräferenz.

743 Siehe auch nachfolgend Darstellung 40 (S. 191) und Darstellung 47 (S. 203).

portunitätskosten orientierten Modell des Vergleichs der betrachteten mit einer potenziell entgehenden und als äquivalent betrachteten Alternativinvestition.[744]

Unabhängig von der mit vielen praktischen Schwierigkeiten und theoretischen Defiziten behafteten Herleitung des theoretisch richtigen Diskontierungszinssatzes[745] ist es aber von besonderer entscheidungspraktischer wie -theoretischer Bedeutung, das Ergebnis der Kapitalwertberechnung – durchaus auch auf Basis eines subjektiv-individuell geschätzten Opportunitätskostenzinsfußes – theoretisch richtig zu deuten sowie vermittels des Erkennens praktischer Implikationen sinnvolle Schlussfolgerungen und Handlungsentscheidungen zu treffen.

Wie in Abschnitt 6.1.1.1 dargelegt impliziert ein positiver Kapitalwert einen Geldvermögenszuwachs über den angesetzten Kalkulationszins hinaus. Ein negativer Kapitalwert entspricht einer Verzinsung des eingesetzten Kapitals zum Kalkulationszins inklusive einer Geldvermögensvernichtung in Höhe des Ergebnisbetrags. Praktisch können projektbezogene Kapitalwertbeträge in vielerlei Hinsicht interpretiert werden. Aus Sicht der Kapitalgeber kann ein positiver Kapitalwert beispielsweise denjenigen („Puffer-") Betrag darstellen, der noch gezahlt werden darf, ohne dass eine Verzinsung des eingesetzten Kapitals in Höhe des rechnerisch angesetzten Zinssatzes gefährdet ist.[746] Aus der Perspektive eines einzelnen Projektträgers – zum Beispiel eines Konzerns aus dem Bereich der Bauwerks- und Anlagenerstellung – kann der individuell kalkulierte Kapitalwert auch den im Rahmen einer wertorientierten Konzernstrategie für maßgebend definierten Market Value Added (MVA)[747] abbilden. Daneben besteht die Möglichkeit, einen negativen Kapitalwert als Unterdeckungsbetrag zu deuten, der im Sinne eines strategischen Deckungsverzichts – zum Beispiel für die Erlangung von Referenzprojekten – hinzunehmen wäre[748] oder von weiteren Projektfinanziers wie dem Auftraggeber im Allgemeinen oder der Öffentlichen Hand im Speziellen als kostenlose Zuschüsse[749] aufzubringen wäre, um das Projekt als betriebswirtschaftlich tragbar einstufen zu können.

Eine ermittelte Internal Rate of Return des Eigenkapitals IRR_{EK} kann im Rahmen der projektträgerbezogenen Projektbeurteilung mit der als Hürdenzinssatz (Hurdle Rate) individuell festzulegenden und die Opportunitätskosten des Eigenkapitals widerspiegelnden Required Rate of Return (RRR_{EK}) verglichen werden, um Vorteilhaftigkeitsaussagen für Handlungsentscheidungen gemäß der Interne-Zinssatz-Methode treffen zu können. In Anlehnung an die empirisch vorfindbaren Renditeerwartungen von Projektträgern Betreibermodell-basierter Infra-

---

744 Vgl. Sieben, G./Zapf, B. (1981), S. 7f; Ballwieser, W. (1990), S. 167ff; Matschke, M.J. (1993), S. 249f; Brealey, R.A./Meyers, S.C. (1996), S. 14; Sinha, S. (1999a), S. 56ff; Henschel-Bätz, M. (2000), S. 111ff.

745 Vgl. Hupe, M. (1995), S. 200ff; Behnen, O. (1999), S. 8.12; Drukarczyk, J. (2001), S. 350ff.

746 Eine derartige Erkenntnis kann zum Beispiel die Grenzen von Verhandlungsspielräumen markieren.

747 Vgl. Siegert, T. (1995), S. 581, 592.

748 Ein kalkulatorischer Deckungsverzicht sollte im Rahmen der hier nicht im Vordergrund stehenden Multiprojektrechnung zwingend Folgeprojekten als zeitwertig diskontierter Betrag angerechnet werden. Zur Bedeutung von Referenzprojekten siehe auch Fußnote 435 (S. 97) und die dortigen Quellenangaben.

749 Siehe auch Darstellung 22 (S. 144).

strukturprojekte[750] wird für das vorliegende Beispielvorhaben – auch zum Zweck der Kapitalwertberechnung – eine RRR_{EK} von 15% p.a. nach Steuern zugrunde gelegt.[751]

Der vorgestellte und auf Seiten der Projektträger in erster Linie für die betriebswirtschaftliche Projektbeurteilung relevante Equity-Ansatz zur Bestimmung der investitionsrechnerischen Eigenkapitalrendite IRR_{EK} und des Eigenkapitalwertes NPV_{EK} kann unter zusätzlicher Berücksichtigung der Zahlungserwartungen der Fremdkapitalgeber zum umfassenderen Entity-Ansatz erweitert werden, welcher vermittels einer Einheitsbetrachtung eine Beurteilung der Projektgesamttragfähigkeit ermöglicht. Die betriebswirtschaftliche Gesamttragfähigkeit spiegelt sich dann analog zum Equity-Ansatz in der Gesamtkapitalrentabilität wider, welche einerseits über die Anwendung der Interne-Zinssatz-Methode als Gesamtkapitalrendite IRR_{GK} und andererseits anhand der Kapitalwertmethode als Gesamtkapitalwert NPV_{GK} abgebildet werden kann. Die relevante Diskontierungsgröße bildet in beiden Fällen der Flow-to-entity, der im vorliegenden Beispiel aus den als Einzahlungen zu deutenden Cash-flows vor Schuldendienst und nach Steuern sowie den als Auszahlungen zu berücksichtigenden Kapitalzuführungen besteht. Als maßgebender Diskontierungszinssatz zur Berechnung des Gesamtkapitalwertes NPV_{GK} sollte ein aufgrund der – insbesondere gegenüber konventionellen Going-concern-Unternehmen – zeitlich stark differierenden Kapitalstrukturrelationen[752] periodenweise zu bestimmender, gewichteter Kapitalkostensatz (Weighted Average Cost of Capital – WACC) angesetzt werden, welcher den Mindestverzinsungsanspruch des Gesamtkapitals RRR_{GK} beschreibt (vgl. Gleichung 4). Die Required Rate of Return des Fremdkapitals RRR_{FK} bildet dabei der von den Kreditgebern geforderte und gegebenenfalls anteilig gemittelte Zinssatz, welcher im vorliegenden Beispiel zu 7,75% p.a. angenommen wurde.

---

750 Vgl. Tiong, R.L.K. (1995b), S. 282; Münch et al. (1997), S. 172, 177ff; Tiong, R.L.K./Alum, J. (1997d), S. 90, 93; Sinha, S. (1999a), S. 56ff; Balthaus, H./Keppel, A. (2000), S. 508; Meeder, S. (2000), S. 181; Bodner, H. (2001), S. 28; Kafsack, H. (2002), S. 24.

751 Um für den gesamten Projektlebenszyklus die Opportunitätskosten einer insbesondere risikoäquivalenten Alternativinvestition im Diskontierungszinssatz der Kapitalwertberechnung abzubilden, könnte auch mit Risikophasen-spezifischen Eigenkapitalkostensätzen gearbeitet werden (vgl. Siegert, T. (1995), S. 582f; Hahn, D./Hungenberg, H. (2001), S. 167ff; Hahn, D. (2002), S. 138). Aus theoretischer Sicht spricht die uneindeutige Einbeziehung der Projektrisiken gegen dieses Vorgehen (siehe auch Abschnitt 3.3.2), handhabungsbezogen der enorme Komplexitätsanstieg im Rahmen der Herleitung und rechnerischen Verarbeitung phasenspezifischer Zinssätze sowie daraus folgende Interpretationsschwierigkeiten. Hier wird ausdrücklich der stringenten Trennung zwischen Base-case- und Risk-case-Betrachtung gefolgt, so dass Projektrisiken erst im Rahmen der Monetärrechnung unter Ungewissheit explizit im Zähler des Kapitalwertkalküls aufgenommen werden. Dadurch werden auch Widersprüche zwischen Ergebnissen der Kapitalwert- und Interne-Zinssatz-Methode vermieden.

752 Idealtypisch nimmt der Verschuldungsgrad bei Betreibermodell-basierten Infrastrukturprojekten nach Inbetriebnahme systematisch ab (vgl. Gröhl, M. (1990), S. 100ff; Tham, J. (2000), S. 2, 12; Hahn, D. (2002), S. 138).

$$RRR_{GK,t} = RRR_{EK} * \frac{EK_t}{EK_t + FK_t} + RRR_{FK} * \frac{FK_t}{EK_t + FK_t}$$

RRR = Verzinsungsanspruch

GK = Gesamtkapital

EK_t = Eigenkapital in Periode t

FK_t = Fremdkapital in Periode t

Gleichung 4: Mindestverzinsungsanspruch für das Gesamtkapital nach dem WACC-Ansatz[753]

Analog zum Equity-Ansatz kann eine berechnete Internal Rate of Return des Gesamtkapitals IRR_{GK} im Rahmen der Projektbeurteilung aus Gesamtkapitalgebersicht mit einer als Hürdenzinssatz zuvor fixierten Required Rate of Return des Gesamtkapitals (RRR_{GK}) verglichen werden, um Vorteilhaftigkeitsaussagen gemäß der Interne-Zinssatz-Methode zu treffen. Ebenso kann der Gesamtkapitalwert nach den oben vorgestellten Prinzipien und Möglichkeiten der Kapitalwertinterpretation analysiert werden.[754]

Es sei an dieser Stelle darauf hingewiesen, dass jahresabschlussbezogene Kennzahlen wie die traditionellen Renditemaße konventioneller Going-concern- und Multi-purpose-Unternehmen – trotz offensichtlicher Verbreitung in der Praxis – [755] weder für Projektträger noch für Kreditgeber als Informations-Insider[756] Betreibermodell-basierter Infrastrukturprojekte aussagekräftige Größen zur betriebswirtschaftlichen Vorhabensbeurteilung geben. Der Vorteil der Monetärrechnung bei Betreibermodell-Projekten besteht gerade in der technischen Möglichkeit einer Orientierung an originären Zahlungsgrößen, so dass periodisierte, aus GuV und Bilanz abgeleitete, statische Derivatgrößen wie Return on Assets (RoA), Return on Investment (RoI) und Return on Equity (RoE) allenfalls von Informations-Outsidern wie den auf externe Publizität angewiesenen Passive Equity Investors[757] als grobe Beurteilungskriterien herangezogen werden sollten. Gegen die Verwendung jahresabschlussbezogener Kennzahlen spricht vor allem das für projektfinanzierte Vorhaben konstatierbare Phänomen, dass mit Ablauf der Erstellungsphase in der Regel keine nennenswerten Investitionen mehr getätigt wer-

---

753 Das theoretisch als Faktor berücksichtigungsfähige Tax Shield aus der steuerlichen Abzugsfähigkeit von Zinszahlungen auf Fremdkapital (vgl. Blohm, H./Lüder, K. (1995), S. 122, 125ff; Münch et al. (1997), S. 161; Betsch, O./Groh, A.P./Lohmann, L.G.E. (2000), S. 217; Henschel-Bätz, M. (2000), S. 113f; Hahn, D./Hungenberg, H. (2001), S. 158ff, 408; Meeder, S. (2000), S. 241f) wird hier direkt im Zuge der Cashflow-Ermittlung berücksichtigt und insofern explizit im Zähler des Kapitalwertkalküls erfasst.

754 Insbesondere zur exakten Beurteilung steuerlicher Implikationen im Rahmen des Financial Engineering kann der vorgestellte Entity-Ansatz auch mit Hilfe der Methode des Adjusted Present Value (APV) modelliert werden. Der APV-Ansatz wird aber wegen des nicht intuitiv eingängigen und damit schlechter kommunizierbaren Vorgehens sowie der komplexeren praktischen Handhabung nicht weiter verfolgt (vgl. Münch et al. (1997), S. 165ff; Betsch, O./Groh, A.P./Lohmann, L.G.E. (2000), S. 220ff; Drukarczyk, J. (2001), S. 231ff).

755 Vgl. Čadež, I. (2000), S. 242; Nevitt, P.K./Fabozzi, F.J. (2000), S. 26, 41.

756 Vgl. Wagner, W. (1998), S. 13; Henschel-Bätz, M. (2000), S. 32f.

757 Zur Unterscheidung weiterer Projektinteressierter siehe Abschnitt 3.1.

den und somit die aktivierte Bemessungsbasis in Verbindung mit den bilanziellen Abschreibungen von Periode zu Periode schrumpft, mit der Folge, dass Verhältniszahlen wie RoA, RoI und RoE – fundamental ungerechtfertigt – im Zeitablauf systematisch ansteigen. Dessen ungeachtet unterliegen Jahresabschlussgrößen grundsätzlich bilanzpolitischen Handlungen und damit einer potenziell deutlich verzerrten Darstellung vergangener, aktueller und künftiger Projektsituationen.[758]

Aus der Perspektive der Fremdkapitalgeber interessiert im Rahmen einer betriebswirtschaftlichen Analyse vor allem die Schuldendienstfähigkeit des Projektes. Zur Erlangung benötigter Kredite sollten deshalb aus Projektträgersicht auch Kennzahlen ermittelt werden, die die Sicherstellung der Kredittilgungsfähigkeit zum Ausdruck bringen. Demgemäß werden folgende zwei Deckungsrelationen gebildet:[759]

1. das Life of Loan Coverage Ratio (LLCR) und
2. das Debt Service Coverage Ratio (DSCR).

Das LLCR beschreibt das Verhältnis zwischen dem nach Maßgabe des von den Kreditgebern durchschnittlich geforderten Fremdkapitalzinssatzes RRR_{FK} errechneten Barwert der für die verbleibende Kreditlaufzeit prognostizierten Cash-flows vor Schuldendienst sowie dem Kreditaußenstand einer Periode. Die Kennzahl zeigt an, in welcher Höhe die erwartete Projektertragskraft die ausstehende Kreditsumme über- oder unterdeckt (vgl. Gleichung 5).

$$\mathbf{LLCR_t} = \frac{\textbf{Barwert künftiger Cash-flows vor Schuldendienst in Periode t}}{\textbf{Kreditaußenstand in t}}$$

Gleichung 5: Kalkül des Life of Loan Coverage Ratio (LLCR)

Mit Hilfe der statischen Kennzahl DSCR lässt sich überprüfen, ob während der Projektlaufzeit zu jedem Zeitpunkt der Schuldendienst für das aufgenommene Fremdkapital mit dem generierten Cash-flow vor Zinsen und Tilgung bedient werden kann. Das DSCR beschreibt das Verhältnis des Cash-flows vor Zinsen und Tilgung einer Periode zum während der Periode fälligen Schuldendienst (vgl. Gleichung 6).

---

[758] Vgl. Hupe, M. (1995), S. 107f; Siegert, T. (1995), S. 587ff; Borchers, S. (1997), S. 119ff; Sinha, S. (1999a), S. 56; Sinha, S. (1999b), S. 164ff; Meeder, S. (2000), S. 179f. Siehe auch die in Abschnitt 6.1.1.1 dargelegte Argumentation für eine konsequente Zahlungsorientierung der Monetärrechnung.

[759] Vgl. auch Grosse, P.B. (1990), S. 47f; Hupe, M. (1995), S. 126ff; Woodward, D.G. (1995), S. 244; Fahrholz, B. (1998), S. 292f; Tytko, D. (1999), S. 155f. Als weitere mehrperiodige Überdeckungsrelation existiert das auch unter dem Begriff der Projektlaufzeitdeckung bekannte Life of Project Coverage Ratio (LPCR), welches aufgrund der für das vorliegende Beispiel gegenüber der geplanten Gesamtprojektdauer verhältnismäßig geringen Kreditlaufzeit nur einen geringen Erkenntnisgewinn bringt (vgl. Gröhl, M. (1990), S. 106; Hupe, M. (1995), S. 129; Fahrholz, B. (1998), S. 292). Das NPVCR (Net Present Value Coverage Ratio) bildet den Oberbegriff für das LLCR und das LPCR (vgl. Meeder, S. (2000), S. 187f). Das LLCR wird auch als Darlehenslaufzeitdeckung, das DSCR als Kapitaldienstdeckung bezeichnet (vgl. Gröhl, M. (1990), S. 106f).

$$DSCR_t = \frac{\text{Cash-flow vor Schuldendienst in Periode t}}{\text{Zins- und Tilgungsleistungen in t}}$$

Gleichung 6: Kalkül des Debt Service Coverage Ratio (DSCR)

Die betriebswirtschaftliche Analyse des vorliegenden Projektes liefert im Base Case die in Darstellung 40 zusammengefassten Erfolgsgrößen.

MONETÄRE PLAN-ZIELGRÖßEN

Gesamtkapitalrendite		**Gesamtkapitalwert**		
IRR_{GK}^{P}	14,99%	NPV_{GK}^{P} ($RRR_{GK,t} = WACC_t$)	20,91	Mio. EUR
Eigenkapitalrendite		**Eigenkapitalwert**		
$IRR_{EK,1}^{P}$	14,48%	$NPV_{EK,1}^{P}$ ($RRR_{EK} = 15\%$)	-5,24	Mio. EUR

mit 1: bezogen auf Cash-flows aus Eigenkapitalzuführungen sowie Dividenden- und Rücklagenausschüttungen

$IRR_{EK,2}^{P}$	21,23%	$NPV_{EK,2}^{P}$ ($RRR_{EK} = 15\%$)	58,38	Mio. EUR

mit 2: bezogen auf freie Cash-flows nach Steuern und Schuldendienst sowie Eigenkapitalzuführungen

Debt Service Coverage Ratio		**Life of Loan Coverage Ratio**	
Min. $DSCR_t^{P}$	1,21	Min. $LLCR_t^{P}$	1,43

Darstellung 40: Zusammenfassung der Ergebnisgrößen im Beispiel-Projekt

Aus der Perspektive der Projektgesellschaft und Kreditgeber ist das Projekt grundsätzlich als vorteilhaft zu bewerten. Der Kapitalwert ist sowohl unter Zugrundelegung der Hurdle Rate RRR_{EK} in Höhe von 15% und der Diskontierung des Flow-to-equity vor Thesaurierung und Ausschüttung aus reiner Eigenkapitalgebersicht als auch für die Eigen- und Fremdkapitalgeber, mit anderen Worten bei Ansatz des WACC-Hürdenzinssatzes RRR_{GK} mit einer RRR_{EK} von 15% für die Eigenkapitalanteile und einer RRR_{FK} von 7,75% für die Fremdkapitalanteile sowie der Abzinsung der vor Schuldendienst und nach Steuern unter Abzug der Kapitaleinzahlungen verbleibenden Flow-to-entity-Cash-flows, positiv und unterstreicht, dass das gebundene Kapital höher als zum jeweils geltenden Kalkulationszinssatz rentiert. Als kritisch ist die Rentierung des Flow-to-equity bezogen auf die Cash-flows aus Eigenkapitalzuführungen sowie Dividenden- und Rücklagenausschüttungen zu beurteilen. Wie der Eigenkapitalwert und der entsprechende Interne Zinssatz demonstrieren, kann die maßgebende RRR_{EK} von 15% nicht voll erreicht werden. Dessen ungeachtet klassifizieren die zentralen Deckungsrelationen zur Beurteilung der Schuldendienstfähigkeit das Projekt als grundsätzlich schuldendienstfähig. Die Minimumwerte des DSCR und des LLCR liegen über dem volle Schuldendienstfähigkeit implizierenden Wert von 1,0 und treten nur im ersten Betriebsjahr auf. Die konkrete Entscheidung darüber, ob die Deckung als befriedigend eingestuft wird, hängt von der Geschäftspolitik der Fremdkapitalgeber ab. Nach FAHRHOLZ sind DSCR zwischen 1,2 und 1,3 sowie ein LLCR von 1,4 für Projekte in Schwellenländern als knapp ausreichend anzusehen.[760] Daraus könnte gefolgert werden, dass die vorliegenden DSCR und LLCR für das in Deutschland beheimatete Beispiel-Vorhaben als annehmbar eingestuft werden und die Fremdfinanzierung zu den vorgesehenen Konditionen zustande kommt.

Zusammenfassend lässt sich feststellen, dass das Beispiel-Projekt im Base Case grundsätzlich als wirtschaftlich realisierbar erscheint. Ab dem ersten Betriebsjahr werden positive freie Cash-flows generiert, welche im Projektverlauf kontinuierlich steigen. Weiterhin kann die Projektgesellschaft den Eigenkapitalgebern vom ersten Betriebsjahr an Dividenden ausschütten, ohne die Liquiditätssituation zu gefährden.

6.1.1.3 Monetärplanung für einzelne Projektträger

Im Beispiel sowie in den Abschnitten 3.1.2 und 4.1.1.2 wurden vier für besonders relevant erachtete Projektträgergruppen charakterisiert. Neben Projekterstellern und -lieferanten waren dies Versorger und Projektentwickler. Die vorgenommene Fokussierung soll zum Zweck der Stringenz und Komplexitätsreduktion auch bei der folgenden Darstellung der individuellen Monetärplanungen der Projektträger beibehalten werden. Dadurch eröffnet sich zum einen die Möglichkeit einer vertieften und konkreten Erarbeitung individueller Kalküle. Darüber hinaus sollte deutlich werden, dass die erarbeiteten Rechenmodelle über verhältnismäßig einfache Modifikationen auf eine Vielzahl weiterer möglicher Projektträger übertragbar sind.

Da eine einzelprojektorientierte[761] Bilanz- und GuV-bezogene Ergebnisplanung lediglich auf Ebene der Special Purpose Company, das heißt der Projektgesellschaft, stattfindet, beschränkt sich die projektspezifische Monetärplanung der Projektträger auf deren individuelle Finanzplanung. Unabhängig von der Einzelprojektorientierung wurde die zahlungsorientierte Finanzrechnung bereits in Abschnitt 6.1.1.1 aufgrund ihres an den originären Zahlungen anknüpfenden Grundkalküls gegenüber mit periodisierten Rechengrößen arbeitenden Modellen wie der kalkulatorischen Ergebnisrechnung generell als vorziehenswürdig erachtet.

Bei der nachfolgenden Erarbeitung der Finanzplanungen aus Sicht der individuell partizipierenden Projektträger sollen vor allem Unterschiede untereinander und gegenüber der Finanzplanung der Projektgesellschaft aufgezeigt werden. Da ein Vergleich der absoluten Höhen der Projektträger-bezogenen freien Cash-flows aufgrund deren regelmäßig verschieden hoher Eigenkapitalbeteiligungen nur bedingt Sinn macht, sollen in erster Linie die erzielten Eigenkapitalrenditen als relative Vergleichsgrößen dienen. Bei der Ermittlung der Eigenkapitalrenditen werden im Gegensatz zu reinen Eigenkapital-Finanziers die für die einzelnen Projektträger anfallenden operativen Cash-flows konsequent in die Berechnung miteinbezogen.

---

760 Vgl. Fahrholz, B. (1998), S. 294. Andere Autoren legen für den allgemeinen Fall Mindest-LLCR und -DSCR von 1,5 beziehungsweise 1,3 bis 2,0 zugrunde (vgl. Gröhl, M. (1990), S. 106f; Tytko, D. (1999), S. 155; Nevitt, P.K./Fabozzi, F.J. (2000), S. 33; PwC (2001), Kap. 2, S. 42).

761 Zur gewählten Einzelprojektorientierung der vorliegenden Arbeit siehe insbesondere Fußnote 498 (S. 113).

Ad: Projektersteller

Reine Projektersteller können – wie in den Abschnitten 2.3.5 und 4.1.1.2 eingehend erläutert – sämtliche erstellungs- oder rückbaubezogenen Leistungen bei Infrastrukturprojekten übernehmen. Im vorliegenden Beispiel bildet der Anlagenbau das Kerngeschäft des Erstellers. Der Projektersteller ist mit einem 30%igen Anteil am Eigenkapital der Projektgesellschaft beteiligt. Er verpflichtet sich durch einen Fixed-Price-Turnkey-Construction-Contract zur Erstellung des voll funktionstüchtigen Gasturbinenkraftwerkes zum Gesamtpreis von 380 Mio. EUR im Basisjahr. Die Abschlagszahlungen richten sich nach dem Baufortschritt. Der Projektersteller plant im Basisjahr als auszahlungsgleiche Gesamtkosten für die Erbringung der Erstellungsleistungen eine Summe von 345 Mio. EUR, was einer Marge von knapp 10% für die Erstellungsarbeiten entspricht. Für die jährlich mit 2 Mio. EUR vergüteten und ebenfalls übernommenen technischen Planungs- und Überwachungsleistungen kalkuliert der Ersteller Kosten in Höhe von 1,8 Mio. EUR p.a. ein.[762] Für die folgenden Berechnungen wird angenommen, dass der Projektersteller die durch die Übernahme der Erstellungs- sowie technischen Planungs- und Überwachungsleistungen erzielten Operativ-Cash-flows mit einem einheitlichen Satz von 35% p.a. versteuern muss. Die monetäre Vorteilhaftigkeit der Investition wird mit Hilfe einer Hurdle-Rate RRR_{EK} in Höhe von 15% überprüft.[763] Dabei wird auch berücksichtigt, dass der Projektersteller am Ende des letzten Betriebsjahres entsprechend seinem Eigenkapitalanteil einen Teil der Gewinnrücklagen erhält. Aus den Input-Daten lässt sich der Cash-flow-Plan im Base Case nach Darstellung 41 ableiten.

Der Cash-flow-Plan veranschaulicht, dass der Projektersteller eine verhältnismäßig hohe Eigenkapitalrendite nach Steuern erwartet. Dies resultiert daraus, dass während der Erstellungsphase ein relativ hoher operativer Cash-flow generiert wird, der erst nach Abzug von Steuern niedriger als die Eigenkapitaleinlage ausfällt. Insgesamt kann die Investition aus Perspektive des Erstellers als sehr vorteilhaft eingestuft werden, da neben dem verhältnismäßig margenstarken Leistungsauftrag auch das eingesetzte Projektträgerkapital zufriedenstellend verzinst.

---

762 Zur Kalkulation von Bauaufträgen auf Basis pagatorischer Kosten vgl. Ehlert, A. (1999), S. 23ff.

763 Gemäß den allgemeinen Überlegungen bezüglich der Höhe anzusetzender Kapitalopportunitätskosten in Abschnitt 6.1.1.2 können die maßgebenden Hürdenzinssätze generell Projektträger-individuell differieren (siehe die Quellenangaben in Fußnote 750 (S. 188) und vgl. auch Hupe, M. (1995), S. 201).

CASH-FLOW-PLAN PROJEKTERSTELLER (in Mio. EUR)

Jahr	2004	2005	2006	2007	2008	2009	2010	2011	2012	2013	2014
Betriebsjahr	-2	-1	1	2	3	4	5	6	7	8	9
Exponent für Diskontierung und Eskalation	1	2	3	4	5	6	7	8	9	10	11
Umsatzeinzahlungen											
Einzahlungen für Projekterstellungsleistungen	228,00	152,00	0,00	0,00	0,00	0,00	0,00	0,00	0,00	0,00	0,00
Einzahlungen für techn. Pl.- u. Überwachungsleistungen	2,0	2,0	0,00	0,00	0,00	0,00	0,00	0,00	0,00	0,00	0,00
Betriebsauszahlungen											
Auszahlungen für Projekterstellungsleistungen	207,00	138,00	0,00	0,00	0,00	0,00	0,00	0,00	0,00	0,00	0,00
Auszahlungen für techn. Plan.- u. Überwachungsleistungen	1,80	1,80	0,00	0,00	0,00	0,00	0,00	0,00	0,00	0,00	0,00
OPERATIVER CASHFLOW	**21,20**	**14,20**	**0,00**	**0,00**	**0,00**	**0,00**	**0,00**	**0,00**	**0,00**	**0,00**	**0,00**
abzüglich:											
Ertragsteuerauszahlungen	7,42	4,97	0,00	0,00	0,00	0,00	0,00	0,00	0,00	0,00	0,00
CASH FLOW NACH STEUERN	**13,78**	**9,23**	**0,00**	**0,00**	**0,00**	**0,00**	**0,00**	**0,00**	**0,00**	**0,00**	**0,00**
zuzüglich:											
Dividendeneinzahlungen	0,00	0,00	2,03	2,26	2,50	2,74	2,97	3,21	3,46	3,70	3,94
Einmalige Gewinnrücklagenzahlungen	0,00	0,00	0,00	0,00	0,00	0,00	0,00	0,00	0,00	0,00	0,00
abzüglich:											
Eigenkapitalauszahlungen	19,22	13,32	0,00	0,00	0,00	0,00	0,00	0,00	0,00	0,00	0,00
CASHFLOW NACH STEUERN UND INVESTITION	-5,44	-4,09	2,03	2,26	2,50	2,74	2,97	3,21	3,46	3,70	3,94

Jahr	2015	2016	2017	2018	2019	2020	2021	2022	2023	2024	2025
Betriebsjahr	10	11	12	13	14	15	16	17	18	19	20
Exponent für Diskontierung und Eskalation	12	13	14	15	16	17	18	19	20	21	22
Umsatzeinzahlungen											
Einzahlungen für Projekterstellungsleistungen	0,00	0,00	0,00	0,00	0,00	0,00	0,00	0,00	0,00	0,00	0,00
Einzahlungen für techn. Plan.- u. Überwachungsleistungen	0,0	0,0	0,00	0,00	0,00	0,00	0,00	0,00	0,00	0,00	0,00
Betriebsauszahlungen											
Auszahlungen für Projekterstellungsleistungen	0,00	0,00	0,00	0,00	0,00	0,00	0,00	0,00	0,00	0,00	0,00
Auszahlungen für techn. Pl.- u. Überwachungsleistungen	0,00	0,00	0,00	0,00	0,00	0,00	0,00	0,00	0,00	0,00	0,00
OPERATIVER CASHFLOW	**0,00**	**0,00**	**0,00**	**0,00**	**0,00**	**0,00**	**0,00**	**0,00**	**0,00**	**0,00**	**0,00**
abzüglich:											
Ertragsteuerauszahlungen	0,00	0,00	0,00	0,00	0,00	0,00	0,00	0,00	0,00	0,00	0,00
CASH FLOW NACH STEUERN	**0,00**	**0,00**	**0,00**	**0,00**	**0,00**	**0,00**	**0,00**	**0,00**	**0,00**	**0,00**	**0,00**
zuzüglich:											
Dividendeneinzahlungen	4,19	4,36	4,46	4,56	4,67	4,77	4,88	4,98	5,09	5,20	5,31
Einmalige Gewinnrücklagenzahlungen	0,00	0,00	0,00	0,00	0,00	0,00	0,00	0,00	0,00	0,00	217,51
abzüglich:											
Eigenkapitalauszahlungen	0,00	0,00	0,00	0,00	0,00	0,00	0,00	0,00	0,00	0,00	0,00
CASHFLOW NACH STEUERN UND INVESTITION	4,19	4,36	4,46	4,56	4,67	4,77	4,88	4,98	5,09	5,20	222,82

MONETÄRE PLAN-ZIELGRÖßEN

IRR_{EK}	28,67%	
NPV_{EK} (RRR_{EK} = 15%)	17,39	Mio. EUR

Darstellung 41: Cash-flow-Plan des Projekterstellers im Beispiel-Projekt

Ad: Lieferanten

Projektlieferanten können – wie ebenfalls in den Abschnitten 2.3.5 und 4.1.1.2 dargelegt – sämtliche erstellungs- oder betriebsbezogenen Lieferleistungen bei Infrastrukturprojekten übernehmen. Im vorliegenden Beispiel liegt das angestammte Geschäft des Lieferanten in der Gewinnung und Distribution von Erdgas. Der Lieferant ist mit 30% des Eigenkapitals an der Single Purpose Company beteiligt. Im langfristigen Liefervertrag zwischen der Projektgesellschaft und dem Lieferanten wird vereinbart, dass die Projektgesellschaft im Basisjahr 0,20 EUR/m³ Erdgas an den Lieferanten entrichtet. Der Lieferant kalkuliert für das Basisjahr seinerseits entsprechend einer Umsatzmarge von 10% mit Selbstkosten in Höhe von 0,18

EUR/m³ geliefertem Gas. Es wird vereinbart, dass der Verkaufspreis des Erdgases an die Entwicklung des Erdölpreises gekoppelt wird, dessen Preissteigerungsrate entsprechend den Base-case-Annahmen der Projektgesellschaft mit jährlich 3% prognostiziert wird. Die Vorteilhaftigkeit der Investition wird ebenfalls mit einer Required Rate of Return von 15% überprüft. Es wird auch berücksichtigt, dass der Lieferant am Ende des letzten Betriebsjahres Gewinnrücklagen gemäß Eigenkapitalanteil erhält. Der operative Cash-flow aus den Lieferleistungen wird analog zum Projektersteller mit pauschal 35% besteuert. Anhand der vorgestellten Annahmen ergibt sich der Cash-flow-Plan des Lieferanten nach Darstellung 42.

CASH-FLOW-PLAN PROJEKTLIEFERANT (in Mio. EUR)

Jahr	2004	2005	2006	2007	2008	2009	2010	2011	2012	2013	2014
Betriebsjahr	-2	-1	1	2	3	4	5	6	7	8	9
Exponent für Diskontierung und Eskalation	1	2	3	4	5	6	7	8	9	10	11
Umsatzeinzahlungen											
Einzahlungen für Energieträgerlieferleistungen	0,00	0,00	80,64	83,06	85,55	88,12	90,76	93,49	96,29	99,18	102,16
Betriebsauszahlungen											
Auszahlungen für Energieträgerlieferleistungen	0,00	0,00	72,58	74,76	77,00	79,31	81,69	84,14	86,66	89,26	91,94
OPERATIVER CASHFLOW	**0,00**	**0,00**	**8,06**	**8,31**	**8,56**	**8,81**	**9,08**	**9,35**	**9,63**	**9,92**	**10,22**
abzgl.:											
Ertragsteuerauszahlungen	0,00	0,00	2,82	2,91	2,99	3,08	3,18	3,27	3,37	3,47	3,58
CASH FLOW NACH STEUERN	**0,00**	**0,00**	**5,24**	**5,40**	**5,56**	**5,73**	**5,90**	**6,08**	**6,26**	**6,45**	**6,64**
zuzüglich:											
Dividendeneinzahlungen	0,00	0,00	2,03	2,26	2,50	2,74	2,97	3,21	3,46	3,70	3,94
Einmalige Gewinnrücklagenzahlungen	0,00	0,00	0,00	0,00	0,00	0,00	0,00	0,00	0,00	0,00	0,00
abzüglich:											
Eigenkapitalauszahlungen	19,22	13,32	0,00	0,00	0,00	0,00	0,00	0,00	0,00	0,00	0,00
CASHFLOW NACH STEUERN UND INVESTITION	-19,22	-13,32	7,27	7,66	8,06	8,46	8,87	9,29	9,71	10,15	10,58

Jahr	2015	2016	2017	2018	2019	2020	2021	2022	2023	2024	2025
Betriebsjahr	10	11	12	13	14	15	16	17	18	19	20
Exponent für Diskontierung und Eskalation	12	13	14	15	16	17	18	19	20	21	22
Umsatzeinzahlungen											
Einzahlungen für Energieträgerlieferleistungen	105,22	108,38	111,63	114,98	118,43	121,98	125,64	129,41	133,29	137,29	141,41
Betriebsauszahlungen											
Auszahlungen für Energieträgerlieferleistungen	94,70	97,54	100,47	103,48	106,58	109,78	113,08	116,47	119,96	123,56	127,27
OPERATIVER CASHFLOW	**10,52**	**10,84**	**11,16**	**11,50**	**11,84**	**12,20**	**12,56**	**12,94**	**13,33**	**13,73**	**14,14**
abzgl.:											
Ertragsteuerauszahlungen	3,68	3,79	3,91	4,02	4,14	4,27	4,40	4,53	4,67	4,81	4,95
CASH FLOW NACH STEUERN	**6,84**	**7,04**	**7,26**	**7,47**	**7,70**	**7,93**	**8,17**	**8,41**	**8,66**	**8,92**	**9,19**
zuzüglich:											
Dividendeneinzahlungen	4,19	4,36	4,46	4,56	4,67	4,77	4,88	4,98	5,09	5,20	5,31
Einmalige Gewinnrücklagenzahlungen	0,00	0,00	0,00	0,00	0,00	0,00	0,00	0,00	0,00	0,00	217,51
abzüglich:											
Eigenkapitalauszahlungen	0,00	0,00	0,00	0,00	0,00	0,00	0,00	0,00	0,00	0,00	0,00
CASHFLOW NACH STEUERN UND INVESTITION	11,03	11,41	11,72	12,04	12,36	12,70	13,04	13,39	13,75	14,12	232,01

MONETÄRE PLAN-ZIELGRÖßEN

IRR_{EK}	**24,94%**	
NPV_{EK} (RRR_{EK} = 15%)	**27,81**	**Mio. EUR**

Darstellung 42: Cash-flow-Plan des Lieferanten im Beispiel-Projekt

Der Cash-flow-Plan zeigt, dass die Erstellungsphase ausschließlich durch Auszahlungen gekennzeichnet ist, währenddessen in den Betriebsjahren ein kontinuierlich wachsender operativer sowie steuer- und dividendenabhängiger Cash-flow generiert wird. Zum geplanten Desinvestitionszeitpunkt wird der freie Cash-flow überdies durch die einmalige Rücklageneinzahlung erhöht. Die Eigenkapitalrendite des Lieferanten liegt deutlich über der satisfizierenden

Hurdle Rate von 15% p.a. nach Steuern. Wie bei dem Ersteller fällt die erwartete Rendite höher aus als die Renditen der Projektgesellschaft (vgl. Darstellung 40, S.191). Dies vor allem deshalb, weil der Lieferant hohe operative Cash-flows aus Liefertätigkeit erzeugt.

Ad: Versorger

Versorger können gemäß den Abschnitten 2.3.5 und 4.1.1.2 sämtliche Betriebsleistungen bei Infrastrukturprojekten übernehmen. Im vorliegenden Beispiel übernimmt der Versorger die operativen wirtschaftlichen und technischen Betriebsleistungen und liefert als Betreiber die Vorhabensprodukte Strom und Wärme. Der empfangende Auftraggeber betreibt das Endkundengeschäft. Mit einer Beteiligung von 35% besitzt der Versorger den höchsten Anteil am Eigenkapital der Projektgesellschaft. Annahmegemäß sieht der Betreibervertrag vor, dass die Projektgesellschaft die Leistungen mit 20 Mio. EUR p.a. vergütet. Bezüglich der vereinbarten Preisgleitklauseln wird eine Eskalationsrate von 3% p.a. angesetzt. Der Betreiber rechnet für die von ihm jährlich zu erbringenden Projektleistungen bezogen auf das Basisjahr mit eigenen und ebenso zu 3% p.a. eskalierten Kosten in Höhe von insgesamt 18 Mio. EUR, was einer Umsatzrendite von rund 10% entspricht. Die Required Rate of Return nach Steuern wird auch mit 15% p.a. angesetzt. In die Gesamtkalkulation wird ebenfalls die Rückerlangung der anteiligen Gewinnrücklagen zum Desinvestitionszeitpunkt einbezogen. Analog zu den Individualkalkülen der anderen Projektträger werden die Operativ-Cash-flows aus den Betriebsleistungen pauschal mit 35% p.a. besteuert. Es ergibt sich der Cash-flow-Plan nach Darstellung 43.

Der Cash-flow-Plan des Versorgers ähnelt demjenigen des Lieferanten. Während der Erstellungsphase stehen den Eigenkapitalauszahlungen keine Einzahlungen aus operativer Tätigkeit gegenüber. Die Betriebszeit ist hingegen geprägt durch konstant steigende operative Cash-flows und kontinuierliche Dividendeneinkünfte. Die generierte Projektrendite liegt zwar unter der Eigenkapitalrendite vor Thesaurierung und Ausschüttung der Projektgesellschaft (vgl. Darstellung 40, S. 191), erreicht aber noch immer ein befriedigendes Maß.

CASH-FLOW-PLAN VERSORGER (in Mio. EUR)

Jahr	2004	2005	2006	2007	2008	2009	2010	2011	2012	2013	2014
Betriebsjahr	-2	-1	1	2	3	4	5	6	7	8	9
Exponent für Diskontierung und Eskalation	1	2	3	4	5	6	7	8	9	10	11
Umsatzeinzahlungen											
Einzahlungen für Betriebs- und Instandhaltungsleistungen	0,00	0,00	21,85	22,51	23,19	23,88	24,60	25,34	26,10	26,88	27,68
Betriebsauszahlungen											
Auszahlungen für Betriebs- und Instandhaltungsleistungen	0,00	0,00	19,67	20,26	20,87	21,49	22,14	22,80	23,49	24,19	24,92
OPERATIVER CASHFLOW	**0,00**	**0,00**	**2,19**	**2,25**	**2,32**	**2,39**	**2,46**	**2,53**	**2,61**	**2,69**	**2,77**
abzgl.:											
Ertragsteuerauszahlungen	0,00	0,00	0,76	0,79	0,81	0,84	0,86	0,89	0,91	0,94	0,97
CASH FLOW NACH STEUERN	**0,00**	**0,00**	**1,42**	**1,46**	**1,51**	**1,55**	**1,60**	**1,65**	**1,70**	**1,75**	**1,80**
zuzüglich:											
Dividendeneinzahlungen	0,00	0,00	2,36	2,64	2,91	3,19	3,47	3,75	4,03	4,31	4,60
Einmalige Gewinnrücklagenzahlungen	0,00	0,00	0,00	0,00	0,00	0,00	0,00	0,00	0,00	0,00	0,00
abzüglich:											
Eigenkapitalauszahlungen	22,42	15,54	0,00	0,00	0,00	0,00	0,00	0,00	0,00	0,00	0,00
CASHFLOW NACH STEUERN UND INVESTITION	-22,42	-15,54	3,78	4,10	4,42	4,74	5,07	5,40	5,73	6,06	6,40

Jahr	2015	2016	2017	2018	2019	2020	2021	2022	2023	2024	2025
Betriebsjahr	10	11	12	13	14	15	16	17	18	19	20
Exponent für Diskontierung und Eskalation	12	13	14	15	16	17	18	19	20	21	22
Umsatzeinzahlungen											
Einzahlungen für Betriebs- und Instandhaltungsleistungen	28,52	29,37	30,25	31,16	32,09	33,06	34,05	35,07	36,12	37,21	38,32
Betriebsauszahlungen											
Auszahlungen für Betriebs- und Instandhaltungsleistungen	25,66	26,43	27,23	28,04	28,88	29,75	30,64	31,56	32,51	33,49	34,49
OPERATIVER CASHFLOW	**2,85**	**2,94**	**3,03**	**3,12**	**3,21**	**3,31**	**3,40**	**3,51**	**3,61**	**3,72**	**3,83**
abzgl.:											
Ertragsteuerauszahlungen	1,00	1,03	1,06	1,09	1,12	1,16	1,19	1,23	1,26	1,30	1,34
CASH FLOW NACH STEUERN	**1,85**	**1,91**	**1,97**	**2,03**	**2,09**	**2,15**	**2,21**	**2,28**	**2,35**	**2,42**	**2,49**
zuzüglich:											
Dividendeneinzahlungen	4,89	5,09	5,20	5,32	5,44	5,57	5,69	5,81	5,94	6,07	6,20
Einmalige Gewinnrücklagenzahlungen	0,00	0,00	0,00	0,00	0,00	0,00	0,00	0,00	0,00	0,00	253,76
abzüglich:											
Eigenkapitalauszahlungen	0,00	0,00	0,00	0,00	0,00	0,00	0,00	0,00	0,00	0,00	0,00
CASHFLOW NACH STEUERN UND INVESTITION	6,74	7,00	7,17	7,35	7,53	7,71	7,90	8,09	8,29	8,49	262,45

MONETÄRE PLAN-ZIELGRÖßEN

IRR_{EK}	**16,77%**	
NPV_{EK} (RRR_{EK} = 15%)	**6,13**	**Mio. EUR**

Darstellung 43: Cash-flow-Plan des betreibenden Versorgers im Beispiel-Projekt

Ad: Projektentwickler

Kernaufgabe von Projektentwicklern ist es, Projektentwicklungsleistungen gegen Entgelt zu erbringen.[764] Im vorliegenden Beispiel erhält der auch als Projektträger engagierte Projektentwickler einen Entwicklungsvertrag in Höhe von 8 Mio. EUR und einen Projektsteuerungsvertrag über insgesamt ebenso 8 Mio. EUR. Gegenüber der bereits im ersten Baujahr fälligen Entwicklungsvergütung richtet sich die Auszahlung der Steuerungsvergütung annahmegemäß mit 60% im ersten und 40% im zweiten Baujahr nach dem Baufortschritt. Eine Marge von rund 10% erwartend rechnet der Projektentwickler für die vollständige Erbringung der übernommenen Leistungen mit pagatorischen Selbstkosten in Höhe von insgesamt 14 Mio. EUR. Der Vorteilhaftigkeitsüberprüfung der Investition wird eine RRR_{EK} von 15% zugrunde gelegt.

[764] Siehe ebenfalls Abschnitte 2.3.5 und 4.1.1.2.

Es wird auch berücksichtigt, dass der Projektentwickler am Ende des letzten Betriebsjahres entsprechend seinem Eigenkapitalanteil einen Teil der Rücklagen erhält. Die operativen Netto-Einkünfte des Projektentwicklers aus den übernommenen Entwicklungs- und Steuerungsleistungen werden wiederum zu 35% p.a. besteuert. Darstellung 44 gibt den individuellen Cash-flow-Plan des Projektentwicklers im Base Case wieder.

CASH-FLOW-PLAN PROJEKTENTWICKLER (in Mio. EUR)

Jahr	2004	2005	2006	2007	2008	2009	2010	2011	2012	2013	2014
Betriebsjahr	-2	-1	1	2	3	4	5	6	7	8	9
Exponent für Diskontierung und Eskalation	1	2	3	4	5	6	7	8	9	10	11
Umsatzeinzahlungen											
Einzahlungen für Projektentwicklungsleistungen	8,00	0,00	0,00	0,00	0,00	0,00	0,00	0,00	0,00	0,00	0,00
Einzahlungen für Projektsteuerungsleistungen	4,80	3,20	0,00	0,00	0,00	0,00	0,00	0,00	0,00	0,00	0,00
Betriebsauszahlungen											
Auszahlungen für Projektentwicklungsleistungen	7,00	0,00	0,00	0,00	0,00	0,00	0,00	0,00	0,00	0,00	0,00
Auszahlungen für Projektsteuerungsleistungen	4,20	2,80	0,00	0,00	0,00	0,00	0,00	0,00	0,00	0,00	0,00
OPERATIVER CASHFLOW	**1,60**	**0,40**	**0,00**	**0,00**	**0,00**	**0,00**	**0,00**	**0,00**	**0,00**	**0,00**	**0,00**
abzgl.:											
Ertragsteuerauszahlungen	0,56	0,14	0,00	0,00	0,00	0,00	0,00	0,00	0,00	0,00	0,00
CASH FLOW NACH STEUERN	**1,04**	**0,26**	**0,00**	**0,00**	**0,00**	**0,00**	**0,00**	**0,00**	**0,00**	**0,00**	**0,00**
zuzüglich:											
Dividendeneinzahlungen	0,00	0,00	0,34	0,38	0,42	0,46	0,50	0,54	0,58	0,62	0,66
Einmalige Gewinnrücklagenzahlungen	0,00	0,00	0,00	0,00	0,00	0,00	0,00	0,00	0,00	0,00	0,00
abzüglich:											
Eigenkapitalauszahlungen	3,20	2,22	0,00	0,00	0,00	0,00	0,00	0,00	0,00	0,00	0,00
CASH FLOW NACH STEUERN UND INVESTITION	-2,16	-1,96	0,34	0,38	0,42	0,46	0,50	0,54	0,58	0,62	0,66

Jahr	2015	2016	2017	2018	2019	2020	2021	2022	2023	2024	2025
Betriebsjahr	10	11	12	13	14	15	16	17	18	19	20
Exponent für Diskontierung und Eskalation	12	13	14	15	16	17	18	19	20	21	22
Umsatzeinzahlungen											
Einzahlungen für Projektentwicklungsleistungen	0,00	0,00	0,00	0,00	0,00	0,00	0,00	0,00	0,00	0,00	0,00
Einzahlungen für Projektsteuerungsleistungen	0,00	0,00	0,00	0,00	0,00	0,00	0,00	0,00	0,00	0,00	0,00
Betriebsauszahlungen											
Auszahlungen für Projektentwicklungsleistungen	0,00	0,00	0,00	0,00	0,00	0,00	0,00	0,00	0,00	0,00	0,00
Auszahlungen für Projektsteuerungsleistungen	0,00	0,00	0,00	0,00	0,00	0,00	0,00	0,00	0,00	0,00	0,00
OPERATIVER CASHFLOW	**0,00**	**0,00**	**0,00**	**0,00**	**0,00**	**0,00**	**0,00**	**0,00**	**0,00**	**0,00**	**0,00**
abzgl.:											
Ertragsteuerauszahlungen	0,00	0,00	0,00	0,00	0,00	0,00	0,00	0,00	0,00	0,00	0,00
CASH FLOW NACH STEUERN	**0,00**	**0,00**	**0,00**	**0,00**	**0,00**	**0,00**	**0,00**	**0,00**	**0,00**	**0,00**	**0,00**
zuzüglich:											
Dividendeneinzahlungen	0,70	0,73	0,74	0,76	0,78	0,80	0,81	0,83	0,85	0,87	0,89
Einmalige Gewinnrücklagenzahlungen	0,00	0,00	0,00	0,00	0,00	0,00	0,00	0,00	0,00	0,00	36,25
abzüglich:											
Eigenkapitalauszahlungen	0,00	0,00	0,00	0,00	0,00	0,00	0,00	0,00	0,00	0,00	0,00
CASH FLOW NACH STEUERN UND INVESTITION	0,70	0,73	0,74	0,76	0,78	0,80	0,81	0,83	0,85	0,87	37,14

MONETÄRE PLAN-ZIELGRÖßEN

IRR_{EK}	**17,02%**	
NPV_{EK} (RRR_{EK} = 15%)	**0,84**	**Mio. EUR**

Darstellung 44: Cash-flow-Plan des Projektentwicklers im Beispiel-Projekt

Der Projektentwickler erwirtschaftet ausschließlich zu Projektbeginn operative Cash-flows. Während der Betriebsjahre fließen kontinuierlich wachsende Dividendeneinkünfte zu, die zu Projektende um die Rücklageneinzahlungen ergänzt werden. Per Saldo kann das Projekt aus Sicht des Projektentwicklers im Base Case als vorteilhaft eingestuft werden, da der geforderte Hürdenzins von 15% überschritten wird.

6.1.2 Monetäre Kontrollrechnung

Aus der allgemeinen Forderung nach einer Kongruenz von Planungs- und Kontrollrechnung[765] lässt sich ableiten, dass die monetäre Kontrollrechnung im Rahmen des Regelkreiskonformen Controlling Betreibermodell-basierter Infrastrukturprojekte konsequent auf die unter theoretischen wie praktischen Aspekten erarbeitete Planungsrechnung auszurichten ist.

6.1.2.1 Grundmodell der Finanz- und Ergebniskontrolle

Entsprechend dem in Abschnitt 6.1.1.1 erfolgten Plädoyer für eine monetäre Planungsrechnung auf Basis originärer Zahlungen sollte das Pendant der entscheidungsorientierten Kontrollrechnung ebenfalls nicht auf Grundlage der für konventionelle Multi-purpose- beziehungsweise Going-concern-Unternehmen typischen betrieblich-kalkulatorischen Kostenrechnung, sondern zahlungsbasiert erfolgen. Lediglich aus Publizitätsgründen sowie zum Zweck der rechnungslegungsabhängigen thesaurierungs-, ausschüttungs- und steuerbezogenen Zahlungskontrolle gilt es, periodisierte Eingangsgrößen im Sinne einer Bilanz- sowie GuV-bezogenen Aufwands- und Ertragsgrößenkontrolle simultan zu berechnen. Es ist folglich ein Rechnungskreis zu implementieren, der Ist-Zahlungen mit Plan-Zahlungen retrospektiv vergleicht und die ursprünglich geplanten Zahlungen auf Basis der Ist-Überprüfung um Wird-Zahlungen prospektiv adjustiert fortschreibt beziehungsweise ergänzt. Darüber hinaus sind die Kontrollrechnungen so zu definieren, dass die Möglichkeit zielführender Abweichungsanalysen besteht. Hierzu gehören die unter vorheriger Abwägung des erwarteten Aufwand-Nutzen-Verhältnisses durchzuführenden Ursachen- und Handhabungsanalysen von Global-, Partial- und Spezialabweichungen. Konsequenterweise sind die generell für sinnvoll erachteten investitionsrechnerischen Grundkalküle der Kapitalwert- und Interne-Zinssatz-Methode beizubehalten.[766]

Die für den Plan-Ist-Vergleich maßgebenden Globalabweichungen bilden die Differenzen aus den Plan- und Ist-Kapitalwerten sowie den Plan- und Ist-Werten des Internen Zinsfußes. Während Kapitalwertdifferenzen aufgrund des rein additiven Zusammenhangs der eingehenden Teilkalküle verhältnismäßig leicht nachvollziehbar in Ursachen-aufzeigende Teilabweichungen aufgespalten werden können, verbietet sich eine transparente Zerlegung der Abweichungen Interner Zinssätze wegen deren rechnerischer Aggregation zu Polynomen n-ten Grades. Die Teilabweichungsanalyse sollte deshalb auf reiner Kapitalwertbasis erfolgen.

Mit Hilfe einer Vorzeichenregelung, nach der eine Teilabweichung immer dann ein positives Vorzeichen erhält, wenn die betrachtete Abweichung einen betragsmäßig positiven Kapitalwertbeitrag bewirkt, ist der Zielgrößenbeitrag jeder Komponente direkt erkennbar. Die Summe aller Einzelabweichungen ergibt dann die Gesamtabweichung des betrachteten Kapitalwertes.[767] Je nach Projektgegenstand und den hinsichtlich des Kumulierungsgrades vom Um-

---

765 Vgl. Wild, J. (1974), S. 44ff; Hentze, J./Brose, P./Kammel, A. (1993), S. 114ff; Blohm, H./Lüder, K. (1995), S. 10f; Hahn, D./Hungenberg, H. (2001), S. 45ff; Horváth, P. (2001), S. 169ff.

766 Vgl. auch Hupe, M. (1995), S. 157f, 167ff; Henschel-Bätz, M. (2000), S. 226.

767 Vgl. Schwellnuss, A.G. (1991), S. 155ff; Schaefer, S. (1993), S. 158f; Hupe, M. (1995), S. 191f, 211f.

fang der delegierten Projektleistungen abhängigen Zahlungsarten sowie den subjektiv erachteten Analyseerfordernissen können die berechneten Einzelabweichungen weiter in spezielle beziehungsweise partielle Abweichungen disaggregiert respektive vertikal heruntergebrochen werden.[768] Die vorangehend erstellten, perspektivenabhängigen Cash-flow-Pläne bilden den Ausgangspunkt sämtlicher monetärer Kontrollrechnungen.[769]

Weiter stellt sich die Frage, inwieweit die laufende Abweichungsrechnung dem Eigenwirtschaftlichkeitspostulat des Controlling folgend neben der bereits in Abschnitt 5.2.2.3 diskutierten rechnerischen Erfassungs- und Auswertungsfrequenz[770] auch bezüglich der vertieften Abweichungsanalyse rationalisiert werden kann. Nach dem obigen Gesamtabweichungskalkül entsteht eine Globalabweichung aus der Summe unterschiedlicher Teilabweichungen, die sich aufgrund der Additivverknüpfung gegenseitig kompensieren können. Insofern darf weder im Fall des Übertreffens noch des Erreichens eines geplanten Kapitalwertes auf mangelnden Handlungsbedarf geschlossen werden. Lediglich ein unerreichter Plan-Kapitalwert impliziert direkt eine Zielverfehlung und kann als Indiz für die Notwendigkeit umfassenderer Analysen herangezogen werden.[771] Deshalb sollten möglichst frühzeitig Toleranzschwellen beziehungsweise -korridore definiert werden, deren Überschreitung tiefergehende Analysen zur Folge haben. Eine theoretisch wie praktisch geeignete Methode der Festlegung von Reaktionsschwellen besteht in der Verwendung der bereits im Rahmen der Monetärplanung bestimmten Hürdenzinssätze. So kann die für die Projektträger perspektivenabhängig für satisfizierend erachtete Required Rate of Return des Eigenkapitals (RRR_{EK}) einen Toleranzbereich markieren, der nach oben durch die planmäßig ermittelte Internal Rate of Return des Eigenkapitals (IRR_{EK}) begrenzt wird (vgl. Darstellung 45). Ein aufgrund mangelnder Erwirtschaftung der geforderten Eigenkapitalkosten deutlich Zielverfehlung anzeigender Warnbereich erstreckt sich dann bis zu dem mittleren Plan-Fremdkapitalkostensatz RRR_{FK}, welcher im gewählten Beispiel zu 7,75% p.a. angenommen wurde. Ein Durchbrechen dieser Schranke kann einen dringenden Handlungsbedarf implizierenden Gefahrenbereich kennzeichnen.

---

768 Vgl. hinsichtlich verschieden möglicher Spezialabweichungen auch Hupe, M. (1995), S. 212ff.

769 Vgl. auch Wagner, W. (1998), S. 20, 30.

770 Siehe besonders Fußnote 681 auf Seite 159.

771 Vgl. Schwellnuss, A.G. (1991), S. 155ff; Hupe, M. (1995), S. 204.

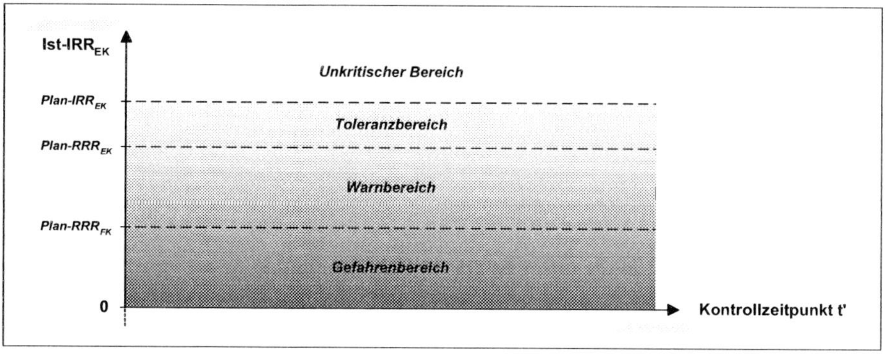

Darstellung 45: Reaktionskorridore für die monetäre Abweichungsanalyse aus Projektträgersicht[772]

Grundsätzlich können analoge Bereichsdefinitionen auch auf Basis von Kapitalwerten erfolgen. Die Interpretierbarkeit Interner Zinssätze erscheint aber hier aufgrund des relativ-vergleichenden Kennzahlencharakters eher gewahrt als bei Verwendung absoluter Größen wie dem Kapitalwert. Insbesondere um die Notwendigkeit tiefergehender Analysen von Teilkapitalwertabweichungen mit Hilfe der Festlegung von Reaktionsschwellen zu überprüfen, sollten die Schwellengrößen auf Grundlage der Plan-Teilkapitalwerte bestimmt werden. Allgemein sollten perspektivenabhängig diejenigen Teilkapitalwertdifferenzen einer näheren Untersuchung unterzogen werden, deren Einflussgrößen als signifikant beeinflussbar erscheinen.[773]

6.1.2.2 Monetärkontrolle für die Projektträgergemeinschaft

Für die Projektträgergemeinschaft determiniert der Cash-flow-Plan der Projektgesellschaft (Darstellung 38, S. 184) die für die weitergehende Analyse der Kapitalwertabweichungen wesentlichen Zahlungsarten und Teilkapitalwertdifferenzen.

Für das gewählte Beispiel-Vorhaben sollen die vorgenannten Überlegungen anhand einer zu Ende des Jahres 2007 erfolgenden Kontrollrechnung konkretisiert werden. Der zeitpunktbezogenen Kontrollrechnung liegt die Annahme zugrunde, dass der für die Kraftwerksanlagen geplante Fertigstellungstermin um ein Jahr überschritten wurde. Darstellung 46 gibt den aktualisierten Cash-flow-Plan, Darstellung 47 eine Übersicht der resultierenden Zielergebnisgrößen und Abweichungen wieder.

---

772 Vgl. auch Hupe, M. (1995), S. 205f.

773 Vgl. Schaefer, S. (1993), S. 159f; Hupe, M. (1995), S. 207.

ADJUSTIERTER CASH-FLOW-PLAN ZU ENDE DES JAHRES 2007 (in Mio. EUR)

Jahr	2004	2005	2006	2007	2008	2009	2010	2011	2012	2013	2014
Betriebsjahr	-3	-2	-1	1	2	3	4	5	6	7	8
Umsatzeinzahlungen	0,0	0,0	0,00	183,98	183,20	196,63	204,16	216,55	221,97	227,52	233,20
Betriebsauszahlungen											
Auszahlungen für Lieferleistungen (Energieträger)	0,0	0,0	0,00	73,71	77,51	83,11	90,76	93,49	96,29	99,18	102,16
Vergütung für Fremdbetriebsleistungen	0,0	0,0	0,00	21,50	23,19	23,88	24,60	25,34	26,10	26,88	27,68
Sonstige betriebliche Auszahlungen	0,0	0,0	0,00	8,50	9,05	9,28	9,51	9,75	9,99	10,24	10,50
OPERATIVER CASHFLOW	**0,00**	**0,00**	**0,00**	**80,27**	**73,46**	**80,36**	**79,29**	**87,98**	**89,59**	**91,22**	**92,87**
abzgl.:											
Investitionsauszahlungen	108,1	177,6	137,8								
Bankgebührenauszahlungen	6,29	0,83	0,23								
Ertragsteuerauszahlungen				11,67	10,93	14,50	14,71	19,02	19,30	20,85	22,41
CASH FLOW NACH STEUERN VOR FINANZIERUNG	**-114,39**	**-178,43**	**-138,03**	**68,60**	**62,53**	**65,86**	**64,58**	**68,96**	**70,29**	**70,37**	**70,46**
Ziehung Kredite	88,36	143,12	93,9								
Einzahlung Eigenkapital	29,45	47,71	65,7								
CASH FLOW NACH STEUERN VOR SCHULDENDIENST	**3,42**	**12,39**	**21,58**	**68,60**	**62,53**	**65,86**	**64,58**	**68,96**	**70,29**	**70,37**	**70,46**
Zinsauszahlung	3,42	12,39	21,58	22,28	19,66	17,04	15,41	12,61	9,81	7,01	4,20
Tilgungszahlungen	0,00	0,00	0,00	36,16	36,16	36,16	36,16	36,16	36,16	36,16	36,16
SCHULDENDIENST	**3,42**	**12,39**	**21,58**	**58,44**	**55,82**	**53,19**	**51,57**	**48,76**	**45,96**	**43,16**	**40,36**
CASHFLOW NACH STEUERN UND FINANZIERUNG	0,00	0,00	0,00	10,16	6,71	12,66	13,01	20,19	24,33	27,21	30,10
Dividende	0,00	0,00	0,00	6,50	5,47	7,25	7,36	9,51	10,75	11,62	12,48
FREIER CASHFLOW NACH DIVIDENDEN p.a.	0,00	0,00	0,00	3,66	1,24	5,41	5,65	10,68	13,58	15,59	17,62
FREIER CASHFLOW NACH DIVIDENDEN kumuliert	0,00	0,00	0,00	3,66	4,91	10,32	15,97	26,65	40,23	55,82	73,44

Jahr	2015	2016	2017	2018	2019	2020	2021	2022	2023	2024	2025
Betriebsjahr	9	10	11	12	13	14	15	16	17	18	19
Umsatzeinzahlungen	239,03	245,01	251,13	257,41	263,85	270,44	277,21	284,14	291,24	298,52	305,98
Betriebsauszahlungen											
Auszahlungen für Lieferleistungen (Energieträger)	105,22	108,38	111,63	114,98	118,43	121,98	125,64	129,41	133,29	137,29	141,41
Vergütung für Fremdbetriebsleistungen	28,52	29,37	30,25	31,16	32,09	33,06	34,05	35,07	36,12	37,21	38,32
Sonstige betriebliche Auszahlungen	10,76	11,03	11,30	11,59	11,88	12,17	12,48	12,79	13,11	13,44	13,77
OPERATIVER CASHFLOW	**94,54**	**96,23**	**97,95**	**99,69**	**101,45**	**103,23**	**105,04**	**106,87**	**108,72**	**110,59**	**112,48**
abzgl.:											
Investitionsauszahlungen											
Bankgebührenauszahlungen											
Ertragsteuerauszahlungen	23,97	25,06	25,66	26,27	26,88	27,51	28,14	28,76	29,43	30,08	30,74
CASH FLOW NACH STEUERN VOR FINANZIERUNG	**70,57**	**71,18**	**72,29**	**73,42**	**74,57**	**75,73**	**76,90**	**78,09**	**79,29**	**80,51**	**81,74**
Ziehung Kredite											
Einzahlung Eigenkapital											
CASH FLOW NACH STEUERN VOR SCHULDENDIENST	**70,57**	**71,18**	**72,29**	**73,42**	**74,57**	**75,73**	**76,90**	**78,09**	**79,29**	**80,51**	**81,74**
Zinsauszahlung	1,40	0,00	0,00	0,00	0,00	0,00	0,00	0,00	0,00	0,00	0,00
Tilgungszahlungen	36,16	0,00	0,00	0,00	0,00	0,00	0,00	0,00	0,00	0,00	0,00
SCHULDENDIENST	**37,56**	**0,00**	**0,00**	**0,00**	**0,00**	**0,00**	**0,00**	**0,00**	**0,00**	**0,00**	**0,00**
CASHFLOW NACH STEUERN UND FINANZIERUNG	33,01	71,18	72,29	73,42	74,57	75,73	76,90	78,09	79,29	80,51	81,74
Dividende	13,36	13,96	14,29	14,63	14,98	15,33	15,68	16,03	16,39	16,76	17,13
FREIER CASHFLOW NACH DIVIDENDEN p.a.	19,65	57,22	58,00	58,79	59,59	60,40	61,22	62,06	62,90	63,75	64,61
FREIER CASHFLOW NACH DIVIDENDEN kumuliert	93,09	150,31	208,31	267,10	326,69	387,09	448,32	510,37	573,27	637,02	701,63

Darstellung 46: Adjustierter Cash-flow-Plan der Projektgesellschaft im Beispiel-Projekt

Danach bleiben sowohl die Umsatzeinzahlungen als auch die betrieblichen Auszahlungen nicht nur zeitlich, sondern nominal auch betragsmäßig hinter den Erwartungen zurück, während die Investitionsauszahlungen die ursprünglich geplanten Werte deutlich übertreffen. Per Saldo resultieren negative Gesamt- und Eigenkapitalrenditeabweichungen sowie geringere Schuldendienstdeckungsgrade.

MONETÄRE ZIELGRÖßEN ZU ENDE DES JAHRES 2007

Abweichung Gesamtkapitalrendite

IRR_{GK}^{I}	13,16%
IRR_{GK}^{P}	14,99%
Δ IRR_{GK} (absolut)	-1,82%
Δ IRR_{GK} (relativ)	-12,18%

Abweichung Gesamtkapitalwert

NPV_{GK}^{I}	-30,37	Mio. EUR
NPV_{GK}^{P}	20,91	Mio. EUR
Δ NPV_{GK}	-51,28	Mio. EUR

Abweichungen Eigenkapitalrendite

$IRR_{EK\,1}^{I}$	12,11%
$IRR_{EK\,1}^{P}$	14,48%
Δ $IRR_{EK\,1}$ (absolut)	-2,37%
Δ $IRR_{EK\,1}$ (relativ)	-16,36%

$IRR_{EK\,2}^{I}$	16,72%
$IRR_{EK\,2}^{P}$	21,23%
Δ $IRR_{EK\,2}$ (absolut)	-4,51%
Δ $IRR_{EK\,2}$ (relativ)	-21,25%

Abweichungen Eigenkapitalwert

$NPV_{EK\,1}^{I}$	-31,72	Mio. EUR
$NPV_{EK\,1}^{P}$	-5,24	Mio. EUR
Δ $NPV_{EK\,1}$	-26,47	Mio. EUR

mit 1: bezogen auf Cash-flows aus Eigenkapitalzuführungen sowie Dividenden- und Rücklagenausschüttungen

$NPV_{EK\,2}^{I}$	17,94	Mio. EUR
$NPV_{EK\,2}^{P}$	58,38	Mio. EUR
Δ $NPV_{EK\,2}$	-40,45	Mio. EUR

mit 2: bezogen auf freie Cash-flows nach Steuern und Schuldendienst sowie Eigenkapitalzuführungen

Abweichung Debt Service Coverage Ratio

Min. $DSCR_t^{I}$	1,12
Min. $DSCR_t^{P}$	1,21
Δ Min. $DSCR_t$	-0,09

Abweichung Life of Loan Coverage Ratio

Min. $LLCR_t^{I}$	1,31
Min. $LLCR_t^{P}$	1,43
Δ Min. $LLCR_t$	-0,12

Darstellung 47: Zusammenfassung der adjustierten Ergebnisgrößen im Beispiel-Projekt

Die in Darstellung 47 aufgezeigten Globalabweichungen bestehen aus sich überlagernden und potenziell gegeneinander ausgleichenden Teilabweichungen. Aussagekräftige Ursachenrückschlüsse und darauf aufbauende Steuerungs- beziehungsweise Gegensteuerungsvorschläge sowie projektbezogene Erfahrungssammlungen können demgemäß nur vermittels Erzeugung disaggregierter Partial- und Spezialabweichungen gewonnen werden.

Zunächst wird der in Darstellung 47 und Darstellung 40 auf Seite 191 mit dem Index „1" gekennzeichnete Eigenkapitalwert aus den Cash-flows der Eigenkapitalzuführungen, Dividenden- und Rücklagenausschüttungen betrachtet. Dessen Gesamtabweichung kann folglich aus unplanmäßig veränderten Eigenkapitaleinlagen, Dividenden- und Rücklagenzahlungen resultieren. Wie die folgende Darstellung 48 demonstriert, sind die Eigenkapitaleinzahlungen nicht nur nominell, sondern auch diskontiert höher ausgefallen als ursprünglich geplant. Ebenso führen verringerte Dividenden- und Rücklagenzahlungen zu negativen Teileigenkapitalwertdifferenzen.

Abweichung des Eigenkapitalwertes ($NPV_{EK,1}$ (RRR = 15%)) (in Mio. EUR)

Jahr		2004	2005	2006	2007	2008	2009	2010	2011	2012	2013	2014
$NPV_{EK,1}{}^{I}$	-31,72	-29,45	-47,71	-65,69	6,50	5,47	7,25	7,36	9,51	10,75	11,62	12,48
$NPV_{EK,1}{}^{P}$	-5,24	-64,07	-44,40	6,75	7,54	8,33	9,12	9,91	10,71	11,52	12,33	13,14
$\Delta NPV_{EK,1}$	-26,47	34,62	-3,31	-72,44	-1,03	-2,86	-1,86	-2,56	-1,20	-0,77	-0,71	-0,66

Jahr	2015	2016	2017	2018	2019	2020	2021	2022	2023	2024	2025
$NPV_{EK,1}{}^{I}$	13,36	13,96	14,29	14,63	14,98	15,33	15,68	16,03	16,39	16,76	718,76
$NPV_{EK,1}{}^{P}$	13,96	14,54	14,87	15,21	15,55	15,90	16,25	16,61	16,97	17,33	742,74
$\Delta NPV_{EK,1}$	-0,60	-0,58	-0,58	-0,58	-0,58	-0,58	-0,58	-0,58	-0,58	-0,58	-23,98

Abweichungen der eigenkapitalgeberbezogenen Zahlungen (in Mio. EUR)

Eigenkapitaleinzahlungen

Jahr		2004	2005	2006	2007	2008	2009	2010	2011	2012	2013	2014
NPV (Eigenkapitaleinzahlungen) [I]	104,87	29,45	47,71	65,69	0,00	0,00	0,00	0,00	0,00	0,00	0,00	0,00
NPV (Eigenkapitaleinzahlungen) [P]	89,28	64,07	44,40	0,00	0,00	0,00	0,00	0,00	0,00	0,00	0,00	0,00
Δ NPV (Eigenkapitaleinzahlungen)	-15,59	34,62	-3,31	-65,69	0,00	0,00	0,00	0,00	0,00	0,00	0,00	0,00

Jahr	2015	2016	2017	2018	2019	2020	2021	2022	2023	2024	2025
NPV (Eigenkapitaleinzahlungen) [I]	0,00	0,00	0,00	0,00	0,00	0,00	0,00	0,00	0,00	0,00	0,00
NPV (Eigenkapitaleinzahlungen) [P]	0,00	0,00	0,00	0,00	0,00	0,00	0,00	0,00	0,00	0,00	0,00
Δ NPV (Eigenkapitaleinzahlungen)	0,00	0,00	0,00	0,00	0,00	0,00	0,00	0,00	0,00	0,00	0,00

Dividende

Jahr		2004	2005	2006	2007	2008	2009	2010	2011	2012	2013	2014
NPV (Dividende) [I]	40,74	0,00	0,00	0,00	6,50	5,47	7,25	7,36	9,51	10,75	11,62	12,48
NPV (Dividende) [P]	50,54	0,00	0,00	6,75	7,54	8,33	9,12	9,91	10,71	11,52	12,33	13,14
Δ NPV (Dividende)	-9,80	0,00	0,00	-6,75	-1,03	-2,86	-1,86	-2,56	-1,20	-0,77	-0,71	-0,66

Jahr	2015	2016	2017	2018	2019	2020	2021	2022	2023	2024	2025
NPV (Dividende) [I]	13,36	13,96	14,29	14,63	14,98	15,33	15,68	16,03	16,39	16,76	17,13
NPV (Dividende) [P]	13,96	14,54	14,87	15,21	15,55	15,90	16,25	16,61	16,97	17,33	17,70
Δ NPV (Dividende)	-0,60	-0,58	-0,58	-0,58	-0,58	-0,58	-0,58	-0,58	-0,58	-0,58	-0,58

Rücklagenzahlungen

Jahr		2004	2005	2006	2007	2008	2009	2010	2011	2012	2013	2014
NPV (Gewinnrücklagen) [I]	32,42	0,00	0,00	0,00	0,00	0,00	0,00	0,00	0,00	0,00	0,00	0,00
NPV (Gewinnrücklagen) [P]	33,50	0,00	0,00	0,00	0,00	0,00	0,00	0,00	0,00	0,00	0,00	0,00
Δ NPV (Gewinnrücklagen)	-1,08	0,00	0,00	0,00	0,00	0,00	0,00	0,00	0,00	0,00	0,00	0,00

Jahr	2015	2016	2017	2018	2019	2020	2021	2022	2023	2024	2025
NPV (Gewinnrücklagen) [I]	0,00	0,00	0,00	0,00	0,00	0,00	0,00	0,00	0,00	0,00	701,63
NPV (Gewinnrücklagen) [P]	0,00	0,00	0,00	0,00	0,00	0,00	0,00	0,00	0,00	0,00	725,03
Δ NPV (Gewinnrücklagen)	0,00	0,00	0,00	0,00	0,00	0,00	0,00	0,00	0,00	0,00	-23,41

Δ NPV (Eigenkapitaleinzahlungen)	-15,59
+ Δ NPV (Dividende)	-9,80
+ Δ NPV (Gewinnrücklagen)	-1,08
= $\Delta NPV_{EK,1}$	-26,47

Darstellung 48: Teilabweichungen des Eigenkapitalwertes aus Kapitalzuführungen und -ausschüttungen

Die vorgenommene partielle Abweichungsanalyse verdeutlicht, dass es zur Ableitung betriebswirtschaftlich fundierter Aussagen nicht ausreicht, die nominalen Veränderungen der Zahlungsströme zu betrachten. Vielmehr erfordert eine lebenszyklusorientierte Sicht gemäß dem Opportunitätskostenprinzip die konsequente Diskontierung der teilweise voneinander abhängigen Zahlungsströme. Dadurch fließt der Zeitwert des Geldes stetig in die möglichen Kalküle ein, und die bei reiner Nominalwertbetrachtung entstehende Gefahr von Fehlentscheidungen wird wesentlich reduziert.

Die nachfolgend durchgeführte Teilabweichungsanalyse basiert auf dem in Darstellung 47 und Darstellung 40 auf Seite 191 mit dem Index „2“ versehenen Eigenkapitalwert aus den freien Cash-flows nach Steuern und Schuldendienst, die den Eigenkapitalgebern unabhängig von der verfolgten Thesaurierungspolitik grundsätzlich zur Verfügung stehen. Gegenüber dem mit dem Index „1“ gekennzeichneten Eigenkapitalwert aus den für „Pure Equity Investors“ maßgebenden Cash-flows aus Eigenkapitalzuführungen, Dividenden und Rücklagenausschüttungen stellt eine dergestalte Abweichungsanalyse im Rahmen der Regelkreis-basierten Kontrolle klarere Handlungsimplikationen für die hier fokussierten Managing Equity Investors bereit, da der Cash-flow vor Thesaurierung und Ausschüttungen wie auch dessen Komponenten respektive Teilabweichungen direkt aus dem Cash-flow-Plan abgeleitet werden können und – mit Ausnahme einer gezielten Dividendenpolitik – die steuerungsrelevanten Monetärgrößen vollständig abbilden. Darstellung 50 zeigt die hierarchische Zerlegung des für die operativ eingebundenen Projektträger maßgebenden Eigenkapitalwertes. Die Gesamtabweichung des Eigenkapitalwertes (vgl. Darstellung 49) setzt sich danach summarisch aus den Teilabweichungen der Investitionsauszahlungen, Umsatzeinzahlungen, Betriebsauszahlungen, Fremdkapitalzahlungen und Steuerzahlungen zusammen.

Abweichung des Eigenkapitalwertes $NPV_{EK,2}$ (RRR = 15%) (in Mio. EUR)

Jahr		2004	2005	2006	2007	2008	2009	2010	2011	2012	2013	2014
$NPV_{EK,2}^{I}$	17,94	-29,45	-47,71	-65,69	10,16	6,71	12,66	13,01	20,19	24,33	27,21	30,10
$NPV_{EK,2}^{P}$	58,38	-64,07	-44,40	11,67	14,28	16,90	19,54	22,20	24,87	27,55	30,24	32,96
$\Delta NPV_{EK,2}$	-40,45	34,62	-3,31	-77,36	-4,11	-10,19	-6,88	-9,19	-4,67	-3,22	-3,04	-2,86

Jahr	2015	2016	2017	2018	2019	2020	2021	2022	2023	2024	2025
$NPV_{EK,2}^{I}$	33,01	71,18	72,29	73,42	74,57	75,73	76,90	78,09	79,29	80,51	81,74
$NPV_{EK,2}^{P}$	35,68	70,14	71,26	72,39	73,54	74,70	75,87	77,06	78,26	79,47	80,70
$\Delta NPV_{EK,2}$	-2,67	1,03	1,03	1,03	1,03	1,03	1,03	1,03	1,03	1,03	1,03

Darstellung 49: Eigenkapitalwert vor Thesaurierung und Ausschüttung im Beispiel-Projekt

Die Übersicht zeigt, dass der negativen Teilkapitalwertabweichung der Umsatzeinzahlungen keine entsprechend hohe Positivabweichung der Betriebsauszahlungen gegenübersteht. Auch in einer Gesamtsicht vermögen die positiven Teilkapitalwertdifferenzen der Investitions-, Betriebs- und Steuerauszahlungen die Negativabweichungen der Umsatz- und Fremdkapitalzahlungen nicht auszugleichen.

Abweichungen der Teilkapitalwerte (in Mio. EUR)

Investitionsauszahlungen

Jahr		2004	2005	2006	2007	2008	2009	2010	2011	2012	2013	2014
NPV (Investitionsauszahlungen)^{I}	318,90	108,10	177,60	137,80	0,00	0,00	0,00	0,00	0,00	0,00	0,00	0,00
NPV (Investitionsauszahlungen)^{P}	330,00	242,80	157,20	0,00	0,00	0,00	0,00	0,00	0,00	0,00	0,00	0,00
Δ NPV (Investitionsauszahlungen)	11,10	134,70	-20,40	-137,80	0,00	0,00	0,00	0,00	0,00	0,00	0,00	0,00

2015	2016	2017	2018	2019	2020	2021	2022	2023	2024	2025
0,00	0,00	0,00	0,00	0,00	0,00	0,00	0,00	0,00	0,00	0,00
0,00	0,00	0,00	0,00	0,00	0,00	0,00	0,00	0,00	0,00	0,00
0,00	0,00	0,00	0,00	0,00	0,00	0,00	0,00	0,00	0,00	0,00

Operativer Cash Flow

Jahr		2004	2005	2006	2007	2008	2009	2010	2011	2012	2013	2014
NPV (Operativer Cash Flow)^{I}	357,26	0,00	0,00	0,00	80,27	73,46	80,36	79,29	87,98	89,59	91,22	92,87
NPV (Operativer Cash Flow)^{P}	420,41	0,00	0,00	80,29	81,78	83,30	84,84	86,40	87,98	89,59	91,22	92,87
Δ NPV (Operativer Cash Flow)	-63,16	0,00	0,00	-80,29	-1,51	-9,84	-4,48	-7,11	0,00	0,00	0,00	0,00

2015	2016	2017	2018	2019	2020	2021	2022	2023	2024	2025
94,54	96,23	97,95	99,69	101,45	103,23	105,04	106,87	108,72	110,59	112,48
94,54	96,23	97,95	99,69	101,45	103,23	105,04	106,87	108,72	110,59	112,48
0,00	0,00	0,00	0,00	0,00	0,00	0,00	0,00	0,00	0,00	0,00

Umsatzeinzahlungen

Jahr		2004	2005	2006	2007	2008	2009	2010	2011	2012	2013	2014
NPV (Umsatzeinzahlungen)^{I}	893,40	0,00	0,00	0,00	183,98	183,20	196,63	204,16	216,55	221,97	227,52	233,20
NPV (Umsatzeinzahlungen)^{P}	1041,89	0,00	0,00	191,40	196,19	201,09	206,12	211,27	216,55	221,97	227,52	233,20
Δ NPV (Umsatzeinzahlungen)	-148,50	0,00	0,00	-191,40	-12,20	-17,89	-9,49	-7,11	0,00	0,00	0,00	0,00

2015	2016	2017	2018	2019	2020	2021	2022	2023	2024	2025
239,03	245,01	251,13	257,41	263,85	270,44	277,21	284,14	291,24	298,52	305,98
239,03	245,01	251,13	257,41	263,85	270,44	277,21	284,14	291,24	298,52	305,98
0,00	0,00	0,00	0,00	0,00	0,00	0,00	0,00	0,00	0,00	0,00

Betriebsauszahlungen

Jahr		2004	2005	2006	2007	2008	2009	2010	2011	2012	2013	2014
NPV (Betriebsauszahlungen)^{I}	536,14	0,00	0,00	0,00	103,71	109,74	116,27	124,87	128,57	132,38	136,30	140,34
NPV (Betriebsauszahlungen)^{P}	621,48	0,00	0,00	111,11	114,40	117,79	121,28	124,87	128,57	132,38	136,30	140,34
Δ NPV (Betriebsauszahlungen)	85,34	0,00	0,00	111,11	10,69	8,05	5,01	0,00	0,00	0,00	0,00	0,00

2015	2016	2017	2018	2019	2020	2021	2022	2023	2024	2025
144,50	148,78	153,18	157,72	162,40	167,21	172,17	177,27	182,52	187,93	193,50
144,50	148,78	153,18	157,72	162,40	167,21	172,17	177,27	182,52	187,93	193,50
0,00	0,00	0,00	0,00	0,00	0,00	0,00	0,00	0,00	0,00	0,00

Fremdkapitalzahlungen

Jahr		2004	2005	2006	2007	2008	2009	2010	2011	2012	2013	2014
NPV (Fremdkapitalzahlungen)^{I}	55,11	78,65	129,89	72,11	-58,44	-55,82	-53,19	-51,57	-48,76	-45,96	-43,16	-40,36
NPV (Fremdkapitalzahlungen)^{P}	58,69	178,73	112,80	-56,50	-53,98	-51,45	-48,93	-46,41	-43,89	-41,37	-38,84	-36,32
Δ NPV (Fremdkapitalzahlungen)	-3,58	-100,08	17,09	128,61	-4,46	-4,36	-4,26	-5,16	-4,88	-4,60	-4,32	-4,04

2015	2016	2017	2018	2019	2020	2021	2022	2023	2024	2025
-37,56	0,00	0,00	0,00	0,00	0,00	0,00	0,00	0,00	0,00	0,00
-33,80	0,00	0,00	0,00	0,00	0,00	0,00	0,00	0,00	0,00	0,00
-3,76	0,00	0,00	0,00	0,00	0,00	0,00	0,00	0,00	0,00	0,00

Steuerauszahlungen

Jahr		2004	2005	2006	2007	2008	2009	2010	2011	2012	2013	2014
NPV (Steuerauszahlungen)^{I}	75,53	0,00	0,00	0,00	11,67	10,93	14,50	14,71	19,02	19,30	20,85	22,41
NPV (Steuerauszahlungen)^{P}	90,72	0,00	0,00	12,12	13,53	14,94	16,36	17,79	19,23	20,67	22,13	23,59
Δ NPV (Steuerauszahlungen)	15,19	0,00	0,00	12,12	1,86	4,01	1,86	3,08	0,21	1,38	1,28	1,18

2015	2016	2017	2018	2019	2020	2021	2022	2023	2024	2025
23,97	25,06	25,66	26,27	26,88	27,51	28,14	28,78	29,43	30,08	30,74
25,05	26,09	26,69	27,30	27,92	28,54	29,17	29,81	30,46	31,11	31,78
1,08	1,03	1,03	1,03	1,03	1,03	1,03	1,03	1,03	1,03	1,03

Δ NPV (Investitionsauszahlungen)	11,10
+ Δ NPV (Umsatzseinzahlungen)	-148,50
+ Δ NPV (Betriebsauszahlungen)	85,34
+ Δ NPV (Fremdkapitalzahlungen)	-3,58
+ Δ NPV (Steuerauszahlungen)	15,19
= Δ $NPV_{EK,2}$	-40,45

Darstellung 50: Disaggregation des Eigenkapitalwertes vor Thesaurierung und Ausschüttung

Im Folgenden werden die berechneten Teilkapitalwertabweichungen weiter in vertieft Ursachen-aufzeigende Partial- und Spezialabweichungen aufgegliedert.

Abweichungen der Investitionsauszahlungen (in Mio. EUR)

Auszahlungen für Projektentwicklungsleistungen

Jahr		2004	2005	2006
NPV (Auszahlungen für Projektentwicklung) ^{I}	6,96	8,00	0,00	0,00
NPV (Auszahlungen für Projektentwicklung) ^{P}	6,96	8,00	0,00	0,00
Δ NPV (Auszahlungen für Projektentwicklung)	0,00	0,00	0,00	0,00

Auszahlungen für Projekterstellungsleistungen

Jahr		2004	2005	2006
NPV (Auszahlungen für Projekterstellung) ^{I}	300,98	96,00	172,00	133,00
NPV (Auszahlungen für Projekterstellung) ^{P}	313,19	228,00	152,00	0,00
Δ NPV (Auszahlungen für Projekterstellung)	12,21	132,00	-20,00	-133,00

Leistungsabweichung

Jahr		2004	2005	2006
NPV (Fertigstellungsanteil ^{I} * Festpreis ^{P})	282,84	76,00	171,00	133,00
NPV (Fertigstellungsanteil ^{P} * Festpreis ^{P})	313,19	228,00	152,00	0,00
Δ NPV (Leistung)	30,36	152,00	-19,00	-133,00

Abweichung aufgrund von Nachträgen und Vertragsstrafen

Jahr		2004	2005	2006
NPV (Auszahlungen für Projekterstellung) ^{I}	300,98	96,00	172,00	133,00
NPV (Fertigstellungsanteil ^{I} * Festpreis ^{P})	282,84	76,00	171,00	133,00
Δ NPV (Nachträge und Vertragstrafen)	-18,15	-20,00	-1,00	0,00

Auszahlungen für Projektsteuerungsleistungen

Jahr		2004	2005	2006
NPV (Auszahlungen für Projektsteuerung) ^{I}	6,39	2,10	3,60	2,80
NPV (Auszahlungen für Projektsteuerung) ^{P}	6,59	4,80	3,20	0,00
Δ NPV (Auszahlungen für Projektsteuerung)	0,20	2,70	-0,40	-2,80

Leistungsabweichung

Jahr		2004	2005	2006
NPV (Fertigstellungsanteil ^{I} * Festpreis ^{P})	5,95	1,60	3,60	2,80
NPV (Fertigstellungsanteil ^{P} * Festpreis ^{P})	6,59	4,80	3,20	0,00
Δ NPV (Leistung)	0,64	3,20	-0,40	-2,80

Abweichung aufgrund von Nachträgen

Jahr		2004	2005	2006
NPV (Auszahlungen für Projektsteuerung) ^{I}	6,39	2,10	3,60	2,80
NPV (Fertigstellungsanteil ^{I} * Festpreis ^{P})	5,95	1,60	3,60	2,80
Δ NPV (Nachträge und Vertragstrafen)	-0,43	-0,50	0,00	0,00

Auszahlungen für Technische Planungs- und Überwachungsleistungen

Jahr		2004	2005	2006
NPV (Auszahlungen f. techn. Plan. u. Überw.) ^{I}	4,57	2,00	2,00	2,00
NPV (Auszahlungen f. techn. Plan. u. Überw.) ^{P}	3,25	2,00	2,00	0,00
Δ NPV (Auszahlungen für technische Planung)	-1,32	0,00	0,00	-2,00

Δ NPV (Auszahlungen für Projektentwicklung)	0,00	
+ Δ NPV (Auszahlungen für Projekterstellung)	12,21	
Leistungsabweichung		30,36
Nachträge und Vertragsstrafen		-18,15
+ Δ NPV (Auszahlungen für Projektsteuerung)	0,20	
Leistungsabweichung		0,64
Nachträge		-0,43
+ Δ NPV (Auszahlungen für techn. Planung u. Überwachung)	-1,32	
= Δ NPV (Investitionsauszahlungen)	11,10	

Darstellung 51: Disaggregation der eigenkapitalbezogenen Investitionsauszahlungen

Die Teileigenkapitalwertdifferenz der Investitionsauszahlungen besteht im vorliegenden Beispiel aus der Summe der Eigenkapitalwertdifferenzen der während der Projektentwicklungs- sowie Detailplanungs- und Erstellungsphase vergebenen Leistungspakete. Dabei handelt es sich um die Auszahlungen für die Projektentwicklungs-, die Projekterstellungs-, die Projektsteuerungs- sowie die technischen Planungs- und Überwachungsleistungen.

Wie bereits dargelegt, können vorhabensspezifisch weitere Detaillierungen vorgenommen werden. Im vorliegenden Fall sind die Vergütungszahlungen der Projekterstellungs- und Projektsteuerungsleistungen vertraglich an den Projektfortschritt gebunden, so dass für diese beiden Zahlungsarten weiter zwischen terminverschiebungsbedingten Leistungsabweichungen sowie nachtrags- und vertragsstrafenbedingten Zahlungsabweichungen im Sinne von Spezialabweichungen differenziert werden kann.[774]

Darstellung 51 veranschaulicht, dass die Abweichung des Teileigenkapitalwertes der Investitionsauszahlungen nicht – wie prima facie aufgrund der nominal erhöhten Vergütungen anzunehmen wäre – negativ, sondern wegen des Diskontierungseffektes positiv ausfällt. Wenngleich die positiven Leistungsabweichungen bei den Projekterstellungs- und Projektsteuerungszahlungen in Verbindung mit dem Diskontierungseffekt positive Zielergebniswirkungen suggerieren, darf die verzögerte Projektfertigstellung aber wegen des damit verbundenen verspäteten Inbetriebnahmezeitpunktes und der entsprechenden Negativabweichungen der operativen Zahlungen in der Gesamtsicht nicht als zielführend betrachtet werden (vgl. Darstellung 50 und Darstellung 52).

Die gemäß Darstellung 52 dissagregierte Eigenkapitalwertabweichung der Umsatzeinzahlungen setzt sich aus den Erlösabweichungen der abgesetzten Strom- und Wärmemengen zusammen. Entsprechend den multiplikativ miteinander verknüpften Teilkomponenten des Umsatzes können weiter Preis- und Mengenabweichungen unterschieden werden. Analog der traditionellen Plankostenrechnung erfolgt hier die Berechnung der Preisabweichungen auf Basis der Ist-Menge, wodurch das gesamte Preisabweichungspotenzial aufgezeigt und die Preis-Mengen-Abweichungen zweiten Grades vollständig den jeweiligen Mengenabweichungen zugeordnet werden. Dies geschieht zum einen, um die Rechenkomplexität zu verringern und demzufolge die Praktikabilität zu erhöhen, und zum anderen, um theoretisch nicht begründbare Preisabweichungen bei Ist-Absatzmengen von Null zu vermeiden. Weichen die Absatz- beziehungsweise Produktionsmengen aufgrund unerwarteter Änderungen des Anlagenwirkungsgrades, der betriebsbedingten Zeitverfügbarkeit oder der Verfügbarkeit ander-

---

774 Die Unterscheidung dieser zwei Spezialabweichungsarten geht auf das sogenannte Arbeitswert-Konzept zurück, welches als kombinierte termin- und zahlungsorientierte Projektfortschrittsrechnung vor allem während der Bauwerks- und Anlagenerstellung im Sinne der in Abschnitt 5.2.2.2 dargelegten mitlaufenden Kalkulation eingesetzt werden sollte. In Form tabellarischer und graphischer Darstellungen der realisierten Ist- und ursprünglichen Planzahlungssummen sowie der für den aktuellen Fertigstellungsgrad theoretisch geltenden Planzahlungsumme (Soll) können aussagekräftige Projektstatusberichte entworfen werden (siehe hierzu speziell Abschnitt 6.3), auf Grundlage derer weiterführende Projektentscheidungen getroffen werden können. Dabei bildet die Ermittlung des Leistungsfortschritts beziehungsweise Fertigstellungsgrades ein grundlegendes Problem (vgl. Alter, R. (1991), S. 283ff; Hupe, M. (1995), S. 172ff; Coenenberg, A.G. (1997), S. 433ff; Huch, B./Behme, W./Ohlendorf, T. (1997), S. 358f). Auch um der Gefahr einzelinteressengeleiteter Fortschrittsbeurteilung entgegen zu wirken, sollten möglichst unabhängige Gutachter den realisierten Projektfortschritt anhand zuvor umfassend und nachvollziehbar festgelegter Meilensteine bewerten (siehe auch Abschnitt 5.2.2.2). Vermittels der Differenzierung von tatsächlichen Ist-, ursprünglichen Plan- und aktuellen Sollzahlungswerten kann dann eine im Falle eines zu einem Kontrollzeitpunkt unplanmäßigen Leistungsfortschritts unter Umständen entstehende Scheinkonformität von Ist- und ursprünglichen Plan-Werten transparenzerhöhend aufgedeckt werden.

weitiger Inputfaktoren von den Plan-Ansätzen ab, so können die entsprechenden Mengenabweichungen auf Planpreisbasis berechnet werden.[775]

Abweichungen der Umsatzeinzahlungen (in Mio. EUR)

Strom- Gesamtabweichung

Jahr		2004	2005	2006	2007	2008	2009	2010	2011	2012	2013	2014
NPV (Umsatzeinzahlungen)^I	264,17	0,00	0,00	0,00	54,70	54,64	59,45	60,05	63,69	65,28	66,92	68,59
NPV (Umsatzeinzahlungen)^P	306,44	0,00	0,00	56,29	57,70	59,14	60,62	62,14	63,69	65,28	66,92	68,59
Δ NPV (Umsatzeinzahlungen Stromverkauf)	-42,27	0,00	0,00	-56,29	-3,00	-4,51	-1,18	-2,09	0,00	0,00	0,00	0,00

	2015	2016	2017	2018	2019	2020	2021	2022	2023	2024	2025
	70,30	72,06	73,86	75,71	77,60	79,54	81,53	83,57	85,66	87,80	90,00
	70,30	72,06	73,86	75,71	77,60	79,54	81,53	83,57	85,66	87,80	90,00
	0,00	0,00	0,00	0,00	0,00	0,00	0,00	0,00	0,00	0,00	0,00

Abweichung der Strompreise

Jahr		2004	2005	2006	2007	2008	2009	2010	2011	2012	2013	2014
NPV (Absatzmenge^I * Strompreis^I)	264,17	0,00	0,00	0,00	54,70	54,64	59,45	60,05	63,69	65,28	66,92	68,59
NPV (Absatzmenge^I * Strompreis^P)	266,38	0,00	0,00	0,00	54,89	56,26	60,62	62,14	63,69	65,28	66,92	68,59
Δ NPV (Strompreis)	-2,21	0,00	0,00	0,00	-0,19	-1,62	-1,18	-2,09	0,00	0,00	0,00	0,00

	2015	2016	2017	2018	2019	2020	2021	2022	2023	2024	2025
	70,30	72,06	73,86	75,71	77,60	79,54	81,53	83,57	85,66	87,80	90,00
	70,30	72,06	73,86	75,71	77,60	79,54	81,53	83,57	85,66	87,80	90,00
	0,00	0,00	0,00	0,00	0,00	0,00	0,00	0,00	0,00	0,00	0,00

Abweichung der Strommenge

Jahr		2004	2005	2006	2007	2008	2009	2010	2011	2012	2013	2014
NPV (Absatzmenge^I * Strompreis^P)	266,38	0,00	0,00	0,00	54,89	56,26	60,62	62,14	63,69	65,28	66,92	68,59
NPV (Absatzmenge^P * Strompreis^P)	306,44	0,00	0,00	56,29	57,70	59,14	60,62	62,14	63,69	65,28	66,92	68,59
Δ NPV (Strommenge)	-40,06	0,00	0,00	-56,29	-2,81	-2,89	0,00	0,00	0,00	0,00	0,00	0,00

	2015	2016	2017	2018	2019	2020	2021	2022	2023	2024	2025
	70,30	72,06	73,86	75,71	77,60	79,54	81,53	83,57	85,66	87,80	90,00
	70,30	72,06	73,86	75,71	77,60	79,54	81,53	83,57	85,66	87,80	90,00
	0,00	0,00	0,00	0,00	0,00	0,00	0,00	0,00	0,00	0,00	0,00

Wärme- Gesamtabweichung

Jahr		2004	2005	2006	2007	2008	2009	2010	2011	2012	2013	2014
NPV (Umsatzeinzahlungen)^I	629,23	0,00	0,00	0,00	129,29	128,56	137,18	144,11	152,86	156,68	160,60	164,61
NPV (Umsatzeinzahlungen)^P	735,45	0,00	0,00	135,11	138,48	141,95	145,50	149,13	152,86	156,68	160,60	164,61
Δ NPV (Umsatzeinzahlungen Wärmeverkauf)	-106,23	0,00	0,00	-135,11	-9,20	-13,38	-8,31	-5,02	0,00	0,00	0,00	0,00

	2015	2016	2017	2018	2019	2020	2021	2022	2023	2024	2025
	168,73	172,95	177,27	181,70	186,25	190,90	195,67	200,57	205,58	210,72	215,99
	168,73	172,95	177,27	181,70	186,25	190,90	195,67	200,57	205,58	210,72	215,99
	0,00	0,00	0,00	0,00	0,00	0,00	0,00	0,00	0,00	0,00	0,00

Abweichung der Wärmepreise

Jahr		2004	2005	2006	2007	2008	2009	2010	2011	2012	2013	2014
NPV (Absatzmenge^I * Wärmepreis^I)	629,23	0,00	0,00	0,00	129,29	128,56	137,18	144,11	152,86	156,68	160,60	164,61
NPV (Absatzmenge^I * Wärmepreis^P)	639,31	0,00	0,00	0,00	131,73	135,02	145,50	149,13	152,86	156,68	160,60	164,61
Δ NPV (Wärmepreis)	-10,09	0,00	0,00	0,00	-2,44	-6,46	-8,31	-5,02	0,00	0,00	0,00	0,00

	2015	2016	2017	2018	2019	2020	2021	2022	2023	2024	2025
	168,73	172,95	177,27	181,70	186,25	190,90	195,67	200,57	205,58	210,72	215,99
	168,73	172,95	177,27	181,70	186,25	190,90	195,67	200,57	205,58	210,72	215,99
	0,00	0,00	0,00	0,00	0,00	0,00	0,00	0,00	0,00	0,00	0,00

Abweichung der Wärmemenge

Jahr		2004	2005	2006	2007	2008	2009	2010	2011	2012	2013	2014
NPV (Absatzmenge^I * Wärmepreis^P)	639,31	0,00	0,00	0,00	131,73	135,02	145,50	149,13	152,86	156,68	160,60	164,61
NPV (Absatzmenge^P * Wärmepreis^P)	735,45	0,00	0,00	135,11	138,48	141,95	145,50	149,13	152,86	156,68	160,60	164,61
Δ NPV (Wärmemenge)	-96,14	0,00	0,00	-135,11	-6,76	-6,92	0,00	0,00	0,00	0,00	0,00	0,00

	2015	2016	2017	2018	2019	2020	2021	2022	2023	2024	2025
	168,73	172,95	177,27	181,70	186,25	190,90	195,67	200,57	205,58	210,72	215,99
	168,73	172,95	177,27	181,70	186,25	190,90	195,67	200,57	205,58	210,72	215,99
	0,00	0,00	0,00	0,00	0,00	0,00	0,00	0,00	0,00	0,00	0,00

Δ NPV (Umsatzeinzahlungen aus Stromverkauf)	-42,27	
Preisabweichung		-2,21
Mengenabweichung		-40,06
+ Δ NPV (Umsatzeinzahlungen aus Wärmeverkauf)	-106,23	
Preisabweichung		-10,09
Mengenabweichung		-96,14
= Δ NPV (Umsatzeinzahlungen)	-148,50	

Darstellung 52: Disaggregation der eigenkapitalbezogenen Umsatzeinzahlungen

775 Vgl. allgemein Coenenberg, A.G. (1997), S. 374f, 380ff.

Aus Darstellung 52 wird ersichtlich, dass die Negativabweichung des Teileigenkapitalwertes der Umsatzeinzahlungen maßgeblich auf dem verzögerten Betriebsbeginn beruht. Preisabweichungen treten sowohl für den abgesetzten Strom als auch den Wärmeoutput infolge zeitlich begrenzt aktualisierter Wertansätze auf, wobei die Negativabweichungen aus Wärmeverkauf diejenigen aus dem Absatz des produzierten Stroms betragsmäßig deutlich übertreffen.

Die gemäß Darstellung 53 dissagregierte Teileigenkapitalwertdifferenz der Betriebsauszahlungen addiert sich zur Summe der Einzelabweichungen der betriebsbedingten Lieferleistungen, der Vergütung für die wirtschaftlichen und technischen Betriebsleistungen sowie der hier nicht weiter differenzierten sonstigen betrieblichen Auszahlungen. Analog der Einzelabweichungsrechnung der Umsatzeinzahlungen können in Anlehnung an die flexible Plankostenrechnung für die ausbringungsabhängigen Zahlungen der Betriebslieferleistungen Preis- und Mengenabweichungen unterschieden werden, während die produktionsfixen Vergütungen der wirtschaftlichen und technischen Betriebsleistungen sowie sonstigen betrieblichen Auszahlungen ausschließlich rein zeitvariable Preisabweichungen aufweisen.

Nach Darstellung 53 steht den gemäß Darstellung 50 und Darstellung 52 deutlich verringerten Umsatzeinzahlungen aufgrund der im Beispielvorhaben allgemein geltenden Umsatz-Betriebskosten-Relation von ca. 3:2 (vgl. auch Darstellung 39, S. 185) eine verhältnismäßig geringe positive Kapitalwertdifferenz der Betriebsauszahlungen gegenüber. Neben der verzögerungsbedingten Mengenkomponente wirken sich die gegenüber den Ursprungsplanungen für die ersten Betriebsjahre verringerten Beschaffungspreise des als Energieträger eingesetzten Erdgases positiv aus. Auch die Vergütungen der fremdvergebenen Betriebsleistungen und die sonstigen Betriebsauszahlungen weisen neben dem Ausbleiben im ursprünglich geplanten ersten Betriebsjahr positive Teilkapitalwertabweichungen aufgrund verringerter Erstauszahlungen zu Betriebsbeginn auf.

Eine Kapitalwertdifferenz der eigenkapitalgeberbezogenen Fremdkapitalzahlungen kann durch Abweichungen der Höhe der Fremdkapitalaufnahme, Zins- und Tilgungszahlungen sowie Finanzierungsnebenkosten hervorgerufen werden. Die Aufnahme des Fremdkapitals erfolgt im Beispiel entsprechend dem Projektfortschritt, so dass Abweichungen der Fremdkapitalaufnahme und der Finanzierungsnebenkosten aus der zeitlich veränderten Ziehungsstruktur resultieren können. Durch die vertragliche Fixierung des maximalen Kreditvolumens sind Steigerungen in der Höhe des aufgenommenen Fremdkapitals ausgeschlossen. Die Tilgungszahlungen ergeben sich aus dem gewählten Tilgungskonzept in Verbindung mit der tatsächlichen Kapitalaufnahme und Schuldendienstfähigkeit des Projektes. Zinszahlungen berechnen sich hier aus dem durchschnittlichen Kreditaußenstand in Jahresmitte, so dass Abweichungen der Zinszahlungen einerseits durch veränderte Fremdkapital-Zinssätze und andererseits durch unplanmäßige Kreditaußenstände verursacht werden können.

Abweichungen der Betriebsauszahlungen (in Mio. EUR)

Auszahlungen für Lieferleistungen

Jahr		2004	2005	2006	2007	2008	2009	2010	2011	2012	2013	2014
NPV (Energieträgerauszahlungen)^{I}	387,53	0,00	0,00	0,00	73,71	77,51	83,11	90,76	93,49	96,29	99,18	102,16
NPV (Energieträgerauszahlungen)^{P}	452,07	0,00	0,00	80,64	83,06	85,55	88,12	90,76	93,49	96,29	99,18	102,16
Δ NPV (Energieträgerauszahlungen)	64,54	0,00	0,00	80,64	9,35	8,05	5,01	0,00	0,00	0,00	0,00	0,00

2015	2016	2017	2018	2019	2020	2021	2022	2023	2024	2025
105,22	108,38	111,63	114,98	118,43	121,98	125,64	129,41	133,29	137,29	141,41
105,22	108,38	111,63	114,98	118,43	121,98	125,64	129,41	133,29	137,29	141,41
0,00	0,00	0,00	0,00	0,00	0,00	0,00	0,00	0,00	0,00	0,00

Preisabweichung

Jahr		2004	2005	2006	2007	2008	2009	2010	2011	2012	2013	2014
NPV (Menge^{I} * Erdgaspreis^{I})	387,53	0,00	0,00	0,00	73,71	77,51	83,11	90,76	93,49	96,29	99,18	102,16
NPV (Menge^{I} * Erdgaspreis^{P})	394,66	0,00	0,00	0,00	79,01	81,38	88,12	90,76	93,49	96,29	99,18	102,16
Δ NPV (Energieträgerpreis)	7,12	0,00	0,00	0,00	5,30	3,87	5,01	0,00	0,00	0,00	0,00	0,00

2015	2016	2017	2018	2019	2020	2021	2022	2023	2024	2025
105,22	108,38	111,63	114,98	118,43	121,98	125,64	129,41	133,29	137,29	141,41
105,22	108,38	111,63	114,98	118,43	121,98	125,64	129,41	133,29	137,29	141,41
0,00	0,00	0,00	0,00	0,00	0,00	0,00	0,00	0,00	0,00	0,00

Mengenabweichung

Jahr		2004	2005	2006	2007	2008	2009	2010	2011	2012	2013	2014
NPV (Menge^{I} * Erdgaspreis^{P})	394,66	0,00	0,00	0,00	79,01	81,38	88,12	90,76	93,49	96,29	99,18	102,16
NPV (Menge^{P} * Erdgaspreis^{P})	452,07	0,00	0,00	80,64	83,06	85,55	88,12	90,76	93,49	96,29	99,18	102,16
Δ NPV (Energieträgermenge)	57,42	0,00	0,00	80,64	4,05	4,17	0,00	0,00	0,00	0,00	0,00	0,00

2015	2016	2017	2018	2019	2020	2021	2022	2023	2024	2025
105,22	108,38	111,63	114,98	118,43	121,98	125,64	129,41	133,29	137,29	141,41
105,22	108,38	111,63	114,98	118,43	121,98	125,64	129,41	133,29	137,29	141,41
0,00	0,00	0,00	0,00	0,00	0,00	0,00	0,00	0,00	0,00	0,00

Auszahlungen für Betrieb- und Instandhaltung

Jahr		2004	2005	2006	2007	2008	2009	2010	2011	2012	2013	2014
NPV (Auszahlungen Betrieb u. Instandh.)^{I}	107,57	0,00	0,00	0,00	21,50	23,19	23,88	24,60	25,34	26,10	26,88	27,68
NPV (Auszahlungen Betrieb u. Instandh.)^{P}	122,51	0,00	0,00	21,85	22,51	23,19	23,88	24,60	25,34	26,10	26,88	27,68
Δ NPV (Auszahlungen Betrieb u. Instandh.)	14,95	0,00	0,00	21,85	1,01	0,00	0,00	0,00	0,00	0,00	0,00	0,00

2015	2016	2017	2018	2019	2020	2021	2022	2023	2024	2025
28,52	29,37	30,25	31,16	32,09	33,06	34,05	35,07	36,12	37,21	38,32
28,52	29,37	30,25	31,16	32,09	33,06	34,05	35,07	36,12	37,21	38,32
0,00	0,00	0,00	0,00	0,00	0,00	0,00	0,00	0,00	0,00	0,00

Sonstige betriebliche Auszahlungen

Jahr		2004	2005	2006	2007	2008	2009	2010	2011	2012	2013	2014
NPV (Sonstige betriebliche Auszahlungen)^{I}	41,04	0,00	0,00	0,00	8,50	9,05	9,28	9,51	9,75	9,99	10,24	10,50
NPV (Sonstige betriebliche Auszahlungen)^{P}	46,90	0,00	0,00	8,62	8,83	9,05	9,28	9,51	9,75	9,99	10,24	10,50
Δ NPV (Sonstige betriebliche Auszahlungen)	5,85	0,00	0,00	8,62	0,33	0,00	0,00	0,00	0,00	0,00	0,00	0,00

2015	2016	2017	2018	2019	2020	2021	2022	2023	2024	2025
10,76	11,03	11,30	11,59	11,88	12,17	12,48	12,79	13,11	13,44	13,77
10,76	11,03	11,30	11,59	11,88	12,17	12,48	12,79	13,11	13,44	13,77
0,00	0,00	0,00	0,00	0,00	0,00	0,00	0,00	0,00	0,00	0,00

Δ NPV (Energieträgerauszahlungen)	64,54	
Preisabweichung		7,12
Mengenabweichung		57,42
+ Δ NPV (Auszahlungen für Betrieb u. Instandh.)	14,95	
+ Δ NPV (Sonstige betriebliche Auszahlungen)	5,85	
= Δ NPV (Betriebsauszahlungen)	85,34	

Darstellung 53: Disaggregation der eigenkapitalbezogenen Betriebsauszahlungen

Dementsprechend können die Spezialabweichungen der Zinssatz- und der Bemessungsgrundlagenänderungen unterschieden werden. Die Teilkapitalwertabweichung aus Zinssatzänderungen wird hier auf Basis der geplanten Kapitalaufnahme und -tilgung berechnet, womit die Zinssatz-Bemessungsgrundlage-Abweichungen zweiten Grades vollständig in die Zinssatzabweichungen eingerechnet werden.[776]

---

776 Vgl. auch Hupe, M. (1995), S. 219f.

Abweichung der Fremdkapitalzahlungen (in Mio. EUR)

Zahlungen der Kapitalaufnahme

Jahr		2004	2005	2006	2007	2008	2009	2010	2011	2012	2013	2014
NPV (Ziehung Kredite)^{I}	246,81	88,36	143,12	93,93	0,00	0,00	0,00	0,00	0,00	0,00	0,00	0,00
NPV (Ziehung Kredite)^{P}	267,85	192,21	133,19	0,00	0,00	0,00	0,00	0,00	0,00	0,00	0,00	0,00
Δ NPV (Ziehung Kredite)	-21,04	-103,85	9,92	93,93	0,00	0,00	0,00	0,00	0,00	0,00	0,00	0,00

2015	2016	2017	2018	2019	2020	2021	2022	2023	2024	2025
0,00	0,00	0,00	0,00	0,00	0,00	0,00	0,00	0,00	0,00	0,00
0,00	0,00	0,00	0,00	0,00	0,00	0,00	0,00	0,00	0,00	0,00
0,00	0,00	0,00	0,00	0,00	0,00	0,00	0,00	0,00	0,00	0,00

Tilgungszahlungen

Jahr		2004	2005	2006	2007	2008	2009	2010	2011	2012	2013	2014
NPV (Tilgungszahlungen)^{I}	113,43	0,00	0,00	0,00	36,16	36,16	36,16	36,16	36,16	36,16	36,16	36,16
NPV (Tilgungszahlungen)^{P}	123,49	0,00	0,00	32,54	32,54	32,54	32,54	32,54	32,54	32,54	32,54	32,54
Δ NPV (Tilgungszahlungen)	10,05	0,00	0,00	32,54	-3,62	-3,62	-3,62	-3,62	-3,62	-3,62	-3,62	-3,62

2015	2016	2017	2018	2019	2020	2021	2022	2023	2024	2025
36,16	0,00	0,00	0,00	0,00	0,00	0,00	0,00	0,00	0,00	0,00
32,54	0,00	0,00	0,00	0,00	0,00	0,00	0,00	0,00	0,00	0,00
-3,62	0,00	0,00	0,00	0,00	0,00	0,00	0,00	0,00	0,00	0,00

Zinszahlungen

Jahr		2004	2005	2006	2007	2008	2009	2010	2011	2012	2013	2014
NPV (Zinszahlungen)^{I}	72,02	3,42	12,39	21,58	22,28	19,66	17,04	15,41	12,61	9,81	7,01	4,20
NPV (Zinszahlungen)^{P}	80,18	7,45	20,06	23,96	21,44	18,91	16,39	13,87	11,35	8,83	6,30	3,78
Δ NPV (Zinszahlungen)	8,16	4,02	7,66	2,38	-0,85	-0,75	-0,65	-1,54	-1,26	-0,98	-0,70	-0,42

2015	2016	2017	2018	2019	2020	2021	2022	2023	2024	2025
1,40	0,00	0,00	0,00	0,00	0,00	0,00	0,00	0,00	0,00	0,00
1,26	0,00	0,00	0,00	0,00	0,00	0,00	0,00	0,00	0,00	0,00
-0,14	0,00	0,00	0,00	0,00	0,00	0,00	0,00	0,00	0,00	0,00

Zinssatzänderung

Jahr		2004	2005	2006	2007	2008	2009	2010	2011	2012	2013	2014
NPV (Kapitalbindung^{P} * Zinsen^{I})	78,33	7,45	20,06	23,96	20,05	17,69	15,33	13,87	11,35	8,83	6,30	3,78
NPV (Kapitalbindung^{P} * Zinsen^{P})	80,18	7,45	20,06	23,96	21,44	18,91	16,39	13,87	11,35	8,83	6,30	3,78
Δ NPV (Zinsrisiko)	1,85	0,00	0,00	0,00	1,38	1,22	1,06	0,00	0,00	0,00	0,00	0,00

2015	2016	2017	2018	2019	2020	2021	2022	2023	2024	2025
1,26	0,00	0,00	0,00	0,00	0,00	0,00	0,00	0,00	0,00	0,00
1,26	0,00	0,00	0,00	0,00	0,00	0,00	0,00	0,00	0,00	0,00
0,00	0,00	0,00	0,00	0,00	0,00	0,00	0,00	0,00	0,00	0,00

Änderung der Bemessungsgrundlage

Jahr		2004	2005	2006	2007	2008	2009	2010	2011	2012	2013	2014
NPV (Kapitalbindung^{I} * Zinsen^{I})	72,02	3,42	12,39	21,58	22,28	19,66	17,04	15,41	12,61	9,81	7,01	4,20
NPV (Kapitalbindung^{P} * Zinsen^{I})	78,33	7,45	20,06	23,96	20,05	17,69	15,33	13,87	11,35	8,83	6,30	3,78
Δ NPV (Investitionsrisiko)	6,31	4,02	7,66	2,38	-2,23	-1,97	-1,70	-1,54	-1,26	-0,98	-0,70	-0,42

2015	2016	2017	2018	2019	2020	2021	2022	2023	2024	2025
1,40	0,00	0,00	0,00	0,00	0,00	0,00	0,00	0,00	0,00	0,00
1,26	0,00	0,00	0,00	0,00	0,00	0,00	0,00	0,00	0,00	0,00
-0,14	0,00	0,00	0,00	0,00	0,00	0,00	0,00	0,00	0,00	0,00

Finanzierungsnebenkosten

Jahr		2004	2005	2006	2007	2008	2009	2010	2011	2012	2013	2014
NPV (Finanzierungsnebenkosten)^{I}	6,25	6,29	0,83	0,23	0,00	0,00	0,00	0,00	0,00	0,00	0,00	0,00
NPV (Finanzierungsnebenkosten)^{P}	5,49	6,03	0,33	0,00	0,00	0,00	0,00	0,00	0,00	0,00	0,00	0,00
Δ NPV (Finanzierungsnebenkosten)	-0,75	-0,26	-0,49	-0,23	0,00	0,00	0,00	0,00	0,00	0,00	0,00	0,00

2015	2016	2017	2018	2019	2020	2021	2022	2023	2024	2025
0,00	0,00	0,00	0,00	0,00	0,00	0,00	0,00	0,00	0,00	0,00
0,00	0,00	0,00	0,00	0,00	0,00	0,00	0,00	0,00	0,00	0,00
0,00	0,00	0,00	0,00	0,00	0,00	0,00	0,00	0,00	0,00	0,00

Δ NPV (Kapitalaufnahme)	-21,04	
+ Δ NPV (Tilgungszahlungen)	10,05	
+ Δ NPV (Zinszahlungen)	8,16	
Zinssatzänderung		1,85
Bessungsgrundlage		6,31
+ Δ NPV (Finanzierungsnebenkosten)	-0,75	
= Δ NPV (Fremdkapitalzahlungen)	-3,58	

Darstellung 54: Disaggregation der eigenkapitalbezogenen Fremdkapitalzahlungen

Wie in Darstellung 54 zu erkennen, erfolgen die Einzahlungen aus der Fremdkapitalaufnahme aufgrund der verzögerten Fertigstellung später als geplant, so dass aus Sicht der Eigenkapitalgeber eine negative Teilkapitalwertdifferenz entsteht. Durch die verkürzte Kreditlaufzeit erhöhen sich bei gleichbleibendem Kapitalvolumen die jährlichen Tilgungszahlungen, die jedoch aufgrund des Diskontierungseffektes eine per Saldo positive Teilkapitalwertabweichung bewirken. Die positive Zinssatzabweichung wird durch ein angenommenes Sinken des maßgebenden Finanzierungszinssatzes verursacht, während die positive Bemessungsgrundlagenabweichung aus den veränderten Kreditaufnahme- und -tilgungsmodalitäten folgt. Die negative Teilkapitalwertabweichung der Finanzierungsnebenkosten ist auf die erhöhten Bereitstellungsgebühren zurückzuführen, da die Finanzmittel über eine unplanmäßig lange Zeit abrufbereit zur Verfügung stehen mussten.

Der zugrunde gelegte Eigenkapitalwert nach Steuern hat zur Folge, dass auch Abweichungen der Steuerzahlungen einen Teil der Gesamtabweichung hervorrufen können. Steuerzahlungsdifferenzen können durch die Veränderung der Steuerbemessungsgrundlage (SBG), mit anderen Worten durch Abweichungen der zu versteuernden Eingangsgrößen, und durch Änderungen der damit multiplikativ verknüpften Steuersätze verursacht werden. Da im vorliegenden Beispiel eine reine Ertragsbesteuerung zugrunde gelegt wurde, bestimmen sich die Differenzen der Steuerbemessungsgrundlagen aus der Gegenüberstellung von Plan- und Ist-GuV sowie die Abweichungen der Steuersätze aus den Unterschieden zwischen geplanten und tatsächlich realisierten Ertragsteuersätzen. In Analogie zu den obigen Preis- und Mengen- sowie Zinssatz- und Bemessungsgrundlageabweichungen können die Teileigenkapitalwertdifferenzen der Steuerbemessungsgrundlage und des Ertragsteuersatzes gemäß Darstellung 55 berechnet werden. Die Eigenkapitalwertdifferenz aus Abweichungen der Steuerbemessungsgrundlagen wird auf Basis der Ist-Steuersätze berechnet, so dass die Abweichungen zweiten Grades in die Teilkapitalwertabweichungen des Steuersatzes einbezogen werden.[777]

Der Zerlegung des Teilkapitalwertes der Steuerzahlungen kann im vorliegenden Beispiel entnommen werden, dass die zu konstatierende positive Teilkapitalwertabweichung maßgeblich auf die durchgängig verringerte Steuerbemessungsgrundlage zurückzuführen ist. Weiterhin zeigt Darstellung 55, dass für die nähere Zukunft ein zeitlich begrenzter, erhöhter Ertragsteuersatz prognostiziert wird.

---

[777] Vgl. auch Hupe, M. (1995), S. 220f.

Abweichungen der Steuerauszahlungen (in Mio. EUR)

Abweichung durch Veränderung der Steuerbemessungsgrundlage

Jahr		2004	2005	2006	2007	2008	2009	2010	2011	2012	2013	2014
NPV (SBG^{I} * $Steuersatz^{I}$)	75,53	0,00	0,00	0,00	11,67	10,93	14,50	14,71	19,02	19,30	20,85	22,41
NPV (SBG^{P} * $Steuersatz^{I}$)	92,68	0,00	0,00	12,12	13,53	16,01	17,53	19,06	20,60	20,67	22,13	23,59
Δ NPV (SBG)	17,15	0,00	0,00	12,12	1,86	5,08	3,03	4,35	1,58	1,38	1,28	1,18

2015	2016	2017	2018	2019	2020	2021	2022	2023	2024	2025
23,97	25,06	25,66	26,27	26,88	27,51	28,14	28,78	29,43	30,08	30,74
25,05	26,09	26,69	27,30	27,92	28,54	29,17	29,81	30,46	31,11	31,78
1,08	1,03	1,03	1,03	1,03	1,03	1,03	1,03	1,03	1,03	1,03

Abweichung durch Veränderung des Steuersatzes

Jahr		2004	2005	2006	2007	2008	2009	2010	2011	2012	2013	2014
NPV (SBG^{P} * $Steuersatz^{I}$)	92,68	0,00	0,00	12,12	13,53	16,01	17,53	19,06	20,60	20,67	22,13	23,59
NPV (SBG^{P} * $Steuersatz^{P}$)	90,72	0,00	0,00	12,12	13,53	14,94	16,36	17,79	19,23	20,67	22,13	23,59
Δ NPV (Steuersatz)	-1,96	0,00	0,00	0,00	0,00	-1,07	-1,17	-1,27	-1,37	0,00	0,00	0,00

2015	2016	2017	2018	2019	2020	2021	2022	2023	2024	2025
25,05	26,09	26,69	27,30	27,92	28,54	29,17	29,81	30,46	31,11	31,78
25,05	26,09	26,69	27,30	27,92	28,54	29,17	29,81	30,46	31,11	31,78
0,00	0,00	0,00	0,00	0,00	0,00	0,00	0,00	0,00	0,00	0,00

Δ NPV (SBG)	-1,96
+ Δ NPV (Steuersatz)	17,15
= Δ NPV (Steuerauszahlungen)	15,19

Darstellung 55: Disaggregation der eigenkapitalbezogenen Steuerzahlungen

6.1.2.3 Monetärkontrolle für einzelne Projektträger

In Analogie zu der in Abschnitt 6.1.1.3 erarbeiteten Monetärplanung für die individuell in ihrer Doppelrolle als Managing Equity Sponsors partizipierenden Projektträger wird nachfolgend das Konzept der einzelprojektträgerbezogenen Monetärkontrolle entwickelt sowie auf Grundlage des gewählten Beispiels für die vier Trägergruppen der Projektersteller, Lieferanten, Versorger und Projektentwickler exemplarisch umgesetzt. Dabei handelt es sich gemäß der in Abschnitt 6.1.1.3 erfolgten Begründung um eine zahlungsbasierte Projektkontrollrechnung, in die neben den Zahlungsströmen aus der reinen Eigenkapitalbeteiligung auch die operativen Cash-flows aus den übernommenen Projektleistungen einfließen. Gleich der monetären Kontrollrechnung der Projektträgergemeinschaft im vergangenen Abschnitt 6.1.2.2 werden durch die systematische Gegenüberstellung von Plan- und Realisationswerten Global-, Partial- und Spezialabweichungen aufgezeigt sowie mit dem Ziel der Erarbeitung von Steuerungsempfehlungen einer ersten Ursachenanalyse unterzogen.

Zum Zweck der Komplexitätsreduktion wird auf eine detaillierte Analyse der einzelbetrieblich bedingten Operativauszahlungen verzichtet, da die Kostenstrukturen der einzelnen Projektträger weder aus den für das Beispiel vorhandenen Informationen ableitbar sind noch – als allgemein-betriebswirtschaftlicher Erkenntnisgegenstand – im engeren Sinne relevante Fragestellungen innerhalb der vorliegenden Arbeit aufwerfen.

Ad: Projektersteller

Der im Zuge der Finanzplanung entwickelte Cash-flow-Plan des Projekterstellers bildet den Ausgangspunkt für dessen individuelle Monetärkontrolle (vgl. Darstellung 41, S. 194). Wie auch für die Projektträgergemeinschaft können aus Sicht des Projekterstellers unterschiedliche Abweichungsarten berechnet werden, wobei die Berechnung von Partial- und Spezialabweichungen ausschließlich auf Kapitalwertbasis erfolgen sollte.[778] Demgemäß baut die Monetärkontrolle aus Perspektive des Projekterstellers auf der im vorangegangenen Abschnitt 6.1.2.2 durchgeführten Kontrollrechnung auf. Dabei wird auf die gesonderte Darstellung des individuellen Cash-flow-Plans zum Kontrollzeitpunkt Ende des Jahres 2007 verzichtet, da die maßgebenden Illustrationsinhalte auch den nachfolgenden Auswertungen der Kontrollrechnung entnommen werden können.

Eine erste Ursachenanalyse ermöglicht die Kapitalwertzerlegung gemäß Darstellung 56. Danach liegt das verschlechterte Projektergebnis offensichtlich in dem unerwartet niedrigen Kapitalwertbeitrag des Eigenkapitalengagements begründet, während sich die Teilkapitalwertabweichungen aus den operativen Umsatz- und Betriebsauszahlungen nahezu kompensieren.

Die Disaggregation der perspektivenspezifischen Umsatzeinzahlungen ergibt sich als teils spiegelbildliches Pendant zu der Abweichungsanalyse der Investitionsauszahlungen aus Perspektive der Projektträgergemeinschaft (vgl. Darstellung 57 und Darstellung 51, S. 207). Entsprechend spiegelt sich die bereits im Rahmen der Analyse der Investitionsauszahlungen der Projektgesellschaft gewonnene Feststellung wider, dass der Projektersteller eine aufgrund der verzögerten Fertigstellung per Saldo negative Teilkapitalwertabweichung trägt.

---

778 Zur Begründung dieses Vorgehens siehe die Erläuterungen in Abschnitt 6.1.2.1.

Abweichung des Kapitalwertes des Projekterstellers ($NPV_{Ersteller}$ (RRR = 15%))

Jahr		2004	2005	2006	2007	2008	2009	2010	2011	2012	2013	2014
$NPV_{Ersteller}^{I}$	8,34	-0,32	-5,63	-13,79	1,95	1,64	2,18	2,21	2,85	3,23	3,48	3,75
$NPV_{Ersteller}^{P}$	17,39	-5,44	-4,09	2,03	2,26	2,50	2,74	2,97	3,21	3,46	3,70	3,94
$\Delta NPV_{Ersteller}$	-9,05	5,12	-1,54	-15,82	-0,31	-0,86	-0,56	-0,77	-0,36	-0,23	-0,21	-0,20

2015	2016	2017	2018	2019	2020	2021	2022	2023	2024	2025
4,01	4,19	4,29	4,39	4,49	4,60	4,70	4,81	4,92	5,03	215,63
4,19	4,36	4,46	4,56	4,67	4,77	4,88	4,98	5,09	5,20	222,82
-0,18	-0,17	-0,17	-0,17	-0,17	-0,17	-0,17	-0,17	-0,17	-0,17	-7,19

Abweichungen der Teilkapitalwerte

Operativer Cash Flow

Jahr		2004	2005	2006	2007	2008	2009	2010	2011	2012	2013	2014
NPV (Operativer Cash Flow)^{I}	27,47	13,10	13,35	9,10	0,00	0,00	0,00	0,00	0,00	0,00	0,00	0,00
NPV (Operativer Cash Flow)^{P}	29,17	21,20	14,20	0,00	0,00	0,00	0,00	0,00	0,00	0,00	0,00	0,00
Δ NPV (Operativer Cash flow)	-1,70	-8,10	-0,85	9,10	0,00	0,00	0,00	0,00	0,00	0,00	0,00	0,00

2015	2016	2017	2018	2019	2020	2021	2022	2023	2024	2025
0,00	0,00	0,00	0,00	0,00	0,00	0,00	0,00	0,00	0,00	0,00
0,00	0,00	0,00	0,00	0,00	0,00	0,00	0,00	0,00	0,00	0,00
0,00	0,00	0,00	0,00	0,00	0,00	0,00	0,00	0,00	0,00	0,00

Umsatzeinzahlungen

Jahr		2004	2005	2006	2007	2008	2009	2010	2011	2012	2013	2014
NPV (Umsatzeinzahlungen)^{I}	305,55	98,00	174,00	135,00	0,00	0,00	0,00	0,00	0,00	0,00	0,00	0,00
NPV (Umsatzeinzahlungen)^{P}	316,45	230,00	154,00	0,00	0,00	0,00	0,00	0,00	0,00	0,00	0,00	0,00
Δ NPV (Umsatzeinzahlungen)	-10,90	-132,00	20,00	135,00	0,00	0,00	0,00	0,00	0,00	0,00	0,00	0,00

2015	2016	2017	2018	2019	2020	2021	2022	2023	2024	2025
0,00	0,00	0,00	0,00	0,00	0,00	0,00	0,00	0,00	0,00	0,00
0,00	0,00	0,00	0,00	0,00	0,00	0,00	0,00	0,00	0,00	0,00
0,00	0,00	0,00	0,00	0,00	0,00	0,00	0,00	0,00	0,00	0,00

Betriebsauszahlungen

Jahr		2004	2005	2006	2007	2008	2009	2010	2011	2012	2013	2014
NPV (Betriebsauszahlungen)^{I}	278,08	84,90	160,65	125,90	0,00	0,00	0,00	0,00	0,00	0,00	0,00	0,00
NPV (Betriebsauszahlungen)^{P}	287,27	208,80	139,80	0,00	0,00	0,00	0,00	0,00	0,00	0,00	0,00	0,00
Δ NPV (Betriebsauszahlungen)	9,19	123,90	-20,85	-125,90	0,00	0,00	0,00	0,00	0,00	0,00	0,00	0,00

2015	2016	2017	2018	2019	2020	2021	2022	2023	2024	2025
0,00	0,00	0,00	0,00	0,00	0,00	0,00	0,00	0,00	0,00	0,00
0,00	0,00	0,00	0,00	0,00	0,00	0,00	0,00	0,00	0,00	0,00
0,00	0,00	0,00	0,00	0,00	0,00	0,00	0,00	0,00	0,00	0,00

Steuerauszahlungen

Jahr		2004	2005	2006	2007	2008	2009	2010	2011	2012	2013	2014
NPV (Ertragsteuerauszahlungen)^{I}	9,61	4,59	4,67	3,19	0,00	0,00	0,00	0,00	0,00	0,00	0,00	0,00
NPV (Ertragsteuerauszahlungen)^{P}	10,21	7,42	4,97	0,00	0,00	0,00	0,00	0,00	0,00	0,00	0,00	0,00
Δ NPV (Ertragsteuerauszahlungen)	0,60	2,84	0,30	-3,19	0,00	0,00	0,00	0,00	0,00	0,00	0,00	0,00

2015	2016	2017	2018	2019	2020	2021	2022	2023	2024	2025
0,00	0,00	0,00	0,00	0,00	0,00	0,00	0,00	0,00	0,00	0,00
0,00	0,00	0,00	0,00	0,00	0,00	0,00	0,00	0,00	0,00	0,00
0,00	0,00	0,00	0,00	0,00	0,00	0,00	0,00	0,00	0,00	0,00

Zahlungen aus Eigenkapitalbeteiligung

Jahr		2004	2005	2006	2007	2008	2009	2010	2011	2012	2013	2014
NPV (Eigenkapitalzahlungen)^{I}	-9,51	-8,84	-14,31	-19,71	1,95	1,64	2,18	2,21	2,85	3,23	3,48	3,75
NPV (Eigenkapitalzahlungen)^{P}	-1,57	-19,22	-13,32	2,03	2,26	2,50	2,74	2,97	3,21	3,46	3,70	3,94
Δ NPV (Eigenkapitalzahlungen)	-7,94	10,38	-0,99	-21,73	-0,31	-0,86	-0,56	-0,77	-0,36	-0,23	-0,21	-0,20

2015	2016	2017	2018	2019	2020	2021	2022	2023	2024	2025
4,01	4,19	4,29	4,39	4,49	4,60	4,70	4,81	4,92	5,03	215,63
4,19	4,36	4,46	4,56	4,67	4,77	4,88	4,98	5,09	5,20	222,82
-0,18	-0,17	-0,17	-0,17	-0,17	-0,17	-0,17	-0,17	-0,17	-0,17	-7,19

+ Δ NPV (Umsatzeinzahlungen)	-10,90
+ Δ NPV (Betriebsauszahlungen)	9,19
+ Δ NPV (Ertragsteuerausz.)	0,60
+ Δ NPV (Zahl. aus EK-Beteiligung)	-7,94
= $\Delta NPV_{Ersteller}$	-9,05

$IRR_{Ersteller}^{I}$	19,57%
$IRR_{Esteller}^{P}$	28,67%
$\Delta IRR_{Ersteller}$ (abs.)	-9,10%
$\Delta IRR_{Ersteller}$ (rel.)	-31,74%

Darstellung 56: Monetäre Globalabweichungen und Kapitalwertdisaggregation des Projekterstellers

Abweichungen der Umsatzeinzahlungen (in Mio. EUR)

Einzahlungen für Projekterstellungsleistungen

Jahr		2004	2005	2006	2007	2008	2009	2010	2011	2012	2013	2014
NPV (Einzahlungen f. Projekterstellung)^{I}	300,98	96,00	172,00	133,00	0,00	0,00	0,00	0,00	0,00	0,00	0,00	0,00
NPV (Einzahlungen f. Projekterstellung)^{P}	313,19	228,00	152,00	0,00	0,00	0,00	0,00	0,00	0,00	0,00	0,00	0,00
Δ NPV (Einzahlungen f. Projekterstellung)	-12,21	-132,00	20,00	133,00	0,00	0,00	0,00	0,00	0,00	0,00	0,00	0,00

Jahr	2015	2016	2017	2018	2019	2020	2021	2022	2023	2024	2025
NPV (Einzahlungen f. Projekterstellung)^{I}	0,00	0,00	0,00	0,00	0,00	0,00	0,00	0,00	0,00	0,00	0,00
NPV (Einzahlungen f. Projekterstellung)^{P}	0,00	0,00	0,00	0,00	0,00	0,00	0,00	0,00	0,00	0,00	0,00
Δ NPV (Einzahlungen f. Projekterstellung)	0,00	0,00	0,00	0,00	0,00	0,00	0,00	0,00	0,00	0,00	0,00

Leistungsabweichung

Jahr		2004	2005	2006	2007	2008	2009	2010	2011	2012	2013	2014
NPV (Fertigstellungsanteil^{I} * Festpreis^{P})	282,84	76,00	171,00	133,00	0,00	0,00	0,00	0,00	0,00	0,00	0,00	0,00
NPV (Fertigstellungsanteil^{P} * Festpreis^{P})	313,19	228,00	152,00	0,00	0,00	0,00	0,00	0,00	0,00	0,00	0,00	0,00
Δ NPV (Leistung)	-30,36	-152,00	19,00	133,00	0,00	0,00	0,00	0,00	0,00	0,00	0,00	0,00

Jahr	2015	2016	2017	2018	2019	2020	2021	2022	2023	2024	2025
NPV (Fertigstellungsanteil^{I} * Festpreis^{P})	0,00	0,00	0,00	0,00	0,00	0,00	0,00	0,00	0,00	0,00	0,00
NPV (Fertigstellungsanteil^{P} * Festpreis^{P})	0,00	0,00	0,00	0,00	0,00	0,00	0,00	0,00	0,00	0,00	0,00
Δ NPV (Leistung)	0,00	0,00	0,00	0,00	0,00	0,00	0,00	0,00	0,00	0,00	0,00

Abweichung aufgrund von Nachträgen und Vertragsstrafen

Jahr		2004	2005	2006	2007	2008	2009	2010	2011	2012	2013	2014
NPV (Einzahlungen f. Projekterstellung)^{I}	300,98	96,00	172,00	133,00	0,00	0,00	0,00	0,00	0,00	0,00	0,00	0,00
NPV (Fertigstellungsanteil^{I} * Festpreis^{P})	282,84	76,00	171,00	133,00	0,00	0,00	0,00	0,00	0,00	0,00	0,00	0,00
Δ NPV (Nachträge und Vertragstrafen)	18,15	20,00	1,00	0,00	0,00	0,00	0,00	0,00	0,00	0,00	0,00	0,00

Jahr	2015	2016	2017	2018	2019	2020	2021	2022	2023	2024	2025
NPV (Einzahlungen f. Projekterstellung)^{I}	0,00	0,00	0,00	0,00	0,00	0,00	0,00	0,00	0,00	0,00	0,00
NPV (Fertigstellungsanteil^{I} * Festpreis^{P})	0,00	0,00	0,00	0,00	0,00	0,00	0,00	0,00	0,00	0,00	0,00
Δ NPV (Nachträge und Vertragstrafen)	0,00	0,00	0,00	0,00	0,00	0,00	0,00	0,00	0,00	0,00	0,00

Einzahlungen für technische Planungs- und Überwachungsleistungen

Jahr		2004	2005	2006	2007	2008	2009	2010	2011	2012	2013	2014
NPV (Einzahlungen f. techn. Plan. u. Überw.)^{I}	4,57	2,00	2,00	2,00	0,00	0,00	0,00	0,00	0,00	0,00	0,00	0,00
NPV (Einzahlungen f. techn. Plan. u. Überw.)^{P}	3,25	2,00	2,00	0,00	0,00	0,00	0,00	0,00	0,00	0,00	0,00	0,00
Δ NPV (Einzahlungen für technische Planung)	1,32	0,00	0,00	2,00	0,00	0,00	0,00	0,00	0,00	0,00	0,00	0,00

Jahr	2015	2016	2017	2018	2019	2020	2021	2022	2023	2024	2025
NPV (Einzahlungen f. techn. Plan. u. Überw.)^{I}	0,00	0,00	0,00	0,00	0,00	0,00	0,00	0,00	0,00	0,00	0,00
NPV (Einzahlungen f. techn. Plan. u. Überw.)^{P}	0,00	0,00	0,00	0,00	0,00	0,00	0,00	0,00	0,00	0,00	0,00
Δ NPV (Einzahlungen für technische Planung)	0,00	0,00	0,00	0,00	0,00	0,00	0,00	0,00	0,00	0,00	0,00

Abweichungen der Betriebsauszahlungen (in Mio. EUR)

Auszahlungen für Projekterstellungsleistungen

Jahr		2004	2005	2006	2007	2008	2009	2010	2011	2012	2013	2014
NPV (Auszahlungen f. Projekterstellung)^{I}	274,32	83,00	158,90	124,70	0,00	0,00	0,00	0,00	0,00	0,00	0,00	0,00
NPV (Auszahlungen f. Projekterstellung)^{P}	284,35	207,00	138,00	0,00	0,00	0,00	0,00	0,00	0,00	0,00	0,00	0,00
Δ NPV (Auszahlungen f. Projekterstellung)	10,03	124,00	-20,90	-124,70	0,00	0,00	0,00	0,00	0,00	0,00	0,00	0,00

Jahr	2015	2016	2017	2018	2019	2020	2021	2022	2023	2024	2025
NPV (Auszahlungen f. Projekterstellung)^{I}	0,00	0,00	0,00	0,00	0,00	0,00	0,00	0,00	0,00	0,00	0,00
NPV (Auszahlungen f. Projekterstellung)^{P}	0,00	0,00	0,00	0,00	0,00	0,00	0,00	0,00	0,00	0,00	0,00
Δ NPV (Auszahlungen f. Projekterstellung)	0,00	0,00	0,00	0,00	0,00	0,00	0,00	0,00	0,00	0,00	0,00

Auszahlungen für technische Planungs- und Überwachungsleistungen

Jahr		2004	2005	2006	2007	2008	2009	2010	2011	2012	2013	2014
NPV (Auszahlungen f. techn. Plan. u. Überw.)^{I}	3,76	1,90	1,75	1,20	0,00	0,00	0,00	0,00	0,00	0,00	0,00	0,00
NPV (Auszahlungen f. techn. Plan. u. Überw.)^{P}	2,93	1,80	1,80	0,00	0,00	0,00	0,00	0,00	0,00	0,00	0,00	0,00
Δ NPV (Auszahlungen für technische Planung)	-0,84	-0,10	0,05	-1,20	0,00	0,00	0,00	0,00	0,00	0,00	0,00	0,00

Jahr	2015	2016	2017	2018	2019	2020	2021	2022	2023	2024	2025
NPV (Auszahlungen f. techn. Plan. u. Überw.)^{I}	0,00	0,00	0,00	0,00	0,00	0,00	0,00	0,00	0,00	0,00	0,00
NPV (Auszahlungen f. techn. Plan. u. Überw.)^{P}	0,00	0,00	0,00	0,00	0,00	0,00	0,00	0,00	0,00	0,00	0,00
Δ NPV (Auszahlungen für technische Planung)	0,00	0,00	0,00	0,00	0,00	0,00	0,00	0,00	0,00	0,00	0,00

Projekterstellungsleistungen	
Δ NPV (Einzahlungen f. Projekterstellung)	-12,21
Δ NPV (Auszahlungen f. Projekterstellung)	10,03
Technische Planungs- und Überwachungsleistungen	
Δ NPV (Einzahlungen f. techn. Planung u. Überw.)	1,32
Δ NPV (Auszahlungen f. techn. Planung u. Überw.)	-0,84
Δ NPV (operativer Cash Flow)	-1,70

Darstellung 57: Disaggregation der operativen Zahlungen des Projekterstellers

Gemäß der positiven Kapitalwertdifferenz der Auszahlungen für die reinen Erstellungsleistungen unterstreicht die Übersichtsanalyse der betrieblichen Auszahlungen nach Darstellung 57, dass der Projektersteller die Vorhaltekapazitäten während der unplanmäßig lang dauernden Erstellungsphase relativ erfolgreich anpassen konnte. Der Auswertung ist weiterhin zu entnehmen, dass die Auszahlungen für die übernommenen technischen Planungs- und Überwachungsleistungen eine negative Kapitalwertabweichung aufweisen. Eine tiefergehende Ursachenanalyse ist – wie einleitend erläutert – Gegenstand des hier nicht weiter vertieften einzelbetrieblichen Controlling.

Die positive Kapitalwertabweichung der Steuerzahlungen ergibt sich im vorliegenden Beispiel ausschließlich aus der verringerten Steuerbemessungsgrundlage (vgl. Darstellung 58).

Abweichungen der Steuerzahlungen (in Mio. EUR)

Abweichung durch Veränderung der Steuerbemessungsgrundlage (SBG)

Jahr		2004	2005	2006	2007	2008	2009	2010	2011	2012	2013	2014
NPV (SBG^{I} * $Steuersatz^{I}$)	9,61	4,59	4,67	3,19	0,00	0,00	0,00	0,00	0,00	0,00	0,00	0,00
NPV (SBG^{P} * $Steuersatz^{I}$)	10,21	7,42	4,97	0,00	0,00	0,00	0,00	0,00	0,00	0,00	0,00	0,00
Δ NPV (SBG)	0,60	2,84	0,30	-3,19	0,00	0,00	0,00	0,00	0,00	0,00	0,00	0,00

2015	2016	2017	2018	2019	2020	2021	2022	2023	2024	2025
0,00	0,00	0,00	0,00	0,00	0,00	0,00	0,00	0,00	0,00	0,00
0,00	0,00	0,00	0,00	0,00	0,00	0,00	0,00	0,00	0,00	0,00
0,00	0,00	0,00	0,00	0,00	0,00	0,00	0,00	0,00	0,00	0,00

Abweichung durch Veränderungen des Steuersatzes

Jahr		2004	2005	2006	2007	2008	2009	2010	2011	2012	2013	2014
NPV (SBG^{P} * $Steuersatz^{I}$)	10,21	7,42	4,97	0,00	0,00	0,00	0,00	0,00	0,00	0,00	0,00	0,00
NPV (SBG^{P} * $Steuersatz^{P}$)	10,21	7,42	4,97	0,00	0,00	0,00	0,00	0,00	0,00	0,00	0,00	0,00
Δ NPV (Steuersatz)	0,00	0,00	0,00	0,00	0,00	0,00	0,00	0,00	0,00	0,00	0,00	0,00

2015	2016	2017	2018	2019	2020	2021	2022	2023	2024	2025
0,00	0,00	0,00	0,00	0,00	0,00	0,00	0,00	0,00	0,00	0,00
0,00	0,00	0,00	0,00	0,00	0,00	0,00	0,00	0,00	0,00	0,00
0,00	0,00	0,00	0,00	0,00	0,00	0,00	0,00	0,00	0,00	0,00

Δ NPV (SBG)	0,60
+ Δ NPV (Steuersatz)	0,00
= Δ NPV (Steuerauszahlunger	0,60

Darstellung 58: Disaggregation der Steuerzahlungen des Projekterstellers

Die negative Kapitalwertabweichung der Zahlungsströme aus der Eigenkapitalbeteiligung des als Sponsor engagierten Projekterstellers resultiert gemäß Darstellung 59 zum überwiegenden Teil aus der unplanmäßig hohen Kapitalbereitstellung. Überdies wirken sich die verringerten Dividendenausschüttungen und die unerwartet niedrige Gewinnrücklagenzahlung wertmindernd aus.

Abweichungen der Zahlungen aus Eigenkapitalbeteiligung (in Mio. EUR)

Dividendeneinzahlungen

Jahr		2004	2005	2006	2007	2008	2009	2010	2011	2012	2013	2014
Dividendeneinzahlungen^I	12,22	0,00	0,00	0,00	1,95	1,64	2,18	2,21	2,85	3,23	3,48	3,75
Dividendeneinzahlungen^P	15,16	0,00	0,00	2,03	2,26	2,50	2,74	2,97	3,21	3,46	3,70	3,94
Δ Dividendeneinzahlungen	-2,94	0,00	0,00	-2,03	-0,31	-0,86	-0,56	-0,77	-0,36	-0,23	-0,21	-0,20

2015	2016	2017	2018	2019	2020	2021	2022	2023	2024	2025
4,01	4,19	4,29	4,39	4,49	4,60	4,70	4,81	4,92	5,03	5,14
4,19	4,36	4,46	4,56	4,67	4,77	4,88	4,98	5,09	5,20	5,31
-0,18	-0,17	-0,17	-0,17	-0,17	-0,17	-0,17	-0,17	-0,17	-0,17	-0,17

Gewinnrücklageneinzahlungen

Jahr		2004	2005	2006	2007	2008	2009	2010	2011	2012	2013	2014
Gewinnrücklageneinzahlungen^I	9,72	0,00	0,00	0,00	0,00	0,00	0,00	0,00	0,00	0,00	0,00	0,00
Gewinnrücklageneinzahlungen^P	10,05	0,00	0,00	0,00	0,00	0,00	0,00	0,00	0,00	0,00	0,00	0,00
Δ Gewinnrücklageneinzahlungen	-0,32	0,00	0,00	0,00	0,00	0,00	0,00	0,00	0,00	0,00	0,00	0,00

2015	2016	2017	2018	2019	2020	2021	2022	2023	2024	2025
0,00	0,00	0,00	0,00	0,00	0,00	0,00	0,00	0,00	0,00	210,49
0,00	0,00	0,00	0,00	0,00	0,00	0,00	0,00	0,00	0,00	217,51
0,00	0,00	0,00	0,00	0,00	0,00	0,00	0,00	0,00	0,00	-7,02

Eigenkapitalauszahlungen

Jahr		2004	2005	2006	2007	2008	2009	2010	2011	2012	2013	2014
Eigenkapitalauszahlungen^I	31,46	8,84	14,31	19,71	0,00	0,00	0,00	0,00	0,00	0,00	0,00	0,00
Eigenkapitalauszahlungen^P	26,78	19,22	13,32	0,00	0,00	0,00	0,00	0,00	0,00	0,00	0,00	0,00
Δ Eigenkapitalauszahlungen	-4,68	10,38	-0,99	-19,71	0,00	0,00	0,00	0,00	0,00	0,00	0,00	0,00

2015	2016	2017	2018	2019	2020	2021	2022	2023	2024	2025
0,00	0,00	0,00	0,00	0,00	0,00	0,00	0,00	0,00	0,00	0,00
0,00	0,00	0,00	0,00	0,00	0,00	0,00	0,00	0,00	0,00	0,00
0,00	0,00	0,00	0,00	0,00	0,00	0,00	0,00	0,00	0,00	0,00

+ Δ NPV (Dividendeneinzahlungen)	-2,94
+ Δ NPV (Gewinnrücklageneinz.)	-0,32
+ Δ NPV (Eigenkapitalausz.)	-4,68
= Δ $NPV_{Ersteller}$	-7,94

Darstellung 59: Disaggregation der Zahlungen aus der Eigenkapitalbeteiligung des Projekterstellers

Ad: Lieferanten

Wie bei dem Projektersteller basiert die Monetärkontrolle des Lieferanten auf dem in der Finanzplanung erarbeiteten individuellen Cash-flow-Plan (vgl. Darstellung 42, S. 195).

Die überblicksartige Kontrollrechnung des Projektlieferanten zeigt, dass die ursprünglich geplanten Monetärzielgrößen ebenfalls nicht vollständig erreicht werden konnten (vgl. Darstellung 60). Wenngleich die relativ hohe Negativabweichung des Gesamtkapitalwertes auch aus Lieferantensicht maßgeblich auf das verschlechterte Ergebnis aus der Eigenkapitalbeteiligung zurückzuführen ist, so ist auch eine deutliche Teilkapitalwertabweichung der operativen Cash-flows zu konstatieren. Die relativ hohe Negativabweichung der operativen Cash-flows basiert zum einen auf dem Diskontierungseffekt aus verspätetem Lieferbeginn und zum anderen auf verminderten operativen Zahlungsüberschüssen während der ersten Betriebsjahre. Wie Darstellung 61 demonstriert, liegt die Kapitalwertabweichung der operativen Ein- und Auszahlungen hauptsächlich in der Mengenkomponente begründet, so dass sich die Preisabweichungen im Sinne annähernd durchlaufender Posten nahezu kompensieren.

Abweichung des Kapitalwertes des Lieferanten ($NPV_{Lieferant}$ (RRR = 15%)) (in Mio. EUR)

Jahr		2004	2005	2006	2007	2008	2009	2010	2011	2012	2013	2014
$NPV_{Lieferant}^{I}$	14,98	-8,84	-14,31	-19,71	6,74	6,29	7,16	7,65	8,46	9,48	9,93	10,39
$NPV_{Lieferant}^{P}$	27,81	-19,22	-13,32	7,27	7,66	8,06	8,46	8,87	9,29	9,71	10,15	10,58
$\Delta NPV_{Lieferant}$	-12,83	10,38	-0,99	-26,97	-0,92	-1,77	-1,30	-1,22	-0,83	-0,23	-0,21	-0,20

	2015	2016	2017	2018	2019	2020	2021	2022	2023	2024	2025
$NPV_{Lieferant}^{I}$	10,85	11,23	11,54	11,86	12,19	12,53	12,87	13,22	13,58	13,95	224,82
$NPV_{Lieferant}^{P}$	11,03	11,41	11,72	12,04	12,36	12,70	13,04	13,39	13,75	14,12	232,01
$\Delta NPV_{Lieferant}$	-0,18	-0,17	-0,17	-0,17	-0,17	-0,17	-0,17	-0,17	-0,17	-0,17	-7,19

Abweichungen der Teilkapitalwerte

Operativer Cash Flow

Jahr		2004	2005	2006	2007	2008	2009	2010	2011	2012	2013	2014
NPV (Operativer Cash Flow)^{I}	38,75	0,00	0,00	0,00	7,37	7,75	8,31	9,08	9,35	9,63	9,92	10,22
NPV (Operativer Cash Flow)^{P}	45,21	0,00	0,00	8,06	8,31	8,56	8,81	9,08	9,35	9,63	9,92	10,22
Δ NPV (Operativer Cash Flow)	-6,45	0,00	0,00	-8,06	-0,94	-0,80	-0,50	0,00	0,00	0,00	0,00	0,00

	2015	2016	2017	2018	2019	2020	2021	2022	2023	2024	2025
NPV (Operativer Cash Flow)^{I}	10,52	10,84	11,16	11,50	11,84	12,20	12,56	12,94	13,33	13,73	14,14
NPV (Operativer Cash Flow)^{P}	10,52	10,84	11,16	11,50	11,84	12,20	12,56	12,94	13,33	13,73	14,14
Δ NPV (Operativer Cash Flow)	0,00	0,00	0,00	0,00	0,00	0,00	0,00	0,00	0,00	0,00	0,00

Umsatzeinzahlungen aus Lieferleistungen

Jahr		2004	2005	2006	2007	2008	2009	2010	2011	2012	2013	2014
NPV (Umsatzeinzahlungen)^{I}	387,53	0,00	0,00	0,00	73,71	77,51	83,11	90,76	93,49	96,29	99,18	102,16
NPV (Umsatzeinzahlungen)^{P}	452,07	0,00	0,00	80,64	83,06	85,55	88,12	90,76	93,49	96,29	99,18	102,16
Δ NPV (Umsatzeinzahlungen)	-64,54	0,00	0,00	-80,64	-9,35	-8,05	-5,01	0,00	0,00	0,00	0,00	0,00

	2015	2016	2017	2018	2019	2020	2021	2022	2023	2024	2025
NPV (Umsatzeinzahlungen)^{I}	105,22	108,38	111,63	114,98	118,43	121,98	125,64	129,41	133,29	137,29	141,41
NPV (Umsatzeinzahlungen)^{P}	105,22	108,38	111,63	114,98	118,43	121,98	125,64	129,41	133,29	137,29	141,41
Δ NPV (Umsatzeinzahlungen)	0,00	0,00	0,00	0,00	0,00	0,00	0,00	0,00	0,00	0,00	0,00

Betriebsauszahlungen für Lieferleistungen

Jahr		2004	2005	2006	2007	2008	2009	2010	2011	2012	2013	2014
NPV (Betriebsauszahlungen)^{I}	348,78	0,00	0,00	0,00	66,34	69,76	74,80	81,69	84,14	86,66	89,26	91,94
NPV (Betriebsauszahlungen)^{P}	406,87	0,00	0,00	72,58	74,76	77,00	79,31	81,69	84,14	86,66	89,26	91,94
Δ NPV (Betriebsauszahlungen)	58,09	0,00	0,00	72,58	8,42	7,24	4,51	0,00	0,00	0,00	0,00	0,00

	2015	2016	2017	2018	2019	2020	2021	2022	2023	2024	2025
NPV (Betriebsauszahlungen)^{I}	94,70	97,54	100,47	103,48	106,58	109,78	113,08	116,47	119,96	123,56	127,27
NPV (Betriebsauszahlungen)^{P}	94,70	97,54	100,47	103,48	106,58	109,78	113,08	116,47	119,96	123,56	127,27
Δ NPV (Betriebsauszahlungen)	0,00	0,00	0,00	0,00	0,00	0,00	0,00	0,00	0,00	0,00	0,00

Ertragsteuerauszahlungen

Jahr		2004	2005	2006	2007	2008	2009	2010	2011	2012	2013	2014
NPV (Ertragsteuerauszahlungen)^{I}	14,26	0,00	0,00	0,00	2,58	3,10	3,32	3,63	3,74	3,37	3,47	3,58
NPV (Ertragsteuerauszahlungen)^{P}	15,82	0,00	0,00	2,82	2,91	2,99	3,08	3,18	3,27	3,37	3,47	3,58
Δ NPV (Ertragsteuerauszahlungen)	1,56	0,00	0,00	2,82	0,33	-0,11	-0,24	-0,45	-0,47	0,00	0,00	0,00

	2015	2016	2017	2018	2019	2020	2021	2022	2023	2024	2025
NPV (Ertragsteuerauszahlungen)^{I}	3,68	3,79	3,91	4,02	4,14	4,27	4,40	4,53	4,67	4,81	4,95
NPV (Ertragsteuerauszahlungen)^{P}	3,68	3,79	3,91	4,02	4,14	4,27	4,40	4,53	4,67	4,81	4,95
Δ NPV (Ertragsteuerauszahlungen)	0,00	0,00	0,00	0,00	0,00	0,00	0,00	0,00	0,00	0,00	0,00

Zahlungen aus Eigenkapitalbeteiligung

Jahr		2004	2005	2006	2007	2008	2009	2010	2011	2012	2013	2014
NPV (Eigenkapitalzahlungen)^{I}	-9,51	-8,84	-14,31	-19,71	1,95	1,64	2,18	2,21	2,85	3,23	3,48	3,75
NPV (Eigenkapitalzahlungen)^{P}	-1,57	-19,22	-13,32	2,03	2,26	2,50	2,74	2,97	3,21	3,46	3,70	3,94
Δ NPV (Eigenkapitalzahlungen)	-7,94	10,38	-0,99	-21,73	-0,31	-0,86	-0,56	-0,77	-0,36	-0,23	-0,21	-0,20

	2015	2016	2017	2018	2019	2020	2021	2022	2023	2024	2025
NPV (Eigenkapitalzahlungen)^{I}	4,01	4,19	4,29	4,39	4,49	4,60	4,70	4,81	4,92	5,03	215,63
NPV (Eigenkapitalzahlungen)^{P}	4,19	4,36	4,46	4,56	4,67	4,77	4,88	4,98	5,09	5,20	222,82
Δ NPV (Eigenkapitalzahlungen)	-0,18	-0,17	-0,17	-0,17	-0,17	-0,17	-0,17	-0,17	-0,17	-0,17	-7,19

+ Δ NPV (Umsatzeinzahlungen)	-64,54
+ Δ NPV (Betriebsauszahlungen)	58,09
+ Δ NPV (Ertragsteuerauszahlungen)	1,56
+ Δ NPV (Zahlungen aus EK-Beteiligung)	-7,94
= $\Delta NPV_{Lieferant}$	-12,83

$IRR_{Lieferant}^{I}$	19,63%
$IRR_{Lieferant}^{P}$	24,94%
$\Delta IRR_{Lieferant}$ (abs.)	-5,32%
$\Delta IRR_{Lieferant}$ (rel.)	-21,32%

Darstellung 60: Monetäre Globalabweichungen und Kapitalwertdisaggregation des Lieferanten

Abweichung der Umsatzeinzahlungen (in Mio. EUR)

Preisabweichung

Jahr		2004	2005	2006	2007	2008	2009	2010	2011	2012	2013	2014
NPV (Menge^I * Erdgaspreis^I)	387,53	0,00	0,00	0,00	73,71	77,51	83,11	90,76	93,49	96,29	99,18	102,16
NPV (Menge^I * Erdgaspreis^P)	394,66	0,00	0,00	0,00	79,01	81,38	88,12	90,76	93,49	96,29	99,18	102,16
Δ NPV (Energieträgerpreis)	-7,12	0,00	0,00	0,00	-5,30	-3,87	-5,01	0,00	0,00	0,00	0,00	0,00

Jahr	2015	2016	2017	2018	2019	2020	2021	2022	2023	2024	2025
NPV (Menge^I * Erdgaspreis^I)	105,22	108,38	111,63	114,98	118,43	121,98	125,64	129,41	133,29	137,29	141,41
NPV (Menge^I * Erdgaspreis^P)	105,22	108,38	111,63	114,98	118,43	121,98	125,64	129,41	133,29	137,29	141,41
Δ NPV (Energieträgerpreis)	0,00	0,00	0,00	0,00	0,00	0,00	0,00	0,00	0,00	0,00	0,00

Mengenabweichung

Jahr		2004	2005	2006	2007	2008	2009	2010	2011	2012	2013	2014
NPV (Menge^I * Erdgaspreis^P)	394,66	0,00	0,00	0,00	79,01	81,38	88,12	90,76	93,49	96,29	99,18	102,16
NPV (Menge^P * Erdgaspreis^P)	452,07	0,00	0,00	80,64	83,06	85,55	88,12	90,76	93,49	96,29	99,18	102,16
Δ NPV (Energieträgermenge)	-57,42	0,00	0,00	-80,64	-4,05	-4,17	0,00	0,00	0,00	0,00	0,00	0,00

Jahr	2015	2016	2017	2018	2019	2020	2021	2022	2023	2024	2025
NPV (Menge^I * Erdgaspreis^P)	105,22	108,38	111,63	114,98	118,43	121,98	125,64	129,41	133,29	137,29	141,41
NPV (Menge^P * Erdgaspreis^P)	105,22	108,38	111,63	114,98	118,43	121,98	125,64	129,41	133,29	137,29	141,41
Δ NPV (Energieträgermenge)	0,00	0,00	0,00	0,00	0,00	0,00	0,00	0,00	0,00	0,00	0,00

Abweichung der Betriebsauszahlungen (in Mio. EUR)

Preisabweichung

Jahr		2004	2005	2006	2007	2008	2009	2010	2011	2012	2013	2014
NPV (Menge^I * Erdgaskosten^I)	348,78	0,00	0,00	0,00	66,34	69,76	74,80	81,69	84,14	86,66	89,26	91,94
NPV (Menge^I * Erdgaskosten^P)	355,19	0,00	0,00	0,00	71,11	73,24	79,31	81,69	84,14	86,66	89,26	91,94
Δ NPV (Energieträgerkosten)	6,41	0,00	0,00	0,00	4,77	3,49	4,51	0,00	0,00	0,00	0,00	0,00

Jahr	2015	2016	2017	2018	2019	2020	2021	2022	2023	2024	2025
NPV (Menge^I * Erdgaskosten^I)	94,70	97,54	100,47	103,48	106,58	109,78	113,08	116,47	119,96	123,56	127,27
NPV (Menge^I * Erdgaskosten^P)	94,70	97,54	100,47	103,48	106,58	109,78	113,08	116,47	119,96	123,56	127,27
Δ NPV (Energieträgerkosten)	0,00	0,00	0,00	0,00	0,00	0,00	0,00	0,00	0,00	0,00	0,00

Mengenabweichung

Jahr		2004	2005	2006	2007	2008	2009	2010	2011	2012	2013	2014
NPV (Menge^I * Erdgaskosten^P)	355,19	0,00	0,00	0,00	71,11	73,24	79,31	81,69	84,14	86,66	89,26	91,94
NPV (Menge^P * Erdgaskosten^P)	406,87	0,00	0,00	72,58	74,76	77,00	79,31	81,69	84,14	86,66	89,26	91,94
Δ NPV (Energieträgermenge)	51,67	0,00	0,00	72,58	3,65	3,76	0,00	0,00	0,00	0,00	0,00	0,00

Jahr	2015	2016	2017	2018	2019	2020	2021	2022	2023	2024	2025
NPV (Menge^I * Erdgaskosten^P)	94,70	97,54	100,47	103,48	106,58	109,78	113,08	116,47	119,96	123,56	127,27
NPV (Menge^P * Erdgaskosten^P)	94,70	97,54	100,47	103,48	106,58	109,78	113,08	116,47	119,96	123,56	127,27
Δ NPV (Energieträgermenge)	0,00	0,00	0,00	0,00	0,00	0,00	0,00	0,00	0,00	0,00	0,00

Δ NPV (Energieträgerpreis)	-7,12
+ Δ NPV (Energieträgermenge)	-57,42
= Δ NPV (Umsatzeinzahlungen)	-64,54

Δ NPV (Energieträgerpreis)	6,41
+ Δ NPV (Energieträgermenge)	51,67
= Δ NPV (Betriebsauszahl.)	58,09

Darstellung 61: Disaggregation der operativen Zahlungen des Lieferanten

Die positive Kapitalwertdifferenz der Steuerauszahlungen kann den verringerten Steuerbemessungsgrundlagen zugeschrieben werden (vgl. Darstellung 62). Der ursprünlich nicht erwartete, zeitlich befristete Anstieg des maßgebenden Steuersatzes führt nur zu einer verhältnismäßig geringen Negativabweichung des Teilkapitalwertes.

Die negativen Kapitalwertdifferenzen der Zahlungsströme aus der Bereitstellung des Projekteigenkapitals entsprechen aufgrund der gleichhohen Beteiligungsquote denjenigen des Projekterstellers. Insofern sei auf die Kapitalwertzerlegung nach Darstellung 59 (S. 219) verwiesen.

Abweichungen der Steuerzahlungen (in Mio. EUR)

Abweichung durch Veränderung der Steuerbemessungsgrundlage

Jahr		2004	2005	2006	2007	2008	2009	2010	2011	2012	2013	2014
NPV (SBG^{I} * Steuersatz^{I})	14,26	0,00	0,00	0,00	2,58	3,10	3,32	3,63	3,74	3,37	3,47	3,58
NPV (SBG^{P} * Steuersatz^{I})	16,55	0,00	0,00	2,82	2,91	3,42	3,52	3,63	3,74	3,37	3,47	3,58
Δ NPV (SBG)	2,29	0,00	0,00	2,82	0,33	0,32	0,20	0,00	0,00	0,00	0,00	0,00

Jahr	2015	2016	2017	2018	2019	2020	2021	2022	2023	2024	2025
NPV (SBG^{I} * Steuersatz^{I})	3,68	3,79	3,91	4,02	4,14	4,27	4,40	4,53	4,67	4,81	4,95
NPV (SBG^{P} * Steuersatz^{I})	3,68	3,79	3,91	4,02	4,14	4,27	4,40	4,53	4,67	4,81	4,95
Δ NPV (SBG)	0,00	0,00	0,00	0,00	0,00	0,00	0,00	0,00	0,00	0,00	0,00

Abweichung durch Veränderungen des Steuersatzes

Jahr		2004	2005	2006	2007	2008	2009	2010	2011	2012	2013	2014
NPV (SBG^{P} * Steuersatz^{I})	16,55	0,00	0,00	2,82	2,91	3,42	3,52	3,63	3,74	3,37	3,47	3,58
NPV (SBG^{P} * Steuersatz^{P})	15,82	0,00	0,00	2,82	2,91	2,99	3,08	3,18	3,27	3,37	3,47	3,58
Δ NPV (Steuersatz)	-0,73	0,00	0,00	0,00	0,00	-0,43	-0,44	-0,45	-0,47	0,00	0,00	0,00

Jahr	2015	2016	2017	2018	2019	2020	2021	2022	2023	2024	2025
NPV (SBG^{P} * Steuersatz^{I})	3,68	3,79	3,91	4,02	4,14	4,27	4,40	4,53	4,67	4,81	4,95
NPV (SBG^{P} * Steuersatz^{P})	3,68	3,79	3,91	4,02	4,14	4,27	4,40	4,53	4,67	4,81	4,95
Δ NPV (Steuersatz)	0,00	0,00	0,00	0,00	0,00	0,00	0,00	0,00	0,00	0,00	0,00

Δ NPV (SBG)	2,29
+ Δ NPV (Steuersatz)	-0,73
= Δ NPV (Steuerauszahlungen)	1,56

Darstellung 62: Disaggregation der Steuerzahlungen des Lieferanten

Ad: Versorger

Die Grundlage der monetären Individualkontrolle des Versorgers bildet der im Rahmen der Finanzplanung entwickelte Cash-flow-Plan gemäß Darstellung 43 auf Seite 197. Die Ergebnisse der Finanzkontrollrechnung des Versorgers gibt im Überblick Darstellung 63 wieder. Daraus wird ersichtlich, dass das Projektträgerengagement gemessen an der zugrunde gelegten Required Rate of Return (RRR) von 15% nicht mehr als vorteilhaft eingestuft werden kann. Die Zerlegung des Versorger- beziehungsweise Betreiber-bezogenenen Kapitalwertes verdeutlicht zudem, dass die Hauptursache für die negative Gesamtabweichung in der geringen Rentierung des im Rahmen der Projektfinanzierung bereitgestellten Eigenkapitals zu suchen ist. Aufgrund des besonders hohen Eigenkapitalanteils des projektbetreibenden Versorgers fällt die Negativabweichung aus der Eigenkapitalbeteiligung gegenüber den übrigen Projektträgern ausnehmend deutlich aus. Die negative Kapitalwertabweichung des operativen Cash-flows ist primär auf den verzögerten Betriebsbeginn und sekundär auf nicht vollständig überwälzbare Betriebskostensteigerungen während der Phase des Projektbetriebs zurückzuführen. Der um Wird-Zahlungen adjustierte Kontroll-Plan demonstriert überdies, dass der betreibende Versorger davon ausgeht, ab dem Jahr 2011 die Betriebsauszahlungen auf das ursprünglich geplante Niveau reduzieren zu können.

Abweichung des Kapitalwertes des Betreibers ($NPV_{Betreiber}$ (RRR = 15%)) (in Mio. EUR)

Jahr		2004	2005	2006	2007	2008	2009	2010	2011	2012	2013	2014
$NPV_{Betreiber}^{I}$	-5,71	-10,31	-16,70	-22,99	2,60	2,61	3,25	3,68	4,85	5,46	5,81	6,17
$NPV_{Betreiber}^{P}$	6,13	-22,42	-15,54	3,78	4,10	4,42	4,74	5,07	5,40	5,73	6,06	6,40
$\Delta NPV_{Betreiber}$	-11,84	12,12	-1,16	-26,78	-1,50	-1,81	-1,49	-1,39	-0,55	-0,27	-0,25	-0,23

Jahr	2015	2016	2017	2018	2019	2020	2021	2022	2023	2024	2025
$NPV_{Betreiber}^{I}$	6,53	6,80	6,97	7,15	7,33	7,51	7,70	7,89	8,09	8,28	254.06
$NPV_{Betreiber}^{P}$	6,74	7,00	7,17	7,35	7,53	7,71	7,90	8,09	8,29	8,49	262,45
$\Delta NPV_{Betreiber}$	-0,21	-0,20	-0,20	-0,20	-0,20	-0,20	-0,20	-0,20	-0,20	-0,20	-8,39

Abweichungen der Teilkapitalwerte

Operativer Cash Flow

Jahr		2004	2005	2006	2007	2008	2009	2010	2011	2012	2013	2014
NPV (Operativer Cash Flow) ^{I}	8,49	0,00	0,00	0,00	0,50	1,16	1,19	1,84	2,53	2,61	2,69	2,77
NPV (Operativer Cash Flow) ^{P}	12,25	0,00	0,00	2,19	2,25	2,32	2,39	2,46	2,53	2,61	2,69	2,77
Δ NPV (Operativer Cash Flow)	-3,76	0,00	0,00	-2,19	-1,75	-1,16	-1,19	-0,61	0,00	0,00	0,00	0,00

Jahr	2015	2016	2017	2018	2019	2020	2021	2022	2023	2024	2025
NPV (Operativer Cash Flow) ^{I}	2,85	2,94	3,03	3,12	3,21	3,31	3,40	3,51	3,61	3,72	3,83
NPV (Operativer Cash Flow) ^{P}	2,85	2,94	3,03	3,12	3,21	3,31	3,40	3,51	3,61	3,72	3,83
Δ NPV (Operativer Cash Flow)	0,00	0,00	0,00	0,00	0,00	0,00	0,00	0,00	0,00	0,00	0,00

Umsatzeinzahlungen für Betrieb- und Instandhaltung

Jahr		2004	2005	2006	2007	2008	2009	2010	2011	2012	2013	2014
NPV (Umsatzeinzahlungen) ^{I}	107,57	0,00	0,00	0,00	21,50	23,19	23,88	24,60	25,34	26,10	26,88	27,68
NPV (Umsatzeinzahlungen) ^{P}	122,51	0,00	0,00	21,85	22,51	23,19	23,88	24,60	25,34	26,10	26,88	27,68
Δ NPV (Umsatzeinzahlungen)	-14,95	0,00	0,00	-21,85	-1,01	0,00	0,00	0,00	0,00	0,00	0,00	0,00

Jahr	2015	2016	2017	2018	2019	2020	2021	2022	2023	2024	2025
NPV (Umsatzeinzahlungen) ^{I}	28,52	29,37	30,25	31,16	32,09	33,06	34,05	35,07	36,12	37,21	38,32
NPV (Umsatzeinzahlungen) ^{P}	28,52	29,37	30,25	31,16	32,09	33,06	34,05	35,07	36,12	37,21	38,32
Δ NPV (Umsatzeinzahlungen)	0,00	0,00	0,00	0,00	0,00	0,00	0,00	0,00	0,00	0,00	0,00

Betriebsauszahlungen für Betrieb und Instandhaltung

Jahr		2004	2005	2006	2007	2008	2009	2010	2011	2012	2013	2014
NPV (Betriebsauszahlungen) ^{I}	99,08	0,00	0,00	0,00	21,00	22,03	22,69	22,75	22,80	23,49	24,19	24,92
NPV (Betriebsauszahlungen) ^{P}	110,26	0,00	0,00	19,67	20,26	20,87	21,49	22,14	22,80	23,49	24,19	24,92
Δ NPV (Betriebsauszahlungen)	11,19	0,00	0,00	19,67	-0,74	-1,16	-1,19	-0,61	0,00	0,00	0,00	0,00

Jahr	2015	2016	2017	2018	2019	2020	2021	2022	2023	2024	2025
NPV (Betriebsauszahlungen) ^{I}	25,66	26,43	27,23	28,04	28,88	29,75	30,64	31,56	32,51	33,49	34,49
NPV (Betriebsauszahlungen) ^{P}	25,66	26,43	27,23	28,04	28,88	29,75	30,64	31,56	32,51	33,49	34,49
Δ NPV (Betriebsauszahlungen)	0,00	0,00	0,00	0,00	0,00	0,00	0,00	0,00	0,00	0,00	0,00

Steuerauszahlungen

Jahr		2004	2005	2006	2007	2008	2009	2010	2011	2012	2013	2014
NPV (Ertragsteuerauszahlungen) ^{I}	3,10	0,00	0,00	0,00	0,18	0,46	0,48	0,74	1,01	0,91	0,94	0,97
NPV (Ertragsteuerauszahlungen) ^{P}	4,29	0,00	0,00	0,76	0,79	0,81	0,84	0,86	0,89	0,91	0,94	0,97
Δ NPV (Ertragsteuerauszahlungen)	1,19	0,00	0,00	0,76	0,61	0,35	0,36	0,12	-0,13	0,00	0,00	0,00

Jahr	2015	2016	2017	2018	2019	2020	2021	2022	2023	2024	2025
NPV (Ertragsteuerauszahlungen) ^{I}	1,00	1,03	1,06	1,09	1,12	1,16	1,19	1,23	1,26	1,30	1,34
NPV (Ertragsteuerauszahlungen) ^{P}	1,00	1,03	1,06	1,09	1,12	1,16	1,19	1,23	1,26	1,30	1,34
Δ NPV (Ertragsteuerauszahlungen)	0,00	0,00	0,00	0,00	0,00	0,00	0,00	0,00	0,00	0,00	0,00

Zahlungen aus Eigenkapitalbeteiligung

Jahr		2004	2005	2006	2007	2008	2009	2010	2011	2012	2013	2014
NPV (Eigenkapitalzahlungen) ^{I}	-11,10	-10,31	-16,70	-22,99	2,28	1,91	2,54	2,57	3,33	3,76	4,07	4,37
NPV (Eigenkapitalzahlungen) ^{P}	-1,83	-22,42	-15,54	2,36	2,64	2,91	3,19	3,47	3,75	4,03	4,31	4,60
Δ NPV (Eigenkapitalzahlungen)	-9,27	12,12	-1,16	-25,35	-0,36	-1,00	-0,65	-0,89	-0,42	-0,27	-0,25	-0,23

Jahr	2015	2016	2017	2018	2019	2020	2021	2022	2023	2024	2025
NPV (Eigenkapitalzahlungen) ^{I}	4,67	4,89	5,00	5,12	5,24	5,36	5,49	5,61	5,74	5,87	251,56
NPV (Eigenkapitalzahlungen) ^{P}	4,89	5,09	5,20	5,32	5,44	5,57	5,69	5,81	5,94	6,07	259,96
Δ NPV (Eigenkapitalzahlungen)	-0,21	-0,20	-0,20	-0,20	-0,20	-0,20	-0,20	-0,20	-0,20	-0,20	-8,39

+ Δ NPV (Umsatzeinzahlungen)	-14,95
+ Δ NPV (Betriebsauszahlungen)	11,19
+ Δ NPV (Ertragsteuerauszahlungen)	1,19
+ Δ NPV (Zahlungen aus EK-Beteiligur	-9,27
= $\Delta NPV_{Betreiber}$	-11,84

$IRR_{Betreiber}^{I}$	13,53%
$IRR_{Betreiber}^{P}$	16,77%
$\Delta IRR_{Betreiber}$ (abs.)	-3,25%
$\Delta IRR_{Ersteller}$ (rel.)	-19,35%

Darstellung 63: Monetäre Globalabweichungen und Kapitalwertdisaggregation des Versorgers

Analog zu den übrigen Projektträgerpartnern bewirken die verringerten Steuerbemessungsgrundlagen die positive Kapitalwertabweichung bei den Steuerzahlungen, während die Steuersatzänderung eine negative Teilkapitalwertdifferenz hervorruft. (vgl. Darstellung 64).

Abweichungen der Steuerzahlungen (in Mio. EUR)

Abweichung durch Veränderung der Steuerbemessungsgrundlage

Jahr		2004	2005	2006	2007	2008	2009	2010	2011	2012	2013	2014
NPV (SBG^{I} * Steuersatz^{I})	3,10	0,00	0,00	0,00	0,18	0,46	0,48	0,74	1,01	0,91	0,94	0,97
NPV (SBG^{P} * Steuersatz^{I})	4,48	0,00	0,00	0,76	0,79	0,93	0,96	0,98	1,01	0,91	0,94	0,97
Δ NPV (SBG)	1,38	0,00	0,00	0,76	0,61	0,46	0,48	0,25	0,00	0,00	0,00	0,00

	2015	2016	2017	2018	2019	2020	2021	2022	2023	2024	2025
NPV (SBG^{I} * Steuersatz^{I})	1,00	1,03	1,06	1,09	1,12	1,16	1,19	1,23	1,26	1,30	1,34
NPV (SBG^{P} * Steuersatz^{I})	1,00	1,03	1,06	1,09	1,12	1,16	1,19	1,23	1,26	1,30	1,34
Δ NPV (SBG)	0,00	0,00	0,00	0,00	0,00	0,00	0,00	0,00	0,00	0,00	0,00

Abweichung durch Veränderungen des Steuersatzes

Jahr		2004	2005	2006	2007	2008	2009	2010	2011	2012	2013	2014
NPV (SBG^{P} * Steuersatz^{I})	4,48	0,00	0,00	0,76	0,79	0,93	0,96	0,98	1,01	0,91	0,94	0,97
NPV (SBG^{P} * Steuersatz^{P})	4,29	0,00	0,00	0,76	0,79	0,81	0,84	0,86	0,89	0,91	0,94	0,97
Δ NPV (Steuersatz)	-0,20	0,00	0,00	0,00	0,00	-0,12	-0,12	-0,12	-0,13	0,00	0,00	0,00

	2015	2016	2017	2018	2019	2020	2021	2022	2023	2024	2025
NPV (SBG^{P} * Steuersatz^{I})	1,00	1,03	1,06	1,09	1,12	1,16	1,19	1,23	1,26	1,30	1,34
NPV (SBG^{P} * Steuersatz^{P})	1,00	1,03	1,06	1,09	1,12	1,16	1,19	1,23	1,26	1,30	1,34
Δ NPV (Steuersatz)	0,00	0,00	0,00	0,00	0,00	0,00	0,00	0,00	0,00	0,00	0,00

Δ NPV (SBG)	1,38
+ Δ NPV (Steuersatz)	-0,20
= Δ NPV (Steuerauszahlungen)	1,19

Darstellung 64: Disaggregation der Steuerzahlungen des Versorgers

Darstellung 65 illustriert, dass die negative Kapitalwertabweichung der projekteignerbezogenen Zahlungsströme wieder maßgeblich aus den erhöhten Einlageauszahlungen resultiert.

Abweichungen der Zahlungen aus Eigenkapitalbeteiligung (in Mio. EUR)

Dividendeneinzahlungen

Jahr		2004	2005	2006	2007	2008	2009	2010	2011	2012	2013	2014
Dividendeneinzahlungen^{I}	14,26	0,00	0,00	0,00	2,28	1,91	2,54	2,57	3,33	3,76	4,07	4,37
Dividendeneinzahlungen^{P}	17,69	0,00	0,00	2,36	2,64	2,91	3,19	3,47	3,75	4,03	4,31	4,60
Δ Dividendeneinzahlungen	-3,43	0,00	0,00	-2,36	-0,36	-1,00	-0,65	-0,89	-0,42	-0,27	-0,25	-0,23

	2015	2016	2017	2018	2019	2020	2021	2022	2023	2024	2025
Dividendeneinzahlungen^{I}	4,67	4,89	5,00	5,12	5,24	5,36	5,49	5,61	5,74	5,87	5,99
Dividendeneinzahlungen^{P}	4,89	5,09	5,20	5,32	5,44	5,57	5,69	5,81	5,94	6,07	6,20
Δ Dividendeneinzahlungen	-0,21	-0,20	-0,20	-0,20	-0,20	-0,20	-0,20	-0,20	-0,20	-0,20	-0,20

Gewinnrücklageneinzahlungen

Jahr		2004	2005	2006	2007	2008	2009	2010	2011	2012	2013	2014
Gewinnrücklageneinzahlungen^{I}	11,35	0,00	0,00	0,00	0,00	0,00	0,00	0,00	0,00	0,00	0,00	0,00
Gewinnrücklageneinzahlungen^{P}	11,72	0,00	0,00	0,00	0,00	0,00	0,00	0,00	0,00	0,00	0,00	0,00
Δ Gewinnrücklageneinzahlungen	-0,38	0,00	0,00	0,00	0,00	0,00	0,00	0,00	0,00	0,00	0,00	0,00

	2015	2016	2017	2018	2019	2020	2021	2022	2023	2024	2025
Gewinnrücklageneinzahlungen^{I}	0,00	0,00	0,00	0,00	0,00	0,00	0,00	0,00	0,00	0,00	245,57
Gewinnrücklageneinzahlungen^{P}	0,00	0,00	0,00	0,00	0,00	0,00	0,00	0,00	0,00	0,00	253.76
Δ Gewinnrücklageneinzahlungen	0,00	0,00	0,00	0,00	0,00	0,00	0,00	0,00	0,00	0,00	-8,19

Eigenkapitalauszahlungen

Jahr		2004	2005	2006	2007	2008	2009	2010	2011	2012	2013	2014
Eigenkapitalauszahlungen^{I}	36,71	10,31	16,70	22,99	0,00	0,00	0,00	0,00	0,00	0,00	0,00	0,00
Eigenkapitalauszahlungen^{P}	31,25	22,42	15,54	0,00	0,00	0,00	0,00	0,00	0,00	0,00	0,00	0,00
Δ Eigenkapitalauszahlungen	-5,46	12,12	-1,16	-22,99	0,00	0,00	0,00	0,00	0,00	0,00	0,00	0,00

	2015	2016	2017	2018	2019	2020	2021	2022	2023	2024	2025
Eigenkapitalauszahlungen^{I}	0,00	0,00	0,00	0,00	0,00	0,00	0,00	0,00	0,00	0,00	0,00
Eigenkapitalauszahlungen^{P}	0,00	0,00	0,00	0,00	0,00	0,00	0,00	0,00	0,00	0,00	0,00
Δ Eigenkapitalauszahlungen	0,00	0,00	0,00	0,00	0,00	0,00	0,00	0,00	0,00	0,00	0,00

+ Δ NPV (Dividendeneinzahlungen)	-3,43
+ Δ NPV (Gewinnrücklageneinz.)	-0,38
+ Δ NPV (Eigenkapitalausz.)	-5,46
= Δ $NPV_{Ersteller}$	-9,27

Darstellung 65: Disaggregation der Zahlungen aus der Eigenkapitalbeteiligung des Versorgers

Ad: Projektentwickler

Der Cash-flow-Plan des Projektentwicklers bestimmt wie bei den Individualkalkülen der übrigen Projektträger den generellen Aufbau der individuellen Monetärkontrolle (vgl. Darstellung 44, S. 198), so dass zum exemplarisch gewählten Kontrollzeitpunkt Ende 2007 individuelle Global-, Partial- und Spezialabweichungen gemäß der folgenden Darstellungen erzeugt werden können.

Bereits die erste Kapitalwertzerlegung zeigt, dass die relativ große Gesamtnegativabweichung primär aus der eingegangenen Kapitalbeteiligung resultiert. Die negative Abweichung des operativen Cash-flows wurde hauptsächlich durch zeitwertig verringerte Umsatzeinzahlungen verursacht. Wie auch bei dem Projektersteller ergibt sich die rechnerische Zerlegung der perspektivenspezifischen Umsatzeinzahlungen teilweise als Spiegelbild zu der Abweichungsanalyse der Investitionsauszahlungen aus Sicht der Projektträgergemeinschaft (vgl. Darstellung 67 und Darstellung 51, S. 207). Die übernommenen Projektentwicklungsleistungen wurden danach wie geplant vergütet, während für die erbrachten Projektsteuerungsleistungen aufgrund der verzögerten Fertigstellung und den damit einhergehenden verspäteten Zahlungseingängen trotz durchgesetzter Nachträge ein negativer Teilkapitalwert zu verzeichnen ist.

Die Entwicklung der betrieblichen Auszahlungen verdeutlicht, dass sich die Projektverzögerung negativ niederschlägt. Da offenbar ein Großteil der Betriebsauszahlungen zeitunabhängig anfällt, führt die länger als geplant fortdauernde Projektsteuerung zu einer unkompensiert negativen Teilkapitalwertdifferenz. Die positive Abweichung der Steuerzahlungen kann vollständig auf die verringerten Steuerbemessungsgrundlagen zurückgeführt werden (vgl. Darstellung 68).

Abweichung des Kapitalwertes des Projektentwicklers ($NPV_{Entw.}$ (RRR = 15%)) (in Mio. EUR)

Jahr		2004	2005	2006	2007	2008	2009	2010	2011	2012	2013	2014
$NPV_{Entwickler}^{I}$	-0,62	-0,76	-1,93	-3,28	0,33	0,27	0,36	0,37	0,48	0,54	0,58	0,62
$NPV_{Entwickler}^{P}$	0,84	-2,16	-1,96	0,34	0,38	0,42	0,46	0,50	0,54	0,58	0,62	0,66
$\Delta NPV_{Entwickler}$	-1,46	1,41	0,03	-3,62	-0,05	-0,14	-0,09	-0,13	-0,06	-0,04	-0,04	-0,03

Jahr	2015	2016	2017	2018	2019	2020	2021	2022	2023	2024	2025
$NPV_{Entwickler}^{I}$	0,67	0,70	0,71	0,73	0,75	0,77	0,78	0,80	0,82	0,84	35,94
$NPV_{Entwickler}^{P}$	0,70	0,73	0,74	0,76	0,78	0,80	0,81	0,83	0,85	0,87	37,14
$\Delta NPV_{Entwickler}$	-0,03	-0,03	-0,03	-0,03	-0,03	-0,03	-0,03	-0,03	-0,03	-0,03	-1,20

Abweichungen der Teilkapitalwerte

Operativer Cash Flow

Jahr		2004	2005	2006	2007	2008	2009	2010	2011	2012	2013	2014
NPV (Operativer Cash Flow)^{I}	1,49	1,10	0,70	0,00	0,00	0,00	0,00	0,00	0,00	0,00	0,00	0,00
NPV (Operativer Cash Flow)^{P}	1,69	1,60	0,40	0,00	0,00	0,00	0,00	0,00	0,00	0,00	0,00	0,00
Δ NPV (Operativer Cash Flow)	-0,21	-0,50	0,30	0,00	0,00	0,00	0,00	0,00	0,00	0,00	0,00	0,00

Jahr	2015	2016	2017	2018	2019	2020	2021	2022	2023	2024	2025
NPV (Operativer Cash Flow)^{I}	0,00	0,00	0,00	0,00	0,00	0,00	0,00	0,00	0,00	0,00	0,00
NPV (Operativer Cash Flow)^{P}	0,00	0,00	0,00	0,00	0,00	0,00	0,00	0,00	0,00	0,00	0,00
Δ NPV (Operativer Cash Flow)	0,00	0,00	0,00	0,00	0,00	0,00	0,00	0,00	0,00	0,00	0,00

Umsatzeinzahlungen

Jahr		2004	2005	2006	2007	2008	2009	2010	2011	2012	2013	2014
NPV (Umsatzeinzahlungen)^{I}	13,35	10,10	3,60	2,80	0,00	0,00	0,00	0,00	0,00	0,00	0,00	0,00
NPV (Umsatzeinzahlungen)^{P}	13,55	12,80	3,20	0,00	0,00	0,00	0,00	0,00	0,00	0,00	0,00	0,00
Δ NPV (Umsatzeinzahlungen)	-0,20	-2,70	0,40	2,80	0,00	0,00	0,00	0,00	0,00	0,00	0,00	0,00

Jahr	2015	2016	2017	2018	2019	2020	2021	2022	2023	2024	2025
NPV (Umsatzeinzahlungen)^{I}	0,00	0,00	0,00	0,00	0,00	0,00	0,00	0,00	0,00	0,00	0,00
NPV (Umsatzeinzahlungen)^{P}	0,00	0,00	0,00	0,00	0,00	0,00	0,00	0,00	0,00	0,00	0,00
Δ NPV (Umsatzeinzahlungen)	0,00	0,00	0,00	0,00	0,00	0,00	0,00	0,00	0,00	0,00	0,00

Betriebsauszahlungen

Jahr		2004	2005	2006	2007	2008	2009	2010	2011	2012	2013	2014
NPV (Betriebsauszahlungen)^{I}	11,86	9,00	2,90	2,80	0,00	0,00	0,00	0,00	0,00	0,00	0,00	0,00
NPV (Betriebsauszahlungen)^{P}	11,86	11,20	2,80	0,00	0,00	0,00	0,00	0,00	0,00	0,00	0,00	0,00
Δ NPV (Betriebsauszahlungen)	0,00	2,20	-0,10	-2,80	0,00	0,00	0,00	0,00	0,00	0,00	0,00	0,00

Jahr	2015	2016	2017	2018	2019	2020	2021	2022	2023	2024	2025
NPV (Betriebsauszahlungen)^{I}	0,00	0,00	0,00	0,00	0,00	0,00	0,00	0,00	0,00	0,00	0,00
NPV (Betriebsauszahlungen)^{P}	0,00	0,00	0,00	0,00	0,00	0,00	0,00	0,00	0,00	0,00	0,00
Δ NPV (Betriebsauszahlungen)	0,00	0,00	0,00	0,00	0,00	0,00	0,00	0,00	0,00	0,00	0,00

Steuerauszahlungen

Jahr		2004	2005	2006	2007	2008	2009	2010	2011	2012	2013	2014
NPV (Ertragsteuerauszahlungen)^{I}	0,52	0,39	0,25	0,00	0,00	0,00	0,00	0,00	0,00	0,00	0,00	0,00
NPV (Ertragsteuerauszahlungen)^{P}	0,59	0,56	0,14	0,00	0,00	0,00	0,00	0,00	0,00	0,00	0,00	0,00
Δ NPV (Ertragsteuerauszahlungen)	0,07	0,18	-0,11	0,00	0,00	0,00	0,00	0,00	0,00	0,00	0,00	0,00

Jahr	2015	2016	2017	2018	2019	2020	2021	2022	2023	2024	2025
NPV (Ertragsteuerauszahlungen)^{I}	0,00	0,00	0,00	0,00	0,00	0,00	0,00	0,00	0,00	0,00	0,00
NPV (Ertragsteuerauszahlungen)^{P}	0,00	0,00	0,00	0,00	0,00	0,00	0,00	0,00	0,00	0,00	0,00
Δ NPV (Ertragsteuerauszahlungen)	0,00	0,00	0,00	0,00	0,00	0,00	0,00	0,00	0,00	0,00	0,00

Zahlungen aus Eigenkapitalbeteiligung

Jahr		2004	2005	2006	2007	2008	2009	2010	2011	2012	2013	2014
NPV (Eigenkapitalzahlungen)^{I}	-1,59	-1,47	-2,39	-3,28	0,33	0,27	0,36	0,37	0,48	0,54	0,58	0,62
NPV (Eigenkapitalzahlungen)^{P}	-0,26	-3,20	-2,22	0,34	0,38	0,42	0,46	0,50	0,54	0,58	0,62	0,66
Δ NPV (Eigenkapitalzahlungen)	-1,32	1,73	-0,17	-3,62	-0,05	-0,14	-0,09	-0,13	-0,06	-0,04	-0,04	-0,03

Jahr	2015	2016	2017	2018	2019	2020	2021	2022	2023	2024	2025
NPV (Eigenkapitalzahlungen)^{I}	0,67	0,70	0,71	0,73	0,75	0,77	0,78	0,80	0,82	0,84	35,94
NPV (Eigenkapitalzahlungen)^{P}	0,70	0,73	0,74	0,76	0,78	0,80	0,81	0,83	0,85	0,87	37,14
Δ NPV (Eigenkapitalzahlungen)	-0,03	-0,03	-0,03	-0,03	-0,03	-0,03	-0,03	-0,03	-0,03	-0,03	-1,20

+ Δ NPV (Umsatzeinzahlungen)	-0,20
+ Δ NPV (Betriebsauszahlungen)	0,00
+ Δ NPV (Ertragsteuerauszahlungen)	0,07
+ Δ NPV (Zahlungen aus EK-Beteiligung)	-1,32
= $\Delta NPV_{Entwickler}$	-1,46

$IRR_{Entwickler}^{I}$	13,69%
$IRR_{Entwickler}^{P}$	17,02%
ΔIRR_{Entw} (abs.)	-3,33%
ΔIRR_{Entw} (rel.)	-19,57%

Darstellung 66: Monetäre Globalabweichungen und Kapitalwertdisaggregation des Projektentwicklers

Abweichungen der Umsatzeinzahlungen (in Mio. EUR)

Einzahlungen für Projektentwicklungsleistungen

Jahr		2004	2005	2006	2007	2008	2009	2010	2011	2012	2013	2014
NPV (Einzahlungen f. Projektentwickl.)^{I}	6,96	8,00	0,00	0,00	0,00	0,00	0,00	0,00	0,00	0,00	0,00	0,00
NPV (Einzahlungen f. Projektentwickl.)^{P}	6,96	8,00	0,00	0,00	0,00	0,00	0,00	0,00	0,00	0,00	0,00	0,00
Δ NPV (Einzahlungen f. Projektentwickl.)	0,00	0,00	0,00	0,00	0,00	0,00	0,00	0,00	0,00	0,00	0,00	0,00

Jahr	2015	2016	2017	2018	2019	2020	2021	2022	2023	2024	2025
NPV (Einzahlungen f. Projektentwickl.)^{I}	0,00	0,00	0,00	0,00	0,00	0,00	0,00	0,00	0,00	0,00	0,00
NPV (Einzahlungen f. Projektentwickl.)^{P}	0,00	0,00	0,00	0,00	0,00	0,00	0,00	0,00	0,00	0,00	0,00
Δ NPV (Einzahlungen f. Projektentwickl.)	0,00	0,00	0,00	0,00	0,00	0,00	0,00	0,00	0,00	0,00	0,00

Einzahlungen für Projektsteuerungsleistungen

Jahr		2004	2005	2006	2007	2008	2009	2010	2011	2012	2013	2014
NPV (Einzahlungen f. Projektsteuerung)^{I}	6,39	2,10	3,60	2,80	0,00	0,00	0,00	0,00	0,00	0,00	0,00	0,00
NPV (Einzahlungen f. Projektsteuerung)^{P}	6,59	4,80	3,20	0,00	0,00	0,00	0,00	0,00	0,00	0,00	0,00	0,00
Δ NPV (Einzahlungen für Projektst.)	-0,20	-2,70	0,40	2,80	0,00	0,00	0,00	0,00	0,00	0,00	0,00	0,00

Jahr	2015	2016	2017	2018	2019	2020	2021	2022	2023	2024	2025
NPV (Einzahlungen f. Projektsteuerung)^{I}	0,00	0,00	0,00	0,00	0,00	0,00	0,00	0,00	0,00	0,00	0,00
NPV (Einzahlungen f. Projektsteuerung)^{P}	0,00	0,00	0,00	0,00	0,00	0,00	0,00	0,00	0,00	0,00	0,00
Δ NPV (Einzahlungen für Projektst.)	0,00	0,00	0,00	0,00	0,00	0,00	0,00	0,00	0,00	0,00	0,00

Leistungsabweichung

Jahr		2004	2005	2006	2007	2008	2009	2010	2011	2012	2013	2014
NPV (Fertigstellungsanteil^{I} * Festpreis^{P})	5,95	1,60	3,60	2,80	0,00	0,00	0,00	0,00	0,00	0,00	0,00	0,00
NPV (Fertigstellungsanteil^{P} * Festpreis^{P})	6,59	4,80	3,20	0,00	0,00	0,00	0,00	0,00	0,00	0,00	0,00	0,00
Δ NPV (Leistung)	-0,64	-3,20	0,40	2,80	0,00	0,00	0,00	0,00	0,00	0,00	0,00	0,00

Jahr	2015	2016	2017	2018	2019	2020	2021	2022	2023	2024	2025
NPV (Fertigstellungsanteil^{I} * Festpreis^{P})	0,00	0,00	0,00	0,00	0,00	0,00	0,00	0,00	0,00	0,00	0,00
NPV (Fertigstellungsanteil^{P} * Festpreis^{P})	0,00	0,00	0,00	0,00	0,00	0,00	0,00	0,00	0,00	0,00	0,00
Δ NPV (Leistung)	0,00	0,00	0,00	0,00	0,00	0,00	0,00	0,00	0,00	0,00	0,00

Abweichung aufgrund von Nachträgen und Vertragstrafen

Jahr		2004	2005	2006	2007	2008	2009	2010	2011	2012	2013	2014
NPV (Einzahlungen für Projektsteuerung)^{I}	6,39	2,10	3,60	2,80	0,00	0,00	0,00	0,00	0,00	0,00	0,00	0,00
NPV (Fertigstellungsanteil^{I} * Festpreis^{P})	5,95	1,60	3,60	2,80	0,00	0,00	0,00	0,00	0,00	0,00	0,00	0,00
Δ NPV (Nachträge und Vertragstrafen)	0,43	0,50	0,00	0,00	0,00	0,00	0,00	0,00	0,00	0,00	0,00	0,00

Jahr	2015	2016	2017	2018	2019	2020	2021	2022	2023	2024	2025
NPV (Einzahlungen für Projektsteuerung)^{I}	0,00	0,00	0,00	0,00	0,00	0,00	0,00	0,00	0,00	0,00	0,00
NPV (Fertigstellungsanteil^{I} * Festpreis^{P})	0,00	0,00	0,00	0,00	0,00	0,00	0,00	0,00	0,00	0,00	0,00
Δ NPV (Nachträge und Vertragstrafen)	0,00	0,00	0,00	0,00	0,00	0,00	0,00	0,00	0,00	0,00	0,00

Abweichungen der Betriebsauszahlungen (in Mio. EUR)

Auszahlungen für Projektentwicklungsleistungen

Jahr		2004	2005	2006	2007	2008	2009	2010	2011	2012	2013	2014
NPV (Auszahlungen f. Projektentwickl.)^{I}	5,65	6,50	0,00	0,00	0,00	0,00	0,00	0,00	0,00	0,00	0,00	0,00
NPV (Auszahlungen f. Projektentwickl.)^{P}	6,09	7,00	0,00	0,00	0,00	0,00	0,00	0,00	0,00	0,00	0,00	0,00
Δ NPV (Auszahlungen f. Projektentwickl.)	0,43	0,50	0,00	0,00	0,00	0,00	0,00	0,00	0,00	0,00	0,00	0,00

Jahr	2015	2016	2017	2018	2019	2020	2021	2022	2023	2024	2025
NPV (Auszahlungen f. Projektentwickl.)^{I}	0,00	0,00	0,00	0,00	0,00	0,00	0,00	0,00	0,00	0,00	0,00
NPV (Auszahlungen f. Projektentwickl.)^{P}	0,00	0,00	0,00	0,00	0,00	0,00	0,00	0,00	0,00	0,00	0,00
Δ NPV (Auszahlungen f. Projektentwickl.)	0,00	0,00	0,00	0,00	0,00	0,00	0,00	0,00	0,00	0,00	0,00

Auszahlungen für Projektsteuerungsleistungen

Jahr		2004	2005	2006	2007	2008	2009	2010	2011	2012	2013	2014
NPV (Auszahlungen f. Projektsteuerung)^{I}	6,21	2,50	2,90	2,80	0,00	0,00	0,00	0,00	0,00	0,00	0,00	0,00
NPV (Auszahlungen f. Projektsteuerung)^{P}	5,77	4,20	2,80	0,00	0,00	0,00	0,00	0,00	0,00	0,00	0,00	0,00
Δ NPV (Auszahlungen für Projektst.)	-0,44	1,70	-0,10	-2,80	0,00	0,00	0,00	0,00	0,00	0,00	0,00	0,00

Jahr	2015	2016	2017	2018	2019	2020	2021	2022	2023	2024	2025
NPV (Auszahlungen f. Projektsteuerung)^{I}	0,00	0,00	0,00	0,00	0,00	0,00	0,00	0,00	0,00	0,00	0,00
NPV (Auszahlungen f. Projektsteuerung)^{P}	0,00	0,00	0,00	0,00	0,00	0,00	0,00	0,00	0,00	0,00	0,00
Δ NPV (Auszahlungen für Projektst.)	0,00	0,00	0,00	0,00	0,00	0,00	0,00	0,00	0,00	0,00	0,00

Projektentwicklungsleistungen	
Δ NPV (Einzahlungen für Projektentwicklung)	0,00
Δ NPV (Auszahlungen für Projektentwicklung)	0,43
Projektsteuerungsleistungen	
Δ NPV (Einzahlungen für Projektsteuerung)	-0,20
Δ NPV (Auszahlungen für Projektsteuerung)	-0,44
Δ NPV (operativer Cash Flow)	-0,21

Darstellung 67: Disaggregation der operativen Zahlungen des Projektentwicklers

Abweichungen der Steuerzahlungen (in Mio. EUR)

Abweichung durch Veränderung der Steuerbemessungsgrundlage

Jahr		2004	2005	2006	2007	2008	2009	2010	2011	2012	2013	2014
NPV (SBG^{I} * Steuersatz^{I})	0,52	0,39	0,25	0,00	0,00	0,00	0,00	0,00	0,00	0,00	0,00	0,00
NPV (SBG^{P} * Steuersatz^{I})	0,59	0,56	0,14	0,00	0,00	0,00	0,00	0,00	0,00	0,00	0,00	0,00
Δ NPV (SBG)	0,07	0,18	-0,11	0,00	0,00	0,00	0,00	0,00	0,00	0,00	0,00	0,00

Jahr	2015	2016	2017	2018	2019	2020	2021	2022	2023	2024	2025
NPV (SBG^{I} * Steuersatz^{I})	0,00	0,00	0,00	0,00	0,00	0,00	0,00	0,00	0,00	0,00	0,00
NPV (SBG^{P} * Steuersatz^{I})	0,00	0,00	0,00	0,00	0,00	0,00	0,00	0,00	0,00	0,00	0,00
Δ NPV (SBG)	0,00	0,00	0,00	0,00	0,00	0,00	0,00	0,00	0,00	0,00	0,00

Abweichung durch Veränderungen des Steuersatzes

Jahr		2004	2005	2006	2007	2008	2009	2010	2011	2012	2013	2014
NPV (SBG^{P} * Steuersatz^{I})	0,59	0,56	0,14	0,00	0,00	0,00	0,00	0,00	0,00	0,00	0,00	0,00
NPV (SBG^{P} * Steuersatz^{P})	0,59	0,56	0,14	0,00	0,00	0,00	0,00	0,00	0,00	0,00	0,00	0,00
Δ NPV (Steuersatz)	0,00	0,00	0,00	0,00	0,00	0,00	0,00	0,00	0,00	0,00	0,00	0,00

Jahr	2015	2016	2017	2018	2019	2020	2021	2022	2023	2024	2025
NPV (SBG^{P} * Steuersatz^{I})	0,00	0,00	0,00	0,00	0,00	0,00	0,00	0,00	0,00	0,00	0,00
NPV (SBG^{P} * Steuersatz^{P})	0,00	0,00	0,00	0,00	0,00	0,00	0,00	0,00	0,00	0,00	0,00
Δ NPV (Steuersatz)	0,00	0,00	0,00	0,00	0,00	0,00	0,00	0,00	0,00	0,00	0,00

Δ NPV (SBG)	0,07
+ Δ NPV (Steuersatz)	0,00
= Δ NPV (Steuerausz.)	0,07

Darstellung 68: Disaggregation der Steuerzahlungen des Projektentwicklers

Wie auch bei den anderen Projektträgern zeigt Darstellung 69, dass die negative Teilkapitalwertdifferenz aus den reinen Projekteignerzahlungen im Wesentlichen durch die erhöhten Einlageauszahlungen zu Projektbeginn verursacht wurden.

Abweichungen der Zahlungen aus Eigenkapitalbeteiligung (in Mio. EUR)

Dividendeneinzahlungen

Jahr		2004	2005	2006	2007	2008	2009	2010	2011	2012	2013	2014
Dividendeneinzahlungen^{I}	2,04	0,00	0,00	0,00	0,33	0,27	0,36	0,37	0,48	0,54	0,58	0,62
Dividendeneinzahlungen^{P}	2,53	0,00	0,00	0,34	0,38	0,42	0,46	0,50	0,54	0,58	0,62	0,66
Δ Dividendeneinzahlungen	-0,49	0,00	0,00	-0,34	-0,05	-0,14	-0,09	-0,13	-0,06	-0,04	-0,04	-0,03

Jahr	2015	2016	2017	2018	2019	2020	2021	2022	2023	2024	2025
Dividendeneinzahlungen^{I}	0,67	0,70	0,71	0,73	0,75	0,77	0,78	0,80	0,82	0,84	0,86
Dividendeneinzahlungen^{P}	0,70	0,73	0,74	0,76	0,78	0,80	0,81	0,83	0,85	0,87	0,89
Δ Dividendeneinzahlungen	-0,03	-0,03	-0,03	-0,03	-0,03	-0,03	-0,03	-0,03	-0,03	-0,03	-0,03

Gewinnrücklageneinzahlungen

Jahr		2004	2005	2006	2007	2008	2009	2010	2011	2012	2013	2014
Gewinnrücklageneinzahlungen^{I}	1,62	0,00	0,00	0,00	0,00	0,00	0,00	0,00	0,00	0,00	0,00	0,00
Gewinnrücklageneinzahlungen^{P}	1,67	0,00	0,00	0,00	0,00	0,00	0,00	0,00	0,00	0,00	0,00	0,00
Δ Gewinnrücklageneinzahlungen	-0,05	0,00	0,00	0,00	0,00	0,00	0,00	0,00	0,00	0,00	0,00	0,00

Jahr	2015	2016	2017	2018	2019	2020	2021	2022	2023	2024	2025
Gewinnrücklageneinzahlungen^{I}	0,00	0,00	0,00	0,00	0,00	0,00	0,00	0,00	0,00	0,00	35,08
Gewinnrücklageneinzahlungen^{P}	0,00	0,00	0,00	0,00	0,00	0,00	0,00	0,00	0,00	0,00	36,25
Δ Gewinnrücklageneinzahlungen	0,00	0,00	0,00	0,00	0,00	0,00	0,00	0,00	0,00	0,00	-1,17

Eigenkapitalauszahlungen

Jahr		2004	2005	2006	2007	2008	2009	2010	2011	2012	2013	2014
Eigenkapitalauszahlungen^{I}	5,24	1,47	2,39	3,28	0,00	0,00	0,00	0,00	0,00	0,00	0,00	0,00
Eigenkapitalauszahlungen^{P}	4,46	3,20	2,22	0,00	0,00	0,00	0,00	0,00	0,00	0,00	0,00	0,00
Δ Eigenkapitalauszahlungen	-0,78	1,73	-0,17	-3,28	0,00	0,00	0,00	0,00	0,00	0,00	0,00	0,00

Jahr	2015	2016	2017	2018	2019	2020	2021	2022	2023	2024	2025
Eigenkapitalauszahlungen^{I}	0,00	0,00	0,00	0,00	0,00	0,00	0,00	0,00	0,00	0,00	0,00
Eigenkapitalauszahlungen^{P}	0,00	0,00	0,00	0,00	0,00	0,00	0,00	0,00	0,00	0,00	0,00
Δ Eigenkapitalauszahlungen	0,00	0,00	0,00	0,00	0,00	0,00	0,00	0,00	0,00	0,00	0,00

+ Δ NPV (Dividendeneinzahlungen)	-0,49
+ Δ NPV (Gewinnrücklageneinz.)	-0,05
+ Δ NPV (Eigenkapitalausz.)	-0,78
= Δ $NPV_{Entwickler}$	-1,32

Darstellung 69: Disaggregation der Zahlungen aus der Eigenkapitalbeteiligung des Projektentwicklers

6.1.3 Abbildung der Ungewissheit in der Monetärrechnung

In die projektbezogenen Monetärrechnungen fließen aufgrund der in Abschnitt 3.3 beschriebenen Risiken unsichere Input-Daten ein, welche zu ebenfalls unsicheren Output-Daten führen. Um die risikobehafteten Zielgrößen dennoch entscheidungsorientiert abbilden zu können, ist es notwendig, Verfahren zu erarbeiten und anzuwenden, welche die spezifische Risikosituation Betreibermodell-basierter Infrastrukturprojekte berücksichtigen und die erwünschten Zielgrößen entscheidungstheoretisch valide um die potenziell eintretenden Risiken adjustieren. In der Literatur existieren hierzu bereits vielfältige Grundsatzverfahren, von denen im Folgenden ein bedeutender Ausschnitt auf seine generelle Anwendbarkeit und spezielle Ausgestaltung hin untersucht sowie konkret ausgearbeitet wird.

6.1.3.1 Ausgewählte Instrumente zur Handhabung der Ungewissheit

Wesentliche Methoden zur Unterstützung von Entscheidungen unter Unsicherheit bilden:[779]

- die Szenariotechnik als Rahmenmodell,
- die Sensitivitätsanalyse als separate Technik ohne Wahrscheinlichkeitsaussagen sowie
- die simulative Risikoanalyse als Verfahren der Wahrscheinlichkeitsrechnung.

Unterschiede zwischen den aufgezählten Basismethoden bestehen in der theoretischen Konzeption, der Art der Informationsverarbeitung, dem erzielbaren Informationsnutzen, dem praktisch resultierenden Zeit- und Kostenaufwand sowie dem intellektuellen Anspruch an die Anwendungspersonen.

Ad: Szenariotechnik als Rahmenmodell

Die Generierung von Szenarien im Sinne systematisch und nachvollziehbar, aus der gegenwärtigen Situation heraus entwickelter Zukunftsbilder[780] bietet vor allem innerhalb der Projektentwicklungsphase die Möglichkeit, transparenzerhöhend generelle Projektvarianten und deren Variationen sowie allgemein Ereignisfolgen aus Risikoursachen und -wirkungen einerseits zu visualisieren und überdies zu quantifizieren.

Im Zuge des grundsätzlich ersten Schritts der Erstellung von Szenarien, der Strukturierung des Untersuchungsfeldes, sollten diejenigen Schlüsselfaktoren herausgearbeitet und möglichst

---

779 Vernachlässigt bleibt das relativ handhabungsleichte Korrekturverfahren. Bei dem Korrekturverfahren werden die Schätzwerte von Inputgrößen durch Zu- und Abschläge auf mit Sicherheit erwartete Werte abgeändert und in das Modell zur Ermittlung einer quasisicheren Zielgröße eingesetzt. Die Höhe der Zu- oder Abschläge richtet sich nach dem Grad der subjektiv erwarteten Unsicherheit. Eine Gefahr des Korrekturverfahrens besteht in der einseitig auf die pessimistischste Entwicklung ausgerichteten, rechnerischen Kumulation der erfassten Risikozu- und -abschläge, was aus entscheidungstheoretischer Sicht eine starke Risikoaversion der Entscheidungsträger unterstellt und zum Effekt des „Totrechnens“ möglicher Handlungsalternativen führen kann. Auch fehlt dem Korrekturverfahren die transparenzerhöhende Analyse der unsicherheitsbegründenden Faktoren, so dass das Korrekturverfahren in der Gesamtsicht als methodisch ungeeignet beurteilt werden kann (vgl. Kegel, K.-P. (1991), S. 25ff; Blohm, H./Lüder, K. (1995), S. 248ff; Huch, B./Behme, W./Ohlendorf, T. (1997), S. 170f; Wagner, W. (1998), S. 23).

780 Vgl. Wild, J. (1974), S. 87ff; Götze, U. (1993), S. 36ff.

mit quantitativen Kenngrößen (Deskriptoren) gekennzeichnet werden, welche entsprechend dem zugrundeliegenden Entscheidungsproblem den Informationsbedarf am ehesten decken.[781]

Bei den vorliegenden Betreibermodell-basierten Infrastrukturprojekten können dies im Rahmen von Projektalternativenvergleichen beispielsweise die Art der verwendeten Bau- oder Anlagentechnik, vertragliche Varianten wie unterschiedliche Risikozuweisungsmöglichkeiten und Konzessionsdauern, Kapitalzu- und -rückführungsstrukturen, Desinvestitionskonzepte sowie Produkt- und Preiskonzepte mit ihren für möglich erachteten Auswirkungen auf monetäre Zielgrößen wie Projekt-Cash-flows und deren Derivate oder quantifizierte sonstige Deskriptoren wie ökologische, soziale, politische oder technologische Umweltwirkungen darstellen. Ebenso sollten projektspezifisch relevante Risikoursachen identifiziert und in Form quantitativ verwertbarer Inputdaten beziehungsweise -konstellationen zielwirkungsbezogen – zum Beispiel über Bandbreitenabschätzungen rechnerischer Inputgrößen – handhabungsfähig gemacht werden.[782]

Die den primärkoordinierenden Teilplanungen entstammenden Analyse- und Prognoseresultate können selbst auf teilplanungsspezifischen Analyse- und Prognoseverfahren basieren[783] und werden im Zuge der Erstellung der sekundärkoordinationsorientierten Zielszenarien gesamtplanungsbezogen zusammengeführt sowie entscheidungsbezogen ausgearbeitet und ausgewertet.[784]

Werden alternative Projektentwicklungen mit Blick auf konkrete, Zielgrößen-bezogene, mehrstufige Handlungsentscheidungen durchgespielt, dann wird implizit das sogenannte Entscheidungsbaumverfahren angewendet. Das Prinzip des Entscheidungsbaumverfahrens, alternative Entwicklungspfade aufzuzeigen und die Möglichkeit zu nutzen, in künftigen Projektsituationen auf Basis eines umfassenderen Informationsstandes verbesserte Handlungsentscheidungen zu treffen, kann explizit aufgegriffen werden, indem mögliche Zukunftsereignisse und darauf bezogene Handlungsalternativen baumartig strukuriert und – möglichst versehen mit geschätzten Eintrittswahrscheinlichkeiten – visualisiert werden. Die dergestalt verdeutlichten Handlungsoptionen schaffen Flexibilitätspotenziale für die zielbezogene Projektsteuerung – insbesondere auch dadurch, dass Entscheidungsbäume laufend der aktuellen Projektsituation angepasst werden können.[785, 786]

---

781 Vgl. Götze, U. (1993), S. 102.

782 Vor dem Hintergrund der Vielzahl möglicher sinnvoller Szenarien sollten quantitative Aussagen zwingend auf Basis flexibel gestalteter, EDV-gestützter Simulationsmodelle erzeugt und visualisiert werden (siehe auch Fußnote 737 auf Seite 177 und vgl. Grosse, P.B. (1990), S. 46f, 58ff; Tytko, D. (1999), S. 157).

783 Vgl. Hupe, M. (1995), S. 148ff; Münch et al. (1997), S. 130ff; Horváth, P. (2001), S. 412f.

784 Vgl. Götze, U. (1993), S. 103ff, 226ff.

785 In der Betriebswirtschaftslehre wird kontrovers diskutiert, ob derartige Optionen als explizite Wertaufschläge bei der Ermittlung von Zielgrößen einzubeziehen sind. Tatsächlich treten Realoptionen wie bessere Preisgestaltungs- und Kapazitätzanpassungsmöglichkeiten oder technische Verfahrensverbesserungen aufgrund eines im Projektverlauf verbesserten Informationsstandes – zum Beispiel über das Abnehmerverhalten oder verfahrenstechnische Abläufe – auf. Diese jedoch generell als Wertaufschläge zu berücksichtigen, kann in Analogie zu dem in Fußnote 779 (S. 229) für methodisch inakzeptabel befundenen Korrekturverfahren zu einer zu optimistischen Beurteilung untersuchter Handlungsalternativen führen. Die grundsätz-

Speziell bei der Analyse möglicher Varianten der vertraglichen Risikoallokation[787] sollte aus Sicht der Projektträger überprüft werden, ob erwartete Schadenswirkungen aus dem möglichen Eintritt von Projektrisiken bei Selbsttragung die erwarteten oder möglicherweise bekannten Übernahmeprämienforderungen der potenziellen Risikoübernehmer übersteigen. Hierzu sollten unter Zuhilfenahme der noch darzulegenden Sensitivitäts- und simulativen Risikoanalyse die möglichst wahrscheinlichkeitsverteilten Differenzbeträge aus dem NPV_{EK} bei Eintritt und Fremdtragung mit dem NPV_{EK} bei Eintritt und Selbsttragung der betrachteten Risikokategorie ermittelt werden.[788] Ist der jeweils ermittelte Differenzbetrag positiv, das heißt überschreiten die Schadenswirkungen bei Selbsttragung die Prämienforderungen, so sollte die untersuchte Risikokategorie vertraglich überwälzt werden, soweit das Projekt in der Gesamtbetrachtung weiterhin für verfolgenswert erachtet wird. Im anderen Fall ist aus dem zugrunde gelegten Monetärkalkül heraus dann eine Selbsttragung angezeigt, wenn die kumulativ erwarteten Risikowirkungen nicht als derartig projektzielgefährdend angesehen werden, dass neue Projektvarianten entwickelt werden müssen oder für das Gesamtvorhaben eine Abbruchentscheidung getroffen werden muss.

---

lich zutreffende Aussage, dass ein gegebenenfalls zusätzlich einzurechnender Wertaufschlag umso höher ausfallen muss, je größer das Ausmaß noch möglicher Entscheidungsspielräume ist (vgl. Friedl, G. (2002), S. 59ff), kann zudem in Bezug auf Betreibermodell-basierte Infrastrukturprojekte dahingehend relativiert werden, dass nach Ablauf der Erstellungsphase der Anteil noch beeinflussbarer Zahlungen an den gesamten Projektzahlungen aufgrund der hohen Erstellungskosten regelmäßig gering ist und so explizite Optionswertbetrachtungen lediglich für Projekte, bei denen zwischen Financial Closing und Erstellungsbeginn oder während der Bauwerkserstellung große, signifikant informationsstandverbessernde Zeiträume existieren, unter Wirtschaftlichkeitsaspekten Sinn machen. Auch insofern erscheint der Aufwand aus der nötigen Anwendung hochkomplexer, für kenntnisarme Dritte nur schwer nachvollziehbarer und damit auch wenig kommunizierbarer (vgl. Lun, K./Peske, T. (2002), S. 26), finanzmathematischer Verfahren im Verhältnis zu dem erzielbaren Nutzen als unverhältnismäßig hoch, so dass identifizierte Handlungsoptionen weiterhin im Rahmen der reinen Szenariogenerierung verarbeitet werden sollten (vgl. auch Betsch, O./Groh, A.P./Lohmann, L.G.E. (2000), S. 225ff; Kuhnert, M. (2000), S. 301ff; Hahn, D./Hungenberg, H. (2001), S. 420ff; Perridon, L./Steiner, M. (2002), S. 134ff).

786 Das Entscheidungsbaumverfahren kann mit den nachfolgend dargestellten Verfahren der Sensitivitäts- und simulativen Risikoanalyse kombiniert werden. Eine steigende Szenarien-Anzahl ist dann allerdings mit einem derartigen Komplexitätsanstieg verbunden, dass neben rechnerischen Umsetzungsproblemen auch enorme Interpretationsschwierigkeiten auftreten, so dass für die hier behandelten Einzelprojekte nur die voneinander getrennte Verfahrensanwendung als sinnvoll erscheint (vgl. Götze, U. (1993), S. 336ff; Blohm, H./Lüder, K. (1995), S. 280ff; Huch, B./Behme, W./Ohlendorf, T. (1997), S. 174ff).

787 Zur vertraglichen Risikoübertragung siehe Abschnitt 5.2.1.3 und dort speziell Darstellung 21 (S. 129).

788 Im Gegensatz zu einwertigen Handlungsempfehlungen (vgl. zum Beispiel Čadež, I. (2000), S. 241, 248f) ermöglicht eine derartige, auch an der gremien- oder personenspezifisch zugrundeliegenden Risikopräferenz orientierte Vorgehensweise ein entscheidungstheoretisch gesichertes Vorgehen (vgl. auch Höpfner, K.-U. (1995), S. 91ff, 185ff; Hildebrandt, J./Tegner, H. (1998), S. 86; Henschel-Bätz, M. (2000), S. 146ff). Aufbauend auf der in wahrscheinlichkeitsverteilten Darstellungen zum Ausdruck kommenden Wertestreuung ist es beispielsweise möglich, seltene Risiken kleineren bis mittleren Ausmaßes gezielt selbst zu tragen und seltene Großrisiken auf Risikoträger mit höherem Diversifikationspotenzial wie zum Beispiel Versicherer zu transferieren. Zum Begriff der Risikopräferenz im Rahmen betriebswirtschaftlicher Handlungsentscheidungen vgl. Sieben, G./Schildbach, T. (1990), S. 26. Für den vorliegenden Zusammenhang illustrieren auch Darstellung 23 (S. 146) und Darstellung 26 (S. 164) die Bedeutung der Risikopräferenz.

Grundsätzlich können sämtliche der in Abschnitt 3.3.3 identifizierten Risikokategorien über die Generierung von Szenarien vermittels der Änderung der in ein quantitativ konzipiertes, EDV-gestütztes Simulationsmodell eingehenden Inputgrößen sehr anschaulich eingearbeitet und dargestellt werden.[789] Speziell für das während der Phase der Projektentwicklung immanente, aus den Teilrisiken des Realisations- und Zuschlagsrisikos bestehende, Auftragszusagerisiko bietet sich an, die beiden Teilrisiken separat zu erfassen und handlungsbezogen zu beurteilen. Aus der frühzeitigen, analysierenden Beobachtung des Projektumfeldes im Hinblick auf die vom potenziellen Auftraggeber mit dem betrachteten Vorhaben angestrebten Ziele und den daraus hervorgehenden Soll-Prämissen[790] müssen dazu die Realisierungs- und die Zuschlagswahrscheinlichkeiten logisch voneinander getrennt bewertet werden.[791] Will man in Bezug auf das Auftragszusagerisiko quantitative Aussagen über den Sinn oder auch die Intensität einer Projektweiterverfolgung treffen, so ist es denkbar, die bis zum potenziellen Projektaustritt selbst zu tragenden Angebotskosten – zum Beispiel in Form des zumeist betraglich negativen, möglichst wahrscheinlichkeitsverteilten NPV_{EK} bei Nichterhalt des Projektzuschlags – dem ebenfalls möglichst wahrscheinlichkeitsverteilten erwarteten NPV_{EK} bei Zuschlagserhalt multipliziert mit den zwei Erwartungswerten der Realisierungs- und der Zuschlagswahrscheinlichkeit gegenüberzustellen und daraus die Entscheidung über eine generelle Projektweiterverfolgung respektive deren Ressourcenausstattung und -fließrichtung abzuleiten.[792]

789 Siehe das Inputdaten-Beispiel in Darstellung 29 (S. 176) und die daraus abgeleiteten Auswertungen sowie Darstellung 70 (S. 238), die die Möglichkeiten der rechnerischen Einbeziehung der Risikokategorien illustriert, und ferner die nachfolgenden Beispielrechnungen zur Szenariotechnik sowie Sensitivitäts- und simulativen Risikoanalyse, welche letztendlich ebenfalls auf (speziellen) Szenarien fußen.

790 Siehe zu diesen bedeutenden Controlling-Aufgaben die umfassenden Ausführungen in den Abschnitten 5.2.1.2, 5.2.1.3 und 5.2.2.1.1.

791 Bekannt ist dieses Vorgehensprinzip auch als sogenannte „go/get"-Formel (vgl. Lindeiner-Wildau, K.v. (1991), S. 18f). Beide Wahrscheinlichkeitsarten können auf Basis quasi-objektiver Vergangenheitsdaten (siehe Abschnitt 5.2.1.4) und subjektiver Schätzungen ermittelt werden. Speziell zu den Möglichkeiten der Zuschlagswahrscheinlichkeitsbestimmung vgl. Rebmann, A. (2001), S. 160ff.

792 Im Sinne einer praxisgerechten Entscheidungsfindung kann das Kalkül je nach Präferenzstruktur der Entscheidungsträger auch dahingehend variiert werden, dass statt der Erwartungswerte für die Teilwahrscheinlichkeiten risikofreudigere oder risikoscheuere Größen eingesetzt werden (vgl. Kegel, K.-P. (1991), S. 254ff; Backhaus, K. (1999), S. 473ff, 513f; Albers, S./Krafft, M. (2000), S. 1090ff). Dabei ist es auch möglich, nicht unmittelbar rechnerisch einbeziehbare Zielarten wie die bereits mehrfach hervorgehobene Referenzwirkung eines Vorhabens (siehe Fußnoten 435, 631 und 748 auf den Seiten 97, 145 und 187) implizit einfließen zu lassen. Die postulierte, auf Reflexion basierende Beratungsfunktion des Controlling erschöpft sich hier weitgehend in der Veranschaulichung des generellen Zusammenhangs zwischen den Zielsystemen und Entscheidungsfeldern der potenziellen Projektträger und Auftraggeber in Bezug auf das Auftragszusagerisiko (siehe auch Darstellung 23 auf Seite 146).

Ad: Sensitivitätsanalyse

Die Sensitivitätsanalyse ist eine rechnerische Methode, die vermittels der Variation risikobehafteter Eingangsgrößen die Empfindlichkeit einer betrachteten Zielgröße gegenüber den Inputgrößen prüft. Generell werden drei Teilverfahren der Sensitivitätsanalyse unterschieden:[793]

1. die Dreifachrechnung,
2. die Zielgrößenänderungsrechnung und
3. die Methode der kritischen Werte.

Bei allen drei Verfahren werden zunächst die für unsicher erachteten Inputgrößen ausgewählt und deren rechnerische Zusammenhänge mit der zu untersuchenden Zielgröße – wie bei dem vorliegenden Beispielvorhaben in Abschnitt 6.1.1.2 erfolgt – mathematisch modelliert. Unter der für die sonstigen Inputvariablen grundsätzlich geltenden Ceteris-paribus-Bedingung werden die Inputgrößen sodann mit Blick auf das Zielgrößenergebnis variiert.

Das Verfahren der Dreifachrechnung baut auf dem Konzept der Szenariogenerierung auf und berechnet Zielgrößen für als ungünstigst, wahrscheinlichst und günstigst erachtete Inputdatenkonstellationen.[794] Die dergestalt ermittelbaren Extremwerte kennzeichnen Korridore, innerhalb derer die tatsächlichen Ausprägungen einer Zielgröße vermutet werden.

Die Frage nach der Wertänderung der Outputgröße bei einer vorgegebenen Abweichung der Inputgrößen von deren ursprünglichen Wertansätzen steht bei der Zielgrößenänderungsrechnung im Mittelpunkt. Die Variation der Eingangsgrößen erfolgt üblicherweise über einen subjektiv gewählten Prozentsatz vom Ausgangswert oder aus dem für möglich erachteten Spread zwischen einem oberen und unteren Grenzwert der betreffenden Inputgröße.[795]

Die Methode der kritischen Werte hat die Ermittlung derjenigen Inputgrößenwerte zum Inhalt, welche zu zuvor festgelegten Zielgrößenschwellenwerten führen. Unter Beachtung der Ceteris-paribus-Prämisse für die rechnerisch nicht fokussierten Inputvariablen können maximal zulässige Base-case-Abweichungen der betrachteten Inputvariablen ermittelt werden.[796]

Auf Grundlage durchgeführter Sensitivitätsanalysen können für besonders sensitiv befundene, risikobehaftete Eingangsparameter extrahiert und unter besonderer Berücksichtigung des Wirtschaftlichkeitspostulates eingehender, beispielsweise im Zuge komplexitätsreduzierter Szenariogenerierung oder unter expliziter Einbeziehung der Wahrscheinlichkeitsrechnung im Rahmen der nachfolgend dargestellten simulativen Risikoanalyse, untersucht werden.[797]

---

793 Vgl. Blohm, H./Lüder, K. (1995), S. 250ff; Huch, B./Behme, W./Ohlendorf, T. (1997), S. 171ff.

794 Im internationalen Sprachgebrauch ist auch die Rede von Worst, Base und Best Cases (vgl. Höpfner, K.-U. (1995), S. 187; Henschel-Bätz, M. (2000), S. 149; Nevitt, P.K./Fabozzi, F.J. (2000), S. 12).

795 Vgl. Blohm, H./Lüder, K. (1995), S. 252; Woodward, D.G. (1995), S. 244.

796 Vgl. Tytko, D. (1999), S. 160.

797 Vgl. auch Woodward, D.G. (1995), S. 239, 241; Tytko, D. (1999), S. 157f.

Ad: Simulative Risikoanalyse

Die simulative Risikoanalyse hat zum Ziel, vermittels stochastischer Simulation der als unsicher erachteten, risikobehafteten Inputgrößen wahrscheinlichkeitsverteilte Zielgrößen zu generieren, um hierauf aufbauend theoretisch validere wie praktisch transparentere Vorteilhaftigkeitsentscheidungen treffen zu können. Das Verfahren gliedert sich für gewöhnlich in die folgenden Abschnitte:[798]

1. des Aufstellens des die Grundsatzzusammenhänge zwischen Inputgrößen und betrachteter Zielgröße berücksichtigenden rechnerischen Entscheidungsmodells und der Auswahl der als unsicher erachteten Inputgrößen,
2. der Einschätzung der Wahrscheinlichkeitsverteilungen für die Inputkennzahlen – möglichst unter Berücksichtigung der Abhängigkeiten zwischen den Inputgrößen,
3. der simulativen Generierung der Inputdaten,
4. der Berechnung der Ergebnisverteilung der betrachteten Zielgröße auf Basis des allgemeinen Rechenmodells in Verbindung mit den simulativ erzeugten Inputdaten.

Analog zur Sensitivitätsanalyse beginnt die simulative Risikoanalyse mit der Bestimmung des auch unter Informationssicherheit verwendeten rechnerischen Entscheidungsmodells.[799] Bei der anschließenden Auswahl der als unsicher erachteten Inputgrößen ist zur Sicherstellung eines angemessenen Aufwand-Nutzen-Verhältnisses in der Regel eine Konzentration auf für maßgebend befundene Inputgrößen unumgänglich. Als Gradmesser für die Bedeutung der zu selektierenden Inputgrößen können die Rechenergebnisse durchgeführter Sensitivitätsanalysen dienen. Inputgrößen, die korrelativ eng zusammenhängen, sollten gegebenenfalls zu aggregierten Größen zusammengefasst werden.

Die Abschätzung der Wahrscheinlichkeitsverteilungen für die durch Risiken beeinflussten Inputgrößen kann entweder unter Verwendung diskreter oder kontinuierlicher Verteilungstypen erfolgen. Dabei beschreiben kontinuierliche Wahrscheinlichkeitsverteilungen Realisationen einer Inputgröße, die durch einen Graphen ohne Unterbrechung dargestellt werden können. Demgegenüber weisen diskrete Verteilungen Variablensprünge auf. Bei Einsatz fest definierter Verteilungstypen beschränkt sich die Abschätzung der Wahrscheinlichkeitsverteilung auf die Schätzung der jeweils maßgebenden Verteilungsparameter.[800]

Da zwischen den einzelnen ausgewählten unsicheren Inputgrößen Abhängigkeitsbeziehungen existieren können, was in der Folge bedeutet, dass bei einer bestimmten Realisation der einen Inputkennzahl die andere lediglich bestimmte Werte innerhalb eines generell denkbaren Bereichs annehmen kann, sollten Abhängigkeitsbeziehungen aufgedeckt und mathematisch mit modelliert werden. Hierzu können beispielsweise Korrelationskoeffizienten beziehungsweise Kovarianzen oder bedingte Wahrscheinlichkeitsverteilungen herangezogen werden. Dabei ist

---

798 Vgl. Blohm, H./Lüder, K. (1995), S. 263ff; Huch, B./Behme, W./Ohlendorf, T. (1997), S. 173f.

799 Siehe hierzu das für den Base Case des Beispielvorhabens aufgestellte Rechenmodell in Abschnitt 6.1.1.2.

800 Vgl. Kegel, K.-P. (1991), S. 118ff; Blohm, H./Lüder, K. (1995), S. 265f.

zu beachten, dass der Analyseaufwand mit der Detaillierung der Abhängigkeitsbetrachtungen generell steigt und deshalb hinsichtlich der Detaillierungsentscheidung den erwarteten Auswirkungen aus der Vermeidung von Fehlinfomationen – ebenfalls erwartungsgemäß – gegenübergestellt werden sollte.[801]

Die endgültige Generierung der Inputdaten erfolgt vermittels der Simulation von Zufallszahlenfolgen, welche die Eigenschaft besitzen, dass ihre Häufigkeitsverteilungen den abgeschätzten Dichtefunktionen der zugehörigen Inputgrößen entsprechen. Über die Zuordnung der einzelnen Zahlen aus einer generierten Zufallszahlenfolge zu je einem Inputgrößenwert werden für jede der unsicheren Inputgrößen Realisationsverteilungen bestimmt, deren einzelne Werte als kombinierte Stichprobenauswahl sämtlicher Inputgrößen in das Grundmodell zur Berechnung der gewählten Zielgröße einfließen. Die Zufallszahlen und darauf aufbauend die möglichen Wertrealisationen der einzelnen Input- und Zielgrößen sollten solange generiert werden, bis eine für ausreichend stabil befundene Häufigkeitsverteilung der Zielgröße erreicht wird. Dies ist in der Regel nach mehreren hundert Simulationsdurchläufen der Fall.[802]

Über die Aufsummierung der relativen Häufigkeiten möglichst engmaschig definierter Zielgrößenwertklassen erhält man das sogenannte Risikoprofil der Zielgröße. Das Risikoprofil spiegelt unter Einbeziehung der risikobezogenen Eintrittswahrscheinlichkeiten anschaulich die möglichen Zielgrößenausprägungen wider. Aufgrund der direkten Zuordenbarkeit der Eintrittswahrscheinlichkeiten zu den einzelnen Zielgrößenrealisationen erlaubt die simulative Risikoanalyse Entscheidungsträgern das Treffen handlungsbezogener Vorteilhaftigkeitsentscheidungen unter besonderer Berücksichtigung der individuell bestehenden, subjektiven Risikoeinstellung und wahrt dabei weitestgehende Informationstransparenz.[803]

6.1.3.2 Anwendung und Beurteilung der Instrumente zur Handhabung der Ungewissheit

Die Szenariotechnik, die Sensitivitätsanalyse und die simulative Risikoanalyse sollen nun weiter für die Monetärrechnung Betreibermodell-basierter Infrastrukturprojekte ausgearbeitet werden. In Analogie zu dem in den Abschnitten 6.1.1.2 und 6.1.1.3 für den Base Case analysierten Kraftwerksvorhaben werden die genannten Methoden für den in der Realität maßgebenden Fall der Informationsunsicherheit konkretisiert, indem beispielhaft die Finanz- und Ergebnisplanung der Projektträgergemeinschaft unter Beachtung der in Abschnitt 3.3 gekennzeichneten Risikosituation Betreibermodell-basierter Infrastrukturprojekte skizziert wird. Die in Abschnitt 3.3.3 allgemein für Betreibermodell-basierte Infrastrukturprojekte identifizierten Risikoinhalte müssen hierzu – bezogen auf das konkret vorliegende Projekt – mit den im

---

801 Typische Abhängigkeiten bilden beispielsweise die Absatzmenge und der Produktpreis oder die Absatzmengen zweier aufeinander folgender Perioden (vgl. Blohm, H./Lüder, K. (1995), S. 266ff).

802 Die Simulation von Wertausprägungen der unsicheren Inputgrößen durch Folgen von Zufallszahlen ist auch als Monte-Carlo-Simulation bekannt (vgl. Blohm, H./Lüder, K. (1995), S. 268f).

803 Der Verlauf des Risikoprofils demonstriert die Zielgrößenstreuung. Je flacher und langgestreckter die Funktion verläuft, desto größer ist die Streuung der Zielgröße (siehe auch Darstellung 74, S. 245).

rechnerischen Grundentscheidungsmodell enthaltenen Inputgrößen abgebildet werden.[804] Die Überführung identifizierter, bislang rein verbal umrissener, Projektrisiken in risikobehaftete, quantitative Inputvariablen kann unter Zuhilfenahme einer in Darstellung 70 auf Seite 238 wiedergegebenen Zuordnungsmatrix erfolgen. Dabei sollte die Auswahl der für unsicher erachteten Inputgrößen von der geschätzten Wirkung der identifizierten Risiken auf die Inputgrößen sowie von dem geforderten Verhältnis aus Einbeziehungsgenauigkeit und -aufwand abhängig sein. Je mehr Variablen intensiv analysiert werden, desto sicherer können diejenigen Variablen erkannt und gesteuert werden, die den größten Einfluss auf die Ergebniswerte besitzen. Darüber hinaus ist unter der Voraussetzung einer fehlerfreien Einbeziehung der Inputparameter von einer Steigerung der Validität daraus abgeleiteter Vorteilhaftigkeitsentscheidungen auszugehen. Über die Variation der Inputgrößen im Rahmen der Anwendung von Szenario-, Sensitivitäts- und simulativer Risikoanalyse findet die – letztendlich maßgebende – zielgrößenbezogene Risikoquantifizierung statt.

Zu Beginn des Risikoquantifizierungsprozesses sollten zwecks Transparenzerhöhung und weitestgehender Vermeidung von Informationsverzerrungen verteilungs- und ereignisorientierte Risiken separiert werden. Während die verteilungsorientierten Risiken durch stetig wahrscheinlichkeitsverteilte Inputgrößen-Schwankungen beschrieben werden können, haben die ereignisorientierten Risiken einzelne, in ihrer Wirkung oft besonders gravierende, Begebnisse zur Ursache. Die Auswirkungen ereignisorientierter Risiken sollten möglichst gesondert im Zuge einzelner Szenario- oder Sensitivitätsanalysen und nicht gemeinsam mit den verteilungsorientierten Risiken innerhalb der simulativen Risikoanalyse betrachtet werden.[805]

Generell können der vorzeitige Projektabbruch im Allgemeinen sowie das Auftragszusagerisiko, das Risiko der Nicht-Fertigstellung und der dauerhaften Nicht-Verfügbarkeit von Produktionsfaktoren im Besonderen, politische Risiken wie Enteignung oder Konvertierungs- und Transferverbote sowie sonstige gravierende Rechtsänderungen, das unerwartete Ausscheiden bedeutender Delegationsempfänger beziehungsweise Projektbeteiligter sowie selbst zu tragende Force-Majeure-Risiken wie kriegerische Auseinandersetzungen, Sabotageakte und Sanktionen durch Fremdländer als ereignisorientierte Risiken eingestuft werden. Die gegebenenfalls verbleibenden Risiken der verzögerten Fertigstellung, mangelnden technischen Leistungsfähigkeit und der Überschreitung der Erstellungskosten, der nicht-dauerhaften Verfügbarkeitsrisiken, der Verfahrenstechnik-, der Betriebsmanagement- sowie Absatz- und Finanzierungsrisiken, der politischen Risiken wie zum Beispiel weniger schwerwiegende Preisregulierungen, des Claim- und Erfüllungsrisikos sowie der Force-Majeure-Risiken aus Streiks, Vandalismus oder weniger einschneidenden Naturereignissen können hingegen mit Hilfe stetig wahrscheinlichkeitsverteilter Inputparameter quantifiziert werden.

---

804 Einer frühzeitig, auch in Hinblick auf die projektspezifische Risikosituation möglichst durchdachten Wahl separater und aggregierter Inputvariablen kommt demnach besondere Bedeutung zu.

805 Ereignisorientierte Risiken können auch mittels simulativer Risikoanalyse berücksichtigt werden (vgl. Gleißner, W./Meier, G. (1999), S. 927f). Die Abschätzung und rechnerische Einbeziehung der unsteten Inputgrößenverteilungen werfen dann aber enorme Praktikabilitäts- und somit Akzeptanzprobleme auf.

Gemäß der soeben vorgenommenen Differenzierung zwischen verteilungs- und ereignisorientierten Risiken beziehen sich die vorliegenden Beispielanalysen auf die verteilungsorientierten Risiken. Die ereignisorientierten Risiken können aufbauend auf dem in Abschnitt 6.1.1.2 für den Base Case des Beispielvorhabens aufgestellten Rechenmodell und den Erläuterungen zur Anwendung der Szenariotechnik mittels EDV-gestützter Simulation auf verhältnismäßig einfache Weise über ereignisbezogene Änderungen der Inputgrößen abgebildet werden.

Für das vorliegende Projekt wurden die verteilungsorientierten Risiken der Leistungsdelegation im Allgemeinen sowie der mangelnden technischen Leistungsfähigkeit, der Überschreitung der Erstellungskosten, der nicht-dauerhaften Verfügbarkeit von Roh-, Hilfs- und Betriebsstoffen sowie Betriebsleistungen zu den angenommenen Qualitäten und Preisen, der verfahrenstechnisch bedingten Abweichung der Ausbringungsmengen, des dispositiven wie ausführenden Betriebsmanagements im Besonderen, der nachfrage- und politisch-rechtlich begründeten verringerten Absatzmengen und -preise, der geldmarktbedingten Erhöhung der Fremdkapitalzinsen sowie einer ebenfalls politisch-rechtlich bedingten Erhöhung des Steuersatzes als relevant identifiziert. Force-Majeure-Risiken werden a priori auf den Betreiber übertragen[806] und schlagen sich demnach zahlungsmäßig in der Vergütung der Betriebsleistungen nieder. Ebenso wird der Inbetriebnahmezeitpunkt wegen geplanter Vereinbarung schadensäquivalenter Pönalzahlungen durch den Ersteller als quasi-sicher angenommen.[807]

Die identifizierten Projektrisiken werden den Inputvariablen des entwickelten Rechenmodells gemäß Darstellung 70 zugeordnet, so dass im Rahmen der Szenario- und Sensitivitätsanalyse die Schlüsselvariablen

- Vergütungen für Projektentwicklungs-, Projekterstellungs-, Projektsteuerungs- und technische Planungs- und Überwachungsleistungen (definieren die Investitionssumme),
- Wirkungsgrad (determiniert die Input-Output-Relation im Zuge der Energieumwandlung),
- Zeitverfügbarkeit (bedingt die Produktions- beziehungsweise Absatzmenge),
- Eskalatoren der Verkaufspreise für Strom und Wärme, der sonstigen Betriebskosten sowie der Vergütungen für Fremdbetriebsleistungen und Energieträgerlieferungen (beeinflussen das operative Ergebnis),
- Fremdkapitalzinssatz (bestimmt die Höhe des zu leistenden Schuldendienstes)[808] sowie
- Ertragsteuersatz (entscheidet die Nachsteuerrendite)

als unsicher angenommen und variiert werden (vgl. Darstellung 71). In die simulative Risikoanalyse finden dann die für besonders sensitiv befundenen Inputgrößen Eingang.

---

806 Dem Betreiber steht es generell frei, die übernommenen Force-Majeure-Risiken weiter – zum Beispiel auf einen entsprechenden Versicherer – zu überwälzen (siehe auch Darstellung 21 auf Seite 129).

807 Die Höhe der notwendigen Ausgleichszahlungen kann beispielsweise mit Hilfe eines Differenzbetragskalküls über inbetriebnahmezeitpunktbezogene Szenarioanalysen erfolgen.

808 Der angesetzte Fremdkapitalkostensatz RRR_{FK} als der zum Berechnungszeitpunkt maßgebende Opportunitätskostensatz des Fremdkapitals wird allerdings wie auch die geforderte Eigenkapitalrendite RRR_{EK} konsequenterweise konstant gehalten (siehe auch Fußnote 751 auf Seite 188).

Risikokategorie	Teilrisiken	Zuordenbare Input-Variablen für die Risikoquantifizierung mittels rechnerischen Entscheidungsmodells in Verbindung mit Szenario- und Sensitivitäts- sowie simulativerRisikoanalyse													
		Projektträgerschaftsdauer	Investitionssumme	Liquidationserlös	Beschaffungs- / Absatz- / Produktionsmenge			Beschaffungspreise / Fremdvergütungen	Absatzpreise	Sonstige Kosten	FK-Zins	Abschreibungsdauer	Ertragsteuersatz	EK-Ausschüttung	Wechselkurse	...
					Wirkungsgrad	Zeitverfügbarkeit	...									
Auftragszusagerisiken	Realisierungsrisiko	+	+	-	-	-	...	+	-	+	-	-	-	-	-	...
	Zuschlagsrisiko	+	+	-	-	-	...	+	-	+	-	-	-	-	-	...
Fertigstellungsrisiken	Nicht-/ verzögerte Fertigstellung	+	-	-	-	-	...	-	-	-	-	-	-	-	-	...
	Mangelnde Leistungsfähigkeit	-	-	+	+	+	...	-	(+)	-	-	-	-	-	-	...
	Überschreitung Erstellungskosten	-	+	-	-	-	...	-	-	-	-	-	-	-	-	...
Verfügbarkeitsrisiken	Roh-, Hilfs- u. Betriebsstoffe	-	-	-	-	+	...	+	-	-	-	-	-	-	-	...
	Qualifiziertes Betriebspersonal	-	-	-	+	+	...	+	-	+	-	-	-	-	-	...
Verfahrenstechnische Risiken	Planungs-, Bau- u. Materialfehler	(+)	+	+	+	+	...	-	(+)	+	-	-	-	-	-	...
	Anlagenveraltung	(+)	-	+	+	+	...	-	(+)	+	-	-	-	-	-	...
Betriebsmanagementrisiken	Dispositionsfehler	(+)	-	+	+	+	...	+	(+)	+	-	-	-	-	-	...
	Ausführungsfehler	(+)	-	+	+	+	...	+	(+)	+	-	-	-	-	-	...
Absatzrisiken	Preisrisiko	-	-	-	-	-	...	-	+	-	-	-	-	-	-	...
	Mengenrisiko	-	-	-	+	+	...	-	-	-	-	-	-	-	-	...
Finanzierungsrisiken	Zinsrisiko	-	-	-	-	-	...	-	-	-	+	-	-	-	-	...
	Wechselkursrisiko	-	-	-	-	-	...	-	-	-	-	-	-	-	+	...
Politische Risiken	Enteignungsrisiko	+	-	+	-	-	...	-	-	-	-	-	-	-	-	...
	Konvertierungsrisiko	-	-	-	-	-	...	-	-	-	-	-	-	-	+	...
	Transferrisiko	-	-	-	-	-	...	-	-	-	-	-	-	+	-	...
	Rechtsänderungen	+	+	+	-	+	...	+	+	+	-	+	+	-	-	...
Delegationsrisiken	Erfüllungsrisiko	Siehe Fertigstellungs-, Verfügbarkeits-, Verfahrenstechnik- und Betriebsmanagementrisiken														
	Claimrisiko															
Force-Majeure-Risiken	Naturkatastrophen	+	+	+	-	-	...	+	+	+	-	-	-	-	-	...
	Streiks	-	-	-	(+)	+	...	(+)	-	+	-	-	-	-	-	...
	Vandalismus	-	+	+	-	+	...	-	-	+	-	-	-	-	-	...
	Kriegerische Auseinandersetz.	+	+	+	+	+	...	+	+	+	-	-	-	-	-	...
	Sabotageakte	-	+	+	(+)	+	...	(+)	(+)	+	-	-	-	-	-	...
	Fremdländische Sanktionen	+	-	-	-	+	...	+	(+)	+	-	-	-	(+)	(+)	...

Darstellung 70: Quantifizierung identifizierter Risiken vermittels allgemeiner Zuordnungsmatrix

Die Variationsbreite der unsicheren Inputgrößen ist abhängig von der kumulierten Auswirkungsstärke der beeinflussenden Risiken. Aufbauend auf der Zuordnung der Risiken zu den Inputvariablen müssen demnach der Schwankungsbereich und speziell für die simulative Risikoanalyse die Verteilungen der Inputparameter bestimmt werden.

Im vorliegenden Fiktivfall ergibt eine auf der Analyse von Vorgängerprojekten und den Erfahrungsmeinungen hinzugezogener Experten basierende Untersuchung, dass die Investitionskosten maximal 10% über denen des Base Cases liegen werden. Die Abweichung wird hauptsächlich aufgrund nachtragsbedingter Erstellungskostenerhöhungen erwartet. Zudem wird ein Absinken der Investitionskosten unter diejenigen des Base Cases aufgrund des vereinbarten Festpreis-Vertrages ausgeschlossen. Damit errechnen sich die maximal erwarteten Investitionskosten zu 440 Mio. EUR gegenüber 400 Mio. EUR im Basis-Fall. Der Wirkungsgrad des Kraftwerks wurde im Base Case zu 85% angesetzt. Die untere Schwankungsbreite wird von Experten auf 25% gegenüber dem Planwert geschätzt. Aufgrund technisch immer vorhandener Wirkungsverluste wird die obere Schwankung auf 5% begrenzt. Für die Produktions- beziehungsweise Absatzmengen wird bezüglich der maßgeblich in der verwendeten Verfahrenstechnologie und den Handlungen des Betriebspersonals begründeten Zeitverfügbarkeit ein Schwankungsbereich von 10% nach unten und 2% nach oben prognostiziert.[809]

Ausgehend von der nationalen Entwicklung der Einspeisevergütungen für produzierten Strom und Wärme sowie der Weltmarktpreisentwicklung des Erdgases in der Vergangenheit wird für die Eskalatoren der Absatzpreise und der Vergütung der Betriebslieferleistungen eine Schwankungsbreite von beidseitig 50% gegenüber dem Base Case einer gleichmäßigen Steigerung von 2,5% beziehungsweise 3% p.a. angenommen. Gleiche Relativänderungswerte werden auf Grundlage durchgeführter Lohn- und Materialpreisentwicklungen für die Eskalatoren der Vergütung der Betriebsleistungen und der sonstigen Betriebskosten verwendet.

Zurückgreifend auf die Entwicklung des LIBOR in den vergangenen Jahrzehnten wird dessen mögliche Abweichung gegenüber dem Base Case zu beidseitig 25% festgestellt, so dass der Fremdkapital-Zinssatz erwartungsgemäß in einem Bereich zwischen 4,5% und 7,5% zuzüglich der konstant bleibenden Bankenmarge liegt. Bezüglich des von den erwarteten politisch-rechtlichen Rahmenbedingungen des Projektstandortes abhängigen Steuersatzes wird mit einer Schwankung zwischen 25%- und 45%-Punkten gegenüber dem Base-case-Wert von 35% gerechnet. Eine Zusammenstellung der angenommenen Inputgrößen-Abweichungen gibt Darstellung 71.

---

[809] Die theoretische Maximalgrenze markiert die Jahresstundenzahl in Höhe von 8.760 h/a.

ZEITPLAN	Szenarien Worst	Base	Best	
Baubeginn	2004	2004	2004	Jahresanfang
Basisjahr für Diskontierung und Eskalation	2004	2004	2004	Jahresanfang
Betriebsbeginn	2006	2006	2006	Jahresanfang
Übergabe des Kraftwerks	2025	2025	2025	Jahresende
INVESTITION				
Vergütung für				
Projektentwicklungsleistungen i.e.S.	**9**	8	8	Mio. EUR
davon im 1. Baujahr	*100*	*100*	*100*	%
Projekterstellungsleistungen	**418**	380	380	Mio. EUR
Projektsteuerungsleistungen	**8,8**	8	8	Mio. EUR
davon im 1. Baujahr	*60*	*60*	*60*	%
Techn. Plan.- u. Überwachungsleistung	**2,2**	2	2	Mio. EUR/a
Investitionsvolumen	**440**	400	400	Mio. EUR
BETRIEB				
Betriebsdaten				
Feuerungsleistung	450	450	450	MW
Wirkungsgrad	***63,8***	*85,0*	***89,3***	%
Nutzleistung	**286,9**	382,5	**401,6**	MW
davon:				
Stromerzeugung	**95,6**	127,5	**133,9**	MW
Wärmeauskopplung	**191,3**	255,0	**267,8**	MW
Zeitverfügbarkeit	**7.380**	8.200	**8.364**	h/a
Betriebskosten (im Basisjahr)				
Vergütung für				
wirtschaftl. u. techn. Betriebsleistungen	20	20	20	Mio. EUR/a
Lieferleistungen (Energieträgerkosten)	0,2	0,2	0,2	EUR/m³
Sonstige Betriebskosten	8	8	8	Mio. EUR/a
Verkaufspreis (im Basisjahr)				
Strom	0,05	0,05	0,05	EUR/kWh
Wärme	0,06	0,06	0,06	EUR/kWh

ESKALATOREN	Szenarien Worst	Base	Best	
Verkaufspreise Strom/ Wärme	**1,25**	2,5	**3,75**	% p.a.
Vergütung wirtschaftl. u. techn. Betriebsleistungen	**4,50**	3,0	**1,50**	% p.a.
Sonstige Betriebskosten	**3,75**	2,5	**1,25**	% p.a.
Energieträgerkosten (Erdgaspreis)	**4,50**	3,0	**1,50**	% p.a.
FINANZIERUNG				
Fremdkapital		75	%	
Eigenkapital		25	%	
davon:				
Projektentwickler		5	%	
Projektersteller		30	%	
Versorger		35	%	
Lieferant		30	%	
Kreditlaufzeit		10	Jahre	
LIBOR	**7,50**	6,00	**4,50**	% p.a.
Marge	1,75	1,75	1,75	% p.a.
Kreditabschlussgebühr	1,50	1,50	1,50	%
Bereitstellungsgebühr	0,50	0,50	0,50	% p.a.
Tilgungsstruktur		*gewählt*		***1***
Konstante Tilgung		Opt. 1		
Annuitätentilgung		Opt. 2		
Cash-flow-angepasst		Opt. 3		
Cash-flow-Anteil für Tilgung		60%		
ABSCHREIBUNGEN / STEUERN / DIVIDENDEN				
Abschreibungsdauer (lin. Abschreibung)	20	20	20	Jahre
Ertragsteuersatz	**45**	35	**25**	% p.a.
Dividenden	30	30	30	% p.a.

Darstellung 71: Annahmen der Risikoanalyse im Beispiel-Projekt[810]

Die aufgrund der vielfältigen Anwendungs- und Überführbarkeitsmöglichkeiten auch als Rahmenmodell titulierte Szenariotechnik wird anstatt einer Demonstration von Beispielrechnungen auf Grundlage beliebiger oder unproblematisch ableitbarer Inputdatenkonstellationen als Dreifachrechnung durchgeführt. Hierzu werden die in Abschnitt 6.1.1.2 für maßgeblich erachteten Zielgrößen IRR_{GK}, IRR_{EK}, NPV_{GK}, NPV_{EK}, DSCR und LLCR aus den Inputgrößenausprägungen des Base Cases denen der in Darstellung 71 als Wertbegrenzungen wiedergegebenen Inputgrößen des Best und des Worst Cases gegenübergestellt. Um die gesamtvermutete Bandbreite möglicher Zielgrößenrealisationen aufzuzeigen, werden die maßgebenden Extremszenarien über die Kumulation der Worst- und Best-case-Inputwerte berechnet (vgl. Darstellung 72 und Darstellung 73).[811]

810 Vgl. auch Darstellung 29 auf Seite 176.

811 Da im vorliegenden Worst Case und auch im Zuge anderer denkbarer Szenarien der Sensitivitäts- und simulativen Risikoanalyse entweder überhaupt kein oder aber ein mehrmaliger Vorzeichenwechsel der in die Zähler der jeweiligen Kapitalwert-Kalküle eingehenden Netto-Zahlungsströme stattfindet, folgerichtig das Interne-Zinssatz-Kalkül an dieser Stelle versagt (vgl. die Ausführungen zu Gleichung 3, S. 171), wird die Interne Verzinsung (IRR) ausschließlich für die Best- und Base-case-Szenarien berechnet und im Rahmen der nachfolgenden Sensitivitäts- und Simulationsrechnungen nicht weiter betrachtet.

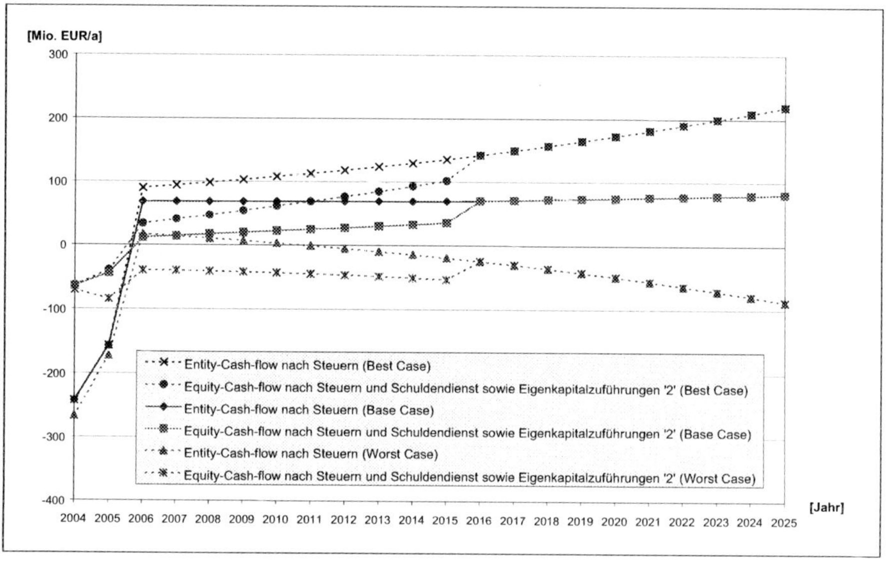

Darstellung 72: Worst-, Base- und Best-case Szenarien im Beispiel-Projekt[812]

MONETÄRE PLAN-ZIELGRÖßEN

	Szenarien Worst	Szenarien Base	Szenarien Best		Szenarien Worst	Szenarien Base	Szenarien Best	
Gesamtkapitalrendite				**Gesamtkapitalwert**				
IRR_{GK}^{P}	-	14,99%	23,63%	NPV_{GK}^{P} ($RRR_{GK,t}$ = $WACC_t$)	-493,43	20,91	260,08	Mio. EUR
Eigenkapitalrendite				**Eigenkapitalwert**				
$IRR_{EK,1}^{P}$	-	14,48%	23,49%	$NPV_{EK,1}^{P}$ (RRR_{EK} = 15%)	-334,43	-5,24	115,13	Mio. EUR
mit 1: bezogen auf Cash-flows aus Eigenkapitalzuführungen sowie Dividenden- und Rücklagenausschüttungen								
$IRR_{EK,2}^{P}$	-	21,23%	40,31%	$NPV_{EK,2}^{P}$ (RRR_{EK} = 15%)	-334,43	58,38	292,04	Mio. EUR
mit 2: bezogen auf freie Cash-flows nach Steuern und Schuldendienst sowie Eigenkapitalzuführungen								
Debt Service Coverage Ratio				**Life of Loan Coverage Ratio**				
Min. $DSCR_t^{P}$	-0,40	1,21	1,59	Min. $LLCR_t^{P}$	-0,56	1,43	2,25	

Darstellung 73: Zusammenfassende Ergebnisgrößen der Dreifachrechnung im Beispiel-Projekt

812 Die jährlichen Equity-Cash-flows nach Steuern aus Eigenkapitalzuführungen sowie Dividenden und Rücklagenausschüttungen „1" (zur verwendeten Cash-flow-Terminologie siehe Abschnitt 6.1.1.2) bleiben in dieser Darstellung aufgrund der maßstabsverzerrenden und entsprechend interpretationserschwerenden, hohen Rücklagenzahlungen zu Projektende unberücksichtigt. Der zusätzliche Erkenntnisgewinn aus einer Abbildung der Equity-Cash-flows „1" erscheint auch wegen der bereits in die Darstellung einbezogenen Equity-Cash-flows nach Steuern, Schuldendienst und Eigenkapitalzuführungen „2" als relativ gering.

Die komprimierten Ergebnisabbildungen in Darstellung 72 und Darstellung 73 demonstrieren, dass bei einseitiger Manifestation des vermuteten Risiko- oder Chancenpotenzials deutliche Zielgrößenabweichungen entstehen. Im Fall des Worst Case schießen die Projektträger gemäß der Projektfinanzierungsannahme, dass ein über die ursprünglich geplante Summe hinausgehender Kapitalbedarf ausschließlich durch zusätzliche Eigenkapitaleinlagen gedeckt wird, laufend Liquidität nach, was prinzipiell, das heißt unter Würdigung etwaiger Restriktionen, zu einer baldigen Projektausstiegsentscheidung führen sollte. Speziell Darstellung 72 veranschaulicht die erwarteten Cash-flow-Korridore und illustriert ferner, dass nach Ableistung des Schuldendienstes Entity- und Equity-Cash-flow „2“ übereinstimmen.

Für die Sensitivitätsanalyse werden die Beispielberechnungen auf das Verfahren der Zielgrößenänderungsrechnung beschränkt. Die Dreifachrechnung wurde bereits in den Szenario-Beispielen veranschaulicht und kommt in der Zielgrößenänderungsrechnung implizit an den Wertänderungsgrenzen zum Ausdruck. Die Methode der kritischen Werte wird aufgrund ihres unter Berücksichtigung der vorangegangenen Modell-Darstellungen leicht generierbaren Iterationsmodells und des damit als vernachlässigbar gering einzustufenden Gewinns an zusätzlichen Erkenntnissen nicht weiter betrachtet. Hingegen veranschaulicht die Zielgrößenänderungsrechnung Auswirkungen von Inputgrößenänderungen auf die genannten Zielgrößen besonders gut. Überdies kann die nachfolgend durchgeführte simulative Risikoanalyse direkt auf den gewonnenen Reagibilitätserkenntnissen aufbauen.

Jede der für unsicher erachteten Inputgrößen wird somit einzeln bis zu den jeweils angenommenen Grenzwerten variiert, wobei die Base-case-Werte der übrigen Inputgrößen jeweils konstant gehalten bleiben. Die nachfolgend erläuterten Berechnungsergebnisse können Darstellung 79 (S. 274) bis Darstellung 82 (S. 275) des Anhangs entnommen werden. Darin kann die Sensitivität der Inputvariablen anhand der Tangentensteigungen einzelner Kurvenpunkte abgelesen werden. Je flacher deren Neigung ausfällt, desto geringer ist die Zielgrößenreagibilität der betreffenden Inputgröße. Die Endpunkte der Kurven markieren die annahmegemäßen Wertbegrenzungen der inputvariablenspezifischen Worst und Best Cases.

Aus sämtlichen der auf die vier Kenngrößen $NPV_{EK,2}$, NPV_{GK}, LLCR und DSCR bezogenen Darstellungen geht als sensitivste Inputvariable der Anlagenwirkungsgrad hervor. Auch in absoluter Hinsicht resultieren aus dem Wirkungsgrad – gemeinsam mit den Verkaufspreisen – die höchsten Wertschwankungsbreiten der Monetärzielgrößen. Ein effektives und zugleich effizientes Risikomanagement gemäß der Ausführungen in Abschnitt 5.2.1.3 sollte demnach in erster Linie an den hauptsächlich beeinflussenden Verfahrenstechnik- und Betriebsmanagementrisiken ansetzen. Von nahezu ebenso hoher Bedeutung erscheint die zielgerechte Steuerung der Absatzpreisrisiken (vgl. auch Darstellung 21, S. 129 und Darstellung 70, S. 238).

Zur Wahrung einer angemessenen Aufwand-Nutzen-Relation der nun folgenden simulativen Risikoanalyse könnten die gemäß der vorangegangenen Sensitivitätsanalyse zielgrößenunempfindlichsten Inputgrößen, beispielsweise die jährlichen Steigerungsraten der Vergütung für die wirtschaftlichen und technischen Betriebskosten sowie der sonstigen Betriebskosten, vernachlässigt werden. Für das vorliegende Beispiel sollen jedoch aufgrund des verhältnismäßig geringen Unterschieds im Programmieraufwand und der Möglichkeit zu einer besonders umfassenden Darstellung sämtliche der als unsicher erachteten Inputvariablen, das heißt die Investitionssumme, der Wirkungsgrad, die Zeitverfügbarkeit, die Eskalatoren der Verkaufspreise, sonstigen Betriebskosten sowie Vergütungen für Fremdbetriebsleistungen und Energieträgerlieferungen, der LIBOR sowie der Ertragsteuersatz Eingang finden und die verbleibenden Eingangsgrößen weiterhin als quasi-sicher angenommen werden.

Das zentrale Element der simulativen Risikoanalyse bilden die für die Inputvariablen beziehungsweise für die mittels Monte-Carlo-Simulation zu generierenden Zufallszahlen anzusetzenden Wahrscheinlichkeitsverteilungen. Wahrscheinlichkeitsverteilungen können – wie bereits oben erläutert – in diskrete und kontinuierliche Verteilungstypen unterschieden werden. Diskrete Verteilungen beinhalten im Gegensatz zu kontinuierlichen Verteilungen Verlaufssprünge und bergen in der Regel größere Probleme bei der Herleitung der für die Zufallszahlengenerierung notwendigen Dichtefunktionen.[813]

Die Werte der im Beispiel ausgewählten Inputgrößen werden als kontinuierlich verteilt angenommen, da keine Einschränkungen erkennbar sind, die Sprünge im Werteverlauf rechtfertigen würden. Zu den gängigsten Typen kontinuierlicher Verteilungen zählen:

- die Rechteckverteilung,
- die Dreiecksverteilung,
- die Normalverteilung und
- die Beta-Verteilung.[814]

Die definierten Verteilungstypen sind durch spezifische Lageparameter wie Modalwert, Median und Erwartungswert sowie Streuungsparameter wie Varianz und Standardabweichung gekennzeichnet. Während der Modalwert den häufigsten Wert einer Verteilung angibt, bezeichnet der Median denjenigen Wert, bei dem die Über- und Unterschreitungswahrscheinlichkeit 50% beträgt. Der Erwartungswert entspricht dem gewogenen Mittelwert einer Verteilung. Bei symmetrischen Verteilungen entspricht der Erwartungswert dem Median. Die Varianz errechnet sich als gewogene quadratische Abweichung sämtlicher Wertrealisationen vom Erwartungswert, wobei die Standardabweichung die Quadratwurzel der Varianz darstellt.[815]

Die auch als Gleichverteilung bezeichnete Rechteckverteilung ordnet jeder Wertrealisation innerhalb eines Intervalls die gleiche Eintrittswahrscheinlichkeit zu. Außerhalb des Intervalls beträgt die Eintrittswahrscheinlichkeit Null. Um die Verteilung in der simulativen Risikoanalyse zu berücksichtigen, reicht die Festlegung der Intervallgrenzen aus. Auch die Dreiecksverteilung legt ein Intervall fest. Es existiert aber ein Spitzenwert. Die gebräuchlichste Form der kontinuierlichen Verteilungsfunktionen ist die Normalverteilung. Sie gehört zu den symmetri-

---

813 Vgl. Kegel, K.-P. (1991), S. 118ff; Blohm, H./Lüder, K. (1995), S. 265f.

814 Vgl. Kegel, K.-P. (1991), S. 126ff; Götze, U. (1993), S. 318. Zu den diskreten Verteilungstypen wie Binomialverteilung, hypergeometrische Verteilung und Poisson-Verteilung vgl. Bronstein, I.N. (1999), S. 752ff.

815 Vgl. Hanf, C.-H. (1986), S. 9ff; Kegel, K.-P. (1991), S. 121ff; Bronstein, I.N. (1999), S. 750f, 767.

schen Verteilungen und lässt sich durch Erwartungswert und Standardabweichung vollständig beschreiben. Eine Änderung des Erwartungswerts bewirkt eine Seitenverschiebung, die der Standardabweichung eine Höhenverschiebung und Verengung oder Verbreiterung der Glockenkurve. Sind der Erwartungswert der Normalverteilung gleich Null und die Standardabweichung gleich Eins, so wird die Funktion auch als Standardnormalverteilung bezeichnet. Die Ordinate bildet dann die Symmetrieachse. Die Beta-Verteilung ist eine Funktion höherer Ordnung mit einer zumeist gemischtquadratischen Gleichung. Der Graph der Wahrscheinlichkeitsfunktion besitzt durch die Abzisse und ein Werteintervall feste Wertbegrenzungen.[816]

Generell stehen für die Analyse des betrachteten Kraftwerkvorhabens die Rechteckverteilung, die Dreiecksverteilung, die Beta-Verteilung und die Normalverteilung zur Auswahl. Für die Rechteckverteilung müssen lediglich zwei Werte abgeschätzt werden. Der Nachteil der Verwendung einer Rechteckverteilung besteht indes in der konstanten Höhe des Wertebereichs, was im vorliegenden Fall und ohne weitere Begründung Extremausprägungen überbewerten würde. Die Rechteckverteilung wird insofern ausgeschlossen. Bei der Dreiecksverteilung müssen drei Werte abgeschätzt werden. Weil die Dreiecksverteilung im Allgemeinen hinreichend genau durch die Normalverteilung angenähert werden kann, wird sie ebenfalls ausgeschlossen. Für die Beta-Verteilung wird auch eine Begrenzung des Wertebereiches gefordert. Zusätzlich muss neben den Intervallgrenzen derjenige Wert abgeschätzt werden, bei der die Verteilung das Maximum erreicht. Da auch die Beta-Verteilung hinreichend exakt durch die Normalverteilung beschrieben werden kann, resultiert für das gewählte Beispiel die Verwendung der Normalverteilung, bei der ausschließlich die Intervallgrenzen der Inputvariablen abgeschätzt sowie der Erwartungswert und die Varianz beziehungsweise die Standardabweichung berechnet werden müssen. Dabei weist eine Verwendung der Standardabweichung gegenüber der Varianz den Vorteil auf, dass die Dimension der Standardabweichung mit derjenigen des Erwartungswertes übereinstimmt und die Eingangswerte leichter vorstellbar sind. Weil überdies nach dem zentralen Grenzwertsatz von verteilungsorientierten Risiken beeinflusste Variablen generell gegen eine Normalverteilung konvergieren, wird im Folgenden unterstellt, dass die Dichtefunktion der Wahrscheinlichkeitsverteilungen der ausgewählten Inputgrößen einer Normalverteilung folgt. Zudem werden die verschiedenen Verteilungen als voneinander stochastisch unabhängig angenommen. Die inputgrößenspezifischen Worst- und Best-case-Ausprägungen markieren entsprechend die Intervallgrenzen der Inputvariablen.[817]

Demgemäß erfolgt die rechnergestützte Simulation unter separater Berechnung von Erwartungswert und Standardabweichung der ausgewählten Inputvariablen. Die aufgrund der Zuordnung jeder normalverteilten (Pseudo-) Zufallszahl zu einer Inputgrößenausprägung je Durchlauf erzeugte Wertrealisation einer Inputgröße wird mit den übrigen im jeweiligen Durchlauf produzierten Inputgrößen zur Berechnung der betrachteten Zielgröße kombiniert.

---

816 Vgl. Hanf, C.-H. (1986), S. 14ff; Kegel, K.-P. (1991), S. 126ff; Vose, D. (1996), S. 57ff.

817 Vgl. auch Hanf, C.-H. (1986), S. 14ff; Gleißner, W./Meier, G. (1999), S. 927f; Özdoganm, I.D./Birgönül, M.T. (2000), S. 346ff.

Dieser Vorgang wird so oft wiederholt, bis eine für ausreichend stabil befundene, repräsentative Häufigkeitsverteilung der Zielgröße vorliegt.[818]

Zur Visualisierung der gewonnenen Zielgrößenverteilungen existieren verschiedene Möglichkeiten. Die auszuwählende Form hängt von den Interpretationszielen des Nutzers ab. Soll für einen bestimmten Wertebereich die Einzeleintrittswahrscheinlichkeit ermittelt werden, so sollte die Wahrscheinlichkeitsfunktion verwendet werden. Demgegenüber zeigt das sogenannte Risikoprofil an, mit welcher kumulierten Wahrscheinlichkeit ein Wertebereich erreicht wird (vgl. Darstellung 74).[819]

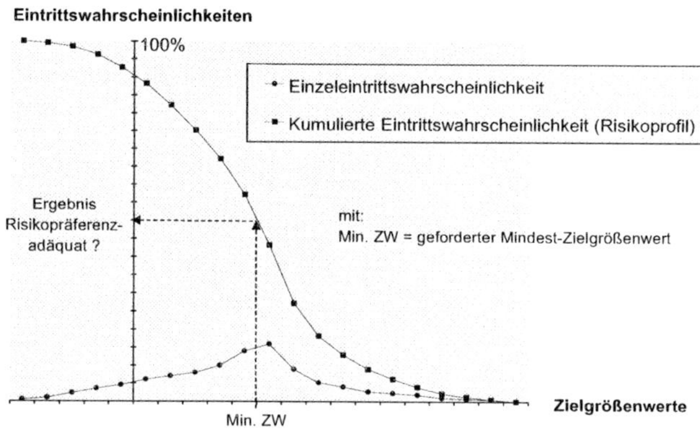

Darstellung 74: Entscheidungsunterstützung durch Wahrscheinlichkeitsfunktion und Risikoprofil einer Zielgröße

Das Risikoprofil ergibt sich aus der Aufsummierung der relativen Häufigkeiten der möglichst engmaschig fixierten Zielgrößenwertklassen. Über die Veränderung der Intervallschrittweite können die Häufigkeitsklassen im Umfang verändert werden.[820] Die errechneten Häufigkeitsklassenbereiche werden aus Visualisierungsgründen polygonartig miteinander verbunden. Die relative Häufigkeit der einzelnen Häufigkeitsklassen wird errechnet, indem die absolute Anzahl der Ergebnisgrößen in den einzelnen Häufigkeitsklassen durch die Gesamtzahl der Simulationsläufe geteilt wird.

Um nach Durchführung einer simulativen Risikoanalyse zu theoretisch validen wie praktisch nachvollziehbaren Entscheidungen gemäß der jeweils vorliegenden Risikopräferenzen zu gelangen, kann festgelegt werden, mit welcher Wahrscheinlichkeit ein Ergebnisgrößenwert

818 Vgl. auch Blohm, H./Lüder, K. (1995), S. 268f; Özdoganm, I.D./Birgönül, M.T. (2000), S. 348. Im vorliegenden Fall wurden 10.000 Durchläufe realisiert.

819 Vgl. auch Kegel, K.-P. (1991), S. 53ff, 118ff.

820 Sehr kleine Schrittweiten sollten allerdings vermieden werden, da im Extremfall jeder ermittelte Wert die eigene Häufigkeitsklasse besetzt. Allgemein kann die Schrittweite umso enger gefasst werden, je mehr Simulationsläufe durchgeführt werden.

mindestens erreicht werden muss, damit die damit verbundene Handlungsalternative als vorteilhaft bewertet wird (vgl. ebenfalls Darstellung 74).

Die graphischen Ergebnisse der für das Beispielvorhaben durchgeführten simulativen Risikoanalyse können Darstellung 83 (S. 276) bis Darstellung 86 (S. 277) des Anhangs entnommen werden. Darin wird deutlich, dass sich sämtliche Ausprägungen der betrachteten Kenngrößen $NPV_{EK,2}$, NPV_{GK}, LLCR und DSCR erwartungsgemäß innerhalb des Spektrums der für die Worst- und Best-case-Szenarien ermittelten Extremwerte bewegen (vgl. auch Darstellung 73, S. 241).[821] Es fällt jedoch auf, dass die Modalwerte der fokussierten Zielgrößen ausnahmslos geringer als die berechneten Werte des Base Cases ausfallen. Diese Feststellung ist auf die Normalverteilungsannahme der Inputvariablen Investitionssumme, Wirkungsgrad und Zeitverfügbarkeit zurückzuführen. Im Gegensatz zu den übrigen Inputgrößen liegen hier – gegenüber der jeweiligen Base-case-Ausprägung – asymmetrische Worst- und Best-case-Abweichungen vor, so dass sich die Modalwerte der genannten Variablen aufgrund der durchgängig größeren Worst-case-Abweichungen in Richtung des jeweiligen Worst-case-Wertes verschieben. Der konstatierte Effekt kann mittels Zugrundelegung alternativer Verteilungsarten für die asymmetrischen Inputgrößen – zum Beispiel durch die Verwendung von Dreiecksverteilungen – ausgeschlossen werden.

Zusammenfassend lässt sich feststellen, dass die vorgestellten Methoden zur Berücksichtigung der Unsicherheit insbesondere für die monetäre Planung während der Entwicklungsphase Betreibermodell-basierter Infrastrukturprojekte wertvolle Zusatzerkenntnisse liefern. Sowohl die Szenariotechnik als generelle Vorgehensweise der Reflexions-basierten Transparenzerhöhung mittels „What-if"-Betrachtungen wie auch die daraus ableitbaren Verfahren der Sensitivitätsanalyse und simulativen Risikoanalyse bringen nicht zuletzt aufgrund der praktisch relevanten Visualisierungsmöglichkeiten wertvolle Beiträge zur Unterstützung von Vorteilhaftigkeitsentscheidungen mit hoher Zielwirksamkeit hervor.[822]

Unter Berücksichtigung der steigenden Leistungsfähigkeit und Anwendungsfreundlichkeit auch relativ preiswerter Standardsoftware, mit deren Hilfe die vorgestellten Rechenmodelle verhältnismäßig unproblematisch implementiert werden können, erscheint der EDV-gestützte Einsatz der vorgestellten Methoden ebenso vor dem Hintergrund der regelmäßig hohen Tragweite von Entscheidungen während der für die Risikosteuerung maßgeblichen Projektentwicklungsphase unter dem Aspekt des zeitlich-personellen und finanziellen Ressourcenaufwandes in Relation zum erzielbaren Nutzen als hochgradig wirtschaftlich. Es darf ferner davon ausgegangen werden, dass mit steigender Anzahl projektierter Vorhaben Lern- und allgemein Aufwandsdegressionseffekte bezüglich der mathematischen Modellierung und Softwaregenerierung eintreten.

---

821 Gemäß der Begründungen in den Fußnoten 811 (S. 240) und 812 (S. 241) wurden die Kenngrößen IRR_{EK} IRR_{GK} und $NPV_{EK,1}$ nicht mit in die erfolgte simulative Risikoanalyse einbezogen.

822 Vgl. auch Münch et al. (1997), S. 167ff.

Dessen ungeachtet beruht die Anwendung der Szenariotechnik, Sensitivitätsanalyse und simulativen Risikoanalyse nicht erst im Zuge der Bewertung von Eintrittswahrscheinlichkeiten respektive deren Verteilungen und darauf aufbauender Entscheidungsregeln, sondern bereits bei der Erstellung des rechnerischen Grundmodells inklusive der maßgebenden Input- und Zielgrößen, auf subjektiven Einschätzungen der anwendenden Personen. Daher erscheint es dringend geboten, die genannten Methoden unter Beachtung einer generell für nötig befundenen angemessenen Sorgfalt sowie unter Verwendung möglichst objektiver Erfahrungsdaten und quasi-objektiven beziehungsweise objektivierenden Expertenwissens[823] in Verbindung mit verhaltensbezogenen Erkenntnissen der optimierten Gruppenentscheidungsfindung[824] anzuwenden.[825]

Im differenzierenden Gesamturteil gewähren Szenario- und Sensitivitätsanalysen lediglich Partialbetrachtungen ohne vollständigen Einblick in die Risikostruktur eines Betreibermodell-Vorhabens. Andererseits bilden sowohl die Szenario- als auch die Sensitivitätsanalyse geeignete Methoden zur Selektion der bedeutendsten in das jeweilige Entscheidungsmodell eingehenden, risikobehafteten Inputgrößen und damit zu einer unter Wirtschaftlichkeitsaspekten gezielteren Risikosteuerung im Allgemeinen sowie vereinfachten Durchführung der umfassenderen simulativen Risikoanalyse im Besonderen.[826]

Abschließend bleibt zu konstatieren, dass – gemäß dem hier verfolgten entscheidungsunterstützenden Controlling-Konzept – den Entscheidungsträgern endgültige Vorteilhaftigkeitsentscheidungen nicht abgenommen, sondern lediglich transparenzerhöhende Maßnahmen wie die Nutzung der vorgestellten Instrumente zur Berücksichtigung der Informationsunsicherheit ergriffen werden können, damit auf Grundlage eines von umfassender Reflexion geprägten Vorgehens letzten Endes anhand der individuell vorliegenden Präferenzrelationen der Entscheidungsträger beziehungsweise Entscheidungsgremien zweckrationale Handlungsentscheidungen getroffen werden können.[827]

---

823 Siehe hierzu die Ausführungen in Abschnitt 5.2.1.4.

824 Vgl. kritisch Schindel, V. (1977), S. 55ff; Braun (1984), S. 244ff; Hupe, M. (1995), S. 266f. Zur Überführung von Individualurteilen in Kollektivurteile vgl. auch Blohm, H./Lüder, K. (1995), S. 176f. Für die Risikoanalyse besonders hervorzuheben ist das von KEGEL bereits umfassend entwickelte und daher hier nicht weiter vorgestellte Vorgehensmodell der Gruppenmoderation (vgl. Kegel, K.-P. (1991), S. 235ff).

825 WILD hält es sogar für einen „[...] Trugschluß zu glauben, daß durch Anwendung anspruchsvoller mathematischer Entscheidungsmodelle, in denen subjektive Wahrscheinlichkeiten verwendet werden, die Rationalität der Entscheidungsfindung gewährleistet ist“ (Wild, J. (1974), S. 99).

826 Vgl. auch Blohm, H./Lüder, K. (1995), S. 254f, 278ff.

827 Vgl. auch McKay, C. (1989), S. 72; Kegel, K.-P. (1991), S. 254ff. Zum zugrunde gelegten Verständnis von Controlling und Rationalität siehe Abschnitt 4.2.1.

6.2 *Qualitative Erweiterung der Monetärrechnung*

Gemäß der in Kapitel 4 umfassend dargelegten Vielschichtigkeit der von potenziellen Projektträgern Betreibermodell-basierter Infrastrukturprojekte verfolgten Ziele erscheint es nötig, auch nicht-monetäre Ziele in gesamt- und teilprojektbezogene wie auch individuelle und kollektive Kalküle der planerischen Vorteilhaftigkeitsentscheidung und kontrollierenden Erfolgsmessung miteinbeziehen zu können. Dazu existiert eine Reihe grundsätzlicher Instrumentarien, deren Vorgehen und Anwendungsmöglichkeiten im Folgenden problembezogen geschildert werden.

6.2.1 Ausgewählte Instrumente zur Erweiterung der Monetärrechnung

Die zwei Kerninstrumente der qualitativen Erweiterung der Monetärrechnung bilden:

- Checklisten und
- Scoring-Modelle.

Beide Grundsatzinstrumentarien ermöglichen bei generell abweichender praktischer Erarbeitungssystematik und -komplexität sowie entsprechend ungleichem Ressourcenaufwand und theoretischer Informationsgüte die ergänzende Einbeziehung nicht mittel- oder unmittelbar monetär quantifizierbarer Projektziele.

Ad: Checklisten

Das insbesondere aufgrund seiner Nominalskalierung praktisch wohl am einfachsten zu handhabende und von besonders geringer Komplexität gekennzeichnete Instrument der Berücksichtigung qualitativer und nicht direkt oder indirekt monetär quantifizierbarer Projektziele stellen Checklisten dar. Checklisten, aufgefasst als Kriterienkataloge einer gesamtzielbezogenen Projektsteuerung, weisen unter theoretischen Überlegungen zwar das generelle Manko ihrer – wenn nicht rein subjektiven, so doch – subjektiv geprägten Erstellung auf, bieten aber unter Einbeziehung der bereits im Zuge der Beurteilung der Instrumente zur Berücksichtigung der Unsicherheit geforderten Sorgfalt sowie unter Verwendung quasi-objektiven beziehungsweise objektivierenden Erfahrungs- respektive Expertenwissens gemäß dem in Abschnitt 5.2.1.4 dargelegten Soll-Vorgehen weitreichende Möglichkeiten der zielbezogenen Transparenzerhöhung und somit Gesamtprojektsteuerung.[828]

Checklisten stellen ein universell einsetzbares Hilfsmittel der zielorientierten Dokumentation und Beurteilung einer Vielzahl von Projektentscheidungen dar. Das strukturierte Vorgehen in der Herleitung und die konzentrierte Form der Darstellung sowie die wegen der Möglichkeit einer auf empirischen Erkenntnissen beruhenden zeitlichen Anpassbarkeit von Checklisten ermöglichen eine nahezu vollständige Erfassung der einzelnen Problembereiche eines Projekts.

---

[828] Vgl. auch Frank, H. (1986), S. 98ff; Backhaus, K. (1999), S. 468f.

Zur Gewährleistung einer möglichst logischen Strukturierung sollten Checklisten – dem Prinzip der progressiven Abstraktion folgend – ausgehend von einer gesamtprojektbezogenen Perspektive baumartig in einzelne Problembereiche und die dazugehörigen Teilaspekte disaggregiert werden.[829]

Checklisten können damit sowohl im Rahmen einer Erfolgskriterien-orientierten Planung, mit anderen Worten bei der Bestimmung der absoluten und relativen Vorteilhaftigkeit denkbarer Handlungsalternativen, als auch im Zuge durchgeführter Kontrollen eingesetzt werden und gestatten im Hinblick auf die Ziel- beziehungsweise Erfolgsoperationalisierung eine systematische und laufende Identifikation von ex ante und ex post für maßgebend erachteten Erfolgsindikatoren und -faktoren.

Eine Weiterentwicklung der grundsätzlich nominalskalierten Checklisten stellen profilierte Kriterienkataloge dar, anhand derer Handlungsalternativen hinsichtlich quasi-intervallskalierter Kriterienausprägungen beurteilt und verglichen werden können. Die dergestalten Profilvergleiche erweitern Checklisten insofern, als für einzelne Kriterien konkrete Punktausprägungen vergeben werden, ohne jedoch die einzelnen Punkte über eine Kriteriengewichtung weiter zu verdichten. Profilvergleiche können über eine Gegenüberstellung der Kriterienausprägungen einer Handlungsalternative mit einem zuvor festgelegten Mindestanforderungsprofil oder mit Profilen alternativer Handlungsmöglichkeiten erfolgen.[830]

Ad: Scoring-Modelle

Scoring-Modelle unterscheiden sich von (profilierten) Checklisten dadurch, dass sie für vergebene Kriterienausprägungen Aggregationsregeln bereitstellen, die dazu verhelfen, einen Gesamtpunktwert im Sinne eines Total-Score zu ermitteln, so dass Handlungsalternativen anhand der verschiedenen Gesamt-Scores im Zuge der Planung in eine direkte Vorteilhaftigkeitsrangfolge gebracht, vorab definierten Mindest-Scores gegenübergestellt oder im Rahmen der Kontrolle getroffener Handlungsentscheidungen die tatsächlich realisierten Zielkriterienwirkungen mit den errechneten Ursprungswerten verglichen werden können. Unter direktem Bezug des mit der Formulierung von Ziel- beziehungsweise Erfolgskriterien verbundenen Nutzens zu überprüfender Handlungsalternativen wird der Begriff des Scoring-Modells im deutschsprachigen Raum auch mit dem der Nutzwertanalyse gleichgesetzt.[831]

Unterschiedliche Verfahrensvarianten der Scoring-Modelle beziehungsweise Nutzwertanalyse ergeben sich vor allem aus den verschiedenen Möglichkeiten, den Kriterienausprägungen Punkte zuzuweisen, Gewichte zu vergeben und die gewählten Kriterien miteinander zu verknüpfen. In der Grundvariante ergibt sich der Gesamtnutzen beziehungsweise Nutzwert oder Total-Score einer Handlungsalternative als Summe der nach subjektiv festgelegter Kriterien-

---

829 Vgl. Franke, A. (1993), S. 193; Adam, D. (1996), S. 407ff.

830 Vgl. Adam, D. (1996), S. 410ff; Backhaus, K. (1999), S. 468f.

831 Vgl. Adam, D. (1996), S. 412ff; Backhaus, K. (1999), S. 466, 469ff.

bedeutung gewichteten, dimensionslosen Teilnutzenschätzwerte der Handlungsalternative in Bezug auf die gewählten Einzelkriterien (vgl. Gleichung 7).[832]

$$N_i = \sum_{j=1}^{k} n_{ij} * g_j \quad \text{mit} \quad \sum_{j=1}^{k} g_j = 1$$

N_i = Gesamtnutzen/ Nutzwert/ Total-Score von i

i = Handlungsalternative

j = Zielkriterium (j = 1...k)

k = Zielkriterienanzahl

n_{ij} = Teilnutzen von i in Bezug auf j

g_j = Relativgewicht von j

Gleichung 7: Kalkül der Nutzwertanalyse

Bei Verwendung der Nutzwertanalyse im Rahmen der Planung können aufgrund der generell freien Wählbarkeit der betrachteten Zielkriterien auch mit Eintrittswahrscheinlichkeiten versehene, unsichere Teilnutzenausprägungen einfließen. Der Gesamtnutzen kann dann zu einem Erwartungswert aggregiert oder aber gemäß der verschiedenen in Abschnitt 6.1.3.1 speziell für die Monetärrechnung behandelten Methoden zur Berücksichtigung der Informationsunsicherheit als spezieller Szenariowert oder wahrscheinlichkeitsverteilter Score dargestellt werden. Dessen ungeachtet sind auch Sensitivitätsanalysen zur Abschätzung der Reagibilität des Gesamtnutzwertes gegenüber veränderten Kriterienausprägungen und -gewichten denkbar. Sensibilitätsanalysen bieten sich insbesondere dann an, wenn ermittelte Gesamtnutzwerte keine eindeutigen, intersubjektiv nachvollziehbaren und damit kollektiv akzeptablen Vorteilhaftigkeitsentscheidungen zulassen.

Aufbauend auf der Generierung möglicher Handlungsalternativen läuft die Nutzwertanalyse allgemein in den folgenden fünf Schritten ab:[833]

1. Formulierung geeigneter Bewertungskriterien für die Alternativenauswahl,
2. Ableitung von Gewichtungsfaktoren der definierten Kriterien,
3. Bestimmung der Kriterienausprägungen (Teilnutzen) aus einer Handlungsalternative,
4. Nutzwertermittlung,
5. Präferenzadäquate Vorteilhaftigkeitsbeurteilung der untersuchten Handlungsalternativen.

---

832 Scoring-Verfahren mit multiplikativer Verknüpfung der Kriteriennutzwerte führen zu einer systematischen Präferierung von Entscheidungsalternativen mit geringer Streuung der Kriteriennutzwerte. Darüber hinaus ergibt sich ein Gesamtnutzwert von Null, sobald ein Kriteriennutzwert die Ausprägung Null aufweist (vgl. Backhaus, K. (1999), S. 472). Multiplikativ verknüpfte Scoring-Modelle werden daher nicht weiter betrachtet.

833 Vgl. nachfolgend auch Blohm, H./Lüder, K. (1995), S. 177ff; Adam, D. (1996), S. 413ff; Huch, B./Behme, W./Ohlendorf, T. (1997), S. 148ff.

Die Wahl der Bewertungskriterien sollte auf den bereits dargelegten Überlegungen zu Checklisten basieren, das heißt die Kriterien sollten hierarchisch und inhaltlich überschneidungsfrei entwickelt werden. Dabei kann die Nutzwertanalyse vermittels der Aggregation beziehungsweise Disaggregation der Gewichtungsfaktoren generell für jede Hierarchiestufe durchgeführt werden. Die Kriterien müssen so operational artikuliert werden, dass eine Messung der jeweiligen Kriterienausprägung möglich wird. Bereits hier können – unabhängig von geforderten Mindestausprägungen des Gesamtnutzwertes – verbindlich zu erreichende Mindestwerte für die gewählten Kriterien definiert werden.

Für die Festlegung der Kriteriengewichte bestehen unterschiedliche Vorgehensmöglichkeiten. Ein bekanntes Verfahren ist der Paarvergleich. Gegenüber der immer möglichen freihändigen Vorgabe und anderen formalisierten Verfahrensweisen zeichnet sich der Paarvergleich dadurch aus, dass die Kriterien hinsichtlich ihrer Bedeutung mit anderen Kriterien ordinal verglichen werden. Dabei müssen die Vergleiche gemäß dem sogenannten Transitivitätspostulat konsistent durchgeführt werden, das heißt wenn ein erstes Kriterium gegenüber einem zweiten als wichtiger eingestuft wird und das zweite Kriterium für bedeutender erachtet wird als ein drittes, dann muss das erste Kriterium auch das dritte dominieren. Der Vergleichende muss sich folglich immer bewusst sein, welche Ergebnisse vorausgehende Vergleiche erzielt haben. Bei einer Vielzahl von Kriterien und Wertungen besteht demzufolge die Gefahr einer kognitiven Überforderung der Entscheidungsträger. Dessen ungeachtet unterstellt die Überführung der paarweise ordinalen in pseudo-metrische Informationen für alle Kriterien einen linearen Abstand zwischen den Gewichten, was der tatsächlichen Bedeutung der Kriterien nicht immer entsprechen muss. Im wissenschaftlich fundierten und gleichzeitig Praxisorientierten Schrifttum wird daher die im Folgenden geschilderte Vorgehensweise der direkten Intervallskalierung präferiert.[834] Eine Expertengruppe[835] verteilt eine bestimmte Anzahl an Gewichtungspunkten – zum Beispiel 100 – auf die identifizierten Kriterien. Dazu wird die Kriterienhierarchie gedanklich in der obersten Ebene beginnend nach unten durchschritten. In jeder Stufe werden die Punkte bis zum Erreichen der untersten Kriterienebene auf die Kriterien (-gruppen) nach deren empfundener Bedeutung verteilt. Die vergebenen Gewichte sind anschließend so zu normieren, dass sie sich zu Eins addieren.

Ausgehend von den objektiv belegbaren oder subjektiv empfundenen Nutzengewinnen werden den Kriterien (-gruppen) differenzierende Punktwerte – zum Beispiel zwischen 1 und 10 – zugeordnet und mit den zuvor bestimmten Kriteriengewichten multipliziert. Bei dieser Bestimmung der kriterienbezogenen Teilnutzen der untersuchten Handlungsalternativen wird aufgrund der anschließend erfolgenden Additivverknüpfung der Kriteriennutzwerte implizit unterstellt, dass die gewählten Kriterien voneinander unabhängig sind. Vor allem deshalb sollten die Bewertungskriterien möglichst überscheidungsfrei formuliert worden sein. Zur transparenteren Ermittlung der Punktwerte können sogenannte Transformationsfunktionen Verwendung finden, bei denen die möglichen Kriterienausprägungen in einen direkten, funk-

---

834 Vgl. Blohm, H./Lüder, K. (1995), S. 180ff; Adam, D. (1996), S. 417f.

835 Zur Kollektiventscheidungsproblematik bei der Nutzwertanalyse vgl. Blohm, H./Lüder, K. (1995), S. 176f.

tional visualisierbaren Zusammenhang mit den zu vergebenen Punktwerten gebracht werden.[836]

Im rechnerisch letzten Schritt der additiven Nutzwertanalyse werden die ermittelten Teilnutzwerte je untersuchter Handlungsalternative aufsummiert, so dass sich für jede Alternative ein Gesamtnutzwert im Sinne eines Total Score ergibt. So eine Handlungsalternative nicht bereits aufgrund unerreichter Mindestwerte im Rahmen der Teilnutzenbestimmung als absolut unvorteilhaft eingestuft werden muss, kann der Total Score zu relativen und absoluten Vorteilhaftigkeitsvergleichen herangezogen werden. Dabei gilt eine Alternative grundsätzlich als umso sinnvoller, je höher ihr Gesamtnutzwert ausfällt.

6.2.2 Anwendung und Beurteilung der Instrumente zur Erweiterung der Monetärrechnung

Checklisten und Scoring-Verfahren können aufgrund ihres Universalcharakters für nahezu sämtliche multikriteriellen Projektentscheidungen reflexiv unterstützend eingesetzt werden. Gemäß dem allgemeinen Wirtschaftlichkeitspostulat sollte ihr Einsatz jedoch immer nur dann erfolgen, wenn der erzielbare erwartete Nutzen den erwarteten Aufwand übersteigt. Der in erster Linie auf einem erhöhten Transparenzgewinn und insbesondere bei der Nutzwertanalyse auf der Verdichtung einer Vielzahl von entscheidungsrelevanten Informationen beruhende Nutzen müsste also grundsätzlich für jede mögliche Entscheidungssituation anhand einer Abschätzung der Anwendungskonsequenzen dem erwarteten zeitlich-personellen sowie direkt kostenmäßig bezifferbaren Ressourcenaufwand gegenübergestellt werden.

Für die Anwendung von Checklisten im Rahmen des hier im Vordergrund stehenden sekundärkoordinierenden Controlling Betreibermodell-basierter Infrastrukturprojekte erscheinen unter Nutzen-Aufwand-Gesichtspunkten folgende Entscheidungsbereiche als per se sinnvoll:

- die frühzeitige Projektselektion,
- die Risikokatalogisierung im Zuge der Risikoidentifikation und
- die Auswahl von Projektpartnern.

Aufgrund der bereits mehrfach konstatierten, verhältnismäßig hohen und in der Regel von den Projektträgern selbst zu tragenden Angebots- respektive Projektentwicklungskosten[837] gewähren auf empirischer Erfahrung basierende Checklisten die Schnellbeurteilung erhaltener Anfragen oder selbstentwickelter Projektideen anhand erster Grobkriterien. Soweit formulierte Grobkriterien dem projektträgerseitigen Anspruchsniveau entsprechend als erfüllt gelten, können detailliertere Checklisten und darauf aufbauende monetäre sowie qualitative Bewer-

836 Vgl. speziell hierzu Blohm, H./Lüder, K. (1995), S. 183ff.

837 Siehe insbesondere Abschnitte 3.2.1 und 5.2.2.1.

tungsinstrumente unter Wahrung des allgemeinen Wirtschaftlichkeitspostulats entworfen, weiterentwickelt und verwendet werden.[838]

Auch die der Identifikation von Projektrisiken dienenden Risikochecklisten[839] bieten Möglichkeiten, Risiken nicht nur auflistend-nominalskaliert zu erfassen, sondern fernerhin situationsbezogene oder – aus einer Multiprojektperspektive heraus – projektartenspezifische Risk Maps zu entwickeln, die eine umfassende Übersicht über weitere, auch monetäre mit den identifizierten Risiken verbundene Sachverhalte geben.[840] Risk Maps führen so die Elemente des Regelkreis-basierten Risikomanagements, die Risikoidentifikation, die Risikobewertung und die Risikosteuerung[841] entscheidungsorientiert zusammen und gewährleisten eine adressatengerechte, das heißt an die Informationsbedürfnisse der Entscheidungsträger ausgerichtete, Dokumentation des gesamten Risikomanagement-Prozesses.

Hinsichtlich der Auswahl von Projektpartnern wurden in Abschnitt 5.2.1.5 vertikale Kooperationen zwischen institutionalisiertem Gesamtprojektträger und teilverantwortlichen Teilprojektleistungsträgern von der horizontalen Kooperation zwischen den einzelnen Projektträgern abgegrenzt. Anhand der dort auch aufgelisteten Beweggründe für das Eingehen vertikaler und horizontaler Kooperationen können vorhabensbezogene Kriterienkataloge formuliert werden, auf deren Grundlage absolute Vorteilhaftigkeitsentscheidungen hinsichtlich der Unterlassungsalternative und Relativentscheidungen bezüglich mehrerer zur Wahl stehender Kooperationspartner weitgehend objektiviert vorbereitet und bei relativ gering erachteter Bedeutung auch bereits getroffen werden können.

Aufgrund des bis auf die Vergabe von Kriteriengewichten und die Aggregation zu einem Total Score kaum vorhandenen Aufwandsunterschiedes sollte die methodisch differenziertere Nutzwertanalyse gegenüber profilierten Checklisten generell bevorzugt werden, wenngleich einzelne Aspekte profilierter Checklisten – zum Beispiel die graphisch anschauliche Darstellung der Kriterien- beziehungsweise Teilnutzenausprägungen – [842] mit übernommen werden können. Die Durchführung von Nutzwertanalysen erscheint hier für folgende Entscheidungssituationen regelmäßig geboten:

---

838 Siehe auch Abschnitt 5.2.1.4 und vgl. Andreas, D./Sauter, B./Rademacher, G. (1992), S. 61ff; Backhaus, K. (1999), S. 467ff; Albers, S./Krafft, M. (2000), S. 1084ff. Speziell zur Standortbeurteilung vgl. Bea, F.X. (1997), S. 417ff. Mit direktem Bezug auf Betreibermodell-basierte Infrastrukturprojekte ist auf die von MERNA entwickelte RAPID APPRAISAL METHOD (RAM) hinzuweisen (vgl. Merna, A./Smith, N.J. (1993), S. 18ff; Merna, T./Adams, C. (1994), S. 88ff; Hahn et al. (1997), S. 362ff).

839 Risikochecklisten können auf relativ unproblematische Weise projektspezifisch aus der in Abschnitt 3.3.3 erfolgten textlichen Risikokatalogisierung entwickelt werden. Beispiele für Risikochecklisten geben FRANKE und ČADEŽ (vgl. Franke, A. (1993), S. 196, Anhang; Čadež, I. (2000), S. 242ff).

840 Es ist beispielsweise denkbar, dass zum einen neben der inhaltlich-verbalen Risikobeschreibung die (Bandbreiten der) Kapitalwertunterschiede gemäß der in Abschnitt 6.1.3.1 in Verbindung mit Abschnitt 6.1.3.2 erarbeiteten Differenzkalküle der Net Present Values (NPV) bei Selbsttragung und Fremdüberwälzung sowie zum anderen geplante und realisierte Steuerungsmaßnahmen analog Darstellung 21 auf Seite 129 mit aufgenommen werden.

841 Siehe auch Abschnitte 5.2.1.1 und 5.2.1.3.

842 Sogenannte gewichtete (Distanz-) Profile stellen beispielsweise eine zu Visualisierungszwecken besonders geeignete Weiterentwicklung profilierter Checklisten dar (vgl. Lützig, W.-P. (1982), S. 158ff).

- die frühzeitige Projektselektion,
- die Alternativenvergleiche hinsichtlich der verwendeten Anlagentechnik,
- den Vergleich von Varianten maßgebender Verträge und
- ebenfalls die Auswahl von Projektpartnern.

Wie bereits dargelegt, sollte die frühzeitige Projektselektion nicht allein auf nominalskalierten Checklisten, sondern auch auf höher skalierten Modellen wie der Nutzwertanalyse beruhen.[843] Investitionsrechnerische Zielgrößen wie der Net Present Value (NPV) oder die Internal Rate of Return (IRR) können dabei grundsätzlich als Kriterien einfließen.[844] Aufgrund der geforderten Nutzenunabhängigkeit der in eine Nutzwertanalyse einbezogenen Kriterien ist jedoch darauf zu achten, dass den einzelnen Kriterien voneinander unabhängige Teilnutzen beigemessen werden können.[845] Dies ist beispielsweise für den NPV und die IRR aufgrund ihrer Derivativbeziehung nicht der Fall, so dass lediglich eine der genannten Größen als Kriterium aufgenommen werden darf. Dessen ungeachtet können zusätzliche, nicht-monetäre Kriterien gewählt werden, deren spezielle Ausprägung durch einen bestimmten – im investitionsrechnerischen Kalkül erfassten – Zahlungsvorgang herbeigeführt werden. So kann beispielsweise die Standortqualität als ein Kriterium beziehungsweise je nach Detaillierungsgrad als Kriteriengruppe[846] neben dem Kapitalwert festgelegt werden, da trotz gegebenenfalls standortabhängiger Zahlungs- und damit Kapitalwertwirkungen aus der Perspektive der Projektträger voneinander unabhängige Teilnutzwerte bestimmt werden können.

Bei der Abbildung von möglichen Alternativen der Anlagentechnik in der Nutzwertanalyse können aus Projektträgerperspektive neben den Zahlungswirkungen die für den Auftragserhalt maßgebenden Vergabekriterien des Auftraggebers und auch nicht direkt monetär quantifizierbare Zielkriterien – insbesondere der öffentlichen Projektträger – als Kriterien mit aufgenommen werden.[847] Gemäß der Forderung nach Nutzenunabhängigkeit der Kriterien dürfen Zahlungswirkungen aber nicht als gesondertes Kriterium neben einer investitionsrechnerischen Zielgröße Verwendung finden, sondern sollten in der für sinnvoll erachteten Zielgröße rechnerisch enthalten sein.

Auch im Zuge des Vergleichs alternativer Varianten maßgebender Verträge können die monetären Wirkungen – insbesondere aus den unterschiedlichen Risikozuweisungsmöglichkeiten[848] – ein mögliches Kriterium darstellen. Andere Kriterien können sich aus den mit den

---

843 Vgl. analog Fußnote 838 Andreas, D./Sauter, B./Rademacher, G. (1992), S. 61ff; Bea, F.X. (1997), S. 428f; Backhaus, K. (1999), S. 467ff; Albers, S./Krafft, M. (2000), S. 1084ff.

844 Im Widerspruch zu BLOHM/LÜDER, die die Einbeziehung monetärer Kriterien in die Nutzwertanalyse generell ablehnen (vgl. Blohm, H./Lüder, K. (1995), S. 178). HAHN/HUNGENBERG/KAUFMANN verwenden hingegen den Kapitalwert als Kriterium (vgl. Hahn, D./Hungenberg, H./Kaufmann, L. (1994), S. 75ff).

845 Vgl. Blohm, H./Lüder, K. (1995), S. 178; Adam, D. (1996), S. 414f.

846 Vgl. Beckmann, D. (2002a), S. 70.

847 Zu Vergabezielen eines Auftraggebers und Zielen öffentlicher Projektträger in Bezug auf Betreibermodell-basierte Infrastrukturprojekte siehe Abschnitte 5.2.2.1.1 und 4.1.2.

848 Siehe Fußnote 840. Auch hier bleibt das Postulat der Kriteriennutzenunabhängigkeit zu erfüllen.

untersuchten Verträgen unmittelbar verfolgten Zielen und ferner aus multiprojektbezogenen Langfristkalkülen ergeben.

Auf Checklisten aufbauend sollte die Auswahl von als bedeutend erachteten Projektpartnertypen möglichst mit Hilfe von Scoring-Analysen erfolgen. In Abschnitt 5.2.1.5 wurde hierzu eine Vielzahl möglicher Kriterien dargelegt. Wie sämtliche monetäre Größen sollten speziell die Transaktionskosten nicht redundant, sondern innerhalb einer eventuell zum Kriterium erhobenen investitionsrechnerischen Zielgröße abgebildet werden.[849]

In der Gesamtsicht erlaubt insbesondere die Nutzwertanalyse eine nachvollziehbare – wenn auch auf subjektiven Urteilen beruhende – multikriterielle Bewertung von Handlungsalternativen.[850] Trotz der subjektiven Bewertungskomponenten[851] und der damit verbundenen Gefahr einer (unbewussten) Ergebnismanipulation wird man aber davon ausgehen dürfen, dass die Nutzwertanalyse vor allem bei Entscheidungen mit einer Vielzahl für bedeutend erachteter Zielwirkungen zu einem theoretisch gesicherteren wie praktisch akzeptierteren Resultat führt als eine rein intuitiv-subjektiv erfolgende Globalbewertung.[852] Denn unter der Maßgabe einer experten- beziehungsweise erfahrungsgestützten Vorgehensweise werden entscheidungstheoretische Erkenntnisse sowie die Forderung nach praktischer Handhabbarkeit und Akzeptanz aufgrund des stringenten und transparenzerhöhenden Vorgehens weitgehend miteinander vereint. Dessen ungeachtet lässt sich die Forderung nach Nutzenunabhängigkeit der gewählten Kriterien in der Realität selten vollständig erfüllen, so dass die Nutzwertanalyse mit additiver Verknüpfung nur insofern als theoretisch vertretbar erscheint, als sie von den jeweiligen Anwendern als praktikabilitätsorientierte, vereinfachende Heuristik aufgefasst wird.[853]

Allgemein sollten Nutzwertanalysen immer dann angewendet werden, wenn die Anwendung weniger aufwendiger – reiner oder profilierter – Checklisten aufgrund mangelnder Ergebniseindeutigkeit – beispielsweise bedingt durch eine hohe Anzahl unterschiedlicher Kriterienausprägungen – keine intersubjektiv nachvollziehbaren Vorteilhaftigkeitsurteile mehr zulässt und somit dem erhöhten Erarbeitungsaufwand der Nutzwertanalyse ein entsprechender Transparenz- beziehungsweise Informationsgewinn gegenübersteht. Per Saldo sind Checklisten und die Nutzwertanalyse sowohl aus der Perspektive der Projektträgergemeinschaft wie auch der einzelnen partizipierenden Projektträger sinnvoll nutzbar im Zuge der Projektpla-

---

849 Vgl. speziell in Bezug auf die Lieferantenbewertung Hahn, D./Hungenberg, H./Kaufmann, L. (1994), S. 75ff; Backhaus, K. (1999), S. 695ff.

850 Mit den Worten der Statistik geben Scoring-Modelle wie die additive Nutzwertanalyse zwar vor – im Gegensatz zu rein qualitativen, das heißt nicht-metrischen Beurteilungsgrößen und -verfahren wie zum Beispiel Checklisten – quantitative, das heißt auf metrischem Skalenniveau befindliche Daten zu verwenden, so dass eine kardinale Beurteilung der Bewertungsobjekte möglich wird. Aufgrund der subjektiven Punktvorgaben können Scoring-Modelle aber ein Intervallskalenniveau nicht garantieren (vgl. Backhaus, K. (1999), S. 466ff).

851 Hier ist an die Festlegung der einzelnen Kriterien, die Vergabe der Kriteriengewichte, die Wahl der Messvorschriften für die einzelnen Kriterienausprägungen und die Prognose der Realisationen zu denken.

852 Vgl. auch Blohm, H./Lüder, K. (1995), S. 177.

853 Vgl. auch Oesterle, M.-J. (1995), S. 992f; Adam, D. (1996), S. 414f, 420f.

nung und – versehen mit den Ist-Werten – der kontrollierenden Erfolgsmessung im Rahmen sämtlicher der in Abschnitt 5.2 dargelegten Controlling-Aufgaben.[854]

6.3 *Projektberichtswesen*

Das zentrale Element zur Wahrnehmung der Informationsversorgungsfunktion des Controlling im Rahmen der Regelkreis-basierten, zielorientierten Planung, Steuerung und Kontrolle Betreibermodell-basierter Infrastrukturprojekte bildet ein sekundärkoordinierendes, das heißt die Teilprojektergebnisse integrativ verdichtendes, Projektberichtswesen. Projektberichte lassen sich dabei verstehen als Zusammenstellungen gesamtprojektbezogener Informationen, welche zur Erfüllung bestimmter Unterrichtungszwecke formal dokumentiert und übermittelt werden. Die angewandte Methodik der Erstellung, Weiterleitung und Aufbewahrung von Projektberichten wird demgemäß als Projektberichtswesen oder -reporting bezeichnet.[855]

6.3.1 Anforderungen an das Berichtswesen

Um den Anforderungen an die gesamtprojektbezogene Dokumentation und Kommunikation relevanter Projektsachverhalte in angemessener Aufwand-Nutzen-Relation gerecht zu werden, ist eine möglichst an den objektiven Informationsbedarf der potenziellen Informationsempfänger angepasste und dennoch von geringer Komplexität gekennzeichnete, geordnete Struktur mehrerer Berichtstypen, mithin ein projektspezifisches Berichtssystem, erforderlich.[856]

Bedeutende Variablen der Gestaltung von Berichtssystemen bilden:

- hinsichtlich der inhaltlichen Dimension mit der Frage „Was soll berichtet werden?" die Art und der Umfang der einzubeziehenden Informationen,
- hinsichtlich der personellen beziehungsweise institutionellen Dimension mit der Frage „Wer soll an wen berichten?" die Berichtsersteller und -empfänger,
- hinsichtlich der formalen Dimension mit der Frage „Wie soll berichtet werden?" die Formen der Darstellung und Übermittlung sowie
- hinsichtlich der zeitlichen Dimension mit der Frage „Wann beziehungsweise wie oft soll berichtet werden?" die Termine der Berichtserstellung und -übermittlung.

Die Strukturierungsvariablen stehen in einer engen – nicht immer trennscharfen – Beziehung zueinander und richten sich übergreifend nach dem aus der zweckbezogenen Dimension mit der Frage „Wozu soll berichtet werden?" abgeleiteten Informationsbedarf im Sinne einer Oberanforderung.[857]

---

[854] Zur Nutzwertanalyse speziell im Rahmen der kollektiven Kooperationsplanung und -kontrolle vgl. Wohlgemuth, O./Hess, T. (1999), S. 49ff.

[855] Vgl. auch Blohm, H. (1982), S. 866f; Kraege, R. (1997), S. 195; Drews, H. (2001a), S. 90.

[856] Vgl. auch Drews, H. (2001a), S. 90.

[857] Vgl. Blohm, H. (1982), S. 868f; Koch, R. (1994), S. 56ff; Drews, H. (2001a), S. 90, 92.

Mit Hilfe der genannten Variablen kann ein Berichtssystem projektbezogen gestaltet werden. So können anhand der Variablen das externe und interne Berichtswesen unterschieden werden. Während das interne Berichtswesen sämtliche Berichte umfasst, die der projektinternen Steuerung dienen, mithin auf die Managing Equity Investors und Einfluss nehmenden Fremdkapitalgeber als Adressaten ausgerichtet ist, dient die externe Berichterstattung auch der Information der verbleibenden Projektbezugsgruppen, zum Beispiel den Hoheitsträgern, Auftraggebern und Output-Abnehmern.[858] Das interne Berichtswesen ist mangels rechtsverbindlicher Vorgaben grundsätzlich frei gestaltbar, unterliegt aber dem Einigungserfordernis der intern agierenden Projektbeteiligten. Für das externe Berichtswesen bestehen vom Standort des Projektvorhabens und der konsolidierungspflichtigen Mutterorganisationen abhängige Rechtsvorschriften insbesondere der Rechnungslegung.

Die Berichtsinhalte werden grundsätzlich mit sekundär- und primärkoordinierenden Instrumenten erschlossen. Hierzu zählen sekundärkoordinierend, das heißt gesamtprojektbezogen, die in Abschnitt 6.1 behandelte Monetärrechnung und die in Abschnitt 6.2 erörterten qualitativen Ergänzungsinstrumente sowie primärkoordinierend, das heißt teilprojektleistungsbezogen, regelmäßig auf Netzplänen beruhende zeit- und leistungsbezogene Meilenstein-, Termin- und Zahlungspläne, welche insgesamt aus übergreifenden Projektstruktur- und Prozessplänen sowie speziell in frühen Projektphasen aus Machbarkeitsstudien abgeleitet werden.[859]

Neben der Abgrenzung des internen und externen Berichtswesens bietet sich eine Unterscheidung periodischer und aperiodischer Berichtsarten an. Während in dieser Hinsicht das externe Berichtswesen im Wesentlichen auf vorgeschriebenen, periodisch zu generierenden Standardberichten aufbaut,[860] beinhaltet das interne Berichtswesen vertraglich zwischen den internen Berichtserstellern und -empfängern zu vereinbarende turnusmäßige Standardberichte auf der einen und ad hoc auszulösende Sonderbedarfsberichte auf der anderen Seite.[861]

Gemäß der Meta-Anforderung an ein Berichtssystem – die Befriedigung des objektiven Informationsbedarfs – muss aufgrund des Willens und der Pflicht zur Gestaltung eines auf die Bedürfnisse der Projektträger zugeschnittenen Berichtssystems der „objektive" Informationsbedarf der einzelnen Anspruchsgruppen durch die Projektträger vermittels subjektiver Einschätzung der Informationsnotwendigkeiten ermittelt werden. Ziel dieser Vorgehensweise ist es, nur denjenigen Bedarf zu befriedigen, der unter Berücksichtigung der Folgefestlegungen konkreter Berichtsinhalte und -umfänge sowie Berichtsempfänger, -formen und -termine ei-

---

858 Zur Stellung und zu den Funktionen der einzelnen Bezugsgruppen Betreibermodell-basierter Infrastrukturprojekte siehe die umfassenden Darlegungen in Abschnitt 3.1.

859 Siehe zu den primärkoordinierenden Instrumenten insbesondere Abschnitt 5.2.2.1.1 und vgl. Schmitz, H./Windhausen, M.P. (1986), S. 66ff; Hupe, M. (1995), S. 148ff.

860 Eine Ausnahme stellen börsennotierte Projektunternehmen dar, für die die jeweiligen Börsenregelungen der Ad-hoc-Berichterstattung gelten. Daneben besteht beispielsweise in der Phase der baulichen Genehmigungsverfahren externer Sonderberichtsbedarf.

861 Vgl. auch Schmitz, H./Windhausen, M.P. (1986), S. 152ff; Kraege, R. (1997), S. 195.

nen positiven Nettonutzen erwarten lässt und damit auch aus informationsökonomischer Perspektive als gerechtfertigt erscheint.[862]

Bezüglich des externen Berichtswesens wird der objektive Informationsbedarf der nicht-internen Projektstakeholder maßgeblich durch die verwendeten Rechnungslegungsvorschriften der Projektgesellschaft und der einzelnen Projektträger determiniert, so dass einer Überprüfung des diesbezüglichen Informationsbedarfes enge rechtliche Grenzen gesetzt sind. Das externe Berichtswesen weist aber insofern Überprüfungs- und damit Wahl- und Gestaltungsmöglichkeiten auf, als über die Auswahl des Projektstandortes die maßgebenden Rechnungslegungsvorschriften der Special Purpose Company festgelegt und damit Möglichkeiten einer vorteilhaften beziehungsweise zweckgerichteten Bilanzpolitik genutzt werden können und das Projektrechnungswesen auch unter Effizienzgesichtspunkten ausgestaltet werden kann. Über nationale Grenzen hinweg besteht daher das externe Berichtswesen in erster Linie aus dem Einzelabschluss des Betreibermodell-Vehikels. In Form eines Geschäftsberichts weist der Einzelabschluss regelmäßig eine gegenwartsorientierte Bilanz (Balance Sheet) und GuV-Rechnung (Income Statement/ Profit and Loss Account) inklusive eines erläuternden Anhangs (Notes), eine Kapitalflussrechnung (Cash-flow-Statement) sowie ergänzend einen auch prospektiven Lagebericht auf.[863] Darüber hinaus können bei erwartetem informationsökonomischen Nettonutzen grundsätzlich weitere Reports generiert werden.[864]

Für das hier im Blickpunkt stehende Controlling Betreibermodell-basierter Infrastrukturprojekte aus Sicht der Projektträger ist aufgrund der internen Perspektive und wegen der engen Gestaltungsgrenzen des externen Berichtswesens in erster Linie die Gestaltung des internen Berichtswesens relevant. Dabei ergibt sich bezüglich der inhaltlichen Berichtswesen-Dimension die Anforderung, dass die bereitzustellenden Informationen über einzelne Projektsachverhalte nach Art und Umfang den Informationsbedarf der Projektträger in hinreichendem Maße abdecken. Das Rechnungswesen sollte deshalb zum übergeordneten Zweck der Entscheidungsunterstützung im Rahmen der planungs- und kontrollbasierten Projektsteuerung gemäß der konstatierten Projektträger-Ziele vor allem Informationen zu Plan- und Ist-Zahlungen und -Leistungen bereitstellen. Daneben sollten entsprechend der Beratungsfunktion des Controlling Interpretationen und präskriptive Handlungsempfehlungen enthalten sein.[865]

---

[862] Vgl. auch Drews, H. (2001a), S. 92, 95. Zum theoretischen Hintergrund der Unterscheidung von objektivem Informationsbedarf und subjektivem Informationsbedürfnis vgl. Szyperski, N. (1980), Sp. 905ff; Berthel, J. (1992), Sp. 872ff; Koch, R. (1994), S. 57ff. BLOHM konstatiert, dass „man sich in der Praxis mit einem schrittweisen Herantasten an vornehmlich subjektive Vorstellungen solcher Optimalzustände begnügen [Anm. d. Verf.: muss]. Einem mathematisch formulierten, strengen Optimumbegriff genügt diese praktische Zielsetzung freilich nicht. Mehr ist aber nicht erreichbar“ (Blohm, H. (1982), S. 868).

[863] Vgl. hierzu umfassend Gundert, M. (2000), S. 125ff; Coenenberg, A.G. (2001), S. 419ff, 678ff, 805ff, 837ff, 846ff; Gundert, M. (2001), S. 438ff; Kremin-Buch, B. (2001), S. 23ff, 190ff, 218ff, 227f.

[864] Siehe auch die Anmerkungen in den Fußnoten 860 und 862.

[865] Um dabei der Gefahr bewusster oder unbewusster Manipulation zu begegnen, ist zu beachten, dass eine deutliche Trennung zwischen objektiven Daten und subjektiven Einschätzungen stattfindet.

An die personelle beziehungsweise institutionelle Dimension des internen Reporting besteht die generelle Forderung, die Kommunikation zwischen den Projektpartnern soweit zu gewährleisten, dass die potenziellen Informationserzeuger zur Stärkung des gegenseitigen Vertrauens und der effektiven Gesamtprojektkoordination die ihrer Sphäre entspringenden Informationen bei gesamtprojektbezogener Relevanz mindestens den direkt betroffenen Projektpartnern bereitstellen. Die diesbezüglichen Grenzen markieren das informationsökonomische Kalkül im Allgemeinen und die Geheimhaltungsbedürftigkeit einzelner Aspekte im Besonderen.

Hinsichtlich der Gestaltungsvariablen der formalen Dimension des internen Berichtswesens ergeben sich in Bezug auf die Datenübermittlung mit Ausnahme der gegebenenfalls wichtigen, rechtlichen Wirksam- und Nachprüfbarkeit kaum besondere Anforderungen. Hier kann auf bewährte elektronische und papierbasierte Übertragungsmedien zurückgegriffen werden.[866] In Bezug auf die zu wählenden Darstellungsformen ist hingegen auf die jeweiligen Perspektiven sowie die damit verbundenden zahlen-, text- und graphikbezogenen Verdichtungsbedürfnisse der Informationsadressaten zu achten. Ebenso sollte das Berichtswesen in zeitlicher Hinsicht zwar möglichst aktuelle Informationen generieren und bereitstellen, jedoch ist auch hier der erwartete Erstellungsaufwand dem erwarteten Nutzen gegenüberzustellen. Insbesondere sollte darauf geachtet werden, dass bei den Informationsadressaten keine Desensibilisierung oder Reaktanz und eine damit einhergehende mangelnde Auseinandersetzung mit den erhaltenen Informationen aufgrund zu hoher Berichtsfrequenz hervorgerufen werden.[867]

Eine sämtliche konstatierte Dimensionen betreffende Schwierigkeit ergibt sich regelmäßig daraus, dass die Projektträger-Mutterorganisationen bereits zu Kooperationsbeginn über weitgehend etablierte Berichtsstrukturen verfügen, so dass etwaige technische, zeitliche oder begriffliche Kompatibilitätsprobleme zwischen den einzelnen Projektträgern gemeinsam behoben werden müssen.[868]

---

866 Es sei nachdrücklichkeitshalber darauf hingewiesen, dass es Aufgabe des Projektberichtswesen ist, die formlose beziehungsweise informale, mündliche und schriftliche Informationsversorgung in formaler und damit nachprüfbarer Hinsicht zu ergänzen (vgl. auch Schmitz, H./Windhausen, M.P. (1986), S. 152).

867 Vgl. auch Blohm, H. (1982), S. 870f; Drews, H. (2001a), S. 92f, 95ff.

868 Vgl. auch Eisele, J. (1995), S. 274; Kraege, R. (1997), S. 195f; Drews, H. (2001a), S. 92f, 95ff.

6.3.2 Ausgestaltung des Berichtswesens

Da die Gestaltungsvariablen von Berichtssystemen immer nur vor dem konkret vorliegenden Problemhintergrund festgelegt werden können[869] und der Lebenszyklus Betreibermodell-basierter Infrastrukturprojekte bereits mehrfach als bedeutendes empirisches Charakteristikum und komplexitätsreduzierende Strukturierungsdimension herausgestellt wurde[870], wird im Folgenden analog zu der in den Abschnitten 2.3.4 und 5.2 vorgenommenen Differenzierung von Projektleistungen im Allgemeinen und Controlling-Aufgaben im Speziellen das phasenbezogene, phasenübergreifende und phasenverbindende Reporting unterschieden (vgl. Darstellung 75). Dabei erlangen neben den genannten Berichtsarten des externen Berichtswesens folgende Typen interner Berichterstattung besondere Bedeutung:

- Projektstatus- und Abschlussberichte,
- Ad-hoc- beziehungsweise Sonderbedarfsberichte sowie
- Sitzungs- respektive Besprechungsprotokolle.

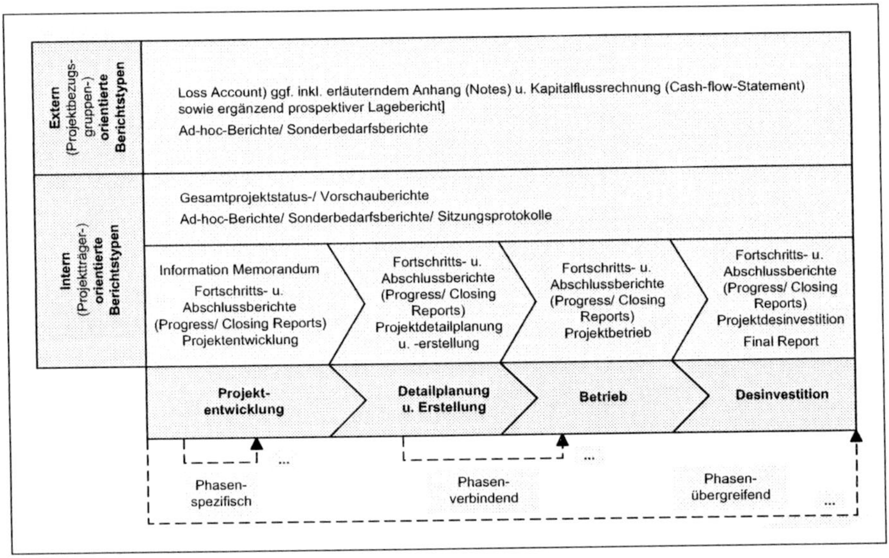

Darstellung 75: Berichtstypen im Projektlebenszyklus

[869] Vgl. Kraege, R. (1997), S. 195; Drews, H. (2001a), S. 92f.

[870] Siehe insbesondere Abschnitte 2.3.4, 3.2 und 5.2.

Projektstatus- und Abschlussberichte (Progress/ Closing Reports) können phasenübergreifend, phasenverbindend und phasenbezogen ausgestaltet sein. Als rein phasenbezogene Projektstandberichte geben sie turnusgemäß innerhalb oder zum Ende einzelner Phasen in übersichtlicher Form Informationen über den Projektfortschritt und wesentliche Einzelereignisse. Besondere Relevanz erlangen Projektstatus- und Abschlussberichte für die (potenziellen) Eigen- und Fremdkapitalgeber bezüglich der dadurch angeregten Projektentscheidungen in den frühen Projektphasen. Im Hinblick auf die Erfahrungsdokumentation lässt sich die laufende Berichterstattung zu Projektende auch um einen gesamtabschließenden Final Report ergänzen.[871] Unter Einbeziehung von Forecast-Informationen über einzelne Projektphasen hinweg können mit Hilfe von Status- und Abschlussberichten ferner Implikationen des aktuellen Projektstands für künftige Entwicklungen in Form phasenverbindender und -übergreifender Vorschauberichte aufgezeigt werden.[872] Während insbesondere für die Betriebsphase Betreibermodell-basierter Infrastrukturprojekte eine monats- bis quartalsweise erfolgende Berichterstattung allgemein für ausreichend gehalten wird, sollten Progress Reports speziell in der Bauphase regelmäßig monatlich – und lediglich in Ausnahmefällen quartalsweise – generiert und den relevanten Berichtsempfängern übermittelt werden.[873]

Unter besonderen Umständen, das heißt bei Eintritt gravierender Ereignisse respektive Planabweichungen oder sonstiger Sonderbedarfe, gewinnen Ad-hoc- beziehungsweise Sonder- oder Sonderbedarfsberichte an Bedeutung. Ebenso wie Projektstatus- und Abschlussberichte können Sonderberichte inhaltsbezogen phasenübergreifend, phasenverbindend und phasenbezogen ausgestaltet sein. Sonderberichte sind jedoch per se aperiodischer Natur und können insofern nicht im Detail ex ante geplant werden. Dennoch sollte so früh wie möglich generell festgelegt werden, welche Art von Abweichungen zu Projekt-Sonderberichten führen und welche Personen beziehungsweise Institutionen oder Personengruppen zur Anforderung ausserplanmäßiger Berichte berechtigt sind. Zu denken ist dabei etwa an vertragliche Regelungen zwischen den internen Projektbeteiligten im Allgemeinen sowie die Identifizierung bedeutender Projektbezugsgruppen und die Festlegung von Toleranzgrenzen hinsichtlich maßgebender Projektparameter wie Zahlungen und definierter Termine der Meilensteinerreichung im Besonderen.[874]

---

871 Vgl. hierzu Alter, R. (1991), S. 323ff; Kraege, R. (1997), S. 204ff.

872 Vgl. auch Schmitz, H./Windhausen, M.P. (1986), S. 152ff; Andreas, D./Sauter, B./Rademacher, G. (1992), S. 92f, 98ff; Huch, B./Behme, W./Ohlendorf, T. (1997), S. 361f. Formblattbeispiele für Projektstatusberichte finden sich bei SCHMITZ/WINDHAUSEN (vgl. Schmitz, H./Windhausen, M.P. (1986), S. 155f).

873 Vgl. auch Höpfner, K.-U. (1995), S. 210f; Hupe, M. (1995), S. 165ff.

874 Vgl. Schmitz, H./Windhausen, M.P. (1986), S. 154. Formale Gestaltungshilfen für die Erstellung von Projekt-Sonderberichten geben SCHMITZ/WINDHAUSEN (vgl. Schmitz, H./Windhausen, M.P. (1986), S. 153).

Eine besondere Form von Sonderbedarfsberichten stellen konstituierende Projektberichte dar. Hierin werden – vor allem mit dem Ziel der Mobilisierung von Projektpromotoren und -sponsoren – ausführliche Projektinformationen bereitgestellt. Speziell das Information beziehungsweise Offering Memorandum zu Projektbeginn beinhaltet umfassende Projektinformationen in Form eines klassischen Business-Plans und dient möglichen Kapitalgebern als Grundlage ihrer Beteiligungsentscheidung.[875] Ebenfalls konstituierend sind Projektberichte zur Erläuterung der statutarischen Projektorganisation, welche bereits im Information Memorandum enthalten sein und auch zu umfassenden Projekthandbüchern erweitert werden können. Darin werden beispielsweise aufbau- und ablauforganisatorisch Organigramme einschließlich beschlossener Kompetenzverteilungen dargestellt und erläutert.[876]

Zur Gewährleistung der Nachvollziehbarkeit und Nachprüfbarkeit insbesondere gemeinschaftlich getroffener Projektentscheidungen sollten die Resultate von Projektbesprechungen als Sitzungs- beziehungsweise Besprechungsprotokolle dokumentiert werden.[877]

---

875 Vgl. Grosse, P.B. (1990), S. 49f; Backhaus, K./Schill, J./Uekermann, H. (1993), S. 551f; Wagner, U.N. (1996), S. 7ff; Henschel-Bätz, M. (2000), S. 224f; Nevitt, P.K./Fabozzi, F.J. (2000), S. 30f, 33ff. Eine Beispielgliederung eines Information Memorandums gibt GRÖHL (vgl. Gröhl, M. (1990), S. LXVIII). Nach NEVITT/FABOZZI ist das Information Memorandum „the most important [...] tool in seeking finance from lenders and investors. A well-prepared memorandum [...] will impress lenders with the planning ability and general competence of management. A poorly prepared offering memorandum will have the opposite effect" (Nevitt, P.K./Fabozzi, F.J. (2000), S. 33).

876 Vgl. VDI (1991), S. 175f; Eschenbruch, K. (1999), S. 147ff.

877 Gestaltungshinweise für Besprechungsprotokolle liefern SCHMITZ/WINDHAUSEN (vgl. Schmitz, H./Windhausen, M.P. (1986), S. 140ff).

7 Institutionelle Ausgestaltung des Controlling

Neben den geschilderten Zielen, Funktionen, Aufgaben und Instrumenten bildet die Institutionalisierung des Controlling einen Kernbestandteil jeder geschlossenen Controlling-Konzeption.[878] Im vorliegenden Zusammenhang ist die Institutionalisierung des Controlling zu verstehen als organisatorische Verankerung der aus den Zielen resultierenden Funktionen, Aufgaben und Instrumente mit Personen und Institutionen des jeweiligen Projektes. Dabei geht es nicht zwangsläufig um die traditionell naheliegende Institutionalisierung eines personifizierten „Controllers" oder einer sogenannten „Controlling-Abteilung", sondern allgemeiner um eine projektspezifische Delegation der erkannten Aufgaben in Verbindung mit den identifizierten Instrumenten auf dergestalt als „Träger des Controlling"[879] benennbare Personen oder Personengruppen. Die Organisation des Controlling legt damit die Aufgabenverteilung zwischen den unterschiedlichen Trägern, deren Kompetenzen und Verantwortlichkeiten sowie die Einordnung in bestehende oder zu gestaltende Strukturen fest.[880]

7.1 *Gestaltungsparameter der Controlling-Organisation*

Für die folgende Untersuchung werden – gemäß dem begründenden Abschnitt 2.4.2.2 – die zwei Betrachtungsebenen der Projektträgergemeinschaft beziehungsweise -kooperation auf der einen und der individuellen Projektträger auf der anderen Seite unterschieden. Eine derartige Differenzierung erscheint auch hier notwendig, da die organisatorische Ausgestaltung des Controlling von Betreibermodell-Projekten einerseits wesentlich von projektspezifischen, kooperationsbezogenen Kontext- beziehungsweise Situationsvariablen wie den zugrundeliegenden Macht- respektive Größenverhältnissen, den individuell verfolgten Zielsetzungen und den Planungs- und Kontrollkulturen der partizipierenden Projektträger sowie andererseits von den bereits bestehenden Controlling-Strukturen der einzelnen Projektträger mit deren maßgebenden Determinanten wie Zentralisations- und Standardisierungsgrad abhängt.[881]

---

878 Siehe auch Abschnitte 1.2 und 4.2 einschließlich Darstellung 17 auf Seite 114.

879 Welge, M.K. (1988), S. 400.

880 „Controlling als Rationalitätssicherung der Führung zu verstehen und die Differenzierung von entlastenden und das Management ergänzenden Unterstützungsaufgaben bilden eine verlässliche Basis, über die geeignete Aufgabenträgerschaft der Funktion nachzudenken. [...] Der unvoreingenommene Blick auf [...] Träger [...] und Trägerkombinationen wird zudem ganz neue Fragestellungen und Lösungen generieren" (Schäffer, U./Weber, J. (2002), S. 65f). Vgl. auch Welge, M.K. (1988), S. 400ff; Kraege, R. (1997), S. 211; Borchers, S. (2000), S. 223; Henschel-Bätz, M. (2000), S. 218. Zur organisatorischen Kongruenz von Aufgaben, Kompetenzen und Verantwortung als Grundpostulat der Delegation vgl. Wild, J. (1972), S. 64ff; Steinle, C. (1992), Sp. 501. Aufgaben beinhalten die Erbringung einer zu vereinbarenden Leistung (vgl. Kosiol, E. (1962), S. 41). Kompetenzen sind als Handlungsrechte zu verstehen, die innerhalb eines definierten Zuständigkeitsbereiches zur Durchsetzung der vereinbarten Leistung dienen (vgl. Steinle, C. (1992), Sp. 506; Bronner, R. (1992), Sp. 2507). Verantwortung bezeichnet hingegen die Verpflichtung, für Folgen des Handelns einzustehen (vgl. Bleicher, K. (1980), Sp. 2283). Nach dem organisationstheoretischen Konzept von KOSIOL handelt es sich somit bei der Aufgabenverteilung um die Aufgabensynthese nach erfolgter Aufgabenanalyse (vgl. Kosiol, E. (1962), S. 41ff, 63f; Krüger, W. (1992), Sp. 221ff).

881 Vgl. Kraege, R. (1997), S. 211ff für den allgemeinen Fall strategischer Unternehmenskooperationen.

Bezugnehmend auf allgemeine Konzepte der Aufgabenverteilung können für die Institutionalisierung des Controlling im Rahmen Betreibermodell-basierter Infrastrukturprojekte folgende Gestaltungsparameter hervorgehoben werden:[882]

- die Bestimmung der Aufgabenträger hinsichtlich der Frage „Wer sind potenzielle Träger des Controlling?",
- die Regelung der Aufgabendelegation hinsichtlich der Frage „Inwieweit sollte eine Aufgabendelegation von den einzelnen Projektträgern und von der Projektträgergemeinschaft an einzelne potenzielle Aufgabenträger erfolgen?",
- die mögliche Bildung eigenständiger, projektbezogener Controlling-Einheiten hinsichtlich der Frage „Ist die Institutionalisierung spezieller, auf das einzelne Projekt bezogener Controlling-Stellen respektive -Abteilungen erforderlich?" sowie
- die Verankerung einer Weisungsbeziehungsstruktur hinsichtlich der Frage „Welche Weisungsbeziehungen sollten gegenüber den Aufgabenträgern etabliert werden?".

7.2 Gestaltungsoptionen der Controlling-Organisation

Träger der in Abschnitt 5.2 dargelegten Controlling-Aufgaben lassen sich grundsätzlich aus sämtlichen der in den Abschnitten 3.1.2 und 3.1.3 identifizierten primären und sekundären Projektbeteiligtengruppen rekrutieren, so dass mit Blick auf die vorangegangene Abgrenzung der Projektträgergemeinschaft beziehungsweise -kooperation von den dahinterstehenden individuellen Projektträgern folgende potenzielle Aufgabenträger des Controlling unterschieden werden können:[883]

- die Geschäfts- respektive Projektleitung der Kooperationseinheit beziehungsweise Projektgesellschaft oder Special Purpose Company (SPC),
- eine eigenständige, kooperationsbezogene Controlling-Stelle oder -Abteilung,
- zentrale Controlling- beziehungsweise Beteiligungscontrolling-Stellen oder -Abteilungen der einzelnen Projektträger,
- Bereichs- oder Funktionscontrolling-Stellen beziehungsweise -Abteilungen der einzelnen Projektträger,
- beteiligte Bereichs- oder Funktionsführungskräfte der einzelnen Projektträger sowie
- extern beauftragte Non-Equity-Projektbeteiligte.

---

882 Vgl. mit Bezug auf das Beteiligungscontrolling in der Management-Holding Borchers, S. (2000), S. 223f.

883 Vgl. auch Kraege, R. (1997), S. 213ff für den allgemeinen Fall strategischer Kooperationen.

Bestimmte Aufgaben des lebenszyklusweiten Projekt-Controlling wie zum Beispiel das projektträgerindividuelle Risiko-Controlling und die damit verbundenen Planungs- und Kontrolltätigkeiten sowie die projektträgerindividuelle Know-how-Sicherung[884] sind per se bei den einzelnen Projektträgern – beispielsweise in eigens geschaffenen Bereichs-, Funktions- oder Beteiligungscontrolling-Stellen oder -Abteilungen – angesiedelt,[885] während speziell die Beratungsfunktion des Controlling in der Phase der Desinvestition eines Projektträgers[886] zwar dessen individuelle Perspektive berücksichtigen sollte, aber prinzipiell auch auf externe Berater ausgelagert werden kann.

Andere Aufgaben, wie beispielsweise die mitlaufende Kalkulation und Berichterstattung während der Erstellungsphase oder das operative Reporting während der Phase des Projektbetriebs,[887] setzen eine besondere – auch räumliche – Nähe zum Projektgeschehen und damit eine Controlling-Verankerung möglichst am Vorhabensort voraus, was für die Übertragung entsprechender Aufgaben an die Geschäfts- respektive Projektleitung der SPC oder insbesondere bei größeren Vorhaben an bewusst gebildete Controlling-Stellen innerhalb der SPC spricht. Derartige, gemeinschaftlich bestimmte Controlling-Träger können bereits in der frühen Phase der sogenannten Einfluss-Projektorganisation als federführende Gesamtprojektkoordinatoren eingesetzt werden. Dabei ist zu beachten, dass nicht bei jedem Vorhaben, insbesondere nicht bei kleineren, die Einrichtung einer eigenständigen Controlling-Stelle oder -Abteilung als betriebswirtschaftliches Optimum angesehen werden kann und insofern eine projektspezifische Abwägung und Gegenüberstellung des jeweiligen Institutionalisierungsnutzens und -aufwandes erforderlich ist.[888] Dementsprechend kann es zur Stärkung der Eigenwirtschaftlichkeit und Effektivität des Controlling sinnvoll sein, phasenspezifische und projektträgergemeinschaftsbezogene Controlling-Aufgaben insbesondere der mitlaufenden Berichtsgenerierung und -erstattung auf Basis der operativen Planung und Kontrolle während der Phasen der Projektentwicklung, der Detailplanung und Erstellung sowie des Projektbetriebs auf die mit den korrespondierenden Teilprojektleistungen beauftragten Einheiten beziehungsweise Bereichs- oder Funktionsführungskräfte der Projektträger zu übertragen.[889] Lassen sich seitens der Projektträger keine solchen Controlling-Träger finden[890] oder wird ein

---

884 Zu den Aufgabenkomplexen des Risiko-Controlling und der Know-how-Sicherung siehe die Abschnitte 5.2.1.3 und 5.2.1.4.

885 Zur Organisation der Bereichs- und Funktionseinheiten in den unterschiedlichen Projektträgerunternehmen vgl. Hintze, M. (1998), S. 330ff. Zur Organisation des Beteiligungscontrolling in privatwirtschaftlichen Unternehmen vgl. Schmidt, A. (1987), S. 1647f; Borchers, S. (2000), S. 223ff und zur Institutionalisierung eines öffentlichen Beteiligungscontrolling vgl. Schulte, G. (1994), S. 212ff.

886 Zu den Controlling-Aufgaben in der Phase der Projekt-Desinvestition siehe Abschnitt 5.2.2.4.

887 Zu dem Aufgabenbündel der mitlaufenden Kalkulation und Berichterstattung während der Erstellungs- und der Betriebsphase siehe die Abschnitte 5.2.2.2 und 5.2.2.3.

888 Zu Fragen der verrichtungsorientierten Aufgabenanalyse und -synthese im Rahmen der Stellen- und Abteilungsbildung nehmen HENTZE/BROSE ausführlich Stellung (vgl. Hentze, J./Brose, P. (1985), S. 25ff).

889 Vgl. Hupe, M. (1995), S. 97, 99; Wolff, H.-J./Mundorf, H.-B. (1996), S. 117f; Hintze, M. (1998), S. 335ff.

890 Die Übernahme von Controlling-Aufgaben durch Einheiten der Projektträger setzt das Vorhandensein eines entsprechenden Personalfundus voraus. Neben der quantitativen Komponente können im vorliegenden Zusammenhang fachliche und persönlichkeitsbezogene Qualifikationsanforderungen des Personals wie

mögliches Informationsmonopol eines einzelnen Projektträgers für nicht akzeptabel erachtet, besteht fernerhin die Möglichkeit, einzelne Aufgaben und Aufgabenbündel mit Hilfe der in Abschnitt 2.4.1 behandelten Vertragstypen zur Erbringung isolierter oder kombinierter Teilprojektleistungen an Projektexterne zu vergeben. Dabei sollten besonders interdisziplinär ausgerichtete Berater aus den Bereichen Projektentwicklung und -steuerung sowie des Financial Engineering in Betracht gezogen werden.[891, 892]

Aufgaben, die die transaktionsbezogene Gesamtabstimmung der Projektträger untereinander und mit den mit Teilprojektleistungen betrauten sekundären Projektbeteiligten zum Inhalt haben, wie zum Beispiel die laufende Koordination der horizontalen und vertikalen Kooperationen der Projektträgergemeinschaft oder die informatorische Koordination der Projektbeteiligten insbesondere zu Projektbeginn sowie die aufbau- und ablauforganisatorische Projektkoordination,[893] mit anderen Worten diejenigen Aufgaben, die die Koordination zwischen den hierarchischen Kooperationsebenen betreffen, sollten generell zentralisiert von einem möglichst unabhängigen, externen Aufgabenträger oder einer gemeinschaftlich legitimierten Controlling-Einheit innerhalb der SPC oder eines der beteiligten Projektträgerunternehmen wahrgenommen werden.

Die Abstimmungsnotwendigkeit zwischen den verschiedenen Kooperationspartnern spiegelt nochmals die phasenbezogene Darstellung 76 wider, in der der potenzielle Mitwirkungsgrad der als mögliche Aufgabenträger des Controlling identifizierten Führungs- und Führungsunterstützungsinstitutionen graphisch-tendenziell wiedergegeben wird.

---

kombiniertes, technisches und betriebswirtschaftliches Wissen sowie speziell bei internationalen Projekten Fremdsprachenkenntnisse und fremdkulturelles Know-how hervorgehoben werden (vgl. Joosten, R. (1994), S. 71f; Höpfner, K.-U. (1995), S. 136ff; Hintze, M. (1998), S. 339ff). Unter dem fachlichen Gesichtspunkt erscheinen vor allem der sichere Umgang mit den vorgestellten Controlling-Instrumenten und dabei besonders die probabilistischen Kenntnisse zur Handhabung der Ungewissheit von Bedeutung. Weitere, allgemein proklamierbare Qualifikationsanforderungen wie analytisch-komplexe Denkfähigkeit, EDV-Kenntnisse, Teamfähigkeit, Einsatzbereitschaft et cetera bleiben an dieser Stelle aufgrund ihres Gemeinplatzcharakters unbetont (vgl. Welge, M.K. (1988), S. 401ff).

891 Allgemeingültige und einheitliche Erkenntnisse zur Übertragung von Controlling-Aufgaben im Rahmen der Durchführung von Joint Ventures liegen seitens der empirischen Erfolgsfaktorenforschung bislang nicht vor (vgl. auch Helm, R./Peter, A. (1999), S. 37), so dass hier empirisch vorfindbare und auf analytisch-deduktivem Wege erarbeitete, plausibilitätsgeleitete Handlungsvorschläge unterbreitet werden.

892 NEVITT/FABOZZI raten: „The employment of a financial adviser is essentially an economic decision. It is obviously beneficial when the cost of the adviser´s value-added services are less than the ultimate savings, and in most project financing this will be the case" (Nevitt, P.K./Fabozzi, F.J. (2000), S. 29). Eine Externalisierung von Controlling-Aufgaben ist demnach grundsätzlich dann sinnvoll, wenn die Aufgaben qualitativ besser und beziehungsweise oder per Saldo kostengünstiger ausgeführt werden können (siehe auch die Ausführungen zum Eingehen vertikaler Kooperationen in Abschnitt 5.2.1.5 und der entsprechend multikriteriellen Instrumenten-Unterstützung in Abschnitt 6.2.1).

893 Zu den Aufgabenkomplexen der laufenden Koordination der horizontalen und vertikalen Kooperationen, der informatorischen sowie aufbau- und ablauforganisatorischen Koordination zu Projektbeginn siehe die Abschnitte 5.2.1.5 und 5.2.2.1.

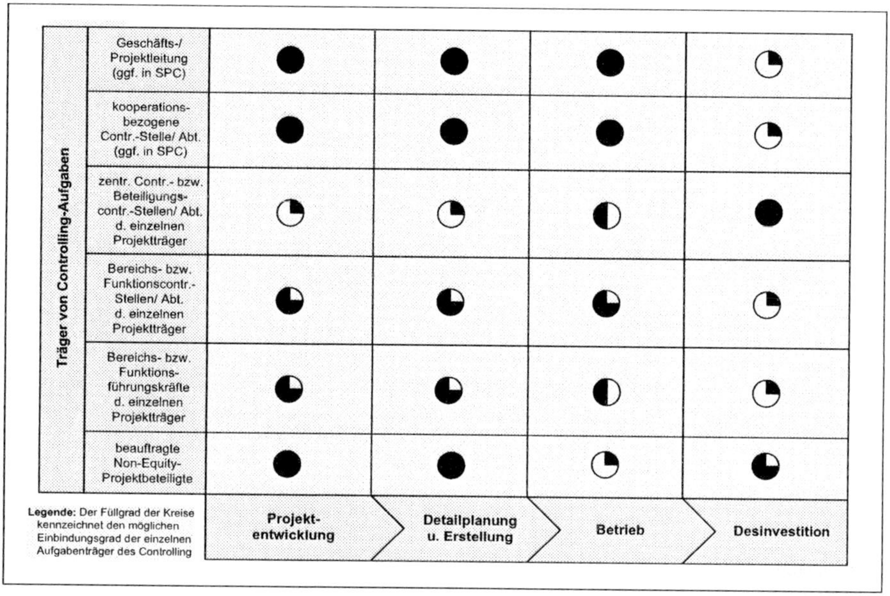

Darstellung 76: Controlling-Träger im Projektlebenszyklus

Einer gemeinschaftlich bestimmten Projektleitungsinstanz oder Controlling-Stelle respektive Abteilung kommt danach mit Ausnahme der Projektdesinvestitionsphase, während der den zentralen Controlling- beziehungsweise Beteiligungscontrolling-Einheiten der einzelnen Projektträger sowie Projekt-externen Beratern der höchste Stellenwert beigemessen werden kann, aufgrund der federführenden Tätigkeit über den gesamten Projektlebenszyklus hinweg besondere Bedeutung zu.

Den zentralen Controlling- beziehungsweise Beteiligungscontrolling-Einheiten der einzelnen Projektträger obliegt zu Projektbeginn in erster Linie die Vorgabe und gegenläufige Abstimmung der projektbezogenen Berichtsstrukturen hinsichtlich der eigendefinierten inhaltlichen, formalen und zeitbezogenen Informationsbedarfe, wohingegen spätestens während der Phase des Projektbetriebes neben der laufenden Anpassung der Berichtsstrukturen die Auswertung der unterschiedlichen Berichtsarten im Aufgabenmittelpunkt steht.[894]

Der Einbindungsgrad der Bereichs- oder Funktionscontrolling-Stellen beziehungsweise -Abteilungen sowie der Bereichs- oder Funktionsführungskräfte der einzelnen Projektträger hängt stark von der Übernahme von Teilprojektleistungen durch den jeweiligen Projektträger beziehungsweise durch einzelne Einheiten derselben ab. Je umfangreicher einzelne Teilprojektleistungen während der unterschiedlichen Projektphasen erbracht werden, desto höher ist der jeweilig mögliche Mitwirkungsgrad bei der Bewältigung der festgestellten Controlling-

894 Vgl. auch Schmidt, A. (1987), S. 1646. Zum Aufbau des Projektberichtswesens siehe Abschnitt 6.3.

Aufgaben einzuschätzen. Speziell während der Phase der Projektdesinvestition dürften lediglich vereinzelte Informationsversorgungsaktivitäten für die genannte Trägergruppe von Relevanz sein. Insbesondere die Einbindung des Bereichs- oder Funktionslinienmanagements wird im Regelfall bereits während der vornehmlich von Tätigkeiten der Routineüberwachung geprägten Betriebsphase geringer. Externe Non-Equity-Dienstleister dürften vor allem in den beratungsintensiven Phasen der Projektentwicklung, Detailplanung und Erstellung sowie Projektdesinvestition an Bedeutung gewinnen, wobei je nach Einzelvorhabenskonstellation auch die Übernahme routinemäßiger Leistungen der Betriebsphase mit weitgehendem Servicecharakter denkbar ist.

Die Heterogenität der Controlling-Aufgaben und der zu ihrer effizienten und effektiven Wahrnehmung erforderlichen organisatorischen Voraussetzungen führen demzufolge dazu, dass die Koordinationsfunktion des Controlling nur im Zusammenwirken mehrerer Trägerinstitutionen erfolgen kann. Die nachfolgende Darstellung 77 unterstreicht dies im Überblick.

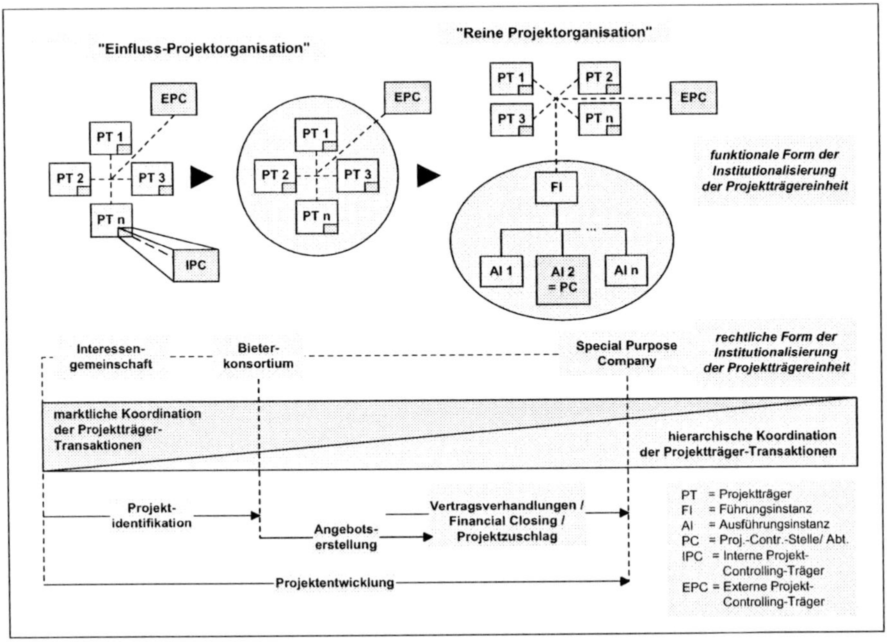

Darstellung 77: Institutionalisierung des Projekt-Controlling zwischen Markt und Hierarchie[895]

Gemäß dem Regelkreisprinzip[896] fungiert für die Ebene der Projektträgergemeinschaft beziehungsweise -kooperation ein fallspezifisch eingerichtetes, mit einzelnen Mitgliedern der be-

---

[895] Siehe auch Abschnitt 5.2.2.1.2 und dort im Speziellen Darstellung 24, welche durch die hier vorliegende Darstellung 77 eine Erweiterung um den Aspekt der Institutionalisierung des Controlling erfährt.

[896] Zum Regelkreisprinzip als Rahmenmodell des lebenszyklusweiten Controlling siehe Abschnitt 5.2.1.1.

teiligten Projektträgerunternehmen besetztes Gremium als für die Träger der kooperationsbezogenen Controlling-Aufgaben formal zielgebende Instanz,[897] sowohl gegenüber möglichen externen Aufgabenträgern wie auch gegenüber einer etwaig institutionalisierten, Controlling-Aufgaben wahrnehmenden Geschäftsleitung, Controlling-Stelle oder -Abteilung einer SPC.

Für den Fall der Institutionalisierung einer Geschäfts- respektive Projektleitung durch die Projektträgergemeinschaft sollten die nicht mit der Geschäfts- beziehungsweise Projektleitung identischen Träger des kooperationsebenenbezogenen Controlling möglichst der federführenden Projektleitungsinstanz unterstellt werden, um effizienz- und effektivitätsmindernde Interessenkonflikte weitestgehend zu vermeiden sowie effizienz- und effektivitätsstärkende Bündelungsvorteile weitgehend entfalten zu können. Den maßgeblich am Projekt beteiligten Organisationseinheiten der einzelnen Projektträger wie beispielsweise zentralen Controlling- oder Beteiligungscontrolling-Stellen beziehungsweise -Abteilungen, Bereichs- oder Funktionslinieninstanzen beziehungsweise -controlling-Stellen oder -Abteilungen sollte dabei ein umfassendes Informations- und gegebenenfalls Mitspracherecht in Fragen der Personalauswahl und der gemeinsamen Abstimmung des Projektberichtswesens eingeräumt werden.[898]

Idealerweise unterstützen etwaige Geschäftsleitungen und Controlling-Stellen respektive -Abteilungen der Kooperationseinheit, zentrale Controlling- beziehungsweise Beteiligungscontrolling-, Bereichs- oder Funktionscontrolling-Einheiten und beteiligte Bereichs- oder Funktionsführungskräfte der einzelnen Projektträger sowie extern beauftragte Non-Equity-Projektbeteiligte den Zielbildungsprozess während des gesamten Projektlebenszyklus, wobei darauf zu achten ist, dass durch die Controlling-Träger weder eine Selbst-Führung im Sinne einer Zielformulierung für den eigenen Beauftragungsbereich noch eine alleinige Evaluation der eigenen Realisationsresultate stattfindet. Insofern sollten möglichst früh die jeweiligen Kompetenz- und Verantwortungsbereiche festgelegt werden.[899]

---

897 EISELE erhebt die Größe und personelle Besetzung eines Lenkungsgremiums (Steering Group) zu wesentlichen Erfolgsfaktoren des Joint-Venture-Managements. Die Größe eines Lenkungsgremiums sollte demnach die Zahl von maximal 10 Mitgliedern nicht überschreiten, da andernfalls die Arbeitsfähigkeit beeinträchtigt sein könnte. Um bei den Kollektiventscheidungen Patt-Situationen zu vermeiden, wird in der Joint-Venture-Praxis oft eine ungerade Mitgliedsanzahl gewählt. Im Regelfall werden die Entscheidungen mittels einfacher Mehrheiten gefällt, wobei in letzter Konsequenz die spezifischen Umstände und insbesondere Machtverhältnisse der Projektträger maßgebend sind (vgl. Schmidt, A. (1987), S. 1649; Hupe, M. (1995), S. 91f). Die Mitglieder des Lenkungsgremiums sollten mit hinreichenden Entscheidungsbefugnissen von und in den jeweiligen Mutterhäusern ausgestattet sein, um die Projektinteressen sowohl innerhalb der Steering Group als auch im Mutterhaus in angemessener Weise vertreten zu können. Überdies sollten sich die Mitglieder des Lenkungsgremiums hinsichtlich ihres Persönlichkeitsprofils für die kollektive Entscheidungsfindung besonders eignen und – wie es für sämtliche Projektbeteiligte allgemeingültig formuliert werden kann – bereits über möglichst umfassende Erfahrungen aus vorausgegangenen Projekten verfügen (vgl. Eisele, J. (1995), S. 276; Böger, T.R./Drömann, D. (2001), Kap. 6).

898 Vgl. auch Alter, R. (1991), S. 184. BORCHERS präferiert für den Fall des Beteiligungscontrolling aus Perspektive einer Management-Holding ebenfalls die fachliche und disziplinarische Unterstellung einer dezentralen Controlling-Einheit unter die Leitungsinstanz der Beteiligung (vgl. Borchers, S. (2000), S. 234). Mit diesem Vorgehen kann auch der empirischen Erkenntnis Rechnung getragen werden, nach der ein hoher Autonomiegrad einen bedeutenden Erfolgsfaktor von Joint-Ventures darstellt (vgl. Helm, R./Peter, A. (1999), S. 34f, 44).

899 Vgl. auch Schmidt, A. (1987), S. 1645f.

8 Schlussbetrachtung: Zusammenfassung und Ausblick

Die vorliegende Untersuchung hatte gemäß den Darlegungen in Kapitel 1 zum Ziel, für das zunehmend an empirischer Relevanz gewinnende Phänomen Betreibermodell-basierter Infrastrukturprojekte ein speziell auf gesamtverantwortliche Projektträger ausgerichtetes Entscheidungsunterstützungskonzept zu entwickeln. Hierzu wurden begriffliche, empirisch-deskriptive, explikative und konkrete Handlungsempfehlungen aussprechende praxeologisch-normative Aussagen getroffen.

Betreibermodell-basierte Infrastrukturprojekte wurden in Kapitel 2 charakterisiert als Vorhaben, bei denen ein öffentlicher oder privater Auftraggeber die Gesamtverantwortung für die Bereitstellung einer mit Hilfe technischer Anlagen zu erbringenden Leistung aus einem Bereich der materiellen Infrastruktur über einen grundsätzlich festgelegten Zeitraum hinweg auf einen Projektträger überträgt und die notwendigen Investitionsmittel im Zuge einer Projektfinanzierung aufgebracht werden. Gemäß dem Systemgedanken können Betreibermodell-basierte Infrastrukturprojekte in zeitlich-prozessualer Hinsicht in einen Systemlebenszyklus eingeordnet sowie aus leistungsbezogen-struktureller Perspektive als integriertes Leistungssystem beschrieben werden. Gegenüber klassischen Vertragstypen der Leistungserbringung im Rahmen von Infrastrukturprojekten zeichnen sich Betreibermodelle durch ein Höchstmaß an Aufgabenbündelung aus. Die Unterscheidung von Betreibermodellen anhand differenzierender Merkmale verdeutlichte ferner, dass trotz der festgestellten Begriffskonstituenten vielfältige, individuelle Vergabe- und Vertragsgestaltungsvariationen denkbar sind.

Die vertiefte Analyse ausgewählter empirischer Charakteristika in Kapitel 3 diente der vervollkommnenden Darlegung des situativ möglichen Kontextes, den die nachfolgend zu entwickelnde Controlling-Konzeption mit abbilden musste. Als bedeutendste Kontextvariablen wurden die Vertrags- und die Projektbeteiligtenstruktur, die Projektphasen sowie die Projektrisiken identifiziert und näher untersucht. Dabei wurde deutlich, dass die Kontextsituation Betreibermodell-basierter Infrastrukturprojekte stark variieren kann und eine entsprechende Bandbreite an projektindividuellen Entwicklungsmöglichkeiten existiert.

Projektgestalterische Maßnahmen sollten seitens der Projektträger immer auf Grundlage klar definierter Zielsetzungen erfolgen. Hierzu wurden in Kapitel 4 mögliche Ziele unterschiedlicher Projektträgergruppen eingehend analysiert, woraus hervorging, dass die von den einzelnen Projektträgern verfolgten Ziele teilweise in einem höchst konfliktären Verhältnis zueinander stehen und somit geeignete Anreiz- und Sanktionsstrukturen geschaffen werden müssen sowie darüber hinaus ein zielorientiertes Projekt-Controlling einerseits eine kollektiv- und andererseits eine individualperspektivische Ausrichtung besitzt.

Nach der in den vorangehenden Kapiteln erfolgten deskriptiven und explanatorischen Analyse des spezifischen Kontextes Betreibermodell-basierter Infrastrukturprojekte wurde in Kapitel 5 auf Grundlage der als originär hervorgehobenen Sekundärkoordinationsfunktion des Controlling ein Handlungsrahmen entwickelt, nach dem ein lebenszyklusweites Projekt-Controlling grundsätzlich ausgerichtet sein sollte. Die derivativen Controlling-Funktionen Planung und

Kontrolle, Information sowie Service und Beratung spiegelten sich dabei in projektphasenübergreifenden, -verbindenden und -spezifischen Controlling-Aufgaben wider.

Als wichtigstes Instrument des Controlling Betreibermodell-basierter Infrastrukturprojekte aus Projektträgersicht wurde in Kapitel 6 eine zahlungsorientierte Monetärrechnung erarbeitet und anhand eines fiktiven Beispiels umfassend illustriert. Daneben wurden Möglichkeiten aufgezeigt, ebenso nicht-monetäre Ziele explizit in projektbezogene Vorteilhaftigkeitsentscheidungen mit einzubeziehen und den notwendigen Informationsfluss auch über ein geeignetes, formales Projektberichtswesen zu gewährleisten.

Aus der Untersuchung der Organisation des Controlling in Kapitel 7 ging hervor, dass die Aufgabenträger des Controlling, der Umfang der Aufgabendelegation sowie der Grad formeller Aufgabenzuordnungen und Weisungsbeziehungen vorhabensindividuell mit Hilfe vorgestellter Entscheidungskriterien festzulegen sind und diesbezüglich ebenfalls ein breites Spektrum an Handlungsmöglichkeiten besteht.

Für die Zukunft bleibt zu wünschen, dass der Wahrheitsgehalt der vorgelegten Controlling-Konzeption im Zuge praktischer Umsetzung und nachfolgender Evaluation empirisch überprüft wird. Bewertungsparameter derartiger Untersuchungen könnten insbesondere die für die geforderte Rationalitätssicherung notwendigen Variablen Effektivität und Effizienz des Controlling sein. Weniger eine wissenschaftlich-theoretische, sondern vielmehr eine praktische Herausforderung bildet die vorhabens(arten)bezogene Detailverwirklichung und -erweiterung des entwickelten Rahmenkonzepts. Hierbei ist vor allem an eine auf den Erkenntnissen der allgemeinen sowie der speziell auf Betreibermodell-Projekte bezogenen Erfolgsfaktorenforschung aufbauende Entwicklung zielführender Marketing-Konzepte für die frühe Projektentwicklungsphase einzelner und für ganze Portfolios möglicher Vorhaben zu denken. Gerade in Deutschland als einem der potenziell erfolgsversprechendsten Märkte Europas erscheint dieser Aspekt vor dem Hintergrund der noch relativ geringen empirischen Bedeutung von Betreibermodellen besonders betonenswürdig. Weiterer Detaillierungsbedarf besteht in der DV-technischen Umsetzung insbesondere der simulativ-planerischen und kontrollierenden Monetärrechnung einschließlich Risikokalkulation sowie des bislang vornehmlich konzeptionell erarbeiteten Berichtswesens. Anwenderfreundliche und hinsichtlich der einfließenden Parameter unterschiedlicher Projektarten und -konstellationen flexibel ausgestaltungsfähige Software dürfte zudem ein beachtliches Absatzpotenzial besitzen.

Die Implementierung des vorgestellten Controlling-Konzeptes basiert im Kern auf der Beantwortung folgender, aufeinander aufbauender Fragen:

- Welche Ziele werden mit dem Projekt verfolgt?
- Welche Aufgaben ergeben sich daraus für das Projekt-Controlling?
- Welche Instrumente sollten unterstützend verwendet werden?
- Wie sind die zu verteilenden Aufgabenpflichten und -rechte institutionell zu verankern?

Anhang

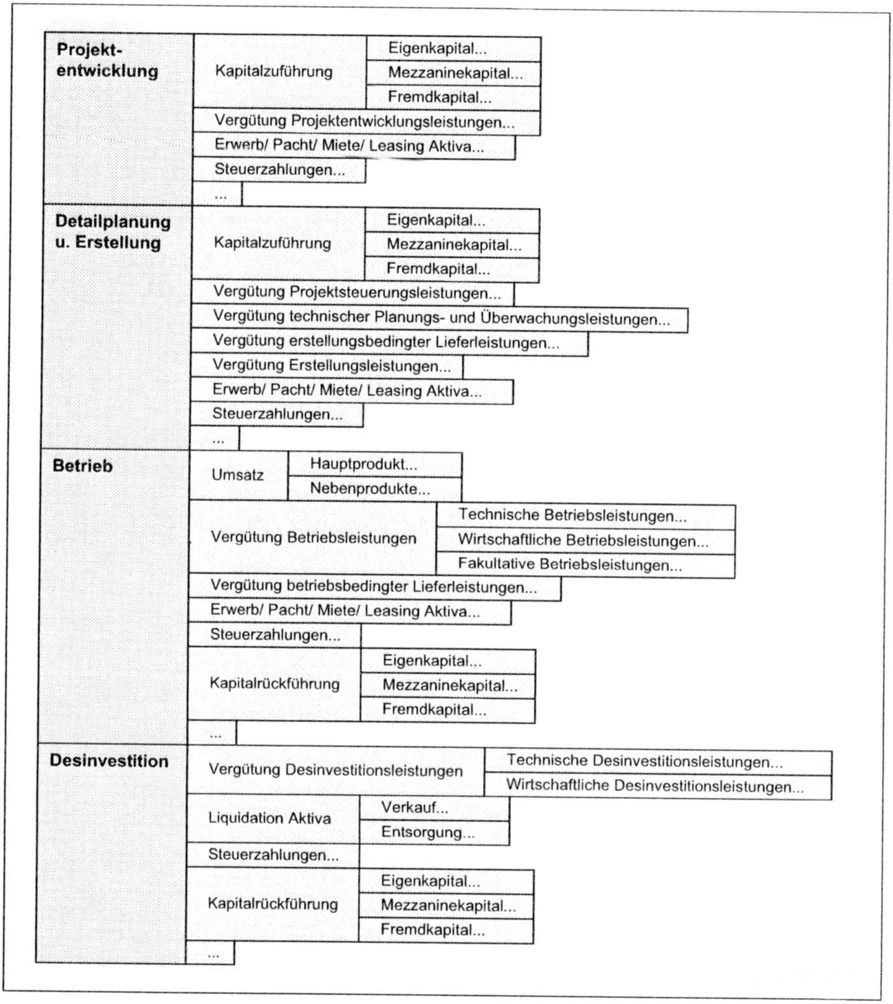

Darstellung 78: Mögliche zahlungsinitiierende Vorgänge bei Betreibermodell-basierten Infrastrukturprojekten

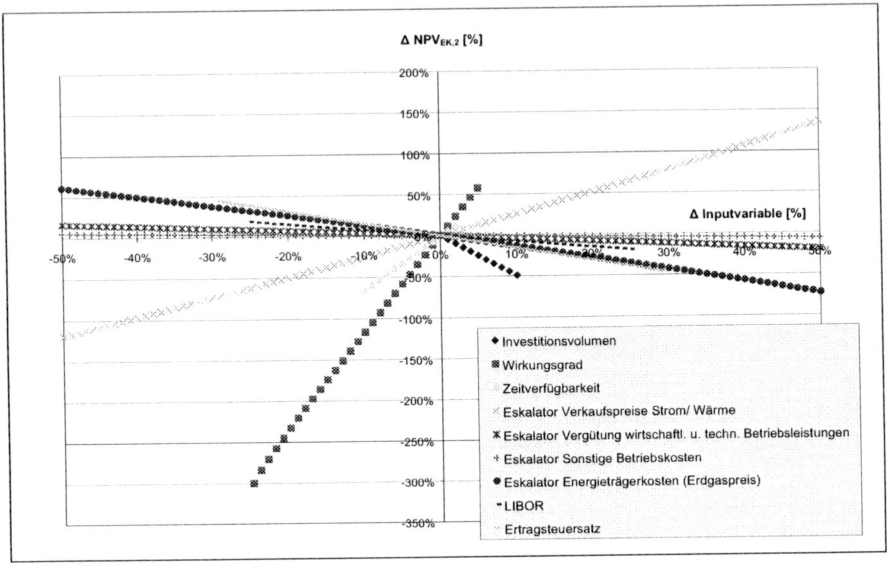

Darstellung 79: Sensitivitätsanalyse für den $NPV_{EK,2}$ im Beispiel-Projekt

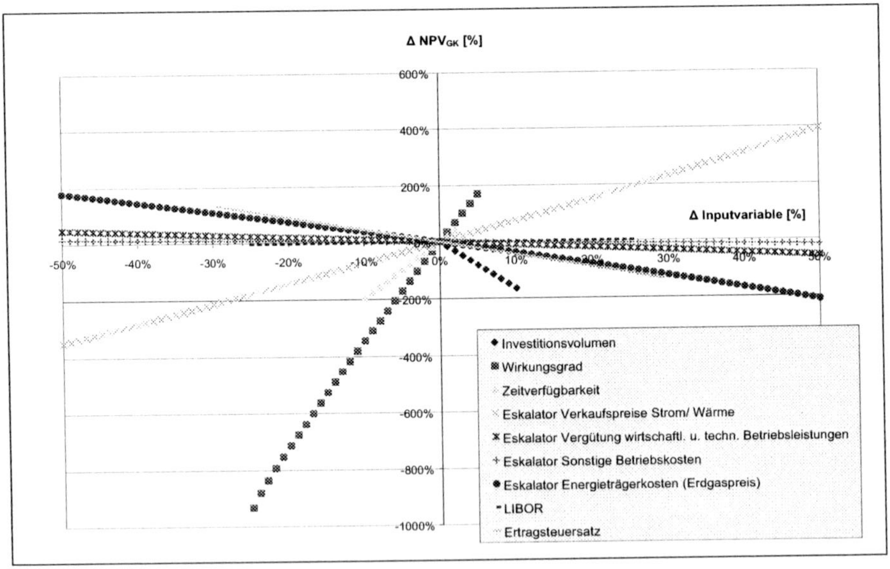

Darstellung 80: Sensitivitätsanalyse für den NPV_{GK} im Beispiel-Projekt

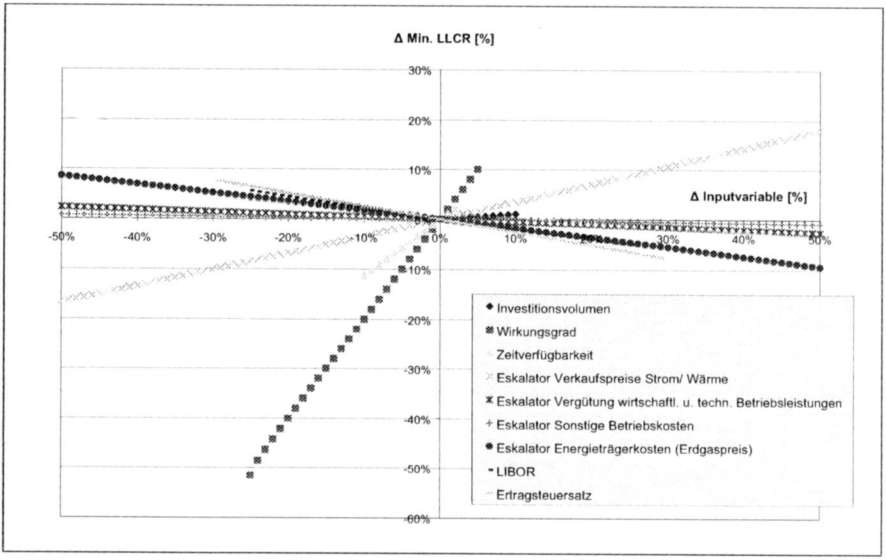

Darstellung 81: Sensitivitätsanalyse für das minimale LLCR im Beispiel-Projekt

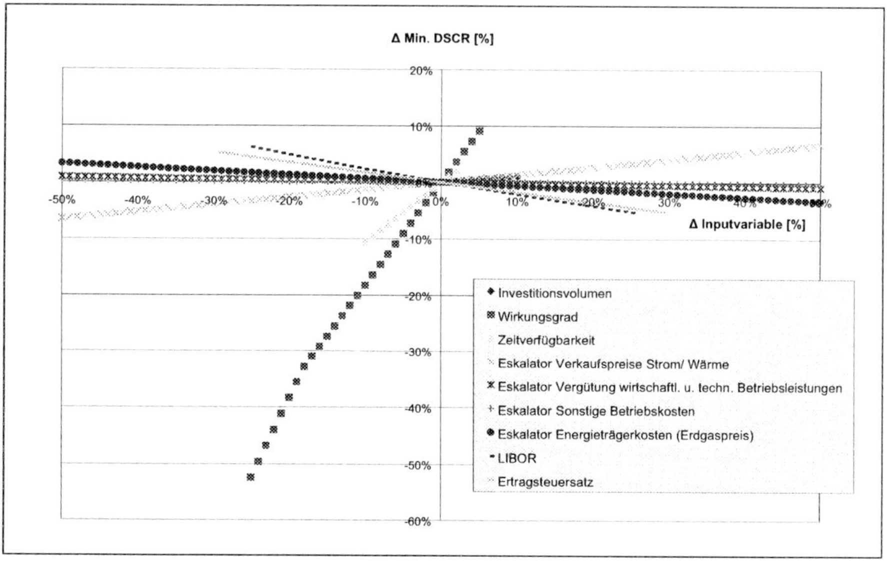

Darstellung 82: Sensitivitätsanalyse für das minimale DSCR im Beispiel-Projekt

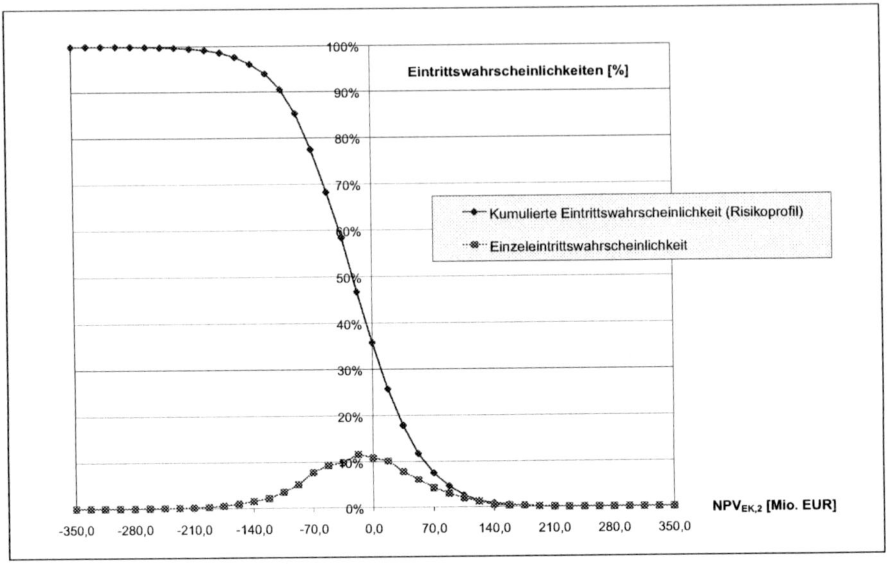

Darstellung 83: Risikoprofil für den $NPV_{EK,2}$ im Beispiel-Projekt

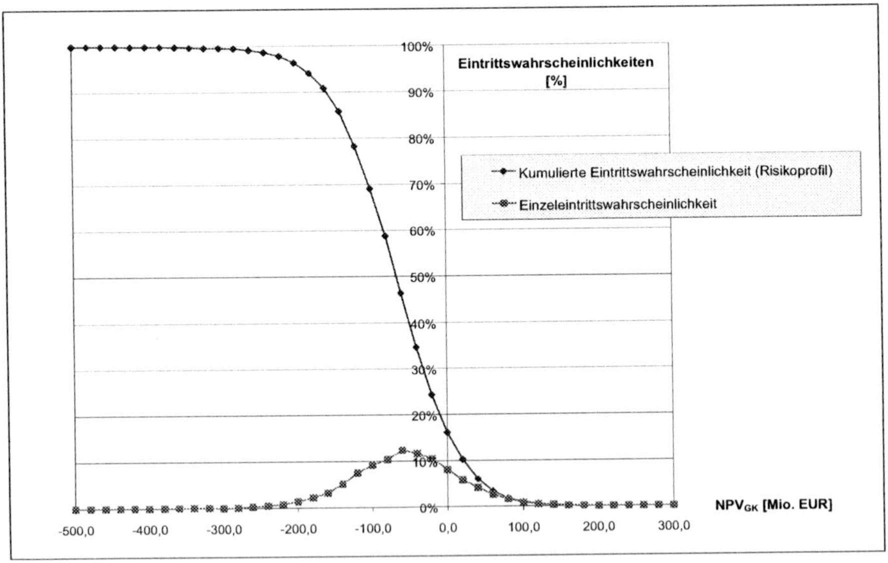

Darstellung 84: Risikoprofil für den NPV_{GK} im Beispiel-Projekt

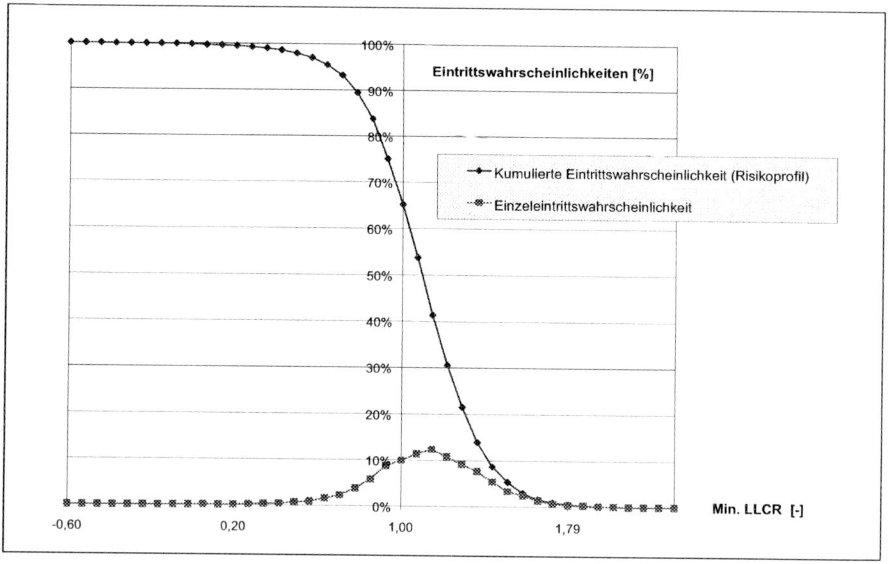

Darstellung 85: Risikoprofil für das minimale LLCR im Beispiel-Projekt

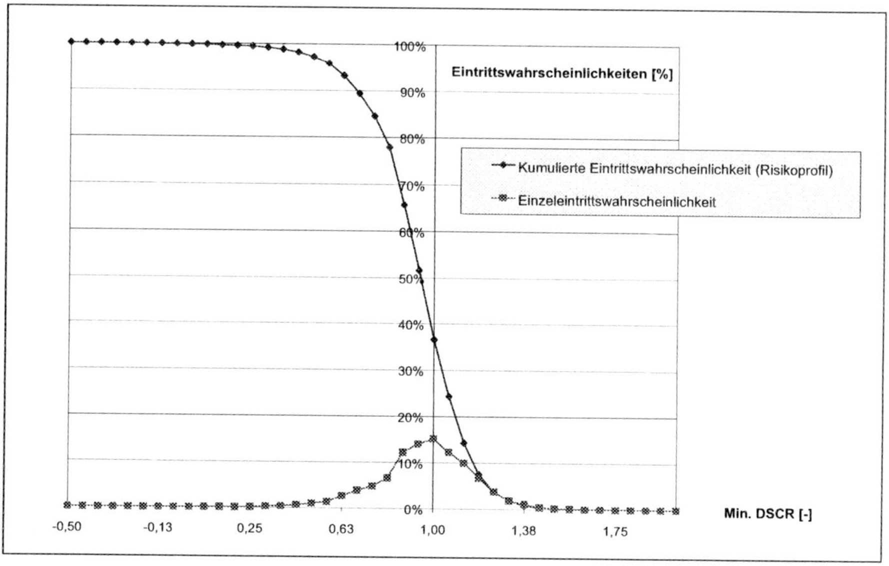

Darstellung 86: Risikoprofil für das minimale DSCR im Beispiel-Projekt

Literaturverzeichnis

Adam, D. (1996): Planung und Entscheidung, 4. Aufl., Wiesbaden (Gabler) 1996.

Ahmed, P.A. (1999): Project finance in developing countries: IFC's lessons of experience, Washington D.C. (World Bank) 1999.

AHO [Hrsg.] (1996): Untersuchungen zum Leistungsbild des § 31 HOAI und zur Honorierung für die Projektsteuerung / erarbeitet von der Fachkommission Projektsteuerung, Ausschuß der Ingenieurverbände und Ingenieurkammern für die Honorarordnung e.V. (AHO) [Hrsg.], Bonn (AHO) 1996.

Albach, H. (2001): Shareholder Value und Unternehmenswert - Theoretische Anmerkungen zu einem aktuellen Thema, in: ZfB, 2001, H. 6, S. 643-674.

Albe, F. (1995): Total-dynamic-Controlling zwischenbetrieblicher Kooperation, Northeim (Utermarck) 1995.

Albers, S./Krafft, M. (2000): Regeln zur Bestimmung des fast-optimalen Angebotsaufwands, in: ZfB, 2000, H. 10, S. 1083-1107.

Albers, W. et al. [Hrsg.] (1978): HdWW, Bd. 4, Stuttgart et al. (Fischer et al.) 1978.

Alfen, H.W. (1997): Chancen und Risiken bei Entwicklung und Bereitstellung privatfinanzierter Infrastruktur, in: Huppenbauer, G./Luithardt, R. [Hrsg.] (1997), S. 21-44.

Alfen, H.W. (1999): Projektentwicklung: Infrastruktur als Geschäftsfeld der Bauindustrie (Teil 1 und Teil 2), in: BW, 1999, H. 4 und 5, S. 16-18, 22-24.

Alfen, H.W. (2000): Bauunternehmen als Infrastrukturinvestoren, in: Dornbusch, J. [Hrsg.] (2000), S. 227-238.

Alfen, H.W. (2001): Betreibermodelle im Hochbau, in: BW, 2001, H. 7-8, S. 30-33.

Alter, R. (1991): Integriertes Projektcontrolling: Ein ganzheitlicher Ansatz auf der Grundlage des Lebenszyklus von Systemen, Gießen (Ferber) 1991.

Amshoff, B. (1993): Controlling in deutschen Unternehmungen: Realtypen, Kontext und Effizienz, Wiesbaden (Gabler) 1993.

Andreas, D./Sauter, B./Rademacher, G. (1992): Projekt-Controlling und Projekt-Management im Anlagen- und Systemgeschäft, 5. Aufl., Frankfurt a.M. (Maschinenbau) 1992.

Arnold, U. (1996): Sourcing-Konzepte, in: Kern, W./Schröder, H.-H./Weber, J. [Hrsg.] (1996), Sp. 1861-1874.

Aßmann, M. (1998): Abgrenzung Projektsteuerung/Generalplanung, in: BDA/VBI [Hrsg.] (1998), S. 12-13.

Augenblick, M./Custer, B.S. (1990): The Build, Operate and Transfer ("BOT") Approach to Infrastructure Projects in Developing Countries, Washington D.C. (World Bank) 1990.

Backhaus, K. [Hrsg.] (1984): Planung im industriellen Anlagengeschäft, Düsseldorf (VDI) 1984.

Backhaus, K. (1999): Industriegütermarketing, München (Vahlen) 1999.

Backhaus, K./Dringenberg, H. (1984): Anfragenselektion, in: Backhaus, K. [Hrsg.] (1984), S. 53-92.

Backhaus, K./Siepert, H.-M. [Hrsg.] (1987): Auftragsfinanzierung im industriellen Anlagengeschäft, Stuttgart (Poeschel) 1987.

Backhaus, K./Sandrock, O./Schill, J./Uekermann, H. [Hrsg.] (1990): Projektfinanzierung: wirtschaftliche und rechtliche Aspekte einer Finanzierungsmethode für Großprojekte, Stuttgart (Poeschel) 1990.

Backhaus, K./Schill, J./Uekermann, H. (1993): Projektfinanzierung, in: Gebhardt, G./Gerke, W./Steiner, M. [Hrsg.] (1993), S. 531-556.

Backhaus, K./Weiber, R. (1993): Das industrielle Anlagengeschäft - ein Dienstleistungsgeschäft?, in: Simon, H. [Hrsg.] (1993), S. 67-84.

Backhaus, K./Uekermann, H. (1995): Projektfinanzierung, in: Gerke, W./Steiner, M. [Hrsg.] (1995), Sp. 1574-1589.

Backhaus, K./Köhl, T./Behrens, H. (1997): Varianten der Projektfinanzierung - eine vergleichende Analyse hinsichtlich der Anwendungsmöglichkeiten im internationalen Anlagengeschäft, Arbeitspapiere des Betriebswirtschaftlichen Instituts für Anlagen und Systemtechnologien, Münster (Eigenverlag) 1997.

Backhaus, K./Köhl, T. (2001): Projektfinanzierung, in: Gerke, W./Steiner, M. [Hrsg.] (2001), Sp. 1715-1735.

Balling, R. (1998): Kooperation: strategische Allianzen, Netzwerke, Joint Ventures und andere Organisationsformen zwischenbetrieblicher Zusammenarbeit in Theorie und Praxis, 2. Aufl., Frankfurt a.M. et al. (Lang) 1998.

Ballwieser, W. (1990): Unternehmensbewertung und Komplexitätsreduktion, 3. Aufl., Wiesbaden (Gabler) 1990.

Balthaus, H./Keppel, A. (2000): Privatfinanzierung von Bundesfernstraßen nach dem Betreibermodell, in: Internationales Verkehrswesen, 2000, H. 11, S. 507-509.

Bauer, C. (1995): Risikomessung, in: Gerke, W./Steiner, M. [Hrsg.] (1995), Sp. 1657-1666.

Bauer, J. (1988): Grundlagen eines Financial Engineering: eine Darstellung und Erklärung der Probleme des Financial Engineering, Idstein (Schulz-Kirchner) 1988.

Baumann, K.-H. (1996): Kurzbeitrag zum Symposium, in: BDI [Hrsg.] (1996), S. 47-49.

BDA/VBI [Hrsg.] (1998): Generalplanung für Architekten und Ingenieure, Bund Deutscher Architekten e.V. (BDA) / Verband Beratender Ingenieure e.V. (VBI) [Hrsg.], Bonn (Foester) 1998.

BDI [Hrsg.] (1996): Projektfinanzierung und Betreibermodelle auf Auslandsmärkten: Das Geschäft der Zukunft?, Köln (Industrie-Förderung) 1996.

Bea, F.X. (1997): Entscheidungen des Unternehmens, in: Bea, F.X./Dichtl, E./Schweitzer, M. [Hrsg.] (1997), S. 376-507.

Bea, F.X./Dichtl, E./Schweitzer, M. [Hrsg.] (1997): Allgemeine Betriebswirtschaftslehre, Bd. 1, Grundfragen, 7. Aufl., Stuttgart (Lucius & Lucius) 1997.

Becker, P.S. (2000): Absatzfinanzierung im Anlagengeschäft: eine Analyse aus netzwerktheoretischer Perspektive, Berlin (VWF) 2000.

Becker, W. (1991): Aufgaben und Instrumente des Controlling im Rahmen der Wahl zwischen Eigen- und Fremdinstandhaltung, in: Kalaitzis, D. [Hrsg.] (1991), S. 259-287.

Becker, W./Kalaitzis, D./Männel, W./Mittelviefhaus, C./Siebiera, G./Wildemann, H. (1999): Meinungsspiegel: Wahl zwischen Eigen- und Fremdinstandhaltung, in: Männel, W. [Hrsg.] (1999), S. 47-56.

Becker, H.A./Bracht, A. (1999): Katastrophen- und Wetterderivate - Finanzinovationen auf der Basis von Naturkatastrophen und Wettererscheinungen, Wien (Orac) 1999.

Beckmann, D. (2002a): Projektorientiertes Target Costing am Beispiel des Bauträgergeschäfts, in: krp, 2002, H. 1, S. 67-73.

Beckmann, D. (2002b): ZP-Stichwort: Projektfinanzierung, in: ZP, 2002, H. 3, S. 315-322.

Beckmann, D./Huch, B. (2002): Controllingverständnis - dogmatisch oder pragmatisch? Zum paradigmatischen Kern des Controlling, in: Weber, J./Hirsch, B. [Hrsg.] (2002), S. 145-160

Beckmann, D./Jäde, D. (2002): Operatives Risikomanagement in der Immobilienprojektentwicklung, in: Baumarkt + Bauwirtschaft, 2002, H. 4, S. 34-37.

Behnen, O. (1999): Betreibermodelle bei Wasserkraftwerken: Chancen für Bauunternehmungen, Zürich (Stäubli) 1999.

Behnen, O./Girmscheid, G. (1998): Chancen der Bauindustrie auf dem internationalen Baumarkt unter besonderer Betrachtung von Konzessionsmodellen, Veröffentlichung des Instituts für Bauplanung und Baubetrieb der ETH Zürich, Zürich (Stäubli) 1998.

Bellinger, B./Vahl, G. (1992): Unternehmensbewertung in Theorie und Praxis, 2.Aufl., Wiesbaden (Gabler), 1992

Benz, T. (2000): Projektentwicklung von Fernstraßen durch Private unter besonderer Berücksichtigung von Ingenieurbauwerken: Ein Modell zur Optimierung der Wirtschaftlichkeit von Investitionen in privatfinanzierte und -betriebene Fernstraßen nach dem Fernstraßenbauprivatfinanzierungsgesetz (FStrPrivFinG), Berlin (Bauwerk) 2000.

Berchem, S.v./Prinz, T. (1998): Vertragsrechtliche Überlegungen, in: BDA/VBI [Hrsg.] (1998), S. 36-46.

Berekoven, L./Eckert, W./Ellenrieder, P. (2001): Marktforschung: Methodische Grundlagen und praktische Anwendung, 9. Aufl., Wiesbaden (Gabler) 2001.

Berthel, J. (1992): Informationsbedarf, in: Frese, E. [Hrsg.] (1992), Sp. 872-886.

Besant-Jones, J.E. [Hrsg.] (1990): Private Sector Participation in Power through BOOT Schemes, Washington D.C. (Weltbank) 1990.

Betsch, O./Groh, A.P./Lohmann, L.G.E. (2000): Corporate Finance: Unternehmensbewertung, M & A und innovative Kapitalmarktfinanzierung, 2. Aufl., München (Vahlen) 2000.

Beyer, S./Eberts, M. [Hrsg.] (2000): Praxisrelevante Fragestellungen aus Investmentanalyse und Finanzierung: Festschrift für Professor Dr. Udo Hielscher zum 60. Geburtstag, Stuttgart (Schäffer-Poeschel) 2000.

Bfai/DEG (1999a): Bundesstelle für Außenhandelsinformation (Bfai)/ Deutsche Investitions- und Entwicklungsgesellschaft (DEG) [Hrsg.]: Betreibermodelle weltweit - Infrastruktur Europa - Bd. 1, Köln (Eigenverlag) 1999.

Bfai/DEG (1999b): Bundesstelle für Außenhandelsinformation (Bfai)/ Deutsche Investitions- und Entwicklungsgesellschaft (DEG) [Hrsg.]: Betreibermodelle weltweit - Infrastruktur Asien / Pazifik - Bd. 2, Köln (Eigenverlag) 1999.

Bfai/DEG (1999c): Bundesstelle für Außenhandelsinformation (Bfai)/ Deutsche Investitions- und Entwicklungsgesellschaft (DEG) [Hrsg.]: Betreibermodelle weltweit - Infrastruktur Amerika - Bd. 3, Köln (Eigenverlag) 1999.

Bfai/DEG (1999d): Bundesstelle für Außenhandelsinformation (Bfai) / Deutsche Investitions- und Entwicklungsgesellschaft (DEG) [Hrsg.]: Betreibermodelle weltweit - Infrastruktur Afrika / Nahost - Bd. 4, Köln (Eigenverlag) 1999.

Bfai/DEG (1999e): Bundesstelle für Außenhandelsinformation (Bfai)/ Deutsche Investitions- und Entwicklungsgesellschaft (DEG) [Hrsg.]: Betreibermodelle weltweit - Kraftwerke Osteuropa, Türkei - Bd. 1, Köln (Eigenverlag) 1999.

Bfai/DEG (1999f): Bundesstelle für Außenhandelsinformation (Bfai)/ Deutsche Investitions- und Entwicklungsgesellschaft (DEG) [Hrsg.]: Betreibermodelle weltweit - Kraftwerke Asien/Pazifik - Bd. 2, Köln (Eigenverlag) 1999.

Bfai/DEG (1999g): Bundesstelle für Außenhandelsinformation (Bfai)/ Deutsche Investitions- und Entwicklungsgesellschaft (DEG) [Hrsg.]: Betreibermodelle weltweit - Kraftwerke Amerika - Bd. 3, Köln (Eigenverlag) 1999.

Bfai/DEG (1999h): Bundesstelle für Außenhandelsinformation (Bfai)/ Deutsche Investitions- und Entwicklungsgesellschaft (DEG) [Hrsg.]: Betreibermodelle weltweit - Kraftwerke Afrika/Nahost - Bd. 4, Köln (Eigenverlag) 1999.

Bfai/DEG (1999i): Bundesstelle für Außenhandelsinformation (Bfai)/ Deutsche Investitions- und Entwicklungsbank (DEG) [Hrsg.]: Betreibermodelle weltweit - Telekommunikation, Köln (Eigenverlag) 1999.

Bfai/DEG (1999j): Bundesstelle für Außenhandelsinformation (Bfai)/ Deutsche Investitions- und Entwicklungsbank (DEG) [Hrsg.]: Betreibermodelle weltweit - Umwelttechnik, Köln (Eigenverlag) 1999.

Biedermann, H. [Hrsg.] (1992): Anlagen-Controlling: Gestaltungssystem zur technisch-wirtschaftlichen Anlagenoptimierung/ 8. Instandhaltungs-Forum, Köln (TÜV Rheinland) 1992.

Billand, F. (1989): Projektfinanzierung und -entwicklung im Auslandsbau - Erfahrungen und Perspektiven aus der Sicht eines Bauunternehmers, in: Horváth, P. [Hrsg.] (1989), S. 323-339.

Bittorf, S. (2001): Aids-Medikamente für die Mitarbeiter, in: SZ, Nr. 105 vom 08.05.2001, S. 23.

Bitz, M. (1993): Grundlagen des finanzwirtschaftlich orientierten Risikomanagements, in: Gebhardt, G./Gerke, W./Steiner, M. [Hrsg.] (1993), S. 641-668.

Bleicher, K. (1980): Verantwortung, in: Grochla, E. [Hrsg.] (1980), Sp. 2283-2292.

Bloech, J. (1989): Infrastruktur, in: Chmielewicz, K./Eichhorn, P. [Hrsg.] (1989), Sp. 637-644.

Blohm, H. (1982): Berichtswesen, betriebliches, in: Management-Enzyklopädie, Bd. 1, 2. Aufl., Landsberg am Lech et al. (Moderne Industrie) 1982.

Blohm, H./Lüder, K. (1995): Investition: Schwachstellenanalyse des Investitionsbereichs und Investitionsrechnung, 8. Aufl., München (Vahlen) 1995.

BMF (1991): Bundesministerium der Finanzen (BMF) [Hrsg.], Bericht der Arbeitsgruppe "Private Finanzierung öffentlicher Infrastruktur", Bonn (Stollfuss) 1991.

BMV (1995): Bundesministerium für Verkehr (BMV) [Hrsg.]: Betreibermodelle nach dem Fernstraßenbauprivatfinanzierungsgesetz, Broschüre, Bonn (Selbstverlag) 1995.

Bodner, H. (2001): "Die Not muß ein gewisses Maß erreicht haben", in: FAZ, Nr. 258 vom 06.11.2001, S. 28.

Böger, T.R./Drömann, D. (2001): Grundbegriffe, Merkmale und Varianten der Projektfinanzierung, Seminarunterlagen, 22.02.2001, Frankfurt a.M. (Management Circle) 2001.

Böhler, H. (1995): Marktforschung, in: Tietz, B. [Hrsg.] (1995), Sp. 1768-1781.

Bohlmann, B./Röben, K.W. (1998): BOT-Modelle im Anlagenbau, in: Brennstoff, Wärme, Kraft (BWK), 1998, H. 5/6, S. 44-49.

Bohn, T. (1996): Projektcontrolling im Umweltbereich: technisch und wirtschaftlich optimale Abwicklung von Abwasser- und Abfallprojekten, Renningen-Malmsheim (Expert) 1996.

Bohn, T. (1999): Kostencontrolling, in: Bohn, T./Hütter, H./Funke, H. [Hrsg.] (1999), S. 50-69.

Bohn, T./Hütter, H./Funke, H. [Hrsg.] (1999): Projektmanagement im Abwasser- und Abfallwesen: zielorientierte Entwicklung, Planung und Realisierung von Umweltprojekten, Renningen-Malmsheim (Expert) 1999.

Borchers, S. (1997): ZP-Stichwort: Renditekennzahlen, in: ZP, 1997, H. 1, S. 119-126.

Borchers, S. (2000): Beteiligungscontrolling in der Management-Holding: Ein integratives Konzept, Wiesbaden (Gabler) 2000.

Börschlein, H./Kleiner, F. (1984): Consulting Engineers im industriellen Anlagengeschäft - Bedeutung, Markteinfluß, Arbeitsweise, in: Backhaus, K. [Hrsg.] (1984), S. 31-51.

Börsig, C./Coenenberg, A.G. [Hrsg.] (1998): Controlling und Rechnungswesen im internationalen Wettbewerb: Kongress-Dokumentation / 51. Deutscher Betriebswirtschafter-Tag 1997, Stuttgart (Schaeffer-Poeschel) 1998.

Bott, H.-D. (1992): BOT - Build Operate Transfer: Chancen und Risiken von Betreibermodellen bei Kraftwerken, in: Siemens-Zeitschrift, 1992, H. 3-4, S. 22-25.

Braess, P./Farny, D./Schmidt, R. [Hrsg.] (1972): Praxis und Theorie der Versicherungsbetriebslehre, Karlsruhe (Versicherungswirtschaft) 1972.

Brauer, K.-U. (2001): Immobilienprojektentwicklung, in: Brauer, K.-U. [Hrsg.] (2001), S. 511-571.

Brauer, K.-U. [Hrsg.] (2001): Grundlagen der Immobilienwirtschaft: Recht - Steuern - Marketing - Finanzierung - Bestandsmanagement - Projektentwicklung, Wiesbaden (Gabler) 2001.

Braun, H. (1984): Risikomanagement: Eine spezifische Controllingaufgabe, Darmstadt (Toeche-Mittler) 1984.

Brealey, R.A./Meyers, S.C. (1996): Principles of Corporate Finance, 5. Aufl., New York et al. (McGraw-Hill) 1996.

Bronner, R. (1992): Verantwortung, in: Frese, E. [Hrsg.] (1992), Sp. 2503-2525.

Bronstein, I.N. (1999): Taschenbuch der Mathematik, 4. Aufl., Frankfurt a.M./Thun (Deutsch) 1999.

Brüggerhoff, J. (1992): Management von Desinvestitionen, Wiesbaden (Gabler) 1992.

Büchel, B./Prange, C./Probst, G./Rüling, C.-C. (1997): Joint Venture-Management: aus Kooperationen lernen, Bern/Stuttgart/Wien (Haupt) 1997.

Busche, J. (1999): Privatautonomie und Kontrahierungszwang, Tübingen (Mohr Siebeck) 1999.

Čadež, I. (2000): Risikomanagement bei Angeboten für Infrastruktur-Projektentwicklungen - innerstädtische Autobahn in Santiago de Chile, in: Dornbusch, J. [Hrsg.] (2000), S. 239-250.

Carson, J./Hatzis, D. (1994): Construction, in: Merna, T./Smith, N.J. [Hrsg.] (1994), S. 142-148.

Chan, S./Woodward, D.G. (1992): BOOT Appeal, in: The Banker, 1992, H. 1, S. 13-17.

Chmielewicz, K. (1979): Forschungskonzeptionen der Wirtschaftswissenschaft, 2. Aufl., Stuttgart (Poeschel) 1979.

Chmielewicz, K. (1989): Öffentliche Unternehmen, in: Chmielewicz, K./Eichhorn, P. [Hrsg.] (1989), Sp. 1093-1105.

Chmielewicz, K./Eichhorn, P. [Hrsg.] (1989): EdBWL, Bd. 11, HWÖ, Stuttgart (Poeschel) 1989.

Christians, F.W. [Hrsg.] (1988): Finanzierungshandbuch, 2. Aufl., Wiesbaden (Gabler) 1988.

Claus, J. (2001): 3.Teil. Die Rolle des Consulting Engineer in der Projektfinanzierung, in: Siebel, U.R. [Hrsg.] (2001), S. 55-65.

Coenenberg, A.G. (1997): Kostenrechnung und Kostenanalyse, 3. Aufl., Landsberg am Lech (Moderne Industrie) 1997.

Coenenberg, A.G. (2001): Jahresabschluss und Jahresabschlussanalyse: Grundfragen der Bilanzierung nach betriebswirtschaftlichen, handelsrechtlichen, steurrechtlichen und internationalen Grundsätzen, 18. Aufl., Landsberg am Lech (Moderne Industrie) 2001.

Daenzer, W.F./Huber, F. [Hrsg.] (1999): Systems engineering: Methodik und Praxis, 10. Aufl., Zürich (Industrielle Organisation) 1999.

Dambach, H.T. (1998a): Projektfinanzierung über den Kapitalmarkt, in: Die Bank, 1998, H. 5, S. 270-272.

Dambach, H.T. (1998b): Securitization von Projektfinanzierungsdarlehen, in: Die Bank, 1998, H. 7, S. 437-439.

Derkinderen, F.G.J./Crum, R.L. [Hrsg.] (1981): Risk, Capital Costs, and Project Financing Decisions, Boston/The Hague/London (Nijhoff) 1981.

Deutsche Bundesbank (2001): Monatsbericht März 2001, Frankfurt a.M. (Eigenverlag) 2001.

Diederich, H. (1989): Ziele öffentlicher Unternehmen, in: Chmielewicz, K./Eichhorn, P. [Hrsg.] (1989), Sp. 1856-1867.

Dornbusch, J. [Hrsg.] (2000): 50 Jahre Lehrstuhl für Baumaschinen und Baubetrieb - Festschrift, Aachen (Shaker) 2000.

Dorner, G. (1994): BOT-Projekte der nationalen und internationalen Praxis - Wechselwirkungen durch Vertragsvielfalt und Mehrparteienverbund, in: Nicklisch, F. [Hrsg.] (1994), S. 75-89.

Dreier, F. (2001): Nachtragsmanagement für gestörte Bauabläufe aus baubetrieblicher Sicht, Diss. BTU Cottbus, Cottbus (Eigenverlag) 2001.

Drews, H. (2001b): Instrumente des Kooperationscontrollings: Anpassung bedeutender Controllinginstrumente an die Anforderungen des Managements von Unternehmenskooperationen, Wiesbaden (DUV) 2001.

Drukarczyk, J. (2001): Unternehmensbewertung, 3. Aufl., München (Vahlen) 2001.

EBWE (1999): Europäische Bank für Wiederaufbau und Entwicklung (EBWE), Finanzierungen mit der EBWE, London (EBWE) 1999.

Ehlert, A. (1999): Entscheidungsorientierte Bauprojektkosten- und -erlösrechnung: Konzept zur Akquisition, Planung und Kontrolle von Bauprojekten auf der Basis der Einzelkosten- und Deckungsbeitragsrechnung, Aachen (Shaker) 1999.

Eichhorn, P. (1993): Öffentliche und gemischtwirtschaftliche Unternehmungen, in: Wittmann, W. et al. [Hrsg.] (1993), Sp. 2925-2940.

Eilenberger, G. (1990): Währungsrisiken, Währungsmanagement und Devisenkurssicherung von Unternehmungen, 3. Aufl., Frankfurt a.M. (Knapp) 1990.

Eisele, J. (1995): Erfolgsfaktoren des Joint-Venture-Management, Wiesbaden (Gabler) 1995.

Eiteman, D.K./Stonehill, A.I./Moffett, M.H. (1998): Multinational Business Finance, 8. ed., Reading et al. (Addison-Wesley) 1998.

Elsey, M./Hurst, P./Crisp, A.M. (1994): Supply and Offtake Contracts, in: Merna, T./Smith, N.J. [Hrsg.] (1994), S. 149-165.

Elwan, I. (1990): The Lessons to be Learnt from Past BOOT Projects, in: Besant-Jones, J.E. [Hrsg.] (1990), S. 9.1-9.15.

Engelbrecht, T./Kempf, M. (2002): Ergebniswirrwarr, in: Financial Times Deutschland, Nr. 133 vom 12.07.2002, S. 8.

Eschenbach, J./Schwinn, K.H. (2002): Zukunftsmodell BOT?, in: Baumarkt + Bauwirtschaft, 2002, H. 4, S. 10-11.

Eschenbruch, K. (1999): Recht der Projektsteuerung, Düsseldorf (Werner) 1999.

Ewers, H.-J./Tegner, H. (2000): Entwicklungschancen der privaten Realisierung von Verkehrsinfrastruktur in Deutschland: Eine ökonomische Analyse des Fernstraßenbauprivatfinanzierungsgesetzes (FStrPrivFinG), Troisdorf (Rautenberg) 2000.

Fahrholz, B. (1998): Neue Formen der Unternehmensfinanzierung: Unternehmensübernahmen, Big-Ticket-Leasing, Asset Backed- und Projektfinanzierungen; die steuer- und haftungsrechtliche Optimierung durch Einzweckgesellschaften (Single Purpose Companies), dargestellt anhand von Beispielssachverhalten, München (Beck) 1998.

Fahrholz, B. (2000): Unternehmerische Chancen nutzen durch strukturierte Finanzierungen, in: FAZ, Nr. 37 vom 14.02.2000, S. 40.

Ferreira, D./Khatami, K. (1996): Financing Private Infrastructure in Developing Countries, Washington D.C. (Weltbank) 1996.

Ferrigno, J.W. (1990): The Successful Packaging of BOOT Projects, in: Besant-Jones, J.E. [Hrsg.] (1990), S. 3.1-3.12.

FIEC (1996): Principes Européens du contrat d´entreprise générale - European Principles for a contract with a general contractor - Europäische Prinzipien für den Generalunternehmer-vertrag, Fédération de l´Industrie Européenne de la Construction (FIEC) [Hrsg.], Brüssel (Van Muysewinkel) 1996.

Findorff, U. (1999): Privat finanzierte Infrastrukturprojekte - Beiträge des Versicherers zum Risk-Management, in: Allianz Report, 1999, H. 3, S. 168-171.

Fischer, L. (2001): Swapgeschäft, in: Gerke, W./Steiner, M.[Hrsg.] (2001), Sp. 2037-2054.

Flynn, R. (1994): Principal Organisations, in: Merna, T./Smith, N.J. [Hrsg.] (1994), S. 39-57.

Frank, H. (1986): Project Financing: Ein Verfahren zur finanziellen Absicherung des Unternehmenswachstums, Wien (Fachverlag der Wirtschaftsuniversität) 1986.

Frank, H./Moser, R. (1987): Internationale Projektfinanzierung: Eine umfassende Managementaufgabe im Auslandsgeschäft, in: JfB, 1987, H. 1, S. 31-49.

Franke, A. (1993): Risikobewußtes Projekt-Controlling, Köln (TÜV Rheinland) 1993.

Franke, H. (1993): Der Generalunternehmer-Vertrag für Verkehrsprojekte nach VOB und Europäischem Vergaberecht, in: VDI [Hrsg.] (1993), S. 133-151.

Frenzel, M. (1996): Projektfinanzierung und Betreibermodelle - Möglichkeiten und Grenzen aus Sicht der Industrie, in: BDI [Hrsg.] (1996), S. 13-24.

Frese, E. (1987): Unternehmungsführung, Landsberg am Lech (Moderne Industrie) 1987.

Frese, E. [Hrsg.] (1992): EdBWL, Bd. 2, HWO, 3. Aufl., Stuttgart (Poeschel) 1992.

Frey, R.L. (1978): Infrastruktur, in: Albers, W. et al. [Hrsg.] (1978), S. 200-215.

Friedl, B. (1990): Grundlagen des Beschaffungscontrolling, Berlin (Duncker & Humblot) 1990.

Friedl, G. (2002): Sequential Investment and Time to Build, in: sbr, 2002, H. 1, S. 56-79.

Fritz, W. (1990): Marketing - ein Schlüsselfaktor des Unternehmenserfolges? Eine kritische Analyse vor dem Hintergrund der empirischen Erfolgsfaktorenforschung, in: Marketing ZFP, 1990, H. 2, S. 91-110.

Fuchs, M. (1999): Projektmanagement für Kooperationen: eine integrative Methodik, Bern et al. (Haupt) 1999.

Funk, J. (1988): Sonderformen der Außenhandelsfinanzierung, in: Christians, F.W. [Hrsg.] (1988), S. 397-443.

Gabler (2000): Gablers Wirtschaftslexikon, 15. Aufl., Wiesbaden (Gabler) 2000.

Gebhardt, G. (1993): Anleihen als Instrumente der langfristigen Finanzierung, in: Gebhardt, G./Gerke, W./Steiner, M. [Hrsg.] (1993), S. 445-475.

Gebhardt, G./Gerke, W./Steiner, M. [Hrsg.] (1993): Handbuch des Finanzmanagements, Instrumente und Märkte der Unternehmensfinanzierung, München (Beck) 1993.

Geist, M.N./Köhler, R. [Hrsg.] (1981): Die Führung des Betriebes, Stuttgart (Poeschel) 1981.

Gerke, W./Steiner, M. [Hrsg.] (1995): EdBWL, Bd. 6, HWF, 2. Aufl., 1995, Stuttgart (Schäffer-Poeschel) 1995.

Gerke, W./Steiner, M. [Hrsg.] (2001): EdBWL, Bd. 6, HWF, 3. Aufl., 2001, Stuttgart (Schäffer-Poeschel) 2001.

Girmscheid, G./Behnen, O. (2000): Wettbewerbsstrategien für den Auslandsbau - Strategien sind gefragt, in: BW, 2000, H. 1, S. 34-38.

Gleißner, W./Meier, G. (1999): Risikoaggregation mittels Monte-Carlo-Simulation, in: Versicherungswirtschaft, 1999, H. 13, S. 926-929.

Goedel, J. (1991): II. Vertragsgestaltung bei BOT-Projekten, in: BB, 1991, Beilage 20, S. 19-24.

Götze, U. (1993): Szenario-Technik in der strategischen Unternehmensplanung, 2. Aufl., Wiesbaden (DUV) 1993.

Grochla, E. (1978): Einführung in die Organisationstheorie, Stuttgart (Poeschel) 1978.

Grochla, E. [Hrsg.] (1980): EdBWL, Bd. 2, HWO, 2. Aufl., Stuttgart (Poeschel) 1980.

Grochla, E./Wittmann, W. [Hrsg.] (1976): EdBWL, Bd. 1, HWB, 4. Aufl., Stuttgart (Poeschel) 1976.

Gröhl, M. (1990): Bankpolitische Konsequenzen der Projektfinanzierung: Lösungsansätze für bankbetriebliche Probleme bei der Einführung von Finanzdienstleistungen für große, rechtlich selbständige Investitionsvorhaben Marburg, Diss. 1990.

Grömling, M. (2001): Die deutsche Bauwirtschaft im sektoralen Strukturwandel, Köln (div) 2001.

Grosse, P.B. (1990): Projektfinanzierung aus Bankensicht, in: Backhaus, K. et al. [Hrsg.] (1990), S. 41-62.

Gundert, M. (2000): Rechnungslegung und Bilanzierung im Rahmen der sog. Projektfinanzierung, in: DStR, 2000, H. 3, S. 125-132.

Gundert, M. (2001): 13. Teil. Rechnungslegung und Bilanzierung, in: Siebel, U.R. [Hrsg.] (2001), S. 437-466.

Günter, B. (1998): Projektkooperationen, in: Kleinaltenkamp, M./Plinke, W. [Hrsg.] (1998), S. 267-316.

Haberfellner, R./Nagel, P./Becker, M./Büchel, A./Massow, H.v. (1999): Teil I: SE-Philosophie - Teil III: Projekt-Management, in: Daenzer, W.F./Huber, F. (1999) [Hrsg.], S. 3-304.

Haeseler, H.R. (1989): Gemischtwirtschaftliche Unternehmen, in: Chmielewicz, K./Eichhorn, P. [Hrsg.] (1989), Sp. 479-485.

Hahn, A. (1991): Instandhaltungsverträge: Begriffe, Einordnung, Rechtsfolgenbestimmung, Auswirkungen auf die Kautelarpraxis, Frankfurt a.M. (Lang) 1991.

Hahn, D. (1995): Unternehmensziele im Wandel Konsequenzen für das Controlling, in: Controlling, 1995, H. 6, S. 328-338.

Hahn, D. (1999): Unternehmungsziele im Wandel, in: Hahn, D./Taylor, B. [Hrsg.] (1999), S. 303-323.

Hahn, D. (2002): Kardinale Führungsgrößen des wertorientierten Controlling in Industrieunternehmungen, in: Controlling, 2002, H. 3, S. 129-141.

Hahn, D./Laßmann, G. (1993): Produktionswirtschaft - Controlling industrieller Produktion, Bd. 3, Tbd. 1, Heidelberg (Physica) 1993.

Hahn, D./Hungenberg, H./Kaufmann, L. (1994): Optimale Make-or-buy-Entscheidung: Entscheidungsmodell zur ganzheitlichen Beurteilung von Bezugsalternativen, in: Controlling, 1994, H. 2, S. 74-82.

Hahn, D./Scharwächter, R./Bausch, A./Hintze, M. (1997): BOT-Controlling: Ein neues Aufgabenfeld für das Controlling international tätiger Unternehmungen, in: Krystek, U./Zur, E. [Hrsg.] (1997), S. 353-377.

Hahn, D./Hintze, M. (1999): Konzepte wertorientierter Unternehmungsführung, in: Hahn, D./Taylor, B. [Hrsg.] (1999), S. 324-353.

Hahn, D./Taylor, B. [Hrsg.] (1999): Strategische Unternehmungsplanung - strategische Unternehmensführung: Stand und Entwicklungstendenzen, 8. Aufl., Heidelberg (Physica) 1999.

Hahn, D./Hungenberg, H. (2001): PuK - Wertorientierte Controllingkonzepte, 6. Aufl., Wiesbaden (Gabler) 2001.

Haley, G. (1992): Private finance for transportation and infrastructure projects: a view, in: International Journal of Project Management, 1992, H. 2, S. 63-68.

Hamel, W. (1992): Zielsysteme, in: Frese, E. [Hrsg.] (1992), Sp. 2634-2652.

Hanf, C.-H. (1986): Entscheidungslehre: Einführung in Informationsbeschaffung, Planung und Entscheidung unter Unsicherheit, München/Wien (Oldenbourg) 1986.

Harbert, L. (1982): Controlling-Begriffe und Controlling-Konzeptionen: Eine kritische Betrachtung des Entwicklungsstandes des Controlling und Möglichkeiten seiner Entwicklung, Bochum (Brockmeyer) 1982.

Hartshorn, T./Busink, N. (1987): Projektfinanzierung, in: Backhaus, K./Siepert, H.-M. [Hrsg.] (1987), S. 224-246.

Hauschildt, J. (1980): Zielsysteme, in: Grochla, E. [Hrsg.] (1980), Sp. 2419-2430.

Hauschildt, J. (1997): Innovationsmanagement, 2. Aufl., München (Vahlen) 1997.

Hautkappe, B. (1986): Unternehmereinsatzformen im Industrieanlagenbau, Heidelberg (Recht u. Wirtschaft) 1986.

HDB [Hrsg.] (2000): Verkehrs- und Erlösprognosen bei privatfinanzierten Infrastrukturprojekten, Berlin (Eigenverlag) 2000.

Heger, G. (1988): Anfragenbewertung im internationalen Anlagengeschäft, Berlin (Duncker & Humblot) 1988.

Heinen, E. (1976): Grundlagen betriebswirtschaftlicher Entscheidungen: Das Zielsystem der Unternehmung, Wiesbaden (Gabler) 1976.

Helm, R./Peter, A. (1999): Erfolgsfaktoren von Joint Ventures: Ergebnisse der bisherigen empirischen Forschung und deren qualitative Prüfung, in: ZP, 1999, H. 1, S. 27-46.

Helmus, M./Ehrbach, J. (1996): Drum prüfe, wer sich ewig bindet..., in: BW, 1996, H. 2, S. 51-54.

Henschel-Bätz, M. (2000): Financial Engineering bei BOT (Build-Operate-Transfer)-Modellen: Erarbeitung von Finanzierungskonzepten für privat finanzierte Verkehrsinfrastruktur-Projekte unter besonderer Berücksichtigung der Straßeninfrastruktur, Gießen (Ferber) 2000.

Hentze, J./Brose, P. (1985): Organisation, Landsberg am Lech (Moderne Industrie) 1985.

Hentze, J./Brose, P./Kammel, A. (1993): Unternehmungsplanung: eine Einführung, 2. Aufl., Bern/Stuttgart/Wien (Haupt) 1993.

Herdegen, M. (1994): Der Konzessionsvertrag aus öffentlich-rechtlicher Sicht: das Beispiel des Kanaltunnelprojekts, in: Nicklisch, F. [Hrsg.] (1994), S. 41-51.

Herrmann, G. (2000): Teil 4 Podiumsdiskussion: Möglichkeiten des multilateralen Interessenausgleichs, Einleitende Bemerkungen des Vorsitzenden, in: Nicklisch, F. [Hrsg.] (2000), S. 157-159.

Hesse, J. (1994): Fragen der Projektfinanzierung aus der Sicht des Anlagenerrichters, in: Nicklisch, F. [Hrsg.] (1994), S. 31-39.

Hildebrandt, J./Tegner, H. (1998): Der Eurotunnel - Ein Lehrstück für die private Finanzierung von Verkehrsinfrastruktur?, in: Internationales Verkehrswesen, 1998, H. 3, S. 82-87.

Hinsch, L.C./Horn, N. (1985): Das Vertragsrecht der internationalen Konsortialkredite und Projektfinanzierungen, Berlin/New York (de Gruyter) 1985.

Hintze, M. (1998): Betreibermodelle bei bautechnischen und maschinellen Anlageprojekten - Beurteilung und Umsetzung aus Auftraggeber- und Projektträgersicht, Gießen (Ferber) 1998.

Hirschmann, P. (1998): Kooperative Gestaltung unternehmensübergreifender Geschäftsprozesse, Wiesbaden (Gabler) 1998.

Hobeck, P.A. (2000): Möglichkeiten des multilateralen Interessenausgleichs, in: Nicklisch, F. [Hrsg.] (2000), S. 160-167.

Höffken, E./Schweitzer, M. [Hrsg.] (1991): Beiträge zur Betriebswirtschaft des Anlagenbaus, Düsseldorf/Frankfurt a.M. (Handelsblatt) 1991.

Höftmann, B. (2001): Publice Private Partnership als Instrument der kooperativen und sektorübergreifenden Leistungsbereitstellung: dargestellt an der neu strukturierten kommunalen Abfallwirtschaft, Lütjensee (Paul Albrechts) 2001.

Höpfner, K.-U. (1995): Projektfinanzierung. Erfolgsorientiertes Management einer bankbetrieblichen Leistungsart, Göttingen (Schwartz) 1995.

Horváth, P. (1978): Controlling - Entwicklung und Stand einer Konzeption zur Lösung der Adaptions- und Koordinationsprobleme der Führung, in: ZfB, 1978, H. 3, S. 194-208.

Horváth, P. [Hrsg.] (1989): Internationalisierung des Controlling, Stuttgart (Poeschel) 1989.

Horváth, P. (2001): Controlling, 8. Aufl., München (Vahlen) 2001.

Huch, B. (1985): Instrumente des operativen Controlling, in: Probst, G.J.B./Schmitz-Dräger, R. [Hrsg.] (1985), S. 52-65.

Huch, B. (1987): Große Fortschritte beim operativen Controlling, in: Frankfurter Zeitung - Blick durch die Wirtschaft, 19.02.1987, S. 3.

Huch, B./Behme, W./Ohlendorf, T. (1997): Rechnungswesen-orientiertes Controlling: Ein Leitfaden für Studium und Praxis, 3. Aufl., Heidelberg (Physica) 1997.

Hupe, M. (1995): Steuerung und Kontrolle internationaler Projektfinanzierungen, Frankfurt a.M. et al. (Lang) 1995.

Huppenbauer, G./Luithardt, R. [Hrsg.] (1997): Innovatives Planen und Bauen - Vortragszusammenfassung des 23. Lindauer Bauseminars 1997, Biberach (Bauakademie) 1997.

Husmann, C. (1996): Investitions-Controlling: Ansätze zur Überwindung von Informationsasymmetrien in dezentralisierten Industrieunternehmen, Köln (Eul) 1996.

Illner, M./Burg, E. (1999): "Betreibermodelle" - Moderne Investitionskonzepte für privat finanzierte Infrastrukturprojekte, in: Allianz Report, 1999, H. 3, S. 164-167.

Isselstein, T./Schaum, F. (1998): Auftragsfinanzierung und Financial Engineering, in: Kleinaltenkamp, M./Plinke, W. [Hrsg.] (1998), S. 161-224.

Jacob, D./Kochendörfer, B. (2000): Private Finanzierung öffentlicher Bauinvestitionen - ein EU-Vergleich, Berlin (Ernst & Sohn) 2000.

Jacob, D./Kochendörfer, B. (2002): Effizienzgewinne bei der privatwirtschaftlichen Realisierung von Infrastrukturvorhaben: wie effizient ist die Einbeziehung Privater bei öffentlichen Hoch- und Straßenbaumaßnahmen? Eine Forschungsarbeit, Köln (Bundesanzeiger) 2002.

Jacob, D./Kochendörfer, B. [Hrsg.] (2002): 3. Europäisches Symposium "Effizienzvorteile bei PPP-Modellen in der Bauwirtschaft", Tagungsunterlagen, Berlin (Eigenverlag) 2002.

Jobst, S./Lösch, J. (1999): Gedanken zum koordinationsorientierten Controlling - Eine systemtheoretische Argumentation, Arbeitsbericht des Instituts für Wirtschaftswissenschaften 99/07, TU Braunschweig, Braunschweig (Eigenverlag) 1999.

Jochem, R. (1998): HOAI-Kommentar zur Honorarordnung für Architekten und Ingenieure, 4. Aufl., Wiesbaden (Bauverlag) 1998.

Jochimsen, R. (1966): Theorie der Infrastruktur: Grundlagen der marktwirtschaftlichen Entwicklungen, Tübingen (Mohr) 1966.

Jochimsen, R./Simonis, U.E. [Hrsg.] (1970): Theorie und Praxis der Infrastrukturpolitik, Berlin (Duncker & Humblot) 1970.

Joosten, R. (1994): Promotor Organisations, in: Merna, T./Smith, N.J. [Hrsg.] (1994), S. 58-74.

Joussen, P. (1996): Der Industrieanlagen-Vertrag, 2. Aufl., Heidelberg (Recht u. Wirtschaft) 1996.

Joy, O.M./Barron, F.H. (1981): Behavioural Risk Constraints in Investment Analysis, in: Derkinderen, F.G.J./Crum, R.L. [Hrsg.] (1981), S. 3-13.

Jurecka, R. (2000): Möglichkeiten des multilateralen Interessenausgleichs, in: Nicklisch, F. [Hrsg.] (2000), S. 168-170.

Jürgens, W.H. (1994): Projektfinanzierung: neue Institutionenlehre und ökonomische Realität, Wiesbaden (Gabler) 1994.

Kafsack, H. (2002): Baukonzerne unterhalten Schulen und Gefängnisse, in: FAZ, Nr. 223 vom 25.09.2002, S. 24.

Kalaitzis, D. [Hrsg.] (1991): Instandhaltungs-Controlling: Führungs- und Steuerungssystem erfolgreicher Instandhaltung, 2. Aufl., Köln (TÜV Rheinland) 1991.

Kalenda, R. (1996): Die Rolle des Gastlandes: Partnerschaft mit den anderen Projektbeteiligten, in: Nicklisch, F. [Hrsg.] (1996), S. 107-127.

Kalenda, R. (1998): Bildung und Führung von Konsortien im internationalen Projektgeschäft, in: Nicklisch, F. [Hrsg.] (1998), S. 5-15.

Karten, W. (1972): Die Unsicherheit des Risikobegriffes - Zur Terminologie der Versicherungsbetriebslehre, in: Braess, P./Farny, D./Schmidt, R. [Hrsg.] (1972), S. 147-169.

Kegel, K.-P. (1991): Risikoanalyse von Investitionen - ein Modell für die Praxis, Darmstadt (Toeche-Mittler) 1991.

Keon, C.H./Tiong, R.L.K./Alum, J. (1997): Conditions for successful privately initiated infrastructure projects, in: Civil Engineering, 1997, H. May, S. 59-65.

Keppel, A. (2001): Musterregelungen für Betreibermodelle nach dem Fernstraßenbauprivatfinanzierungsgesetz: Erläuterung der Ergebnisse des Gutachtens, Vortrag anläßlich des 1. Betriebswirtschaftlichen Symposiums Bau der Bauhaus-Universität Weimar, Weimar (Vortragsunterlagen) 2001.

Keppel, A./Hinrichs, S. (2000): Betreibermodelle im Rahmen des FStrPrivFinG, in: Internationales Verkehrswesen, 2000, H. 6, S. 258-263.

Kern, W./Schröder, H.-H./Weber, J. [Hrsg.] (1996): EdBWL, Bd. 7, HWProd, 2. Aufl., Stuttgart (Schäffer-Poeschel) 1996.

Kieser, A./Kubicek, H. (1992): Organisation, 3. Aufl., Berlin/New York (De Gruyter) 1992.

Kiethe, K./Hektor, D. (1996): Grundlagen und Techniken der Projektfinanzierung, in: DStR, 1996, H. 25, S. 977-983.

Kirchhoff, U. (1997): Aktuelle Organisations- und Finanzierungsinstrumente im öffentlichen Infrastrukturbereich, in: Zimmermann, G. [Hrsg.] (1997), S. 93-123.

Kirchhoff, W. (2001): 5. Teil. Ausschreibung und Vergabeverfahren, in: Siebel, U.R. [Hrsg.] (2001), S. 107-131.

Kirchhoff, U./Müller-Godeffroy, H. (1996): Finanzierungsmodelle für kommunale Investitionen, 6. Aufl., Stuttgart (Dt. Sparkassenverlag) 1996.

Kirsch, D. (1997): Public Private Partnership: Eine empirische Untersuchung der kooperativen Handlungsstrategien in Projekten der Flächenerschließung und Immobilienentwicklung, Köln (Rudolf Müller) 1997.

Klapper, N. (2002): Strategie für Betreibermodelle - Strategy for Pay-on-Production Models, in: FAZ, Nr. 184 vom 10.08.2002, S. 50.

Kleinaltenkamp, M./Plinke, W. [Hrsg.] (1998): Auftrags- und Projektmanagement: Projektbearbeitung für den Technischen Vertrieb, Berlin et al. (Springer) 1998.

Koch, C. (2000): Einstweiliger Rechtsschutz und Vertragsnetze, in: Nicklisch, F. [Hrsg.] (2000), S. 139-155.

Koch, R. (1994): Betriebliches Berichtswesen als Informations- und Steuerungsinstrument, Frankfurt a.M. et al. (Lang) 1994.

Köhl, T. (2000): Claim-Management im internationalen Anlagengeschäft: Nachforderungspotentiale und deren Realisierung in unterschiedlichen Vertragsverhältnissen, Wiesbaden (DUV) 2000.

Köhler, R. [Hrsg.] (1977): Empirische und handlungstheoretische Forschungskonzeptionen in der Betriebswirtschaftslehre, Stuttgart (Poeschel) 1977.

Kolodziej, M. (1996): Die private Finanzierung von Infrastruktur, Frankfurt a.M. et al. (Lang) 1996.

Kosiol, E. (1962): Organisation der Unternehmung, Wiesbaden (Gabler) 1962.

Kosiol, E. (1968): Einführung in die Betriebswirtschaftslehre: Die Unternehmung als wirtschaftliches Aktionszentrum, Wiesbaden (Gabler) 1968.

KPMG (2002a): US-GAAP-News, in: Beilage zu den KPMG-Mitteilungen, 2002, Mai, S. 1-3.

KPMG (2002b): US-GAAP-News, in: Beilage zu den KPMG-Mitteilungen, 2002, Juli/August, S. 1-4.

Kraege, R. (1997): Controlling strategischer Unternehmungskooperationen: Aufgaben, Instrumente und Gestaltungsempfehlungen, München et al. (Hampp) 1997.

Kremin-Buch, B. (2001): Internationale Rechnungslegung: Jahresabschluss nach HGB, IAS und US-GAAP, Wiesbaden (Gabler) 2001.

Kromschröder, B./Lück, W. (1998): Grundsätze risikoorientierter Unternehmensüberwachung, in: DB, 1998, H. 32, S. 1573-1576.

Krüger, W. (1992): Aufgabenanalyse und -synthese, in: Frese, E. [Hrsg.] (1992), Sp. 221-236.

Krystek, U./Zur, E. [Hrsg.] (1997): Internationalisierung: Eine Herausforderung für die Unternehmensführung, Berlin et al. (Springer) 1997.

Krystek, U./Müller, M. (1999): Frühaufklärungssysteme: Spezielle Informationssysteme zur Erfüllung der Risikokontrollpflicht nach KonTraG, in: Controlling, 1999, H. 4/5, S. 177-183.

Kubicek, H. (1981): Unternehmungsziele, Zielkonflikte und Zielbildungsprozesse. Kontroversen und offene Fragen in einem Kernbereich betriebswirtschaftlicher Theoriebildung, in: WiSt, 1981, H. 10, S. 458-466.

Kühnel, W. (1985): Vollwartungsverträge, in: BB, 1985, S. 1227-1232.

Kuhnert, M. (2000): Finanzcontrolling im internationalen Anlagengeschäft, Wiesbaden (Gabler) 2000.

Kumlehn, F. (2001): Ausschreibungs- und Vergabemodell für private Vorfinanzierungs- und PPP-Projekte im Bausektor, Braunschweig (TU Braunschweig) 2001.

Küpper, H.-U. (1987): Konzeption des Controlling aus betriebswirtschaftlicher Sicht, in: Scheer, A.-W. [Hrsg.] (1987), S. 82-116.

Küpper, H.-U. (1997): Controlling: Konzeption, Aufgaben und Instrumente, 2. Aufl., Stuttgart (Schäffer-Poeschel) 1997.

Küpper, H.-U. (1998): Angleichung des externen und internen Rechnungswesens, in: Börsig, C./Coenenberg, A.G. [Hrsg.] (1998), S. 143-162.

Küpper, H.-U./Weber, J./Zünd, A. (1990): Zum Verständnis und Selbstverständnis des Controlling, in: ZfB, 1990, H. 3, S. 281-293.

Küting, K./Weber, C.-P. (2000): Der Konzernabschluss: Lehrbuch und Fallstudie zur Praxis der Konzernrechnungslegung, 6. Aufl., Stuttgart (Schäffer-Poeschel) 2000.

Lappe, M. (1987): Risikoverteilung bei Turn-Key-Projekten des Internationalen Anlagenbaus: zugleich ein Beitrag zur Typologie des Industrieanlagenvertrages, Bochum (Brockmeyer) 1987.

Laux, C. (1997): Projektfinanzierung - Vorteile auch für kapitalkräftige Unternehmen?, in: DBW, 1997, H. 6, S. 840-856.

Laux, H. (1998): Entscheidungstheorie, 4. Aufl., Berlin et al. (Springer) 1998.

Leiste, E. (2001): Betreibermodelle im Wassergeschäft haben Hochkonjunktur, in: FAZ, Nr. 245 vom 22.10.2001, S. 27.

Lenz, E./Zinell, A.P. (2001): 4. Teil. Projektträger, in: Siebel, U.R. [Hrsg.] (2001), S. 67-106.

Levy, S.M. (1996): Build, Operate, Transfer: Paving the Way for Tomorrow's Infrastructure, New York et al. (John Wiley & Sons) 1996.

Lindeiner-Wildau, K.v. (1991): 3. Risiken, Risikomanagement und Risikopolitik bei Projekten des Anlagenbaus, in: Höffken, E./Schweitzer, M. [Hrsg.] (1991), S. 17-40.

LMW (1991): Niedersächsisches Ministerium für Wirtschaft, Technologie und Verkehr [Hrsg.]: Privatisierung kommunaler Kläranlagen - Erfahrungen mit dem Betreibermodell in Niedersachsen, 3. Aufl., Hannover (Eigenverlag) 1991.

Löwenstein, M. Prinz zu (2001): 7. Teil. Garantien und Sicherungsrechte im Projektgeschäft, in: Siebel, U.R. [Hrsg.] (2001), S. 251-258.

Lun, K./Peske, T. (2002): Realoptionsansatz ist für die Praxis zu komplex, in: FAZ, Nr. 65 vom 18.03.2002, S. 26.

Lützig, W.-P. (1982): Die vieldimensionale Kalkulation der Kooperation, Diss. FU Berlin, Berlin (Eigenverlag) 1982.

Lutzner, P. (1998): Strategisches Projektcontrolling im industriellen Anlagengeschäft, Diss. Ein Ansatz zur Gestaltung der Schnittstelle zwischen operativer und strategischer Führung, Erlangen-Nürnberg (Eigenverlag) 1998.

Macharzina, K. (2001): Joint Venture, in: Gerke, W./Steiner, M. [Hrsg.] (2001), Sp. 1181-1190.

Macharzina, K./Oesterle, M.-J. [Hrsg.] (1997): Handbuch Internationales Management, Grundlagen - Instrumente - Perspektiven, Wiesbaden (Gabler) 1997.

Maddaus, B.J. (2000): Handbuch Projektmanagement: mit Handlungsanleitungen für Industriebetriebe, Unternehmensberater und Behörden, 6. Aufl., Stuttgart (Schäffer-Poeschel) 2000.

Männel, W. [Hrsg.] (1999): Instandhaltungscontrolling, Kostenrechnungspraxis (krp) Sonderheft 01/99, Wiesbaden (Gabler) 1999.

Martinek, M. (1992): Moderne Vertragstypen, Bd. 2, Franchising, Know-How-, Management- und Consultingverträge, München (Beck) 1992.

Matschke, M.J. (1993): Investitionsplanung und Investitionskontrolle, Herne/Berlin (Neue Wirtschafts-Briefe) 1993.

Mayer, E./Weber, J. [Hrsg.] (1990): Handbuch Controlling, Stuttgart (Schäffer-Poeschel) 1990.

McKay, C. (1989): Möglichkeiten der privatwirtschaftlichen Finanzierung von Verkehrsinfrastruktur-Investitionen in der EG, Göttingen (Vandenhoeck & Ruprecht) 1989.

Meeder, S. (2000): Public Private Partnership zur Finanzierung von Flughafenprojekten in Europa, Frankfurt a.M. (Lang) 2000.

Merna, T. (1994a): Concession Contracts, in: Merna, T./Smith, N.J. [Hrsg.] (1994), S. 1-20.

Merna, T. (1994b): Preparation and Evaluation of Concession Contract Packages , in: Merna, T./Smith, N.J. [Hrsg.] (1994), S. 21-38.

Merna, A./Smith, N.J. (1993): Leitfaden für die Erstellung und Beurteilung von Angeboten bei BOOT-Projektausschreibungen, Bonn (Eigenverlag) 1993.

Merna, T./Adams, C. (1994): Appraisal of Risks in Concession Projects, in: Merna, T./Smith, N.J. [Hrsg.] (1994), S. 88-101.

Merna, T./Grimsey, D. (1994): Operation and Maintenance, in: Merna, T./Smith, N.J. [Hrsg.] (1994), S. 179-191.

Merna, T./Smith, N.J. (1994): Discussion and Recommendations, in: Merna, T./Smith, N.J. [Hrsg.] (1994), S. 283-292.

Merna, T./Smith, N.J. [Hrsg.] (1994): Projects Procured by Privately Financed Concession Contracts, Manchester (Roberts & Smith) 1994.

Merna, T./Dubey, R. (1998): Financial Engineering in the Procurement of Projects, Hong Kong (Asia Law & Practise) 1998.

Methley, M. (1994): Insurance, in: Merna, T./Smith, N.J. [Hrsg.] (1994), S. 166-178.

Moore, J.W. (1990): An Equipment Manufacturer´s / Developer´s Perspective of BOOT, in: Besant-Jones, J.E. [Hrsg.] (1990), S. 7.1-7.8.

Morrison, R. (2001): Algarve stretches Eurobond record, in: pfi, 2001, H. 221, S. 34.

Mühlenkamp, H. (1997): Anmerkungen zur Einbeziehung privater Wirtschaftssubjekte bei öffentlichen Investitionen - unter besonderer Berücksichtigung von Betreibermodellen-, Arbeitsbericht Nr. 184, Fachbereich Wirtschafts- und Sozialwissenschaften, Universität Lüneburg, Lüneburg (Eigenverlag) 1997.

Münch, H./Gather, M./Kill, H.H./Waldhelm, H.-J./Bartsch, K./Neumann, K.-D./Rödiger, S./Kluge, S. (1997): Analyse privatwirtschaftlicher Infrastrukturerstellung im Rahmen von BOT-Modellen, Erfurt (Eigenverlag) 1997.

Nagel, P. (1992): Zielformulierung, Techniken der, in: Frese, E. [Hrsg.] (1992), Sp. 2626-2634.

Nevitt, P.K./Fabozzi, F.J. (2000): Project Financing, 7th ed., London (Euromoney) 2000.

Ngee, L./Tiong, R.L.K./Alum, J. (1997): Automated Approach to Negotiation of BOT Contracts, in: Journal of Computing in Civil Engineering, 1997, H. 2, S. 121-128.

Nicklisch, F. [Hrsg.] (1998): Konsortien und Joint Ventures bei Infrastrukturprojekten: Heidelberger Kolloquium Technologie und Recht 1997, Heidelberg (Müller) 1998.

Nicklisch, F. (1994): BOT-Projekte: Netzwerk komplexer Langzeitverträge und Fragen der Streitbeilegung, in: Nicklisch, F. [Hrsg.] (1994), S. 53-64.

Nicklisch, F. (1996): Projektstörungen - Konsensverfahren und Streitbeilegung, in: Nicklisch, F. [Hrsg.] (1996), S. 149-160.

Nicklisch, F. (1998): BOT-Projekte: Vertragsstrukturen, Risikoverteilung und Streitbeilegung, in: BB, 1998, H. 1, S. 2-9.

Nicklisch, F. (2000): Verknüpfte Verträge und verknüpfte Streitbeilegung bei Großprojekten, in: Nicklisch, F. [Hrsg.] (2000), S. 5-15.

Nicklisch, F. [Hrsg.] (1994): Rechtsfragen privatfinanzierter Projekte: nationale und internationale BOT-Projekte, Heidelberg (Müller) 1994.

Nicklisch, F. [Hrsg.] (1996): Partnerschaftliche Infrastrukturprojekte: Rechtsfragen der Projektentwicklung, Projektfinanzierung und Projektrealisierung im nationalen und internationalen Bereich, Heidelberg (Müller) 1996.

Nicklisch, F. [Hrsg.] (2000): Netzwerke komplexer Langzeitverträge: verknüpfte Verträge und verknüpfte Streitbeilegung bei Großprojekten, München (Beck) 2000.

Niehus, R.J./Thyll, A. (2000): Konzernabschluß nach U.S. GAAP: Grundlagen und Gegenüberstellung mit den deutschen Vorschriften, Stuttgart (Schäffer-Poeschel) 2000.

o.V. (1986): Marketingaufgaben immer wichtiger - Baumarkt ist ein Käufermarkt geworden, in: HB, Nr. 90 vom 13.05.1986, S. 18.

o.V. (2000a): Klage gegen Eurotunnel-Chef, in: SZ, Nr. 109 vom 12.05.2000, S. 32.

o.V. (2000b): Wenig Verkehr auf neuer Öresund-Brücke, in: SZ, Nr. 153 vom 06.07.2000, S. 24.

o.V. (2000c): Bilfinger + Berger baut und betreibt Schulen, Stadien, Tunnels, in: FAZ, Nr. 288 vom 11.12.2000, S. 26.

o.V. (2000d): Staudamm Birecik nimmt Betrieb auf, in: FAZ, Nr. 290 vom 13.12.2000, S. 54.

o.V. (2001a): "Die Kunst ist es, die Risiken so zu verteilen, daß sie keine mehr sind", in: FAZ, Nr. 24 vom 29.01.2001, S. 14.

o.V. (2001b): Größte Kläranlage der Welt, in: FAZ, Nr. 133 vom 11.06.2001, S. 31.

o.V. (2001c): Die Privatisierung von Fernstraßen wird nicht ausgeweitet, in: FAZ, Nr. 186 vom 13.08.2001, S. 13.

o.V. (2001d): Italien leidet unter den gebührenfinanzierten Autobahnen, in: FAZ, Nr. 187 vom 14.08.2001, S. 14.

o.V. (2001e): DEG will mit Unterstützung der KfW weiter wachsen, in: FAZ, Nr. 207 vom 06.09.2001, S. 18.

o.V. (2001f): "Betreibermodelle können Akzeptanz der LKW-Maut steigern", in: FAZ, Nr. 244 vom 20.10.2001, S. 14.

o.V. (2001g): Gesicherte Maut als Anreiz für private Infrastrukturprojekte, in: FAZ, Nr. 269 vom 19.11.2001, S. 13.

o.V. (2001h): Bilfinger Berger kommt mit den britischen Schulbehörden ins Geschäft, in: FAZ, Nr. 270 vom 20.11.2001, S. 26.

o.V. (2002a): Auch deutsche Autobahnen könnten privat betrieben werden, in: FAZ, Nr. 2 vom 03.01.2002, S. 4.

o.V. (2002b): Eurotunnel: Fluchtversuche kosten 20 Millionen Pfund, in: FAZ, Nr. 19 vom 23.01.2001, S. 19.

o.V. (2002c): Eurotunnel fühlt sich von der Politik allein gelassen, in: FAZ, Nr. 36 vom 12.02.2002, S. 36.

o.V. (2002d): Der Bund preist private Autobahn-Betreibermodelle als "Elfmeter ohne Torwart", in: FAZ, Nr. 71 vom 25.03.2002, S. 15.

o.V. (2002e): Erster mautfinanzierter Autobahn-Neubau steht bevor, in: FAZ, Nr. 82 vom 09.04.2002, S. 14.

o.V. (2002f): Gerichtsentscheid verunsichert Investoren in Mexiko, in: FAZ, Nr. 138 vom 18.06.2002, S. 14.

o.V. (2002g): Die Terrorversicherung Extremus sucht jetzt Kunden, in: FAZ, Nr. 224 vom 26.09.2002, S. 14.

o.V. (2002h): Mit neuen Vertragsmodellen gegen den Abschwung, in: FAZ, Nr. 230 vom 04.10.2002, S. 19.

o.V. (2002i): Kläranlagen sollen Chinas Gewässer sauber halten, in: FAZ, Nr. 232 vom 07.10.2002, S. 20.

o.V. (2002j): Wie Investoren am Ausbau der Autobahnen verdienen können, in: FAZ, Nr. 264 vom 13.11.2002, S. 22.

Ochynski, W. (1995): Swapgeschäft, in: Gerke, W./Steiner, M.[Hrsg.] (1995), Sp. 1806-1816.

Oebbecke, J. (1989): Zweckverbände, in: Chmielewicz, K./Eichhorn, P. [Hrsg.] (1989), Sp. 1877-1882.

Oesterle, M.-J. (1995): Probleme und Methoden der Joint Venture-Erfolgsbewertung, in: ZfB, 1995, H. 9, S. 987-1004.

Ohl, H.-P. (2000): Anforderungen an Sponsoren im Umgang mit Infrastruktur-Projektfinanzierungen, in: Beyer, S./Eberts, M. [Hrsg.] (2000), S. 125-151.

Özdoganm, I.D./Birgönül, M.T. (2000): A decision support framework for project sponsors in the planning stage of build-operate-transfer (BOT) projects, in: Construction Management and Economics, 2000, H. 3, S. 343-353.

Pausenberger, E./Glaum, M. (1993): Management von Währungsrisiken, in: Gebhardt, G./Gerke, W./Steiner, M. [Hrsg.] (1993), S. 764-785.

Payne, H. (1994): Concession Agreements, in: Merna, T./Smith, N.J. [Hrsg.] (1994), S. 75-87.

Pellens, B./Sürken, S. (1997): Aufstellung internationaler Konzernabschlüsse, in: Marchazina, K./Oesterle, M.-J. [Hrsg.] (1997), S. 891-922.

Perridon, L./Steiner, M. (2002): Finanzwirtschaft der Unternehmung, 11. Aufl., München (Vahlen) 2002.

Petri, K. (1977): Alternativen empirischer Zielforschung: Diskutiert am Beispiel der Arbeiten von Hauschildt und Hamel, in: Köhler, R. [Hrsg.] (1977), S. 85-102.

Pfarr, K. (1984): Grundlagen der Bauwirtschaft, Essen (Dt. Consulting Verl.) 1984.

Phillips, R.J. (1990a): BOOT - The Overview, in: Besant-Jones, J.E. [Hrsg.] (1990), S. 1.1-1.6.

Phillips, R.J. (1990b): The Questions Which Need to be Asked to Identify Viability, in: Besant-Jones, J.E. [Hrsg.] (1990), S. 4.1-4.8.

Pietsch, G./Scherm, E. (2001): Die Reflexionsaufgabe im Zentrum des Controlling, in: krp, 2001, H. 5, S. 307-313.

Pohl, H. [Hrsg.] (1998): Historische Erfahrungen mit Projektfinanzierungen: Referate und Diskussionen des 10. Wissenschaftlichen Kolloquiums des Instituts für bankhistorische Forschung, Frankfurt a.M. (Knapp) 1998.

Pollio, G. (1999): International project analysis and financing Houndmills et al. (Macmillan) 1999.

Priermeier, T. (2002): Steuerung von Finanzrisiken in der Projektfinanzierung, in: Die Bank, 2002, H. 6, S. 392-396.

Probst, G.J.B./Schmitz-Dräger, R. [Hrsg.] (1985): Controlling und Unternehmensführung: gewidmet Prof. Dr. Hans Siegwart zum 60. Geburtstag, Bern (Haupt) 1985.

PwC [Hrsg.] (2000): Project Finance Consulting Projektfinanzierung für Unternehmen und Public Private Partnerships, o.O. (Eigenverlag) 2000.

PwC [Hrsg.] (2001): Teilnehmerunterlagen zum PwC-Seminar Project Finance Modelling, 29.-31.10.2001, Hamburg (Eigenverlag) 2001.

Raffée, H. (1995): Grundprobleme der Betriebswirtschaftslehre, 9. Aufl., Göttingen (Vandenhoeck & Ruprecht) 1995.

Rhaguram, G./Jain, R./Sinha, S./Pangotra, P./Morris, S. [Hrsg.] (1999): Infrastructure development and financing: towards a public-private partnership, Neu Delhi (Macmillan) 1999.

Rebmann, A. (2001): Akquisitionscontrolling in Bauunternehmen bei Funktionalausschreibungen, Diss. TU Braunschweig, Braunschweig (Schmidt) 2001.

Reichmann, T. (1997): Controlling mit Kennzahlen und Managementberichten: Grundlagen einer systemgestützten Controlling-Konzeption, München (Vahlen) 1997.

Reismann, W.A. (1996): Neue Organisationsformen bei Infrastrukturprojekten, in: ÖIAZ, 1996, H. 10, S. 438-445.

Reuter, A. (1999): Was ist und wie funktioniert Projektfinanzierung?, in: DB, 1999, H. 1, S. 31-37.

Reuter, A. (2000): Bilanzneutrale Gestaltung von Projektfinanzierungen nach BoB, Leasingregeln und US-GAAP, in: BB, 2000, H. 13, S. 659-666.

Reuter, A./Wecker, C. (1999): Projektfinanzierung: Anwendungsmöglichkeiten, Risikomanagement, Vertragsgestaltung, bilanzielle Behandlung, Stuttgart (Schäffer-Poeschel) 1999.

Rieger, H. (1990): Juristische Aspekte der Projektfinanzierung, in: Backhaus, K. et al. [Hrsg.] (1990), S. 63-75.

Riezler, S. (1996): Lebenszyklusrechnung: Instrument des Controlling strategischer Projekte, Wiesbaden (Gabler) 1996.

Roggencamp, S. (1999): Public Private Partnership: Entstehung und Funktionsweise kooperativer Arrangements zwischen öffentlichem Sektor und Privatwirtschaft, Frankfurt a.M. (Lang) 1999.

Rösgen, K. (2000): Investitionscontrolling: Konzeption eines lebenszyklusorientierten Controllings von Sachanlagen, Frankfurt a.M. et al. (Lang) 2000.

Roth, F. (2002): Autobahnen brauchen Betreibermodelle, in: FAZ, Nr. 22 vom 26.01.2002, S. 19.

Röthemeyer, A.-K. (2002): Einbezug mittelständischer Unternehmen in PPP-Modelle, in: Jacob, D./Kochendörfer, B. [Hrsg.] (2002), S. 38-42.

Röver, J.-H. (2001): 6. Teil. Projektfinanzierung, in: Siebel, U.R. [Hrsg.] (2001), S. 153-241.

Rudolph, B. (1998): Projektfinanzierung aus ökonomisch-theoretischer Sicht, in: Pohl, H. [Hrsg.] (1998), S. 53-64.

Rudolph, B. (2001): Zinsänderungsrisiko, Management des, in: Gerke, W./Steiner, M. [Hrsg.] (2001), Sp. 2333-2343.

Rühli, E. (1992): Koordination, in: Frese, E. [Hrsg.] (1992), Sp. 1164-1175.

Saitz, B./Braun, F. [Hrsg.] (1999): Das Kontroll- und Transparenzgesetz: Herausforderungen und Chancen für das Risikomanagement, Wiesbaden (Gabler) 1999.

Sapte, W. (1997): The Guide to Financing Build-Operate-Transfer Projects: Uses in PPP, London (Euromoney Publications) 1997.

Sattler, K./Kasper, W. (2000a): Verfahrenstechnische Anlagen: Planung, Bau und Betrieb, Bd. 1, Weinheim et al. (Wiley-VCH) 2000.

Sattler, K./Kasper, W. (2000b): Verfahrenstechnische Anlagen: Planung, Bau und Betrieb, Bd. 2, Weinheim et al. (Wiley-VCH) 2000.

Saynisch, M. (1979): Grundlagen des phasenweisen Projektablaufes, in: Saynisch, M./Schelle, H./Schub, A. [Hrsg.] (1979), S. 33-58.

Saynisch, M./Schelle, H./Schub, A. [Hrsg.] (1979): Projektmanagement: Konzepte, Verfahren, Anwendungen, München/Wien (Oldenbourg) 1979.

Schaefer, S. (1993): Datenverarbeitungsunterstütztes Investitions-Controlling: Investitionsplanung und Investitionskontrolle im Rahmen eines betrieblichen Investitions-Controllingsystems, München (Vahlen) 1993.

Schäfer, F. (1993): Elemente einer strategischen Unternehmensführung in der Bauwirtschaft, München (VVF) 1993.

Schäfer, M. (2001): Restriktionen und Erweiterungsbedarf des Fernstraßenbauprivatfinanzierungsgesetzes, Vortrag anläßlich des 1. Betriebswirtschaftlichen Symposiums Bau der Bauhaus-Universität Weimar, Weimar (Vortragsunterlagen) 2001.

Schäffer, U. (2001): Kontrolle als Lernprozess, Wiesbaden (DUV) 2001.

Schäffer, U./Weber, J. (2002): Controlling als Rationalitätssicherung der Führung, in: Seicht, G. [Hrsg.] (2002), S. 49-70.

Schambach, S. (2000): "Die Spareffekte des Internets sind erst nach 5 Jahren sichtbar", in: FAZ, Nr. 273 vom 23.11.2000, S. 30.

Scheele, U. (1993): Privatisierung von Infrastruktur: Möglichkeiten und Alternativen, Köln (Bund) 1993.

Scheer, A.-W. [Hrsg.] (1987): Rechnungswesen und EDV, 8. Saarbrücker Arbeitstagung 1987, Controlling, Anwenderberichte, Neue Konzepte, Controlling-Systeme, Systemerfahrungen, Heidelberg (Physica) 1987.

Schelle, H. (1991): Projektstakeholder- und Projektannahmenanalyse, in: Projektmanagement, 1991, H. 3, S. 27-31.

Schiemenz, B. (1993): Systemtheorie, betriebswirtschaftliche, in: Wittmann, W. et al. [Hrsg.] (1993), Sp. 4127-4140.

Schildbach, T. (1992): Begriff und Grundprobleme des Controlling aus betriebswirtschaftlicher Sicht, in: Spremann, K./Zur, E. [Hrsg.] (1992), S. 21-36.

Schindel, V. (1977): Risikoanalyse: Darstellung und Bewertung von Risikorechnungen am Beispiel von Investitionsentscheidungen, München (Florentz) 1977.

Schmidt, A. (1986): Das Controlling als Instrument zur Koordination der Unternehmensführung, Frankfurt a.M./Bern/New York (Lang) 1986.

Schmidt, A. (1987): Controlling ausländischer Tochterunternehmen: Aufgaben - Instrumente - Organisationsalternativen, in: DB, 1987, H. 33, S. 1645-1649.

Schmidt, R. (1995): Grundfunktionen des Controlling: eine Analyse der betriebswirtschaftlichen Literatur zum Stand der aufgabenorientierten Controlling-Diskussion, Frankfurt a.M. et al. (Lang) 1995.

Schmidt-Sudhoff, U. (1967): Unternehmerziel und unternehmerisches Zielsystem, Wiesbaden (Gabler) 1967.

Schmitt, W. (1989): Internationale Projektfinanzierung bei deutschen Banken: Analyse einer neuen Bankleistung unter besonderer Berücksichtigung risikopolitischer und implementierungsstrategischer Entscheidungsfelder, Frankfurt a.M. (Knapp) 1989.

Schmitz, R.H. (1996): Die Rolle der Banken bei Projektfinanzierung und Betreibermodellen - Berater, Finanzier und Projektpartner -, in: BDI [Hrsg.] (1996), S. 33-46.

Schmitz, H./Windhausen, M.P. (1986): Projektplanung und Projektcontrolling, 3. Aufl., Düsseldorf (VDI) 1986.

Schoof, H.J. (1984): Risikobeherrschung im Anlagengeschäft, in: VDI [Hrsg.] (1984), S. 1-10.

Schroth, H.-J. (2000): Der Einfluß von Financiers auf Projektverträge aus der Sicht der Banken, in: Nicklisch, F. [Hrsg.] (2000), S. 81-88.

Schruff, W./Rothenburger, M. (2002): Zur Konsolidierung von Special Purpose Entities im Konzernabschluss nach US-GAAP, IAS und HGB, in: WPg, 2002, H. 14, S. 755-765.

Schulte, C. [Hrsg.] (1992): Effektives Kostenmanagement: Methoden und Implementierung, Stuttgart (Schäffer) 1992.

Schulte, G. (1994): Öffentliches Beteiligungscontrolling, Baden-Baden (Nomos) 1994.

Schulte, M./Girmscheid, G. (1998): Marktorientierte Lösungsansätze für Bauunternehmen: Auswege aus dem Dilemma des reinen Preiswettbewerbs, Zürich (Stäubli) 1998.

Schulte-Althoff, M. (1992): Projekt-Finanzierung: Ein kooperatives Finanzierungsverfahren aus Sicht der Anreiz-Beitrags-Theorie und der Neuen Institutionenökonomik, Münster/Hamburg (Lit) 1992.

Schuy, A. (1989): Risiko-Management: eine theoretische Analyse zum Risiko und Risikowirkungsprozeß als Grundlage für ein risikoorientiertes Management unter besonderer Berücksichtigung des Marketing, Frankfurt a.M. et al. (Lang) 1989.

Schwager, E./Kromik, W. (1998): Rechtsform, in: BDA/VBI [Hrsg.] (1998), S. 14-18.

Schwanfelder, W. (1989): Internationale Anlagengeschäfte - Anbieterkonsortium, Projektabwicklung, Projektcontrolling, Wiesbaden (Gabler) 1989.

Schweitzer, M./Friedl, B. (1992): Beitrag zu einer umfassenden Controlling-Konzeption, in: Spremann, K./Zur, E. [Hrsg.] (1992), S. 141-167.

Schwellnuss, A.G. (1991): Investitions-Controlling: Erfolgspotentiale auf Basis systematischer Investitionsnachrechnungen sichtbar machen, München (Vahlen) 1991.

Seicht, G. [Hrsg.] (1996): Jahrbuch für Controlling und Rechnungswesen, Wien (Orac) 1996.

Seicht, G. [Hrsg.] (2002): Jahrbuch für Controlling und Rechnungswesen, Wien (Orac) 2002.

Siebel, U.R. (2001): 1. Teil. Einleitung, in: Siebel, U.R. [Hrsg.] (2001), S. 1-22.

Siebel, U.R. [Hrsg.] (2001): Projekte und Projektfinanzierung: Handbuch der Vertragsgestaltung und Risikoabsicherung bei deutschen und internationalen Projekten, München (Beck) 2001.

Sieben, G. (1993): Unternehmensbewertung, in: Wittmann, W. et al. [Hrsg.] (1993), Sp. 4315-4331.

Sieben, G./Schildbach, T. (1990): Betriebswirtschaftliche Entscheidungstheorie, 3. Aufl., Düsseldorf (Werner) 1990.

Sieben, G./Zapf, B. (1981): Unternehmensbewertung als Grundlage unternehmerischer Entscheidungen, Bericht des Arbeitskreises "Unternehmensbewertung im Rahmen der unternehmerischen Zielsetzung", Stuttgart (Poeschel) 1981.

Siegert, T. (1995): Shareholder-Value als Lenkungsinstrument, in: zfbf, 1995, H. 6, S. 580-607.

Sigulla, S. (2001): 15. Teil. Versicherungsrechtliche Fragen, in: Siebelt, U.R. [Hrsg.] (2001), S. 509-572.

Simon, H. [Hrsg.] (1993): Industrielle Dienstleistungen, Stuttgart (Schäffer-Poeschel) 1993.

Sinha, S. (1999a): Return to Equity, Financial Structure and Risk Contracting in Infrastructure Projects, in: Raghuram, G. et al. [Hrsg.] (1999), S. 49-62.

Sinha, S. (1999b): Appropriate Return to Equity in Private Power Projects: Dabhol Power Company B - A Case Study, in: Raghuram, G. et al. [Hrsg.] (1999), S. 161-169.

Spelthahn, S. (1994): Privatisierung natürlicher Monopole: Theorie und internationale Praxis am Beispiel Wasser und Abwasser, Wiesbaden (Gabler) 1994.

Spies, F. (2000): Bilfinger + Berger investiert in Übersee, in: SZ, Nr. 277 vom 01.12.2000, S. 28.

Spremann, K./Zur, E. [Hrsg.] (1992): Controlling, Wiesbaden (Gabler) 1992.

Steinhauer, A. (2000): Sprachökonomie durch Kurzwörter: Bildung und Verwendung in der Fachkommunikation, Tübingen (Narr) 2000.

Steinle, C. (1992): Delegation, in: Frese, E. [Hrsg.] (1992), Sp. 500-521.

Steinle, C. (1998): Ziele, Aufgaben und Instrumente des Controlling, in: Steinle, C./Bruch, H. [Hrsg.] (1998), S. 20-29.

Steinle, C./Bruch, H. [Hrsg.] (1998): Controlling: Kompendium für Controller/innen und ihre Ausbildung, Stuttgart (Schäffer-Poeschel) 1998.

Steinle, C./Thiem, H./Bosch, T. (1997): Chancen- und Risikenmanagement: Konzeption, Ausgestaltungsformen und Umsetzungshinweise, in: ZP, 1997, S. 359-373.

Steven, M./Böning, M. (1999): Integration von Investitionsplanung und -überwachung im Rahmen des Anlagencontrolling, in: DBW, 1999, H. 4, S. 458-467.

Straßburg, W. (1996): Projektfinanzierungsstrukturen und Risikomanagement aus der Sicht eines Energieversorgungsunternehmens, in: Nicklisch, F. [Hrsg.] (1996), S. 29-47.

Strohbach, H. (2001): Build Operate Transfer-Modelle zur Finanzierung von Infrastrukturinvestitionen: eine Untersuchung im Lichte der neo-institutionalistischen Theorie, Frankfurt a.M. et al. (Lang) 2001.

Strzelecki, R. (1990): The Investor´s/Supplier´s Viewpoint, in: Besant-Jones, J.E. [Hrsg.] (1990), S. 6.1-6.25.

Stumpf, H. (1998): Der Lizenzvertrag, 7. Aufl., Heidelberg (Recht u. Wirtschaft) 1998.

Sturbeck, W. (2001): Jetzt wird es ernst für den Athener Flughafen, in: FAZ, Nr. 26 vom 31.01.2001, S. 30.

Süchting, J. (1995): Finanzmanagement: Theorie und Politik der Unternehmensfinanzierung, 6. Aufl., Wiesbaden (Gabler) 1995.

Szyperski, N. (1980): Informationsbedarf, in: Grochla, E. [Hrsg.] (1980), Sp. 904-913.

Tam, C.M. (1999): Build-operate-transfer model for infrastructure developments in Asia: reasons for successes and failures, in: International Journal of Project Management, 1999, H. 6, S. 377-382.

Tham, J. (2000): Return to Equity in Project Finance for Infrastructure, Development Discussion Paper No. 756, Harvard Institute for International Development, Harvard University, o.O. (Eigendruck) 2000.

Thien, E. (1995): Welt- und Entwicklungsbanken, in: Gerke, W./Steiner, M. [Hrsg.] (1995), Sp. 1980-1988.

Tietz, B. [Hrsg.] (1995): EdBWL, Bd. 4, HWM, 2. Aufl., Stuttgart (Schäffer-Poeschel) 1995.

Tilch, H. [Hrsg.] (1992): Deutsches Rechts-Lexikon, Bd. 2, G-Q, 2. Aufl., München (Beck) 1992.

Tiong, R.L.K. (1990a): Comparative Study of BOT Projects, in: Journal of Management in Engineering , 1990, H. 1, S. 107-122.

Tiong, R.L.K. (1990b): BOT Projects: Risks and securities, in: Journal of Construction Management and Economics, 1990, H. 3, S. 315-328.

Tiong, R.L.K. (1995a): Risks and Guarantees in BOT Tender, in: Journal of Construction Engineering and Management, 1995, H. 2, S. 183-188.

Tiong, R.L.K. (1995b): Competitive Advantage of Equity in BOT Tender, in: Journal of Construction Engineering and Management, 1995, H. 3, S. 282-289.

Tiong, R.L.K. (1995c): Impact of Financial Package versus Technical Solution in a BOT Tender, in: Journal of Construction Engineering and Management, 1995, H. 3, S. 304-311.

Tiong, R.L.K. (1996): CSFs in Competitive Tendering and Negotiation Model for BOT Projects, in: Journal of Construction Engineering and Management, 1996, H. 3, S. 205-211.

Tiong, R.L.K./Yeo, K.-T./McCarthy, S.C. (1992): Critical Success Factors in Winning BOT Contracts, in: Journal of Construction Engineering and Management, 1992, H. 2, S. 217-228.

Tiong, R./Yeo, K. (1993): Project financing as a competitive strategy in winning overseas jobs, in: International Journal of Project Management, 1993, H. 2, S. 79-86.

Tiong, R.L.K./Alum, J. (1997a): Evaluation of proposals for BOT projects, in: International Journal of Project Management, 1997, H. 2, S. 67-72.

Tiong, R.L.K./Alum, J. (1997b): Financial commitments for BOT projects, in: International Journal of Project Management, 1997, H. 2, S. 73-78.

Tiong, R.L.K./Alum, J. (1997c): Final Negotiation in Competitive BOT Tender, in: Journal of Construction Engineering and Management, 1997, H. 1, S. 6-10.

Tiong, R.L.K./Alum, J. (1997d): Distinctive winning elements in BOT tender, in: Engineering, Construction and Architectural Management, 1997, H. 2, S. 83-94.

Troßmann, E. (1996): Koordinationsprinzipien im internationalen Controlling, in: Seicht, G. [Hrsg.] (1996), S. 453-494.

Tuchtfeld, E. (1970): Infrastrukturinvestitionen als Mittel der Strukturpolitik, in: Jochimsen, R./Simonis, U.E. [Hrsg.] (1970), S. 125-151.

Tytko, D. (1999): Grundlagen der Projektfinanzierung, Stuttgart (Schäffer-Poeschel) 1999.

Uechtritz, M./Deutsch, M. (2001): Bundesregierung will Betreibermodelle ausweiten, in: FAZ, Nr. 271 vom 21.11.2001, S. 29.

Uekermann, H. (1990): Technik der internationalen Projektfinanzierung, in: Backhaus, K. et al. [Hrsg.] (1990), S. 13-28.

Uekermann, H. (1993): Risikopolitik bei Projektfinanzierungen: Maßnahmen und ihre Ausgestaltung, Wiesbaden (DUV) 1993.

Ulrich, H. (1981): Die Betriebswirtschaftslehre als anwendungsorientierte Sozialwissenschaft, in: Geist, M.N./Köhler, R. [Hrsg.] (1981), S. 1-25.

UNCITRAL (2001): Legislative Guide on Privately Financed Infrastructure Projects, United Nations Commission on International Trade Law (UNCITRAL) [Hrsg.], New York (Eigenverlag) 2001.

UNIDO (1996): Guidelines for Infrastructure Development through Build-Operate-Transfer (BOT) Projects, United Nations Industrial Development Organization (UNIDO) [Hrsg.], Wien (Eigenverlag) 1996.

Vaubel, M.-A. (2001): Joint Ventures im Konzernabschluß des Partnerunternehmens: Grundsätze zur Einbeziehung von Joint Ventures in den Konzernabschluß des Partnerunternehmens nach handelsrechtlichen Vorschriften im Vergleich zu den Regeln des IASC, Düsseldorf (IDW) 2001.

VDI [Hrsg.] (1984): Das internationale Geschäft mit Industrieanlagen: Risiken, Kooperationen, Auftragsabwicklung, Düsseldorf (VDI) 1984.

VDI [Hrsg.] (1991): Projektkooperation beim internationalen Vertrieb von Maschinen und Anlagen: Entscheidungshilfen, Organisationsformen, Vertragskonzepte, VDI-Gesellschaft Entwicklung, Konstruktion, Vertrieb (EKV) [Hrsg.], Düsseldorf/Stuttgart (VDI, Schäffer) 1991.

VDI [Hrsg.] (1993): Generalunternehmer bei Verkehrsprojekten, Tagung Berlin, 22./23. April 1993, VDI-Gesellschaft Bautechnik [Hrsg.], Düsseldorf (VDI) 1993.

VDI [Hrsg.] (1994): Instandhaltungs-Controlling innerhalb der Anlagenwirtschaft, VDI-Gesellschaft Produktionstechnik (ADB) [Hrsg.], Düsseldorf (VDI) 1994.

VDMA (1996a): Instandhaltungs-Information Nr. 12, Gebäudemanagement, Definition, Untergliederung, Arbeitsgemeinschaft Instandhaltung Gebäudetechnik (AIG) der Fachgemeinschaft Allgemeine Lufttechnik im Verband Deutscher Maschinen und Anlagenbau (VDMA) [Hrsg.], Frankfurt a.M. (VDMA) 1996.

VDMA (1996b): VDMA-Einheitsblatt 24196, Gebäudemanagement, Begriffe und Leistungen, Berlin (Beuth) 1996.

VDMA (1997): Instandhaltungs-Information Nr. 13, Verträge für Instandhalten, Betreiben und Gebäudemanagement; Begriffe, Leistungen, Arbeitsgemeinschaft Instandhaltung Gebäudetechnik (AIG) der Fachgemeinschaft Allgemeine Lufttechnik im Verband Deutscher Maschinen und Anlagenbau (VDMA) [Hrsg.], Frankfurt a.M. (VDMA) 1997.

Volkmann, W. (1998): Interne Oragnisation, in: BDA/VBI [Hrsg.] (1998), S. 48-62.

Vose, D. (1996): Quantitative Risk Analysis: A Guide to Monte Carlo Simulation Modelling, Chichester et al. (Wiley) 1996.

Vygen, K. (1997): Bauvertragsrecht nach VOB und BGB, 3. Aufl., Wiesbaden (Bauverlag) 1997.

Wagner, U.N. (1996): BOT-Projekte - Chance oder Risiko, in: Nicklisch, F. [Hrsg.] (1996), S. 3-18.

Wagner, W. (1998): Die Beratung zur Finanzierung von Großprojekten, C&L Deutsche Revision [Hrsg.], Frankfurt a.M. (Moderne Wirtschaft) 1998.

Wahl, K.-D. (1994): Das Project Implementation Agreement aus der Sicht des Anlagenerrichters/Investors, in: Nicklisch, F. [Hrsg.] (1994), S. 15-22.

Walker, C./Smith, A.J. (1995): Privatized Infrastructure: the Build Operate Transfer Approach, London (Thomas Telford) 1995.

Wall, F. (2000): Koordinationsfunktion des Controlling und Organisation, in: krp, 2000, H. 5, S. 295-304.

Walter, R./Walter, R./Walter, N. [Hrsg.] (1996): Die Bauindustrie auf dem Weg ins Jahr 2000: Festschrift zum 60. Geburtstag von Prof. Dr. h.c. Ignaz Walter, Augsburg (Eigenverlag) 1996.

Wang, S.Q./Tiong, R.L.K. (2000): Case study of government initiatives for PRC´s BOT power plant project, in: International Journal of Project Management, 2000, H. 1, S. 69-78.

Wang, S.Q./Tiong, R.L.K./Ting, S.K./Ashley, D. (2000a): Evaluation and management of foreign exchange and revenue risks in China's BOT projects, in: Construction Management and Economics, 2000, H. 2, S. 197-207.

Wang, S.Q./Tiong, R.L.K./Ting, S.K./Ashley, D. (2000b): Evaluation and management of political risks in china´s BOT projects, in: Journal of Construction Engineering and Management, 2000, H. 3, S. 242-250.

Weber, J. (1990): Ursprünge, Begriff und Ausprägungen des Controlling, in: Mayer, E./Weber, J. [Hrsg.] (1990), S. 3-32.

Weber, J. (1992): Die Koordinationssicht des Controlling, in: Spremann, K./Zur, E. [Hrsg.] (1992), S. 169-183.

Weber, J. (1995): Einführung in das Controlling, 6. Aufl., Stuttgart (Schäffer-Poeschel) 1995.

Weber, J./Schäffer, U. (1999): Sicherung der Rationalität in der Willensbildung durch die Nutzung des fruchtbaren Spannungsverhältnisses von Reflexion und Intuition, in: ZP, 1999, H. 2, S. 205-224.

Weber, J./Schäffer, U./Langenbach, W. (1999): Gedanken zur Rationalitätskonzeption des Controlling, WHU-Forschungspapier Nr. 70, Vallendar/Rhein (Eigenverlag) 1999.

Weber, J./Hirsch, B. [Hrsg.] (2002): Controlling als akademische Disziplin: Eine Bestandsaufnahme, Wiesbaden (DUV) (2002).

Weber, K.H. (1997): Inbetriebnahme verfahrenstechnischer Anlagen: Vorbereitung und Durchführung, Berlin et al. (Springer) 1997.

Welge, M.K. (1985): Unternehmungsführung, Bd. 1, Planung, Stuttgart (Poeschel) 1985.

Welge, M.K. (1988): Unternehmungsführung, Bd. 3, Controlling, Stuttgart (Poeschel) 1988.

Wild, J. (1972): Product Management, München (Moderne Industrie) 1972.

Wild, J. (1974): Grundlagen der Unternehmungsplanung, Reinbeck bei Hamburg (Rowohlt) 1974.

Wild, J. (1976): Theorienbildung, betriebswirtschaftliche, in: Grochla, E./Wittmann, W. [Hrsg.] (1976), Sp. 3889-3910.

Wildemann, H. (2002): Wenn der Lieferant Mitunternehmer wird, in: FAZ, Nr. 232 vom 07.10.2002, S. 24.

Will, L. (1983): Die Rolle des Bauherrn im Planungs- und Bauprozess, Frankfurt a.M. (Lang) 1983.

Willms, W.H. (2000): Die Rolle der Banken bei der Entwicklung und Realisierung von Großprojekten, in: Nicklisch, F. [Hrsg.] (2000), S. 69-80.

Witte, E./Hauschildt, J. (1966): Die Öffentliche Unternehmung im Interessenkonflikt: Betriebswirtschaftliche Studien zu einer Zielkonzeption der öffentlichen Unternehmung, Berlin (Allg. Verlagsgesellschaft) 1966.

Wittmann, W. (1956): Der Wertbegriff in der Betriebswirtschaftslehre, Köln/Opladen (Westdeutscher Verlag) 1956.

Wittmann, W. (1959): Unternehmung und unvollkommene Information: Unternehmerische Voraussicht - Ungewißheit und Planung, Köln/Opladen (Westdeutscher Verlag) 1959.

Wittmann, W./Kern, W./Köhler, R./Küpper, H.-U./Wysocki, K.v. [Hrsg.] (1993): EdBWL, Bd. 1, HWB, 5. Aufl., Stuttgart (Schäffer-Poeschel) 1993.

Wolbert, J. (1999): Die Früherkennung von Risiken mit Hilfe wertorientierter Unternehmensführung, in: Saitz, B./Braun, F. [Hrsg.] (1999), S. 99-114.

Wolff, H.-J./Mundorf, H.-B. (1996): Private Finanzierung von Infrastruktur - Chancen und Risiken -, in: Walter, R./Walter, R./Walter, N. [Hrsg.] (1996), S. 99-122.

Woodward, D.G. (1995): Use of sensitivity analysis in build-own-operate-transfer project evaluation, in: International Journal of Project Management, 1995, H. 4, S. 239-246.

Wübbenhorst, K.L. (1992): Lebenszykluskosten, in: Schulte, C. [Hrsg.] (1992), S. 245-272.

Zavlaris, D./Höfer, R. (1989): Wirtschaftsförderung, in: Chmielewicz, K./Eichhorn, P. [Hrsg.] (1989), Sp. 1803-1810.

Zhang, W.R./Wang, S.Q./Tiong, R.L.K./Ting, S.K./Ashley, D. (1998): Risk Management of Shanghai´s privately financed Yan'an Donglu tunnels, in: Engineering, Construction and Architectural Management, 1998, H. 4, S. 399-409.

Ziegler, M. (1997): Finanzierungsmodelle im Anlagenbau: Konsequenzen und Gestaltungsmöglichkeiten auf der Grundlage risikopolitischer, agency-theoretischer sowie handels- und steuerrechtlicher Implikationen, Frankfurt a.M. et al. (Lang) 1997.

Zimmermann, G. (1989): Monopol und Wettbewerb, in: Chmielewicz, K./Eichhorn, P. [Hrsg.] (1989), Sp. 980-992.

Zimmermann, G. [Hrsg.] (1997): Neue Finanzierungsinstrumente für öffentliche Aufgaben, Baden-Baden (Nomos) 1997.

Zur, E. (1996): Betreiberschaft als unternehmerische Herausforderung, in: Kreditpraxis, 1996, H. 4, S. 25-29.

Zur, E. (1997): BOT-Finanzierung im internationalen Anlagenbau, in: Krystek, U./Zur, E. [Hrsg.] (1997), S. 409-421.

Lebenslauf

Daniel J. Beckmann

* 12.05.1975 in Bocholt (Westf.)

Schulbildung

1981 – 1985	Grundschule in Bocholt
1985 – 1994	Privates St.-Josef-Gymnasium der Kapuziner in Bocholt

Zivildienst

1994 – 1995	Altenpflegeheim in Rhede

Studium

10/1995 – 02/2000	Wirtschaftsingenieurwesen der Fachrichtung Bauingenieurwesen (TU Braunschweig)

Wesentliche Praktika/ Berufsstationen

05/1997 – 04/1999	Studentische Hilfskraft am Leichtweiß-Institut für Wasserbau – Abteilung „Landwirtschaftlicher Wasserbau und Abfallwirtschaft", Prof. Dr.-Ing. H.-J. Collins (TU Braunschweig)
05/1999 – 07/1999	Praktikum im Bereich Projektentwicklung bei der DaimlerChrysler Immobilien (DCI) GmbH in Berlin
03/2000 – 03/2003	Wissenschaftlicher Mitarbeiter am Institut für Wirtschaftswissenschaften – Abteilung „Controlling und Unternehmensrechnung", Prof. Dr. Burkhard Huch (TU Braunschweig)
05/2002	Durchführung der eigenkonzipierten Vorlesung „Einführung in die Kosten- und Leistungsrechnung" (2 SWS) an der Fakultät für deutsche Ingenieur- und Betriebswirtschaftsausbildung der TU Sofia in Bulgarien
01/2003	Promotion zum Dr. rer. pol. (TU Braunschweig)